Les Forces
imaginantes du droit

一起迈向世界的共同法
统一与多元

Marcher ensemble
vers un droit commun mondial :
l'unité et la pluralité

〔法〕米海伊·戴尔玛斯-玛蒂 著
〔法〕刘文玲 刘小妍 译

北京大学出版社
PEKING UNIVERSITY PRESS

图书在版编目(CIP)数据

一起迈向世界的共同法：统一与多元 /（法）米海伊·戴尔玛斯-玛蒂（Mireille Delmas-Marty）著；（法）刘文玲，刘小妍译. —北京：北京大学出版社，2019.6
（法律今典译丛）
ISBN 978-7-301-30247-7

Ⅰ. ①一… Ⅱ. ①米… ②刘… ③刘… Ⅲ. ①国际法—研究 Ⅳ. ①D99

中国版本图书馆 CIP 数据核字（2019）第 011127 号

Les Forces imaginantes du droit（Ⅰ）：Le Relatif et l'Universel
by Mireille Delmas-Marty
Copyright © Éditions du Seuil，2004 pour Le relatif et l'universel
Les Forces imaginantes du droit（Ⅱ）：Le Pluralisme ordonné
by Mireille Delmas-Marty
Copyright © Éditions du Seuil，2006 pour Le pluralisme ordonné

书　　　名	一起迈向世界的共同法：统一与多元 YIQI MAIXIANG SHIJIE DE GONGTONGFA: TONGYI YU DUOYUAN
著作责任者	〔法〕米海伊·戴尔玛斯-玛蒂（Mireille Delmas-Marty） 著 〔法〕刘文玲　刘小妍 译
责任编辑	李　倩
标准书号	ISBN 978-7-301-30247-7
出版发行	北京大学出版社
地　　　址	北京市海淀区成府路 205 号　100871
网　　　址	http://www.pup.cn
电子信箱	law@pup.pku.edu.cn
新浪微博	@北京大学出版社　@北大出版社法律图书
电　　　话	邮购部 010-62752015　发行部 010-62750672 编辑部 010-62752027
印 刷 者	三河市北燕印装有限公司
经 销 者	新华书店
	965 毫米×1300 毫米　16 开本　34.5 印张　479 千字 2019 年 6 月第 1 版　2019 年 6 月第 1 次印刷
定　　　价	86.00 元

未经许可，不得以任何方式复制或抄袭本书之部分或全部内容。
版权所有，侵权必究
举报电话：010-62752024　电子信箱：fd@pup.pku.edu.cn
图书如有印装质量问题，请与出版部联系，电话：010-62756370

法律的想象力量(代序)

米海伊·戴尔玛斯-玛蒂(Mireille Delmas-Marty)是法国当代著名法学家。然而对于她,国内法学界的多数人还是知之甚少,有所了解的也仅限于刑法或刑事政策学界,或比较法领域,因为她的两本著作《刑事政策的主要体系》法律出版社2000年版和《世界法的三个挑战》法律出版社2001年版)在新世纪初经我和赵海峰等人的译介,国内读者有所知晓。而在此后,特别是在她任法兰西学院(Collège de France)"比较法与法律国际化讲席"教授之后,她的研究领域有了进一步拓展,对于当今和未来世界的法律秩序的思考更加深入,更加富有哲学意味,也更加富有前瞻性,富有想象力和感染力,对于中文读者也具有更大的吸引力。值此大作中文版问世之际,理当为之作序。

当然,这已经不是我第一次给米海伊的著作写序或作评了。第一次是为我自己翻译的《刑事政策的主要体系》作序,第二次是为赵海峰等译的《世界法的三个挑战》写书评。作序或者评论,于我既是学习的机会(毋宁说是复习、反思),也是我重新认识米海伊的契机。孟子在《万章下》中要求,"颂其诗,读其书,不知其人可乎?是以论其世也"。尽管米海伊曾经是我的授业恩师,我们的交往与学术合作也已三十多年,但要说知其人,何其难耶?起初因为她的研究主要限于刑事法律领域,这对我来说相对容易;然而随着岁月的递进,她的学问开始转向或迈进更为广阔、深邃的比较法、国际法、法哲学等领域,我就觉得跟不上了,要我现在来评说她的学问,真是勉为其难。因此,就从其人开始说起吧!

米海伊·戴尔玛斯-玛蒂于1969年获巴黎第一大学法学博士学位,1970年获得法国私法与刑事科学教授资格,1970—1977年在法国北部的里尔三大法学院任教授,自1977年起任巴黎十一大教授,1990—2002年执教于巴黎一大,1992年当选为法国大学研究院院士,2002年3月法国总统任命她为法兰西学院的教授,2007年米海伊又当选为法兰西科学院(Institut de France)院士。

我第一次听说其名是在1984年。那时我正受原国家教委公派,在法国南部的地中海海滨名城蒙彼利埃大学法学院攻读刑法与刑事科学的硕士学位(法文简写为DEA)。刑事政策学是我最感兴趣的课程,授课老师克里斯蒂娜·拉塞杰教授(Christine Lazerges)在第一堂课上多次提到一个很长的名字,由于教授的语速奇快,而我当时的法语还未完全过关,难以将这个名字记全,于是只好把她记成了MDM。多年以后米海伊告诉我,她的很多学生都是这么记的。下了课我就直奔书店,买了MDM的两本书,一是《刑事政策的模式与运动》,二是《惩罚的道路》。囫囵吞枣地看完,虽然似懂非懂,但已然觉得这位女士真不简单,很有学问。

第一次见其人是在1985年6月。因为当时我已经确定将刑事政策作为我硕士学位论文的研究方向,因此当课程学习阶段一结束,我就立即去了巴黎。在巴黎7区圣-纪尧姆大街28号的法国比较法研究院(这里同时也是法国刑事政策研究中心的所在地),我拜访了法国刑法学界的泰斗、国际刑法学界的元老、新社会防卫思想的创始人马克·安塞尔(Marc Ancel)先生,并经这位仁厚长者的引荐,我认识了他的得意门生米海伊·戴尔玛斯-玛蒂教授,由此开始了我们之间延续至今的学术交往和友谊。

瘦瘦的身材,同样瘦瘦的脸,一头褐色的头发做成一个巨大的爆炸头,眼睛不大但炯炯有神。这是她给我留下的第一印象,而且这个印象始终没有改变。当时我就在想,这个呈放射状的爆炸头与她的学说思想是再合适不过的了;以后每当我见到她的大作问世的时候,我就会想起她的爆炸头。这个头颅里面究竟蕴藏了多少智慧呀? 按照中国学界的标准,戴尔玛斯-玛蒂教授的专业领域是很难界定的——她最多只能算是个法学教授!因为她所发表出版的文章著作及所参加的研究工作,涉猎的往往不是同一个专业领域的问题。她的博士论文是《刑法中的建筑公司》,1971年在法国大学出版社著名的《Que sais-je?》系列丛书中出版《婚姻与离婚》,1973 在法国大学出版社《Thémis》系列丛书中出版的《经济刑法》上下卷是其成名作;此后便是在法国著名的 PUF、Seuil、Economica、Fayard 等出版公司出版的《惩罚的道路》(1980)、《刑事政策的模式与运动》(1983)、《模糊法》(1986)、《理性审视国家理性》(1989)、《刑事政策的主要体系》(1992)、《未审就罚——从行政惩罚到行政刑法》(1992)、《共同法》(1994)、《人类共同法》(1996)、《世界法的三个挑战》(1998)、《法兰西学院开讲》(2003)、《法律的想象力第一卷:相对与普遍》(2004)、《法律的想象力第二卷:有序的多元化》(2006)、《法律的想象力第三卷:权力的重建》(2007)、《反人类罪》(2009)、《风险世界的自由与安全》(2010)、《法律的想象力第四卷:迈向价值的共同体?》(2011)、《抵御、责任化和预防》(2013)、《法律世界化时代的工作》(2013)、《四面来风:世界化海洋中的航行指南》(2016)、《从大加速到大变形》(2017)等一系列学术著作。同时,她接受法国总统、总理的委托,以专家身份领衔主持或参与了法国《宪法》《刑事诉讼法典》与《刑法典》的修订工作,在其中做出了很大的贡献;曾任欧盟、欧洲议会刑法典草案起草委员会主席、欧盟反欺诈指导委员会主席,领导了欧盟第一个《保护欧盟财政利益的专家法案(Corpus juris)》的创制工作。她发起并领导了中法"刑法国际指导原则研究""克隆人:法律与社会"以及与美国、巴西、中国、伊斯兰国家的"法律国际化"等多项重大国际合作项目,主编了《经济犯罪与共同市场》(1982)、《刑事案件揭秘》(1991)、《刑事诉讼与人权》(1992)、《欧洲刑事政策》(1993)、《欧洲刑事诉讼》(1995)、《基本权利与自由》(1996)、《欧盟保护财政利益法案专家建议稿》(1997)、《欧盟保护财政利益法案专家建议稿之实施》(1995—2001)、《国际犯罪与国内司法》(2002)、《国际犯罪与国际司法》(2002)、《共同法的变量》(2002)、《克隆人:法律与社会》(2002)、《欧洲刑事制裁的协调化》(2003)、《克隆人——法律与社会:中法比较》(2004)、《规范整合之批判》(2004)、《国际刑法的渊源》(2005)、《MDM 在巴黎一大的岁月》(2005)、《新政治想象》(2007)、《中国与民主》(2007)、《刑法协调的道路》(2008)、《法律国际化的多维度考察：法美比较》(2009)、《恐怖主义：历史与法律》(2010)、《阿拉伯世界刑事政策的演化》(2013)、《人文主义与法》(2015)、《认真对待责任》(2015)、《环境及其变异》(2015)、《国际刑法的补充性》(2017)、《法律的宪法化：中法比较》。

综上可见，她的研究范围极其广泛，包括政治学、宪法学、行政法学、民法学、经济法学、刑法学、国际刑法、刑事诉讼法学、刑事政策学、人权法、欧盟法、国际法、比较法、共同法或世界法等。她的学术影响力遍及全球各个角落，其著作已经被翻译成世界主要语言如德语、英语、阿拉伯语、中文、意大利文、葡萄牙语、西班牙语、波斯语、瑞典语、土耳其语等。她长期担任国际刑法学协会副主席、《比较刑法与刑事科学杂志》主编等职务，同时兼任国际经济法协会理事、比利时皇家科学院外籍院士，获得英国伦敦大学、加拿大蒙特利尔大学、比利时鲁汶大学等多所世界著名学府的名誉博士学位，也因为其广泛的学术影响和杰出的理论贡献，1999年她获得法国荣誉勋位团勋章，2003年又荣获法国国家荣誉团骑士勋章。因此，虽然她是刑法出身，早期的研究教学也基本以刑事法为主，但给她巨大的爆炸头上安一顶刑法学教授的帽子显然是委屈她了。随着她学问的不断精进，她的学术地位也在不断上升，由巴黎十一大教授到巴黎一大的教授，再到法国大学研究院院士、法兰西学院教授，再到法兰西科学院院士。

本书收录的是其2002年任法兰西学院讲席教授之后在法兰西学院授课的内容。要介绍她的作品，还得先介绍一下法兰西学院。这个学院是法国国王弗朗索瓦一世于1530年创立的，1852年起划归法国国民教育部管理，但是完全独立于大学。自创立之初，法兰西学院就一直承担两项使命：尖端科学的研究中心和新知识的教学基地。法兰西学院的首要使命不是传授那些已经定型了的而是"正在形成的知识"（connaissances qui sont en train de se faire）。正像梅洛-庞蒂（Merleau-Ponty）所指出的那样，"法兰西学院从其诞生时起就承担起向其听众传播自由研究这一理念的任务，而不是讲授已经获得的真理"（Pas de connaissances acquises, mais l'idée d'une recherche libre）。学院教授基本都是学界翘楚，具有公认的权威性,如萨特、布迪厄、福柯等学术大师都曾在此任教。其所开设的课程因此具有相当的前沿性,法兰西学院的教授每年都会讲授新的课程,这些课程与他们的研究成果或相关领域的最新发展相关联。学院"向一切人开放",听众参加学术讲座无需任何事先的注册程序,同时也不会授予任何文凭。每年都会有近12万听众参加课程的学习,其中包括学生、研究人员、大学教师,普通公众甚至外国游客也可以随意去听课。他们从法兰西学院的课程中了解了最前沿的研究成果。法兰西学院目前设有53个教席,分为数学、物理学、自然科学、哲学、社会学、历史、语言和考古学等学科群。

"比较法与法律国际化讲席"隶属于哲学和社会学学科群。就是在这个讲席上,立足世纪之交,米海伊分析了经济一体化、人权全球化背景下法律世界化的现实性,勾勒了世界法的未来蓝图,也指明了实现法律世界化的主要路径、风险和机遇。她向世界各国学者提出的问题是:法律世界化是否可行?其在法律上是否合理或正当?其在伦理上是否令人向往?在米海伊看来,法律世界化或共同法,其实是建立在价值共同体基础之上的人类法律的趋同,而非将一国或一地的法律思想或制度强加给其他国家或民族的法律霸权主义。法律世界化的前提是承认不同国家的文化差异、法律差异和制度差异,其主要的实现方式是协调同步、和谐相容(coordination ou harmonisation),并在原则上达成共识,而不强求法律规则的统一或一体化(uniformisation ou unification)。为此,她甚至提出或运用了"软法""模糊法"等新概念,以期作为推行法律世界化的工具。她主张,世界法不能按照国家法的模式来设计,而应该遵循"有序的多元主义"(pluralisme ordonné, ordering pluralism)的范式;"多元主义"以对抗霸权主义,"有序"以求将多元主义组合在共同原则周围,避免分裂与失和。她坚定不移地认为,经济权利与社会权利是人权的一部分;将经济权利、社会权利和政治权利、公民权利人为地割裂开来在理论上是荒谬的,在实践上更是有害的。在法律世界化的进程中,应该将这两部分权利重新整合,为人类建立一个共同法律秩序。保障人的基本权利的实现,将经济和人权结合起来,使得法律世界化的两大途径即经济全球化与人权普遍化相辅相成,将是今后的主要任务。

米海伊的上述思想或设想不是从天上掉下来的,更不是其头脑里固有的,而是自有其独特的渊源。大约十年前,牛津大学出版社旗下的《国际宪法学评论》曾向十位世界著名法学家发出邀请,要求他们分别选出对自己学术生涯或思想影响最大的十部著作。米海伊接受了这一邀请,在发表于《国际宪法学评论》2010年第8卷第3期的《走向法律世界化的十个伴侣》一文[1]中,她对自己的研究路径有过这样的描写:

> 我的研究主要取决于事件。我研究法律,最初是研究法国实证法,在20世纪60年代,我最早的出版物是教科书。尽管那时法国的法律体系已经开始趋向国际化,但我们并不知道,没有人告诉我们,我们也没有发现。然而,自1974年起,我开始注意到这些方面的变化,因为此时法国开始推行法律的"宪法化"(允许国会议员提请宪法委员会对法律进行审查)和法律的"国际化"(批准《欧洲人权公约》)。这些进程使法律领域发生了改变,这种改变既有规范意义(将法律秩序阶梯式、僵化的表现转变为一种互动的演进性的表现),也有价值意义(通过将人权引入法律领域而宣示一种新的人道主义)。
>
> 国际人权文件为国际化开辟了道路,而国际化也同样表现在经济领域,欧洲共同市场、欧洲经济共同体和欧洲联盟便是例证。国际化运动在冷战末期加速,因为此时全球化加深了普遍主义(universalism,或译世界主义)和主权主义(sovereigntism)之间的对立;世界贸易组织(WTO)和国际刑事法院(ICC)已经建立;全球风险(比如气候和核危险)使得国家之间的相互依赖日益明显,全球治理的主张开始兴起。尽管"9·11"事件导致了某种向国家主义(nationalism)的后退,但它并未阻止国际化的运动,由此将我自己的研究引向以下三个领域:影响法律形式主义的法律技术与逻辑(预见说);有关

---

[1] 本文原载于《国际宪法学评论》2010年第8卷第3期,445—452页。

法律人道主义的伦理价值(合法性);参与全球治理的主体和权力(有效性)。

为了完成《国际宪法学评论》给她安排的这项任务,她选出了十件作品(毋宁说是十个作者)。这些作品或作者,有的帮她提出了问题,有的帮她找到了实践中或理论上的答案,更多的是激发了她的想象力。

排在第一的是比较法学大家雷蒙·萨莱叶(Raymond Saleilles)的《历史学派与自然法》(Ecole historique et droit naturel),从中她学到了比较方法这个重新认识法律形式主义的钥匙,也汲取了人类共同法(common law)的概念。虽然这种人类的"共同法"来源于各国的实践,而且是附属性的,但它已经包含了"普遍性的原则"(principle of universality)。由于这种普遍性内涵丰富多样,而且不排斥"每个国家判例法"的具体运用,为此萨莱叶设想了一种"国家评判余地"(national margin of appreciation)的技术,这比欧洲人权法院的实践早了50年。

排在第二的是亨利·亚特兰(Henri Atlan)的《伦理的层次》(Les niveaux de l'ethique)。要想理解"国家评判余地"何以能够构建多元主义,而多元主义又是如何用互动的形式(国际法并不完全吸收国内法)和进化的形式(这个余地可以随着时间而改变)来取代法律制度固定僵化、等级森严的关系的,就必须摈弃二元逻辑。米海伊尝试将扎德(Lofti Zadeh)的模糊系统理论(theory of fuzzy)运用到国际法中,认为不明确性并不排斥法律推理的严密性,而且使用分等逻辑的方法会限制规范的不可预见性和司法的任意性。然而,在国际层面上,在一些主要原则上达成的一致并不能保证在其应用上也达成一致(并且国家之间在对共同原则的理解上也经常不一致)。为此她转而求助于生物学家亨利·亚特兰的复杂系统和生物伦理学,主要是其三个伦理层次的理论:第一层次,即能够激发道德义愤的关于快乐和痛苦的明显普世的层次;第二层次,即制度的层次,由国家法律规定而可预见,突出弘扬以相对论为特征的不同价值;第三层次,即关于普世性的超伦理(metaethical,或超法律 metalegal)层次,这个层次仍有待建立,而要建立第三层次,就必须借助前两个层次。因此,从道德义愤上得到的推动力,通过协调的过程使不同的系统趋同而不是完全消除差异,从而实现第二层次的"使相对主义相对化"(relativizing the relativism)。而且,这一协调的过程有时也为融合做了准备,由此将自己融入了第三层次。

第三个作品是著名的国际刑法学家安东尼·卡塞斯(Antonio Cassese)的《关于前南国际刑事法庭(ICTY)埃德莫维奇(Erdemovic)案的不同意见》(1997年10月7日)。卡塞斯教授确信,国际法已经不再遵从传统的、格劳休斯时代的国家间模式,转而遵循反映康德世界主义理念的超国家模式,并通过比较的方法来寻求超国家模式的实践应用。前南国际刑事法庭(ICTY)只是试图"在确保正义的同时维持英美法系控辩式诉讼和大陆法系纠问式诉讼之间的平衡"。而国际刑事程序是从国家的刑事法概念中逐渐分离出来的,然后又被移植到了国际性的容器里,它并不是从一个统一的法律体系中产生的。由于国际刑事程序结合和融合了控辩式诉讼和纠问式诉讼的方法,因此,将一个国家法律中的概念"机械地进口"到国际刑事程序中,"可能会改变或者扭曲这些程序的特性"。在米海伊看来,这是对融合程序(the process of hybridization)的最好定义;而这种融合程序对于避免霸权主义的普遍主义(Universalism)是必不可少的。不过,融合程序仍然局限在西方的制度框架里。因为这种新的形式只有吸收新的人文主义才有意义,因此,融合程序必须向其他法律传统开放。

第四个作品是汉娜·阿伦特(Hannah Arendt)的《人的条件》。阿伦特开启了关于"人"权的讨论,人的生死,严格来讲,不是自然发生的事件,人权不应该被认为是自然的,相反的,人权是对自然的抗议。由此,人权融入了"人化"(humanization)这个使人类这一物种更加符合人道的伦理进化过程。"过程"一词尤其重要,立足于具有行动性的人类,"过程"这个词既昭示了人类事务的脆弱性,也彰显了人类事务"超乎寻常的弹性"。人权法的脆弱性在这里无需证明,而是司空见惯的:它引发人们质疑关于人权的通常解读,如关于人权是基础性范畴(founding concepts),人权是"基本权利"

(fundamental rights),甚或是法治(rule of law)赖以建立的"基础"(base)。要想使人权在全球得到保障,就必须让人权得到所有文化的认同。正如阿伦特所强调的那样,人道是多元的:"没有任何人可以至高无上,因为不是单个人,而是人类,居住在地球之上。"

第五个作品是日本学者大沼保昭教授(Onuma Yasuaki)的《文明相容的人权观》。在1993年6月的维也纳会议上,人权的普遍主义受到了质疑,质疑来自《曼谷宣言》,因为《曼谷宣言》"表达了一种相对主义或特性主义的人权观,强调尊重国家主权……以及对不同国家和地区特殊性的认识"。虽然《世界人权宣言》也包含了多元文化甚至中国儒家文化(通过张彭春)的贡献,但这一"世界性"宣言仍然主要是一个西方文本。大沼保昭否定以西方为中心的普遍主义人权观,而主张通过"不同文明之间"(Inter-civilizations)进而是"跨越不同文明"(Trans-civilizations)的方法,尽可能地为人权的进化做出贡献,因为"人权思想的力量在于其普遍化的能量"。这种动态的历史观驱使大沼保昭强调,由于国家文化"因时而变",所以对各国文化应予重新诠释,并对"那种狭隘的、以自由为中心的人权概念"提出质疑。人权的普遍化本质取决于人权的不可分割性,虽然人权的不可分割性因在1966年被分割为两个公约而有所削弱,但在维也纳大会上,作为"民族自决权和发展权"的人权其不可分割性再次得到肯定,而这也是大沼保昭教授所主张的。

第六个是哲学家保罗·利科(Paul Ricoeur)的《论公正》(Le juste)。文明的冲突可以称之为理性的悲剧。当理性所假定的普遍主义仍然遥远,而对话又不充分时,利科推荐了一种"翻译"(translation)的"范式"(paradigm),即在貌似纷繁复杂的地方创建相似性。奥斯特(Francois Ost)教授将这种范式运用到了法律领域,他将翻译与论辩(argumentation)和司法解释(judicial interpretation,要求在信息的发送者和接受者之间预先达成共识)做了区分。翻译与其说是增进同化,不如说是有助于构建变异,是在调和"普遍主义和历史",因为它鼓励深度挖掘。对此,利科借助球体做了极其形象的描述:"假如我在一个球面上奔跑,公允地说,我将永远无法发现球体的全貌,因为我主要是在综合(别人的)观点而已;但假使我在自己的传统内部做足够深度的挖掘,我将在深度上缩短与别人的差距……虽然在球面上的距离很远,但如果我挖得越深,我和另一个沿着相同路径挖掘的人的距离就越近。"(利科《自然与规则》,2005 年)探寻这条不是那么显而易见的深挖的路径,或许是全球民主治理的前提之一。

第七是尤尔根·哈贝马斯(Jurgen Habermas)的《后民族结构》(曹卫东译,上海人民出版社 2002 年)。哈贝马斯精心构思了"世界民主"(cosmopolitain democracy)计划和"全球内政"。他强调,若要将治理扩展到整个地球,这个治理就必须包括整个地球上的居民。而早在很久以前,风险的全球化客观上就将世界团结起来了,世界成为一个建立在全人类共同面临的风险基础之上的非自愿共同体。为了应对全球风险,如气候变化,或者更为广泛的环境恶化,我们必须从一个非自愿的共同体转变为自愿的共同体,掌握我们共同的命运,并且构思适应全球治理的新工具(如温室效应气体排放指标的市场化或生态损害的法律概念)和新使命(如保护我们的子孙后代)。

第八是美国最高法院大法官斯蒂芬·布雷耶(Stephen Breyer)的《走向能动的民主》。由于缺少行政机关和立法机关,全球治理主要依靠法官。当各国的法官,特别是各国最高法院的法官们变得更加有为的时候,国际法庭(院)的数量也在猛增。就连美利坚合众国也重新认识到了各国法律之间的相互依赖,而布雷耶大法官积极援引外国司法裁决的举动也凸显了这种开放态度。他认为,在这个商业、贸易和旅游都变得越来越国际化的世界中,即便没有参议院对有关条约的批准等议会的行动,美国仍然应该履行并遵守国际法院判决的条约义务。

第九是中国早年留学法国的陈绍源(Tcheng Chao Yuen)的博士论文《孙中山及其学说影响下的中国宪政》。这篇完成于 1937 年的博士论文对她的启发是,寻求新的治理模式不仅限于 21 世纪,也不仅仅限于西方世界。这位鲜为人知的中国作者陈绍源[2],解释了孙中山是如何在20世纪初期,通过将中国古老的"宪法"与西方模式的结合,推导出了"五权"(five powers)理论的。孙中山认为,同时集立法、行政、司法权于一身的皇权"代表着一种完全的君主制,是民主时代难以忍受的一种专制政权",他试图改革皇权,同时维持另外两个"作为中国古老制度中最佳组成部分"的考试权和监察权。孙中山的这一理论在1936年的《中华民国宪法草案》中得到了体现,创造了一个东西融合的先例。当宪法审查在欧洲还很少应用的时代,孙中山的理论就引导中国建立了一种独特的将监察院的监督职能与独立的司法权相连接的审查制度,而这种制度有助于催生全球治理。也许因为孙中山熟读《大同书》,该书极具前瞻性地勾画了一个将不同国家统一为大同世界的三阶段蓝图,也为孙中山的融合理论奠定了基础。

最后是法国诗人爱德华·格里桑(Edouard Glissant)的《海牛湾》(La Cohée du Lamentin)[3]。"对于我们这些来自南半球的诗人来说,我们的主题不可能是春天和草地,而是那些盘根错节的灌木丛,那些突如其来和出乎意料的地震与龙卷风……我们的诗学将是极度的过度(excess of excessiveness)。"我们离正义的天平所象征的平衡还很遥远!然而,正是在这种"过度"的实践中,诗人兼哲学家爱德华·格里桑在寻找一种与野蛮的全球化相对的东西:不是自我封闭,而是要弘扬一种作为"团结的多样性"(supportive

---

[2] 陈绍源(1888—1955年),福州沙县人,是一位已被历史湮没的传奇人物。1922年他34岁时赴法国留学,1924年入法国第戎大学攻读法学,于1937年6月获法学博士学位。卢沟桥事变发生后,陈绍源放弃在法国的优厚待遇和舒适生活,于1938年春回国参加抗日战争。先后在多所学校任教,也曾在军中任职,著有《中国教育史研究》《化学讲义录》《制药化学》等。1939年,他针对日本侵略军使用毒气而撰写的《毒气学大纲》一书,是国内这一方面较早的军事著作(1986年该书被中国军事博物馆收藏)。新中国成立初,出任沙县首届各界人民代表会议代表。1951年,因政治历史问题受到管制。1955年夏,国务院外交部曾来函查询陈绍源的情况,中共沙县县委派人查找,而陈已于1955年7月逝世。
[3] 法国当代著名诗人爱德华·格里桑出生于法属安的列斯群岛的海牛湾(la Cohée du Lamentin)畔。

diversity，diversité solidaire）的"世界性"（法文为 mondialité）。

"团结的多样性"正是米海伊试图通过"有序的多元主义"所要寻求的。格里桑洞悉变化的必然性和重要性，因此敦促我们"尽个人之所能"，同时学会"用世界的观点思考"，因为数千年来，人文科学所构建和围绕的都是他们各自的思想体系。法律体系也必须学会"用世界的观点思考"，因为单靠国家本位的法律是不能应对全球化潮流与全球性风险的。这位诗人诠释了为什么法律概念必须让位于转变过程的原因。格里桑所称的"混合原理"（principle of creolization）赋予融合以丰富的不可预见的结果；世界各地除了其原本的意义之外，也变成了"共同的地方"，成为具有全新意义的载体。

米海伊早年曾在巴黎一大东方语言学院学习过中文，现在仍坚持自学不辍，有时兴之所至，她也会说几句中文，唱几句中文歌曲，背诵一些中文的经典语句；她在我们面前背诵最多的是"庄周梦蝶"。每当此时，她的脸上就满是喜悦，眼光也已脱离尘世，飘向遥远的地方，确有那种"乘云气，御飞龙，而游乎四海之外"的神情。在她的论著中，老子的《道德经》、康有为的《大同书》、沈家本、梁启超等，都是经常被引用的。她崇拜沈家本，因为早在一百多年前的清朝，沈家本就在思考着如何进行中西法律的融合了。

基于她的中国情结，她热心于招收培养中国留学生，硕士、博士至少数十位；在她的积极倡导和游说下，1995年法国政府（后来也有欧盟的介入）启动了面向中国学生的欧洲法培训项目，至今已进行十多期，近200人受益。2000—2005年她担任欧中法律司法合作项目顾问，最早提议在中国建立欧洲法学院；她积极推动法国欧盟与中国法学界的各种交往与学术合作。特别值得一提的是，1992年底，在她的积极筹措下，由她和高铭暄教授共同主持、我居中协调的中法合作研究项目"刑法国际指导原则"正式启动，这是我国刑法学界第一个正式的国际合作项目；至结题时，已出版成果10卷，其中法国人文科学之家（MSL）出版法文本7卷（第一卷《欧洲国家》、第二卷《中国》、第三卷《亚洲国家》、第四卷《国际组织》、第五卷《总结与建议》，再加上后来的《欧洲与伊斯兰国家》《法律国际化的进程》),中国人民公安大学出版社出版中文本3卷,引起法中两国政界、学术界的高度重视,也带动了中法、中欧更多的双边科研合作项目,如2002年与复旦大学张乃根教授合作的《克隆人:法律与社会》项目,2007年启动的由她和我共同主持的"法律国际化——中法合作研究网络",2017年的"法律的宪法化:中法比较"等项目。

截至目前,她的众多著述已被翻译成多种语言,但翻译成中文的不多,仅有两本书和十多篇文章。这远远不能反映其丰富的学识与思想,也无法充分表达她对中国、中国法、中国法学在未来法律全球化进程中发挥巨大作用所寄予的深切期望。她和她的先生保罗(这同样是一位传奇人物)多次来中国,考察开会讲学,对中国历史、文化和法治建设事业情有独钟。我清晰地记得,2008年北京奥运会刚刚结束,她带病来北京主持在香山脚下召开的《法律国际化》研讨会。那时的她身体确实不好,身体会不由自主地颤抖,眼泪也会不期而至,但她一直在会场,主持或演讲,直到会议结束。临别时,也许预计因为健康原因,再来中国可能会很困难,她泪流不止,对我和李滨嘱咐再三,要我们一定加强比较法、国际法或法律国际化方面的研究与交流合作!那种惜别之情,那种不舍和牵挂,也让我们潸然泪下。好在回法国以后,经过一段时间的治疗和修养,她康复得很好,不仅身体健康,学术研究也是峰回路转,佳作迭出。尤其让我们感到高兴的是,本书持续关注了新时期中国特色社会主义法治建设,高度评价了习近平总书记倡议的一带一路(新丝绸之路)计划,认真探讨了法律在其中的领航员作用及其对全球法治的可能影响;书中有关人类相互依赖性、全球团结或连带性责任的主张,与习近平构建人类命运共同体五个"要"的构想(要相互尊重、平等协商,坚决摒弃冷战思维和强权政治;要坚持以对话解决争端、以协商化解分歧;要同舟共济,促进贸易和投资自由化便利化;要尊重世界文明多样性;要保护好人类赖以生存的地球家园)可谓高度契合。

本次与中文读者见面的是米海伊在全球化时代关于法律世界化的最新思考或畅想,集中展现了蕴含在她身上的强大的法律想象力量。套用一个几年前的商业广告,如果没有想象,世界将会怎样?如果没有法学家的想象,未来的世界法治又会怎样?当然,这种想象绝对不可能是一个人的苦思冥想,而应该是无数人集体的甚至共同的想象。就是在这种思想或想象的相互激荡中,未来世界法治的曙光将悄然而至。

是为序。

卢建平
北京师范大学法学院院长
2019年3月31日于时雨园

中译本序

携手迈向世界的共同法

米海伊·戴尔玛斯-玛蒂
法兰西学院,法兰西研究院成员

本书反映了自1993年起我所从事的研究与思考,当时法律的国际化还没有引起人们的关注,但在一些领域,例如刑法,就已经开始显现出这种趋势。这促使我与高铭暄等中国学者共同组织了一项有关国际法与国内法互动关系的中法合作研究计划。[1] 该项研究计划在方法上不仅是比较性的,即描述、认识和比较各个国家法律体系的特点,同时也是展望性的,即针对美国法朝着霸权式发展的趋势,寻找一种多元的法律国际化发展的可能途径,这种国际化尊重各个国家法律体系的多元性,同时也促进不同国家法律体系之间的相互联系与融合。

在将近十年之后,特别是在"9·11"恐怖袭击事件发生后不久,我们的研究计划在2003年得以重启。2003年3月23日,我在法兰西学院的就职演讲恰逢美国启动在伊拉克的军事行动。我是要在法兰西学院建立一个"比较法律研究与法律国际化"的讲席,这在当时似乎有些不切实际。本书的主要内容反映了我在法兰西学院的讲席从事讲座的成果,考虑到当时的情境,我在一开始便引用了尼采在1873年针对德国战胜法国时所讲的这句话:"一个巨

---

[1] 本项研究计划的成果参见《刑法国际指导原则研究》(三卷本),中国人民公安大学出版社1998年版。

大的胜利同时也是巨大的危险。"他说,如果胜利让人们盲目相信某种文明形式的成功,那么它也能导致人们精神的溃败,这就是危险所在。在2003年时,在精神的溃败之外,还有法律的溃败,《联合国宪章》规定的集体安全机制无法有效限制使用武力,恰恰表明了世界法律秩序的缺失。

尽管如此,这种法律秩序的缺失并没有妨碍法律全球化的进程,其特点是法律的扩张在人类历史上是前所未有的,任何国家,不论其多强大,都不可能持续地摆脱法律。今天,国家间的相互依赖已经变得如此坚实,人们已经不可能否认国家、地方、国际、区域间、全球性等各类规范之间相互叠加的事实,也不可能否认大量存在的各种国家性、非国家性机构,以及拥有区域或全球性的扩大化的管辖权的各种司法机构。无论是在反腐或反恐领域,以及先后出现的移民、金融或卫生健康危机方面,或者是气候变化方面,所有这些引起人们关注的问题似乎都表明,全球化已经达到一个发生翻转的临界点,它要求产生一个全球层面上的法律体系。然而,全世界的思想家长久以来坚持着那种世界和谐的梦想,从中国学者倡导的"天下大同"到康德的永久和平思想均是如此。18世纪末,康德从他的全球观出发,主张人们在进入任何一个国家时享有不被敌视的权利。这种"普遍友善"的原则被作为普世权利的首要内容,在康德看来,其理由在于"无限地排斥是不可能的","不同民族之间的联系越来越密切"以至于"法律在某地被违背时,任何其他地方都会有感受"。康德的这种说法随着全球化的两个进程的不断发展而变得越发明显:一方面是各个民族之间联系的扩张,这也可以称为狭义的全球化(表现在流动、风险,甚至犯罪等方面),另一方面是价值的普遍化(例如人权、反人类罪这些范畴的出现)。

然而,历史也表明,人们的梦想也可能退化成不同部落或国家之间永久战争的噩梦;这可以表现为对恐怖主义的极端排斥以及为了安全目的而衍生出的例外措施;与移民有关的人道主义灾难,或者是由气候变暖与资源穷尽引起的全球性灾害。所有这些都不是新鲜事物,只是技术进步使得上述情形进一步恶化。

当今有可能使我们转向一个全球性的法律秩序的,是以下几种现象共同作用的结果：人口的跨越式增长（康德时代的10亿人到第二次世界大战结束时的30亿人，截至目前全球人口接近80亿），城市化的普及（城市人口将很快超过农村人口数量），以及飞速发展的数字化革命。我们已经无法再满足于将康德或康有为（以及由梁启超进一步发展）的世界主义与霍布斯所主张的那种战争观对立起来。因此，需要超越这种悖论式的困境，我们将其称为"人类纪的悖论"，这种说法忽略了地球和人类自身历史发展在时间维度上的明显差异，但却强调了下面这种情形，即人类变成了可以影响地球进程的力量，但人类本身仍缺乏自我治理的能力。

本书的出发点是这样一种假定，以权力为核心内容的地缘政治（权力的集中或分散）和关系模式（竞争或合作）并不能摆脱法律手段，因为后者能够用来处理相互依赖性，并在那些影响全球的领域内巩固连带性。总之，本书的关键在于主张法律手段有助于形成一种缩小的距离，是实现"趋于和平化"的力量，它不排除所有的差异和分歧，但是，对于各种不同主张，它将尝试弱化其相互间的差异，并进而将它们组织起来。

下面将首先介绍本书的基本结构，此后提出目前仍存在的几个不确定性的事例，进而尝试提出本书暗含的问题，即如何不断迈向一个趋于和平的世界性。

一、本书的基本结构

我很荣幸为本书的中文版作序。我在法兰西学院讲课的基础上先后完成的五本书，在刘文玲教授和我的学生李滨教授共同努力下翻译成中文，现在分为两卷在中国出版。这些书的主线是表明当今世界存在的挑战以及如何应对的方法。

中文版第一卷名为《一起迈向世界的共同法：统一与多元》，它囊括了我的前两部法文版著作，它们的共同主标题是"法律的想象力"，副标题分别为"相对与普遍"（2004年出版），"有序的多元化"（2006年出版）。从书名上看，它反映出世界化面临的巨大挑战，这就是它一方面以假定世界的单一化为目标，但实际上世界本身却以多元性为其特征。

第二卷名为《一起迈向世界的共同法:理念与规则》,则由我《法律的想象力》这套书的第三本《权力的重建》(2007年出版),第四本《迈向价值的共同体?》(2011年出版)和2013年出版的另一本书《抵御、责任化和预防》共同组成。

(一) 世界化的单一和多元

这一标题本身就表明了某种巨大的挑战,因为"人类家庭"的单一性既是理想也是现实。然而,多元则同时代表了机遇与风险。因而,有必要探索"相对与普遍"之间的张力,进而尝试以"有序的多元化"的方式将二者加以协调,最终找到"权力的重建"的可能性。

相对与普遍

长期以来相对论占据了法律实践的核心。与此同时,各个法律体系的自主性,根据国际法的主权平等原则获得了普遍承认。理性的理论普遍性以更为抽象的方式建立起某种"自然法",然后则是"万民法"的出现,它们的含义则在不同时代和不同文化背景下有所不同。在规范意义上的相对和哲学意义上的普遍之间,人们曾认为存在某种断裂,它维护了政治主权和法律的自主性。

第二次世界大战以后,《联合国宪章》制定了旨在具有普遍性的规则,以此尝试疏导诉诸武力的情形。但是这些规则在本质上只限于寻求"被动的和平",避免战争的再次发生。它既不以缩小经济和金融发展的不平衡为目的,也不缓和伦理和宗教上的冲突,因此宪章并没有为联合国提供建立"积极和平"的手段。

然而这种人为的分割变得无法持久下去,其原因主要不是意识形态上的,而是由客观情况决定的。国家间的相互依赖已经成为现实,它要求形成一个共同接受的计划。每一次恐怖主义活动,正如同每一次危机(金融、移民或气候)的发生一样,不仅没有从根本上否定联合国,反而使得建立"国际秩序"的必要性变得更为迫切,而这就是《世界人权宣言》第28条所宣告的,每个人均享有的一项基本权利,即,人人有权要求一种社会的和国际的秩序。

当普遍性以碎片化的方式被实在法所吸收时,人们发现理论与实践之间的差距,以及由各种模糊概念、缺乏效力的规范与存在冲突的价值所构成的国际法自身的缺陷。这些缺陷恰恰表明了普遍主义观念的"不周延性"。

但是,人们也发现了相对主义的局限,它无法适应于国家间不断加深的相互依赖性,并且在各种流动(资金、互联网信息)、风险(生物技术、生态以及气候和环境)或罪行(从腐败到恐怖主义或其他超越国界限制的罪行)出现全球化时停滞不前。相对主义只是在表面上存在,当它遇到客观现实时就不再具有现实意义。正因为如此,真正的相对主义应该是以客观现实为基础,纠正其观念上的不周延性,进而尝试将相对与普遍加以协调。这就是我在《有序的多元化》一书中强调的观点。

有序的多元化

为了实现将相对与普遍相协调,需要接受一种新的世界秩序观,它既不是将不同法律体系相互融合,也不是将它们完全割裂开来。这意味着既要抛弃那种统一的乌托邦式理想,也不能按照不同人群之间相互独立的模式来理解国家的自主性。换句话说,需要一种谦和的法律观,它将法律视为一种工具,通过各种司法、立法性质的自主或被动的、直接或间接的互动进程,将各个法律体系(国内的和国际的)连结在一起,而这些法律体系的相互割裂是历史造成的,这种法律观并不接受那种可能被转化为霸权的融合观。

从我们现在所处的阶段来看,即处于这种对法律秩序和法律体系观念均产生影响的转变的开端,"有序"的多元既不同于建立在相互割裂基础上的多元,也不同于通过混同这种方式实现的融合,而是在这两个极端之间的摆动,它是某种将差异"转化为相互吻合"的形态。它并不是某种已经形成的秩序,而是从表面上看是存在着矛盾的发展进程(一体化与解体化,扩张与限缩,共时性与异时性并存),这种进程是由从地方到超国家这些不同层面的互动引起的,其发展速度在不同的规范整体内部及其相互之间表现出差异。

这里有必要联想到"有序变化的云朵"这种景象。霸权式的做法,单方面地强制实施法律移植,以及被称为超自由主义实践的流行,都是将被认为能够自动实现治理目标的私法规范体系并列在一起,但它们都无法解决一与多之间的难题。相反,"有序的多元"这种模式则主张在我们的法律体系观念中引入一种转型,从文字意义上看,就是从一种简单的模型(纵向互动)转变为复杂的模型(横向互动),或者超复杂的模型(同时包含纵向和横向的两种互动,而且是在不同层面以不同的速度发展)。

当这种转型从国家层面发展到国家间的区域性层面,甚至发展到全球层面时,它就不能仅仅受到法学者的关注了:因为在这时,这里所说的转型就要求存在某种意愿,从而回归到政治领域。在这里,我们开始构想未来发展的路径。为了避免法律国际化发展的过程在受到外来因素的干扰时会迷失自己的方向,变得无法预见和无法控制,有必要重新关注行动主体,并进而构思权力的重建。

权力的重建

这里并不仅仅是要将孟德斯鸠所区分的三种权力(立法、司法、行政)或者孙中山提出的五种权力(在三权之外还增加了监察和考试两种权力)从国内上升到国际层面。更为深刻的转变可能是要超越公私的对立,将不同的行动主体联系起来,由此,需要关注的不仅是那些机构化的行动主体,它们的权力在国内、国际组织或者地方通过各种机构而被制度化。此外还需关注的是这些主体与其他行动主体之间的关系,一方面包括经济和民间主体(表现为权力与意愿之间的关系);另一方面还包括科学领域的主体(这表现为权力与知识之间的关系)。

将权力、意愿和知识连结在一起,由此形成了一种三角关系。有可能需要从权力的制度化开始,这是从传统意义上讲的(形成行政、立法和司法权力),这是因为世界化要求在国际和国内的各个权力机构间形成新的交往关系。但权力的重构也意味着在经济主体、民间主体之间的权力再平衡,与此同时也不忽视地位不断提升的知识权力,即专家和"普通人"之间的权力再平衡(即科学知识和生活常识,包括最贫困的人口和原住民的知识之间的再平衡)。

在理想的状态下,知识启发意愿,促使人们作出理性的选择,反过来意愿也会对权力产生启示作用,其途径是通过组织权力并将其正当化,避免那种常常会发生的权力自己衍生和自我正当化的现象。在现实中,冲突的暴力和应对措施的强化往往会使现实主义占据上风。在这种情况下,知识、意愿、权力之间则形成一种不稳定的反三角形态,三者之间各自遵循不同的逻辑,当它们混合在一起时就产生了这种不稳定的形态,这与机构性和非机构的行动主体交集在一起时可能出现的情况相同。然而,不稳定性并不排除对重建的尝试。

有些人主张一种新的全球契约。但其困难在于这既是一种"多维度"的契约,它将行动主体和机构以不同的方式从不同层面和不同领域结合在一起,同时也是一种"整体"式的契约,其目的是要把所有的行动主体都囊括在内。但是这种全球契约的对立面存在于共同体内部,而不是来自外部,即,每一个行动主体都会成为其他主体的对立面。从这个整体性的全球契约出发,我们很容易滑向一种普遍化的极权主义。

正因为如此,权力的重建是不能离开法律的。可能需要尝试将治理模式与法治进行某种相互结合,这种结合一方面保留了"协调/命令"的艺术,即组织国家主体和参与权力行使的非国家主体之间互动的艺术,另一方面也保留了更为困难的"排序/命令"的艺术,它将各种权力根据不同的价值诉求进行排序。在这里,我们有可能将世界性秩序置于伦理价值和实践行动这两极之间,或者说,将其置于理念与规则二者之间。

(二) 理念与规则之间:未来共同法的两极性

我们的世界处于全球化及其引起的不断增长的相互依赖性背景下,这要求某种具有"连带性"的世界治理,这种治理是由被普遍接受的共同法所决定的,而不只是由强权和武力决定,我们提出一种理念与规则之间两极性的假定,理念促成运动并指明方向,规则付诸实践并提供手段。这种两极性似乎已经反映在共同法的历史中,例如在欧洲,共同法就是将教会法的理念与罗马法的规则联系起来;同样,在东亚,儒家精神与封建法典的规则也被相互联系起来。中国思想不就曾让人们学会了用礼(传统或理念)来解释法(实证法或成文法),同时用法来解释礼吗?

我们是从全球价值共同体产生这个角度来关注理念的,然后通过考察如何防止伴随世界化发展进程而可能出现的去人道化现象来关注法律规则,再接下来分析如何让主要的行动主体承担起相应的责任,最后分析的是预防未来风险的问题。

迈向价值的共同体?

通过禁止战争罪将暴力人道化,这是价值共同体在国家间共同体的阴影下逐步形成的最初反应。尽管对侵略罪的惩罚还没有完全实现,国际法还是努力地在战时法(jus in bello)中引入了某些规则。第二次世界大战以后,先后出现的各个国际刑事法庭的规约中均规定了禁止违反战争法规和习惯,在此基础上,还增加了新的罪行,即"反人类罪"。

但是这一发展进程是缓慢、不持续及可能逆转的,因为反恐的强化已经在2011年9月11日袭击之后,引起了普世价值的倒退,其名义是国家生存的必要例外和为了国家利益。在"反恐战争"的口号下,美国引入了一种新的法律范式,它有可能使酷刑变得随意,将非人道的做法正当化,其根据是保卫国家安全和人民生命。打击犯罪的战争范式与战争罪(限制非人道)和反人类罪(避免人类成为犯罪的受害主体,因而将人类本身作为一项价值对待)所代表的范式相对立,它以所有人的生存或一国国民的生存为名将非人道正当化。它将导致刑法被置于伦理之下的次一级位阶——这就是将不同共同体对立起来的相对主义,或者说,是将刑法置于以仇恨为内核的伦理的首要位阶,这种以恶制恶的做法有可能促成"原教旨主义"的过度适用。

这里要强调的是"基本"权利对于建立一个真正的全球价值共同体的重要性,这将是一个同时作为国家之间和个人之间的价值共同体。在《世界人权宣言》中第一次以积极的方式提到了这种共同体,强调了共同的价值。来自不同国家的代表参与了《世界人权宣言》的起草过程,尽管如此,宣言的最初文本仍是参考了已有的人权宣言而形成的,因此仍旧反映了西方的影响。但人权本身则不断获得发展,例如,在反殖民或将奴役行为规定为反人类罪时,其基本依据就是人权。

与此同时,在联合国开发署和世界银行的计划中,提出了"全球公共产品"的提法,诸如健康和气候。这些正在形成的全球价值承载着新的人道理念,其特点是"关系性",而不是以人类为中心的,强调将人与其他非人的生命联系在一起,同时也将不同的人道观念联系在一起。这种人道观是多元和开放的,它并不否认文化的多元,以及相应的人道进程的多元性。或许正因为如此,全球价值共同体可以借助这种"相互的人道化"而产生,实现将共同但存在差异的价值加以分享。

因此,本书在最后一部分提出的问题是:按照什么样的规则,法律秩序可以抵御世界化进程的非人化后果,也就是说让主要的行动主体承担起责任,并由此来预防未来可能发生的风险?

抵御、责任化、预防

无论是从市场还是从人权的角度来看,世界化进程已经触及用来识别国家身份的各国法律体系。世界化并没有消除各国的法律而代之以国际法,相反,它促成了国内法与国际法的交叉,这既带来问题也包含着解决问题的方案。实际上,国内法与国际法的交叉有助于世界共同法的产生和形成,这可以说是提供了某种解决问题的方案;但另一方面,问题在于这里所说的共同法,从法社会学意义上讲,正如让·加本尼艾所说的"没有历史,不存在生长的土壤"那种情形,它仍旧过于脆弱而无法在国家间的实力关系上实现再平衡,而且它也过于碎片化,无法形成一个真正的法律体系。

这里所说的碎片化——既是纵向的(地方、国家、国家间、区域性和全球性的法律)也是横向的(人权法、商事交易法、刑法、环境法等不同领域)——似乎从根本上排除了某种逻辑性:每一个领域都有自己追求的目标,每一个层面都在寻求其自主性。例如,主导世界贸易组织的自由主义理念强调的是利润、竞争和效率,而体现在区域人权法院实践中的人文主义理念则强调分担和连带关系。

但恰恰是国家向商品和资本打开了大门,而对于人自身却采取回避的态度;它们坚持对市场的放松管制,却在移民问题上强化刑法的制裁,毫无顾忌地一方面采取开放的自由主义实践,坚持主权意识形态,为了安全名义而实施极端保守的做法,但另一方面却自相矛盾地宣扬人权的普世性和人道性。

当人权的盾牌转化为压制的利剑时,当干涉内政的行为转变为人道主义的战争时,当国际刑法被认为存在偏袒时,反人道思潮有理由去谴责法律人文主义这一谜题的无意义性及其霸权性。与此同时,经济全球化有可能为真正的市场帝国主义铺平道路,"打击犯罪的战争"结合新技术的利用则宣告了那种可怕的到处是监视的社会的来临。总之,这里待解的谜题在很多情形下其实是人道的神秘化,人文主义的老生常谈在不断被扭曲和被利用时,将宣告法律人文主义的死亡。在这种背景下,如何才能找到这样的规则来让人文理念重新获得意义?

本书最后一部分的目的并不是要重提这个时代和背景下的谜题,而是致力于让法律人文主义重新获得意义,其途径是将固定的人文主义观转变为一个不断发展的和以相互人道化为内容的互动进程。为了尝试解决"将世界化进程人道化"所带来的挑战,这里采取的方法是从三个方面让法律规则适应于世界化可能的后果:抵御非人化,让权力持有者承担责任,预防未来可能发生的风险。

此外还需说服各国的是,它们的责任并不弱化其主权,恰恰相反,这种责任在时间和空间上扩张了主权,从"孤立"的主权转变为一种"连带"的主权,其内涵是保护世界和平与安全的义务。同样,还应说服其他主体承担它们各自份内的责任,包括企业、公民、非政府组织或科学家。这是因为人们的意愿正是亨利·伯格森在讨论正义时所说的"向前跃进"的动力。当然,这也是一种向着未知的跃进,因为预防风险并不等同于预见无法预测的事物,而是按照爱德华·格里桑的说法,"在无法预见中学会生存和成长"[2]。由

---

〔2〕 E. Glissant, *La Cohée du Lamentin*, Gallimard, 2005, pp.25-26.

此看来,我们所处的当下恰恰是被置于各种不同的影响之下,充满了不确定性。

二、不确定的现实

全球治理是否会陷入某种"赤道低压带"的情境,丧失全部决策能力,发生进入某种混沌状态的颠覆呢?"赤道低压带"的形象比喻是说世界进入了一个多种风向交汇的区域,各种风向并存且实力相当,它会让行使中的船舶难以保持航向。这个比喻表明,全球治理中的相互之间存在冲突的各种力量可能会使治理变得瘫痪或者完全失败。[3]

在这个正在发生变化的世界里,世界化进程是碎片化和尚未实现的,各种危机信号不断显现。当金融危机触及发达国家时,它就转变为一场全球性的危机,而且持续若干年,由它引起的连锁的不良反应和排斥反应即便是在富有的欧洲也无法避免。与此同时,还发生了健康危机(例如埃博拉病毒)和社会性危机(例如在孟加拉国发生的萨瓦区大楼倒塌事故)。2015年欧洲的移民问题转化为一场真正的人道主义危机,申请避难的人口超过百万,其中既包括为躲避恐怖主义的政治移民,也包括因经济问题而申请庇护的难民。移民本身在经济上或人道上讲都毫无疑问具有积极意义,同时因为人口原因也是无法避免的,然而移民人数却以难以承受的速度增长,致使移民被视为罪犯,同时还需要通过人道援助来应对。

为了说明这种巨大的秩序混乱,以及不同理念和模式的相互叠加的现实,本书仅提出三个具有代表性的例子:反恐战争(国家安全理念和主权模式);气候管制弱化(生态理念和普遍模式);以中国提出的"新丝绸之路"为象征的经济世界化的发展(经济理念和自由主义模式)。

---

[3] M. Delmas-Marty, *Aux quatre vents du monde. Petit guide de navigation sur l'océan de la mondialisation*, Seuil, 2016.

(一) 反恐战争

2001年9月11日纽约"双子塔"遭受恐怖袭击倒塌成为全球的标志性事件,袭击者和受害者来自不同国家,从袭击的准备到袭击事件新闻的传播都在很大程度上利用了跨国通信手段,特别是互联网。从逻辑上讲,这种全球性的犯罪理应通过全球性的司法审判来处理,例如由一个国际性的刑事法院审理以实现正义。但在政治上很难想象美国自己不去迎接这种挑战,或者不去亲自确保其安全,哪怕是以破坏自由的手段来维护安全。因此,对恐怖主义的反击首先来自国内,布什总统就是以美国的名义针对邪恶轴心宣告了反恐战争。

这种战争策略在国际法上产生了影响。恐怖主义第一次被联合国安理会定义为侵略行为。针对侵略,美国可以实施正当防卫,这种"防卫"后来又被前所未有地扩大为"预先性"防卫,用来作为在2003年对伊拉克"先发制人"的武装行动的合理借口。其后果是规训的世界化。这种国内法上的以主权为依据并以正当防卫为名义开展的反击,很快就发展过渡为全球范围内的反恐战争,包括关塔那摩监狱的建立,以及在美国本土以外更大范围内建立起来的美式"罗网",它由各种秘密监狱以及在全球范围内非法转移被扣押人员的行动组成。

上述行动的影响延续到今天,在美国、中东或欧洲都没有例外。例如,2004年马德里地铁爆炸事件和2005年伦敦爆炸事件,乃至2015年在法国巴黎发生的歌剧院恐袭事件。法国在宣布反恐战争作为反击时,则进一步模糊了战争与和平、犯罪与战争之间的区分。这也许是因为法国或美国这些国家受到了超越国界的恐怖主义的威胁,所以才不断地背离法治国家的要求:美国是在2001年,法国则是在2015年,均宣告了进入紧急状态。法国2017年11月1日通过的法律结束了紧急状态,而代之以"新的持续性预防和反击恐怖主义的措施",该项法律将预防视为一个独立的概念,将预防与惩罚完全区别开来,从而将预防作为一项独立的刑法制裁目标,其后果是将目前建立在责任基础上的社会转变为以怀疑为主导的社会。由此,可能出现的是某种非人化的进程,将受到怀疑的个人从共同体中剥离出来,与将危险产品从市场中召回的做法很相似。

这是一种"哲学"断裂,它要求不断地向犯罪的源头追溯,它所施加的矫正措施并不以惩罚已经犯下的罪行为目的,而是惩罚可能犯罪的人,除此之外,还出现了一种"政治"断裂,它将惩罚延伸至预防,甚至包括在危险尚未变得明确之前就采取审慎的做法,其后果是弱化了权利的法律保障。即便只是针对恐怖主义而言,类似监视居住、检视、行政搜查和扣押、人身监视仪,以及关闭宗教祷告场所这些做法,可以如同在紧急状态下一样,仅由内政部或警署来决定实施。

上述情形的风险是有可能导致托克维尔曾经预言过的"温和的暴政"的产生。"民主的暴政将是更广泛和更温和的,它可以在不造成痛苦的前提下降低人格。"这种温和的暴政用由各种复杂细密、形式单一的规则所构造起来的网络来覆盖整个社会,"试图将人们桎梏在童年时代,将各个民族弱化成类似一群胆小觅食的动物,而政府则扮演放牧人的角色"。

当然,仍旧存在着抵御这种温和暴政的可能性,同时也不放弃打击恐怖主义。正如在有关气候变化的第21次缔约方大会上,尽管存在紧急状态,但那次会议并没有被取消,法国政府和其他195个国家的政府在巴黎举行会议,并且取得了解决全球气候变暖问题的初步方案,预示着全球治理的开端。

(二) 抵御气候变暖

气候变暖已经成为现实,其严重性得到公认,2015年发布的影响报告尤其引起公众的关注,政府间专家组的研究结果向全世界发出了警示。人类面对气候变暖而采取的行动是前所未有的,从非政府组织到普通公民再到宗教人士,从那些对主权最为重视的国家如中国到跨国际企业的领导人,以及不能被忽视的科学界人士,都先后参与到这些行动中来。但是人类还没有掌握应对气候变暖的关键措施。从《巴黎协定》的内容上看,人们似乎仍旧倾向于采取普遍主义的模式,它是建立在主权模式基础上的国际合作,国家之间存在竞争,但国际社会还是成功地将195个国家和150位国家元首结合在一起,让每一个参与方都充分承担其相应的责任,以确立公认的共同宗旨,实现将气温上升限制在2摄氏度以下的目标,同时通过鼓励采用可再生能源的方式使人类社会适应气候变暖。尽管如此,还应当进一步强化对各国的监督和约束机制。尽管美国表示退出《巴黎协定》,但它并没有阻止人类社会应对气候变化的进程,因为还有其他国家的承诺,如中国,不过协定的具体实施还有待未来的继续努力。

应对气候变暖还需要非国家实体承担起相应的责任,其中首要的是跨国企业的责任,因为竞争与合作之间的再平衡首先遇到主导商业活动的经济逻辑的制约。尽管很多企业自然地与应对气候变化的措施存在联系,而且通过声明表示在自愿的基础上承担责任,但这些企业都是自己来决定将要达到的减排温室气体的目标,这与各国期望自主治理和激励机制,而不是制裁的做法更为相近。自主治理(软法)意味着适用由企业的社会或环境责任引申出的规范和技术规范,或者是行业协定包含的规范(例如由国际航空和航海企业所制定的规范),或者是环境协定的规范(这些规范之所以被接受是为了回避约束力更强的立法)。所有这些规范的实施都取决于企业自身的良好意愿。然而,仅仅靠市场的逻辑还不能确保上述承诺得到遵守。正如教皇弗朗索瓦曾经有力指出的那样,当下应该放弃对市场的"迷信"了,即认为所有问题都能借助利益的增加而得以解决,唯有如此才能使必要的措施得以被采纳。

即便上面提到的那些措施被采纳,在缺乏制裁程序的背景下,其效果同样会有疑问。正如对于国家而言,应该通过实施制裁而将软法加以强化(特别是企业社会责任),当承担的义务没有得到遵守时就应适用制裁措施。但由此引起的问题是,国际法只适用于国家,那么谁来担当法官的角色?除非建立一个国际环境法庭来审理国家和跨国企业,那么就只能由国内法官履行实施制裁的职能,这在一些情况下已经有所显现。

但是,上述路径仍然显得狭窄,有必要将传统模式(主权模式和自治的自由主义模式)适应于保护气候这种全球公共产品。在这种情况下,对于国家而言,法律规则的模糊性可能导致国际法的"再国内化",由此全面确立国家主权的地位。对于企业而言,通过立法强化企业在气候方面的责任,则有可能抑制企业自愿尽其努力。除非相反的情形出现,当企业承担起主要责任时,它们将转变为全球公共产品的护卫者,但这种从国家到企业的权力转移并不具有政治正当性。不过,这种情形却是经济的世界化的一种前所未有的发展形式。

(三) 经济的世界化和"新丝绸之路"

以经济为内容的世界化,其动力来自大国和跨国企业,从目前来看,它似乎还在西方的能动性与中国推动的实用性二者间徘徊,前者以主张适用西方有关投资的条约和仲裁机制的短期性为特点,后者则以建立基础设施和制订长期发展计划为特征。当西方将政治、经济和法律联系在法治这个意识形态之下时,中国则尝试将它们区分开来,有可能强化经济权力的自主性。当然现实的情况可能更为复杂。

中国政府自 2013 年提出了"新丝绸之路"(或"一带一路"倡议),为向西方的拓展开辟了两条道路,一个是陆上,另一个是海上,其交汇点可能是威尼斯。倡议的主要内容是建设基础设施(铁路、航空、港口和公路设施)。其关键内容首先是经济性的,但由于倡议本身是有数十亿欧元贷款支持的,因此,其影响已经不仅限于基础设施,而是与美国主导的跨太平洋自由贸易协定计划相对应。"一带一路"倡议由亚洲基础设施投资银行提供融资支持,其目标是要"建立一个完整的价值链,包括高科技、电子商务、金融以及法律服务"。[4]

该倡议的关键内容也具有政治性,包含地缘政治的精确考量,

---

[4] A. Garapon, Les «nouvelles routes de la soie»: La voie chinoise de la mondialisation, 2016.

正如一些学者在最近的一篇文章中指出,英国地理学家麦金德早在1919年就说过,"谁统治东欧,谁就能控制心脏地区;谁统治心脏地区,谁就能控制欧亚大陆;谁统治欧亚大陆,谁就能控制世界"。但是,上述学者补充说:"除了陆上的控制,还有必要将对陆地统治的控制与欧亚大陆沿岸的海上交通相协调。"

对"一带一路"倡议的实质内涵已经有很多分析,在法律上看,需要进一步思考的是,它能否促成某种软法的形成,途径是组织争端解决机制,以及建立可靠的证据获取机制以便使相关司法判决能够在国外得到承认和执行。按照法国学者安托万·卡拉邦的说法,该倡议有可能促成中国的法官与其他法域的法官、国际司法机构的法官之间开展对话。但是,这种不同司法机构之间的协作仍旧比较复杂,正如李滨在其文章中提到的,这里涉及法律与权力之间的联系[5],也涉及政治、经济和法律之间的联系。

为了更为清晰地看待这里的问题,我们可以参考弗朗索瓦·奥斯特最近出版的著作《法律服务于什么?》。该书通过将法律的各种用处、功能、意义相结合来寻求上述问题的答案,作者的主要观点是法律具有领航员的指引功能,相比之下,政治具有船长的领导功能。将这种比喻适用于世界化时,我们可以作出如下假定:全球共同体这艘航船并没有船长领导其航行(不存在一个全球政府);若干经济和政治上的超级大国可能扮演船长的角色,但在这些船长之间却无法达成一致意见。由此出现的情形是,有时船长缺位,有时若干大国争当船长,在这种情形下,法律这个领航员将要发挥其核心功能,但前提是这个法律应该是被所有人接受的、具有"普遍性"的法律。否则,当具有领航功能的法律落入船长的政治权力之手成为其武器时,就会导致持久的霸权,比如美国法的域外效力的扩张,特别是借助禁运法律和制裁海外官员腐败的法律而引起的域外效力扩张。

在过去十多年里,美国曾对外国银行或跨国企业作出不计其

---

[5] Li Bin, « La sécurité des investissements chinois dans le contexte de la nouvelle route de la soie: rôles respectifs du droit et de la force », à paraître.

数的处罚决定,这些决定通常是在与检察官进行磋商之后为了避免依法启动的刑事调查,使企业负责人免受监禁这种严重刑罚而作出的。罚金交付给美国财政部,其金额往往是几百万甚至数十亿美元(比如对巴黎国民银行的处罚金额为90亿美元)。

当然,中国的经济和金融实力能够使它寻求其他途径以摆脱美国法的域外性,这种域外性效力的产生有时只是因为合同金额以美元计算这种简单事实。例如,在2018年1月18日,一项石油交易就是以人民币为单位达成的,同时合同金额可以转换为黄金,由此中国或许在尝试某种再平衡,以限制美国域外效力的扩张,特别是,这种尝试可以促使其他交易主体加以效仿,例如欧盟可以尝试使用欧元开展类似交易。

尽管如此,市场本身则可能在全球事务上同时扮演领航员和船长的角色。从美国法的域外效力过渡到市场的自治,还不足以将经济的世界化实现人道化,因为那两种做法本身所引起的效果有可能是相同的。那些最弱的利益相关者在全球财富中的份额越来越少,进而可能丧失它们已经很微弱的个人自主性:比如雇员的处境越来越不稳定,原住民越来越因为资源穷竭和土地掠夺而变贫困;还有那些极端贫困人口越来越被排斥,因贫困而造成的不幸世代延续,所有这些情形都令人感到不安。

总之,美国、欧洲和中国对于经济、法律和政治之间的联系可能有不同的理解,但是它们可能对自由主义的教条却经常是都认同的(增长、利润和效率),但也都面临着同样的人类自身的非人化的风险,以及非人生命体的变异风险。对于自由主义而言,那些反对它的人民可能采取抵制措施,因为自由主义威胁到他们对"共同生活"的构想。经济发展是必要的,但当每个人只根据自己的利益来对待世界化时,它就可能产生消极后果,比如国家会将世界化视为征服土地和攫取资源的契机;而跨国企业则将地球,甚至是其他星球,仅仅视为开展经营的公平竞争场所。最近的研究还表明,在短期内(2030年)世界范围内将形成若干"超级国家",它们掌握着全部权力,它们相互对立,以瓜分者的姿态行事。[6]

要避免上述情形的出现,正如法国总统马克龙在西安的讲话(2018年1月8日)中提到的那样,"以一种对等的精神"建立新的丝绸之路。这意味着应当想象出一种"可以普遍化"的法律,其意义在于提供一种共同的法律方案,同时适用于政治和经济权力,将不同层面的世界共同体(国家、地方、超国家的区域以及超国家的全球层面)连结在一起。而这就是我本人和其他研究人员目前和今后开展的研究计划"迈向一个可普遍化的共同法"所要解决的问题。

当然,还应及时地制止掠夺者的出现,从而让目前的世界化转变为某种世界性,这种转变可以借用爱德华·格里桑的说法,它"是一种我们所有人应当进行的前所未有的尝试,是在一种真实的和令人敬畏的,将单一和多元相糅杂的方式构思出的时空中进行的尝试"。[7]

三、迈向命运共同体的人类

我们处在所谓的人类纪,是一个人类发现自己能够影响地球未来的新时代,在这一背景下,命运共同体不再是一个无法实现的乌托邦。中国宪法在2018年的修订中增加了"推动构建人类命运共同体"的表述,就已经证明了这一点。这种大同的观念很早就出现在中国的历史中。大同的愿望是缩小生活在地球上的所有人之间的距离,这在儒家的理论中早已有所体现,此后很多文人学者,特别是清末的康有为在其《大同书》中做了进一步阐述。

中国的宪法修正案是第一次将大同这一理念转化为现实。2013年起提出的"一带一路"倡议旨在促成一种新型的世界治理模式,其必要性建立在各个领域里不断形成的相互依赖性,包括气

---

[6] Carnets du Caps, *Le monde en 2030*, Ministère français de l'Europe et des affaires étrangères, Automne 2017.

[7] E. Glissant, *La Cohée du Lamentin*, Gallimard, 2005.

候、移民、全球恐怖主义和金融危机等等。中国提出的"一带一路"倡议，其关键在于共享经济增长与发展。抓住这一关键本身的同时也可能会遇到某些风险，因为它可能与国家特殊性或者超国家的生态关注产生某些冲突。当然，"一带一路"计划也会促成多边合作，这在当下民粹主义和保护主义抬头的背景下显得尤为重要。

从表面上看，"世界性"或"世界整体"这样的新词汇似乎很不同，但它们的发明者，即出生在安的列斯群岛的作家格里桑和帕特里克·夏莫瓦佐（Patrick Chamoiseau），都是为了表达那种已经可以从某些片段中观察到的现实："人类正处于一个史无前例的冒险之中，所有生命都被真实地、突然地牵涉到同一个时空之中，它是一个兼具单一和多元的错综复杂的时空。"[8]这种"史无前例的冒险"既是一种诗意的直觉，也是一种政治观念，它们与人类命运共同体的理念相汇合。但是，世界整体却不是一个整体帝国。世界整体表达的是一种富有诗意的团结的多样性，它将人与人之间的对等关系置于世界性的核心位置。

上述说法与大同的相同之处在于，它们并不是借助某种新的乌托邦或新的思想体系来有效"管理"世界事务，它们只是关于可能世界的某种新的叙述而已。除此之外，拉美的原住民们曾提出大地母亲的说法，它已被生态思想所接受，还有园艺学者提出的地球花园的说法，以及非洲文明中的乌班图，这些叙述都能激发人们的想象力。实际上，只有一种真正的"想象力的颠覆"才能在思考普遍的同时，不将其削减成为只属于某个集体或个人的利益，或者将其仅仅局限于我们自己的思想体系之内，而这恰恰是过去几千年中人们重复的做法。

在我看来，上述那些叙述本身包含着能够将充斥着各种冲突的全球化转变为命运共同体的三个条件，在满足下面三个条件时，命运共同体将会建立在一种共同法之上，这不是一个普遍的共同法，而是一个可以普遍化的共同法。

---

[8] E. Glissant, *La Cohée du Lamentin*, Gallimard, 2005, p. 23.

(一) 承认相互依赖性

相互依赖首先是个事实,随着现实的发展变得越来越清晰并更加多样化,人们很难再否认它的存在:这种依赖性存在于人类群体之间(部落、国家集团、跨国企业);存在于现在的人类与未来世代之间;也存在于人类与非人之间;以及作为"主体"的人与拥有"智能"的客体之间。但富有戏剧性的是,相互依赖性与国家主张或表现出来的独立性相对立,那种强调国家绝对独立的观点与主张连带团结的主权观念相对立。在欧洲,"民粹主义"的尝试已足够强大,以至于威胁到欧洲联合的奠基者们所构想的"联合于多样化之中"的模式。尽管如此,民粹主义的尝试只是某种幻想,它根本无法经受目前的各种社会挑战,金融危机、社会与卫生健康问题、恐怖主义、气候变化、与移民有关的人道主义危机,以及新技术发展带来的威胁等等,这些已经成为全球化的最严重问题,根本无法通过民粹主义来解决。

上述情形已经在1992年里约地球峰会上由正式的法律文件加以认可,当时通过的宣言中提及:"地球是以相互依赖性为特征的整体。"此后,《里约宣言》的上述说法在很多法律文件中被重复提及。2005年,有关"相互依赖性的宣言"草案曾被提交给联合国,当时的初衷是该草案能够在《联合国宪章》通过60周年的联合国大会上被采纳。我对该宣言非常熟悉,因为我作为国际伦理委员会的成员参与了该宣言草案的起草,该委员会的成员中还包括法国前总理米歇尔·罗卡尔,著名社会活动家斯特凡·埃赛尔。尽管该宣言草案没有被联合国大会采纳,但它却影响了后来出现的许多决议,例如,2011年的《世界人类责任宣言》,2013年的《全球共生宣言》[9],2015年的《人类权利宣言》,关于气候变化的《巴黎协定》,2017年关于环境权利的国际公约草案,以及将在2018年12月于摩洛哥开展讨论的有关移民的国际公约草案。

---

[9] 这是由法国著名社会学家阿兰·迦耶(Alain Caillé)教授联合若干来自世界各地的学者共同起草的文件。——译者注

承认相互依赖性进一步要求明确共同的目标。例如,2015年通过的有关可持续发展的17项宗旨目标;关于气候变化的《巴黎协定》将气温上升限制在1.5摄氏度或2摄氏度的目标;以及关于移民问题国际公约草案中确立的实现"安全、有序、正常和负责任"的移民目标。当然,上述目标还应被进一步具体实现。由此,有必要将被迫接受的相互依赖性转化为一种共同促进的连带团结关系,其基础就是一种有关真正的共同责任的法律。

(二)促进连带团结性

作为第二个条件,促进连带团结性在实现起来存在困难,因为它要求法律思维本身应该放弃那些习以为常的观念,其中最重要的就是那种将法律体系与国家相等同的观念。巴什拉在探寻一种新的科学精神时曾写道:"如果人们无法很快实现有序的多样性,则可以用辩证法来震动唤醒自我陶醉。"[10]在美国总统特朗普通过各种实践表明他拒绝承认当今世界越来越相互依赖的现实这一背景下,这种唤醒很可能是十分突然的。换言之,在当下,解放"法律的想象力"是多么的迫切,正如巴什拉在提到精神的想象力时所指出的那样,这种想象力包括:深化(通过比较法和历史来实现)和在不同领域以碎片化方式的迸发(在国际法的商业、人权、气候等等领域)。

这里首先是国家之间的连带团结,因为国际法始终是由国家并且是为了国家而形成的。国际法上的创新体现在"共同和有区别的责任"上。这一责任体现在有关气候变化的各种国际文件中《联合国应对气候变化框架公约》、1992年《里约宣言》、1997年《京都议定书》、2015年《巴黎协定》,它在其他领域中也是必要的,例如涉及金融管制、有关移民管理的规定,因为它让国家承担起实现共同宗旨的责任,与此同时,允许以差别化的方式来承担责任。

考虑到各国的情况,不同规范之间的严格等级关系已经被转变为全球与国家两个层面之间的互动关系。这里的问题是,即便

---

[10] Gaston Bachelard, *La psychanalyse du feu*, Gallimard 1940, p. 9.

是像《巴黎协定》这样有约束力的法律文件,对于违背协定义务的行为,也无法像在国内法上一样能够直接受到制裁。不过,"软法"也可以经由不同步骤被转化为"硬法"。目前,《巴黎协定》已经规定了一个"透明度框架",在该框架下,各国提供的信息将被公开,同时,一个专家委员会还被授权向公众公开相关信息,由此可能使有关国家受到公众意见的象征性惩罚。此外,违反《巴黎协定》义务的行为还可能受到一国国内法官的制裁,这是因为国内法官在解释国内法时会参考国际法的相关规定,例如,荷兰法院曾在Urgenda案的判决中认定国家没有恪守在《巴黎协定》下作出的温室气体排放的承诺,此后类似以国家为被告的案件不断出现在国内法院中。[11]

这种有区别的国家责任,将各个国家孤立的主权(独立性)转变为连带性的主权(相互依赖性)。当然,抵制这一转变的力量十分强大,不同国家之间的立场也存在分歧。在欧洲,存在着反对连带团结主权的保护主义倒退,在美国,尽管尚未明确反对环境保护的承诺,但特朗普总统在一步步地拒绝共同和有区别的责任。

相反,我们看到"非国家"的行动主体的重要性在不断提升,包括经济实体和民间实体,它们与国家不同已经在全球层面上相互组织起来。这在跨国公司方面显得尤为突出。《巴黎协定》只是建议性地提出"促使金融资金流动符合温室气体弱排放的发展"(第二条),但这可以看作是对经济或金融方面的鼓励性措施提出了要求(例如包括碳排放税、温室气体排放额度的交易、绿色债券,以及银行业的"压力测试",后者用来测试金融机构就气候变化对其稳定性造成风险时的抵御能力)。当然,还不确定的是,这种通过市场进行的自律是否有效率。

对国家而言,适用于非国家行动主体的软法也应被强化(特别是诸如企业社会和环境责任这类自愿承担的义务),其途径是当上述软法义务被违背时应当适用制裁(硬法)。但问题是,谁来担当有管辖权的法官?一种可能的方案是建立全球环境法庭,对国家

---

[11] V. Cabanes, *Un nouveau droit pour la terre*, Seuil, 2016, p.239 s.

和跨国企业行使管辖权,例如,2014年有人建立了有关大自然权利的"法庭",还有人在2016年针对孟山都向一个民间法庭提出了诉讼(涉及的问题是母公司和发包公司对子公司或下游公司的警示监管义务问题)。

面对来自政治和最强大的那些经济行动主体的抵制,民间行动主体能够扮演起主导角色,预示着未来世界公民的出现。在气候变化问题上,就是首先由气候问题专家和科学研究人员发出警示的。当然,也不能忽视其他"世界公民"的角色,他们也为警示气候变化付出了行动,特别是一些非政府组织,它们有的为了气候变化法律文件的制定和实施作出了重大贡献。由此,还应当进一步巩固民间行动主体的地位,使它们避免受到利益冲突的影响,确保它们一开始就能以规范的方式参与协商,并最终对促进正义实现的行动作出贡献。利益冲突的危险还应当促使人们在世界范围内明确科学研究人员和专家的地位,以确保他们的公正性和职权范围,但这对于那些拥有很少专家的领域而言则存在一定实际困难。

当然,还要避免非人化异变的风险,它与全球化相伴而生,当它导致人们按照同一个模式来统一行动时,就造成了非人化的异变。

(三)保留差异

康德就曾担心,一个普遍性的共和国可能堕落为令人恐惧的专制。托克维尔则指出,民主的专制会使人类变得幼稚,以至于变成一群被驯化的动物。然而,没有人曾想象过市场、生物技术以及数字革命可以将追逐利润与效率的教条结合在一起,从而服务于一种温和的专制,人们很自然地参与到这种专制中去。

因此,最后一个条件是,要将那种开放式的命运叙述与那种更为狭隘的不给想象力和不可预见性留有余地的叙述区分开来,后者将人类的多样性缩减为"大市场"的格式化,利用生物技术实现对人的选择性制造,以及那种以机器增强的人格或人格化的机器人为内容的后人类幻象。

为了在承认相互依赖性的同时保留那些未知的差异,则应当以有序多元的方式将差异组织起来并使差异之间形成某种相互吻合的关系，其核心是在相互依赖性基础上确定的那些共同宗旨目标。

这可能就是在有关文化多样性方面已有的那些规定内容（2001年《联合国教科文组织宣言》，2005年《文化多样性公约》）。一方面，《世界人权宣言》第1条规定的所有人享有平等的尊严，从而使该原则具有了普遍性；另一方面，联合国教科文组织关于文化多样性的宣言，其中第1条指出，文化多样性"对人类来讲就象生物多样性对维持生物平衡那样必不可少。从这个意义上讲，文化多样性是人类的共同遗产"，需要指出的是，该宣言是于2001年11月通过的，其背景是纽约发生的"9·11"恐怖袭击事件。同时，多元化"是与文化多样性这一客观现实相应的一套政策"（《世界人权宣言》第2条）。不过，联合国教科文组织的宣言也指出"任何人不得以文化多样性为由，损害受国际法保护的人权或限制其范围"（《世界人权宣言》第4条）。如果我们将文化多样性视为一种有生命的财富，是可以再生的，那么宣言的起草者并没有提供这样一种方案，它能将多元加以秩序化，将多元与普遍相协调。

为了构思出一种"可以普遍化"的共同法，法律精神可能需要向世界开放，这里可以借助不同的词语来表明，"可以普遍化"的共同法将包含一系列不同的过程。首先是通过对话实现协调，例如在各国立法和各国法官之间的协调。接下来更为远大的目标是一个和谐化的过程，和谐化可以类比为翻译行为，因为不同法律之间的和谐化需要承认不同国家实践之间存在相当性，这与不同语言之间的相互翻译过程很近似。例如在人权法领域，"国家自主空间"的做法可以用来判断不同国家实践之间具有相当性，还有，在国际反腐败合作领域，功能相当的观念也具有类似的作用。接下来，第三个目前还相对较少发生的过程是各个国家法律之间的相互融合以至于出现某种统一，这是一种相互融合的模式，由此产生出某些新的和出乎意料的结果，这可以用交融这个词来表达。这种融合过程能够丰富诸如"反人类"罪的定义，以及未来可能出现的灭绝生态环境的罪行这类概念，它们都建立在多样文化相互交织的基础之上。

总之,人类命运共同体这一新尝试中的主人将是"不可克减权利的人",它在1993年维也纳世界人权大会上就已经被提出。不可克减的人既不是与大自然相互分离的人,摆脱启蒙哲学的统治者,也不是后人类时代的由机器被动增强的人,而是抵御非人化倾向的人。不可克减权利的人了解自己知识的有限性、自己的不合理与不完美,进而不仅仅发展其认知能力,同时也发展其想象力、创造力和共生性。由此,为了避免进入停滞不前甚至会发生颠覆的危险区域,不可克减的人将发明出新的海上、陆上或空中道路,向着希望奋力迈进。

目 录

第一编 相对性与普遍性

总　序 　3
前　言　发新牌 　20
第一章　法律普遍主义的弱点或者思想不完善 　41
第二章　法律相对主义局限性或事物的力量 　182
结　论　超越相对性和普遍性：树立想象的标杆，
　　　　建设未来世界法律秩序 　326

第二编 有序的多元化

前　言　一和多：不同的多元性 　345
第一章　交互过程 　363
第二章　组织级别 　421
第三章　转变速度 　457
结　论　正在形成的秩序？ 　492

第一编

相对性与普遍性

总　序[1]

在当前各种讨论争执不下的时候,诉诸法律的想象力可能会让人感到吃惊。由于缺乏真正的全球法律秩序,《联合国宪章》的集体安全保障体系已经呈现出不稳定性,而法律还不知道如何解除武力。但是相反,"武力"无法阻挡法律这种史无前例的延伸,以至于任何一个政府,即使是最强大的政府,也无法持续摆脱法律的束缚。尽管表面上如此,但在今天,无视国家、地区和世界标准的重叠,无视国家和国际机构以及法官管辖权的扩大和不断涌现,这已经是不可能的事情了。这些新的现实情况促使法律发生变化,走向一种相互作用、复合多样并具有强烈不稳定的体系。这不是法律的失败,而是法律秩序概念中的一种变动。

面对这样的变动,世界法律秩序只能由两种力量冲突来决定,那就是保守的力量和改革的力量。乔治·李皮尔(Georges Ripert)最近将这两种力量看作是"法律创作力"[2]的两种重要的构成成分。弗朗索瓦·盖尼(François Gény)曾经说过这样的话:"当思想可以以一种让人信服的力量表现出来的时候,那么思想本身就是一种力量"[3],而李皮尔反驳说,那是"空洞的危险的力量"[4],

---

[1] 这篇序言是根据本书作者 2002 年 3 月 20 日在法兰西学院开课宣讲稿改编的:*Chaire d'études juridiques comparatives et internationalisation du droit*, Fayard,2003.

[2] G. Ripert, *Les Forces créatrices du droit*, LGDJ, 1955, p. 84 *sq.*

[3] F. Gény, « Justice et force (pour l'intégration de la force dans le droit)», in *Études de droit civil. Mélanges Capitant*, p. 248.

[4] *Ibid.*, p. 127.

就像是一种进步的有害的意识形态一样,因为这种意识形态是建立在一种神秘主义基础之上,一种真正的对社会平等、世俗化和反殖民主义狂热崇拜的神秘主义。有如此多的观念扰乱了对法律"稳定性"的看法。如果法律不是完全固定的话,那么在它文明化的连续任务进程当中,它会缓慢、庄严地发展变化,正如我们的先辈们所设想的那样。然而,李皮尔在他的论文中得出这样的结论:"在法律创建的利益斗争当中,只有司法人员可以阻挡强势利益的胜利。"所以,"司法人员应该反对经济力量,因为这股力量越来越成为斗争中的唯一力量,而且同时要支持道德力量,因为它可以削弱冲突。"[5]通过这种形式,他提出了关于伦理道德的思考。事实上,只要是建立在共同价值的基础上,这种思考就十分必要,它可以巩固以普遍性为使命的设想,从而解决因为全球化而产生的冲突。

为此,我们现在需要巴什拉(Bachelard)所说的"精神想象力"(forces imaginantes de l'esprit),他把这些想象力置于两条中心轴线上:"一些以秀丽别致的风景,以多样性、以意外的事件为乐";而另一些,它们"深究生命的本质;它们希望在生命当中找到原始而永恒的东西"。[6] 因此,比较学家总是好奇地去发现法律体系的多样性,有时会深入研究多样性以外的某些永恒的,至少是普遍的或者可以普遍化的东西。这种东西,雷蒙·萨莱耶(Raymond Saleilles)在1900年8月巴黎大会上曾把它看作是"普遍法律生活中最根本的单位"[7],就在同一时期,沈家本在上书皇帝的奏本中把它说成"世界最大的法律单位",要求中国法律同西方法律融合。[8]

---

[5] F. Gény, «Justice et force (pour l'intégration de la force dans le droit)», in *Études de droit civil. Mélanges Capitant*, p. 423.

[6] G. Bachelard, *L'Eau et les Rêves. Essai sur l'imagination de la matière*, José Corti, 1942, p. 1.

[7] R. Saleilles, «Conception et objet de la science du droit comparé», *Congrès international de droit comparé*, SLC, 1900, t. I, p. 167 sq.

[8] 李贵连:《沈家本传》,法律出版社2000年版。J. Bourgon, «Shen Jiaben et le droit chinois à la fin des Qing», thèse, École des hautes études en sciences sociales, 1994.

然而,比较学家的梦想遭遇了战争的破坏,半个世纪以来,在不同于国家法律的新形势下,应该由国际法赋予法律存在以普遍性。除了人权"普遍"宣言外,自从纽伦堡审判以来,人们就已经承认了人道主义。那场审判就是对我们后来所说的对"反人道主义"罪行的审判。人道主义后来成为"共同遗产",肩负着我们后代的使命。这一表达方式针对全球遗产,包括文化、自然遗产、月球以及其他天体,甚至从"象征意义上说",还包括人类的基因组。

这一政府间法律成为超政府法律(但仅仅是部分的),是否具有共同话语、共同智慧的使命?我们不能对此作出任何承诺,但是只要不脱离法律的想象力,我们至少可以期望如此。在巴什拉极其看重的"警惕性辩证法"中,正是法律的整体体系才能够促进想象力的发展,同时要研究表面形式的多样性,沿着"生命本质的萌芽去寻找牢固的物质和它赋予物质那美丽一成不变的东西"。换句话说,只有当国际法以历史和比较法为资源、比较方法同国际法的发展相结合的时候,才有可能在目前的动荡之外寻找一条发展的道路。

* * *

是否只有一条道路?当我们用肉眼只看到零散的堆积,散落在各处的无数个坐标,表示不同的意义,有时甚至是相互矛盾的意义时,如何描述一个研究客体呢?

首先,多数增长,因为这是一种幻觉,让我们相信伴随着经济国际化而产生的"去调节手段"是调节手段的对立面。而实际上,这是通过公共的和私人活动者的增加,根据激励机制、协商机制,利用现行的、革新的、可翻转的标准而采取的灵活机制进行的重新调配。从中我们也许可以想起桑迪·罗马诺(Santi Romano)的多元性观念,他在1918年的时候就早已放弃了将法律同国家政府相统一的想法。[9] 而且,这也一直不是一些真正的被制度规定下来的秩序:我或许会从中看到一种规范空间的多样性,包括在本身就具有分散性的国际法内部。[10] 从多样性到蔓延扩散,各国政府有很多担心的事务。

法国最高行政法院在 2000 年的一项关于"法国法国际标准"研究中指出:"在越来越多的领域中,机构范围内的变化以及对国际标准和欧共体标准的接受,这些在近十几年内使法国法在借用外来法律的地方造成重点的断裂。"[11] 研究中所提到的数字让人吃惊:仅欧盟法一项,自开始以来总共制定了 68000 多项法律文本,这还不包括新的法律文本,像共同行动以及框架决议等。我们承认,其中有一部分是修改性文本或者暂时性文本,但依然有许多法律标准在不断增长,各国司法裁判也越来越多地援引国际法。

欧盟法在开始的时候仅限于技术问题,但是今天却影响着法律的各个方面。未来的欧洲宪法也不能延缓它的进程。同欧盟法相反,欧洲宪法在当初是为了配合欧洲发展动力而构想出来的,另外受《欧洲人权公约》冲击而得到进一步加强。《欧洲人权公约》迫使各国在各个领域,比如在电话监听方面制定法律,在这一方面,没有一个国家敢于冒险,提出意见或者修改古老的敏感的平衡性问题,比如政府特派员与行政法院法官之间的关系。

另外,世界法也在不断扩大。如果说,联合国关于人权方面所采纳的协议,数量上之多远胜于其实际效果的话,那么"冷战"之后所激化的经济全球化为世界贸易提供了一种新的活力。2001 年 12 月 11 日中国加入 WTO 组织,这在继 1978 年和 1992

---

[9] Santi Romano, *L'Ordre juridique*, 由 L. François 和 P. Gothot 根据原著 *L'Ordinamento giuridico* (1918; 2ᵉ éd., 1945) 翻译,第二版翻译由 Ph. Francescakis 撰写引言,P. Mayer 作序,Dalloz, 2002.

[10] 参见 M. Delmas-Marty, « La grande complexité juridique du monde », in *Études en l'honneur de Gérard Timsit*, Bruyland, 2004.

[11] 参见法国最高行政法院,*La Norme internationale en droit français*, La Documentation française, 2000, p. 19.

年两次浪潮之后成为改革的第三次浪潮。中国加入世贸组织协议规定了一些总原则,这些原则有可能引起一些变动,比如加强滥用职权的监督管理,从而需要重新解读中国传统法律。[12]

无论如何,我们还应该保持我们的高度乐观主义,因为经济发展不会使我们自动过渡到法治国家,除非通过批准联合国制定的协议同时结合民事政治权,但是联合国却没有更多的方法来激励这些工作的完成。

从一种组织到另一种组织,正是"法律的国际化域场"(les lieux de l'internationalisation du droit)(从它的本义和转义两个角度说)处于分散状态。针对欧洲法律,让·卡尔波涅(Jean Carbonnier)把它们命名为"无所适从的法律"(droits de nulle part),同时以挪揄的口气补充说:"无所适从,这个表达方式用希腊语来说,就是空想,就是乌托邦(utopie);但是乌托邦是带有诗意的,是似空气般轻盈的;然而萦绕在欧洲法周围的,是利益和野心的资本化,也许什么也不需要,只需要火山爆发,让这些司法巴比伦王国流淌出来。"[13]

但是模式应该具有吸引力,因为其他地区开始实施具有法律意义的机构。当然,这些机构具有一定的整合潜力,根据情况而有所变化,比如在亚洲范围内简单相互咨询(东南亚国家联盟,Asean[14]),亚洲太平洋地区的经济合作(亚洲太平洋经济合作组织,APEC[15]),北美自由贸易区(Alena[16]),南美海关联盟(南方

---

[12] P.-E. Will, « Le "contrôle constitutionnel" de l'excès de pouvoir à l'époque impériale: l'exemple de la Chine des Ming », in *La Tradition chinoise, la démocratie et l'État de droit*, dir. P.-E. Will et M. Delmas-Marty, Fayard, 2007.

[13] J. Carbonnier, *Droit et passion du droit sous la Ve République*, Flammarion, 1996, p. 48.

[14] Asean: Association of Southeast Asian Nations.

[15] APEC: Asia-Pacific Economic Cooperation.

[16] Alena: Accord de libre-échange nord-américain.

共同市场 Mercosur[17]),非洲国家免税区的商法协调组织(Ohada[18])。至少,这些机构在将来会对各国法律产生影响,而且同时还有各地区的人权保护法案对此也会产生影响。但是这样的未来对我们来说似乎还很遥远,因为除了几个特例,由于缺乏认可或者由于监控的原因,它所产生的效果十分薄弱。

另外在全球范围内,还需要考虑规范的私有化:国际商法的裁决在很大程度上受私有资源所支配,自我调节以行为准则、企业道德等形式发展,最近又以环保和社团的名义发展起来,这些标签被认为可以在赋予消费者一定责任的同时加强他们对环境和社会规范的尊重。为了使自我调节更加有用,不能仅仅通过承担共同利益的国家间组织来替代调节作用。但是,在联合国和专门组织(如国际劳工组织、卫生组织、知识产权委员会或者国际贸易组织等)之间存在如此大的分散性,以至于有效性同数量呈反比,至少是缺乏一个真正的法律监督。实际上,我们都知道,国际法院(CIJ)是根据《联合国宪章》成立的,它具有一般的诉讼权和商议权,但是它依然受控于国家政府,对国际范围内触犯人权案件的审判并不具有真正的裁判权。至少世贸组织的争端解决小组(ORD)开始具有司法裁判权,同时国际刑事裁判尽管遭遇到抵制,也开始显露出它的国际裁判权。

然而,随着法律全球化发展,它同时在决定"法律国际化方向"(le sens de l'internationalisation du droit)的时候遭遇到各种矛盾。其中一个矛盾就是道德国际化与经济全球化之间的矛盾:道德国际化需要各国的积极支持,而经济全球化往往反映了各国的弱点;同时还存在一个矛盾,就是普遍主义思想同市场社会之间的矛盾:普遍主义思想要求团结一致,利益共享,反对贫困,而市场社会却相反,是以竞争和不平等的不断增强为标志。

《世界人权宣言》当中早已规定了基本法的不可分性,由于这种不可分性,本可以很容易达成和解,但是随着时间的流逝,这一

---

[17] Mercosur: Mercado común del Sur.
[18] Ohada: Organisation pour l'harmonisation du droit des affaires en Afrique.

原则渐渐被弱化。1966年通过了两项非常明确的条约,从而将公民政治权利同经济、社会和文化权利分开,被置于一旁,几乎没有任何监督;随后在1994年成立世界贸易组织,从而将经济权利(从广义的角度说)从社会权利当中分离出来。

从这个角度上看,欧洲的经验可以说是一种创新。尽管存在两个法院,象征着市场同人权分离,但是法官们依然在努力通过交叉参考来解决一些主要矛盾,然而,他们也只是一个案例一个案例地以点状的方式谨慎地进行。2000年12月7日,在尼斯颁布的《欧盟基本法宪章》没有采用分两部分的方法,而是按照六个章节来介绍,包括:尊严、自由原则、平等、团结一致、公民权和公平,从而跨出了一步。宪章一旦写入宪法当中,就应该具有法律效力,不仅对各国具有法律约束力,而且对各经济活动者也具有法律约束力。最终,它有可能将市场调节机制(市场开放和自由竞争)同尊重基本法结合起来。受司法裁决的人开始援引宪章,法官们也可以把它作为论证参考资料,这种对政治决策的预测方式再一次表现了法律的效力以及法官的权力,他们是抱着解决矛盾的决心而来的,然而这些矛盾仅仅是因为政治上的犹豫不决造成的。

而且,也许因为国际化的原因使用了新的说法。国际化在削弱政府作用的同时,通过布迪厄所描述的"法律效力"[19]这种"表现力"的推动下表现出来。

*　　　*　　　*

布迪厄没有上法律形式主义的当。他认为,那些将理性法律同具有神奇魔力的法律对立起来的人,比如马克斯·韦伯,他们忘记了"最具理性的法律也只是社会魔力成功的行为"。魔力和研究很少能够密切结合。当魔力起作用的时候,所有科学工作的尝试似乎注定要遭遇失败。在法律不可改变的逻辑中,法律界这种社会学最终只会导致法律,或者说法律科学的不可能性。至少,法律

---

[19] P. Bourdieu, «La force du droit. Éléments pour une sociologie du champ juridique», *Actes de la recherche en sciences sociales*, 1986, n°64, p. 3 *sq.*

应该激励人们尽量避免文本的神圣化以及诉讼代理人断然判决的确定性,从而寻找一些解决方案,以"断绝死抠法律文本的思想,建立符合实用的理论"。[20]

第一种方法在于研究国际法与各国法律之间的相互影响。所以比较性研究不仅具有认知作用,而且具有坚决的批判功能。比较法建立在各种不同法律体系的多样性基础上,它重点考虑的是国际化过程,有时显得过于自信,因为它时而表现出官僚主义:当很容易形成统一的时候,它就会过于细腻地结合统一的要求;当统一有可能变得有用的时候,它又会放弃统一;时而表现出霸权主义,毫不掩饰地强加最强硬的法律。

比较法的地位的确是多样的,它极少参与各国间国际化的传统概念。虽然它有时会参照各国法律,但是为了根据国际法院章程规定的最高形式,提出"各个文明化国家承认的法律基本原则"。国际刑事法院(CPI)却以补充条款更加开放地提出"法院以代表世界各法律体系的各国法律为基础制定的法律基本原则"。但是了解所有法律体系需要具备很多值得注意的方法,以检查它们同国际法的兼容性。因为缺乏这样的方法,参照比较法最终赋予法官判决以合法性,而不仅仅是像开始的时候那样引导对案件的解释,就像国际刑事法庭在处理南斯拉夫和卢旺达案件那样。法官最好是只限于比较普通法体系与罗马—日耳曼法律体系,它们是"文明化国家"概念的幸存者,而其他法律体系将被逐步同化。至于各国实际应用同国际习惯的结合,通过奇怪的循环作用,它竟然使各国法官成为国际标准的传播者和接收者。

人们原来希望以另一种方式建立一种超国家法律,而不是通过一个超级大国法律的延伸建立起一种超国家法律。可是,自从这种超国家法律得以发展以来,比较法就变得很有必要。提及比较研究,就是表达对结合各种法律体系的多元性国际化的偏好。为取得成功,它不仅隐含着各种法律体系的并列结合,而且还包含

---

[20] P. Bourdieu, « La force du droit. Éléments pour une sociologie du champ juridique », *Actes de la recherche en sciences sociales*, 1986, n°64, p. 44.

了其他东西。所以需要注意其中的差异,找到一种共同的语法规则,既可以让彼此得以兼容(和谐),又可以实现真正的融合(错综交叉)。

按照这样的条件,比较方法具有双重功能,既可以促进作为法律国际化核心的各国法律体系的整合,又可以抵制整合。促进各国法律体系的整合只是在一定范围内可行,因为法律交叉融合是欧洲建构实验室、分析或尝试的基础,在某些情况和某些条件下,一项综合性研究可以实现这种法律交叉融合。为克服综合性研究所产生的各种歧义,有必要采用比较法。在这种情况下,比较的方法有助于促进各国法律体系的整合。所以,欧洲检察官的建立结合了现有因素,一些是法官居主导地位的诉讼程序传统,另一些是刑事诉讼制传统。但不是所有领域都可以进行交叉融合的,因为英国法同陪审团的紧密联系是民主的象征,所以同样的计划没有在职业法官当中实施。

比较研究同时也会产生抵抗作用,或者以抛弃一切统一的激进方式进行,或者以一种比较细腻的方式进行,根据同一规定排除统一,但同时围绕共同原则,实施各国自主空间,打开了一条和谐之路。对于各国政府来说,这是一种具有差异性的法律,也许可以在调和共同法的局限性和多样性要求的同时,将一元和多元结合起来。在这里我使用了条件时态,因为各国自主空间是一种不确定的变化的权利,它有可能更加有利于法官的任意裁决,而不是促进共同法像人们可以接受的那样崛起。

这样的风险导致第二种选择方法:将不确定性(indétermination)变成法律理性的一种构成成分。也就是说,要承认前行的道路没有事先规划出来,国际化也许宣告着另一种重组,为此,不确定性的某些部分在时间上和空间上将是目前必要的阶段。说不确定性是必要的,既不是在暗示要称颂它的无条件性,也不是为没有严格规定的法律做辩护。恰恰相反,不确定性是要寻求更加透明的动机和更加严格的方法。因为不要混淆不确定性和任意性(arbitraire)。

不确定性首先来自国家自主空间(marge nationale)这个概念。考虑到多样性问题,尤其是文化和宗教多样性(即使在相当同一的地区也同样存在),欧洲法官首先提出了各国自主空间概念。当全球堆满了各种差异,人们开始思考如何诚实地在各国政府之间实施平等原则的时候,这种原则就变得更加必要。而且还需要能够公开接受这种方法:定义中"自主性(marge)"实际上已经产生不确定,但是它也保留了解决差异共同措施的可能性,那就是共同标准的可能性。

人工克隆这个案例可以帮助我们更好地理解国家自主空间的使用。实施一项禁止克隆生殖的世界规定也许是可能的,也是人们所期待的;但是法国、德国向联合国提出的共同建议却遭到失败,原因是在所谓的治疗克隆问题上产生很多分歧,无法形成统一的法律意见,从而使它不得不对该问题保持沉默。为避免失败,法国和德国建议也许应该包含一项共同标准,比如以人的尊严为原则,禁止在活体内种植无性繁殖细胞,同时承认每个国家的自主空间,规定可以接纳的具体实施办法。[21]

但是这种方法的有效性需要实施有效的法律监督和调整方法。

为避免滥用国家自主空间,减小不确定性,法官应该形成一种理性推理,付诸一些理性,同时根据利害关系详细规定各种标准,并均衡这些标准。另外,由于一些概念或一些修饰词,比如像"理性的"或"可接受的"这样的表达方式的不明确性,同样的条件也实用于固有的自主空间。这些形容词来自普通法,它事先就早已设定对法官明智审判以及他们的自我约束力的充分信任。但是人们更愿意将这份信任投注于各国法官身上,而不是被看作是外国人的国际法官身上。为了证实他们的合法性,他们将需要更进一步的严格性。为了确定自主空间,有必要建立一个尺度比例,但是这样还不够,因为测量标准差异并没有说明从哪一点开始延期是不合理的,风险是不可接受的,或者国家自主空间是过度的。而且还应该确定一个界限,控制接受的自主空间的规模,但同时由于自主

---

[21] 关于这一点,参阅 « Recommandation franco-chinoises sur le clonage humain », in *Clonage humain. Droits et sociétés. Étude franco-chinoise*, dir. M. Delmas-Marty et Zhang Naigen, vol. III, *Recommandations*, SLC, 2004.

空间的多样性而产生新的任意裁决的风险,这一次是从时间角度说的。

实际上,时间上的不确定性很容易理解,它决定了谨慎预防原则的使用,同时伴随着国际化,有时,人们会公开要求国际化具有"可发展的"特征。所以法律的严格性规定要明确指出监督决策界限多样性的标准,比如:国际法的标准,像援引目的的合法性,或者相关原则的属性;比较标准,像各国体系之间"共同目标"是否存在或缺失。法官们为此做了努力,但是却没有拥有很多能够进行真正地比较研究的方法,在出现"新条件"的情况下,他们也会有所保留,等待时机,不做逾越之事。

虽然比较研究能够加强法律的严格性,但是我们没有任何理由确定比较研究可以完全消除法律的模糊性和不确定性。将法律的不确定性和司法理性结合起来,这不是要消除法律的不确定性,而是要试图谨慎地限制法律国际化进程中的部分不可预见性(是否应该说是偶然性?)。

不确定性,无论是可操作的还是基本的,无论是相对的还是绝对的,正如米歇尔·福柯要求的那样,会对"我们真实的愿望提出质疑"。福柯曾指出,应该"在话语中重建突发事件的特性",包括事件的不连续性,"把偶然性当作事件发生的一种类别来接受"。[22]

*　　　*　　　*

为提出研究的假设方式,还需要指出法律话语中的几点突变。这样做并不是为了消除突变出现的偶然性,但至少,可以从中寻找能够打开一条通道的岔口,因为法律是一种规定性话语。

我们先从标准突变开始分析。也许对于非法律人士来说这并不十分明显,但对司法界人士来说,却是最扰乱人心的一点。国家自主空间是一种辅从性原则,在欧洲条约中有明确的规定,它是通过各国议会的监督在宪法中进一步加强;另外,它还是一项补充性

---

[22] M. Foucault, *L'Ordre du discours*, Gallimard, 1971, p. 61.

原则,在国际刑事法院章程的开头就早已提出来了。国家自主空间会产生一个共同的影响,即切断国家法同国际法之间的垂直链条。人们曾经认为,同一级别的国际法律体系具有一定的自主性,然而,它们之间的横向断裂却是更加激烈,因为它们都是专注于一些特殊的领域,比如市场法或者人权法。争议就在于这种不连续性排除了不同标准整体系统之间密切的隶属关系,但并不意味着它们具有绝对的自主权。

所以岔口有可能是一种知识论,因为根据传统观念,人们很难理解也不可能理解这些现象。在传统观念当中,法律秩序是由等级原则严格规定的,正是等级原则构成了法律体系的统一性,赋予了法律金字塔式的形式,下级标准要服从上级标准,依此类推,直至金字塔的顶端。在国内法和国际法的关系中,这种表现只承认两种可能:一元论或者二元论。一元论要求一种全球整体法律秩序,其他所有法律秩序要服从全球法律秩序;二元论则认为可以把国家法律秩序看成分离开的独立的整体。如果说一元论是一种乌托邦式的理想主义的话,那么相反,二元论则是要求国家法和国际法的根本分离,不可能将法律国际化过程中产生的所有现象同法律理性结合起来。

因为国家领土在地球上的延伸扩展,历史时间也延伸到未来几代人,所以这已经不仅仅是等级变化的问题:相互作用和不确定性是正在酝酿当中的世界法的主要特征,这些特征也许正宣告着一种新模式的崛起。

弗朗索瓦·奥斯特(François Ost)和米西尔·冯·德·盖肖夫(Michel van de Kerchove)出版了一本叫《从金字塔到网络?》的书,他们在书中提出"网络潜在普遍性与金字塔定位锚固"[23]之间摇摆波动的假设,断然肯定了缺乏综合分析的辩证法的风险。事实上,这种风险的确存在,因为这样的辩证法既不排斥早已出现的

---

[23] F. Ost et M. van de Kerchove, *De la pyramide au réseau? Pour une théorie dialectique du droit*, Bruxelle, Facultés universitaires Saint-Louis, 2002, p. 539.

混乱状态，也不排斥由唯一市场进行的自我调节制度，而后者，正如吉纳维芙·戴高乐（Geneviève de Gaulle）经常提到的那样，会导致金钱的极权体制。

为避免这种混乱，我认为我们需要一种辩证的综合性理论，其宗旨就是以体系的多元性为基础，建立一种"有序的多元性"。为此我们可以试图从二元性到模糊性，将前面提到的不同思想和理念结合起来，作为可能的标准参照。混杂意味着将各国法律融合成一个统一的标准，根据严格的等级规范加以实施，它没有消除传统的二元思想的法律资格，但是保留了一条特殊的道路，因为这需要有权力明确规定规则的立法者和能够将其付诸实施的法官。和谐仅限于提出共同原则，能够包容各国差异，可以通过国家自主空间使等级性变得灵活。但是和谐也赋予法官（标准的接受者）一部分决定权，要求他循序渐进地学习新思想。最后，共同调整希望避免最明显的矛盾，排除所有等级（根据非正式的影响，每个法官都会轮流成为信息和交叉参照的释放者和接收者），但是也会寻求透明度和相互性。

从法律的非正式形式到形式主义，并不是要消除张力，而是要将这些不同形式整合成一个充满活力具有发展性的综合体，确切地说，是由张力激励出来的综合体。为实现这个目的，最根本的就是要找出每个形式的独特条件，同时要考虑立法者和法官之间的职能分工，因为这种分工支配着权力的结构构成。

所以，确切地说，第二种突变影响着权力的构成。即使在欧洲，似乎也不可以直接改变传统的三权平衡：面对软弱的欧洲议会以及分别由欧盟和各国承担的行政权，欧洲两个法院的裁判权表现在法律站起来反对民主的活力中。随着由参与者自己构想实施的跨国间标准，或者由各国政府规定的、但是逐渐被法律机构或者几乎是裁判机构监督控制的超国家标准的发展，这种不平衡的风险扩展到全球范围。所以，世贸组织机构可以强行对各国政府实施禁令，国际司法裁判可以对高级官员进行处罚，甚至包括在任的国家领导人。

勒内·卡桑(René Cassin)曾是这一重要创新的创始者之一，由罗贝尔·巴丹特(Robert Badinter)推行在法国实施。但是这一创新仅限于地区法院，尤其是欧洲人权法院，因为这是个人上诉机制，是由成为国际法积极主体、能够让法院对一个国家政府进行审判的个人实施的。所以1986年法国第一次受到欧洲人权法院的处罚，那是关于一个被非法拘禁的外国人被判有谋杀罪的诉讼案件。这是一个地区性案件，但是这样的诉讼完全可以对世界产生影响：有好几次，在犯有重刑而需要引渡的刑事案件当中，斯特拉斯堡法院判处罪犯死刑，违背了欧洲人权保护条例。

所以这一切都提出了一个权力平衡的问题。为建立一种新的平衡，联邦或者联盟模式似乎很难在结构完备的各国政府间改变。即使在大家都一直赞同民主准则模式的欧洲，我们都看到了这种现象，更不要说在整个世界范围内，各国政府已经在这条道路上以各种方式走得很远了。至于帝国模式，这种模式要求统治中心对附属周边建立一种隶属关系，它并不能保证反对"可怕的专制主义"。关于这一点，康德早已有所担心，他认为民族国家的多元性是世界主义不可超越的范围。

当国际法、比较机构法以及历史都无法提供先例的时候，就应该寻找一种新的政治出口。欧洲建构的例子本应该让人们找到一些途径，或者放弃一些毫无出路的方法。实际上，机构改革迫使人们创作出一些新的方法，配合国家和超国家之间行政权和立法权的实施。将来的欧洲宪法提出一些规定，更好地限制绝对管辖权和共同管辖权。

但是，只有当人们拥有同属一个共同群体的归属感的时候，建立一些新的机构才会有意义。从这个角度上看，文化、科学以及经济上的联系也许会跟法律上的联系带来的东西一样多，甚至更多。我们应该还记得，在那个被宗教战争搞得四分五裂的欧洲，是人道主义思想让一个平静社会的准则得以重生：星宿的远古神话象征着回归正义与和平的希望,如同"更好地宣告休战"[24]一样。

从欧洲公民到世界公民,市民社会运动越来越多地出现在国际舞台上,这也许标志着人道主义的另一个时期。人们已经不再以神话为参照,回归自然的梦想也以其他形式表现出来,但是"结束一个纷争流血的时代"的愿望依然十分强烈。尽管这些运动显得有些笨拙,有些过分,但是它们在不断变化。一开始这些运动被称为"对抗全球化"(anti-mondialiste),后来被称为"反全球化"(altermondialiste),最近他们又以游行的方式来争取和平,在整个欧洲表现出共同命运群体的意识。

从中我们可以看到一种希望,一种从面向世界民主变化中诞生出来的希望。尽管世界民主还有待开发,但它会将所有参与者,包括公共的、社会的以及经济领域的参与者结合在一起,形成一种全新的"公民义务三角关系"。但是这种变化不会阻碍民主的发展,在国家范围内这会显得越来越必要。

所以应该从国家、欧洲和世界三个角度来讨论"权力重建"的假设,如果没有"权力重建",法律的国际化就会变得很弱,会威胁到政治平衡,加重"民主失望"。[25]

目前全球化的一个特点是事实上的相互依存,这要求加强对"管治"方法的理解,同时重新恢复集团的概念。这个集团概念既不是指从19世纪德国历史学派那里接受的法律群体的浪漫主义思想,也不是雷纳-让·杜比(René-Jean Dupuy)[26]所说的为了政府集团的利益而受骗的"国际群体"的神话,而是指"国家政府共同体"(communauté d'États),它是从国家主权和共同责任当中产生,连接着代表不同阶层的权力,保证国家法官的执法水平,融合公民参与的各种新形式。

---

[24] M. Fumaroli, « Le retour d'Astrée », in *Précis de littérature française du XVIIᵉ siècle*, PUF, 1990, p. 52.

[25] P. Rosanvallon, « Leçon inaugurale » au Collège de France, 2002, p. 34.

[26] R.-J. Dupuy, « Leçon inaugurale » au Collège de France, 1979, p. 15.

但是这样的一个共同体只有在承认共同价值有助于规定应用标准的意义的情况下才能够存在。换句话说,这个共同体要求一种价值普遍性,而这正是顽固的相对主义时刻反对的东西。

这就产生了第三种突变,即价值的不连续性。事实的确如此,长期以来,相对主义成为法律体系的中心,后来因为国家主权平等原则被认可。而抽象理性的普遍主义在启蒙时期接受希腊哲学的各种观念中先后奠定了自然法和人权法的基础。在标准的相对主义和哲学普遍性之间,人们满足于一种保留法律自主性和政治主权的不连续性。

在第二次世界大战结束后,《联合国宪章》依然规定了共同使命,企图疏导诉诸武力的行为。但是这些规定基本上只限于(也取得了不同程度的成功)在不发生战争情况下的"消极和平"。因为宪章既没有缩减经济金融不平衡的目的,也没有缓解种族宗教冲突的目的,所以这部宪章并没能为联合国提供建立一个"积极和平"的方法。而且这种区分是无法维持的,并不是因为意识形态的问题,而是因为事情的力度。随着经济、金融、文化和科学交流的进一步全球化,恐怖主义犯罪以及各种贪污腐败及大型走私犯罪活动也开始走向全球化;同时还有生态风险以及生物技术危险的全球化。因此,很明显,不能只用国家法来解决问题。相互依赖成为一种事实,要求人们想出一种共同方案。不断出现的危机不是要消除联合国的资格,而是应该加强建立"国际秩序"的决心。关于这一点,《世界人权宣言》第 28 条承认这是所有人享有的基本权利。

目前,风险加剧了世界强国的霸权企图以及其他国家的民族主义反应。最有可能的是看到突变的反向加强,因为随着普遍性变成标准化,事实上人们会看到一种新相对主义的发展,一种抽象的理论性的相对主义,它与几乎完全是理论性论证的法律国际化相对立,但是似乎面对全球化的时候又有所放弃。现在不是放弃文化多元性,而是要构想文化多元性所产生的多样性如何能够有助于全体成员可以接受的共同标准的"多样发生器"(générateur de diversité)[27]的形成。

在开始讨论其他假设之前,我首先在本套书的第一编,讨论"相对性与普遍性"之间的翻转关系。

---

[27] J.-P. Changeux, « Le point de vue éthique », in *Crimes internationaux et juridictions internationales*, dir. A. Cassese et M. Delmas-Marty, PUF, 2002, p. 83; *Une même éthique pour tous?*, dir. J.-P. Changeux, Odile Jacob, 1997.

前　言

发　新　牌

　　在 2002 年法兰西学院创建的"法律比较研究和法律国际化"教席的题目中就表现了相对性与普遍性之间的张力。

　　一方面,法律比较研究至少在第一时间为法律相对性的看法提供了证据。位于法律体系中心位置的实证相对主义和理性抽象普遍主义,长期以来两者一直和平共存。从希腊哲学到启蒙哲学,"自然法和万民法"那遥远而庄严的形象能够让人产生实际的幻想,因为这一形象没有威胁法律的实践,也没有直接或间接地牵连出对法律的质疑,相反,它赋予法律实践以理论合法性,而且国际法依然建立在各种法律体系平等的基础上。

　　另一方面,"法律国际化"(为了跨国家和超国家的实践而超越了国际法的范围)现象导致人们承认一些具有普遍使命的法律概念的实用法律地位。尽管这仅仅是个开端,这种认可对于相对主义的支持者来说似乎是一种挑衅。

　　在这里我不想调和相对性和普遍性的各种观念,我只想逐个仔细研究各种观念,把法律材料当作原始素材和实际状况介绍,以此为基础分析两者之间的张力。

　　相对性和普遍性之间的关系首先被看作是普遍性理论和实践相对性特征之间的简单共存。而事实上,面对全球化挑战,这种关系逐渐变得紧张,因为全球化意味着需要共同的法律方案,因此会产生反面冲突,同具有普遍性使命的概念的崛起产生对立,相对性会走向理论化,成为学者的话语。从此在相对性和普遍性之间产生冲突,因为相对性等同于国家(在凯尔森看来,"法治国家"这个表达式其实是同义迭用),体现在法律的概念当中;而普遍性是通过碎片成为法律,是在实用法律教材中出现的。无论如何称呼,人权、反人道主义罪行、人类共同遗产、商事习惯法(*lex mercatoria*)等,这些碎片的使命在整个地球上付诸于实施。司法人员早已注意到像《欧洲人权公约》以及欧盟法这样具有超国家特色的新法律体系的出现,他们还发现,有时甚至表示担心,在地区和全球范围内,法律与国家政府之间这种对等性的断裂。因为两者的共存已经维持了很长时间的和平状态,如今面对这种断裂,他们的担忧表现得更加强烈。

1. 共存

当法律基础普遍性还处于同实证法律相对性至少可分离,或者已经分离的情况下,依然可以保持这种和平共存状态。在 19 世纪的时候,因为普遍的民族主义同历史学派所反映的法律共同体密切相连,接着在 20 世纪的时候,普遍主义又因为比较学者的研究而具有各种多样的内容,所以普遍性与相对性的共存会具有很多矛盾的形式。

1.1 基础普遍性

普遍性这个词也许应该使用复数来表达。这里不是指一种极为庄严崇高的复数,而是一种朴素的复数。当人们在法律领域提到普遍性的时候,似乎它是在理性和信任之间,在论证和揭露的事情之间的浮动。

一方面,当人们深入了解希腊—拉丁思想时,会发现是理性决定着从胡果·格劳秀斯(Hugo Grotius)到霍布斯后来再到康德思想的自然法和万民法的理念。法国《民法典》的起草方案对这一思想进行了深刻的总结:"存在一部普遍的永恒的法律,它是所有实证法律的来源;它只是自然理性,是这一理性统治着整个人类。"但是这篇文章,确切地说似乎因为混淆了实证法及其基础,最终因为"不一致,秩序混乱"而被拿破仑时期的法案评议委员会排斥,"从民法典的前言中撤出,不值得编入民法典中"。[1]

直至今日,万民法启发着国际法的制定,格劳秀斯(和他著名的《战争与和平法》[2])成为朴实的普遍主义模式的象征,同主权国家严格的平等相连接。康德用法律世界性的观念代替了这种模式,表达了一种更为激进的普世主义,但是却不至于产生康德所担心的专制式普遍君主制度。[3]

凯尔森后来重新采用康德的模式,他在1944年的时候曾梦想建立一个世界政府。[4] 最近德国哲学家哈贝马斯重新提出"康德的以世界主义意识形态平息各国政府的自然状态的思想"[5],强调指出"世界主义法的关键在于,除了国际法的集体主体以外,还在于个体法的主体地位"。[6] 他还增加了一个功利主义的注释,提出要依靠这样一个事实,那就是:风险的全球化已经从客观上将整个世界结成一个让所有人都蒙受风险的"非自愿的共同体"[7](communauté involontaire,这是一个让人吃惊的表达方式)。但是他自己却借鉴"黑格尔的具体普遍性"来定义他的普世主义,他认为,黑格尔的具体普遍性"终于找到从实体基础升华成纯净的传播结构的机会"。[8] 他的观念具体并符合法律程序,是围绕传播伦理发展起来的,同美国哲学家约翰·罗尔斯(John Rawls)的思想

---

[1] F. Ewald, *La Naissance du Code civil. La raison du législateur*, Flammarion, 1989, p. 92.

[2] Hugo Grotius, *De jure belli ac pacis* (1625), *Le Droit de la guerre et de la paix*, trad. De P. Pradier-Fodéré, PUF, coll. «Léviathan», 1999; Y. Onuma, *A normative Approach to War, Peace, War and Justice in Hugo Grotius*, Clarendon Press, 1993.

[3] 关于康德本人的思想波动,参阅, A. Renaut, «Le refus de la république universelle», in *Kant aujourd'hui*, Aubier, 1997, p. 471 sq.

[4] H. Kelsen, *Peace Through Law*, Carolina University Press, 1944:他建议从法院开始,作为阻碍较少的战线,而不是从议会或者世界政府开始。(参阅本书第一章第三节)

[5] J. Habermas, *La paix perpétuelle entre les nations. Le bicentenaire d'une idée kantienne*, Cerf, 1996, p. 75.

[6] *Ibid.*, p. 57.

[7] *Ibid.*, p. 74.

[8] J. Habermas, *Droit et Démocratie*, Gallimard, 1992, p. 251.

不同。后者更具标准性,是建立在价值理想基础上,但只限于政治领域。[9] 罗尔斯正是以这个抽象的视野试图将他的公平法律理论应用于人权法中[10]:按照康德的思想,他摒弃了世界政府的观念,发展"建设性"普世主义思想,这种思想以实践理性原则和观念为基础,通过逐步调整来完成,来解释"社会契约理论如何在意义上变成普世性"。在哈贝马斯和罗尔斯之间,从他们所使用的词语来看,"正是通过理性的公用而达成和谐"[11]。

此外,从中古前期起,那时只有教士的教训,信仰开始启发法律人道主义及其变化:圣托马斯"比很多浪漫主义者更能深入地理解法律精神"[12],而马西尔·菲辛(Marsile Ficin)放弃了奥古斯丁上帝之城和人间之城的二分法,维护柏拉图的人道主义思想和基督教思想,准备接受新教徒法律学家普芬道夫的道路。他的创新性理论和人道主义思想解释同霍布斯严格的理性思想完全对立,人们有时把他的思想当作"人权理论的教父"[13]。

莱布尼茨一直梦想沿着耶稣会教士的思想,在中国和欧洲建立一种"启蒙交流"(communication des Lumières)[14]。为此,他曾设想建立一座普世教堂,但缺乏一个伟大的蓝图,从 18 世纪开始,这种既带有人道主义又具有基督教思想的观念影响了西方对人权的思想。

然而,在 20 世纪的时候,所有创新形式(无论是建立在上帝基础上还是建立在自然基础上)最终都从《世界人权宣言》的第 1 条

---

[9] J. Habermas et J. Rawls, *Débat sur la justice politique*, Cerf, 1997, p. 66.
[10] J. Rawls, *Le Droit des gens*, Éd. Esprit, 1996.
[11] J. Habermas et J. Rawls, *Débat sur la justice politique*, op. cit., p. 9.
[12] M. Villey, *Le Droit et les droits de l'homme*, PUF, 1983, p. 115.
[13] Ada Neschke, « Nature de l'homme, nature du droit: les fondements des droits de l'homme dans le *Iure naturea et gentium* (1672) de Samuel Pufendorf », in *Humanité, humanitaire*, Bruxelles, Facultés universitaires Saint-Louis, 1998, p. 75.
[14] Étiemble, « Leibniz et la Chine. Le grand dessein », in *L'Europe chinoise*, vol. I, Gallimard, 1988, p. 370 *sq*.

中取消,尤其是以中国法学家张彭春的建议[15]为基础的形式。后者认为:宣言要想具有"普遍性",就不应该在创新和发展之间做决定。因此,他坚持在理性上应该加上良心(conscience)的概念,这是从儒家思想角度所说的,指的是理性应该培养关心别人的同情心,如果我们回到分享的第一个含义而不是人人有份这个含义上[16]的话,这也许会让人想起希腊—拉丁语中所表达的"各得其所"(*suum cuique*)[17]的意思。

大部分地区协议(欧洲的、美洲的以及非洲的)都保持同样的中立性。但是在《阿拉伯宪章》和《伊斯兰人权宣言》的前言中明确规定了宗教基础。即使在欧洲,有关讨论也没有结束。关于《欧盟基本法宪章》的前言部分,人们已经讨论了"宗教遗产"的问题。最终放弃了"宗教遗产"的表达方式,采用了"精神与道德遗产"的表述方式,而德语的表述(*geistig-religiösen*)更为模糊[18],宗教基础成为一些机构的明确思想来源,而对于一些司法人员来说,则成为一种不明言的参考来源。萨维耶·狄戎(Xavier Dijon)在他的"走向共同法来源的哲学之路"[19]中,研究了他所说的当代人类普世化的三种方法(理性、工作和市场),随后,指出了这个把怀疑论看成是唯一担保的矛盾论:"寻找'共同法',从道路方向上讲,因为形而上的不确

---

[15] P.-E. Will, « La Chine et la Déclaration universelle des droits de l'homme », in *La Tradition chinoise, la démocratie et l'État de droit*, dir. P.-E. Will et M. Delmas-Marty, Fayard, 2004; également Mary Ann Glendon, *A World Made New. Eleanor Roosevelt and the Universal Declaration of Human Rights*, Random House, 2001.

[16] *Confucianism and Human Rights*, eds. Th. Bary et Tu Weiming, Columbia University Press, 1998, p. 41; Xiaoping Li, « L'esprit du droit chinois, perspectives comparatives », RIDC, 1997, p. 7.

[17] M. Villey, *op. cit*, p. 74 et 139.

[18] Guy Braibant, *La Charte des droits fondamentaux de l'Union européenne*, Seuil, 2001, p. 71 sq.

[19] X. Dijon, « Itinéraire philosophique vers la source du droit commun », in *Variations autour d'un droit commun. Travaux préparatoires du colloque de la Sorbonne*, dir. M. Delmas-Marty, SLC, 2001, p. 137 sq.

定性依然是我们现代性唯一的普遍可能性,它是否应该走向最后的质问点呢?"他拒绝这种假设,在他看来,"当这个假设希望通过一场讨论的'修改游戏'来论证法律规范的(临时)普遍性,而这场讨论是以根本不确定为背景的情况下展开的时候,那么假设本身就是自相矛盾的"。他强调参考普遍主义精神思想的必要性,并提到宪章的前言。在前言中,联合国全体人民在人类基本权利中表达了他们的"信仰"。最后,他说普遍性问题是一个开放性问题。

因为实证法长期以来一直是被置于相对性的符号之下讨论的,所以对于这个问题,我们也将保持开放态度。

1.2 实证法的相对性

当每个人都遵守他所属的人民的权利的时候,问题依然在于中世纪早期(5—11世纪)野蛮时期的人种性上。随着各类"民族"混杂在一起,领土的依赖感最终超越了种族的所属性,相对主义就变成了领土的相对性。尽管存在罗马法的共同遗产,后来又出现了教会法和衡平法,但从政治上和法律上看古老的欧洲组织,如同一个局部习俗叠加的混合物,精巧深奥的欧洲普通法(jus commune)无法将他们统一起来。[20] 相反,在12世纪的时候它的影响依然很大,在那个时候,注释者重新发现了《查士丁尼法典》。但随着另一部后来成为每个王国特有的法律共同法的制定,它的影响力就逐渐削弱。

在法律被民族化的同时,相对主义也变成地理学领域的概念。孟德斯鸠的理论众所周知:"如果说精神的特性和心灵的激情在不同气候下极其不同的话,那么法律就应该是相对的,应该同这些不同的激情、不同的特征有关。"[21]孟德斯鸠希望自己的论证具有科学性,所以他在显微镜下仔细观察了羊舌组织以及乳头构成的金字塔状结构:"我将半个舌头冰冻起来,只简单看了一下,就发现乳头明显缩小。我用显微镜仔细观察了它的组织,发现金字塔不见了。但是随着舌头逐渐解冻,金字塔又再一次出现。"在他看来,结论是完美的:

---

[20] 关于中世纪的多样性,参阅 J.-M. Carbasse, *Introduction historique au droit*, PUF, 1998, n°49 *sq*.

[21] Montesquieu, *De l'esprit des lois*, in *Œuvres complètes*, t. II, Gallimard, coll. « La Pléiade », 1951, III, L. XIV, chap. I, p. 474.

"这次观察证实了我的看法,在寒冷的地区,感觉没有那么敏感[……]就像人们通过纬度的温度来区别气候一样,人们有可能是通过感觉的温度来区别的。"[22]但是孟德斯鸠的法律概念完全是唯意志论的。他认为,立法者应该抵制气候的影响:"[……]差的立法者是那些促进不良气候的人,而好的立法者是抵制不良气候的人。"[23]

然而,孟德斯鸠的相对主义并不是绝对的。从撰写《论法的精神》开始,孟德斯鸠就以自然规律为参照,他指出:"法律是从事物自然性转变而来的必要关系",所以,"每个差异性都是一样的,每个变化都是稳定的。"[24]他最终"承认在建立公平关系的实证法之前早已存在某些公平关系"。[25]但是孟德斯鸠的承认马上又产生细微的变化:"[……]尽管从本质上说,智力世界存在各种各样的规律,但是智力世界无法时刻像物理世界那样遵循自己的规律。原因就是智力生物受自己的本性所限,其结果就是有可能犯错误。另一方面,他们通过自己起作用,这是他们的本性。"[26]一方面是自然规律,另一方面是实证法,彼此交替,似乎必然会自行完成相互调解。

直到18、19世纪转折时期,法典编撰运动改变了欧洲法律现象。至此,这种必然性才结束。各个国家内部法律的统一"被认为赋予国家共同体一种完整的完美的情感,在同一项法律上达成思想一致"。[27]但是这种民族主义并没有标志着相对主义的胜利。相反,它同某种帝国主义普世思想相结合,将《法国民法典》(1804年)改名为《拿破仑法典》(1807年)就是一个证明。政府司法行政长官普雷阿梅纳(Bigot de Préameneu)在介绍这项改革时说:"民法是法国一部特殊法典;它后来成为欧洲一部分人民的共同法。"同启蒙时期的世界主义相结合,报告者控诉相对主义:"[……]民法的多样性,就像宗教

---

[22] Montesquieu, *De l'esprit des lois*, in *Œuvres complètes*, t. II, Gallimard, coll. « La Pléiade », 1951, III, L. XIV, chap. II, p. 476.

[23] *Ibid.*, chap. II, p. 479.

[24] *Ibid.*, p. 233.

[25] *Ibid.*

[26] *Ibid.*

[27] J.-L. Halpérin, *Entre nationalisme juridique et communauté de droit*, PUF, 1999, p. 7.

和语言的多样性一样,是一种障碍,让邻近的人们彼此陌生,阻碍他们丰富彼此之间的各种交易,寻求相互之间的发展。"他明确总结说:"如果人们考虑他目前以及他将来所处国家的范围的话,他就可以把它当作欧洲共同法来看待。"[28]《拿破仑法典》在莱茵兰、意大利王国、那不勒斯以及波兰实行,公开同《普鲁士法典》(1794年)以及《奥地利法典》(1811年)展开竞争。

有一点很容易理解,那就是,奥地利人蔡勒(Zeiller)对孟德斯鸠的思想感兴趣,即使他从罗马法理论以及日耳曼传统当中寻找后者的思想来源,但依然是以相对主义者的民族主义为依据对其加以引用。

同时我们也理解为什么法律新历史学派会以极其激进的方式起来反对法典的编撰:无论是德国保守派法学家冯·萨维尼(von Savigny)还是意大利自由派法学家曼西尼(Mancini),历史学派的创建者们都是虔诚的民族主义者。然而,他们却抛弃了相对主义,投入国际主义道路,这不是对民族主义的否定,而是对民族主义的延伸。他们放弃了自然法学派的抽象普世主义,在有机甚至是种族基础上建立了自己的法律普遍主义概念。

1.3 民族主义及法律共同体

冯·萨维尼爵士是罗马法专家,他本能地对启蒙时期平均主义思想、对法国大革命的意识形态、对人权的狂热怀有敌意。他梦想基督教统一,罗马法能够以万民法(le droit des gens)的形式超越国家结构得以幸存。这一梦想使他产生"不同人民之间法律共同体"(*völkerrechtliche Geneinschaft*)的设想,他把这一形象描述成一棵大树,树根延伸到历史当中,每个树枝代表着国家法律。[29]他认为矛盾的是:"承认各国立法多元性同欧洲共同文化观念相结合,以此来普遍解决各种法律冲突。"[30]因此,萨维尼产生了一种普遍法律规则的想法。这种思想同自然法学派的观念相去不远。然而,他曾经认

---

[28] J.-L. Halpérin, *Entre nationalisme juridique et communauté de droit*, PUF, 1999, p. 20.

[29] *Ibid.*, p. 60.

[30] *Ibid.*, p. 61.

为自然法学派的思想是一种不现实的空想,应该"从中解放出法律科学,就像人们曾从乌托邦思想中解放法律科学一样",因为,国家立法正遭受同样的"哲学病毒"的威胁。[31]

这种矛盾性在意大利法学家曼西尼身上同样有所体现。曼西尼赞同普遍的国际共同法,同意萨维尼现实主义与理想主义之间摇摆波动的看法。曼西尼以费希特在《对德意志民族的演讲》(1807年)中提出的"人民的自然主义定义"为基础,阐述了欧内斯特·勒南(Ernest Renan)在索邦大学那场著名的研讨会(1882年)上提出的"精神原则",从国家和每个民族的特性出发(他参照了孟德斯鸠的气候理论),建立了新人权法的基础:在他看来,就像萨维尼所说的,如果法律共同体在过去没有预先存在的话,那么法律共同体应该建立在民族特性的基础上,而不是建立在无法找寻的自然法基础上。

尽管民族主义和国际主义之间以及相对主义和普遍主义之间存在各种矛盾(也许多亏了这些矛盾),法律历史学派产生的影响远远超出欧洲大陆,影响着日本,并通过日本法学家,影响了中国,为梁启超对中国法律历史的研究[32]提供了灵感,此后,沈家本才设想将中国法同西方法结合起来。[33] 今天,法律历史学派重新激起了欧洲普通法(jus commune)诞生的讨论。有些学者在其中发现了有机概念的一些线索。这种有机概念,至少在萨维尼看来,是以早已存在的法律共同体为基础建立了共同法,而不是以要创建的共同体为基础。[34]

萨莱耶(Saleilles)在批判历史学派时指出,他们对法律规定在公平与实效领域中的应用效果持有一种让人无法接受的冷漠态

---

[31] R. Saleilles, « École historique et droit naturel », *RTDciv.*, 1902.

[32] J. Bourgon, « La coutume et la norme en Chine et au japon », in *Extrême-Orient, Extrême-Occident*, Presses de l'université de Vincennes, 2001, n°23, p. 125 *sq.* ; Liang Qichao, *La Conception de la loi et les théories des légistes chinois à la veille des Qing*, trad. De Jean Escarra, Pékin, 1926.

[33] J. Bourgon, « Shen Jiaben et le droit chinois à la fin des Qing », thèse, École des hautes études en sciences sociales, 1994.

[34] J.-L. Halpérin, « L'approche historique et la problématique du jus commune », in *Variations autour d'un droit commun*, *op. cit.*, p. 17 *sq.* ; également *Entre nationalisme juridique et communauté de droit*, *op. cit.*

度。他认为,这种漠不关心的态度就是历史学派的拥护者,那些"自然法的对立者,或者更准确地说,理性法的对立者"和最落后的教条的推论方法拥护者相同之处。[35] 在描述"依附于历史,回归于法律古老的有些神秘而令人好奇的习惯性固定思维"的时候,他的语气变得有些冷酷无情,"这种思维标志着原始学派最具有代表性的原则"。[36]

这种普遍性来自固定的思维方式,来自根深于"罗马—日耳曼"传统的法律共同体那神秘的信仰。萨莱耶同这种普遍性分离,自己重新采用鲁道夫·施塔姆勒(Rudolph Stammler)提出的说法,即"具有变化内容的自然法",以理性为基础建立一个同样具有变化内容的"文明人类共同法"。

1.4 具有变化内容的普世主义

同其他像埃德瓦·兰伯特(Édouard Lambert)那样的比较法学者一样,萨莱耶主张比较法研究是保证法律在变化中的客观性的方法,也是有助于建立法律共同体的方法,但是这一法律共同体不是要回归历史,而是面向未来计划。比较法的发展是法律民族主义上升的必然结果,它也许能够给相对主义和普遍主义之间的共存带来更多的方法论方面的东西,而少一些政治层面的东西,至少从表面上看是如此。如果说规定和分类技术手段长期以来一直是司法人员培训的中心任务的话[37],那么随着"比较法科学"的崛起,它也获得了全面的发展,正如 1900 年 8 月在巴黎举办的国际法学大会上比较法学家所想象的那样。[38]

但是历史的车轮有很多轴。萨莱耶以及 1900 年巴黎大会上部分比较法学家所想象的"具有变化内容的共同法"并没有得到推

---

[35] R. Saleille, «École historique et droit naturel», *op. cit.*, p. 80.
[36] *Ibid.*, p. 93.
[37] J.-M. Carbasse, *op. cit.*, n°91.
[38] Voir *Le Congrès de 1900*, SLC; également Marc Ancel, *Unité et méthodes en droit comparé*, Neuchâtel, Ides et calendes, 1971; comparer, X. Blanc Jouvan et al., *L'Avenir du droit comparé, un défi pour les juristes du nouveau millénaire*, SLC, 2000.

广,所谓的"文明"人道主义陆续进入两次世界大战以及其他同去殖民化有关的战争当中。除了国家法的多样性之外,比较法学家还希望能够从普遍法律生活的根本统一当中提出共同法,随着1928年创建了国际统一私法协会(Institut Unidroit)[39],这一设想几乎快要实现了。第二次世界大战之后,在没有比较学家的参与下,开始研究共同法的基本内容。

共同法的构想是随着事件(在偶然性事件、权力和必要性之间)的发展而进行的,是对日益全球化社会的一个实际回答。在处于全面变化的法律领域,共同法看起来有些分散、不稳定、碎片化。

2. 全球化挑战

法律格局实际上已经发生了改变。目前的全球化并不是史上第一次出现的现象[40],但是以打破所有距离和边界为特色的全球化却是有史以来的第一次。如果说全球化以矛盾的方式要求收回地区性和国家政府的扩展的话,那么自"冷战"结束之后,全球化同时也伴随着以私人性质为特色的跨国战略的发展,这些策略影响着一切交流关系,既包括经济和金融的流通,又包括科学文化以及移民的流通。因此,目前的全球化标志着主权原则以及国家政府领土性的衰弱,还有对各国法律体系的超越,而此时,世界各机构还没有做好接替的准备。[41] 当然也存在一些地区机构,但是这些机构会产生干扰效果,尤其是它们的整合潜力会随着整体情势而有所变动。所以,全球化促使产生机构障碍(从犯罪经过技术风险到社会排斥),而这一障碍是不能通过一个国家政府来解决的。

---

[39] 参阅 1930 年关于支票和票据统一法协议。

[40] 参阅 J. Le Goff, « Les mondialisations à la lumière de l'histoire », in *Quelle mondialisation?*, Académie universelle des cultures, Grasset, 2002, p. 23 sq. 同时参阅本书第二章。

[41] 参阅 M. Delmas-Marty, *Trois Défis pour un droit mondial*, Seuil, 1998; *Le Droit saisi par la mondialisation*, dir. Ch.-A. Morand, Bruylant, 2001; *Le Droit et la mondialisation*, dir. E. Locquin et C. Kessedjian, Litec, 2000; *Commerce mondial et protection des droits de l'homme*, Institut René-Cassin, Bruylant, 2001; B. Badie, *Un monde sans souveraineté*, Fayard, 1999.

2.1 犯罪全球化

也许需要"9·11"事件这样一个明显的偶然性才能让人意识到这种变化。这一偶然性的起因,无论是未知原因,还是多种缘由,抑或各种独立成因张力交叉而成[42],它都反映了我们的脆弱性和我们命运的共同体。

"反人道主义"犯罪、各种有组织的犯罪走私以及国际恐怖主义,这些在以前都已存在。但是,自从2001年9月11日美国遭遇的恐怖袭击以来,我们知道即使全球最强大的国家也不能独立对抗,或者通过双边联盟来斗争,"9·11"事件没有改变任何事情,因为新技术使犯罪网络组织变得更加容易(快速洗钱),但是这一切却反映了全球化一个特有的必要性,那就是全球化孕育着越来越紧密的相互依存关系。

然而在人类事务当中,偶然性与必然性自己似乎是无能为力的,如果一个国家足够强大的话,会因为国家的抵抗意愿而超出它们的本性。在这一方面"9·11"事件依然是一个具有深意的例子:它本应该引起人们意识到"反人道主义"犯罪概念中所提出的有关法律普遍性的必要性。恐怖袭击的全球特点(通过准备行动、使用方法、嫌疑人和受害者的国籍、收集调查材料的传播等表现出来的全球性)似乎很合逻辑地对全球正义有利,因为面对全球犯罪,需要全球正义来打击。[43]

然而,所发生的事情恰恰相反。关于这一点,我们是在2002年2月在纽约举办的欧美司法人员会议上突然意识到的。从欧洲这个角度出发,我们当时认为,因为没有权力直接上诉到国际刑事法院(该法院是在几个月后,即2002年7月成立的),联合国安全理

---

[42] 关于"独立成因"的概念,起源于偶然性的思想,认为这是一系列同种类型的事物以意想不到的方式相互接触彼此相遇。参阅 D. Andler, A. Fagot-Largeault et B. Saint-Sernin, *Philosophie des sciences*, Gallimard, coll. «Folio», 2002, p. 451 *sq.* et p. 825 *sq.* («La causalité»).

[43] M. Delmas-Marty, «Crime Global, Justice Globale», *Le Monde*, 30 janv. 2002; également «Global crime calls for global justice», *European Journal of Crime, Criminal Law and Criminal Justice*, vol. 10/4, Kluwer, 2002, p. 286 *sq.*

事会也许可以像它对南斯拉夫和卢旺达那样,为了解决问题而设立一个专门的审判庭,其地位可以按照《国际刑事法院罗马规约》关于国际刑事法院的规定那样设立。我们实际上考虑按照《国际刑事法院罗马规约》第7§1条关于反对人道主义罪行的规定来实施,即:"系统全面地向普通市民发起的袭击,并认识到是一场袭击。"而第2条中也明确规定了,通过一个预见式的视野,袭击的意思是指"一种实施中的行为,或者是一个国家政府或组织具有袭击目的政治追求"。

但是我们的美国对话者,除了几个在同事中遭到孤立的国际法专家外,没有一刻考虑过法律解决方案,而始终是美国法的方法。那次讨论,以反对恐怖主义的名义,基本上集中于相对于美国宪法人们可接受的差异额度上。

接下来的讨论证实了权力保护着我们的命运:一方面,美国反对国际刑事法院的态度变得强硬起来,以至于导致(这是国际法的特例)撤销协议的签署,多次尝试劝阻第三世界国家签署这项法律文本,或者诱导他们签署双边协议,使美国军队不受国际刑事法院的管辖。[44] 另一方面,"反对恐怖主义"的斗争,这是一场恶与善之间永恒的交锋(永恒是从它的本义来说的,因为唯一的结果是不可能根除他的对手或者不可能发生转变),这场战争的第一个结果就是使通过一些有关文明碰撞的讨论而孕育出来的相对主义变得强硬起来,同时引起一场战争,而这场战争的影响,没有人能够说出它是弱化了还是强化了联合国的力量。

无论如何,"9·11"事件清楚地显示了相对主义的有限性,说明即使是世界上最强大的国家也不能完全保护他自己的领土。同时揭示了在情感驱使下法律普遍性的弱点,不适合以和平的方式解决冲突。在这种令人心慌的模糊状态下,帕斯卡的话依然具有现实性:"[……]既然不能使正义的成为强有力的,那么就使强有力的成为正义的。"[45]

---

[44] Diane Amann, « Le dispositif américain de lutte contre le terrorisme », *RSC*, 2002, p. 745. Voir aussi *infra*, p. 197 *sq*.

[45] B. Pascal, *Pensées*, Gallimard, coll. « La Pléiade », 1969, p. 1152.

但是用什么样的魔力能够使强有力的成为正义的？当变化并不局限于犯罪领域的时候，对这个问题的回答显得更加迫切了。

2.2 风险全球化

无论是在工业技术领域，还是在传播技术或者生物技术领域，技术风险都同自然风险结合在一起。作为预防原则创始人的哲学家汉斯·尤纳斯（Hans Jonas）观察指出，"技术发展累积起来的活力"应该引导走向确认"坏的判断优先于好的判断"[46]的方向。尤其是全球化首先反映的是风险在时间和空间上的扩展和延伸。变化多是性质变化，而不是数量变化。如果借用乌尔里希·贝克（Ulrich Beck）[47]的说法，"风险社会"主要以质疑国家政府能力为特征，质疑他们在互动的全球网络背景下，在一系列现象背景下，预言、组织和监督管理风险、尤其是生态和卫生风险的能力。

"明智的灾变说"在于"认为人类经验的连续性是否认自我毁灭（指将要写入未来固定命运中的自我毁灭）的结果"[48]，这一学说的前景，当风险被证实时也许会诉求法律防范措施（prévention），当风险潜在存在时，也许会诉求法律谨慎措施（précaution）。[49]但"可接受"风险的必然结果的概念，涉及做决定的权力机关的解释空间，以及对此作出监督的法官的解释空间。如果专制不可避免的话，至少可以通过明文规定对此加以限制。然而，这些规定是多样混杂、性质不一的（包括卫生标准、生态标准、美学标准、经济标

---

[46] H. Jonas, *Das Prinzip Verantwortung*, Francfort, 1979, *Le Principe responsabilité. Une éthique pour la civilisation technologique*, Le Cerf, 1990, 3e éd., Flammarion, 1995, p. 73: « Il faut davantage prêter l'oreille à la prophétie du malheur qu'à la prophétie du bonheur. »

[47] U. Beck, *La Société du risque. Sur la voie d'une autre modernité*, Aubier, 2001; également « Entretien avec Antoine Reverchon: "Nous avons besoin d'une culture de l'incertitude"», *Le Monde*, 20 nov. 2001.

[48] J.-P. Dupuy, *Pour un catastrophisme éclairé. Quand l'impossible est certain*, Seuil, 2002, p. 216.

[49] Philippe Kourilsky 和 Geneviève Viney 提出的区别, in *Le Principe de précaution*, rapport au Premier ministre, Odile Jacob, 2000, p. 18.

准、金融标准、社会标准等），有些很难用会计术语来评估[50]；而且，因为这些标准要求具有优先权等级排序，所以也应该明确规定它们的势力均衡问题。同样也要明确规定并均衡决定决策的标准，因为在风险这种不确定模糊的领域，确定标准实际上是决定二元决策（接受还是不接受）的唯一方法。

这样的法律规定因为本身十分复杂，所以不能局限于国家领土范围内；它的有效性处于各种标准和国家、地区（尤其是欧洲）以及世界机构的交汇点上。

所以，问题在于协调各种国际标准和平衡它们的关系，就像欧洲法院（CJCE）和世界贸易组织纷争调解仲裁委员会曾经试图想要做的那样。他们的目的是在承认各国或者欧洲自主空间的同时确保一种监督管理，他们的决定自然十分困难，具有冲突性、不稳定性和变动性。在他们拉近各国关系、强化共同体命运的同时，生态风险，包括卫生和生物技术风险像一股增长的压力资源出现在国际关系当中："商品自由流通原则越强，国家和地区的特性主义抵抗就越强。"[51]

这场讨论看起来像是一场技术和政治讨论，而实际上却引起了法律上的双重变动：一方面超出了目前欧洲机构甚至全球机构市场和人权之间的分隔；另一方面将国际标准应用于私人经济操纵者身上，而不仅仅是应用于各国政府身上。也就是说，在风险全球化和经济社会排他性全球化之间建立联系。另外，关于这种联系，早在2002年9月南非约翰内斯堡地球峰会上通过对"可持续发展"指数的研究提出来了。

2.3 排他性全球化

"全球化法律"具有严格的经济使命，它的出现也许比"法律全球化"更快更有效。"法律全球化"可能使各国法律更加贴近1948年宣言中承认的普遍基本权利，包括社会权和文化权。

---

[50] Ch. Noiville, *Du bon gouvernement des risques. Le droit et la question du risque «acceptable»*, PUF, coll. «Les Voies du droit», 2003.

[51] Ch. Noiville, *ibid.*, et les exemples cités；également Ph. Kourilsky et G. Viney, *op. cit.*, et annexes par Ch. Noiville et Ph. Gouyon (annexe 2), M.-A. Hermitte et D. Dormont (annexe 3), M. Setbon (annexe 4).

市场自由化自推倒柏林墙以来大大加快了进程,确实也具有社会不平等增长的特征:在过去的35年中,最富有的五个国家与最贫穷的五个国家之间收入差距增长了两倍。[52] 但是货币尺度不足以说明问题。印度经济学家阿马蒂亚·森(Amartya Sen)在同联合国发展项目署(PNUD)合作时曾提出使用 capability(可实现的潜力而不是能力)[53]这个词来建立人类发展指数(IDH),除了收入以外,还考虑其他参数,比如:教育、健康、寿命等。

自从世界贸易组织在西雅图的会议(1999年)失败以来,反对排他性的斗争就成为全球化讨论的中心议题。联合国的千禧年论坛(2000年)通过了发展和缩减贫困的具体目标,给人留下深刻的印象;约翰内斯堡关于可持续发展世界峰会(2002年)深化了社会排他性问题与人类集体以及代际利益之间的问题。[54]

这样的目标同风险问题所提到的法律变化结合起来。实际上,这一切都意味着要解除像联合国、世界贸易组织、国际劳工组织、世界卫生组织、世界银行以及国际货币基金等这些机构之间的隔阂。这些机构是分别成立的,具有不同的标准权力,被监管和制裁的方式不同。

但是,只有在标准法律文件本身可对除国家之外的经济参与者提出反对意见的时候,这种消除隔膜才能有效。也是从这个意义上出发,联合国秘书长在1999年的达沃斯会议上提出同多国企业签订全球协议(Global Compact)的想法,其目的就是要让企业本

---

[52] J. Weber, « Enjeux économiques et sociaux du développement durable », in *Johannesburg. Sommet mondial du développement durable 2002. Quels enjeux? Quelle contribution pour les scientifiques?*, Ministère français des Affaires étrangères, 2002, p. 24; également BIT, *Une mondialisation juste*, rapport, 24 fév. 2004, www.ilo.org.

[53] Amartya Sen, *Éthique et Économie*, PUF, 1993 (2e éd., 1999); *Un nouveau modèle économique mondial. Développement, justice, liberté (Development as Freedom)*, Odile Jacob, 2000

[54] P. Jacquet, « L'aide au développement dans la gouvernance globale », in *Ramses 2003*, Institut français des relations internationales (IFRI), Dunod, p. 123 sq.

能地加入到同国家政府相连的国际原则当中。2000年7月通过的九项原则分成三个章节(法人权、劳动权、环境),在2004年的时候又增加了一个原则,即反对贪污。[55] 这种做法是为了阻碍联合国人权委员会最初提出的"跨国企业责任原则",具有更多的限制性,因为这些原则受非政府组织和认为代表难得的市民社会的工会的监督管理。在目前还没有具备管辖权的世界裁判机构的时候,国家和地区法官也许可以援引这些原则。

总之,如果主要的挑战是世界性挑战的话,那么国家法律体系似乎是公共活动者、私人经济运营者和市民社会之间最必要的接替。而且,具有普遍性使命的法律片段节选并不是要替代国家法律,而是以补充相互作用的方式同国家法律结合。然而,人们已经从这些法律片段中感觉到一种挑衅,一种来自背后的冲突。

3. 反向冲突

实证法被当作是可以直接观察的明显事物,在普遍主义理论和实证法的相对主义之间,以往的平衡被打破了,与此同时,冲突也加剧:多变整合动力发展成实证法,相对主义变成教条化,成为学者式理论。

3.1 实证法方面:多边整合动力

观察新现象的出现往往会让人感到困惑,这不仅因为现象的新颖性脱离了所有可预见性,而且因为以前的表现模式性能差强人意。[56] 而且整个社会如同一部充满活力的机制,是一个开放的体系,带有错综复杂不断上升的特性。[57] 上面所提到的具有普遍思想意义的新理念(人权、反人道主义罪行、人类共同财产、商事法

---

[55] K. M. Leisinger et K. M. Schimitt, *Corporate Ethics in a Time of Globalization*, Novartis, 2e éd., 2003; D. Lebègue, *Lettre d'information* de Transparence-International (France), n°22, juill. 2004.

[56] 关于崛起的概念,参见 *Philosophie des sciences*, vol. II, *op. cit.*, p. 939 sq., en particulier p. 1044.

[57] 关于类比法的使用,*ibid.*, p. 1041; sur « la croissance de la complexité », *ibid.*, p. 1034 sq.

等)是一个很好的证明,说明了对这一形势的分析。无需详尽列举,以上所提到的观念已经揭示了旧模式不适合现代形势。

实际上,这些不属于任何模式:既不是将一元性(所有标准规定都属于凯尔森所描述的作为统一法律秩序基础的同一标准[58])同二元性(每一种标准遵循它所属的法律秩序的法律性)对立起来的国际公法模式,也不是将双边主义(选定的法律规则无视被选定的法律渊源)与单边主义(每个法律秩序单边限制它的实施范围)对立起来的国际私法模式。令人感到吃惊的是,单边主义竟以一种绝对宽容的名义,作为多元主义理论的解释而得到支持和维护。自从桑迪·罗马诺(Santi Romano)[59]提出法律秩序(国家的或非国家的)多元性以来,多元性理论有可能完全变成单一主义(各归各位)。

这些模糊的概念既不具有一元主义的刻板严厉性,也不具有二元主义(或单边主义)的自主性,按照以前的模式来看,它越来越难以设想。而且这些概念是建立在强烈的价值冲突之上:人权对立于人道主义权利;人权对立于市场;或者,在人权当中,公民政治权对立于经济、社会和文化权;再或者经济权对立于社会权。至于这些概念的实施,它们的无效性同标准增多形成对比,而在几乎根本不存在真正稳定的国际法庭的同时,矛盾的是,这一现象却本能地产生了难以控制的国家法官全球化。至少在全球范围内是这样的,因为另外一种规范的、司法裁判方面的整合同时在地区范围内发展起来,导致那些标准体系四分五裂,如同一个个岛屿,没有任何桥梁可以将它们连接起来,一场风暴时刻会将它们淹没。

另外,正是关于欧洲融合的问题司法人员之间才展开了激烈的讨论。这场讨论也许是因为共同的法律历史,就是那部欧洲普

---

[58] H. Kelsen, *Théorie pure du droit*, traduit par Ch. Eisenmann de la 2ᵉ édition de la *Reine Rechtslehre* (1960; 1ʳᵉ éd., 1934), Dalloz, 1962.

[59] Santi Romano, *L'Ordre juridique*, traduit par L. François et P. Gothot de la 2ᵉ éd. de *l'Ordinamento giuridico* (1945; 1ʳᵉ éd., 1918), introduction de Ph. Francescakis, préface de P. Mayer, Dalloz, 2002; comp. Didier Boden, « L'ordre public: limite et condition de la tolérance, recherches sur le pluralisme juridique », thèse dactyl., université Paris-I, 2002, notamment n°429.

通法(jus commune)，它从中世纪开始统治欧洲一直到现代，我们至今铭刻于心。尤其是因为那些在第二次世界大战之后决心一起建设未来的人的意志主义：他们想创建一个围绕没有内部边界（欧共体成员国）和道德边界的市场，以人权的集体保障（欧洲议会内部）为基础的经济未来。在20世纪50年代的时候，建立了两个欧洲法院，这两个法院都具有超国家的使命（卢森堡法院是为了欧洲联盟和共同体，斯特拉斯堡法院是为了欧洲议会成员国）。它们的创建使我们有所进步：我们花费了近半个世纪的时间发现多边动力的影响，这种动力要求制定一部法律，如果不具有普遍性，那至少是超国家的法律。

这些法律实践实施于不同的地理和几何标准空间[60]，它们相当复杂，评论家们努力用普通法律语言那可怜贫瘠的词汇来进行分析，但却无法适应这样一个复杂多样的情况。当一部分理论承认了标准创建程序深刻的转变时[61]，那种怀旧的思想恰好又揭露了他们前辈或同事们所描写的那些模糊、不确切、不适应和荒谬的东西。所以，近来有一篇论文，将"欧洲法律秩序"这一新概念的不同含义进行了一个细致的分类（根据精细程度，分成9种，22个类别，44或59个次类别），但是论文的作者却对此予以否定。[62] 论文维护这样一种模式，就是"每一个法律秩序确定自己的标准有效性规定，标准的意义和实施范围"，"每一种模式只遵循自己的法律性"，"标准语言的制定根据法律秩序的不同也可以不一致，也没有任何理由必须一致。"这种理论结合了多元主义和单边主义，按照不同标题，包括：知识论、原理（普通法原理和国际私法原理）和教

---

[60] 参阅巴黎一大比较法研究院 C. Mialot et P. Dima-Ehongo, «De l'intégration normative à géométrie et géographie variables», in *Critique de l'intégration normative. L'apport du droit comparé à l'harmonisation du droit*, École doctorale de droit comparé de l'université Paris-I, dir. M. Delmas-Marty, PUF, 2004, p. 25 sq.

[61] C. Kessedjian, *Codification du droit commercial international et droit international privé*, cours à l'Académie de droit international de La Haye, Martinus Nijhoff, 2004.

[62] D. Boden, *op. cit.*, n°354 et liste récapitulative note 954, n°429 (B2, B9 et B37).

义,归纳成40条建议。

3.2 理论方面:教条相对主义

那些严厉尖刻的批评往往很恰当,有时也十分有用。相反,那些作为这种具有学术性相对主义推演基础的公设,在面对如今这样一个世界的时候,却往往在文字方面显得有些愚蠢(毫无意义可言)。"理论双部曲"以二元方式将具有一切优点的"单边主义多元性"和具有一切劣性的"双边主义一元性"对立起来,没有为世界的复合性留有任何余地。在这个世界当中,无论地区还是世界司法人员愿意与否,多边主义已经就位。

相对主义潮流加强,尤其在国际私法理论当中感觉得最为强烈,因为多边融合的活力动摇了国家体系中设定什么是法律管辖权秩序这一学科的基础,原则上它是不考虑基本推论的。[63] 可是它在比较法学家当中找到了回应。所谓的内在比较法学家注重规则、法律概念和程序,与此相对立的,有些人提出了外在方法,他们更侧重结合历史和社会学,倾向于法律文化,拒绝将法律孤立成一个自身分析的客体。这种方法本身很有用,但过度系统化,它借鉴了学术相对主义那种不容置辩的语气("法律比较或者是文化的或者不是"[64]),形成保守主义,产生萨莱耶指责历史学派那样。

学术性的相对主义尽管有些过分,但它却产生一个有利的影响,就是将方法问题重新置于比较研究的中心位置。[65] 它激发了人的思想,激励人们去寻找适当的方法代表新的法律实践,但是却不能思考当今世界因为相互影响相互依存而形成的复合多样性问题。至于传统的比较方法,它在于指出重要法律类别的交汇点和

---

[63] Bénédicte Fauvarque-Cosson, « Droit comparé et droit international privé: la confrontation de deux logiques à travers l'exemple des droits fondamentaux », in *Variations autour d'un droit commun*, op. cit., p. 51 sq.

[64] Pierre Legrand, *Le Droit comparé*, PUF, coll. « Que sais-je? », 1999, p. 119.

[65] Voir *Epistemology and Methodology of Comparative Law in the Light of European Integration* (conférence, Bruxelles, oct. 2002), dir. Mark Van Hoecke, Bruylant, 2004.

分歧点以便进行分类[66],因此,这种方法可以对彼此具有严格的国际性关系的法律体系进行分类,但是却提出这样的假设,就是一个体系只能属于一个类别(比如,或者属于罗马—日耳曼体系,或者属于普通法体系)。

为了分析目前的复合多样性,所谓的"综合系统"方法(méthode dite《systémale》)[67],优先研究多样性和建构法律体系的关系,规定一种元法律规则,这也许是比较受欢迎的一种方法。这种方法,一方面可以说明一种体系同时属于好几种法律规则的可能性;另一方面可以通过对反映法律规则变化的"运动"的历时性分析对同时性方法加以补充。这些变化包括:走向多少由国家控制的结构(企业国有化/私有化)或者合为一体的结构(和谐/统一或者相反重新国有化)。但是,这种方法无法解决一个主要困难,就是从变化的不连续的部分动力转变为国家旧体制的动力。要知道,那种部分动力不能够被分析成超国家"体系",用以代替它所处地区的或者世界的协调一致性。因为这种方法只能在具有局限性的不同标准空间交叉处诞生出一些新的理念,因为它不能在超国家范围内形成完整的法律秩序,就是桑迪·罗马诺所说的机构意义上的秩序。[68]

在考察是否有可能超越相对主义和普遍主义静态对立之前,要着手清点一下各个方面的困难。我们将首先从主要特征开始,就是出现在实证法中的普遍主义弱势,然后阐述面对全球化法律相对主义的局限性,也就是说:一方面是思想的不完整性,另一方面是事物的力量。

---

[66] René David et Camille Jauffret-Spinosi, *Les Grands Systèmes de droit contemporains*, Dalloz, 10ᵉ éd., 1992; également Esin Örücü, « Family trees for legal systems. Towards a contemporary approach », in *Epistemology and Methodology of Comparative Law*, op. cit.

[67] G. Timsit et M. Delmas-Marty, « Avant-propos », in *Modèles et mouvements de politique criminelle*, Economica, 1983, p. 6, et G. Timsit, « Le modèle occidental d'administration », *Revue française d'administration publique*, 1982, p. 11.

[68] M. Delmas-Marty, « La grande complexité juridique du monde », in *Études en l'honneur de Gérard Timsit*, Bruylant, 2004.

第一章

法律普遍主义的弱点或者思想不完善

即使归为实证主义法,普遍主义的自身特点依然存在。比起明确规范化且稳定、系统的内容,它更多的是依然强调纯粹理性并且明确指出既定目标和行动方向。但这种认知上的不完善不足以完全否定普遍法律理念为错误观念,我们应把这些理念看作康德式思想:它并无"特有的建设性"用处,但是具有"杰出的必要的调解使用功能,引导知性走向某一目标"。[1] 因此,这是一种指导性思想而非错误思想。

尽管如此,不可否认的是,自从加入实证法之后,普遍主义也表现了建设性作用并且提出了法律论证的实用方法。保罗·利科把这些理念认定为"特定环境下的普遍性或潜在普遍性",他强调应该"承认这两点间的悖论,即一方面保持普遍性抱负,坚持普遍主义与历史的共有价值;另一方面给这种抱负留有讨论的空间"。他把这种讨论界定为"嵌入实际生活方式的信念"[2],而我则希望把此讨论搬到法律领域中去。

利科口中的"潜在世界性",用法律体系有效性的求法眼光来看漏洞重重。根据弗朗索瓦·奥斯特(François Ost)和米歇尔·凡·

---

[1] E. Kant, *Critique de la raison pure*, « Dialectique transcendantale », in *Œuvres philosophiques*, Gallimard, coll. « La Pléiade », t. I, 1980, II, 429, p. 1248.

[2] P. Ricoeur, *Soi-même comme un autre*, Seuil, 1990, p. 336.

德·科索夫(Michel Van de Kerchove)[3]提出的具有多重意义的构想所提供的思路,有效性实际上意味着同时具有法律制度的合理性(形式有效性)、合法性(价值有效论)和效力性(经验有效性)。当普遍性具有法律性的时候,模糊性的概念、冲突性的价值、不切实际的标准似乎变成普遍性的特征,好像忽略了上述这些要求。

以上列举的特征敲响了三重处罚的警钟。然而其中的每一个特征都应引起重视,因为表面的弱点(形式上、价值上和经验性的)可能导致法律形式的退化,但也可以使新的法律形式诞生或显现(义同前文)。

第一节 模糊概念

让概念清晰的难点在于,首先,要在繁多的法律概念中找出其中具有普世价值(或普遍主义)倾向的概念,再把他们和狭义的世界法、全球化产生的跨国法相比较。

第一个区别是国际法与普遍法之间的差异。国际法具有政府间性质,诞生于旧的万民法或 *jus gentium*。而普遍法具有超政府性质,起源于康德珍视的世界主义法,康德曾指出"包含所有人民统一可能性"的法律"与一些自然规律相关"。他甚至由此推断出一个世界统一的准则,如果不是一个自由的机构,那至少人口流动是要自由的,因为据他所言,我们不能"剥夺地球公民与所有人构筑共同社区并为达到此举而走访地球所有地区的权利,尽管其他人民的国土上没有法律,[……]但要保留特殊的契约"。[4]

两个多世纪之后,我们至今仍未实现康德在他的《普遍历史》[5]一书中提出的九个建议。那么至少是否有可能在一些普遍

---

[3] F. Ost et M. van de Kerchove, *Jalons pour une théorie critique du droit*, Bruxelles, Facultés universitaires Saint-Louis, 1987, p. 255 sq.

[4] E. Kant, *Métaphysique des mœurs. Doctrine du droit*, in Œuvres philosophiques, Gallimard, coll. «La Pléiade», t. III, 1986, § 62, pp. 626-627.

[5] E. Kant, *Idée d'une histoire universelle d'un point de vue cosmopolitique*, in Œuvres philiosophiques, op. cit., t. II, 1984, p. 185 sq.

性的概念中找到世界法的雏形呢？我们先从人权开始，从《世界人权宣言》角度上看，人权已经从哲学思想转化成可以抗衡国家的法律准则。

另外还应该在倾向与全球化相混淆的世界化主义（或更准确说，世界化进程）的定义上达成共识。[6] 区分这两者无疑是十分重要的，因为尽管"全球化有趋向世界化的意图"[7]，其实际行动却与世界化相去甚远，尤其在地域方面："全球化不能离开地域存在，它需要与后者在永久性的辩证运动中互动；而相反世界化主义却在摒弃地域中发展。"[8] 另外"全球化"这个新词与普世主义没有对等性。这是因为全球化单指的是在空间上的简单扩散，它可以轻易结合到地域活动中，它更多地体现在产品、技术和服务上而不是观念上。而普世主义则更加野心勃勃，它意味着共享相同的观念：通过概念上的传播，普世成为一种共同语言。

很明显，和新出现的以人类或人道主义命名的法律（反人类罪、人类共有财产）一样，与全球化相比，人权更贴近普遍化。相反，在商业、经济和信息方面，这两种进程则很难相互区分。如果说因为战争爆发，商业是人权萌芽的起源，那么经济全球化似乎也有"野心"赋予"市场规律"以普遍性倾向。如此，市场的概念就会在两个进程相互融合之时逐渐明确下来。这两个进程一方面是像商事习惯法（lex mercatoria）和网络行为法（lex electronica）这样自发的（跨国）发展进程；另一方面是同时由地区和世界范围内的贸易组织强制推行的进程，比如像备受期待的（超国家的）经济法（lex economica）发展进程。

尽管人权、人类和市场这三个概念多元而混杂，但它们却有一个共同点，那就是不确定性或分项确定性。一些人比如米歇尔·维莱（Michel Villey）关于人权问题有如"坠入云雾：词句不明晰、危险模糊有害、易引发误解和提出无法满足的错误要求……如果说

---

[6] M. Delmas-Marty, *Trois Défis pour un droit mondial*, Seuil, 1998, p. 14.

[7] André-Jean Arnaud, *Entre modernité et mondialisation. Cinq leçons d'histoire et de philosophie du droit*, LGDJ, 1998, p. 50.

[8] *Ibid.*, p. 58.

它们在20世纪大获全胜,那是因为文化的没落和科技进步的间接影响所致"。[9] 从更中立的角度来看,我认为这三个概念出现在实证主义法中是法律系统形式有效性明显衰落引起的,我们可以称之为法律的模糊性。[10] 研究这些模糊概念让人"如入迷雾当中",这也是法学家会对此望而却步的原因。

1. 人权

实际上我们所要讨论的是人权法,这种说法更突出人权在实证法中占有一席之地。从人权成为法律准则,可以通过在国际法庭申诉的方式在法官面引用以抗衡包括国家在内的一切不公平行为操控者起,由人权过渡至人权法的演变堪比"哥白尼式变革"的大动作。至此,法律不再受国家操控,而是为人服务。

普遍性并不是一蹴而就的。它的历史渊源来自西方,由于没有国际人权法院而仅在欧洲和美洲有几个地区性法院,导致其效果有限。但这一过程似乎已经表现出了它的可普遍性。然而无论是《世界人权宣言》的撰写者[11],还是负责编写相关报告的哲学家们[12],他们都没有轻易上当。

即使是一份没有直接法律效力的"宣言",其明确的普遍性使命在起草期间还是遇到了一些只能部分解决的难题,而其代价则是妥协甚至是缄默。所以,当《世界人权宣言》先在地区范围内进

---

[9] M. Villey, *Le Droit et les droits de l'homme*, PUF, 1983.

[10] M. Delmas-Marty, *Le Flou du droit. Du code pénal aux droits de l'homme*, PUF, 1986, 2ᵉ éd., coll. « Quadrige », 2004.

[11] 参阅人权委员会小组的研究报告,*The Book on the Universal Declaration*.

[12] Rapport adopté en 1947 et transmis à la Sous-Commission, puis publié: *Human Rights. Comments and interpretations*, Wingate (Londres), 1949. Comparer *The East Asian Challenge for Human Rights*, eds. Joanne R. Bauer et Daniel A. Bell, Cambridge University Press, 1999; également Jack Donnelly, *Universal Human Rights in Theory and Pratice*, Cornell University Press, 2ᵉ éd., 2003; Yasuaki Onuma, « Quest of intercivilization Human Rights perspective: universal vs. relative Human Rights viewed from an Asian perspective », in D. Warner, *Human Rights and Humanitarian Law*, Kluwer Law International, 1997, p. 43 *sq.*

行试用的时候,即使是在像欧洲这样性质同一地区,也很难以统一的方式实施文本规定。这一点并不奇怪。正因如此《宣言》需要承认各国自主空间,这种做法即是把人权的普世主义同国家传统的相对主义结合起来。总而言之,《世界人权宣言》制定中概念的模糊性导致承认各国自主空间的内在模糊性,使其在空间和时间上存在很大的差异。

1.1 人权"普遍"宣言的制定

1948年12月10日,只有在编写过程中才"普遍世界化"的《世界人权宣言》被联合国大会采纳,然而比起实际作用该宣言表达更多的是一种理想。实际上,《世界人权宣言》撰写于第二次世界大战尾声,也就是导致在"冷战"和去殖民地化的开端的进程中,苏联解体,众多国家纷纷成立起来(约58至190个国家)。

在56个参与投票的国家中(洪都拉斯和也门缺席),《世界人权宣言》获得了压倒性票数(48票)。在反对票当中,有6个国家是因为隶属苏联而刻意对抗美国;而另两国(南非和沙特阿拉伯),因为它们希望保留种族隔离和妇女的低下的社会地位。

在《世界人权宣言》撰写的两年中,政治气候极度恶化。直到1948年12月这个最后期限才通过《世界人权宣言》,只要晚几个月,《世界人权宣言》就会被世界彻底遗弃。因为当时世界的紧张局势猛增,不只是美苏对峙,还有在中东国家,英国于1947年2月在未解决巴勒斯坦属地问题时便放弃其对该地管理权;另外在非洲,南非有种族隔离问题,而非洲其他地区则仍属殖民地范围。这些地区紧张气氛的存在同种族争论一起致使法律矛盾显而易见。

1.1.1 政治张力

政治张力主要体现在国家人权与反抗权的可置换性上。

在各国可置换性问题上,苏联因为原则性问题,正处于和所有国际条约对抗的时期,因为条约的实施有让国家的绝对权力削弱的风险。而美国的立场则略有不同。一方面《世界人权宣言》起草时,有罗斯福总统在1941年发表《四种自由》的讲话的东风在前,罗斯福的接班人杜鲁门和孀妻埃莉诺·罗斯福都决心推动联合国大会建立一个保护人权的国际性机构。另一方面,他们很愿意满足于仅属于《世界人权宣言》范畴而毫无法律效力的文本。这一点使他们同苏联有着不言而喻的相似之处,很快让人权小组委员会放弃追求赋予《世界人权宣言》法律效力,使《世界人权宣言》仅有象征意义。

至于反抗权,最早从洛克(Locke)开始,根据米歇尔·维莱所述,洛克"极力推动霍布斯式人权,然而后来他却得出了与霍布斯相反的结论"[13];他还提道:"我不认为这个思想上的颠覆是毫无逻辑的。洛克不是靠逻辑闻名,他有其他品质。他完成了盎格鲁—撒克逊实用主义模型,他在其领域很擅长并且深知自己的研究方向。"[14]无论如何,美国的宣言(1776 年)和法国的宣言(1789 年)都规定了反抗权,而且在 1947 年联合国教科文组织的讨论当中也提到了这一点。尤其是中国哲学家罗忠恕。他提醒人们,在中国,人民的反抗权很早就被承认。但是他强调"人民的幸福掌握在掌权阶层手中,而掌权阶层不履行其义务并剥削人民,这是反抗权学说的弱点"。也许是在他的影响下,联合国教科文组织提出名为《反抗权或革命权》的第 14 号条文:"如果一个国家的政府违背公正的原则和基本人权,并且无法用和平手段对抗这些流弊,那么人民有权利重新建立一个公正、尊重人权的政府。"

但是鉴于联合国内部的政治氛围,这款条文很难被采纳。《世界人权宣言》的确描述了一种新的愿望:既不是反对绝对权力的内部斗争,也不是独立运动(在后面的去殖民地化中会讨论《世界人权宣言》的问题),它首先是一种对于"世界和平"的愿望,同时反对"煽动人类情绪的野蛮行为"(序言 1 和 2 条理由)。这把讨论立刻上升到世界范围的伦理道德层面。

1.1.2 伦理道德讨论

第一份文件(即"汉弗莱计划")是单纯针对现有文章(主要来自西方国家)的集述,但它在前言中引出了"国际公民"概念。在第一次编写委员会会议中,此构想被批评为缺乏理论基础和前后逻

---

[13] 参阅 M. Villey, *op. cit.*, pp. 142-143.
[14] *Ibid.*, p. 145.

辑,于是勒内·卡森(René Cassin)受命将其重新整理编写。在第二份文件中,即"卡森方案",不再采用"国际公民"措辞,而是以通常的方式提出国际合作发展概念。然而在第一篇文章中他承认所有人类"都是一家人"。

更有预见性的是,联合国教科文组织的报告中提出了一个现在很常见的想法,即相互依存性。德日进(Teilhard de Chardin)的贡献尤其突出:"[……]人类开始无可避免地投身到一个团结一致的身心共同体的组织建设进程中。"他也提道:"无论我们是否愿意,人类是集体化动物,他们同在地球对生理和心理的影响下繁衍生息。"根据他的想法,人权问题意味着"集体化和个人化两个进程之间相互依存的逐步调整"。

由各进程间的相互依赖性转化到人类群体之间的相互依赖性,世界教科文组织的报告中着重强调人权是普遍的,特别是因为"所有人类群体成了一个真正的权力体,这个权力体具有实际权力,并且此群体相互依赖的共生共存特点最终开始被认同"。[15]

在联合国辩论中,团结和统一的主题也在会中被提出,尤其是中国的外交官张彭春。[16]然而这些议题的最终版本只影射了人类大家庭(根据联合国人权第一次审议报告),而后被搁置。相对应的,审议决议第1条表述了受卡森方案中提出的所有人拥有相同尊严的原则影响,人类成为一个统一族群的概念。

在寻找作为普遍主义条件的共同基础上,这是一大进步,但是这一进步是以妥协甚至沉默换来的。马里顿一开始就告知世界教科文组织:"[……]只要没人追究原因,我们同意人权的观点。"[17]在联合国,"原因"则在"卡森方案"的第一次提呈中便被提到,这是

---

[15] *Human Rights. Comments and interpretations*, op. cit., p. 267.
[16] P.-E. Will, « La Chine et la Déclaration universelle des droits de l'homme », in *La Tradition chinoise, la démocratie et l'État de droit*, dir. P.-E. Will et M. Delmas-Marty, Fayard, 2007.
[17] J. Maritain, « Introduction », in *Human Rights. Comments and interpretations*, op. cit., p. 9.

由于编写小组提议明确指出人类具有"理性"。张彭春则在其中加入了儒家道德思想的"良心"一词。由于在翻译中与"conscience"一词意义十分接近,他的提议被明确地保留下来。

但是当撰写人员在卡森和罗姆洛的提议下,在日内瓦方案中增添了反映出生("所有人类生而平等")和自然("自然赋予人类才能")的概念时,这类词语又重新激发了人们的讨论。人们开始再一次对条款 1 提出疑问,这甚至让张彭春提议删除整个句子。他的意见与马利克(Malik,黎巴嫩基督教徒)的意见相左,后者一直坚持保留完整的句子。当提案呈交(第三委员会)全体大会的时候,巴西代表(得到某些拉美国家代表的支持,但是遭到其他国家代表的批评)企图引用"以上帝的形象"创作的生物这样的说法。为保留条款的中立性,瑞士代表提议去掉反映自然和祈求上帝的语句。中国外交官张彭春这次则赞同审议决议第 1 条但同样希望去掉对自然和上帝的引用。受默农(Lakshami Menon)[印度代表,曾成功促使用"人类(êtres humains)"替换"人(hommes)"]支持,他坚持每种文化都可以保留其信仰但不将其强加给其他文化,并且无论有无宗教信仰,所有人类均适用同一项条款。张彭春强调自己曾经放弃将中国文化的特点引入条款,因此他希望同事们也以相同方式放弃会引起形而上学问题的修改方式。[18]

在这次陷入困境的讨论中,张彭春似乎成功说服了包括埃莉诺·罗斯福在内的委员会成员,埃莉诺·罗斯福甚至在之后对美国民众的讲话中引用了他的言论。[19]

在以后的版本中,人们更加重视理性和道德。这种中立且实际的方式,其益处在于不冒犯任何人,但它仍未解决关于世界主义的辩论,这个辩论在 1993 年维也纳国际会议时被重提,当时有 171 个国家政府参加了会议。尽管有来自伊斯兰国家和亚洲国家的巨

---

[18] *The Universal Declaration of Human Rights. A commentary*, eds A. Eide, G. Melander, L. A. Rehof et A. Rosas, Scandinavian University Press, p. 46.

[19] M. A. Glendon, *A World Made New. Eleanor Roosevelt and the Universal Declaration of Human Rights*, Random House, 2001, p. 148.

大压力,世界主义的特点最终还是以与不可分割性原则相结合后的新面貌被重新承认:"所有的人权都是统一的、世界范围的、不可分割的、相互依赖的、紧密联系的。"后果解释得很明晰:这些法律应该在全球范围内被国际社会以"同等重要"的方式采纳使用。但是如果法律均有同等的重要性,那么矛盾则不可能只通过一纸文书解决。

1.1.3 法律矛盾

在《世界人权宣言》的时代,矛盾一部分反映出实行自由主义的西方(公民及政治权利的推动者)与推行马克思主义的东方(注重经济、社会和文化权利)之间的政治张力。诚然,正如马里顿着重重申的那样:"对于某种权力的认可不是一些靠牺牲另一流派发展而来的思想流派的特权,在这一点上我们不懂得格外坚持;不需要成为卢梭主义者才能承认个体的权利,也同样不需要成为马克思主义者才能承认经济和社会权力。在不同流派行为交叉下取得的共同智慧远远大于一个流派内部的争论。"[20]

美国人仍然记得(尤其是埃莉诺·罗斯福)1941年的《宣言》,它指出从苦难中解脱是以四种自由为名义追求的目标之一;他们也没忘记"罗斯福计划"中的建立经济和社会权力的第二权利法案(bill of rights)。[21] 即使杜鲁门政府并不热衷于此,但它并不反对在《世界人权宣言》中写入经济、社会以及文化权利,因为它深知《世界人权宣言》并不具有法律效力。

其他人,比如马利克,则相对保守,相较于其他权力,他们更重视公民和政治权利。与之相反的,张彭春则积极推动经济和社会权利。也许他仍记得 1921 年的大饥荒。[22] 我们也可以猜想,他了解在孙中山影响下编写的 1936 年宪法草案,其中的第六、七章分别名为"人民经济生活"和"公共教育",这两章包含对经济、社

---

[20] M. A. Glendon, *A World Made New. Eleanor Roosevelt and the Universal Declaration of Human Rights*, Random House, 2001, p. 15.
[21] *Ibid.*, p. 70.
[22] *Ibid.*, p. 147.

会和文化权力的认可,从而为第二章"人民的权力与职责"[23]中的公民和政治权力做补充。总而言之,张彭春同卡森一样坚持在导言中增加把人民"从恐惧与苦难"中解放出来的愿望,同时支持经济、社会和文化权利,而这些权力最后也出现在《世界人权宣言》正文中。

从此以后,随着"冷战"爆发,美国的立场随之变得强硬,它主导联合国采纳两个独立的法案(即 1966 年公约),美国随后决定不再批准除《公民权利及政治权利公约》之外的其他法案,随后中国批准了《经济、社会及文化权利国际公约》。欧洲各国政府在英国影响下,也着重强调对于人权和政治的《欧洲人权公约》的应用(由欧洲人权法院监管)。相反,《曼谷宣言》则罗列出了亚洲截然不同的选择:"经济和社会的进步有助于民主的发展和人权的进步。"[24]

所以,我们有时会忘记关于人权普遍主义的讨论中最主要的条件:所有基本法共同构成的统一整体具有不可分割性。《世界人权宣言》的编撰者们不仅意识到这一点,而且还预见了解决矛盾的方法。多项条款,比如条款 7(不歧视原则),或者条款 10(公正诉讼的权利)均可适用于所有权利条款,比如《欧洲人权公约》就已经对此开始作出示范。

但是尊严平等概念(条款 1)却比公民、政治权利和经济、社会权利之间的区别明显更胜一筹(在政治压迫或极端贫穷地区,人们对尊严的概念也持审视态度)。然而辩论进行得十分艰难。由卡森提出的建议[25]受到盎格鲁血统的美国人的反对,因为他提出的概念更合乎欧洲大陆传统的康德主义而非更具体的罗斯福提出的

---

[23] Tcheng Chaoyuen, *L'Évolution de la vie constitutionnelle de la Chine sous l'influence de Sun Yatsen et de sa doctrine*, LGDJ, 1937, Annexe, p. 159 sq.

[24] Voir *Final Declaration of the Regional Meeting for Asia of the World Conference on Human Rights*, 16 avr. 2003; comp. *Bangkok NGO (non governmental organizations) Declaration*, 29 mars 1993; *The East Asian Challenge for Human Rights*, op. cit.; *Souveraineté nationale et mondialisation* (Singapour, sept. 2000), Ambassade de France à Singapour, 2001.

[25] Éric Pateyron, *Contribution française à la Déclaration universelle*, La Documentation française, 1998.

权利法案(bills of rights)。而苏联方面则揭露出空洞语言的虚伪和不可靠性,并嘲讽法案中流于表象的友爱。尽管如此,尊严平等概念仍以人权普遍主义的整体基础被列入法案最终版本中,但是法案中并没有明确实施办法。只有在后来陆续出现的公约和协约中才出现与生命和自由权利(它们允许特例和有所保留)不同的对抗奴隶制、酷刑和非人道或有损人名誉待遇的权利的"不可违背"性。

从这个意义上说,工作并没有完成。正如马里顿(Maritain)所解释的那样:"[……]为了使法案不再只是一个清单或者是一系列权利的单纯罗列,准确地说也为了让一个能够决定公共执行方式的契约有施展的空间,这样的协定应落在社会准则方面,落在这样的一个关键观念,即:在社会生活中具体实施时,被承认的各种人权应该相互协调。"[26]

《世界人权宣言》编撰者们没有提出这一关键理念。它是随着后来建立的法律文件逐步产生[27],尤其是随着法律判例的发展而发展起来的,尽管在地方两个法院上它在主要问题上依然备受限制(因为世界性质的人权保护机构并非真正的法院)。[28] 米歇尔·维莱趁机谴责关于人权的文章混淆公共道德和公共法律概念,甚至,根据他的说法,取代推演法是一种退化,因为推演法建立在明确的逻辑之上,这种逻辑源于一种反对罗马法学家们和普通法(common law)[29]法官的思考方式。但是维莱在其评论中似乎没有针对已经写入法律条款中的权利。否则法官们也将逐步发明一种辩证归纳法,使普通主义准则同国家相对主义结合。

---

[26] *Rapport Unesco*, p. 17.

[27] 主要是联合国 1966 年的两个条约和地方协议(Conv. européenne, 1950; Conv. américaine, 1969; Charte africaine, 1981; Déclaration islamique, 1991; Charte arabe, 1994)。

[28] 欧洲人权法院、美洲人权法院和非洲法院(参阅 S. Koworth, «La Cour africaine des droits de l'homme et des peuples: une rectification institutionnelle du concept de "spécificité africaine" en matière de droits de l'homme », *RJDH*, 2004, p. 757 *sq*.)

[29] M. Villey, *op. cit.*

1.2 承认"国家"自主空间

总体上来讲,《世界人权宣言》大致列出了第一个清单,此清单对于将公共道德人权的地位上升到实际公共法律层面的改变来说十分必要但却并不充分。这样的转变全凭首次(尚在局部地区)实施人权的经验进行。正如前文所说,即使在如欧洲这样地区差异较小的地方,统一规范的实施方法在现阶段既不可能也不适当。由此,当自主空间是变动的情况下,承认国家对于人权的自主空间不可避免地在时间和空间上产生新的模糊思想。

我们不应错误理解了人权"普遍"法律的特点:这个词汇并不说明,如吉尔·德勒兹(Gilles Deleuze)和菲利克斯·加塔利(Félix Guattari)所说的,它的形式或价值的恒久不变。他们认为此定义在其规律性和永久性上"太过简略且索然无味"[30]。然而这个设想中并无任何规律和永久性,它也不是由权力机构产生或产生权力机构的,而是描绘社会领域的勘探图。

因此,每次在承认"国家自主空间"时,欧洲人权法院允许了国家法律的多样性,这使每个国家的法律均有不同,即某种程度的相对主义。法庭每次都或多或少幸运地达到目的,我们可以这样比喻,这如同承认了同一个图表是根据多种不同角度的线条组成的,这些不同的线条对应着表格不同位置上的多名观察者。我想到了关于保罗·乌切洛(Paolo Uccello)的研究。这些研究表明,其绘制的三个版本的《圣罗马诺之战》非但没有产生无序感,反而给观众呈现一种动态美。

假设这种概念模糊使人权得以普遍化并且尝试解决菲利浦·马洛里(Pilippe Malaurie)提出的难题,即"想要无先验性地超越权利"。[31] 它们超越权利仅因它们具有另外一种性质:无论我们承认与否,它们起初的次决定性让时间和空间上的决定具有变化空间。

---

[30] G. Deleuze et F. Guattari, *Qu'est-ce que la philosophie?*, Minuit, 1991, p. 80.

[31] Ph. Malaurie, « La Convention européenne des droits de l'homme et le droit civil français », *JCP*, 2002, I, p. 143.

1.2.1 起源的次决定性

这就是令人困惑的地方：人权具有很多不明确、矛盾、疏漏以及过度繁杂的特征，这些特征与西方法律的传统特征没有任何相似之处，从而产生这些不规则现象，正如让·卡尔波涅（Jean Carbonnier）所说，只有专心研究病理学才能够认识到他所描写的法律如同粉化一般大量蔓延现象，积毒已深，终会导致不良后果。

然而人权的次决定性（通过主要文章的阅读便可知）看起来决定了对国家自主空间的认可。实际上，"国家自主空间"的概念并未写入《欧洲人权公约》之中，但是欧洲法官很早就已经承认这一概念。[32] 这一概念似乎也被《美洲人权公约》（1984年4月19日的协商意见）纳入考虑并应该有朝一日在世界范围找到其位置。在欧洲，在处理《公约》认可的有限甚至例外范围内的案件时，承认这种国家自主空间。它主要受限于以下两方面：或者因为特殊或临时形势而采取的例外措施，"在情势所迫的极必要条件下"（条款15）；或者是在"民主社会必要"条件下经常采取的强制性措施（附加议定书1中的第1、3、8款至第11条款）。[33]

我们从中可以看出暗含的从属性，它会根据法律上的（给国际法官提供自由决定空间的不确定特性）和政治上的（触及国家公共秩序的某些敏感性问题）原因给予国家有所保留地接受人权的空间。

如果在原则上国家自主空间"毫无争议"，那么在欧洲法官将

---

[32] Affaire *Lawless c. Irlande*, CEDH, 23 juill. 1961, et affaire *linguistique belge*, CEDH, 23 juill. 1968.

[33] W. J. Ganshof Van der Meersch, « Le caractère autonome des termes et la marge d'appréciation des gouvernements dans l'interprétation de la CESDH », in *Mélanges Wiarda*, Carl Heymans Verlag, 1988, p. 201 *sq.* ; également François Ost, « Originalité des méthodes d'interprétation de la CEDH », in *Raisonner la raison d'État. Vers une Europe des droits de l'homme*, dir. M. Delmas-Marty, PUF, 1989, p. 440 *sq.*

其实施的方法问题上则有很多异议。[34]但是有时很难辨别这些异议是针对其授予欧洲法官权力最原始的次级决定性(当法官阐述一个不明确的概念时,他必然需要决定其含义),还是针对反过来给予涉事国家保留自主空间的法官(法官便成为规则授予者)。

当一位欧洲法官在阐述像"民主必要性"这种概念模糊的词汇时,涉及的便是源头的次决定性。这时,法官便必须对决定词汇意义的标准进行解释:

首先,法官认为有必要把根据约束性范围内提到的、通过"充足适合理由"所证明的"社会必要需求"的情况(比如刑法处罚或纪律处罚)与创建性措施进行比较。而这一创建性措施,它的比例是根据内在(措施的性质、期限以及金额)和外在(是否存在其他同等效力但更温和的措施)力度来进行评估的。

其次,一些措施的"民主"属性,此属性同时反映了约束的存在(大多数是法律上的,但有时是行政甚至议会上的)和对于"民主精神"的尊重(多元主义、包容和开放思想)。

但是激起最多异议的并非是多重标准(因为此举对于决定意义不明确的词汇很有必要),而是实施上的不严格性。例如我们观察到欧洲人权法院对一些案子:毒品[35]、黑社会[36]或恐怖主义[37]案件提前定论,省略了对于事件情形必要性的真正调查。在这些案件中,其立案的必要性如此明显以至于案件相关国家甚至不需要对此作出辩解:"[……]这种犯罪活动的高危险性似乎强加了一

---

[34] Caroline Picheral et Alain-Didier Olinga, « La théorie de la marge d'appréciation dans la jurisprudence de la CEDH », *RTDH*, 1995, p. 567 sq.; M. Delmas-Marty et M. L. Izorches, « Marge nationale d'appréciation et internationalisation du droit », *RIDC*, 2000, p. 753 sq.; également F. Sudre, J.-P. Marguenaud et al., *Les Grands Arrêts de la CEDH*, PUF, 2003, p. 67 sq.

[35] Arrêt *Lüdi c. Suisse*, CEDH, 15 juin 1992.

[36] Arrêt *Raimondo c. Italie*, CEDH, 22 fév. 1994.

[37] Arrêts *Brannigan et McBride c. R.-U.*, CEDH, 26 mai 1993; *Murray c. R.-U.*, CEDH, 28 oct. 1994.

个几乎无法反驳的足够动机的预先推断"[38],所以约束措施很容易被接受。实际上,欧洲法官对危险的定义采取了主观态度:在国内法律和《欧洲人权公约》中均没有明确说明。但是批评主要集中在国家自主性的空间多样性上。

1.2.2 空间上的变化决定性

考虑到以公共秩序为动机来确定限制和特例的定义的时候,各国政府比国际法官更有话语权。欧洲法院虽然并不放弃所有的监管权,但是法院会根据决定自主权大小的并存性界限来限制其自身的监管权。换句话说,在两种传统交替选项的用语之间(强制一致性/国家主权评估),欧洲法院添加一种轻量的强制,即"相容性":当一致性和身份需求相互依存时(即国家行为需严格遵守国际准则中规定的行为的要求),相容性依存于相近性(即行为需与国际准则足够接近才能够被认为是可相容的)。如此它便可在同一个原则的基础上使不同的国家行为合法化。

例如,尊重私人生活的原则可以体现在对于窃听电话的限制上,即仅限于在合法且民主监管的基础上,但是这种监管在一个国家可以由法官执行(英国),在另一个国家由独立的行政机关执行(法国),在第三个国家则由议会委员会执行(德国)。

这种多样性在原则上得到人们的认可,但在空间上却因为欧洲法官的使用而受到批判。因为他们有时会因为国家自主空间权限过大,最终导致欧洲空间分裂(以道德或宗教保护为名限制很容易让人接受言论自由的限制)而妨碍欧洲的一体化。但是有时也因为狭猾的国家自主空间而强迫欧洲的一体化(以尊重私人生活为理由过度限制于家庭生活),这些表现出了一种被有些人认为太自由宽容和个人主义的人权概念占有的主要地位。[39] 我们会在探讨人权中价值冲突时详细地重新讨论这些问题。在这里我们仅需

---

[38] C. Picheral et A.-D. Oninga, « La théorie de la marge... », *op. cit.*, p. 573.
[39] Marie-Thérèse Meulders-Stein, « Individualisme et communautarisme: l'individu, la famille et l'État en Europe continentale », *Droit et Société*, 1993, p. 163 *sq.*; également « Vie privée, vie familiale et droits de l'homme », RIDC, 1992, p. 767.

要记住的是谴责法庭既太严苛(控制的严格),又不够严格(控制受限)似乎是很矛盾的。但是无论对哪一种态度的放纵都不会产生公平的决定。在那些批判中被诟病的是"国家自主空间超出所有法律原则和规定,而这些原则和规定控制着对国际法中欧洲法院能够遇到的所有概念和状况的解释"。[40]

事实上,当欧洲法院似乎被一些所谓的机遇所指导,被"不要引起震惊,不是因为其任务的客观性而是因为它的参与具有政治敏锐性而让人们接受它的角色这一担忧"所指导的时候,我们可能担心法官的个人主观性会超过公开的客观性,同时会质疑决定的可预测性,也就是制度的外在有效性。这种风险似乎也与法官对某些因素进行评估时所表现的困窘有关,因为这些因素决定了国家自主空间在空间和时间上的变化。

1.2.3 时间上的变化决定性

《欧洲人权公约》的序言中规定欧洲委员会的目标是保护和"发展"人权。欧洲法院以该协议为基础,确定了人权发展性特征,关注提出变化的标准。但是这些标准根据案情不同而有所差异。欧洲法院一会儿肯定,"鉴于社会与科学的发展",有必要定期重新审查各国的法律实施(关于同性恋的问题[41]);一会儿又肯定,"签约国法律体系中共同命名或者缺乏共同命名可以构成一个适宜因素"(关于婚姻法问题[42]);一会儿又说各国依据约束性办法援引的合法性目的(国家安全、法律保护、卫生、道德、宗教、经济福利等)本身就具有决定性:"各国自主空间的权力对于第 10§2 款中提到的目的没有统一的范围。"[43]所以,在关系到保护司法权权威的时候,这个自主空间就比较狭小;而关系到其他目的,比如宗教道德保护问题,这个空间就比较广。

在后面这种情况下,法院的推理似乎是以第一种概念的客观

---

[40] W. J. Ganshof Van der Meersch, *op. cit.*

[41] Arrêt *Dudgeon c. R.-U.*, CEDH, 22 oct. 1981. Voir *Raisonner la raison d'État*, *op. cit.*, p. 491. sq.

[42] Arrêt *Rasmussen c. Danemark*, CEDH, 28 nov. 1984.

[43] Arrêt *Sunday Times c. R.-U.*, CEDH, 26 avr. 1979.

性和第二种概念的主观性之间的差异为基础[44],并考虑欧洲国家主要还是因为道德和宗教原因产生分歧,而不是因为法律权威。相反,科学与社会的发展反映了社会学和科学的价值评估,存在共同命名,这意味着要进行对比研究。但法官似乎除了做一般性的肯定陈述外也没有其他办法。

弱化法院推理的,是法院往往从一个标准过渡到另一个标准而没有任何解释,仿佛是在事后为其决定提供合法解释(接受援引的国家自主空间条款或者判定过度)。我们以成年人之间的同性恋犯罪被判刑事案件为例。[45] 尽管是有关道德方面的案件,而且各国的法律意见存有分歧,法院依然判决,社会变化有趋同更加宽容的态度。这种趋同性使法院局限于国家自主空间,以至于这一空间成为"熄灭的国家自主空间"[46]。

更让人迷惑不解的是,在一起变性案件(B. c. France)中,鉴于英国法和法国法属于完全不同的两种法律体系,而且在这一领域当中欧洲社会还没有达成一致意见,所以法院判决法国的情形同尊重私人生活规定相抵触,"即使是从国家自主空间这个角度考虑"[47]也是如此。这个表达式本身也只提到法院承认国家自主空间,但是认为(没有解释为什么),对法国的违法指责超过了可接受的界限。相反,在其他判决(判为非违法行为)[48]当中承认的自主空间规模反映了法院所实施的方法具有无法接受的分散性。

---

[44] F. Sudre, J.-P. Marguenaud *et al.*, *Les Grands Arrêts de la CEDH*, *op. cit.*, p. 69.

[45] Arrêt *Dudgeon c. R.-U.*, 22 oct. 1981. Voir aussi les arrêts *Norris c. Irlande*, 26 oct. 1988, et *Modinos c. Malte*, 22 avril 1993.

[46] C. Picheral et D.-A. Oninga, *op. cit.*

[47] *B. c. France*, 23 mars 1992, §25. 同时参阅 C. Lombois, «La position française sur le transsexualisme, devant la CEDH», D., 1992, chr. 323. 关于婚姻法的报告,CJCE, 7 janv. 2004, D., 2004, J. 979, note de Ph. Icard.

[48] 比如上面提到的判决 *Otto Preminger Institute c. Autriche* 中,法院根据国家自主空间的原则,批准对被认为对天主教有亵渎行为的电影制片人的处罚。同样,在 *Odièvre c. France*(根据国家自主空间的原则批准以 X 之名生产),CEDH, 2003 年 2 月 13 日,JCP, 2003 年,II, 10049, A. Goutenoire-Cornut & F. Sudre 的记录;Ph. Malaurie 的报告同时证明这是一种"缓和"的决定,JCP, 2003, I, p. 120.

没有解释和无法解释,法官似乎滥用这种模糊性,利用正式有效性的弱化完成唯一权威的论证,法律多样性依赖社会多样性:"[……]应该利用更多的时间来理解法官是如何接收社会群体为他所创建的价值,理解他对这些价值做了什么。"[49]

所以,这种滥用模糊概念的方法有可能弱化人权法法律的正式效力,关于这一点,我们在政治领域和法律领域都有所观察。

从政治角度看,人权还没有能够以双重变动的代价来抵制权力机制。一方面,人权缩减了各国政府的垄断,使私人法人(个体和集体)成为国际法的积极主体,而国际法也成为人与人之间的交际法律;另一方面,它弱化了主权,在必要的时候允许法官对各国政府因为违法行为进行处罚,补偿受害者,这样将法律变成超国家法律。

从法律角度看,超国家法律的崛起被认为是影响了法律的所有领域。在国内法方面(如民法、行政法以及刑法等),人们不再指望判例发生改变,也不指望由欧洲人权法院宣布的处罚进行直接或间接地强制性立法改革。

另外,私人法人在国际领域(人际关系)中的出现,表面上看没有产生什么可视性影响,但是在深层意义上会产生很多的动荡,因为私人法人对国际公法和国际私法之间的传统区别产生质疑。我们知道,国际公法是对各国政府关系起作用;而国际私法是国内法的一个分支,它是调解个体(人权或财产权)之间纠纷的法律冲突,包括外国成分,比如一部分人的国籍或者事实发生的地点等。

但是影响是交织在一起的。所以,在敏感情况下,为了国家公共秩序,法官可以让国家法律凌驾于外国法律之上。参照国家公共秩序的依据应该结合国际人权保护所有规定的原则,所以就是要优先欧洲甚至是世界公共秩序的超国家理念。欧洲甚至世界公共秩序凌驾于国家法律之上,威胁到国际私法的建设,因为国际私

---

[49] A. Lajoie, *Jugements de valeur*, PUF, coll. «Les Voies du droit», 1997, p. 201; également, A. Lajoie, H. Quillinan, R. Macdonald et G. Rocher, «Pluralisme à Kahnawake?», *Les Cahiers de droit*, vol. 39, n°4, 1998, p. 681 *sq.*

法建设的主要精髓就是使法律体系相对化。[50]

同时在国际公法方面还出现一个问题,就是被认为具有强制性法规(jus cogens)性质的人权保护措施和具有相对价值的普通协议权利之间的衔接。[51] 安东尼·卡塞斯(Antonio Cassese)对国际所有刑事法院的判例都做了研究,他指出,人权领域越来越具有对国际法其他领域进行控制的倾向[52]。但是他也指出,国际刑法诉讼的特点将诉讼限制于其他法律制度之内,有可能因此按照"点单"[53]的方式来证明人权使用的合法性。

我们期待能够从《世界人权宣言》宣布的权利当中找出"国际公共秩序特例"的性质,这样可以同所有相反的标准区别开。正如热拉尔·科恩-乔纳森(Gérard Cohen-Jonathan)在他的《报告总论》(Rapport introductif général)中所建议的:这种对峙反映了在同一法律普遍性当中的协调性问题。尽管人和人道主义表面上看都来自同一个现实,但是当人道主义进入法律范畴时,人权普遍性同人道主义不是一开始就相互协调的。

2. 人道主义[54]

人道主义的名声不是很好。它的普世性被看成是极权制,威胁着人的个体性,同时又对现实具有抗议性,让各国担心自己的主

---

[50] B. Fauvarque-Cosson, « Droit comparé et droit international privé: la confrontation de deux logiques à travers l'exemple des droits fondamentaux », in *Variations autour d'un droit commun. Travaux préparatoires du colloque de la Sorbonne*, dir. M. Delmas-Marty, SLC, 2001, p. 51 sq.

[51] G. Cohen-Jonathan et J.-F. Flauss, « CEDH et droit international général », AFDI, 2001, p. 423 sq.; *Droit international des droits de l'homme et juridictions internationales*, Bruylant, 2004.

[52] A. Cassese, « L'influence de la CEDH sur l'activité des tribunaux pénaux internationaux », in *Crimes internationaux et juridictions internationales*, dir. A. Cassese et M. Delmas-Marty, PUF, 2002, p. 181.

[53] F. Tulkens, in *Crimes internationaux et juridictions internationales*, *op. cit.*, p. 185; G. Cohen-Jonathan, « Rapport introductif général », in *Droit international des droits de l'homme...*, *op. cit.*, p. 11.

[54] humanité 这个词在法语当中表示的含义很多,本书中根据内容翻译成"人性""人道""人道主义"或"人类"。——译者注

权。也许正是这个原因,人道或人性(humanité)的概念在法律领域出现得很晚,而且很分散:至今没有一个统一的法律概念能够区别人权(droits de l'homme)和人性权利(droits de l'humanité)或者人道法(droit de l'humanité)。然而,如果说人权的概念在今天已经进入到"各国的想象"当中的话,那说明人道主义不仅是一个梦想,它已经成为一种参照,按照雷纳-让·杜比(René-Jean Dupuy)的说法,它在历史中的降临预示了一种约束,就像一种承诺一样,"没有同乌托邦式的灿烂理想预期相混淆",但是"预示了一种要组建的现实"[55]。

而且相对于人权法,人性的概念本身就带有本体论的普世主义。在人权最早(直到1948年《世界人权宣言》)进入国家政治和法律背景(1947年建议的第一个草案不过是国家法律文本的编纂)当中的时候,人道主义的概念就直接出现在国际法中,融汇了最近以及不断变化的很多概念,包括反人类犯罪,人类共同遗产等。

作为新的法律范畴,构成人性主体的或者作为犯罪的受害者,或者是遗产的持有者,再或者是"领域的主人"[56]。

2.1 人道主义受害者:反人类犯罪

人道主义的概念诞生于战争法。赫拉克利特曾说,"战争将我们对立起来,又将我们统一起来"(*ton polemon eonta zunon*)。斗争(具有冲突和战争的双重含义)是所有人共同拥有的东西。战争法早就被理解为各民族人民的共同权利。和商法一样,战争法是国际法的鼻祖。如果如孟德斯鸠所说,"贸易的自然影响就是带来和平"[57]的话,那么贸易(我们后面会谈论这个问题)就仅限于创造一些用于交换的信任条件。相反,国际法(或万民法 droit des gens)的目的是结束战争。正如胡果·格劳秀斯所说:"我担心在

---

[55] R.-J. Dupuy, « L'humanité dans l'imaginaire des nations », in *Conférences, essais et leçons au Collège de France*, Julliard, 1991, p. 282.

[56] *Ibid.*, p. 222 *sq*.

[57] Montesquieu, *De l'esprit des lois*, in *Œuvres complètes*, t. II, Gallimard, coll. « La Pléiade », 1951, IV, L. 20, chap. 1, p. 585.

过分模仿野兽的同时,我们会忘记学会做人。"[58]说实话,人类的行为有时比所谓的野兽行为更为糟糕(从这个意义上看,也许也可以说无人性也是人的一个特性)。

作为需要救援的受害者,人道主义一开始没有从法律角度上区别构成自己主体的人。随着战争法的延伸,"人道"法被定义为国际公法的一个分支,主要关注人类法人的问题。[59]经过了日内瓦公约,慢慢扩大到战争法和武力冲突法,人道法更关注保护市民、战俘和战士(1977年第一项辅助协议)。最近又出现了"人道主义干涉"法,回应了米歇尔·福柯的劝告:"人类的不幸不应该总是政治沉默的一部分。它创建了一部针对权力拥有者并奋起抵抗的绝对法律。"[60]在出现自然灾害和"同样的紧急状况"时,联合国全体大会于1988年11月21日通过了一项决议,保障可以自行进入救援受害者,1990年又创建了"人道主义紧急救援通道"[61],进一步加强了这一决议。

人道主义法具有普遍性使命(几乎所有的国家都接受了日内瓦公约),对人权法也是一个补充。人道主义法从人类情感中汲取经验,来自无边界的政治(从"市民责任"这个意义上说[62])团结一致这个思想,但是并没有因此完全肯定人类(这里指的人类是相对于它所救援的个体而言)的自主性。直到在刑法当中出现了不同于"普通"犯罪的"反人道主义"犯罪这个概念,并慢慢脱离犯罪,此时才将人道主义规划到法律特殊范畴中。

但是,在生物技术时代,出现了新的"忘记"我们人类自己人性

---

[58] H. Grotius, *Le Droit de la guerre et de la paix*, op. cit., p. 836 (LIII, chap. xxv, § II).

[59] P.-M. Dupuy, *Droit international public*, Dalloz, 5ᵉ éd., 2000, § 576.

[60] M. Foucault, « Face aux gouvernements, les droits de l'homme », in *Dits et Écrits*, t. IV, 1980—1988, Gallimard, 1994, p. 708.

[61] M. Bettatti, « Souveraineté et assistance humanitaire », in *Humanité et droit international. Mélanges René-Jean Dupuy*, Pedone, 1991, p. 35 *sq*.

[62] E. Goemaere et F. Ost, « L'action humanitaire: questions et enjeux », in *Humanité, humanitaire*, Bruxelles, Facultés universitaires Saint-Louis, 1998, p. 111 *sq*.

的方法,不仅因为种族灭绝,而且还因为去自然化。无论是优生学还是人体克隆,法国立法者创建了一种新的犯罪,即"反对人种"罪。这有可能分离了人化过程(hominisation)和我们人类还没有完成的人性化(humanisation)过程。这种双重性也许说明,尽管在国际法和国内法都有过几次尝试,人道主义依然是一个有待建设的法律概念。

2.1.1　国际法

第一次以反人道主义犯罪的名义对犯人进行谴责,是在1945年根据纽伦堡法院章程进行的。大部分的"普通"犯罪,比如谋杀或者盗窃罪,是国家规定的犯罪,它们的定义可以根据法律制度而有所改变。反人道主义犯罪却与此不同,它一开始就在国际层面上作出了规定。战争犯罪是以国际法的名义保护战士,反人道主义犯罪是站在超国家的角度,表现了保护"人类"的愿望,尽管到目前为止还不知道如何定义,但它从本质上看是具有普遍性的。

在实际应用中,纽伦堡法庭也只是在同时犯有战争罪的时候才使用反人道主义犯罪这一法律定性。法庭宣称,自己对战争前犯下的反人道主义犯罪无审判权,尤其是对1933年到1935年之间纳粹医生所犯下的罪行。至于在敌对期间所犯下的罪行,法庭希望在大多数被指控人员当中,扣留两位指控首领。[63] 作为纽伦堡审判的法国法官,道纳迪耶·德·瓦布尔(Donnedieu de Vabres)对反人道主义犯罪持有保留意见,他指出,敌对期间所犯下的罪行通过"审判化为乌有"。

法庭的谨慎态度主要是因为法律上对反人道主义犯罪的规定基础具有模糊性,人们很难将它像反和平犯罪以及战争罪那样同国际习惯法联系起来,只能同盟军单边宣言(1943年《莫斯科宣言》)联系起来,那项宣言曾宣布战后将对罪行进行审判。

至少纽伦堡章程(第6C款)规定了第一批清单,其中包括:谋

---

[63] Sévane Garibian, «Souveraineté et légalité en droit international pénal, le concept de crime contre l'humanité dans le discours des juges à Nuremberg», in *Le Droit pénal à l'épreuve de l'internationalisation*, dir. M. Henzelin et R. Roth, LGDJ et Bruylant, 2002, p. 29 sq.

杀、种族灭绝、降为奴隶、放逐、关押在集中营以及其他在战争前或者战争过程中，因为政治、种族以及宗教原因，对普通市民犯下的非人道主义行为或者迫害。对这些行为和迫害（无论是否是违反了他犯罪时所在国家的国内法）法庭都有权进行审判，其中还包括与这些罪行有关的犯罪行为。

联合国和欧洲议会后来关于战争犯罪和反人道主义犯罪不受实效约束的法律规定（分别在1968年11月26日和1974年1月25日公布）中，还增加了联合国公约1948年12月9日文本中所说的种族屠杀，以及1973年11月3日联合国公约中规定的"南非的种族隔离罪"。还有联合国安理会1993年5月3日和1994年11月8日的决议，正是根据联合国安理会的这些决议才组建了前南斯拉夫和卢旺达国际专门刑事法庭。[64] 这些文件同时针对"严重违反1949年日内瓦公约"（第2条），"违反战争法或惯法"（第3条），种族屠杀（第4条）和反人道主义犯罪（第5条）。联合国秘书长的报告明确指出，在前南斯拉夫领土上爆发的冲突中，这些犯罪形式表现为"所谓的'人种清除'，经常普遍性的强奸罪，以及其他形式的性暴力，包括强迫性卖淫"。

1998年7月通过的《国际刑事法院罗马规约》（2002年正式实施）为新成立的国际常设刑事法院对整体犯罪类型具有审判权奠定了基础，这些犯罪类型中主要是种族屠杀和反人道主义罪，将反人道主义罪定性为"对普通市民进行的普遍或经常性已知晓的袭击"行为。

因为《国际刑事法院罗马规约》，反人道主义罪最终完全同战争罪分离开。而且战争罪是一个特殊条款内容，因为这项条款，规约正式实施的时间推迟了7年之久（这项条款主要是法国提起的）。相反，人道主义的概念却一直是由不断重新更新的名单来规定的，在这些名单中，列举了一系列面对"挑战想象力，深深触及人

---

[64] 参阅 A. Cassese et M. Delmas-Marty, *Crimes internationaux et juridictions internationales*, op. cit., et *Juridictions nationales et crimes internationaux*, PUF, 2002.

类意识的暴行"(见规约序言)的恐惧。

将反人道主义罪同普遍犯罪区别开的特性以一种隐形的方式决定了整个法律制度,但是这种特性从来没有被明确提出来。即使是前南斯拉夫国际刑事法庭在它的早期判决中指定把人类看作是受害者的时候("与共同法不同,触犯的客体不是受害者的人身权,而是整个人类"[65]),它依然在这个问题上采取了十分谨慎的态度而不肯多说。

至少这个列举名单保证明确指出构成犯罪的因素,但是人们对此也可以产生怀疑,尤其是有一项法律条例依然存在,这条法律不仅针对在全面或经常性的袭击时的外切行为,比如谋杀、酷刑、强奸等,而且还针对"其他非人道主义行为"。这种表达方式载入国际刑事法院章程(前南斯拉夫国际刑事法庭章程第5条),引起了像受伤致残以及其他严重的暴力行为的审判,尽量从物质因素和犯罪目的的角度明确其大致轮廓。[66] 尽管人们已经作出了努力,但是这个"大杂烩"依然保留在《国际刑事法院罗马规约》关于国际刑事法院的条款(第7条)中,在刑法方面似乎很难再接受继续保持这种"大杂烩的范畴",因为在刑法里,法律稳定性要求尊重违法和处罚合法性原则,也就是要求明确规定被指控的行为。[67]

为作出这样的明确规定,也许应该在禁止保护的人类构成上达成哲学性统一意见。正如安娜·法戈-拉尔若(Anne Fagot-Largeault)所指出的那样,困难在于"20世纪的道德哲学早就变成相对主义,甚至虚无主义了"[68]。她又强调说,如果人们从根本上找,而不是诉求超验性来源的话,似乎很难克服伦理道德和责任道德之间的分离。对于这种道德诸说混合思想,有些"水火混合",安

---

[65] TPIY, *Erdemovic*, 1996.

[66] 参阅 TPIY, *Procureur c. Kordic*, 26 fév. 2001, 一审判决。

[67] F. Mantovani, « The general principles of international criminal law, the view point of a national criminal lawyer », *JICJ*, 2003, p. 26.

[68] A. Fagot-Largeault, « Sur quoi fonder philosophiquement un unviersalisme juridique? », in *Crimes internationaux et juridictions internationales*, *op. cit.*, p. 85.

娜·法戈-拉尔若持有保留态度,但是她也承认我们可以在刑法方面进行尝试。因为在她看来,"潜在的普遍原则在刑法方面属于伦理道德范畴是很自然也是很有意义的事情,因为人们可以很明确,在一致同意的情况下识别是什么触犯了道德意识,而不是取悦道德意识的东西。"[69]

进行这样的鉴别应该是国际刑事法官的任务。但是在对近十年的判决进行分析时,却让人有些茫然不知所措。因为缺乏一个明确而稳定的参考(标准的或者判例参照),国际法官感到被推向一个"并不怎么为人所知的普遍地带,它的价值参考全凭经验建立起来的"[70]。因为没有历史资源,法官们需要在空间比较当中寻找客观基础。这些法官来自五大洲,属于不同的法律传统体系,需要将比较分析与国际刑法标准解释结合起来。这有点像人权问题,因为其来源的模糊性促使法官将国际法和各国法律的共同命名结合起来,从而建立他们对客观因素的解释基础。但是获取资源的方式非常不均等,会临时采取一些方法,这是因为比较往往仅限于英美法—大陆法这两大法律体系,也就是在西方世界内部的简单对比。[71]

克洛德·乔尔达(Claude Jorda)曾任国际刑事法庭的裁判长,国际刑事法院的法官。他认为应该重新审视过往的一切:"对标准的监督,对法官的监督,当然还有法官和各种制度当中最优秀的代表,以及法官的培训和职业道德。"[72]

事实上,对判决目的的分析,还有对新闻通报和年度活动报告

---

[69] A. Fagot-Largeault, « Sur quoi fonder philosophiquement un unviersalisme juridique? », in *Crimes internationaux et juridictions internationales*, *op. cit.*, p. 91.

[70] C. Jorda, « Le point de vue juridique », in *Crimes internationaux et juridictions internationales*, *op. cit.*, p. 77.

[71] M. Delmas-Marty, « L'influence du droit comparé sur l'activité des tribunaux pénaux internationaux », in *Crimes internationaux et juridictions internationales*, *op. cit.*, p. 95 sq.

[72] C. Jorda, *op. cit.*

的研究[73],结果发现在政治上和道德上有可能发生转变的风险。在一些报告中,法官们毅然提出"反对邪恶力量的斗争"[74],甚至在一份新闻通报声明中,直接针对被告人(他是第一个因为种族屠杀而被前南斯拉夫国际刑事法庭判刑的人)谴责他"加入邪恶当中"[75]。当然,这种转变也不是国际刑法的特性,罗纳德·德沃金(Ronald Dworkin)最近在谈论道德的时候,提出法官执行的是"世俗化主教之职"[76]这一说法。但是在国际法方面,这些转变更加严重,因为在这些转变当中又增加了缩减法律制度正式有效性的概念缺陷。这有可能激发很多失望的评论,包括法律人士[77]和非法律人士[78]的评论,主张增强各国裁判机关的审判能力。但是还应该考虑到这种方法移植到国内法上的不确定性。

2.1.2 国内法

在这里我们不会涉及领土、法人或者普遍管辖权调解管理的问题[79],而仅仅是国际标准在国内法当中的接纳问题。事实上,在国家刑法当中载入反人道主义罪,因为其概念起源的模糊性,从而在空间和时间上更增加了新的模糊性。这是因为存在隐形的国家自主空间,这同人权问题上所观察到的国家自主空间对称,国际法官对此没有予以接纳,只是各国政府本能自主地通过这一原则。

---

[73] E. Fronza et J. Tricot, « Fonctions symboliques et droit pénal international. Une analyse du discours des TPI », in *La Justice pénale internationale dans les décisions des tribunaux* ad hoc. *Études des law clinics en droit pénal international*, dir. E. Fronza et S. Manacorda, Dalloz et Giuffré, 2003, p. 292 sq.

[74] 《前南斯拉夫国际刑事法庭年度报告》,1999.

[75] *Communiqué de presse*, TPIY, n°601, affaire *Krstic*, 13 août 2001.

[76] R. Dworkin, « Un pontificat laïc », in *Les Entretiens de Provence. Le rôle du juge dans la société contemporaine*, dir. R. Badinter et S. Breyer, Fayard, 2003, p. 83 sq.

[77] 参阅 S. Sur, « Le droit international pénal entre l'État et la société internationale », in *Le Droit pénal à l'épreuve de l'internationalisation*, op. cit., p. 68.

[78] 参阅 T. Todorov, « Les limites de la justice », in *Crimes internationaux et juridictions internationales*, op. cit., p. 39.

[79] 参阅 *Juridictions nationales et crimes internationaux*, op. cit.;同时参阅本章第三节。

因为缺乏监控,各国政府,作为国际标准的接收者,如他们在法律背景和国家政治当中所理解的那样通过了这一规定。

在反人道主义罪纳入国家刑事法典中时,人们发现反人道主义罪的定义有重新国家化的倾向,在关于种族大屠杀问题上,受每个国家固有的历史背景影响。这种现象更加明显,一项比较研究[80]表明,有些国家很难坚持遵循1948年公约中关于种族大屠杀的定义,他们有时希望扩大政治群体的保护(拉丁美洲),甚至扩大到自我种族灭绝(柬埔寨)的保护;有时又仅限于对"犹太人民"(以色列);有时又对此进行修改。

因此,法国拒绝1948年公约第2条的表述。这条表述把种族屠杀的特征描述为对一个人类群体进行摧毁的企图。法国议会希望提出"一个取决于现存商讨过的计划的更为客观的标准"[81]。但是,种族大屠杀是普遍形式表现出来的反人道主义犯罪,出现在刑法典里的时间不长。1964年出台了一项法律,它只限于通过简单地参考国际上的定义,"指出反人道主义罪不受时效约束",比如在纽伦堡法庭章程中的规定,后来联合国决议案也援引了这一规定。不过,这项法律仅仅限定反人道主义犯罪的不受时效性约束(也许是担心对去殖民地化战争公开起诉)。所以,法国最高法院在审理巴比案件(procès *Barbie*)以及后来的图维耶(Touvier)和帕篷(Papon)案件时,坚持对反人道主义犯罪和战争犯罪进行区别(纽伦堡法庭曾经仔细谨慎地规避了这一点)。因为选择排除把受害者的性质(抵抗运动中的战士还是普通市民)作为决定性因素,法国最高法院将反人道主义罪局限于纽伦堡的历史背景下,认为控诉针对的只是"以国家名义实施意识形态霸权主义政治"所犯下的

---

[80] Voir *Les Processus d'internationalisation du droit pénal*, dir. M. Delmas-Marty, MSH, série « Vers des principes directeurs internationaux de droit pénal », vol. 7, 2003, notamment E. Fronza, « Introduction », p. 173 *sq.*, et N. Guillou, « Modélisation des processus de réception de l'incrimination du génocide en droit interne », p. 213 *sq.*; M. Delmas-Marty, « La Cour pénale internationale et les interactions entre droit interne et droit international », *RSC*, 2003, p. 1. *sq.*

[81] 1993年5月4日新《法国刑法典》实施规定。

行为。

这一严格的解释让巴黎上诉法院的控告厅判决图维耶案件为反人道主义罪,理由是维希政府没有实施这样的霸权主义政策。刚好,法国最高法院需要重新对反人道主义罪进行定性,要求伊夫林省重罪法庭重审图维耶案件[82],吉伦特重罪法庭重审帕篷案件;但是没有对以前的定义提出疑问,这样"灵活的规避"[83]方法使它避免对后来所犯下的反人道主义罪的行为进行定性,尤其是法国在去殖民地化过程中的行为。[84]

新出台的《法国刑法典》(于1992年投票通过)放弃了这种历史参照,依据国际法律文本,在法典的第一节"反人道主义罪"特殊条例的开头,就提出关于种族大屠杀(第211-1条)以及其他形式的反人道主义罪行(第212-2节)的问题。同纽伦堡原则一样,法国法典列举了一些反人道主义的罪行,却没有给出一个大致的定义,有时甚至也不是十分明确("非人道主义行为")。[85]

因为缺乏大概的定义,1994年法国立法人员在制定生物伦理道德前期法律的时候,倾向于把反人道主义罪和反人种罪分开。反人种罪包括了优生学,2004年8月6日关于生物伦理道德的法律增加了克隆人的规定。乍一看,将人类分成这两种看法似乎有些奇怪:一种是唯灵论的观点,一种是生物学的观念。而种族屠杀就是从物理上对人种的灭绝,相反优生学和人工克隆遭到禁止,不

---

[82] Crim., 27 nov. 1992, *Bull.* 394, chr. M. Massé, *RSC*, 1993, p. 372. V. aussi p. Truche et P. Bouretz, «Crimes de guerre, cirmes contre l'humanité», *Encycl. Dolloz*, août 1993; Crim., 21 oct. 1993, *Bull.* 307, 驳回图维耶的上诉,退回伊夫林省重罪法庭。

[83] R. Koering-Joulin, A. Huet et P. Washsman, *Le Monde*, 19 déc. 1992.

[84] V. Crim., 1er avr. 1993, *Bull*, 143(关于印度支那冲突), *Droit pénal*, comm. 38.

[85] 参阅 J. Francillon, «Crimes de guerre et crimes contre l'humanité», *JCP*, 1993, p. 75 *sq*.; chr. M. Massé, *RSC*, 1994, p. 376; J. Leilieur, «L'impossible poursuite de *tous* les crimes contre l'humanité commis avant l'entrée en vigueur du nouveau CP», *RSC*, 2004, p. 31.

是因为去自然性,而是因为人被工具化[86],也就是损害了人类的尊严。的确,为了统一两个范畴,本应该明确这个划分两个范畴的理论概念。

2.1.3 创建概念

作为反人道主义罪所列举的各种禁令有一个共同点,也许是它们的集体规模。事实上,纽伦堡章程规定了"反对所有平民"的罪行,其他文本也借用这个表达方式,只是稍微改动。德国联邦高级法庭关于种族屠杀的概念解释得比较清楚:"[……]种族屠杀罪行所保护的价值同罪行受害者个人的法律财产不同,它在于一个群体的存在,相对于谋杀来说,非人道主义方面是反司法裁判性的特殊标准,它在于犯罪人没有把受害者看成是人类,而是受迫害群体的一名成员。"[87]

总之,对反人道主义罪,包括种族屠杀的谴责,意味着个体的人,即使是同某个群体深深地联系在一起的人,也不应该失去其身份,简化成这个群体的一个不可改变的一分子,随时可以被抛弃。如果说人类需要有一身份归属的话(这是很多无国籍和被放逐的人的内心惶恐不安的原因),他就不会被禁锢、被束缚于自己的出生来源,也不会丧失自己在人类中的地位。受害者的这种去人性化过程实际上对他者或者相异性提出了一个问题,即每个作为独立个体的人的独特性和位于人类群体中的合法归属感的问题。[88]

现在出现新的科学认识,它们使人工繁殖技术变得越来越有

---

[86] 参阅法国最高行政法院关于修改生物伦理学法案的报告,La Documentation française, 1999; également M. Delmas-Marty, « Faut-il interdire le clonage humain? », D., 2003, chr. 2517.

[87] Arrêt *Jorgic*, Bundesgerichtshof (Tribunal supérieur fédéral allemand), 30 avr. 1999, n°6.3.1; également J. Lelieur, « Le crime de génocide en Allemagne », in *Les Processus d'internationalisation du droit pénal*, op. cit., p. 227 sq.

[88] 参阅 M. Delmas-Marty, « Le crime contre l'humanité, les droits de l'homme et l'irréductible humain », *RSC*, 1994, p. 477; également « L'humanité saisie par le droit », in *Humanité, humanitaire*, op. cit., p. 27 sq.

可能,可以"改变物种"[89]。从摧毁到创作生命,这一过程反映了福柯所说的生物权利:"[……]最大的功能也许不是杀戮,而是投资整个生命。"死亡权和生命权可以"建立社会优生学秩序"[90]。除了"非人道主义"对待以外,还构设了人性以外的待遇,或者说"无人性(anhumains)"对待。通过克隆进行无性生殖,嵌合体制造,昨天的幻想在今天或明天变成了可能。

雅克·泰斯塔尔(Jacques Testard)公开提出这样一个问题:"是否可以在不失去人性(humanité)的情况下改变人类?"[91]不失去人性在这里有两个含义,有可能将长期以来对人性的学习和了解(人性化)同生物变化(人类进化过程)相混合这一缓慢工作化为乌有。当每天都在触犯卑微的普通人类每个人的权利的时候,将两者分开,宣称尊重克隆或者嵌合体"尊严平等",从逻辑上看并不是不可想象的,但是从社会学的角度上看却有些傲然自大了。重新创造新的标记也许有可能,但是要以什么为代价呢?以个体完全自由的名义允许人种克隆,这可能需要建立一些约束性的社会规则(比如关于性别分类还有将克隆人同它们的原始模型分离的时间差),而这些规则可能引起整体后退。[92]

解决这个问题,也许应该在现存的刑法法律文本当中,在构成他者或者相异性的两个原则,即:每个人的独特性和归属人类群体平等性的交汇点上重新考察人类这个概念当中寻找答案。"反人道主义"罪的定义同犯罪行为人和受害者都有关。相对于犯罪行为人来说,《国际刑事法院罗马规约》规定了三个必要条件:普遍的或者经常性的行为;知晓动机;对象是普通居民。但是相对于受害者来说,只要是涉及违反特殊性原则(可以延伸到最严重的违法行为,甚至包括对人类族群的灭绝行为,如人种或者基因遗传的种族范畴,或者相反,制造基因相同的物种,尤其是通过克隆的方式)或

---

[89] M. Vacquin, *Main basse sur l'homme*, Fayard, 1999.
[90] M. Foucault, *La Volonté de savoir*, Gallimard, 1970, p. 183.
[91] J. Testard, *L'Homme probable*, Seuil, 1999.
[92] H. Atlan, M. Augé, M. Delmas-Marty, R.-P. Droit et N. Fresco, *Le Clonage humain*, Seuil, 1999.

者平等归属人类群体原则(这是歧视行为,如南非的种族隔离,通过优生学创造"超人"或者通过交叉物种创造"次人种")[93],那就不仅限于对人类的摧毁行为了。

因为这个概念严格提出了关于犯罪行为人的规定,包括优生学和克隆繁殖,所以它比《法国刑法典》中的规定更为严格。在关于受害者的规定上,这个概念更加清晰地表达了这样一种思想,即人类不仅仅指从生物学角度上人与动物的区别,同时也是象征意义上奠定尊严的基础,包括每个个体的尊严和人类整个大家族的尊严。人化的过程也许还没有完成,人道主义化的过程依然十分脆弱,所以不要冒险去分裂历史长河曾经融合在一起的东西。

人类发展的两个过程,即生物进化过程和人道主义学习过程,这两个过程的混合交叉意味着追寻一种含义,一种自然秩序,一种道德尺度。只有在考虑整个代际发展链条的时候,才有可能将人类的概念置于这两个过程的交叉点上。

康德在谈到普遍历史的问题时预示了这一点[94],尤其在第二部分:"人身上的自然禀性就是使用他的理性,这种自然禀性只能在作为人这个物种上得以发展,而不是在个体的人身上发展。"所以他强调了这个在他看来很奇怪又令人迷惑不解的事实:"先人们似乎继续着他们艰苦的劳作只是为了后代的利益,[……]只有后来出现的几代人才应该有机会定居于先辈们长期工作的大厦里(没有刻意去希望,但却是真的)。"[95]

确切地说,也许我们已经到了有意识保留可居住世界寿命的阶段。所以这就对生物技术提出了问题,更广一些说,对"可持续"发展这一新主题的出现提出问题。这个问题依靠人类的概念,除了人权问题(关系到现代人)外,还为它提出了未来几代人的发展问题。

---

[93] 参阅《 Course contre les monstres. Deux Américains demandent un brevet sur la création de chimères humaines 》,*Libération*, 21 avr. 1998.

[94] E. Kant, *Idée d'une histoire universelle au point de vue cosmopolitique*, op. cit., p. 189 sq.

[95] *Ibid.*, p. 191.

可是，如果要把后代也包括进来的话，那就不仅仅是保护受犯罪威胁的人类问题，还应该承认他的特权，尤其是受保护的遗产问题。

2.2 领域的主导人：人类共同遗产

遗产（*patrimonium*）这个概念在罗马法中同一家之父有关，在国际法中又同人类作为权利主体这个问题应运而生。这是很奇怪的命运使然。[96] 的确，这个词看起来有些模糊，具有双重含义，一方面是内容上的匮乏（所谓的遗产财产以金钱来衡量）；另一方面是其载体的象征性（作为人格的属性，遗产是不可剥夺的[97]）。但是，如何考虑"对于人类来说，财物是生存的条件之一"[98]，考虑到人类共同财产的概念标志着对其脆弱性的意识（这里并不是要表达对权力提升的一种愉悦感），就可以发现这种模糊性只是表面上的。

雷纳-让·杜比（René-Jean Dupuy）为了让人明白这种脆弱性意味着为后代承担起保存的责任，他引用了印度的一句谚语："我们不是继承了先辈们的土地，而是借用了后代子孙的土地。"[99]这句话明确地强调了这个概念实际上表达了不仅是跨国家之间（形容词"共同"反映了构成各个国家所有人民的利益、权利和责任的统一）的连带性责任，而且也包含跨时空（"遗产"这个词，在英语中是 heritage，包括各代的线性链接，包括后代）的连带性责任。

但是这种双重连带性责任不是自然而然形成的。一方面，跨国的连带性责任同法律制度中的领土性原则相对峙，因为领土性原则似乎排除了空间和其领土上产品资源的共同管理这一思想。而事实上，各国依然十分关注其领土管辖权，这是国内法的约定，

---

[96] F. Ost, « Le patrimoine, un statut juridique pour le milieu », in *La Nature hors la loi. L'écologie à l'épreuve du droit*, La Déccouverte, 1995, p. 308.

[97] 参阅 la théorie classique d'Aubry et Rau, in *Cours de droit civil français*, *ibid.*, Marchal et Billard, puis Marchal et Godde (successeur), 1917, t. IX, pp. 333-382.

[98] R.-J. Dupuy, « L'humanité dans l'imaginaire des nations », *op. cit.*, p. 222.

[99] *Ibid.*, p. 246.

也得到国际法的认可。他们最多也只是通过拥有共同边界的邻国协议,比如河流资源、堤坝的管理或者反对跨境污染的斗争等,接受同某些国家分享他们的领土管辖权。

另一方面,一旦跨时空的连带责任同后代联系起来,这一责任就要面对各种文明的多种时代感。时间在全球层面没有形成统一,除非以时间来参考每个社会的发展节奏。在关系到行星际空间和海底问题时,有些人把人类共同遗产当作一种补偿来分析:"[……]为了避免加深发达国家和发展中国家之间的差距,国际法在发展中国家的压力下宣布人类共同遗产属于集体所有权。"[100] 其结果有可能是,同遗产概念有关的人类法律思想本身会带有"一种矛盾,(这种矛盾)产生于国家逻辑和国际逻辑这两种逻辑不可能相遇时,它们都为了自己宣称人类的降临。"[101]

除非考虑人类共同遗产这个概念意味着普遍化的漫长过程(这并不是一上来就要普遍化),在目前阶段,要求承认各国自主空间和变化特性。而且,人权和反人道主义罪,这些概念似乎依然很模糊,它们的含义在时间和空间中的变化是不可避免的。自从出现这些概念,我们就早已注意到这个问题,但是,这也有可能解释它会朝向人类共同财产这个方向转变。

2.2.1 人类共同遗产的出现

首先一种思想就是,跨国连带责任将会超越分享共同边界的各国政府间的连带责任。现在存在一些所谓的分享资源,它们粘附着各国领土,遵循边界轮廓,遵循着"在旧世界中,在整个历史过程中因为它们而引起的冲突造成的伤痕。"[102] 同这些资源不同,一些自然资源,就是人们常说的新资源,已经超越了所有同国家领土主权有关的联系。自 1912 年起,关于斯匹次卑尔根岛问题的协议

---

[100] A. Lejbowicz, *Philosophie du droit international. L'impossible capture de l'humanité*, PUF, 1999, p. 166.

[101] *Ibid.*, p. 167.

[102] P.-M. Dupuy, «Technologies et ressources naturelles, nouvelles et partagées», in *Droit et libertés à la fin du XXe siècle. Influence des données techniques et technologiques. Mélanges Colliard*, Pedone, 1984, p. 207 *sq.*

草案就已经规划出了一个大致的模式,包括关于群岛问题的三大原则,即非己有原则、对各国侨民开放原则和战争时期保持中立原则。另外,还成立了一个国际委员会,以整个国际团体的名义实施部分管辖权和争端调解机制。因为一战的原因尽管有时人们会偶然提出作为经验来思考这项计划,但它最终被中断从而被放弃。[103]

直到两次世界大战和一些其他冲突之后,尤其是从1953年日本水俣病这场悲剧开始的"一连串生态灾难毁灭了人们的希望"[104],这时候,马耳他大使才在1967年提出人类共同遗产这个概念。目的是准备召开第三次海洋法大会,这个提法似乎让人想起罗马法的另一个概念,即公共财产或公有物(res communis)的概念。这个概念曾被16世纪神学司法者所引用,后来自然法学派也引用这个概念,反对把占为己有的空间当作国家主权象征的领土。但是马耳他大使用这个表达方式也暗示了"信托(trust)"的概念,这是来自英国普通法的一个概念,其中含有未来利益的意思,使国家成为自然资源的受托人(trustee),国家有权在法律制度下为了公共的利益而进行管理。[105]

可以说,这个概念的创建是凭着直觉而不是根据科学方法来完成的,因为罗马法和普通法的真正混合本需要更为细致的对比研究。这个概念被编入联合国全体大会的两个宣言当中:一个是1970年《关于国际海底区域的原则宣言》(第29条);另一个是1974年《各国经济权利和义务宪章》。根据这部法律规定,为了后代的利益,将环境的保护、维护和评估置于所有国家的责任之下(第30条)。同时,还有多种国际协议或者关注世界自然与文化遗产(1972年),或者关注(因为人类有足够信心)月球和其他星体(1979

---

[103] D. Bardonnet, « Le projet de convention de 1912 sur le Spitzberg et le concept de patrimoine commun de l'humanité », in *Humanité et droit international*, *op. cit.*, p. 13 *sq.*

[104] R.-J. Dupuy, « L'humanité dans l'imaginaire des nations », *op. cit.*, p. 236.

[105] 参阅 A. Kiss, « La notion de patrimoine commun de l'humanité », Académie de droit international de la Haye, *Recueil des cours*, t. 175 (1982), p. 128 *sq.*

年),或者关注海底(1982年),甚至,"从象征意义上说",关注人类基因图谱(1997年)。

这些法律应用零散繁多,会让人担心看到在"没有共同祖国的多种共同遗产"[106]间出现新的矛盾,然而却没有从中产生一丝特殊法律制度的痕迹。1982年《联合国海洋法公约》尤其明显。该公约领导自然资源的开发,规定禁止国家或个人对自然资源占为己有,考虑到"发展中国家的利益和需求",自然资源的权利归于全人类所有,绝对和平地使用自然资源。另外,公约将管理权托付于一个国际权力机构,这个机构有权为了现在人类和后代行使职权。事实上,跨国连带责任不仅意味着不据为己有和不歧视,同时也意味着各国参与管理:为了确定向各国、各企业以及其他私人单位开放的活动,分配利益,这样一种制度要求制定一些规则来保障所有人都可以获取资源,强制要求各国投资资源的保护和实施机制。

根据1982年《联合国海洋法公约》成立的海底资源管理局具有正式的领土管辖权,在受保护的领域中实施人权。另外还有国际海洋法法庭(TIDM)。然而,1982年公约只在1995年才开始实施,那是继社会主义阵营崩塌,政治中心围绕经济自由化开始重新组合,1994年签订了一项协定之后才开始的。人们对1994年的这份协定似乎很失望,因为这份协定降低了法律文本的复审水平,但是却根据这份协定创立了海洋法法庭,在1997年开始正式启动,以其在海洋法紧急诉讼案件中的有效执行力而得到认可。[107] 这个法庭依然依据国际刑事法院的模式设置,是政府间的仲裁人而不是真正的超国家法官。依据这份协定同时成立了一个权力机构,按照超国家模式组建,对地区内的活动者具有直接即时的管辖权,但是它的投票机制却对大工业国造成巨大的妨碍。

---

[106] A. Lejbowicz, *op. cit.*, p. 167.
[107] J.-M. Sorel, « Le contentieux de l'urgence et l'urgence dans le contentieux devant les juridictions interétatiques (CIJ et TIDM), in *Les Procédures d'urgence devant les juridictions internationales*, dir. J.-M. Sorel et H. Ruiz Fabri, SLC, 2003; N. Ros, « Un bilan de la première activité du TIDM », *AFDI*, 2000, p. 496 *sq*.

人类共同遗产当初被想象成一种综合性的解决方法,本可以"在将对遗产专门用途有效性同实现集体财产联系在一起的同时找回遗产的专门用途"[108]。但是各国政府一直关注自己的领土和主权,因为他们的抵制促使人们通过其他途径,不那么公开同他们各自的利益相对立的途径收回集体财产。公共遗产概念的退步也许同遗产向世界共同财产变化相适应。

2.2.2 从人类共同遗产向世界共同财产过渡

《里约环境与发展宣言》《生物多样性公约》以及根据《京都协定》补充协议(1997年)制定的《气候变化框架公约》都提到了"人类共同遗产"这个概念。在《生物多样性公约》中,"人类共同遗产"这个概念只限于指代"人类共同关注"的遗产,而《气候变化框架公约》仅限于确定温室气体排放这个目标。可是,1992年世界第一届地球峰会通过的计划却没有采用"人类共同遗产"这个说法。

这些法律规定,尤其是《生物多样性公约》给人一种"倒退的印象"[109],其中一个主要问题(在关于全球环境计划问题上重建南北关系)也许是要说服发展中国家。在发展中国家看来,环境有时是一个格外的约束:因为"基因遗传资源属于自然资源永久性主权,所有人对这些资源的自由获取是必要的事"[110]这个理由充满矛盾,"人类共同遗产这个概念并不合适"。为解决这种矛盾,建议承认自由获取资源和自由获取技术经济对等,从而承认"公平分配生物多样性利益和负担"原则,还有"持续使用生物多样性"[111]原则。这是承认相互依赖性原则的一种方式。

牺牲了人类共同遗产的概念,至少《里约环境与发展宣言》的序言中肯定了"地球是人类的家,构成了相互依存的整体"。这种说法在《世界人权宣言》中出现过,只是像"可持续发展"的表达式一样,隐隐包含了团结一致、跨国家和跨时空的原则。这一原则在

---

[108] P.-M. Dupuy, *Droit international public*, op. cit., § 629.

[109] M.-A. Hermitte, «La convention sur la diversité biologique», *AFDI*, 1992, p. 859.

[110] *Ibid.*, p. 852 sq.

[111] *Ibid.*, p. 863.

人类共同遗产的工作也有体现,尽管它的建设方法不同。有些评论者已经开始试着将共同遗产同公共领域理论进行平行对比,尤其在法国法中。公共领域理论从国家领域延伸到国际领域,可以"实现具有集体利益的某些财产的专门用途而不改变领土管辖权的规定,也就是说不减少这些财产的领土国家的主权,甚至是其他实体的所有权"[112]。同样,将世界公共财产和人类公共财产置于国家和国际机构的保障之下,承认这一点可以协调对领土问题的考虑和世界集体利益的关系。

如果说长期以来国际公共领域的概念已经很清晰了的话,那么"世界"公共财产这个概念,缺乏排他性的特征(一个个体对财产的消费并不影响他人对财产的消费),出现时间不长,在联合国开发计划署(PNUD)和世界银行的计划中,人们试图制定这些财产类型。这些尝试开始都是以经济利益为目的。[113] 其出发点是,对一些性质不同的共同财产,如气候、水系、空气和生物多样性的保护,这既不是企业的优先权,也不是国家的优先权。这一事实需要一种新的多边主义,不仅包括政府参与者,还包括企业以及领土共同体和非政府组织。这样就造成两种理论概念的冲突:一种是经济概念,其思想侧重于合同协议,依据市场("污染权"付款)和成立混合调解机关(国家政府和经济代理人)来解决问题;另一种是政治思想,这种思想将商品和非商品区别开,表达的是权力思想(表现了私权和公权之间的冲突以及霸权主义行为)。选择哪种思想很明显需要根据法律制度的选择,这一点还需要人们进一步构想。第二种方式适用于全球公共财产,也许可以借鉴有关公共遗产问题提出的一部分原则(非己有原则,自由获取和冲突调解机制),走

---

[112] A. Kiss, *op. cit.*, p. 134 sq.

[113] I. Kaul, I. Grumberg et M. Stern, *Global Public Goods. International cooperation in the 21st Century*, Oxford University Press, 1999; A. Sen. *Un nouveau modèle économique mondial. Développement, justice, liberté* (*Development as Freedom*), Odile Jacob, 2000; J. E. Stiglitz, *Knowledge as global public good*, World Bank, 1999; voir aussi *Johannesburg. Sommet mondial du développement durable 2002. Quels enjeux? Quelle contribution pour les scientifiques?*, Ministère français des Affaires étrangères, 2002.

向人类资源的管理办法,不排斥国家政府,但是激励每个国家以受托人或者是捍卫者的身份行事,而不是各自领域中的绝对君主或者唯一主人的身份行事。

总之,无论是人权也好,人类权也好,具有普世使命的法律概念更加需要各国政府的参与,条件是各国政府要明白他们的角色正在发生改变。目前的问题在于,变化进行得十分缓慢,需要一个长期的转变过程。在这个变化过程当中,表面上看起来相互矛盾的各种模式会相互交叉混合。其中也许我们会看到皮埃尔-马里·杜比所说的"三种状态的新法律形式"[114]的使用,这一现象反映了国际法的三种理念:主权国家共存(国际社会),由共同利益组成的各国联盟(国际共同体),各国人民的团结联盟(人类)。最后一种形式早已从标准普遍性中诞生出来,但是其他形式的存在也说明相对性的抵抗力。无论是人权、反人道主义罪、共同遗产还是人类共同财产,就目前阶段来看,只有在牺牲各国在时间和空间上的自主空间的基础上,这些新的概念才能变成可以普遍通用的。

相对主义与普遍主义之间的冲突不仅限于国家政府和公共机构之间的对峙,因为公共机构被认为是代表着国际社会和团体,甚至是人类。正如在关于世界共同财产的讨论中隐隐约约预感到的那样,有一种具有普世抱负或者说普世使命感的全球化形式,在民间私人活动者不断增长的作用中,通过经济活动者的参与而开始出现。关于这一点,在约翰内斯堡召开的第二次地球峰会中企业的动员就是一个见证。

改变更加彻底:一方面,市场全球化宣布标准私有化,也许这更难同国家相对性进行协调;另一方面,除了相对性和普遍性之间的这种矛盾外,在法律普遍性当中,分享精神和市场特有的竞争精神之间的矛盾也反映了这些矛盾,因为分享精神是人权和人类属性的理论基础。

---

[114] P.-M. Dupuy, *Droit international public*, op. cit., § 676.

3. 市场

二十多年以来,"市场法"这个表达方式似乎大多体现在应用方面,人们从中既没有得出市场是普遍概念的结果,也没有得出存在一部自主法律秩序的市场法的结论。

市场首先是供求对峙的地方,但也是躲避批评思想的事实:"全球化的讨论是以传统的自由经济观念为基础,根据传统自由经济,市场代表着社会组织的自然状态[……]。摆脱了国家政府的参与和公共调整的影响,这个社会的自然组织形成了一个交流网,合同就是这个网络的法律解释,供应规律就是经济的表达方式。"[115]人们将市场拟人化:讨论市场健康与否,甚至讨论市场"暴政",从中看到"一种上帝,人是上帝的经纪人"[116]。这一新的"上帝"也许会成为国家政府的接班人,因为它身上有一种空间扩展的动力,可以"自上而下的解散政府"[117],并且在全球化过程中,早已通过世界市场和民族政府之间的对峙表现出来。

"文明合同的规定是在自主愿望普遍思想的基础上建立起来的",这一普遍思想说明"市场作为全球经济实体,在面对国家多样性的情况下,构成一种统一力量"[118]。当然,因为市场而形成的全球一致化动力同时伴随着多样性的地区化现象:从横向角度看,是具有同等发展水平国家间的地区化(如欧盟、南方共同市场或者北美自由贸易协定);从纵向角度看,是北方发达国家和南非旧殖民地地区;还有亚太地区中的交叉对角关系。但是市场的主要特征是跨越国家领土界限:它不仅"增加非法空间,规避所有国家控制,

---

[115] F. Ost, « Mondialisation, globalisation, universalisation: s'arracher encore et toujours à l'état de nature », in *Le Droit saisi par la mondialisation*, dir. E. Locquin et C. Kessedjian, Listec, 2000, p. 5 *sq.*

[116] M.-A. Frison-Roche, *Droit et marché*, Sirey, coll. « Archives de philosophie du droit », 1995, p. 286 *sq.*

[117] B. Stern, « Introduction », in *Marché et nation: regards croisés*, Mont-Chrestien, 1995, p. 12.

[118] J.-A. Mazères, « L'un et le multiple dans la dialectique marché-nation », pp. 105, 123.

而且投资于国家建筑,通过不属于自己的法律在内部搞破坏,慢慢解构国家政府。"[119]

要理解政府的这种敌对冲突,就应该回到历史上来。皮埃尔·罗桑瓦龙(Pierre Rosanvallon)认为,只需要研究18世纪经济文学就可以看出,"市场的概念不仅是技术方面的,而且还反映了整个社会政治调节所隐含的问题"。因此,他强调说,"市场反映了整个现代性精神史",构成了一种"交替式政治模式",在它身上体现了一种废除政治思想,同自由主义的乌托邦和马克思主义的乌托邦思想("这里说的马克思是亚当·斯密特的自然继承人")相汇合。[120]

如果说市场是一种"思想",甚至是"社会组织模式"的话,那它的法定规章就不是一个简单的事实,而是有些模糊不清,因为市场需要法律约束才能正常运转,需要一部同这种模式相匹配的法律手段,一部服务于市场,"纯粹服务性的规章制度"[121]。法律服务于市场,延续这种思想,有可能出现吞并的风险:"市场替代国家,操纵政府,成为法律:市场法将法律变成商品,最终会导致法律市场化。"[122]

从实证主义角度看,市场法(这里"市场"一词用单数指统一的市场,不用复数,因为"不存在一部统一的市场法规,存在的,只是关系到多个不同市场的特殊法规的多样性"[123])犹如一部"经济法",从类似于指导经济的经济法中解放出来,以竞争法和消费法这两个支柱为基础建立起来的。[124] 这个概念反映了市场的主体,他们根据自己的利益创建和安排市场,考虑到经济分析(产品性

---

[119] J.-A. Mazères, « L'un et le multiple dans la dialectique marché-nation », pp. 105, 123.

[120] P. Rosanvallon, *Penser le libéralisme. Histoire de l'idée de marché*, Seuil, 1989.

[121] M.-A. Frison-Roche, *op. cit.*, p. 299.

[122] J.-A. Mazères, *op. cit.*

[123] C. Lucas de Leyssac et G. Parléani, *Droit du marché*, PUF, coll. « Thémis », 2002, p. 3.

[124] *Ibid.*, p. 7.

质、贸易策略、地理和数量标准),对市场的规定,应该像"对摄影像素辨析度一样,通过多个交叉叠加的点数确定出来"[125]。人们甚至会说,在围绕经济操作者(竞争)和直接合作者(消费)构成的模式思想中,还应该增加第三个模块,就是排他模块(社会排斥):反对绝对性的斗争将仅限于把哀求者变成原告,把被排除者变成消费者。社会排斥这个概念借用了市场模式,遭到人们的批评。如果市场法真正具有建立法律秩序的使命的话,那么社会排斥这个概念就应该作为第三种元素(负面的)出现。但是没有一本关于市场法的教材含有社会排斥这一章节。那是因为市场也许不是真正自主法律秩序的构成,总之,在国内法中是这种情况。

随着市场法国际化,是否能够承担建立法律秩序这样的任务?实际上,从世界层面上看,市场法不仅限于政府间法律:它包含了非政府(去国家性或者跨国性质的)的法律标准体系,如商事惯例法(*lex mercatoria*)及其扩展法网络行为法(*lex electronica*);世界贸易组织解放了交换,呼吁超国家秩序的必然结果,那就是未来的经济法(*lex economica*)。

而且还应该考虑这些概念的普遍性问题。乍一看,无边界市场似乎更多的是指产品和服务在空间上的推广,而不是分享普遍性的中心含义(在关于人和人道主义关系问题上我们已经研究过这些概念)。但是还应该考虑作为市场理论基础的社会组织模式。确切地说,正是这个模式表达了"普遍性的抱负"。这一点"不仅在公开标榜新自由主义的国家领导人宣言中普及,而且在它的影响中也有所体现"[126]。无论是贸易、信息还是金融,即使各个领域和各个地区的普及速度有所不同,随着全球化的进程,依然出现了新的跨国主体,他们在使用普遍主义的话语。但是并不能因此而解决潜在的冲突:"在商品价值取得普遍性地位时,就会产生非商品

---

[125] C. Lucas de Leyssac et G. Parléani, *Droit du marché*, PUF, coll. «Thémis», 2002, p. 168.

[126] A.-J. Arnaud, *Entre modernité et mondialisation*, *op. cit.*, p. 50.

价值作为平衡物的普世性问题。"[127]这个问题反映了法律秩序参照系的问题：市场概念是一种自然而生的东西，以自我调解为基础，它是否会因此而躲避加入有组织的、同国家政府、团体、地区或世界国家相关的秩序当中？从有序到无序，不仅仅是糟糕的文字游戏，还有标准次决定性的风险，它将影响着从市场诞生出来的所有概念。

3.1 无边界市场和普遍主义企图

没有什么能够像拉丁语那样清楚地解释普遍主义的企图（至少在欧洲是这样的），条件是不要陷于错误的让人搞错的统一术语的双重陷阱当中。一方面，罗马法对贸易全球化（*lex mercatoria*）、互联网交流（*lex electronica*）以及竞争（*lex economica*）要说的东西很少；另一方面，这三个术语表面上看相互对称，却反映了三个标准极其不同的概念。商事习惯法（*lex mercatoria*）的民间起源来自爱德华·朗博尔（Édouard Lambert）以"行会法"[128]名义所规定的贸易使用和条例；网络行为法（*lex electronica*）自称是非政府性质的；而经济法（*lex economica*）同前两种法都不同，有些人曾预言说经济法可以调节民间经济权力，建立一种具有全球使命的竞争秩序，它应该由国家政府在"国际公法多边协议"[129]的基础上构建而成。

3.1.1 商事习惯法

如果像以前说的，商事习惯法反映的是"法律达尔文主义"[130]

---

[127] Ph. Hugon, « Le commerce international illicite au cœur des conflits entre les lois, les pratiques et les normes », in *L'Illicite dans le commerce international*, dir. Ph. Kahn et C. Kessedjian, Litec, 1996, p. 53.

[128] E. Lambert, « Source du droit comparé ou supranational. Législation uniforme et jurisprudence comparative », in *Recueil d'études sur les sources du droit en l'honneur de François Gény*, 1935, t. III, p. 478 sq. (spéc. p. 498)

[129] W. Abdelgawald, « Jalons de l'internationalisation du droit de la concurrence: vers l'éclosion d'un ordre juridique mondial de la *lex economica* », *RIDE*, 2001, n°2, p. 161.

[130] Éric Locquin, « Où en est la *lex mercatoria*？ », in *Souveraineté étatique et marchés internationaux à la fin du XXe siècle. Mélanges en l'honneur de Philippe Kahn*, Credimi, vol. 20, Litec, 2001, p. 23.

的话,那不是因为它规定的内容(不明确而且具有变化性),而是因为它所选择的方法。事实上,这一自发的法律的自然载体是合同,就连它的发明者贝托尔德·戈德曼(Bertold Goldman)也承认,商事习惯法没有构成"完整的法律体系"[131],但是却是"由国际贸易操作者对合同和标准化合同条款系统地普遍使用"[132]而形成的异质综合体系。商事习惯法是根据经济操作者的意愿,根据契约力量关系而产生的,它汲取了各国、国际上以及跨国关系中的所有资源;合同双方会选择最合适的方式满足国际贸易的需求。在市场法和法律市场之间,这一步迈得很快,目的是在各种法律制度间建立竞争。[133] 这样一个理念不仅有利于强国而损害弱国利益,而且由于规则零散而导致标准杂乱无章,无法领会,模糊不确定,打乱了内部秩序,影响了法律冲突的传统规则,却没有找到一个真正协调统一的跨国法律秩序来替代。[134] 面对这样的理念,出现了一些既有意识形态上的批评,也有实践和理论方面的批评。除非人们可以从中看到一种正在酝酿的法律秩序,这种秩序,从它模糊不清而又不十分确定的框架上,更类似于国际公法而不是与国家法律雷同,因为它没有领土界限,是分散的,没有强制性,否则的话"营销"秩序将"没有任何理由关心其他法律秩序,因为其他法律秩序对于它来说只不过是普通的事实而已",就像对于国际法来说,各

---

[131] B. Goldman, « Frontières du droit et *lex mercatoria* », coll. « Archives de philosophie du droit », 1964, p. 177 *sq.*

[132] E. Locquin, *op. cit.*

[133] 参阅 M. Guénaire, « La *common law* ou l'avenir d'une justice sans code », *Le Débat*, mai-août 2001, n°115; également la discussion qui suit, « Droit romain, *common law*, quel droit mondial? », avec L. Cohen-Tanugi, M. Delmas-Marty, R. Denoix de Saint-Marc, F. Teitgen et E. Todd.

[134] Ph. Fouchard, E. Gaillard et B. Goldman, « Appréciation critique de la *Lex mercatoria* », in *Traité de l'arbitrage commercial international*, Litec, 1996, p. 819 *sq.*; P. Lagarde, « Approche critique de la lex mercatoria », in *Le Droit des relations internationales. Études offertes à Bertold Goldman*, Litec, 1982.

国的国家法律也只是普通事实而已。[135]

事实也许更加复杂多样，因为相互之间的作用是多样的。一方面通过法律普遍原则，包括"国际贸易统一法律原则"（1994 年制定，那是以民间私人名义融合各种不同法律制度而制定的一系列混合式规定[136]），商事习惯法直接或间接地结合国家法律；另一方面，商事习惯法不是力量关系的纯粹产品，无论是作为国家公共秩序按照国际私法的意思来理解[137]，还是作为从服务于公共利益的普遍原则中兴起的一种超国家公共秩序，公共秩序的概念依然具有最大程度的局限性。因此一些法院判决取消了有贪污问题的合同。[138] 同样，一些对人类共同遗产的建筑或者环境造成威胁的商业活动有可能被判为非法行为。[139]

这就是伴随着经济全球化运动而产生的商事习惯法这个概念的复杂多样性。正如我在前面指出的那样，拉丁语的命名使用已有 50 多年了，不应该让我们产生幻想，因为这个概念同罗马法没有任何关系，只是同中世纪的市场法有些许关系。而中世纪的市场法与交换的发展以及保障市场和平的必要性有关，但是它们所

---

[135] A. Pellet, « La *lex mercatoria*, tiers ordre juridique? Remarques ingénues d'un internationaliste de droit public », in *Souveraineté étatique et marchés internationaux...*, *op. cit.*, p. 53 sq.

[136] 参阅 J.-P. Beraudo, « Les principes d'Unidroit relatifs au commerce international », *JCP*, 1995, I, p. 3841.

[137] H. Battifol et P. Lagarde, *Droit international privé*, 8ᵉ éd., LGDJ, 1993; J.-B. Racine, *L'Arbitrage commercial international et l'ordre public*, LGDJ, 1999.

[138] B. Oppetit, « Le paradoxe de la corruption à l'épreuve du droit de commerce international », *JDI*, 1987, n°1, p. 5 sq.; « Introduction », in *L'Illicite dans le commerce international*, *op. cit.*, p. 13 sq.; J.-B. Racine, *op. cit.*, p. 393 sq.

[139] Affaire du *Plateau des pyramides* du 16 fév. 1983, *Rev. arb.*, 1986, p. 105; B. Oppetit, « Droit du commerce international et valeurs non marchandes », in *Études de droit international en l'honneur de P. Lalive*, Helbing et Lichtenhan, 1993, p. 309; J.-B. Racine, *op. cit.*, p. 413 sq.

处的背景差异很大。[140] 当然,市场法(jus mercati)或商人法(mercatorium)都来自于贸易实践。在今天,尽管贸易实践依然是商事习惯法的主要来源,但是它的习惯构成是整个法律体系,缺乏真正的国家法律。在一个首先是国有化的法律背景之下(法国1681年颁布了《海事条例》,1807年颁布了《法国商法典》),其干扰性影响会更加明显。在给国家法律留有一定自由空间的同时,市场法也开始国际化,而且发展得非常迅猛。

现时当中的分裂同时伴随着历史当中的不连续性。在商事习惯法当中有可能看到市场法(le droit du marché),这是不合情理的,因为我们应该看到的是一部所有市场的法律(un droit des marchés),它在汲取其他私有化普遍主义想法的同时增添国家间的各项协议(如1986年关于商品国际销售公约)。

3.1.2 网络行为法

网络行为法是规范网络空间活动行为的整个规章制度,同商事习惯法一样具有普世主义使命。另外,正是以这些表达方式,电子前线基金会(Electronic Frontier Foundation)创始人之一在1996年达沃斯会议上提出工业国家政府的一个真正挑战:"网络空间不在你们的边境上。别以为你们可以像建设公共项目一样建立网络空间。网络空间是自然产物,它依赖我们的集体行动。"普遍主义在其最根本的形式上同自由主义同步:国家法律应该消失,这样来自自然规律的交换才能完全自由化,增加利润。弗朗索瓦·奥斯特对这一分析做了很好的总结:"网络世界自认为是一个无边界的空间,一个自然产物,对所有国家的调节形式都是绝对陌生的。新的自然黄金国度(Nouvel Eldorado naturel),它将代表着我们后代的幸福。"[141]

的确,像商事习惯法空间一样,这片空间具有普遍交换的特征,可以当作贸易交换的载体;但是这是一片虚拟空间,是非物质

---

[140] Jean Bart, «La *lex mercatoria* au Moyen Âge, mythe ou réalité? », in *Souveraineté étatique et marchés internationaux...*, *op. cit.*, p. 9 sq.

[141] F. Ost, «Mondialiation, globalisation, universalisation...», *op. cit.*, p. 7.

性的，所以不可能同国家领土联系起来。因此，从这个意义上看，它比市场更具有普遍性质。所有的问题就在于，正如奥斯特所建议的那样，"依然是摆脱自然的束缚"。[142] 尤其是，这部自然的非政府性的、具有跨国家性质的法律，如同商事习惯法一样出自现行的习俗惯例，在一个很短的时间内发展起来的，从习惯变成法律规定，需要满足一定的条件，接受条件变得十分棘手，难以处理，因为要保障转化的稳定性，要尊重国际公共秩序，依然存在很多问题。[143]

实际上，如果说商事习惯法早已勾画出自然法和国家法之间关系的转化的话，那么从某种角度来说，网络行为法有可能完全实现了这种转化，这种角度具有"面对国家法律化变得越来越碎片化，越来越杂乱无序的情况下，社会标准形式化、组织化和增长实证主义化形成强烈对比"[144]的特性。甘特尔·图依布纳（Gunther Teubner）使用了一个表达式来总结他的描述，那就是"有序的世界社会对无序的全球法"。这种说法似乎是为网络行为法提出的，因为它的使用惯例或者说社会标准是整个制度的中心，而政府、国家和国际规定退到了边缘位置。

呈递给法国议会总理克里斯蒂安·保罗（Christian Paul）的一份报告[145]使法国在2000年8月1日通过了《网络法》（2000年7月27日宪法顾问委员会的决议中有部分删节[146]），这份报告就是一

---

[142] F. Ost, « Mondialiation, globalisation, universalisation... », *op. cit.*, p. 7.

[143] 关于实现条件，参阅 E. Locquin, « La réalité des usages du commerce international », *RIDE*, 1989, p. 163; P. Trudel, « La *lex electronica* », in *Le Droit saisi par la mondialisation*, *op. cit.*, p. 241.

[144] G. Teubner, « Un droit spontané dans la société globale? », in *Le Droit saisi par la mondialisation*, *op. cit.*, p. 202. Voir aussi H. Ruiz Fabri, « Immatériel, territorialité et État », in *Le Droit et l'immatériel*, Sirey, coll. « Archives de philosophie du droit », 1999, vol. 43, pp. 187-212;同时参阅第二章第二节。

[145] 由 Ch. Paul 主持的国会委员会提交给总理的报告，*Du droit et des libertés sur l'Internet. La corégulation*, *contribution française pour une régulation mondiale*, Rapport au Premier ministre, 19 juin 2000.

[146] P. de Candé, « La responsabilité des intermédiaires: l'apport du projet de loi sur la société de l'information », *D.*, 2001, chr. 1934.

个证明。报告几乎是用一种凄婉悲壮的方式肯定,自我调节"不会占据所有调整空间",通过法律和法官,配合公共领域和私人领域间的共同调节,来为公共调整辩护,因为:"共同调节不是瓦解政府,在公共秩序或者经济竞争快要结束时才参与进来,它是市民社会和公共权力之间合作的一种新形式。"如果说,出现一种"新数字秩序"[147],首先具有自我调节私有化特征的话,那么这一现象的出现同时也具有因为法律国际化而瓦解政府的危险。

从地区层面上看,欧盟的指导方针,尤其是 2000 年 6 月 8 日关于电子商务和 2002 年 7 月 12 日关于"电子交流领域中数据处理和私人生活保护问题"的指导方针,试图加入尊重基本法,协调欧洲十五国的国家立法,在欧洲议会层面,由 2001 年 5 月 25 日签订的《反对网络犯罪协议》加以补充。[148] 从世界层面来看,目前的规定集中于电子商务方面[149],如:由联合国国际贸易法委员会制定的没有约束性的法律类型,像 1996 年签订的贸易规定,2000 年签订的电子签名的规定;1996 年世界知识产权组织(WIPO)关于网络作品传播的协定;世界贸易组织关于服务贸易的讨论。

相反,关于互联网管理没有一项多边协议。目前的互联网管理是在美国的监督下,由互联网名称与数字地址分配机构,相当于"互联网的联合国"这个民间企业来保障。不要忘了,互联网的创建是由美国政府投资建设的,开始时是由在美国的研究机构使用的。2001 年颁布的《爱国者法案》将信息攻击看作是恐怖主义,美

---

[147] L. Cohen-Tanugi, « Le nouvel ordre numérique », Université de tous les savoirs, vol. 5, *Qu'est-ce que les technologies?*, Odile Jacob, 2001, p. 87, *Le Nouvel Ordre numérique*, Odile Jacob, 1999.

[148] Y. Padova, « Un aperçu de la cybercriminalité en France », *RSC*, 2002, p. 765.

[149] J. Drexl, « Mondialisation et société de l'information: le commerce électronique et la protection des consommateurs », in *Mondialisation et droit économique*, RIDE, 2002, numéro spécial (2—3), p. 405 *sq*.

国的控制重新活化,进一步掌握着国际关系,尤其是同欧洲的关系。[150]

随着网络行为法的出现,明显出现了法律普遍性的双重危险,或者产生一种完全躲避一切国家政府调整形式的自发法律体系,或者产生一种由一个国家政府控制的法律体系,用其自己的法律制度来约束全球整体法律制度。无论是哪一种情况,普遍法将会等同于那个最强硬的法律。

网络行为法和商事习惯法,尽管两者都有助于市场经济,但却不能因此而将它们同政府间的经济法混淆在一起。自 1947 年签订《关税及贸易总协定》(GATT,以下简称《关贸总协定》),1994 年创建国际贸易组织以来,政府间的经济法就具有国际贸易交换自由化和世界调解的特征。随着争端调解机构(ORD)的成立,世界调解方式对最强的国家也具有约束力。在争端调解机构成立的前几年,调查显示,发展中国家已然成为"具有意义的活动者",既是主要的被告也是主要的原告。[151] 问题在于政府间法律只对各国政府具有可抗辩力。因为,人们试图将其变成一种经济法(*lex economica*),能够对所有主体具有可抗辩力。

3.1.3 经济法

在《关税及贸易总协定》多轮谈判中逐渐解除关税壁垒和其他贸易交换约束,接着在世界贸易组织的新经济领域(服务、远程通信、知识产权等)中实现交换自由化,这些都公开提出平衡失调的问题。一方面由世界贸易组织以经济自由主义的名义要求各国政府为公共壁垒减负;另一方面,十几年来,企业聚集运动(大型企业

---

[150] E. Clerc, « La gestion semi-privée de l'Internet », in *Le Droit saisi par la mondialisation*, *op. cit*, pp. 333-394; F. Mayer, « Europe and the Internet: the Old World and the new medium », *EJIL*, 2000, pp. 146-169; voir *infra*, II, chap. 2.

[151] M. Rainelli, « Vers un ordre concurrentiel mondial », in *Philosophie et droit économique, quel dialogue? Mélanges Farjat*, Éd. Frison-Roche, 1999, p. 493 *sq*.

间的经济联盟和融合,即 M&A)[152]促进民间具有约束力措施的出现,以至于这些"民间经济权力"在财物方面拥有类似于公共力量的单边决定权。[153]

《关税及贸易总协定》和世界贸易组织的协议,主要还是在处理对国家政府贸易具有束缚力的问题上,而对民间企业的反竞争措施不是十分关注,或者关注很少(如果说它们有些也关注这些问题,那也是限于一定的领域,零零散散,不协调一致)。当然,对积聚问题的监督管理有很多的发展,但是"在操作的国家(或地区)性质和国际性质当中具有明显的矛盾性"[154]。如果说存在一个普遍协议,能够指出现存监督制度的局限性,甚至是"单边解决竞争的跨国冲突方法的失败之处"[155]的话,那么在实施解决方案问题上分歧十分严重。

至少可以考虑到这一点:十几年来,在民间组织和一些国家政府或者政府组织的倡议下,提出了很多的建议。

从机构方面看,国际范围的选择似乎十分有限:经济合作与发展组织(OCDE)的国际调停并不能达到普遍性;至于联合国关于贸易与发展大会的努力,也不具有强制性规范,其促进力量十分薄弱,就像1980年通过的多国企业贸易行为监督条例中管理规则所产生的影响那样,效果甚微。

因此,最适合规范未来的多边解决方案的是世界贸易组织,可以在世界范围内起到约束作用。当然,抵抗力量也很强,尤其是来自美国权力机关,因为美国认为世界贸易组织应该只致力于来自

---

[152] L. Idot, « Mondialisation, liberté et régulation de la concurrence, le contrôle des concentrations », in *Mondialisation et droit économique*, *op. cit.*, p. 175 sq. ; *La Mondialisation du droit économique : vers un nouvel ordre public économique*, *RIDE*, 2003, numéro spécial, notamment H. Ulrich, « Rapport introductif », p. 291.

[153] G. Farjat, « Les pouvoirs privés économiques », in *Souveraineté étatique et marchés internationaux...*, *op. cit.*, p. 613 sq.

[154] L. Idot, *op. cit.*, p. 179, H. Ulrich, *op. cit.*

[155] W. Abdelgawald, « Jalons de l'internationalisation du droit de la concurrence... », *op. cit.*, p. 161 sq.

国家政府的束缚,主张单边(境外)实行国家反垄断法,配合现有的合作方式。总之,美国拒绝所有超国家类型的世界立法创议权。

世界贸易组织在提出关于经济法问题的讨论时,创建了一个贸易与竞争政策互动工作小组,认为经济法总有一天会"制衡世界范围内多国企业反竞争的扩张[……],为全球资本主义体系现代投机所引起的这一庞大事业带来一定的'秩序'"[156]。还有很多类似的说法。一个最低限度的形式可以关乎一项多边协议,但是它是根据新自由主义的方式设想的,有利于贸易自由化,只限于诉讼程序的约束而没有基本规定的束缚,因此无法以真正的世界秩序的名义保障个人利益与公共利益之间的平衡。人们可以怀疑,这样一种方法,在世界贸易组织面对非政府组织从西雅图会议以来每次高峰上所提出的批评时,是否可以巩固世界贸易组织的合法性。

反之,1993年制定了世界竞争法典草案(《国际反垄断法典草案》),这是由一个民间专家小组制定的,希望能够将这份草案纳入世界贸易组织协议的一个附件当中。这部法典提出了一套规则,目的是要融合各国法律,成立一个争诉调解机制(International Antitrust Panel 国际反垄断小组)来保障规则的实施。这样一个计划,在各国政府和最强大的国家集团看来,似乎对他们的主权造成危险,所以最终因为大多数的反对而遭到否决。

还有一种中间形式,是得到欧盟支持的。这种形式主张在世界贸易组织内部制定一份关于竞争的多边协议,包括目前的竞争冲突规章制度。这一制度的优势在于以多边模式替代了单边或者双边形式,但有一个主要弱点就是排除了个人主体的起诉行为,让维护世界公共秩序这个问题结合自由贸易以外的其他因素变得更加开放。

在所有假设中,从自由贸易(free trade)到公平贸易(fair

---

[156] W. Addelgawald, *Arbitrage et droit de la concurrence. Contribution à l'étude des rapports entre ordre spontané et ordre organisé*, LDGJ, 2001, n° 1217, p. 518.

trade)也都是必要的进步,但是肯定不足以保证能够尊重基本法,反对不平等的行为。而且还应该保证安全贸易(这是对危险品贸易提出的问题,包括武器销售和毒品走私)和道德贸易(禁止贩卖人口及人体器官交易)。[157] 只有在规定世界经济秩序和有序安排相关法律秩序多样性的同时,才能从自发秩序过渡到有组织的秩序。

3.2 法律秩序多样性和无秩序

多样性通过很多方式导致无秩序现象。首先是通过自主形式。如果市场概念的普遍主义意图没有同整体观念相结合,换句话说,如果想要将市场分离开,将其变成一个普遍性概念和一个真正自主的法律秩序的话,那么这个被分离的概念的结局将只有两种:不是"瓦解国家政府",就是悬于经济中的政策之上并解散经济政策。因此,即使是商事习惯法这个术语也会遭到批评(在我看来,这种批评同样也针对网络行为法),因为这个术语让人觉得是一个真正的法律组织,反映了商人社会的存在,具有整体的协调一致性;然而,这实际上只是"一些组织群岛,出现在国际贸易当中,而不是唯一的一个组织"[158]。

其次是回到相对主义上。如果每个国家秩序实施他们自己的规定以及自己的公共秩序概念,重视世界贸易中合同和判决这些手段的有效性,那这种方法也不会解决什么问题。尤其是当合同具有犯罪性质(贪污、洗钱、走私、信息不法行为或者通过信息手段违法)的时候,更是无法解决我们所面临的困难。实际上,仲裁人不是刑事法官,没有镇压的权力;他甚至不必考虑是否是不法行为就可以排除合同的有效性,因为每个国家的刑法是不同的,处罚权是国家主权的专利。刑法的差异往往会导致不受处罚(这就是在调查中,因为委托另一法院调查案件很难获取必要的信息,因此具有很大的困难性,收集到的证据不可接受,因为同国家诉讼程序不

---

[157] M.-A. Hermitte, « L'illicite dans le commerce des marchandises », in *L'Illicite dans le commerce international*, *op. cit.*, p. 109 *sq*.

[158] P. Lagarde, « Approche critique de la *lex mercatoria* », *op. cit.*, p. 125 *sq*.

相容,或者国家拒绝对起诉人或罪犯进行引渡)。

总之,每一种方法,市场跨国法自主性和回归国家法,都再次强化了米歇尔·福柯对"不守法主义差异管理"[159]的观察:相对于受国家刑法压制的民间不守法主义(偷窃、打架斗殴、谋杀等)来说,富人的不守法主义,无论其损失(在物力和人力方面)程度如何,受到的处理只是小儿科。在全球化时代,富人不守法者既享受着相对主义和国家法律秩序多样性的利益,又享受着市场按照自己的规则自主建立秩序的普遍化趋势。在这两种情况下,实施标准的不确定性就反映在对不守法者的不处罚行为上。

在寻找整体法律框架之前,也许有必要举几个例子来看一下无秩序的程度。

3.2.1 几个无秩序案例

1996 年在法国第戎举办了一次关于"国际贸易非法行为"研讨会。会议组织者一开始就指出,这个概念"因为两种现象及其影响"[160]具有重要意义。这两种现象就是:经济全球化和科学技术变化,这使人越来越产生唯利是图的想法。在会议组织者看来,非法这个概念如同一种限制措施,至少可以部分限制这种走向绝对商业化的趋势。

八年过去了,无论是在商事习惯法方面还是网络行为法方面,非法实践的限制措施没有一点进展。在商事习惯法方面,即使是在明显可见的部分,具有刑事犯罪性质的非法行为[161]的清查依然非常严重,其中包括危险品贸易(毒品走私、核材料、武器和弹药以及有毒废物等),涉及保护物资严禁贸易(文化财产、人体器官以及器官走私)甚至是人类本身(以卖淫为目的的贩卖妇女儿童,贩卖

---

[159] M. Foucault, *Surveiller et Punir*, Gallimard, 1975, p. 287, également p. 89 sq.

[160] Ph. Kahn et C. Kessedjian, « Avant-propos », in *L'Illicite dans le commerce international*, op. cit., p. 8.

[161] R. Koering-Joulin et J. Huet, « La lutte contre l'illicite, l'élaboration de normes spécifiques, les politiques nationales: le droit français », in *L'Illicite dans le commerce internatinal*, op. cit., p. 347 sq.

劳动力),以及其他普通的贸易工具,如金钱(贪污和洗钱)等。

交换自由化促进了世界贸易中的非法行为,这些非法行为数量居高不下似乎有两个法律原因:一方面是裁判考虑判决中特殊法庭的存在而采取缄默态度;另一方面存在很多来自国际刑法的阻碍。[162] 如果说裁判在原则上能够考虑贪污违背了跨国公共秩序的话,那么仲裁实践长期以来依然采取十分谨慎(为避免使用胆小怕事这个词)的态度。关于贪污的问题,布鲁诺·奥佩蒂在1987年指出:矛盾性在于这种现象"一方面遭到一致谴责,另一方面却普遍流行"[163]。的确,自《萨潘法案》(1993年1月29日)之后,尤其是2000年改革,在经合组织中通过了法国关于《反国际商业贸易中外国公务员腐败条约》的法律(1997年12月17日)之后,法国司法裁判发生了很大变化,同时也出台了一项重要的税收政策,不再考虑提供非法佣金以减免税收的政策(在此之前,行政法官承认税收减免政策)。[164]

从中我们可以看到超国家公共秩序的草图,因为世界经合组织根据功能对等原则强制规定了虽然不统一但至少是协调一致的规则,并制定了一个跟踪调查机制,由一个独立的专家组来监督管理新国际标准立法的相适性;但是尽管如此,它的影响也仅限于批准协议的国家,文本的模糊性也遭到法理方面的批评[165],认为这种模糊性"实际上承认了立法者的天堂"。

至于网络行为法,因为缺乏能够规定共同的公共秩序的法律

---

[162] M. Delmas-Marty, « La pénalisation internationale des activités économiques, un espace à géographie variable », in *La Mondialisation du droit*, dir. E. Locquin et C. Kessejian, Litec, 2000, p. 401 sq.; Éric Ruelle, « Mondialisation et droit pénal économique », in *Mondialisation et droit économique*, op. cit., p. 513 sq.

[163] B. Oppetit, « Le paradoxe de la corruption à l'épreuve du droit du commerce international », op. cit., p. 5 sq.; P. Truche et M. Delmas-Marty, « L'État de droit à l'épreuve de la corruption », in *L'État de droit. Mélanges Braibant*, Dalloz, 1996, p. 715 sq.

[164] M.-E. Cartier et C. Mauro, « La loi relative à la corruption de fonctionnaires étrangers », RSC, 2000, p. 735.

[165] *Ibid.*, p. 745.

手段,所以它竭力阻止新违法行为的发展[166]:除了所谓的"信息犯罪"(非法侵入一个系统或者造假)这样的特殊犯罪以外,还有很多通过信息渠道犯下的不法行为(传播包括股市信息在内的虚假信息,散布种族主义言论,挑唆犯罪,娈童罪,拉皮条,偷税漏税等)。国家法律制度碎片化,无论是国际私法还是国际刑法,因为违法行为物质载体的潜在性以及违法者和受害者的分散性而进一步加强。这一碎片化又加重了非法实践的对比反差,其范围波及全球,法律制度保留着"某些封建主义的东西"[167]。然而,人们并没有因此提倡统一,在敏感领域中,美国法律霸权主义危险依然存在:"国际法不一定是所有人的法律,被认为是加入一个巨大的统一运动当中。在实现世界共和国之前,也许尊重地区共和国的某些原则并不是一件坏事。"[168]

至少,应该克服诉讼程序的障碍,尤其放弃刑法中的边界原则,因为这一原则目前来说没有任何意义,对网民来说是法律不稳定性的一个原因,他们会看到同时实施多种不同的法律(比如,关于对纳粹瓦斯毒气室的存在持否定态度的信息,或者比较宣传等)。至于一些最根本的阻碍,这似乎才是无法克服的困难,因为除了几个信息违法行为外,在这一方面没有任何独特性,而每个国家提出的想法分歧又十分严重,在这种情况下,采纳共同的违法清单似乎不太可能。同样,在关于惩罚选择方面也是如此,除非规定一些特别的处罚办法,如没收犯罪使用的电脑,禁止上网,禁止对服务商或供应商的活动进行起诉,网上公布处罚决定等。尽管困难重重,分散不统一,但依然应该提出一些共同的规定来明确各自的责任:如果说第一个责任者是非法信息剽窃者或者是散布非法内容的网民的话,那么通过国际协议制定共同规定,明确网络供应

---

[166] J. Huet, « Droit pénal international et Internet », in *Souveraineté étatique et marchés internationaux...*, *op. cit.*, p. 663 sq.

[167] M. Vivant, « Cybermonde: droit et droits des réseaux », *JCP*, 1996, I, 3969. Voir aussi Conseil d'État, *Internet et les réseaux numériques*, La Documentation française, 1998.

[168] M. Vivant, *op. cit.*

商和服务商应该承担的刑事责任的条件,这将十分有用。

这样,逐渐会产生一些零星的解决方法,但是,依然要构想一部整体法律框架,可以约束不同形式的市场。

3.2.2 面向整体法律框架

为避免全部放弃主权,纠正国内公共秩序的限制,美国系统地发展了国家法律治外法权的概念。因此,从1977年通过可以对国外公务人员在海外的贪污行为进行起诉调查的法律(《反海外贿赂法》Foreign Corrupt Practices Act)以来,违法行为就属安全和交易委员会(SEC)的管辖范围。美国的立法在1988年通过了一些特殊的配套措施(为了对美国经济运营商不加处罚),在很大程度上为世界经合组织的协议提供经验。美国立法的合法性是以贪污腐败对美国竞争法的负面影响为基础。相反,其他法规,如具有要解散全球同伊朗和古巴建有贸易关系企业目的的《达马托法》(Loi D'Amato-Kennedy)和《赫尔姆斯-柏顿法》(Helms-Burton),它们同美国领土没有直接或间接的联系:"在道德考虑背后,早已透漏出个别利益集团的压力以及美国自己的政治目的。"[169]这些法规反映了法律帝国主义思想,受到国际法的猛烈批评,以至于欧盟也加入了反对美国的共同行动当中。[170] 然而,这种方式已经延伸到缅甸(1997年)。2002年通过的《萨班斯-奥克斯利法案》以自己的企业治理理念来约束所有企业,甚至包括安全与交易委员会管辖范围内的外国企业。[171]

为了走出相对性/帝国主义二元交替的困境,一部分法理提出跨国(或者去国家)公共秩序的概念。这个概念不是以国家政府为基础,而是以各国集团和作为国际商人的民间活动者集团的汇合点为基础。它同国际贸易促进社会开放、创建一个"有利于法律世

---

[169] Ph. Fouchard, « Droit et morale dans les relations économiques internationales », in *Rev. des sciences morales et politiques*, 1998, 1.

[170] *JOCE*, n° L 309, 29 nov. 1996; B. Stern, « Vers la mondialisation juridique? » *RGDIP*, 1996, n°4; M. Delmas-Marty, *Trois Défis pour un droit mondial*, *op. cit.*, p. 16 sq.

[171] 参阅本书第二章第二节。

界主义发展氛围"[172]这种思想相吻合,也表达了"关注伦理道德的法律思想"[173]。困难在于,在实践中,国际商法首先追求的是即时意义和物质意义,只在特殊情况下才会让位于伦理道德和共同利益。[174] 另外,评论家同时指出,在各国政府一致通过的协议当中,道德或者伦理标准的规定只是少有的内容,它的普遍主义意图并不真实。如果没有一致通过的话,裁判就可以根据无法查询的跨国秩序的名义不予以参考。如果要承认道德规定,这也只是自己本身的信仰问题。[175] 我们又回到了相对主义这个问题上,而解决办法依然是国家政府。

归根结底,似乎有一份协议排除了国际裁判成为最后完全脱离各国政府控制的法律制度的可能性。根据这最终的法律制度,裁判将不会服从各国政府的公共秩序,法官也仅限于对判决的最低控制,而不会考虑问题的本质。这种绝对的自主性,从"牺牲了公共秩序,只保留其空洞的意思;堤坝强占了河流"[176]的意义上看,可以说是"灾难性的一幕"。为走出这种困境,应该构想更加细致的方法,这样可以使裁决的自主性相对化,使仲裁人像"全球化的民间国际法官(一样),不仅保证自由交换的社会准则,而且也要保证各国政府和国际社会所维护的普遍道德或者普遍利益的社会准则"。[177]

但是,很难相信这最后一幕可以在不诉求国家或者超国家的惩罚的情况下自发地实施。即便将其相对化,把公共秩序规定成跨国秩序,这也会将其同各国政府分开。也许最好放弃自发制定

---

[172] B. Oppetit, « Philisophie de l'arbitrage commercial international », *JDI*, 1993, p. 813.

[173] J.-B. Racine, *op. cit.*, p. 353.

[174] B. Oppetit, « L'illicite dans le commerce international », in *L'Illicite dans le commerce international*, *op. cit.*, p. 13 sq.

[175] P. Mayer, « La règle morale dans l'arbitrage international », in *Mélanges Bellet*, Litec, 1991, p. 379 sq.

[176] J.-B. Racine, *op. cit.*, p. 571.

[177] Ph. Fouchard, « L'arbitrage et la mondialisation de l'économie », in *Philosophie et droit économique, quel dialogue? Mélanges Farjat*, *op. cit.*, p. 395.

秩序的奇论,依靠各国政府的支持,寻求建立世界秩序,但是这种秩序要逐渐面向超国家秩序。

这样的秩序可以以世界贸易组织为基础开始构想。另外人们发现,自从中国加入世贸组织以来,一些制度改革不仅局限于简单的技术调整。[178] 围绕增附协议所规定的三个主要原则(统一施用、透明和政府行为法律监督),早已看出普遍性影响,也许这会更加持久:按照统一施用的原则,中国政府已经承诺取消地方制定贸易标准的自主权,注意取消同世界贸易组织法不相符合的地方法律和规定;根据透明度的原则,中国政府同样承诺,至少在经济和贸易领域,取消政府内部通信或自由决定措施(这可能对劳工法甚至刑法产生影响);最后在政府行为法律监督方面(这也许有些苛刻,存在的问题也更多[179]),中国政府早就宣布,有关海外利益的争诉由新成立的一个特别法庭(又被称为"世界贸易组织法庭")和特殊的裁判机关管辖;关于对国际贸易行政决议的监督,高级法院在2002年公布了一些新的规定,授权几个大城市的高级裁判机关以政府关于财产和服务贸易以及知识产权法相关决定为基础,对争议诉讼进行审理。

如果说世界贸易组织的秩序具有一定的潜在成效的话,那首先是因为贸易具有相互依赖性,要求有力的法律相互作用(这不是因为意识形态的问题,而是事物本身的力量所使)。但同时也许还有法律原因。海伦·鲁兹·法布里(Hélène Ruiz Fabri)指出存在一种双重活力,使世界贸易组织法成为具有世界使命的法律,那就是:一方面是规则的统一,唯一协议原则保证真正的多边主义,而不再是双边承诺或者是按选择方式形成的网络;另一方面,世界层面的法律优先权,世界组织确保监督下级国家或地区法律同这部

---

[178] L. Choukroune, «L'état de droit par l'internationalisation, objectif des réformes», in *Perspectives chinoises*, 2002, n° 59, p. 7 *sq.*; «Les conséquences juridiques de l'entrée de la Chine à l'OMC», in *La Tradition chinoise, la démocratie et l'État de droit*, *op. cit.*

[179] *Ibid.*

世界法的兼容性。[180]

另外,世界竞争法草案是作为依附于世界贸易组织的经济法(*lex economica*)而规划的,只要监督政策同样施用于企业,避免自由交换带来的事与愿违的结果,那么这部草案也可以加强法律机制。

我们认为,还有一个悖论,就是为了避免事与愿违的结果,只有放弃将这种制度仅限于经济贸易法领域的想法,换句话说,就是要打开面向"外部标准"[181]市场,尤其是面向具有普遍性使命的标准(如人权或人道主义权利)。这种开放可以来自世界贸易组织,也可以来自其他组织,如世界劳工组织或者世界卫生组织,甚至是联合国(下属人权委员会或者民事政治权利委员会)。

对这些具有普遍使命的概念(市场、人道主义、人)的形式有效性做一个总结,让我们先回来重新解读一下格劳秀斯在强调"道德事物与数学科学"之间的区别时所说的话。格劳秀斯借用亚里士多德的思想,提出了渐进的想法:"[……]在应该做的和禁止做的事情之间,有一个地带,那就是允许;但是这个地带有时靠近这一边,有时靠近另一边。"[182]这个观念十分模糊。普芬道夫(Pufendorf)在关于法律确定性一章[183]中曾对这个观念提出批评,现代评论家认为这种观念"更倾向于伦理而不是法律"[184]观念。但是我们也可以认为,如果说模糊性弱化了法律制度的形式有效性,那么这种模糊性恰好是寻找法律普遍性固有的特性(不仅仅是伦理道德方面的),而没有反映法律霸权思想。

如果我们坚持这种假设(后面我们会继续证明),只需要接受

---

[180] H. Ruiz Fabri, « La contribution de l'Organisation mondiale du commerce à la gestion de l'espace juridique mondial », in *La Mondialisation du droit*, op. cit., p. 347 sq.

[181] *Ibid.*, p. 365 sq.

[182] H. Grotius, *Le Droit de la guerre et de la paix*, op. cit., chap. XXIII, I, p. 542.

[183] Pufendorf, *Droit de la nature et des gens*, Amsterdam, 1706, I, Ii, § 9.

[184] C. Larrere, « De l'illicite au licite : prescription et permission », in *L'Illicite dans le commerce international*, op. cit., p. 78.

法律普遍性没有分裂就好。正如1979年以来欧洲人权法院[185]关于公平诉讼法所确认的那样,社会经济法同民事政治法不相对峙,因为在两者之间不应该存在"密封的隔膜"。

但是,如果在具有普遍使命的法律概念之间没有密封隔膜的话,那就应该思考在整个研究当中所出现的许多价值冲突,如:人权与市场权的冲突,人权与人道主义权之间的冲突,在人权内部,民事政治权与经济社会文化权的冲突,甚至还有经济权与社会权的冲突。

第二节 冲突价值

法律普遍主义的弱点不仅是表面上的,在更深的层次上还有一个悬而未决的问题,那就是:是否能够在没有价值共同体的情况下建立一个法律共同体?事实上,我们前面提到的、通过人道主义和市场而形成的各种法律形式的人权的概念,可以在不同程度上,根据不同的模式上诉于国家或国际法官。从这个意义上说,这些概念将标准的普遍主义纳入实证法中,从一开始就要求在全球范围内建立一个法律共同体,但没有说明预先存在一个价值共同体。

相反,从价值论的观念来看,"9·11"恐怖袭击事件重新提出了我们原本希望是过时的假设,即文明冲突这个假设。美国的反击,尽管首先是以"反对邪恶的圣战"的名义宣布的,却根本没有平息人们的思想。司法人员的力量,因为某些国家激化的政治主权主义而得到加强,这样就由司法人员来逐步勾勒这个价值共同体的蓝图。但是法律的"价值评估"是一个由来已久的现象,哲学家是这种现象的首要负责人。列维-斯特劳斯(Claude Lévi-Strauss)曾引用亨利·迈纳(Henry Maine)的话说:"法国的哲学家如此急切地摆脱他们曾经认为是教士迷信的东西,以至于一味去巴结法

---

[185] Arrêt *Airey c. Irlande*, 9 oct. 1979, série A, n°32.

学家的迷信。"[186]

我们之所以今天在这里重新思考这段话,那是因为从哲学的角度看,在相对主义出现的同时,20世纪留给法学家比以往更多的自由空间:"[……]无论是伦理学上的相对主义还是认识论上的相对主义,都是我们这个时代的哲学通病。"[187]安娜·法戈-拉若特(Anne Fagot-Largeault)认为,哲学相对主义既是好事又是坏事。"是好事,因为它能够引导出容忍。是坏事,因为它加快失去参照标准。"[188]实际上容忍先后成为人权"国际"宣言和"普遍"宣言的理论依据,尤其是宣言中的第一条。在这一条中,排除了所有将人类与自然或上帝联系在一起的哲学和宗教假设,目的是各国应该也能够在基本原则上达成实际共识,而不需要寻求一致依据。

但是标准的丧失使冲突升级。冲突的这种发展倾向可能表现为参照不同的道德标准,包括福利标准和义务标准。福利伦理学家认为,集体福利是个人福利的总和,不存在福利之间的竞争。但是这种观点过于乐观,现实并非如此:在现实社会当中,经济、社会、科技和文化不平等加剧,有限资源不断枯竭,这些说明很难在全球建立福利道德普遍主义,"除非由政策强制规定要实现什么样的集体福利,比如财富分配的法律政策,或者接受治疗权利政策等"。[189] 对于道德义务,则是不干涉状态,"在诉讼程序中提出的时候,是完全没有任何策略的[……]。在这样的道德体系中,没有善的概念,可以对国家或者一个政府像对一个犯错的孩子一样进行惩罚,因为不存在共同的善的概念。我们期待每个人能够采取行动,如果没有做到,我们也没办法"。[190] 要走出这样的两难境地,需

---

[186] Sir Henry Sumner Maine, *Ancient Law*, 1861, *in* Claude Lévis-Strauss, *Le Regard éloigné*, Plon, 1983, p. 379.

[187] K. Popper, *La Sociéte ouverte et ses ennemis*, traduit de la 11e édition (1997) par J. Bernard et Ph. Monod, Seuil, 1979, 2 vol.

[188] A. Fagot-Largeault, « Sur quoi fonder philisophiquement un universalisme juridique », in *Crimes internationaux et juridictions internationales*, dir A. Cassese et M. Delmas-Marty, PUF, 2002, p. 86.

[189] *Ibid.*, p. 88.

[190] *Ibid.*, pp. 89-90.

要我们进行跨文化对话,进行论证和驳斥,使我们能意识到我们之间"历史、地理环境、哲学传统和宗教传统上的区别"[191],大胆提出这样一个基本问题,即:权利共同体的出现,是否可以通过理性实践[192]或者一步步构成主义来建设一个价值共同体?

在提出这个问题之前,最好通过考察具有普遍使命的法律概念理论基础的价值之间可能产生的冲突来衡量面前的重重困难。我们这里所说的冲突,包括人权内部冲突,以及人、其所属群体和成为一个有区别的法律范畴(犯罪受害者或遗产持有者)的人类之间的"混合性"冲突;或者更广一些说,包括人与物之间的冲突,人与市场的冲突或者像我们之前在关于世界公共财产问题上看到的市场和人道主义之间的冲突。

1. 人权内部冲突

无需重提有关人权普遍性的讨论,也不必谈论各地区不同法律制度的对峙(一方面是欧洲和美洲公约的个人主义,另一方面是非洲的人权和"人民"宪章以及基于"亚洲国家价值观念"的曼谷宣言的社团主义,甚至还有阿拉伯宪章和伊斯兰宣言的神权政治主义),我们早就看到人权经历了多方面的压力,远没有达成价值的融合统一。

在法国,像德勒兹(Gilles Deleuze)和菲利克斯·加塔利(Félix Guattari)这样的哲学家从中看到了一种骗局,握在政权手中的一个不在场的证据:"人权不会让我们赞颂资本主义;需要有很多无辜的人,或者极其狡诈的人,善于运用沟通哲学,重建一个相互友爱社会甚至是理性社会,形成普遍共识的舆论,可以教化国家、政府和市场。人权对具有权利的人的内在存在方式只字未提。"[193]像

---

[191] J.-P. Changeux, « Le point de vue éthique », in *Crimes internationaux et juridictions internationales*, op. cit., p. 81.

[192] P. Ricoeur, mot « Éthique », in *Dictionnaire d'éthique et de philosophie morale*, dir. M. Canto-Sperber, PUF, 3ᵉ éd., 2001, p. 580 sq.

[193] G. Deleuze et F. Guattari, *Qu'est-ce que la philosophie?*, Minuit, 1991, p. 103.

米歇尔·维莱这样的法学家很好地证明了其中的不一致性:"每一个所谓的人权都是对其他人权的否定,它们是分开实施,从而产生诸多的不公平。"[194]

如果想要对"具有权利的人的存在方式"进行讨论的话,最为严格的一种方法就是以实证法为基础,也就是规定价值内容的法律手段(成文法和判例)。即使往往会应用一些模糊概念,在时间和空间上具有各种灵活使用的自由余地,但至少对具体案例的分析研究可以让人们思考维莱所揭露的"不公平"现象。从这个角度看,似乎有必要考虑人权保护法律手段在民事政治权和经济、社会和文化权方面的双重性。这一双重性也许会纳入人权范畴。正如让·里维罗(Jean Rivero)所说,即使在人权内部,也应该区别自由(droits de)和债权(droits à):"[……]要求权(pouvoirs d'exiger)指的是对国家政府债权的持有权;行动权(pouvoirs d'agir)是由传统自由构成,两种权力是并列的。"[195]还有一点就是要清楚,这一二元性是否意味着存在一种不可克服的矛盾。带着知识分子那种伟大的真诚,里维罗承认自己的困惑:"在两个范畴之间,是否存在矛盾,抑或者二者是互补的?"关于这个问题,他认为,答案"只能是非常细微的区别"。我认为反过来也一样,统一范畴内规定的法律是否必须是可以协调的。

总之,要细致区别这两种说法:一方面在同一法律手段中的权利(尽管被假设为一致的)之间存在冲突;另一方面,双重性(尽管表面上看具有矛盾性)不一定反映不可克服的冲突。

1.1 同一法律手段的权利冲突

联合国教科文组织曾经邀请一些哲学家们思考《世界人权宣言》的编撰工作,在这份报告的引言当中,雅克·马里顿(Jacques

---

[194] M. Villey, *Le Droit et les droits de l'homme*, PUF, 1983, p. 13, également, *Précis de philosophie du droit*, Dalloz, 1975, n° 83 *sq.* ; D. Cohen, « Les droits à... », et D. Gutmann, « Les droits de l'homme sont-ils l'avenir du droit? », in *Études F. Terré*, Dalloz, 1999.

[195] J. Rivero, *Les Libertés publiques*, vol. 1, *Les Droits de l'homme*, PUF, 1974, pp. 117-118.

Maritain)[196]曾警告说:"[……]不仅是为了制定一份权利明细,也是为了制定纯粹意义上的宪章,一种共同行动方式,这样一份协议也应该关系到价值层面。"从中他看到了一个关键之处,可以让人权进行"内部协商"。但是,在关系到实现这样一个结果的几率问题上,他却自称持怀疑态度。

半个世纪之后,即使我们依然没有找到这样关键之处,至少通过限定概念和实际施用,我们已经开始确定了使用方法或者行动主线。我们不仅仅是制定一份简单的具有很多矛盾的明细,还应该仔细考虑限制条件。

当然,《世界人权宣言》以同样的力度宣布所有权利,以连续的方式列举这些明细,看起来没有任何限制。仅在倒数第二条(第29-2条)中,承认具有局限性,明确规定在两个方面可以"特殊"承认这些局限性:一方面是"为了保障承认和尊重他人的权利和自由",另一方面是"为了满足民主社会中公共秩序和整体福利的道德要求"。

可是,《世界人权宣言》没有说明是否是所有提到的权利都有可能受到这样的限制还是其中一些权利可以避免这样的限制,享有绝对保护权,反映个体某些价值,即使在与公共秩序和国家利益相冲突时表现出来的抵抗力。直到一些地方法律协议(主要是《欧洲人权公约》和《美洲人权公约》)和《公民权利和政治权利国际公约》的签署之后,才对这个问题有了初步的解答,只是各个文本之间稍有变化。为清楚地阐明这个问题,我们仅限于《欧洲人权公约》和《世界人权宣言》所提供的判例。通过各种权利隐含的等级关系,欧洲人权保护协议和判例决定了各种冲突的基本类型。也许在这个类型当中,还应该给个体间的冲突留有一个位置。这些个体间的冲突来自允许"在民主社会中存在必要的限制"这条规定所引申出来的权利。这里的必要性尤其是参考对他人权利和自由的保护这一规定。

---

[196] J. Maritain, « Introduction », in *Human Rights. Comments and interpretations*, Wingate (Londres), 1949.

1.1.1 权利等级化和冲突基本类型

大部分权利是我们所说的权宜条款所附带的。权宜条款包括三种类型的限制（减损法律效力,例外和限制）,相反却描绘出四个等级。[197]

我们可以先不考虑减损法律效力这一条,这一条是临时接受的,在特殊情况下,可以真正中立由协议保证的法律规定（第15条）。孟德斯鸠自己也承认这样的思想:"[……]有些时候,应该暂时掩盖自由,就像人们掩藏上帝的肖像一样。"[198]他说:用"暂时"通过这个词来反映减损法律效力的临时特性。欧洲人权保护协议加入了必须由国家政府宣布这一条,政府要引用法律条文（第15-3条）,而且还有严格必要性的要求,只有在"情况要求的必要措施"（第15-1条）的情况下才可以采用减损法律效力这一条。

另外还需要实施监督控制,矛盾的是,随着约束权力的增强,控制就显得越来越必要,同时也越难以执行。正如1982年以来联合国关于特例状况的报告[199]所指出的那样,目前存在的一种倾向是基本法的减损法律效力要延长很多年甚至十几年。可是,如果存在宪法法院的话,政治背景会通过宪法法院让内部监督控制变得很困难。为此,必要状态这个概念要求一种超国家的监督控制,或者如果要取消,至少"以国家利益进行思考"[200]。

---

[197] « Introduction », in *Libertés et droits fondamentaux*, dir. M. Delmas-Marty et C. Lucas de Leyssac, Seuil, 2e éd., 2002, p. 15 *sq.* et 26 *sq.* Comp. *Classer les droits de l'homme*, dir. E. Bribosia et L. Hennebel, Bruylant, 2004.

[198] Montesquieu, *De l'esprit des lois*, in *Œuvres complètes*, t. II, Gallimard, coll. « La Pléiade », 1951, L. XII, chap. 19, p. 449. Comp. *Classer les droits de l'homme*, dir. E. Bribosia et L. Hennebel, Bruylant, 2004.

[199] N. Questiaux, « Étude sur les conséquences pour les droits de l'homme des développements récents concernant les situations dites d'état de siège ou d'exception », Nations unies, Commission des droits de l'homme, 27 juill. 1982; L. Despouy, « Tenth annual report and list of states which, since I January 1985, have proclaimed, extended or terminated a state of emergency », 23 juin 1997 (E/CN. 4/Sub. 2/1997/19).

[200] *Raisonner la raison d'État. Vers une Europe des droits de l'homme*, dir. M. Delmas Marty, PUF, 1989.

因为这些法律条款不是应用到所有法律上,所以这种监督控制(基本上仅限于欧洲和美洲内部的法院)就显得更加必要。只有少数几个所谓的"不可抵消"法律才可以免除这种监督,对于这些法律来说,不存在任何可以减损法律效力的情况,即便是在战争或者"由正式文件宣布的特别的公共危险威胁着国家的生存"(《欧洲人权公约》第 15 条,《公民权利和政治权利国际公约》补充条款第 4 条)的情况下,也不可以使用减损法律效力的规定。

如果将减损法律效力的临时条款同其他协议承认的具有长期稳定性的权宜条款相结合,那么我们所列举出来的几个特例,还有通过各国自主空间延伸出来约束性条款,会让我们进入到四个等级范围内。

在前面,我们把那些协议中既不接受持久的特殊性也不接受临时减损法律效力的规定称之为绝对保护权利:这一类型包括禁止酷刑、死刑或非人道主义及不道德对待;禁止奴隶制和集体驱逐;在此基础上,《公民权利和政治权利国际公约》还加入了在未经本人同意,禁止对个人进行医学和科学实验,并且承认每个人的法人资格权。相对于这种明细列举,如此表达出来的绝对保护权的法律价值规范给人的感觉像是对人类尊严的尊重,或者正如联合国秘书长在维也纳会议上所说:"(这是)各种价值观的精髓,以此我们共同宣布我们处于同一个人类共同体中。"他同时又把这种价值精髓称为"人类不可缩减的价值",从法律角度说,是通过"不可减损法律效力"表现出来的。其中稍有差异,因为人们针对的是合法性本身,但是合法性也包括国际犯罪的特例,尤其是生命权,根据第 15 条的规定,具有不可减损的法律效力,但是却附有特别条款("因为战争的合法行为而导致死亡")。除了死刑特例(有一项附加协议已经排除了这条规定)之外,如果再加上防卫合法性的特例,生命权就不是一项绝对保护的权利:当然这是十分宝贵的权利,但是在法律概念中,这不是最宝贵的权利。另外,生命权还不属于第二种完全绝对保护的权利。

完全绝对保护权的概念实际上指的是可以临时中止的权利,具体是指在战争或其他特殊形势下,但是在这些形势之外是受到保护的权利,既没有特例也没有约束性,比如:非歧视权利,无罪推定以及更广一些说就是权利保障(获取法律和公平诉讼)。

所有其他具有特例和约束性的权利都是相对保护权利。

这些相对保护权利有时候,在那些带有规定有限列举出来的特殊情况(主要是生命权和往来自由权)的法律当中,属于强制性相对保护;有时候,在一些带有非约束性限制条件,承认各国自主空间的法律中,属于柔性相对保护,比如:尊重家庭私人生活(第8条),尊重思想、意识和宗教自由(第9条),言论自由(第10条),集会和社团自由(第11条),婚姻自由(第12条)以及财产保护权(协议1第1条)。

在这一层面上,我之所以说得很详细,那是因为这一层面意味着对冲突基本类型的决定。首先,绝对保护权和完全绝对保护权对公共秩序的要求具有优先权。从这一点看,爱尔兰/英国的法令(arrêt *Irlande c. Royaume-Uni*)[201]可以让我们很清楚地了解不可减损法律效力法同其他法律的区别:实际上,在北爱尔兰反对恐怖主义这种特殊情况下,欧洲人权法院已经承认了长期关押的合法性(在没有法官提审的情况下,可以关押好几个月),但是,根据《欧洲人权公约》第3条,禁止采用强行审讯的方式,不得采取各种剥夺感官上的手段,比如酷刑以及"非人道主义和可耻"的对待。

不可减损法律效力法的问题在于,在世界层面上,因为缺乏一个真正的世界人权法院,监督也仅限于欧洲委员会(或者在各国政府批准民事和政治权协议的附属条款,允许个人上诉的时候,可以由人权委员会进行监督)。二十多年来,联合国人权附属委员会企图根据凯斯提奥和德斯普伊关于特例调查状况的报告(rapports Questiaux et Despouy),提出一项可以应用于任何状况的保障诉讼程序的基本原则。[202]我们后面会对这个具有普遍主义使命的标准有效性重新讨论。在这里,我们只想提一下,即使是关系到所谓的

---

[201] CEDH, 18 janv. 1978, voir G. Soulier, « Lutte contre le terrorisme », in *Raisonner la raison d'État*, op. cit.

[202] 上述报告,同时参阅 E. Decaux, « Crise de l'État de droit, droit de l'état de crise », in *Mélanges Pettiti*, Bruylant, 1998, p. 267 *sq*.

不可减免法律效力法,司法监督基本上还是仅限于欧洲,至于《美洲人权公约》(CADH),除了美国之外,也仅限于一些既没有签署美洲内部人权协议,也没有签署联合国公约附属条款的国家。所以,在"9·11"恐怖袭击事件之后,于2001年11月13日公布了一项法令[203],包含了民事与政治权协议[204]中不归属任何国际监督管理的减免法律效力的条款。

  回到价值冲突上,也许应该承认绝对保护权和完全绝对保护权不仅应该优先于公共秩序和国家利益,而且应该优先于他人的权利和自由。因此,可耻的对待(触犯尊严)这个概念,在对轻罪违法行为的处罚时,用以反对进行体罚。在英国,很多关于学校实行体罚进行教育的案件(最终因为所采取的措施不严重,排除了定性;但是英国因为违反了父母有权选择教育方式法而受到处罚,见附属协议1第2条)[205]当中也援引这个概念。

  同样,强制性相对保护权利只支持协议中提到的特例,具有严格的解释。关于生命权的问题,安乐死明显被排除在外[206],作为一种无规定的特例;而在一起恐怖袭击案件中,自卫合法性被排除在外。在这起案件中,一些警察朝着一辆他们误以为是恐怖袭击的陷阱车上的人员开枪,警察称这是合法自卫。[207] 相反,堕胎的问题没有明显同生命权联系在一起(关于这一点,协议既没有将起点同怀孕联系在一起,也没有同出生联系在一起),但是通过父母权(母亲的健康和私人生活权,父亲的家庭权)和对外自由传播堕胎信息

---

[203] D. Amann, « Le dispositif américain de lutte contre le terrorisme », *RSC*, 2002, p. 745 *sq.* ; Michael Ignatieff, *The Lesser Evil: Political Ethics in an Age of Terror*, Princeton University Press, 2004. 参阅本书第二章第三节。

[204] M. Delmas-Marty, « Global crime calls for global justice », *European Journal of Crime, Criminal Law and Criminal Justice*, vol. 10/4, Kluwer, 2002, p. 286 *sq*.

[205] Arrêt *Campbell et Cosans c. R.-U.*, 25 fév. 1982, série A, n°48; comp. arrêts *Tyrer c. R.-U.*, CEDH, 25 avr. 1978, série A, n°26; *Costello Roberts c. R-U.*, 25 mars 1993, série A, n°247-C.

[206] Arrêt *Pretty c. R-U.*, 14 mars 2002, comment. Sudre, *JCP*, 2002, I, 157, n°1.

[207] Arrêt *McCann et al. c. R.-U.*, 27 sept. 1995, série A, n°324.

的权利(言论自由)[208]间接提出讨论。至于往来自由权利,这个权利只有在第5条规定的有限名单中提到的六种情况下才可以被取消或者受到约束。另外这份名单也大大扩大,因为这不仅针对监禁和警察所采取的措施(拘留和外国警察),而且也针对各种社会防卫措施(包括关押酗酒者、吸毒者、疾病传染者,而且更为奇怪的是,还包括流浪者)。

"民主社会所必需"的基本原则提到的权利(弱性相对保护权)更为系统地提出了个体间权利冲突的问题。

1.1.2 个体间权利冲突

今天我们要区别两种作为人权理论基础的价值概念。一种概念出现在美国和法国18世纪(自由精神和个体主义)宣言当中,通过人权表达了伦理道德意愿和一致意见,树立了个人自由的形象;另一种概念,同集体意识相联系,将人与人之间的关系建立在尊严或者说尊严平等基础上。第二种观念更易于接受,因为这种观念不仅建立了同他者关系的标准,同时也建立了同自我关系的准则,从而在需要反对人本身的时候,可以用它引申出来的东西维护"人的人性"。

在这两个概念当中,《欧洲人权公约》没有明确地作出选择。在经过长期艰难的讨论之后,尊严平等被载入1948年《世界人权宣言》第1条中。但是,尽管尊严平等是不可减免法律效力法的基础,联合国协定还是重新使用了这个规定,然而,这个表达方式却没有明确出现在《欧洲人权公约》当中[209],尊严的问题只是在上述提到的禁令当中有所提及,尤其是"非人道主义对待"的问题时。相反,尊严的问题在《欧洲人权与生物医学公约》《人类基因和人权普遍宣言》(先后由联合国教科文组织和联合国颁发的)中出现,但是这些文本都没有司法监督。

首先是在国家层面上人们开始在欧洲发现尊严和自由之间潜

---

[208] Arrêt *Open Door c. Irlande*, 29 oct. 1992, série A, n°246-A.
[209] 关于这方面的讨论,参阅 B. Maurer, *Le Principe u respect de la dignité humaine et la CESDH*, La Documentation française, 1999, p. 63 *sq*.

在的冲突:在德国早就存在这样的问题(因为1949年《德意志联邦共和国基本法》第1条就已经规定了尊严的原则),在法国还只是最近才出现的问题。[210] 从1993年开始,我们就已经建议(宪法改革咨询委员会)在宪法中规定尊严以及私人生活的概念。这个建议没有被宪法所采纳,但是1994年宪法委员会(关于生物伦理道德)的决议以1946年宪法序言(其中提到对"试图奴役和败坏人类"制度的胜利)为基础[211],使尊严的原则"宪法化"。随后,尤其是1998年关于居住权的建议援引了这一原则。[212] 但是,宪法委员会承认这一原则服从于"必须与其他宪法标准相协调所要求的局限和调整",包括个人自由权(1994年决议第19条规定)和财产权(1998年决议第7条规定),似乎没有想把这一原则变成绝对保护权的意思。

至于《欧洲人权公约》,在《世界人权宣言》明显规定的个人冲突上,它也仅限于承认限制原则,"以保证承认他人的权利和自由",包括尊重私人生活和家庭权,尊重思想、意识和宗教自由,尊重言论、集会和结社自由,以及(但是没有明显表达出来)财产保护的权利;另外也提出了非歧视性规定,因为第14条的实施没有任何特例也没有约束性,除非触犯其他任何一项权利和已承认的自由。

第一眼看来,这个价值体系似乎与个人主义和自由主义具有同样的观念。一些学者对此表示担心。卡特琳娜·拉布鲁斯

---

[210] V. Saint-James, « Réflexions sur la dignité de l'être humain en tant que concept juridique du droit français », D. , 1997, chr. 61;关于所谓的侏儒案,一开始是提交于法国行政法院,后来又提交给欧洲人权法院,最后提交给了联合国人权委员会,参阅 C. Husson, « Lancer "de nain" ou lancer "de nains", variations sur un thème. Plaidoyer pour un usage concerté du concept de dignité », in L'Europe des libertés , Rev. Act. Jur. , 2003, n°11, p. 12 sq.

[211] CC, 27 juill. 1994, D. , 1994, 237, note B. Mathieu.

[212] CC, 19 janv. 1995 (diversité de l'habitat), DC 94—359;CC, 29 juill. 1998 (lutte contre les exclusions), DC 98—403;CC, 7 déc. 2000, DC 2000—436 (loi solidarité et renouvellement urbain ou mixité sociale).

(Catherine Labrusse)[213]提出这样一个问题:"人权和超级自由主义的概念在国际法方面似乎占有优势,面对它们这样的战斗特性,是否应该会产生怀疑主义。"她同时指出,个人主义思想"有助于分解社会联系","主体法的倍减"产生"法人过分个人主义以及自由泛滥"的思想。所以,她认为,自由思想代替法律保护,这有可能"导致人权的自我毁灭"。她还列举了几个危机比较严重的领域,如:人格权、家庭和夫妻地位、法定资格和市民状况、人类的开始和结束。

认为法官以私人生活绝对自由的思想来解决各个领域中的冲突,这种谴责似乎有些过分。在赞同同性恋或者变性的时候,他们执行尊重私人生活的法律,没有把这一切同家庭生活相对立;至于堕胎的问题,这主要是采取是否适用的态度,而不是生命权,没有直接涉及生命权和私人生活主体的自主权之间的冲突。

然而,在关系言论自由和非种族歧视问题上的冲突,欧洲人权法院却处于尴尬境地,它只是努力地逐步解决问题,却没有规定一个明确的指导路线。我们举几个事例来说明。

关于言论自由的问题(尤其是报纸和媒体),如果是保护司法的公正,那么这一冲突就归属与国家政府有关的(关于现行刑法案件的信息公布)范围内;如果是保护他人私人生活(涉及名誉问题)或者是非种族歧视权(通过媒体报刊传播种族歧视言论或者是否定纳粹种族灭绝行为的言论),那么这一冲突就归属私人关系领域。

对于第一种类型的冲突(言论自由与司法公正性)法院似乎更加注重保护被称为"民主看门狗"的记者,而不是保障司法公正性,因为:欧洲人权法院好几次以言论自由的名义对英国的蔑视法庭(contempt of court)制度予以惩罚。的确这一制度在对记者公布

---

[213] C. Labrusse, « Droits des personnes et droit de la famille », in *Libertés et droits fondamentaux*, op. cit., p. 354; également M.-Th. Meulders-Stein, « Internationalisation des droits de l'homme et évolution du droit de la famille: un voyage sans destination? » in *Internationalisation des droits de l'homme et évolution du droit de la famille*, LGDJ, 1996, pp. 180-213.

有关在案诉讼审讯的信息,即使是众所周知的信息时的处罚,包括民事和刑事处罚,都极其严格。

至于私人关系间的冲突,法院强调尊重记者职业道德,要求保护他人的权利和自由,但同时也接受"一定的过分甚至挑衅性的成分",以至于有时被谴责"过分保护"记者。[214] 这一谴责尤其是在揭露种族歧视事件中显得更加明显,而事实也确实如此。在著名的丹麦杰斯尔德(Jersild c. Danemark)裁决当中,欧洲人权法院"在某种程度上为了非种族歧视权的规定而没有考虑言论自由问题,以过分的方式损害了受害者的权利,也就是说损害了移民的权利"[215]。事实上,它没有按照言论自由的规定,作出对一名记者予以罚款的处罚,因为这名记者发表了一份赞誉种族歧视,侮辱移民的报告。[216] 另外,因为它直接拒绝了对保加利亚暴力歧视茨冈人的行为予以处罚而受到谴责。[217]

相对于欧洲人权法院在这起案件中没有坚持言论自由的规定,那种对种族歧视缺乏保障的做法就没那么容易被人接受了。那是奥托—普勒明格协会(Association Otto-Preminger)的案件。奥托—普勒明格协会因为传播了韦尔纳·斯格罗尔特(Werner Schroeter)的电影《爱的和解》(Le Concile d'amour)而受到罚款的处罚,这部电影被认为是对天主教宗教的亵渎。[218] 的确,那只是与一部电影有关,而不是记者的言论,而且这既涉及公共秩序问题,也涉及道德(对此,各国自主空间相对比较大)和思想宗教自由(尊

---

[214] Y. Galland, « Les boligations des journalistes dans la jurisprudence de la CEDH », *RTDH*, 2001, p. 873.

[215] G. Cohen-Jonathan, « Le droit de l'homme à la non-discrimination raciale », *RTDH*, 2001, numéro spécial, *Le Droit face à la montée du racisme et de la xénophobile*, p. 685.

[216] Arrêt *Jersild c. Danemark*, CEDH, 23 sept. 1994, série A, n°298, *RUDH*, 1995, p. 4, observ. G. Cohen-Jonathan.

[217] Arrêt *Assenov c. Bulgarie*, 28 oct. 1998, *RTDH*, 1999, 388; Arrêt *Chapman c. R.-U.*, 18 janv. 2001, *RTDH*, 2001, p. 887, observ. Sudre.

[218] Arrêt *Otto-Preminger Institute c. Autriche*, 20 sept. 1994, P. Wachsmann, *RUDH*, 1994, p. 444; également, G. Haarscher, « Le blasphémateur et le raciste », *RTDH*, 1995, p. 417.

重他人的宗教信仰)问题。

这些案例,问题并不在于法律缺乏严格的理性,而最根本的是法官的犹豫不决,因为犹豫不决弱化了价值共同体的思想。言论自由在于以伦理责任维持"政治公共空间",而不是维持"思想自由市场"。[219] 至少,我们可以进一步促进这种言论自由共同价值思想的崛起。

从这一点看,将欧洲言论自由的判例同对美国文化与伊斯兰教国家文化这两种截然不同的文化的非歧视性决议进行对比,也许具有一定的意义。

关于美国文化,人们曾经认为"无法调整美国的种族歧视言论"[220],因为"对一切公共参与极其不信任"。美国高级法院通过对1号修正案(主要针对言论自由问题)的解释,实际上已经建立了一个真正的"个人权利自由堡垒"。相反,25年前在承认种族出身可能是大学入学的一个标准条件的时候[221],这一判例解释就已经引起积极歧视(肯定性行为),尤其是有利于黑人学生入学,这一条件在欧洲似乎很难适用。继一些白人学生被密歇根大学拒绝入学后,这一积极性歧视规定受到人们的再次质疑,人们援引平等性原则(第14号修正案),展开激烈的讨论,最终通过美国高级法院2003年6月23日的决议得以保留下来。[222] 罗纳德·德沃金在对听审做评论时说,他非常震惊地看到美国社会对支持维护目前状态那股强烈的热情。根据法庭之友的诉讼程序,一些学者、军人(包括施瓦茨科普夫将军)以及商业界代表(66家知名企业,其中包括可口可乐公司和微软公司)作为法庭的朋友前来表达他们的意见。他们强调了种族多样化的社会经济重要性,这并不是为了补

---

[219] Y. Galland, *op. cit.*

[220] K. Bird, « L'impossible réglementation des propos racistes aux Etats-Unis », *Revue française de droit comparé*, 2001, p. 265 *sq.*

[221] R. Dworkin, « The Bakke decision. Did it decide anything? », *The New York Review of Books*, 17 août 1978.

[222] *Grutter c. Bollinger*, 23 juin 2003, US 123 S. Ct. 2325; *Gratz c. Bollinger* (S. Ct. 2411).

偿过去种族歧视和不平等现象,而是为了保障社会的良好秩序。[223]还应指出的是,有三名法官根据"国际上承认积极歧视功能"[224]来做他们的裁决。如果说"孤立主义的高级法院全球化"[225]是真的话,那么这样的讨论似乎很难在欧洲适用也是真的,这不仅是法律上的原因(非歧视性原则也只是间接地由《欧洲人权公约》来维持,而并没有规定平等性原则),而且也许还有文化方面的原因,也就是坚持间接地优先于同一共同体的共属性,从而坚持严格的平等性思想。

同积极歧视的讨论相反,关于伊斯兰国家妇女地位的矛盾冲突将非歧视性与伊斯兰的宗教价值对立起来。这个问题通过欧洲关于佩戴伊斯兰面巾的讨论,已经让人感到它的危险性。法国的讨论[226]导致2004年3月15日出台了一项法律,对禁止佩戴面巾作了相应的规定:"在公立小学、中学和高中,禁止学生佩戴具有明显宗教身份的服饰。"一些人担心会出现一部"象征法",可能会促进矛盾冲突的发展,而不是平息矛盾。[227]法国最高行政法院指出,法国的世俗化与历史背景相分离,(自1905年12月9日法律规定政教分离以来)是"永恒变化的"[228]。但是历史背景不再可能将法国同欧洲发展相分离。

从欧洲层面说,《欧洲人权公约》(第9条关于思想、意识和宗

---

[223] R. Dworkin, « The Court and the University », *The New York Review of Books*, 15 mai 2003.

[224] D. Amann, « Droit américain. Informations », *RSC*, 2004, n°3.

[225] Ken I. Kerch, « Multilateralism comes to the courts », in *Public Interest*, n° 154, 2003, p. 3 sq.

[226] 关于在学校佩戴具有宗教符号饰物问题的新闻。国会2003年12月4日德布雷报告;关于实施共和国世俗化制度原则的讨论会,见2003年12月12日斯塔西报告;法国人权咨询委员会2004年2月2日报告:《今日的世俗化》。

[227] Ph. Malaurie, « Laïcité, voile islamique et réforme législative », *JCP*, 2004, I, 124.

[228] Conseil d'État, avis du 27 nov. 1989, circulaire du ministre de l'Éducation nationale du 12 déc. 1989, *JCP*, 1990, II, 63379; *Un siècle de laïcité*, rapport public 2004. La Documentation française, 2004. Voir aussi A. Garay et E. Tawil, « Tumulte autour de la laïcité », *D.*, 2004, chr. 225.

教自由的规定)表达了中立性原则,同非歧视性原则结合,排除所有同性别差异有关的不平等性。在关于佩戴面巾的问题上,斯特拉斯堡法院承认各国自主空间,将其监督控制范围局限在合法基础要求和尊重比例均衡的原则上。[229] 至于欧盟,正如我们上面提到的那样,《欧洲人权公约》提出了思想、意识和宗教自由的原则,但也仅仅在序言中提到"精神道德遗产"[230]。经过激烈的讨论之后,提出关于建立欧洲议会协议的"临时强化"版本(2004 年 6 月 25 日),这个版本也仅仅参考了"欧洲文化、宗教和人类遗产"[231] 而制定的。

在法国和欧洲所遇到的困难也许解释了这样一个现象:在世界层面上,宗教问题因为《世界人权宣言》的沉默不语而得以规避,但并没有因此而得到解决。《伊斯兰宣言》和《阿拉伯宪章》没有将宗教和法律分离开,与此相对的是联合国以及欧洲、美洲和非洲人权公约的法律文本中的世俗化人道主义。问题的解决在于一个循环性论证:"在上帝面前,男人和女人是平等的,但是他们所处的位置不同";为此,"反映上帝愿望的区别对待同自由并非矛盾"[232]。

---

[229] CEDH, *Dalhab c. Suisse*, 15 fév. 2001, *AJDA*, 2001, 482, note J.-F. Flauss; *Refah Partisi c. Turquie*, 13 fév. 2003; *Tekin et Sahin c. Turquie*, 30 juin 2004; Zarah Anseur, « Le couple laïcité/liberté de religion: de l'union à la rupture », *RTDH*, 2001, 77. 关于合法基础要求,参阅 Cour constitutionnelle fédérale de Karlsruhe, 24 nov. 2003 (2BvR 1436/02).

[230] G. Braibant, *La Charte des droits fondamentaux de l'Union européenne*, Seuil, 2001, « Témoignage et commentaires », p. 71 *sq*.

[231] S. Rials et D. Alland, *Constitution de l'Union européenne*, PUF, coll. « Que sais-je? », 2003, p. 7; M. Cardon, « Accord sur le traité établissant une constitution pour l'Europe », *JCP*, 2004, act. 385.

[232] A. Cissé, *Musulmans, pouvoirs et société*, L'Harmattan, 1998, p. 273, également « Une conception laïque de la dignité », in *Criminalité économique et atteintes à la dignité de la personne*, dir. M. Delmas-Marty, vol. VI, *Europe-pays d'Islam*, MSH, 1999, p. 28 *sq*.; comp. Hosseini, « La protection de la dignité de la femme dans les écoles de droit coranique », thèse dactyl., université Paris-I, 1998. Voir M. Charfi, *Islam et Liberté*, Albin Michel, 1988.

被揭示的真理同被证明的真理相对,所谓的不兼容性如同争论本身似乎是不可能的。而且,宗教冲突有时同政治民事权与经济社会文化权之间的冲突相混淆。

1.2 法律措施的双重性

《世界人权宣言》不仅承认每个人的民事和政治权利,而且也承认他的经济社会文化权利。宣言宣称,这是"尊严和个性发展必不可少的条件"(第22条)。宣言将这两项权利同尊严平等联系在一起(第1条),说明了整体的不可分性。而矛盾冲突从筹备工作一开始就出现了,最终导致法律措施的分离,让我们又回到了里维罗(Rivero)的双重性问题上,即:是(作为两种类型理论基础的个人价值和集体价值之间的)矛盾还是互补?

1.2.1 矛盾性?

法律手段的分离只是表现这样一个事实,即:法律的两种类型反映了政府作用的两种不同的概念,或者约束政府保护民事和政治权利的内在局限性;或者为了满足债权,承认政府"异常广泛的自由评估决定权"[233]。从某种意义上说,这种分离反映了自由主义个人价值和社会主义集体价值之间存在着不可克服的矛盾。

自从通过《世界人权宣言》之后,个人与集体价值之间的冲突随着"冷战"的推进变得更加严峻,以至于在1966年通过了两份不同的协定,一些国家是分别批准,或者优先于《公民权利和政治权利国际公约》(1991年由美国批准了《公民权利与政治权利国际公约》);或者优先于《经济、社会、文化权利国际公约》(2002年由中国批准了《经济、社会、文化权利国际公约》)。同样在欧洲,直到1998年7月《欧洲社会宪章》集体诉求机制正式开始实施[234],直到那时,《欧洲人权公约》(1950年)和《社会宪章》(1961年制定,1996年修

---

[233] J. Rivero, *op. cit.*, p. 121.
[234] J.-F. Akandji-Kombe, « Actualité de la Charte sociale européenne, chronique des décisions du Comité européen des droits sociaux sur les réclamations collectives (juillet 2001—2002)», *RTDH*, 2003, p. 113.

改[235])才开始分离,真正使经济社会和文化权不需要诉求国际法律手段。

法律手段的分离要求每个范畴的自主性,反映了法律两种类型的属性差异。然而,这种简单的差异看起来似乎有些矛盾。比如,因为没有住所,很多民事和政治权在实际当中是无法获取的(如私人生活、家庭生活、选举权等)。相反,取消民事和政治自由的原则往往会制约经济活力和社会凝聚力。还有很多权利似乎无法归类,比如像儿童教育权(社会经济法明显决定了民事和政治权的实施),工会自由(这同劳工法也就是社会权利紧密相关,但同集会结社自由一样是公共自由的一个构成部分),以及个人与集体的民事和经济财产权,这些都无法归类,以至于尽管在《世界人权宣言》中有所规定,但是在两个协议中却被忽略。

帕蒂斯·梅耶-彼茨(Patrice Meyer-Bisch)认为,法律手段分离是历史条件决定的结果,而不是性质的差异,他建议进行一种明智理性的理论重建,用重新统一替代"明显的理性":每一种法律都应该由五种类型关系来决定,即民事(从法律上承认公民身份)、政治(积极参与政府事务)、经济(相互性和交换)、社会(加入民主社会)和文化(属于一个共同体)。[236]

实际上,只有根据判例解释(主要是欧洲的)才能发现建设真正互补的可能性。

1.2.2 互补性?

欧洲人权法院在为里维罗提出的问题提供初步解决方案之前用了很长时间(30 年的时间)。同样,发现矛盾如何通过所谓的"间接"[237]法律解释成为互补性也是一步一步进行的。"间接地"的意

---

[235] C. Pettiti, « La Charte sociale européenne révisée », RTDH, 1997, p. 3.

[236] P. Meyer-Bisch, *Le Corps des droits de l'homme. L'indivisibilité comme principe d'interprétation et de mise en œuvre des droits de l'homme*, Éd. universitaires de Fribourg, 1992, p. 129 sq.

[237] G. Cohen-Jonathan, *La Convention européenne des droits de l'homme*, Economica, 1989, notamment p. 82.

思是说,如果违反社会经济法导致违反民事政治法,那么违反社会经济法可能会成为处罚的对象。这种理性推理从 1979 年开始,欧洲人权法院明确表示"在民事政治权和经济社会权之间没有紧密的分隔",它指出,在离婚诉讼中妇女的贫乏,因为缺乏法律援助,相当于剥夺了她的公平诉讼权利。[238] 因此,以(民法)诉讼程序公平的名义,应该间接规定(社会法)法律援助权利。

另一项申请更为直接地提到非人道主义或者耻辱的对待,不仅在政治方面具有潜在的适用性,而且在某些社会排斥表现方面也具有适用性。欧洲委员会没有考虑定性方法,认为中断社会住宅的供电没有触及足够的严重性。[239]

相反,很多申请者收到处罚,说是触犯了非歧视性原则(第 14 条)。问题在于,如果区别对待关系到明确规定的保护权利,那这种歧视行为就会受到处罚。这同很多权利有关:首先是民事公平诉讼权。欧洲人权法院将民事公平诉讼权同社会补助权等同起来,间接地保障"社会融入,作为公平诉讼权的构成部分"[240]。接着,法院又接受可以在不考虑财产权的情况下承认住房权,这是关于尊重财产权 1 号公约条款 1 中第 2 条的合法规定。[241] 最后,在社会补助方面承认公平对待权。这一次,这一权利是根据财产权被看成是真正的遗产,根据 1 号公约的规定[242],欧洲人权法院对根

---

[238] Arrêt *Airey c. Irlande*, 9 oct. 1979, série A, n°32.

[239] Décision *Van Volsem c. Belgique*, CDH, 9 mai 1990, RUDH, 1990, note Sudre.

[240] F. Sudre, « La perméabilité de la CESDH aux droits sociaux », in *Mélanges Mourgeon*, Bruylant, 1998, p. 467 sq. ; S. J. Priso Essawe, « Les droits sociaux et l'égalité de traitement dans la jurisprudence de la CEDH. À propos des arrêts *Van Raalte c. Pays-Bas*, 21 fév. 1997, et *Petrovic c. Autriche*, 27 mars 1998 », *RTDH*, 2002, p. 721; J.-P. Costa, « Vers une protection juridictionnelle des droits économiques et sociaux en Europe? », in *Mélanges Lambert*, Bruylant, 2000, p. 141 sq.

[241] CEDH, *Velosa c. Portugal*, 21 nov. 1995; CEDH, *Larkos c. Chypre*, 18 fév. 1999; comp. CEDH, *Lallement c. France*, 11 avr. 2002.

[242] F. Sudre, « La perméabilité de la CESDH aux droits sociaux », *op. cit.*

据国籍(对国民保留失业补偿金)或性别(只为母亲保留产期)而实施的区别性行为进行处罚。[243]

可是,在一起由冈茨家庭提出跟正常家庭权有关的歧视性对待案件(被拒绝提供驻营许可证)中,该案件并没有被接收。法院认为旅行生活是"冈茨人身份认同完整的一部分",标志着协议对少数民族权利具有一定的开放性,但是这并没有规定国家政府必须提供住所,认为这个问题反映的是政治领域的问题,而不是法律问题。[244]

一年以后,根据1号协议,对于财产概念的解释进一步扩大,促使法院规定各国政府必须保障住宅的卫生条件,即使是在属于国家的场地上偶然非法建立的住宅。[245] 在同一起案件中,由于邻居煤气泄漏爆炸引起多名人员死亡,这起案件让法院关于生命权提出更加大胆的理性推理。在生命权方面,为指出违法事实,积极要求政府保护卫生条件,反对对健康有害的条件。[246]

这一司法判例非常大胆,在无声无息中不仅证明法律两种类型的互补性,而且更为深入地证明基本法的不可分性。在关于民事和政治权方面,判例显示由国家政府承担真正实际责任必要性,不仅限于建立两种法律类型的互补,而且更进一步增强了那些希望明确两种法律类型之间不可分性的人的信心。

通过这些案例,欧洲法院强化了维也纳会议决议的合法性。1993年在维也纳召开会议,再次明确了1948年宣言的普遍性。此次会议指出,"所有人权都具有普遍性,彼此不可分离,相互依赖,

---

[243] Arrêts *Gaygusuz c. Autriche*, 16 sept. 1996, et *Pashalidis c. Grèce*, 19 mars 1997, *D.*, 1998, 438, note Marguenaud et Mouly.

[244] Arrêt *Chapman c. R.-U.*, 18 janv. 2001, observ. Sudre, *RTDH*, 2001, p. 887.

[245] Arrêt *Oneryildiz c. Turquie*, 18 juin 2002, chr. Sudre, *JCP*, 2002, I. 157, n°23.

[246] *Ibid.*, n°1;关于环境的报告 arrêt *Guerra et al. c. Italie*, 19 fév. 1998, *JCP*, 1998, I, 105, n°43.

紧密联系。国际共同体应该以公平平衡的方式全面对待人权,赋予同等重要性"(《维也纳宣言》第5条,后面第32条"非选择性"原则[247]中再次提出)。

从中产生很多影响:或者将欧洲人权法院的管辖权扩大到基本社会权领域,或者公开取消两部分的分离。第一种方式成为欧洲委员会议会提出的议题(1999年6月)。第二种方式纳入欧盟基本法宪章中,用六个章节替代了两部分的分离。这六个章节包括:尊严,自由原则(民事政治和经济),平等(适用于所有领域),团结一致(可以纳入社会权中),公民身份(反映政治权和公民权),公平公正(反映在所有领域都有效的诉讼权)。但是英国对这些社会权利极力抵制,以至于最终纳入第30条的规定(是住房"援助"而不是住房"权")依然局限于斯特拉斯堡法院所规定的内容。[248]

这是一个很有意义的例子,证明建设价值共同体具有一定的可能性、困难性和局限性,即便是在那些具有共同文化根基、民主概念相似、经济发展具有可比性的国家之间也存在这些问题。

在期待《欧盟基本权利宪章》具有法律效力,成文法接受这两种法律类型的统一的同时,欧洲人权法院能够继续它的间接性作用,期待有一天能为世界机构提供借鉴。

事实上,在世界层面上,"混合"矛盾冲突更加广泛地将人权同市场、将经济自由主义同团结一致伦理道德以及由社会权利产生的分享观念对立起来。而人权内部的矛盾冲突因为这一"混合"矛盾而大大加重。[249]

---

[247] 参阅1993年6月25日维也纳行动宣言和计划,in *Droits de l'homme et droit international*, Éd. du Conseil de l'Europe, 2002, p. 209 sq.

[248] G. Braibant, *La Charte des droits fondamentaux de l'Union européenne*, op. cit., p. 195.

[249] 除了人权高等委员会早先希望将"贸易与人权"结合起来的企图(*A progress report*, janv. 2000)外,还需要创建"伦理道德合同",参阅 N. Dion, «Entreprise, espoir et mutation», *D.*, 2001, chr. 762.

2. 混合冲突

经济学家给我们敲响了警钟:"现今,世界化行不通。"这是诺贝尔经济学获得者约瑟夫·斯蒂格利茨(Joseph Stiglitz)在辞去世界银行副行长的职务之后出版的一本法文版的书中作出的结论。[250] 在此不久之前,世界银行行长詹姆斯·沃尔芬森爵士(James Wolfensohn)本人在布拉格举办的千禧年论坛上做了自我批评,宣称:"最近十年用于发展的世界资助水平降低,这是一个犯罪事实"。[251] 斯蒂格利茨的指责更加严厉:"[……]世界上的贫穷人们举步艰难;环境困难重重;世界经济极其不稳定。"也许人们还可以说,世界和平也存在问题;战争受害者和犯罪受害者也存在问题。因此,从负面我们又重新找回具有普遍性使命理念的翻版。

因为人权和人类(犯罪受害者或者领域的主导者)及市场(商事习惯法,网络行为法和经济法)所采取的各种法律形式,普遍主义成为标准化的东西,但仅仅是碎片式的。为了使这些碎片相互协调配合,还应该知道我们到底想建设什么样的价值共同体。但是,因为存在法律不同领域的分水岭,每个领域都想保留自己的协调一致性而同其他领域没有真正的沟通交流。

世界银行的经济学家们在提出这种具有挑战性问题的同时,也许期待创建一种冲击,让人们有所意识,促进人们去寻求解决办法。但是另一位诺贝尔经济学获得者阿马蒂亚·森(Amartya Sen)在批判行为理念的时候早就呼吁:行为理念是经济理论的理论基础,它将人类简化成"理性的白痴"。[252] 阿马蒂亚·森的计划

---

[250] Joseph E. Stiglitz, *La Grande Désillusion* (*Globalisation and its Discontents*), Fayard, 2002.

[251] J. Wolfensohn, Assemblée annuelle de la Banque mondiale, Prague, *Le Monde*, 23 sept. 2000. Voir aussi *Indicateurs du développement dans le monde*, rapport de la Banque mondiale, 23 avr. 2004, et B. Stern, « Les objectifs de réduction de la pauvreté sont loin d'être atteints », *Le Monde*, 24 avr. 2004.

[252] A. Sen, « Des idiots rationnels », in *Éthique et Économie*, PUF, 1993, (2ᵉ éd., 1999), p. 87 *sq*.

在于让自由作为"发展的最终结局，同时也是主要方式"[253]出现。所以他给他的书命名为《Developement as Freedom》（英语的表达方式更加清晰明了）。通过自由这么广泛的含义，促进每个人的能力，使"每个市民都有可能参与价值的规定和选择，从而建立一些首要的优先权制度"[254]。在阿马蒂亚·森看来，问题不在于知道民主和民事政治法是否促进发展；恰恰相反，这些权利的崛起和巩固加强似乎是发展过程的构成因素。问题是要知道，如何做才能使大家参与这种迫切需要不是"一句空洞的命令，而是一个具体的要求"，其"发展思想不会被分离"[255]。因为，在他看来："社会价值的选择掌握在控制政府杠杆的权力持有者手中，这是无法想象的。"[256]

这一分析强调了考虑整体价值的必要性，因为阿马蒂亚·森没有将人权同市场分开，相反，他建议将人权同经济分析结合在一起。同样，他也让人看到了在法律领域，存在着价值冲突，而这些冲突有可能是标准划分企图掩盖的。即使在欧洲层面，斯特拉斯堡法院（人权）和卢森堡法院（欧洲共同体和欧盟）在对法律解释过程当中，需要很多年才发现，不存在统一的价值平衡标准，要看问题是以《欧洲人权公约》的规定处理的，还是以在无内部边境限制的空间中（商品、人员、服务和资本）自由流通的规定处理的。

经济学家的批评无论激烈也好，细微谨慎也好（艾利·柯恩提出"仲裁权的诞生"[257]），在关于未来世界秩序的讨论当中，他们都让人清晰地看到商业价值（同市场有关的概念）之间的冲突，而不是商人之间的冲突（人权和人道主义权）。

但是讨论不仅限于法律规定的内容上；它延伸到法律的两个

---

[253] A. Sen, *Un nouveau modèle économique mondial. Développement, justice, liberté* (*Development as Freedom*), Odile Jacob, 2000, p. 10.

[254] *Ibid.*, p. 40.

[255] *Ibid.*, p. 248.

[256] *Ibid.*, p. 286.

[257] E. Cohen, *L'Ordre économique mondial. Essai sur les autorités de régulation*, Fayard, 2001, p. 265 sq.; Daniel Cohen, *La Mondialisation et ses ennemis*, Grasset, 2004.

方面,即法律诉讼程序方面和法律实体方面。这两个方面似乎产生竞争,很难确定是冲突还是互补。

2.1 商业价值而非讨价还价

当我们从国家标准空间过渡到国际、地区或者世界空间的时候,这种区别在法律领域中发生了改变。

在国家空间里,商业价值反映的是贸易法规,就像《法国民法典》和《法国商法典》所规定的那样。但非商业价值,反映的是治安法和公共秩序的规章制度,包括刑法(对生物和人的保护,维护伦理道德和普遍利益,保障文化和自然遗产等)。

但是,在国际空间,这种区别变得模糊。一方面,国际贸易客体似乎总在不断扩展,超出了国内贸易行为法规的严格规定:无论是信息、艺术品、文化财产,像空间这样的普通事物,个人的特性,如肖像权、命名权、著作权以及人体的某些部分等,"商业社会的这种普遍化,贸易性领域的无限制延伸,都最终模糊了某些法律根本概念的界限。"[258]

这种几乎是连续的延伸同时伴随着一种思想,根据这种思想,国际贸易的最终目的似乎"遵循追求瞬时的绝对物质性的东西",以至于即使在国内法当中,立法[《法国新民事诉讼法典》(NCPC)[259]第1492条规定,仲裁可以"规定国际贸易利益制度"]和法律解释(使用这种方法可以使国际仲裁服从一种比国内法更加有利的法律制度,具有合法性)反映了"利益"或者"国际贸易需要"这种思想。

另一方面,法律约束的规章制度似乎不适合非商业价值。这是从经济角度上说的不适合,因为斯蒂格利茨认为"世界货币基金完全忽略了穷人们的关注点","世界贸易组织一心只想着贸易"。[260] 从政治角度上说也是不适合的,因为法国政治科学协会邀请专家分析世界公共财产的概念,他们也明确指出:这是一个"含

---

[258] B. Oppetit, « Droit du commerce international et valeurs non marchandes », *Études de droit international en l'honneur de P. Lalive*, Helbing et Lichtenhan, 1993, p. 791 sq.

[259] NCPC: nouveau code de procédure civile.

[260] J. Stiglitz, *La Grande Désillusion*, op. cit., p. 281.

糊的科学课题",最终"因为不确定的原因而成为一个软弱无力的概念"[261];而且,世界公共财产这个概念具有一种修辞性功效,用来说服国际组织以及公共或民间决策者考虑一些非国家的有时也是非商业性价值。[262]

从法律角度看,不适应是通过"等级倒置"反映出来的。这种"等级倒置"似乎通过人员、商品、服务和资金自由流通原则来操纵实证法。无论是像欧盟这样的地方组织还是像世界贸易组织这样的世界性组织,都没有完全排除非商业价值。这些组织甚至可以实施一些严格措施并具有一定的合法性;但是,确定地说,那是因为这些非商业价值被认为是有限制的,它们是经过严格的解释,在标准等级中居于次等地位。因此,交换世界化法律使我们的社会遇到了一个真正的悖论性构成:"地区和世界裁判机关的法律产品位于标准最高级,在将维护四项经济自由的任务赋予地区和世界裁判机关,将(非商业价值)保护留给民族国家管辖范畴的时候,这种制度在无意识中颠覆了价值等级。实际上,它在国家措施上笼罩了一层经久不散的疑虑:这些措施是为了保护人权,保护社会、环境和公共卫生权利而设立的,却往往遭到怀疑,以为背后有保护主义某些不可告人的想法,被宣布具有不可协调性。"而成为"国家措施不兼容机制强劲臂膀"的恰恰是国际争端调解机构和卢森堡的欧洲法院。[263]

总之,只有市场概念(具有不同的形式)才具有普遍适用性。相反,有关人的规定(人权以及各种形式的人道主义权利),尽管普遍宣布过,但在实践当中依然依靠国家法律秩序,所以"被怀疑具

---

[261] M.-C. Smouts, « Une notion molle pour des causes incertaines », in *Les Biens publics mondiaux. Un mythe légitimateur pour l'action collective?*, dir. F. Constantin, L'Harmattan, 2002, p. 369 *sq*.

[262] J. Coussy, « Biens publics mondiaux: théorie scientifique, réalité émergente et instrument rhétorique », in *Les Biens publics mondiaux*, *op. cit.*, p. 67 *sq*.

[263] M.-A. Hermitte, « L'illicite dans le commerce international des marchandises », in *L'Illicite dans le commerce international*, dir. Ph. Kahn et C. Kessedjian, Litec, 1996, p. 163.

有保护主义不可告人的想法……被认为具有不可协调性"。

也许这种评定需要谨慎对待,因为,干扰甚至冲突在地方范围内,至少在欧洲范围和在世界范围内表现的方式不同。

2.1.1 欧洲范围

如果说欧洲刑事法院是"国家措施不可协调性机制的有力臂膀"的话,那么它也要尊重基本法,包括《欧洲人权公约》所提到的权利,这是欧洲共同体法的思想来源。另外,还要考虑欧洲人权法自己的发展,无论是公民政治权还是经济社会文化权。当然,这两个标准体系原则从地理的角度看是不同的,它们也是分开建立的。一方面是经济欧洲,即市场欧洲,具有共同体特有的法律制度,它首先的命名是"欧洲经济共同体";另一方面是伦理道德欧洲,即欧洲议会内部的人权欧洲。一个欧洲到另一个欧洲之间没有等级关系,只是被认为实施到各个领域的各项标准的简单叠加而已。

在实践中反映了越来越多这样的状况:海外警察,生物技术,媒体,同一种状态同时属于两种体系。因此出现冲突,比如:触犯共同体竞争法的行政压迫和《欧洲人权公约》公平诉讼原则之间的冲突[264];或者药品的规定(共同体指导方针,刑法的实施指导)和《欧洲人权公约》第 7 条规定的违法和处罚对等性之间的冲突。[265] 欧洲人权法院的态度十分谨慎,开始审查欧洲共同体法律同《欧洲人权公约》之间的可协调性,或者直接以共同体法与国家法律的结合来替代。[266]

事实上,应该强调(因为在其他地区,尤其是美洲地区并非如此。在美洲,北美自由贸易协定和南方共同市场的地理分布同美洲人权公约的地理分布是不符合的),联合国成员国,另外也是欧洲议会的成员国,他们都批准了《欧洲人权公约》,承认斯特拉斯堡

---

[264] Affaire *M. et Co c. RFA*, CDH, 9 fév. 1990.
[265] Affaire *Cantoni c. France*, 15 nov. 1996, Recueil 1996-V.
[266] G. Cohen-Jonathan et J.-F. Flauss, « propos de l'arrêt *Matthews c. R.-U.*, 18 fév. 1999 », *Revue trimestrielle de droit économique*, 1999, p. 637; arrêt *Dangeville c. France*, CEDH, 6 avr. 2002, observ. Flauss, *AJDA*, 2002, p. 507.

的管辖权。因此,通过个人上诉起诉一个国家政府,斯特拉斯堡的法官能够约束这个商业化欧洲尊重人权。市场规范和非商业之间会逐渐建立一种等级关系。但是,这是一个缓慢的(因为法官会注意不要同共同体权力机关发生冲突)部分的(因为问题是一点一滴地提出来的)过程。尽管欧洲人权法院自己也使用这个词[267],也许现在就肯定说存在一个真正的"欧洲公共秩序"似乎有些过早。这里所说的"欧洲公共秩序"是使整个人权法律制度同市场相对峙。

而且,卢森堡法院在1996年关于欧洲共同体将来要批准《欧洲人权公约》的问题提出了一种负面意见(如果接受这种意见,有可能为了斯特拉斯堡的利益而产生一种等级关系)。卢森堡法院不是要反对无法克服的结构障碍,它是提醒大家:加入这个公约会引起宪法上的对外政策问题,这关系到政治责任人。首先,政治责任人不希望听到这样的信息,或者说他们没有把这个信息当作是刺激人权独立化的原因,而关于人权独立化在《阿姆斯特丹条约》有所规定,在《欧盟基本权利宪章》里也进一步加强。[268] 但是,欧洲未来公约建议欧盟(以后将会具有法律资格)将宪章纳入未来的宪法中,在共同体范围内赋予其法律力量,同时加入《欧洲人权公约》,承认它同共同体法院的直接抗力,也许还有欧洲人权法院的监督,这样它将可以避免对基本法解释的各种分歧。[269]

人们也可能认为,从商业价值标准和非商业标准之间的冲突来看,欧洲规章制度的主要局限性在于人权是为国家利益而构设的,同企业并不对立。相反,企业使用《欧洲人权公约》这些办法是为了维护他们自己的利益,其中包括程序法(尤其在民事或行政诉讼中有辩护权)和实体法(因此,企业的法定地址受尊重个人生活

---

[267] Arrêt *Loizidou c. Turquie*, 2 mars 1995, série A, n°310.
[268] *Vers une Charte des droits fondamentaux de l'Union européenne*, *Regards sur l'actualité*, n°264, numéro spécial, La Documentation française, 2000; G. Braibant, *La Charte des droits fondamentaux de l'Union européenne*, *op. cit.*
[269] Ph. Imbert et D. Ruiz-Jarabo, in *Symposium des juges sur la relation CES-DH et Charte des droits fondamentaux de l'Union européenne*, Conseil de l'Europe, nov. 2002.

权的延伸条款保护)。

从这一点看,将基本权利宪章纳入欧洲宪法中比重新统一具有伦理道德思想的欧洲和经济性欧洲更有利,因为:自从《马斯特里赫特条约》通过了新的命名以来,欧共体已经不再是绝对的"经济"共同体,而成为法律共同体(《欧盟条约》第6§1条)。然而,很难把它看作是一个真正的价值共同体。欧共体要想成为真正的价值共同体的话,那需要宪章的新规定保障基本法对企业的可抗辩性,宣布出现一个真正的欧洲公共秩序,表达非商业价值标准对商业价值标准的优势。但是,在还没有通过宪法之前,没有任何成果。世界局势依然充满争端。

2.1.2 世界范围

在世界范围中,实际上,国际化进程的明显不对称性似乎促进了商业价值标准的形成。一方面,自由流通原则是由《关贸总协定》和世界贸易组织先后规定的,受争端调解组织的法律监督,这一原则方便了在空间上的传播(和其规定的扩展),要求各国政府解除贸易壁垒(贸易国际化),与此同时,商事习惯法的崛起可以选择更有利于世界贸易的法律标准(我们早就提到过商事习惯法中的达尔文主义);另一方面,标准空间比欧洲领域更加碎片化,因为在这一空间中相互作用极其复杂多样,从而弱化了非商业价值标准的抵抗力。

在国家、跨国家或超国家公共秩序之间,一个真正的世界公共秩序框架还有待确定。如果说三条道路都已经研究过,那么就目前来看,没有一条道路能够以满意的方式解决冲突。

第一条道路在于满足于触犯国家公共秩序的论证(更加符合国际私法的思想)。但是,国家法规碎片化可以让各政府促进海外适用法的发展,如果没有遵守要求对国家领土产生实质影响的国际法的话,那么就可能产生霸权主义的风险。另外,这种碎片化也能让裁判系统地选择对贸易有利的法律理念。尤其是裁判不是刑事法官,他也不能取消违背刑法的合同。因此,在这里,国家法的碎片化会让人选择更加有利于市场的法律制度。

第二条道路是由仲裁专家提出的,就是一条在国家政治秩序、跨国法律(自我调整,企业道德行为规范)和国际法(人权等)相交汇时确定的跨国公共秩序。菲利普·福查尔(Philippe Fouchard)称:"商事习惯法的出现,与一些诋毁者所想的相反,没有系统地[……]牺牲强者的法律。"当然不是系统地,但是这种方式依然具有不确定性。如果说自我调整能够支撑协议规定的超国家公共秩序(就像跟踪经合组织反对海外公务人员贪污受贿协议这些工作所证明的那样)的话,它依然还是会经常遵从经济操作者的良好愿望。所以,对于这种解决价值规范冲突的方法的有效性还应该持怀疑态度。[270]

第三条道路也许可以认为是地区模式(欧洲的,"世界化实验室"[271])转移到世界过程中,逐步建立一种真正超国家的世界公共秩序。为实现这一目标,前面提到的经济法是不够的。因为要求企业尊重世界竞争公共秩序有可能会保护普遍公共利益,但是同时也只局限于商业价值规范。还需要加强人权对企业的可抗辩性,或者以市场为基础(世界贸易组织/世界知识产权组织),或者以人权为基础(联合国),或者结合两种方式。

从世界贸易组织(和世界知识产权组织)这个角度看,专利法可以说明这个过程,尤其是在像生物工程这样的领域中。很明显,生物工程不仅质疑商业价值规范,而且也开始质疑非商业价值规范,因为伦理道德问题,在这些领域十分敏感,要求人们重新审视专利法。专利在开始的时候是被当作刺激科学技术更新的一种机制,允许发明者在 20 年中垄断其发明的开发权,这样,专利可以对

---

[270] Ph. Fouchard, « Droit et morale dans les relations économiques internationales », in Rev. de sciences morales et politiques, 1998, n°1, p. 20. Comp. J. Drexl, « Les principes de protection des intérêts diffus et des biens collectifs: quel ordre pour les marchés globalisés? », RIDE, 2003, p. 387 sq.

[271] M. Delmas-Marty, « L'espace judiciaire européen, laboratoire de la mondialisation », D., 2000, chr. 421.

他们的研究进行重新投资。因此产生一种"专利权自身终结"[272]现象,因为表面的中立性而进一步加强。举药品专利为例,药品的商业化需要严格管制,专利不具有许可权,仅仅是开发垄断权。这种中立态度有利于生物工程领域技术发明专利权的延伸。这种延伸不仅用于国家层面(美国以及其他国家,包括中国)和地区层面(1998年欧共体指导方针),而且在1994年通过签署《与贸易有关的知识产权协定》延伸到世界层面。这个协定要求各国政府设置立法来保护"各个领域"的发明创造,对所使用的技术不进行区别对待(第27-1条)。

当然,协定也规定不予考虑与公共秩序和良好社会风尚相违背的发明,但是这条规定留给了各国政府决定。各国政府把这一条当作各国特色条款,很少实际使用。从伦理道德角度看,专利法仅仅是一道"急迫的防线"[273]。而且其中的风险既包括过于庞大的垄断权,囊括了以后的发明,从而有可能制约今后的研究;同时也可能具有维修技术和专利产品价格过高的风险(尽管患者社团和研究机构之间签有合同)。

除非在世界层面实用欧洲小组关于伦理道德的建议,即:一方面回到发现与发明之间严格的区别上,这样可以将有关人类起源方面的发明专利局限于真正对自然状态进行改变的"发明"上面[274];另一方面,对于专利持有者,规定如果涉及某些公共利益,包括卫生健康,必须给予开发许可证;最后,像欧洲小组在关于治疗性无性繁殖问题上所建议的,必须规定对接受公平治疗问题进行特殊的伦理道德检查。[275]

---

[272] Ch. Noiville, « Clonage reproductif et droit des brevets: de l'autonomie à la cohérence d'une branche du droit », in *Clonage humain. Droits et sociétés. Étude franco-chinoise*, dir. M. Delmas-Marty et Zhang Naigen, vol. II, *Comparaison*, SLC, 2004, p. 69 sq.

[273] *Ibid.*

[274] Avis 25 sept. 1996, *Aspects éthiques de la brevetabilité des inventions portant sur des éléments d'origine humaine*; 7 mai 2002, *Aspects éthiques de la brevetabilité des inventions impliquant des cellules souches humaines*.

[275] *Ibid.*, point 2.9.

关于这些问题,我们在中法人类无性繁殖研究中早就提及过。中国的法律改变很大。专利法规定了公共秩序和生物工程良好习俗条款,但是只是从 2001 年开始,《专利审查指南》才明确了这项条款的含义,明文规定禁止人类克隆繁殖,但是没有明确规定"治疗性无性繁殖的发明是否享有专利"。考虑到这些实际行为没有触犯到人类身份,也不是商业或工业为目的使用胚胎,所以张乃根认为这符合人们所说的"人权柔性标准"[276]。但是对人权的参照需要有联合国的监督。

从联合国角度说,因为没有世界人权法院,一些普通非司法组织可以起草报告,但只能向各国政府提交。为此,1999 年 1 月联合国秘书长在达沃斯会议上提出联合多国企业的世界协议(Global Compact)。[277] 在 2000 年 7 月罗马千禧年论坛上提出了 9 条原则,分成 3 章(法人法,劳动法和环境法),后来于 2004 年 6 月增加到 10 条原则。从更具有约束性的角度看,人权下属委员会成立了一个跨国企业工作小组,主要研究有关投资、农业、贸易和服务等现行协议,评估人权竞争影响,分析"建立跟踪机制的可能性"。

人权下属委员会在 2003 年 8 月的会议上通过了《跨国公司和其他企业人权责任原则》草案,这项草案被提交到人权高级委员会。这一过程进展时间很长,因为人权委员会把这一文件看成是简单的"草案预案",没有任何的法律价值规范。[278] 然而,在普遍参照人权之后,还规定了一些更加明确的强制性要求,比如:机会平等和非歧视对待权利;法人安全权利;劳动者、消费者和环境权利;

---

[276] Zhang Naigen, « Le clonage non reproductif et les droits de l'homme », in *Clonage humain. Droits et sociétés. Étude franco-chinoise*, vol. II, *op. cit.*, p. 163 *sq.*

[277] E. Decaux, *Droit international public*, Dalloz, 3e éd., 2002, p. 297 *sq.*

[278] Projet Sous-Commission, E/CN. 4/2003/12/Rev. 2; déclaration 60e session, Commission, 20 avr. 2004.

当然,这也有可能优先照顾劳动者和消费者而损害了贫困者的利益。[279] 在最近的一次可持续发展峰会上,提出反对贫穷的重要性和现实性:"考虑后代的利益可能会让人忘记现今人们的利益;今天让人担忧的世界将不会持久的。"[280] 但是"机会平等权",这同阿马蒂亚·森关于改善每个人的能力的提议相呼应,考虑这问题也许可以消除反对意见。

还有最困难的一点,就是监督管理。在人权下属委员会中,关于"实施总则"的争议很大,但似乎逐渐有所改善。除了企业自己定期进行评估外,还提出了"由(现行或未来)国家及国际机构定期进行审查"的原则。这一审查需要"透明、独立,考虑到相关部门的贡献,包括非政府组织,尤其是涉及违反标准的诉讼"。另外,提出"对个人、单位和集体受害者及时有效适当地"补偿原则,并明确提出"国家和/或国际法院"[281]在规定受损利益或强制约束刑事处罚的同时实施规定标准。

我们后面还会继续讨论这个监督问题,这些问题同具有普遍意义标准的有效性有关。但是,参照国家法院标准,一开始就会提出在世界层面诉讼程序规定的和谐性问题,这反映了另一项讨论,这项讨论尽管表面上看没有那么大的冲突,但是在潜在意义上说,在未来世界法律秩序的研究当中却极其敏感。

2.2 程序法和实体法

这项讨论不具有普遍任务的法律概念特性,它在国际层面上取得了前所未有的规模。从国际层面来看,似乎更容易在讨论法

---

[279] M.-A. Moreau, «Mondialisation et droit social, quelques observations sur les évolutions juridiques», in *Mondialisation et droit économique*, RIDE, 2002, n°2—3, numéro spécial, p. 383 sq.

[280] 韦伯明确指出里约热内卢和约翰内斯堡的等级变化, J. Weber, «Enjeux économiques et sociaux du développement durable», in *Johannesburg. Sommet mondial du développement durable 2002. Quels enjeux? Quelle contribution pour les scientifiques?*, Ministère français des Affaires étrangères, 2002, p. 20 et 23;同时参阅联合国开发计划署的年度报告。

[281] Projet Sous-Commission, E/CN. 4/2003/12/Rev. 2; déclaration 60ᵉ session. Commission, 20 avr. 2004.

律的一般方式上达成一致意见,而不是在法律规定的价值概念上达成一致意见。这个问题是由哲学家们提出来的,成为法律讨论的中心问题。

2.2.1 哲学讨论

根据亚里士多德的思想,善的伦理学认为公平是一种与实质内容有关的美德,而康德对善的理解会让人反过来思考法律程序上的职业伦理道德问题。美国哲学家约翰·罗尔斯(John Rawls)试图重新更正两者之间的讨论。盎格鲁-撒克逊的功利主义思潮对善的定义是相对于大多数人来说的,是相对于冒着接受牺牲整个社会阶级的风险来说的。罗尔斯更注重与盎格鲁-撒克逊的功利主义思潮的区别,而不是与亚里士多德思想的区别。他试图将正义从善的监护中解放出来,即:"为公正合法的问题提供一种法律诉讼解决办法。"这也正是罗尔斯的著作《正义论》中所阐述的目的;为机构的公正合法安排而设置的公平诉讼程序,这就是他第一章题目"法律代表公正性"[282]所要表达的意思。罗尔斯认为,公正性代表了诉讼程序的特征(应该引导法律原则的选择),而法律指的是所选择原则的内容。利科把罗尔斯的理论描述成"康德式自律的契约版本"。他认为,罗尔斯的理论同论据的循环理论相对峙,因为一切都依靠两个原则。这两个原则在试图合并平等和自由的同时,为了各自的利益而设置,"在原始立场上达成一致意见"[283]。问题在于这个原始立场纯粹是想象的。它实际上是依靠"无知的面纱"[284]而存在,这道"无知的面纱"以同历史和经验没有任何根源的境况为基础决定着诉讼程序的发展。因此,利科认为,法律的这种诉讼程序的规定"没有形成一个独立的理论,而是以一种前期的理解为基础。这种预先理解可以帮助我们在证明原始立场,也就是说在无知的面纱背后,选择原则之前,明确规定解释法

---

[282] P. Ricoeur, « Une théorie purement procédurale de la justice est-elle possible? À propos de la théorie de la justice de Rawls », in *Le Juste*, Éd. Esprit, 1995, p. 73.

[283] J. Rawls, *Théorie de la justice*, Seuil, 1987, p. 91.

[284] *Ibid.*, p. 168 *sq.*

律的两个原则。"[285]实际上,这就是回到以善的观念为前提的根本论证的方式。

但是罗尔斯自己似乎还没有想到将他的分析移用于纯粹意义的法律机构的功能当中,尤其是刑法机构。他认为,刑法机构一直属于"基础建筑",包括政治组织和社会经济组织。[286]

公平诉讼这个概念的出现是从《世界人权宣言》(第10条)开始的,后来在很多人权保护法规当中都有所规定。随着这个概念日益增强,司法人员采用了罗尔斯的分析,并使这一分析变得更加极端,就像对德国哲学家哈贝马斯的分析一样。哈贝马斯发展了"法律程序主义概念",把它作为解决"法治国家危机"的方法[287],条件是"人民主权和人权互为前提"[288]。有些司法人员提出要更进一步。玛丽-安娜·福里松-罗什(Marie-Anne Frison-Roche)指出这样一个事实:诉讼以法庭之友(*amicus curiae*)的名义,不是作为诉讼的一部分,而是法院的一部分对非政府组织开放。因此,在诉讼当中,她看到了哈贝马斯所说的公共空间模式。她建议"不是从诉讼向政治方向推理,而是从政治向诉讼方向推理"[289]。在她看来,诉讼将会成为"政治模式"[290]。

因此,从哲学家的诉讼程序主义"概念"中,如今很多法学家提出"伦理"这个词,包括法律程序的或者诉讼程序主义的,甚至"诉讼民主"伦理道德,这让人觉得,只要有公平诉讼程序就足以保证公平的判决。尽管如此,在司法人员内部也没有达成一致意见。热拉尔·提姆斯特(Gérard Timsit)在指出很多民主将"诉讼程序

---

[285] P. Ricoeur, « Une théorie purement procédurale de la justice est-elle possible? », *op. cit.*, p. 90.

[286] *Ibid.*, p. 118.

[287] J. Habermas, « Crise de l'État de droit et conception procéduraliste du droit », in *Droit et démocratie. Entre faits et normes*, Gallimard, 1997, p. 456 *sq.*

[288] *Ibid.*, p. 480.

[289] M.-A. Frison-Roche, « Évaluation critique », in *Variations autour d'un droit commun. Travaux préparatoires du colloque de la Sorbonne*, dir. M. Delmas-Marty, SLC, 2001, p. 160.

[290] *Ibid.*, p. 161.

引入歧途"的同时,批评了这种因素顺序倒置现象,提醒人们诉讼程序与使用它的民主价值等价,他说:"在我看来,真相只是诉讼程序主义理论道德天真单纯的胜利主义,就像诉讼相对于市场或规定缺乏表现那样,这说明那些概念对什么是法律基本上一无所知:不知道法律标准既是内在的也是具有社会超验性的。它内在于社会机体当中,是社会的表现;超验性,因为它指导社会运行。"[291]

2.2.2 司法讨论

公平诉讼的构成是以人权的名义提出的,受判例的约束,它已经勾勒出了一个"诉讼共同法",甚至是"诉讼普遍模式"的框架。[292]我们应该明白为什么法律标准要屈服于公平诉讼日渐增强的力量。实际上,"共同法"这种说法可以代表两层含义:一是各国裁判权的共同法;二是国家裁判权和国际裁判权共同法。

也许在欧洲,通过欧洲两院的判例,我们可以更好地理解第一种现象。事实上,我们也知道,长期以来,合法性和司法保障的平衡在欧洲两大司法体系中有所不同:罗马—日耳曼法系的严格法规观念同普通法系的程序观念存在明显区别。鉴于两大法系的发展变化,欧洲人权委员会认为也许存在一个结合两个法系的共同制度:"努力区别普通法国家和大陆法国家,也许是一种错误的做法……在普通法国家,成文法也具有一定的重要性;同样在大陆法国家,判例也担当着非常重要的传统角色,以至于整个法律在很大程度上来自于法院和法庭的判决。"[293]

《欧洲人权公约》第6条明确规定,公平诉讼的构成由案件送达法庭、法庭和诉讼程序的资质以及执行判决保障。在审判前后,我们暂且放下送达法庭和判决执行的问题,这些问题我们在后面

---

[291] G. Timsit, « Le concept de procès équitable, ou la place du tiers en droit, entre le zéro et l'infini », in *Variations autour d'un droit commun. Travaux préparatoires*, UMR de droit comparé de Paris, dir. M. Delmas-Marty, H. Muir Watt et H. Ruiz Fabri, SLC, 2002, p. 41.

[292] S. Guinchard et al., *Droit processuel, droit commun et droit comparé du procès*, Dalloz, 2ᵉ éd., 2003, notamment p. 337 sq. (« Le modèle universel de procès équitable »).

[293] Arrêts *Huvig et Kruslin c. France*, 24 avr. 1990.

"具有普遍性使命标准的有效性(或无效性)"这一节中再谈。然而,对法庭(独立和公平)和诉讼程序(公开、迅速、论据平等和反驳讨论)所要求的资格是这种根本性颠覆的缘由。

刑事诉讼是上诉斯特拉斯堡案件中最多的案件(关系到法国和其他邻国),因为违反《欧洲人权公约》第 6 条(有时在涉及临时拘留或监禁时会违反第 5 条的规定)规定而受到多种处罚,其中包括诉讼程序的快速性,被告和原告之间辩论平等权,以及反驳讨论原则(比如要求听取负债证人的证词)。从 1990 年开始刑法和人权委员会就已提出引用《欧洲人权公约》中的一些原则或者是欧洲人权法院的判例[294],2000 年 6 月 15 日的法律终于将这一建议编入《法国刑事诉讼法典》(CPP)的序言条款中。

就这一变化本身来说,这是一个进步,而且同时还进行了重要的机构改革。我们暂且不讨论技术细节,仅仅回忆一下,论据平等和反驳讨论的概念让人再次指控法国行政法院(政府专员参与行政法院法官的审议以及"审议记录"的可受理性)[295]和高级法院(普通律师的作用)[296]的诉讼程序。如果说这些概念会改善现在的状况,那剩下的就是要知道,尤其在刑法方面,是否所有应受审讯的人都能够从诉讼程序的改善中获益。对于这一点,在阅读 2004 年 3 月 9 日(即 Perben 2 号法令)法令时会让人产生怀疑。这项法令同时激励被告以英美的辩诉交易(plea bargaining)模式与公共部长协商。在实践中,这一模式为几个少数具有经济能力的应受审讯的人保留了"劳斯莱斯完全刑事诉讼"[297]。

---

[294] *La Mise en état des affaires pénales*, La Documentation française, 1991.

[295] Arrêt *Kress c. France*, CEDH, 7 juin 2001, commentaire B. Genevois, *RFDA*, 2001, p. 991; *JCP*, 2001, p. 342, observ. Sudre; 关于执行困难,参阅 H. Tigroudja, *RTDH*, 2004, p. 353; Arrêts *Fretté c. France*, 26 fév. 2002, *RTDciv*, 2002, p. 389, note Marguenaud; *APBP c. France et Soc. Immeubles Kosser c. France*, 21 mars 2002, *JCP*, 2002, I, p. 157, note Sudre.

[296] Arrêt *Reinhardt et Slimane Kaïd c. France*, 31 mars 1998, arrêt *Voisine c. France*, 8 fév. 2000, et *Meftah c. France*, 26 juill. 2002.

[297] J. Spencer, « Introduction », in *European Criminal Procedures*, eds, M. Delmas-Marty et J. Spencer, Cambridge University Press, 2002.

尽管主要的变化首先还是来自欧洲人权法院，但是这赋予诉讼程序一个新的重要性，让法理展现法律的美国化。正如洛伊克·卡迪耶（Loic Cadiet）[298]所说，在神话和现实之间，这个问题说明了面对这么大规模的现象所表现出来的担忧。尤其是在世界贸易问题上，出现了更加直接受美国模式影响的形式，出台了由美国法律学院制定、获得国际私法统一协会（Unidroit）支持的《民事诉讼程序国际准则》。这一计划原来来自法理，为那些希望在跨国贸易活动诉讼中使用它的人（企业、仲裁或国家政府）提供了寻找普遍诉讼程序的选择。人权保护法规要求（尤其在欧洲）公平诉讼具有超国家的内容，在这个基础上又增加了跨国视野，这是根据商事习惯法的规定来说的。同样在诉讼程序方面，世界化中也夹杂着私有化，有可能形成"倾向于美国化"[299]的风险。

但是，对法律的诉讼程序观念和实质内容观念之间的冲突分析并不仅限于观察人权对国家司法审判权的影响。谢尔盖·冈察尔德（Serge Guinchard）在谈论他所说的"普遍模式引进"问题时，在第二章专门论述了国家司法审判权，但是在第一章保留了"并不详尽"[300]的名单。这份名单包括二十多个"引进"公平诉讼的国际、地区和世界司法审判机关。其中"引进"这个词正好表现了（或者说出卖了?）市场模式的影响。从世界层面看，人们发现，不仅是刑事审判机关，还有国际海洋法法庭（TIDM）、世贸组织中的争端调解机构（ORD）[301]，都开始从公平诉讼的概念中汲取经验以改善诉

---

[298] L. Cadiet, « L'américanisation du droit entre mythe et réalité », coll. « Archives de philosophie du droit », Dalloz, 2000, p. 89 *sq.*

[299] Ph. Fouchard, « Une procédure civile transnationale: quelle fin et quels moyens? », *Revue de droit universel*, Unidroit, 2001, n°4, p. 779 *sq.*; *Vers un procès civil universel. Les règles transnationales de procédure civile de l'Américain Law Institute*, dir. Ph. Fouchard, Éd. Université de Paris-II, diffusion LGDJ, 2001.

[300] S. Guinchard *et al.*, *op. cit.*, p. 774, note 1.

[301] H. Ruiz Fabri, « Le règlement des différends au sein de l'OMC: naissance d'une juridiction, consolidation d'un droit », in *Souveraineté étatique et marchés internationaux à la fin du XXe siècle. Mélanges en l'honneur de Philippe Kahn*, Credimi, vol. 20, Litec, 2001, p. 303 *sq.*

讼质量。如果能够让所有人从中获益的话,这也将是一种进步。诉讼程序的进步似乎同实质内容的进步分不开。

从这一点看,社会学家似乎比法学家更持有怀疑态度,他们指出存在"法院之战全球化"[302]的风险:有可能强化了"法律实践主义网络",或者"再一次缩小社会背景和政府权力结构的重要性"。这不仅使律师之间产生竞争,而且也使法院之间产生竞争,使法院像企业一样运作,人们越来越公开地接受了这种现象,这就有可能将法律当作市场来看待。[303]

为减少这种风险,但不期望能够完全避免这种风险,我们可以先提出一种假设,即:在国家层面上和国际层面上,裁判的这两种观念(程序观念和实质内容观念)之间的平衡也许会不同;在国家层面上,实质内容(标准内容)的选择依然会占有优势。

我认为,语言学家本维尼斯特(Benveniste)的研究清晰地阐述了这种区别。他指出,这两种法律概念出现在希腊拉丁语中:希腊语中的thémis(忒弥斯,即法律,就像拉丁语中的fas)指具有神灵起源的法律基础;而dikè(正义,如拉丁语中的jus)指人类的语言,也就是审判官的语言。因此法律既是程序也是内容。这两种因素似乎从没有产生过冲突,而是互补的一对。实际上,词语的使用似乎同应用现象联系在一起。本维尼斯特认为,在thémis(即法律)和dikè(即正义)这两个词之间有一种"明显的关联"。Thémis指的是家庭法,而dikè指的是"部落家庭之间的法律"。[304] 就其本身来说,在标准内容上面有可能是统一的,但是随着人们脱离了家庭,程序概念就占了上风。

今天,人们不禁要问,这一古老的历史是否回归到当今公平诉讼模式的发展变化当中。人们发现,公平诉讼模式被编入《世界人

---

[302] Y. Dezalay et Bryant G. Garth, *La Mondialisation des guerres de palais*, Seuil, coll. « Liber », 2002, p. 33 et 25.

[303] L. Cadiet, « Ordre concurrentiel et justice », in *L'Ordre concurrentiel. Mélanges Pirovano*, Éd. Frison-Roche, 2003, p. 109 *sq*.

[304] E. Benveniste, *Le Vocabulaire des institutions indo-européennes*, vol. 2, *Pouvoir, droit, religion*, Minuit, 1969, p. 102.

权宣言》当中,也编入了国际人权保护的各项法律规定当中,它比实质内容法的普及速度要快得多,仿佛要重新区别家庭(扩大到国家层面)当中的实体法和部落(由各国政府和他们相关权力机构构成,形成国际或者超国家机构)当中的程序法。

而且,在国际层面,人们发现,公平诉讼的概念,或者通过间接解释,或者通过自主概念,可以为还不为人所知的实体法的崛起提供方便。我们并不因此而推断说公平诉讼法将会变成实体法[305],也许其中会有一座可以通往社会正义的过渡桥梁。从这个意义上说,程序裁判也许会成为实质法律的补充。

但是这种过渡在实践中仅限于欧洲范围(即便在欧洲也还是很脆弱,无足轻重)。在世界范围内还需构建。

小结:这一节主要讨论了作为普遍使命法律概念推理依据的价值标准冲突问题。康德一直被看作是"法律世界化的先驱者",重新解读康德,关注他的思想变化,似乎十分必要。

康德提出的著名的尊严与代价之间的区别为我们提供了一条主线:"在意图统治当中,一切或者有代价,或者有尊严。具有代价的东西也许会被其他东西以等价的名义所替代;相反,那些超出一切代价,不接受等价的东西,这就是尊严。"[306]等级关系很明显:在出现冲突的情况下,非商业价值标准(没有等价也不可替代)将会占有优势。

这条尊严主线是康德在 1785 年提出来的。后来,康德开始关注法国大革命以及随后发生的暴力和战争,表现出对和平的强烈关注,这使他优先于程序方式而不是实体方式。随着康德关注点

---

[305] S. Guinchard, « Le droit à un procès équitable, droit substantiel », in *Droit processuel, droit commun et droit comparé du procès*, op. cit., p. 757 sq. et les exemples cités.

[306] E. Kant, *Fondements de la métaphysique des mœurs*, in *Œuvres philosophiques*, Gallimard, coll. « La Pléiade », t. II, 1984, IIe section, IV, 434, p. 301; comp. B. Edelman, « La dignité de la personne humaine, un concept nouveau », in *La Personne en danger*, PUF, 1999, p. 509.

的转移,这条主线也就失去了影响。所以,一些持不同意见的人评论道:"康德本身是自由主义(而非先自由主义)思想家,他尤其关注以权利保障和平,而根本不关心社会公正。"[307] 1797年的时候,仅仅是一个过渡,他重新同西哀士站在一起,同意西哀士主动市民和被动市民之间的区别:被动市民包括商人职员、手工业学徒、矿工以及"所有女人以及无法通过自己的活动维持生计的人[……]",被剥夺市民资格的人,其"存在仅仅是一种属性"。[308] 我们离尊严平等还很远,这是一个长期的目标。

在目前的条件下,世界化似乎优先于商业价值标准和程序,损害了伦理道德和实质法律的利益。康德的思想发展变化可以帮助我们理解社会法律向程序法的转变,因为这种转变表现了"具有永恒和平思想(这是法律理论最终的目标)的法律和它服从于法律理想模式的法律之间没有公开表明的竞争"[309]。如果说,永恒的和平更多反映的是消极和平(从集体安全这个角度上说)的思想而不是寻找社会法律理想模式的话,那么剩下的就是要构想一些条件,能够促进建设更为持久的积极和平。

这些条件,或者是将这种远大抱负局限于构设世界公共秩序上,把它作为一种"公共治安秩序"[310],以集体安全制度(多边制度,如果联合国具有必要的方法;或者单边制度,如果美国目前的观念占有上风)为基础。在这种情况下,世界化有可能继续优先于商业价值标准和程序法律制度,从而损害了非商业价值标准和社会法律的利益。或者我们可以试图建立一个《世界人权宣言》第28条中宣布的真正的世界法律秩序,这就需要在多国、世界和地区各种

---

[307] Ch. Petermann, « Kant précurseur de la mondialisation du droit », in *Le Droit saisi par la mondialisation*, dir. E. Locquin et C. Kessedjian, Listec, 2000, p. 193.

[308] E. Kant, *Métaphysique des mœurs. Doctrine du droit*, in *Œuvres philosophiques*, op. cit., t. III, 1986, §46, pp. 579-580.

[309] Ch. Petermann, op. cit.

[310] H. Ruiz Fabri, « L'ordre public en droit international », in *L'Ordre public : ordre public ou ordres publics, ordre public et droits fondamentaux*, dir. M.-J. Redor, Bruylant, 2001, p. 85 sq.

不同组织之间建立一座桥梁,只有这种方法,我们才可以希望成功地结合市场、人权和人类权利。

但是累积法律文本、纸上谈兵是不够的。还需要保证标准的有效性,这是所有法律制度经验有效性的条件。

第三节 无效的规范

经验有效性,也就是根据效果来判断规范的实用性,表面上看,这是显而易见的,因为它表明了法律向事实的回归,但同时也是最具含糊性的,因为这里需要界定"效果"的含义,因此,这就使规范的效果问题变得难以把握,特别是当仅仅把有效性与效果等同起来时。由于受到将法律视为有约束力的体系这种法律实在论的影响,对规范效果问题的讨论可能转化为一种纯粹规范意义上的现实主义论(这方面的代表就是凯尔森所倡导的规范主义法学)。这种观点的危险在于,按照有效性这个唯一标准可以将任何规范体系加以正当化,只要这个体系是"持续有效"[311]的,或者是相反,将所有效果尚未得以展示的体系加以否定。

正因为如此,一些美国政客将联合国批判为毫无效力和无用的多边体系。美国政治学家斯坦利·霍夫曼(Stanley Hoffmann)认为上述观点实际上表明一种对强者法律的接纳,并有可能意味着某种灾难性的倒退。[312] 他特别强调指出,任何法律和制度都存在一定程度的无效性,但这并不能从根本上否定法律和制度本身的存在。

在某种意义上,霍夫曼的观点接近于迪尔凯姆(E. Durkheim,又译为涂尔干),强调任何规范都不是完全被适用和遵守的;社会的进步演变需要"人类自身的独特性不断得到创造;然而,为了使

---

[311] H. Kelsen, *Théorie pure du droit*, traduit par Ch. Eisenmann de la 2e édition de la *Reine Rechtslehre* (1960;1re éd., 1934), palloz, p. 68. Voir la critique de N. Bobbio, « Légitimité et effectivité », in *L'Etat et la démocratie occidentale*, Complexe, 1998, p. 228 sq.

[312] S. Hoffmann, « America goes backward », *New York Review of books*, 12 juin 2002, p. 74 sq.

梦想超越自己所处时代的理想主义者的独特性能够得以展示,罪犯的超越时代的独特性也应当成为可能,二者是相互依存的"。对此,迪尔凯姆以某种带有挑战常识的话语得出如下结论:"犯罪有时是必要的;因为它与所有社会生活的基本条件相关联,甚至正因为如此,犯罪是有益的,因为与犯罪不可分割的社会条件本身对于道德和法律演化而言是不可或缺的。"[313] 值得注意的是,迪尔凯姆在其《社会学方法的规则》的第二版之后就再也没有如此高调赞扬犯罪,他写道:"犯罪是一项正常的社会现象,但并不能由此而得出不应当厌恶犯罪的结论。痛苦并不是值得向往的事,正如人们讨厌痛苦一样,社会也会厌恶罪行。但尽管如此,犯罪仍是一个正常的社会现象。"如果说法律不能完全得到实施是一种正常现象,那么从多元化的视角来看,不能得到实施也恰恰可以被视为规范有效性的一个标准:没有任何规范是完全得到有效实施的,但在国际和国内层面上,没有任何社会完全放弃对规范的适用,这将导致规范本身的消失。上述观念可以用来避免两种误解,一是"单纯的事实崇拜"(即认为没有被实施的规范是不存在的),另一是教条主义的陷阱(即认为不管规范本身是否得到实施,只要是由权力机关通过的,它就是规范)。[314] 不过上述观念还不足以解释这里所说的效果具体指什么。

  此外还要考虑的是"规范"一词本身的多义性,这反映在它衍生出的其他词汇上:一方面,"规范的"和"规范性"表明了某种理想状态,即应然;另一方面,"正常的""正常性""正常化",这些词则表明某种行为,即实然。从前者来看,效果主要是工具性的,即规范是有效的,当它被实施,当违反该规范的情形受到制裁时,或者说,当该规范能够在权力机关被提出以支撑某种诉求或观点时(即所谓的可裁判性)。[315] 从后者来看,效果只是象征的,规范是有效的,条件是它承载和灌输了某种正常性的观念,而不依赖于任何法律性质的义务,

---

[313] E. Durkheim, *Règles de la méthode sociologique*, PUF, 18ᵉ éd., 1973. p. 70.

[314] J. Carbonnier, *Flexible Droit*, 4ᵉ éd., LGDJ, 1979, p. 99 *sq.*

[315] A. Jeammaud, « La règle de droit comme modèle », *D.*, 1990, chr. 199.

同时，也不局限于一种规范应当予以适用的那种有限范围。

在国内法的体系上，正是"法律的这种双重性，即作为规范性的工具，以及作为规定性的话语，使它的有效性成为实现人们行为一致化的推动力，并也最终成为正常化的标准"。[316]

在国际层面上，应当避免将有效性简单地理解为工具性问题（比如《世界人权宣言》，不具有强制性法律效力，只是在全世界由遭受侵犯的受害者援引的条例）。但是，随着那些具有普遍意义的概念并没有形成一个真正的体系，而且其渊源又十分分散（国内、区域和全球层面），无效性的风险越来越大。因此，首先有必要分析这些渊源的分散性，接下来再对这些渊源的不充分性作出评价。

1. 根源的分散性

根源本身就具有某种神秘性。与根源有关的各种现象或许只有地质学家才能说得清。法学者有意使用河流这样的比喻来描述法律本身的演变性，但是却不愿意用更加具有诗意的、西塞罗式的拉丁语词源（fons juris），这种表述同样带有自然主义的色彩。[317] 凯尔森对此有更加批判式的分析，他认为"根源一词可以用来表述所有法律的创设方法，或者，根源也可以指它这个高位阶规范与由其创设出的低位阶规范之间的关系"。[318] 现实主义者认为一个有效的法律规范必须是义务性的，"法律的根源本身也只能是法律"，对此，有必要将实在法意义上的根源与非法律性质的根源区分开来，除非有一项实在法规范能够赋予非法律根源规范的效力，也就是说赋予其法律效力，但是这样的话，我们将会面对的是高位阶与低位阶规范之间的等级关系。凯尔森总结道："'法律根源'这个说

---

[316] D. Lochak, « Droit, normalité et normalisation », in *Le Droit en procès*, Presses de l'université d'Amiens, 1983, p. 51 *sq.*; M. Delmas-Marty, *Les Grands Systèmes de politique criminelle*, PUF, 1992, p. 59 *sq.*

[317] P. Amselek, « Brèves réflexions sur la notion de sources du droit », in *Sources du droit*, Sirey, coll. « Archives de philosophie du droit », 1982, t. 27. p. 252 *sq.*

[318] H. Kelsen, *Théorie pure du droit*, *op. cit.*, p. 313.

法意义的多重性使它看上去并没有什么实际用处。"[319]

但是,正是这种含义的多重性,在国际法上表现得尤其突出。我认为非常有意义,因为它解释并区分了关于规范的普遍性本身存在的弱点。这里我将尝试通过其根源去分析,来梳理有关多重性渊源的整体问题,然后对其进行分类分析。

1.1 拓扑学

拓扑学的说法部分地来自研究有关连续性和有限性的直觉性数学概念,也适用于几何与代数领域。当直接可见的连续性不存在时,"相邻性"的概念可以用来界定那些具有拓扑特征的空间并分析其所具有的性质。这种借用可以使具有连续性和有效性的现象得到界定。从法律上看,由不同规范组成的各个空间之间也存在类似的相邻性,尽管法律渊源本身是自主独立的,但它们也促成了这种相邻性的发生。不过,数学上的拓扑图概念在法律领域的借用是有局限性的,对后者而言,拓扑图只是日常生活意义上的,而不是数学专业意义上的概念。之所以借用这个概念,是因为在法律领域还不存在一个普遍规范的渊源理论。

正如我们已经看到的,法律的渊源是以非常分散和无法预见的方式存在的,我们很难将所有的法律渊源纳入一个统一的法律体系之中。这种分散性的原因有若干。

一方面,国际法律秩序本身就是多重的。桑迪·罗马诺(Santi Romano)虽然是法律多元论的创立者之一,但他仍然使用单一的国际法律体系的说法[320],他于1918年首次出版了自己的著作《法律体系》(*Ordinamento giuridico*)。他关于法律体系制度化的观点在今天看来,实际上会将那些不完整的多重法律体系单一化。这些不完整的法律体系建立在各种国际组织的基础上,并且由二十几个国际司法机构(区域性和全球性的)实施部分规定。关于这

---

[319] H. Kelsen, *Théorie pure du droit*, op. cit., p.314.

[320] S. Romano, *L'Ordre juridique*, traduit par L. François et P. Gothot de la 2ᵉ édition de *l'Ordinamento giuridico* (1918; 2ᵉ éd., 1945), introduction de Ph. Francescakis, préface de P. Mayer, Dalloz, 2002.

些司法机构近来有人对其加以梳理分析并发表了专门报告。[321] 国际法学者进一步认识到,法律渊源的分散性是"国际法律秩序整体性的威胁"[322]。

普遍性规范的渊源不仅局限于国际法,而且进一步扩展到区域性法律领域和跨国私人规范(如商人法或电子商务法)。它还涵盖国内法规范,因为国家不管是否承认国际法律规范的直接适用性,它们仍旧是"国际法实施的主要力量"[323]。尽管法律渊源分散性产生了表面上的不连续性,标准空间建立的相邻性关系依然会根据地理(横向或纵向的)或方法(国际法的解释方法以及比较方法)的分散性而有所不同。

1.1.1 地理分散性

人权规范的地理分布与市场规范的地理分布不同。我们曾经指出,在欧洲,这种水平上的分散性所引起的是具有积极意义的相邻性关系,这表现为《欧洲人权公约》实际上强化了欧共体法律的有效性:我们曾说过,斯特拉斯堡的人权法院在某种意义上扮演了欧共体的"救护车"的角色,因为它促使各个成员国更好地履行共同体法律的规定。[324]

在全球层面上,上述情形则表现得十分有限:不存在全球范围内的人权法院,从而也就不存在为世界贸易组织法律的实施扮演"救护车"的情形。相反,世界贸易组织由于只限于国际贸易,似乎很难承担起类似人权法院的功能。因此,与欧盟不同的是,欧盟所有成员国都是《欧洲人权公约》的缔约国,世界贸易组织的重要成

---

[321] S. Guinchard *et al.*, *Droit processuel, droit commun et droit comparé du procès*, Dalloz, 2ᵉ éd., 2003.

[322] P.-M. Dupuy, *Droit international public*, Dalloz, 5ᵉ éd., 2000, § 26; voir cependant *L'Unité de l'ordre juridique international. Cours général de droit international public*, Académie de droit international de La Haye, Martinus Nijhoff, 2003.

[323] *Ibid.*, § 410.

[324] G. Cohen-Jonathan et J.-F. Flauss, « La CEDH et le droit international général », *AFDI*, 2001, p. 433; voir par exemple l'arrêt *Dangeville c. France*, 14 avr. 2002, observ. J.-F. Flauss, *AJDA*, 2002.

员,如美国却不接受对联合国人权规约违反情形提出的个人申诉。如果对该问题的讨论在理论上是公开的话[325],那么在实证法上,人权法与国际贸易法之间的不连续性是显而易见的,这也就表现出人权法与国际贸易法两个规范空间之间相邻性关系的局限性。

相反,规范空间在全球、区域和国家三个层面上的纵向分散性及其影响则更为明显。首先,这种分散性可以强化技术方法的有效性,因为它确立了不同层面之间的等级关系。但这种效果(在全球人权问题上表现得依然不充分)只是在对市场有利的问题上得以初步显现。一方面,区域性国际组织不断产生,但伴随它们的法律一体化模式却各有不同(例如欧盟,北美自由贸易协定,南方共同市场,西非共同体,东盟,经济合作组织[326],以及近来在美洲、亚洲形成的自由贸易区,以及澳大利亚和亚洲之间的自由贸易区,亚太经合组织等[327])。另一方面,世界贸易组织的法律制度对于区域法律制度仍旧具有优先性[328],世贸组织争端解决机构对区域法律制度的实施主张具有管辖权[329];对于欧盟法院而言,它没有接受世

---

[325] E.-U. Petersmann, « Time for a United Nations "Global Compact" for integrating Human rights into the law of worldwide organizations: lessons from European integration », *EJIL*, 2002, p. 621 sq. ; Ph. Alston, « Resisting the merger and acquisition of Human rights by trade law, a reply to Petersmann », *EJIL*. ,2002, p. 815 sq. ; G. Marceau, « WTO dispute settlement and human rights". *EJIL*, 2002, p. 753 sq. , T. Cattier, « Trade and human rights: a relationship in discover », *EJIL* 2002, p. 111.

[326] ECO: Economic Cooperation Organisation.

[327] J. Dutheil de La Rochères, « Mondialisation et régionalisation », in *La Mondialisation du droit*, dir. E. Locquin et C. Kessedjian, Litec, 2000, p. 435 sq. ; E. Beigzadeh et A. Nadjafi, « Les problèmes de régionalisation à géographie variable, le cas de l'Iran », APC, 2001, p. 141.

[328] H. Ruiz Fabri, « Le règlement des différends au sein de l'OMC: naissance d'une juridiction, consolidation d'un droit », in *Souveraineté étatique et marchés internationaux à la fin du XXe siècle. Mélanges en l'honneur de Philippe Kahn*, Credimi, vol. 20, Litec, 2001, p. 303 sq.

[329] Affaire « de la banane » (*Équateur, Honduras, Mexique et États-Unis c. Communauté européenne*), ORD, appel, 9 sept. 1997, chr. Ruiz Fabri, *JDI*, 1999, p. 472.

贸组织法律的直接可适用性，但也承认其具有优先效力。

自前南斯拉夫国际刑事法庭和国际刑事法院建立以来，普遍规范在纵向上的分散还表现在反人道主义罪的规定上。所不同的是，国际刑法规范的有效性可能因为前面所提到的"再国家化"现象而受到削弱。相对于罪行的国际定义而言，向国内法的回归可能导致法律规范效果的完全消失，这就意味着有罪不受惩罚的现象仍旧会存在，比如，一些国家的立法实际上可以被解释为以间接的方式作出了自动赦免的规定。在阿根廷[330]，1983 年 9 月 27 日的法律宣告了时效规定，同时，对安全部门的成员和军事人员犯下的酷刑罪行和反人道主义罪的追溯因为该规定而得以终止；该法律在 1983 年 12 月 22 日废止，但被 1986 年 12 月 23 日的法律所取代，后者被称为"终结法"，它是由新的民主政府通过的，目的在于为有关罪行的调查追溯确立一个期限；但后者又被 1987 年 6 月 4 日的法律取代，该项法律被称为"关于服从义务的立法"，它以犯罪人是执行了上级命令这种难以推翻的假定，减轻了官员及其下属的罪行刑事责任。

此外，还要考虑区域层面规范的间接效力。美洲人权法院将国际罪行看作是一种严重侵犯人权的情形。这样它们事实上是强化了普遍性规范的效力，其依据在于：一方面，受害者及其家庭有获得罪行真相的权利，这是法律正当程序的要求（《美洲人权公约》第 8 条）；另一方面，国家有义务确保公约所规定的权利得到全面和自由的行使（公约第 1 条），据此，国家有义务"预防、调查和惩处严重违反人权的情形"。由此，美洲人权委员会针对智利的自动赦免法[331]，美

---

[330] A. Alvarez, « Droit argentin (Trois pas en arrière: les lois d'impunité) », in *Juridictions nationales et crimes internationaux*, dir. A. Cassese et M. Delmas-Marty, PUF, 2002, p. 314 *sq*.

[331] Comm. IDH, rapport 133/199, § 79 à 82, cité par A. Alvarez, *op. cit.*, p. 317.

洲人权法院针对洪都拉斯、哥伦比亚、委内瑞拉和秘鲁[332]，分别就它们国内法上各种直接或间接的自动赦免的规定，作出了不符合《美洲人权公约》规定的判定。根据上述判例，阿根廷的联邦法官曾在2001年3月6日的一项判决中指出，其国内上述"终结法""关于服从义务的立法"是违反《美洲人权公约》的规定。[333]

上述情况表明，规范空间之间的相邻性关系是复杂的，因为在这方面，全球性规范的有效性，在国内法层面上被削弱，但是又在区域层面上得到补救和强化。

相反的情形也不能被排除。另一个例子是，在欧洲发生的"柏林墙"案。德国国家元首们曾在统一后被判有罪，理由是他们对那些因尝试翻越柏林墙而被杀的受害者负有责任。他们曾援引《欧洲人权公约》，特别是其中的罪刑法定原则及其无溯及力的规定，作为国内法上刑事追溯的抗辩理由，他们认为被指控的事实是根据当时联邦德国国内法的规定作出的。欧洲人权法院没有支持上述观点，并认为国内法上的刑事追溯符合公约关于生命权和自由迁徙的规定，从而否定了这种法无溯及力的原则解释。一些主张严格适用罪刑法定原则的人对此提出了批判[334]，但其他人却赞同欧洲人权法院的决定，认为它是"对法治国的必要溯及力的支持"[335]。当然，也有人指责认为，上述事实应该根据欧洲人权法院所引用的《联邦德国刑法典》的规定构成反人道主义罪[336]，不仅如此，根据"国际习惯法的一般原则"也应该定性为反人道主义罪。

---

[332] Arrêts CADH cités par M. Delmas-Marty, « La responsabilité pénale en échec (amnistie, prescription, immunités)», in *Juridictions nationales et crimes internationaux*, op. cit., p. 633. Voir aussi P. Ricœur, *La Mémoire, l'histoire l'oubli*, Seuil, 2000, p. 648.

[333] A. Alvarez, op. cit., p. 322.

[334] Arrêt *Streletz, Kessler et Krenz c. Allemagne* (affaire « du mur de Berlin »), 22 mars 2001, observ. Massias, *RSC*, 2001, p. 639.

[335] G. Cohen-Jonathan et J.-F. Flauss, « La CEDH et le droit international général », op. cit., p. 448.

[336] Arrêt précité note 24, § 29 et 62.

上述分析曾经在一位法官的附和意见中得到支持[337],这表明,区域性人权机构可以借助对反人道主义罪的事实指控,间接地强化或弱化某种普遍观念的效力。

那么是否会有一天欧洲人权法院被称为国际刑事法院的"救护车"呢?这看上去似乎并不乐观,因为区域规范的扩张是有限的,比如在班考维科(Bankovic)案中,针对北约对贝尔格莱德电视台的空袭问题[338],欧洲人权法院恰恰有机会对此作出评判。[339] 受害者及其家庭成员提出17个国家(它们同时是欧洲理事会和北约的成员国)违反了《欧洲人权公约》的若干规定(包括生命权、表达自由、以及获得有效法律救济的权利)。欧洲人权法院对此只是以例外的方式承认了它对某些具有域外效力的行为享有管辖权,但从全案来看,却得出了不可受理的结论。法院在本案中重申了其管辖权的有限性:"《欧洲人权公约》是一项在本质上属于区域范围内的多边条约。它没有适用于全球的使命,即便针对其缔约国的行为而言也是如此。"(判决第80条)对此,人们也许会认为,欧洲人权法院本可以更加大胆地作出判断,就违反国际人权法和人道法的情形,行使准普遍性的管辖权(这与《日内瓦公约》第1条的规定具有可比性)[340],由此就可以毫无疑问地强化全球规范的效力,当然也可能由此引起与北约中那些非欧洲国家的复杂外交问题。必须指出的是,一个区域人权机构显然不是全球法院,因此相邻性关系的扩展只能以非常渐进的方式来实现。这是因为,除了地理因素外,还存在方法上的分散性。

---

[337] 参阅 Loucaides 法官的意见。

[338] OTAN: Organisation du traité de l'Atlantique Nord.

[339] Requête *Bankovic et al. c. 17 pays membres du Conseil de l'Europe* (également membres de l'OTAN), déclarée irrecevable par la Grande Chambre à l'unanimité le 12 déc. 2001, voir G. Cohen-Jonathan et J.-P. Flauss, « La CEDH et le droit international général », *op. cit.*, p. 434 sq.

[340] Requête *Bankovic et al. c. 17 pays membres du Conseil de l'Europe* (également membres de l'OTAN), déclarée irrecevable par la Grande Chambre à l'unanimité le 12 déc. 2001, voir G. Cohen-Jonathan et J.-P. Flauss, « La CEDH et le droit international général », *op. cit.*, p. 442.

1.1.2 方法分散性

法律渊源分散性的背后,存在着理论和实践问题,即:对于普遍性的概念的解释是否只与国际法有关,还是通过国内法与区域立法的作用与比较的方法存在着联系。

从国际法来看,那些包括教条式理论在内的学说都存在着分裂。一部分学者主张"法律体系的解释"会遇到"两个体系之间相互合作的无数问题",因此要求采纳"一种更为现实主义的、对国内法与国际法相互间关系采取不太严格的观点"[341]。这种灵活变动的主张在1964年即被提出,但今天却遭了一些学者的抵制和否定。其中有人热衷于维护"国内和国际法律秩序的相互不确定性"这种立场[342],毫不犹豫地强调指出"只有国际法才能决定谁是国际法上合法的",而"只有国内法才能决定谁在国内法上是合法的"。我们无法不对这种认识感到意外,因为它既没有考虑到私人化倾向(非国家的立法)的新现象,例如有关市场交易的实践,也没有考虑到随着国际司法机构的大量出现,那些内涵不确定的国际规范的解释越来越需要借助于比较法的现象。当然上述观点的矛盾性只是表面的,因为传统教条观念的重现有时可能是对实践的大胆性抵制。

上述现象尤其通过国际刑事法庭的判例而得以展现。过去十多年来表明人们为了强化普遍性规范的技术性和象征性效力,越来越多地使用比较方法,特别是当这些规范在国际上的定义不太明确时尤为如此。我曾经对此列举了一些实例[343],其中包括实体

---

[341] P. Virally, « Sur un pont aux ânes: les rapports entre droit international et droits internes », in *Mélanges Rolin. Problèmes de droit des gens*, Pedone, 1964, p. 488 sq.; A. Cassese, *International Law*, Oxford University Press, 2000.

[342] C. Santulli, *Le Statut international de l'ordre juridique étatique. Etude du traitement du droit interne par le droit international*, Pedone, 2001.

[343] M. Delmas-Marty, « L'influence du droit comparé sur l'activité des tribunaux pénaux internationaux », in *Crimes internationaux et juridictions internationales*, dir. A. Cassese et M. Delmas-Marty, PUF, 2002, p. 95 sq.; M. Delmas-Marty, « La CPI et les interactions entre droit interne et internatioonal », RSC, 2003, p. 1 sq.

(如对事实的判定,责任的归属,刑罚的采纳)和程序(法官在搜集证据中的作用,辩诉交易的适用程序,辩护权利的定义等等)问题。国际法本身也要求法官在解释工作中遵循"文明国家所承认的一般法律原则",这是《国际法院规约》第 38 条的规定,此外,《国际刑事法院规约》还更明确地规定:"法院可以根据各国代表世界不同司法制度的各项法律有权提出一般原则,其中包括各国政府的国家法律规定,但这些原则不得违反本规约、国际法和国际承认的规范和标准。"(第 21 条)

这意味着寻找"公分母"的做法可以用来弥补国际法规范的不足,避免法官在对规范解释时的主观臆断,强化了规范的象征性效力。当然,诉诸一般法律原则时还要求法院能够有办法了解到"代表世界各个法律体系的国内法",同时能够判断这些国内法与"公认的国际法规范"相符合。对国际刑事法庭的判例进行研究表明,对于上述问题还需要进一步探索。尽管国际刑事法庭的法官们来自不同国家,对各个法律体系能够有一定的代表性,但是比较法的方法还只是在涉及西方法律制度(普通法系和罗马—日耳曼法系)时发挥作用。此外,还必须指出的是,诉诸比较法的做法有时也存在不确定性,这表现在比较法的方法主要还不是用来解释某项规则,而是使某种法律制度或某个法律体系获得主导地位,成为解决问题的唯一方案。[344]

具有部分自主性的法律渊源之间的分散性与邻近关系的出现和发展保持同步。这些邻近关系既具有地理上的关系又具有方法论上的关系,它们时而削弱普遍标准的效力,时而促进其效力的发展。这里我们将主要分析由此导致的不断深化的问题复杂性。

因为规范渊源之间的联系还不仅限于相邻性关系。就纵向意义上的分散性而言,不同的规范渊源并不具有相同的规范权威性。效力等级关系是明显的,特别是当某些概念与市场存在紧密联系时。然而,当涉及国际法与人权法的关系时,效力等级关系就变得

---

[344] M. Delmas-Marty, « crime global, justice globale », *Le Monde* ; 30 janv. 2002.

不那么明确,就像在柏林墙案中所反映出的那种情况那样。安东尼·卡塞斯(Antonio Cassese)法官曾就此问题对国际刑事法庭的判例进行过梳理分析,特别是将这些判例与欧洲人权法院的判例进行对比[345],由此引起了各种不同的回应,其中有的主张强调人权规范的优先效力(例如宣称"人权规范是对权力滥用的防护墙",比如国际刑法的形式[346]),其中也包括强调国际刑法的优先效力(例如"国际刑事法庭是自成体系"的观点),也有的认为国际刑法具有相对独立的地位(例如认为"国际刑法区别于其他法律体系,但同时又顾及其他体系"[347])。关于不同概念规范程度的讨论要求我们对不同规范的分类进行思考。

1.2 类型学

对于凯尔森以及很多支持他的学者而言,"认为某项规范是有效的,也就意味着它是义务性的"[348]。应当指出的是,这里的义务性与应当服从法律还是不同的,因为对法律的服从还意味着"通过制裁而实施的约束行为"[349]。对于这种现代法律意义上的观念而言,它强调建立在强制力基础上的法律效力(义务性和约束性),而所谓"后现代"[350]意义上的法律则是某种英语环境下所强调的软法观念。在法语上,软法有两种含义:弱和轻,这可能表现出法律本身的不足,或者说是其灵活性。后者是更为中立的说法[351],因为它针对的可以是规范的义务性(由此法律规范的效力程度可以划分为不同的强弱程度),它也可以指规范的约束力(根据制裁的程度

---

[345] A. Cassese, « L'influence de la CEDH sur l'activité des tribunaux pénaux internationaux », *op. cit.*, p. 143 *sq*.

[346] F. Tulkens, « Table ronde », in *Crimes internationaux et juridictions internationales*, *op. cit.*, p. 185.

[347] A. Cassese, in *Crimes internationaux et juridictions internationales*, *op. cit.*

[348] H. Kelsen, *Théorie pure du droit*, *op. cit.*, p. 255.

[349] H. Kelsen, *Théorie pure du droit*, *op. cit.*, p. 317.

[350] J. Chevallier, « Vers un droit post-moderne? », in *Les Transformations de la régulatipn juridique*, dir. J. Clam et G. Martin, LGDI, 1998, p. 21 *sq*. également *L'Etat post-moderne*, LGDJ, 2003.

[351] C. Thibierge, « Le droit souple. Réflexion sur les textures du droit ». *RTD-civ.*, 2003, p. 599 *sq*.

可以划分为不同的重轻程度)。我本人对这种法律技术复杂化的嗜好并不认同,但仍旧认为,尽管上面两种区分(弱和轻)经常混淆在一起,但它们的区分可以用来进一步细化法律效力问题。

我认为,弱与轻的区分在探讨法律的普遍性时更为有用,特别是相对于国内法而言,这种区分对于刚刚出现的法律普遍性问题显得更为明显。在人权法上,人权规范的义务性可以是绝对或准绝对的,比如"不可克减"的权利并不意味着对这些权利的违背一定会受到有约束力的制裁。此外,相反地,在商人法中,或者是对那些行为规范而言,它们属于没有义务性的规范,但是经当事人选择适用时就变得有约束力,仲裁庭或法官也会因为违反上述规范而采取间接的制裁方式。

1.2.1 强制力

普洛斯珀尔·维尔(Prosper Weil)教授曾对国际法进行分析,认为它在"规范上存在问题"[352]。这里的问题实际上是双重的,一方面在义务程度上存在不同程度的划分(这取决于规范本身的性质和内容),另一方面还存在不同程度的稀释或淡化(权利与义务主体不断扩张的结果),"越来越难判断一项国际法规范是什么,以及谁受其约束,谁向谁承担义务"。[353]

这种在那些建议性规范(宣言、建议、纲领等等)和强制性规范(国内法上的宪法、立法和行政规范,欧共体的指令和规章,以及国际条约与公约等)之间的划分,表明了法律效力本身存在的第一种区分。[354]但这种划分主要影响的还是规范的工具效力,因为单纯的宣言,例如《世界人权宣言》,尽管它没有"义务性"但是仍旧具有不可忽视的象征性效力;相反,与欧洲统一市场有关的大量共同体规章的象征性效力却很弱,尽管它们的义务性是毫无疑问的。

更为重要的是规范的多样性。因为规范的内容不同,参考的

---

[352] P. Weil, « Vers une normativité relative en droit international » (publié in *RGDIP*, 1982, n°5), *in Ecrits de droit international*, PUF, 2000, p. 23 *sq*.
[353] P. Weil, « Vers une normativité relative en droit international » (publié in *RGDIP*, 1982, n°5), *in Ecrits de droit international*, PUF, 2000, p. 41.
[354] C. Thibierge, *op. cit.*

价值不同,既要统筹技术方法效力,又要统筹象征效力。比如强行法(jus cogens)又称强制法,或称绝对法就存在很多不同说法,而且在不同法律领域有不同的含义(在国际私法上称为公共秩序,在人权法上称为不可克减的权利,在刑法上称为不受时效限制的罪行),它在国际公法上则借用了强行法 jus cogens 这种让人非常生疏的叫法(或者称为必须遵守的规范,在英语上的表述是 peremptory norm)。

根据《维也纳条约法公约》第 53 条,强行法是指"一种强制性法律规范,是由全体国家政府构成的国际团体接受和认可的,作为一种无任何法律特例的法律标准,只能由具有同等性质的新的国际法标准进行修改"。这种"超标准性"受到了部分法理的批判。"通过什么机制一项普通规范可以转变为更高级的具有例外意义的强行法规范呢?"这种转化是否有限制,例如是否可以将规范性扩展至预备规范的标准?"从非法律规范到超法律规范,这种转变是很难把握的。"[355]在很长时间内相关讨论还只限于学术领域,强行法几乎没有被认为是一项实在法规范,国际法院在实践中也很少使用这一概念,而只是在个案中认定争议双方在该问题上存在共识而已。[356]

上述情形在前南斯拉夫刑事法庭于 Furundzija 案中明确直接援用强行法的概念而发生了变化。[357] 该案里,军事警察一个特殊部门的地方首领,有波斯尼亚国籍,被指控犯下酷刑和强奸穆斯林妇女的罪行,但被告人反驳指控,认为前南斯拉夫刑事法庭规约中并没有明确规定酷刑犯罪,而只是规定"违反战争法和习惯规则的情形"。法庭对此指出,"禁止酷刑是强行法规范,该禁止规定的范围十分广泛,有关国家不可能在不违反国际法的前提下将一国国民驱逐、推回边境,或引渡到另一国,如果该国民有可能在另一国遭受到酷刑"。该判决明确地将公理式的有效性与实践的有效性

---

[355] P. Weil, *op. cit.*, p. 35 et 37.
[356] Arrêt *Nicaragua c. États-Unis*, Rec. 1986, pp. 100-101, § 190.
[357] Arrêt *Furundzija*, TPIY, 10 déc. 1998, § 144 *sq.* Comp. arrêts *Delalic*. 16 nov. 1998, et *Kunarac*, 22 fév. 2001.

结合在一起,认定:"考虑到应受保护价值的重要性,该原则已经成为强行法规则,即:该规则在国际法的效力等级中有高于条约规则的地位,同时也具有高于习惯法的地位。"判决最后得出结论,酷刑构成了违反战争法和习惯规则的罪行,因此,应受到惩罚,即便国内法上允许酷刑行为,其结果亦是如此。

前南斯拉夫刑事法庭的上述判决后来在英国上议院审理皮诺切特案,以及欧洲人权法院在审理 Al-Adsani 案时予以援引。欧洲人权法院明确指出:"根据先前判例确立的规则,酷刑已经成为国际法中的强行法规则。"不过欧洲人权法院的做法与前南斯拉夫刑事法庭有所区别。因为在欧洲人权法院审理的案件中,并没有涉及个人的刑事责任,而是国家因为酷刑行为而应承担的民事责任。[358] 在该案中,原告拥有英国和科威特的双重国籍,受到了科威特国内机构的酷刑迫害。当他返回英国后,它以科威特为被告向英国法庭提出损害赔偿请求,但英国法庭以管辖豁免为由,没有对科威特采取进一步司法措施。原告人随即向斯特拉斯堡的人权法院提出诉讼,控告英国违背了公约所规定的被害人有获得有效救济的权利(《欧洲人权公约》第13条和第3条)。欧洲人权法院在这个案件中的做法有所不同,它首先承认了禁止酷刑具有强行法的性质,但"在法律允许范围之外犯下酷刑罪给当事人造成民事损失,国家政府不能享有豁免权,即便国际法律予以认可,也会被判不成立"。

尽管对该案的判决一部分法官提出了批评(有7位法官提出了反对意见),认为在承认禁止酷刑是强行法规则与限制这一判断的法律后果之间存在矛盾,但法院显然已经对多数法官的意见可能带来的风险表示关注,这就是"法院可能成为以特立独行的方式不断扩大自己影响的小帝国"。另一方面,法院也会注意不要破坏国际法的一般秩序,避免(像班考维科案那样涉及北约空袭的情

---

[358] Arrêt *Al-Adsam c. R.-U.*, CEDH, 21 nov. 2001, observ. G. Cohen-Jonathan et J-F. Flauss, «La CEDH et le droit international général», *op. cit.*; observ. F. Massias, RSC, 2002, p. 148.

形)在公约的适用上过分凸显其域外性与普遍性。

该案件不仅表明了规范效力程度的可变性,而且也反映出规范影响范围的可变性。欧洲人权法院作为区域人权机构承认了规范效力程度的可变性,但是,又担心规范效力被削弱。相比之下,国际法院则对强行法持有更为保守的态度,似乎更愿意把削减强行法规范效力影响(通过所谓普遍适用的强制性规定)当作一种替代方式来看待,但它与强行法之间的联系需要进一步澄清。[359]

规范效力的削减与现存的一种倾向有关,这种倾向就是使强制性规范为所有人制定并适用于所有人(omnium 和 erga omnes)。当然,对此还要将违反规范的责任主体与受害者区分开来。就受害者而言,规范效力影响范围的扩张表明了国际法的开放性,因为国际法从传统意义上讲只是国家间的法律,目前则扩张到私人权利的保护。当然,这种扩张性也存在不同的程度:对区域性人权机构而言,由于它允许私人在权利受到侵害时向法院提出诉讼,这种扩张即可以自然发生,但是对于国际罪行而言这种扩张就受到限制,因为国际刑事法庭还不允许私人作为诉讼方提出诉讼(尽管在国际刑事法院受害人的地位得到了提升)。此外,这种扩张在全球层面上还十分不足,特别是当国家或企业侵犯人权的情形下,还不存在私人能够利用的有效的救济机制。

就责任而言,规范效力影响扩张至私人这一现象还仅限于刑事责任,主要表现在国际刑事法庭和国际刑事法院对个人某些罪行的管辖权上,尽管有学者主张"国际责任的私人化"应当是必要的。[360] 当国家因为侵犯人权而应承担责任时,目前还只是在区域层面上获得了进展。[361] 原则上,人权法院决定的效力只限于参与诉讼的国家(判决效力的相对性),同时,每一个被告国家均可以自

---

[359] E. Decaux, *Droit international public*, Dalloz, 3ᵉ éd., 2002, p.60.

[360] J.-F. Flauss, « Le droit international des droits de l'homme face à la globalisation économique », in *Commerce mondial et protection des droits de l'homme*, Institut René-Cassin, Bruylant, 2001, p.254.

[361] E. Lambert, *Les Effers des arrêts de la CEDH. Contribution à une approche pluraliste du droit européen des droits de l'homme*, Bruylant, 1999.

由选择执行人权法院判决的方式。但在实践中,国家一般不愿意在被人权法院判决违反公约后再采取措施改变国内立法。实际上,国家会越来越采取预防式的做法,避免自己的做法受到其他国家的指控,因此在这种情形下,人权规范的效力往往以向心力的方式获得发展。最后,欧洲人权法院的法官们,尽管一直坚持规范的普遍性,但实际上并不排除在例外情形下接受第三国和国际组织的影响。

区域法律制度的演变可能会受到国际法的推动,后者越来越不限于国家意志,有可能扩大规范的适用性。我们可以看到,通过国际法院的判例,这种"从习惯法规则向一般规则,然后从一般规则向普遍规则的"[362]转变是可能的。

当涉及具有普遍性的概念时,我不认为这种转变存在问题,因为这恰恰是法律普遍主义所追求的方向,即一种规范具有不受限制的普遍适用性。而且,可能就是这种效力影响的扩展带来了规范效力程度的划分,因为在目前阶段还无法设想一种规范的适用范围既广泛又具有很高的效力。这里存在的障碍不在于规范效力的可变性,而在于其背后的权力分配。因此,必须接受普洛斯珀·维尔教授所提出的观点,即:规范性权力"表面上是归属于国际社会",但实际上它是由"这个社会的管理者,事实上的寡头"所控制行使着。[363]

因此,国家间的不平等是问题的症结,而不是规范本身的可变性;因为在国家寡头之外还有私人寡头,他们控制着市场,当规范效力程度的弱化(不具义务性的规范)与缺乏有效的制裁措施相结合时,从中获利的则是那些最强的企业。

1.2.2 约束力

约束力往往与制裁相等同,但法律的约束力应当与一般意义上的强制力(自然规则的强制力)相区别,因为其中存在所谓的法律性。但问题的困难在于,国家在相当长的时间内垄断着合法暴

---

[362] P. Weil, *op. cit.*, p.49.
[363] P. Weil, *op. cit.*, p.54.

力,并且成为"国际法实施不可或缺的主体"[364]。因此,很难对国家实施制裁,除非扮演世界警察和政府的那些国家可以制裁其他国家,但它们自身却只能靠自我约束。

制裁这一概念本身就不太好定义。菲利普·杰斯塔兹(Philippe Jestaz)曾诙谐地讲:"制裁是什么? 制裁就是法律。那么法律是什么? 法律就是受到制裁的那个人。"[365]在制裁本身的多重意义之外(一个法律体系对某项规则的承认,制裁—效果;与该规则联系的确切后果,制裁—指示;以及对制裁的权威实施,制裁—约束),他曾建议就制裁的主要功能作出分析,认为应该强调的是它的结果指示功能,而不是其约束性,"因为约束假定某种并不是始终存在的组织形式,相反,结果指示功能却是规则本身与生俱有的"。这实际表明,约束并不是制裁本身所具有的功能,因此,约束力也可以有不同程度的变化。

规则对其适用对象所具有的约束力首先取决于制裁本身的性质,这种性质可以是恢复性的也可以是压制性的,迪尔凯姆对此作出过分类。[366]

对于那些具有普遍意义的概念,压制性的惩罚措施一般仅适用于国际罪行。这些惩罚的多样性因为规范的分散性而得到强化,由此带来的困难是解决如何将国际与国内的相关实践相互协调起来。在欧洲也存在着如何将刑事处罚相协调的问题[367],其中一种解决方案是通过采纳一些共同的指导原则来避免各国在刑事处罚问题上出现巨大差异。在全球范围内,协调会变得更为困难,因为国际刑法上消除犯罪不受惩罚的努力并不排除替代性的解决

---

[364] P.-M. Dupuy, *Droit international public*, *op. cit.*, § 410.

[365] Ph. Jestaz, « La sanction ou l'inconnue du droit », *D.*, 1986, Chr. 197.

[366] E. Durkheim, *De la division. du travail social*, PUF, 9ᵉ éd., 1973, pp. 33-34.

[367] 参阅 *L' Harmonisation des sanctions pénales en Europe*, dir. M. Delmas-Marty, G. Giudicelli-Delage et E. Lambert-Abdelgawald, SLC, 2003.

方案,比如在南非成立的真相与和解委员会。[368] 这种做法在存在共同指导原则的前提下是可以接受的,比如包括拒绝自动赦免或者保留各国人民了解本民族历史的权利,受害人及其亲属有权获得赔偿等等。[369] 但最困难的还是协调制裁措施本身。比如在死刑问题上,各个国际刑事法庭和国际刑事法院均不适用死刑,但在卢旺达国内却还保留着死刑。由此带来的矛盾是,那些被提交给卢旺达国内法庭审理的罪犯,虽然罪行相对于卢旺达国际刑事法庭审理的罪犯,但他们却可能根据国内法被处以死刑。

另外,国际刑事法庭本身作出的刑事处罚也存在类似问题,因为刑罚的有效性问题在很大程度上涉及国家的意愿。比如,国际刑事法庭作出刑罚决定的执行依赖于有关国家,其依据是双重同意原则(首先在各个成员国表示有能力执行该刑罚,其次是就个案在法庭与成员国之间关于罪犯的交接达成协议)。由此带来的后果是十分复杂的,其原因还是在于规范渊源的分散性,其中涉及国际规范(国际刑事法庭和国际刑事法院的规约、判例、程序和证据规则,国家与联合国达成的双边协议等)和国内法规范(成文法、宪法、法律和行政法规、判例法等)。一项研究表明[370],对不同犯人的区别对待(例如赦免或有条件的释放)常常因为需要找到有能力执行刑罚的国家而发生,在这种情况下,联合国代表也只能对这种刑罚执行机制的"再国家化"听之任之。这表明,规范的约束力取决于制裁的实施,但其中的主要困难在于缺乏一个超国家的执行机构。国内法所发挥的补充作用,尽管还存在很多问题,就避免规范

---

[368] A. Lollini, "Le processus de judiciarisation dela résolution des conflits: les alternatives», in *La Justice pénale internationale dans les décisions de tribunaux* ad hoc. *Études des law clinics en droit pénal international*, dir. E. Fronza et S. Manacorda, Dalloz et Giuffrè, 2003, p. 312 sq.

[369] *Non à l'impunié, oui à la justice*, Commission nationale consultative des droits de l'homme et Commission internationale des juristes, Genève, 1993; M. Delmas-Marty, « La responsabilité pénale en échec», *op. cit.*, p. 636 sq.

[370] E. Lambert, « L'emprisonnement des personnes condamnées par les juridictions pénales internationales. Les conditions relatives à l'aménagement des paines», *RSC*, 2003, p. 162.

的无效之一后果而言仍然是必要的。

就其他制裁而言,不论是恢复性的还是赔偿性的,它们也经常遇到对国家的可适用性问题,以及进一步而言,上面提到的制裁本身向跨国企业的扩张适用问题,这些企业只是国际法的被动主体,因为他们需要根据条约法或习惯法来规范行为,承担法律责任,特别是在人权和/或市场领域。

就人权问题而言,区域人权机构的例子表明,多边机制的有效性是可能的,而且可以随着时间推移得到强化。除了导致国内立法和判例修改的间接效力之外,欧洲人权法院的判例还有直接效力,这就是当法院判定存在违反人权的情形时,可以判决赔偿受害者,或者在必要时修复某些法律程序。比如在法国,2000年6月15日的法律就允许根据欧洲人权法院的判决对国内已经生效的刑事案件判决进行复审(《法国刑法典》第626-1条及以下)。这里值得注意的是,对生效判决复审并不是欧洲法律所要求的,它只是建议成员国采取此类措施,此前,挪威首先采纳了《欧洲人权公约》的建议。

相反,在全球层面上,对有关国家的制裁措施只限于联合国人权委员会(本书写于人权理事会成立之前——译者注)在人权问题上采取的行动,例如通过发布报告来公布某个国家存在侵犯人权的情形,报告有时会伴随一些建议内容。建立赔偿程序本身将是一个进步。如果能够将这种做法扩展适用于企业则是另一个进步。

就与市场有关的制裁而言,随着世界贸易组织的建立,制裁的有效性在全球范围内得以确立,但制裁的对象仅限于国家,因为全球范围内的竞争法(商人法)还没有建立起来。至少,世贸组织争端解决机构被认为能够用来实现既快捷又有效的争端解决:其中,争端解决受到时间限制,尽管这些期限在实践中往往不能得到遵守,但由于受到相应的监督和执行规制而仍能发挥作用。作为争端解决机制的补充,世贸组织设立的仲裁制度,在争端双方对裁决执行期限存在分歧时,通过仲裁来加以解决。在裁决持续得不到执行时,申诉方可以申请授权采取报复措施,被诉方也可以申请仲裁来决定可以实施的贸易报复的程度。[371]

最后,从整体上讲,《联合国宪章》也规定了制裁机制。但该机制的弱点在于它被置于国家的直接控制之下,而不存在法官对制裁进行审查和警察力量具体执行制裁的设计。这些制裁的实施取决于国家间的协商和妥协,属于外交而不是法律性质的制裁。不管是根据宪章第六章规定的预防性外交措施,还是根据第七章规定的制裁,都存在很多批评意见,如:"那些伴随不太有效的政治影响的制裁的泛滥,以及制裁所带来的灾难性的人道主义后果,越来越受到一些独立机构,如经济社会和文化权利委员会等的批评。"[372]为此,专门建立了"关于制裁问题的工作组",由它来提出"更加明智的制裁",即那些更具针对性的制裁措施,比如冻结有关人员的资产。

与此同时发展起来的,是维护和平和重建和平,这些措施在一定程度上将联合国边缘化。然而这些实践首先是预防性的,延伸适用于那些强制性制裁(但有时也被奇怪地称为"预防性"或"人道性"的制裁)。这些措施产生于2002年春俄罗斯与北约建立新型伙伴关系之时,名义上是为了打击恐怖主义而实现全球合作,从2003年春季开始,借助对伊拉克的战争而进一步得到强化,所有这些都反衬出联合国机制的不足。尽管存在着获得安理会授权的外交努力,以及全球范围内的抗议,这些都表现出巨大的象征力量,但仍旧未能弥补联合国在该问题上的缺陷。

在或近或远的未来,人们至少可以期望联合国制裁机制的不足及其后果能够通过某种方式得以改善,例如通过一个准司法机构来实施审查,像在世界贸易领域存在的那种对贸易报复的审查,或者是建立类似的机构,比如在劳动法领域(国际劳工组织)、健康法领域(世界卫生组织),或者是环境领域(未来可能出现的世界环境组织等)、人权领域(联合国),显然这些都是十分广阔的待开发

---

[371] H. Ruiz Fabfi, « Question de la mise en œuvre des rapports », chronique du règlement des conflits, *JDI*, 2001, 906.

[372] E. Decaux, *Droit international public*, op. cit., p. 262 sq.

的领域。

综上,具有普遍性意义的规范渊源的分散性,并没有导致规范的完全无效(相邻性关系的效果),至少它导致了规范效力,包括法律的义务性和约束力这两方面的极端可变性。

但是这种分散性反过来也可以强化法律普遍性的"司法化",其方式是救济途径的多样化(国内、区域和全球层面的法律救济途径),由此也进一步展现出这些救济途径本身的不足。

2. 上诉手段不足

凯尔森在1944年时就曾梦想建立一个有强制性管辖权的国际法院,这一想法在当时得到了美国公众的支持。[373] 他当时认为,与全球政府不同,建立这样一个国际法院可能受到的阻力最小。作为他现实主义法律观的延伸,他指出假如没有法官的话就不可能有立法,但是相反,在很多情况下即使没有立法也可以存在法官。[374] 他认为建立一个世界法院与国家主权是完全相符的:主权原则是法律性的而不是超验的,主权排除一个国家的国内法对他国加以限制,但并不排除国际法对主权的限制。[375] 最后,他还强调了政府成员的个人责任,即通过建立一个国际刑事法院允许受害者向政府成员提出控告。凯尔森认为世界和平应当建立在能够在世界法院提出真正的法律救济的基础之上。

尽管如此,半个多世纪以后,人们不得不承认:"如果在国内法上存在着向法官提出救济的权利,那么在国际法上则不存在这样的法官。因为就目前而言,在国际社会中只有国家才控制着合法的强制手段。因此,公民放弃了私立救济的必然后果只能是诉诸国家司法。"[376]

---

[373] H. Kelsen, *Peace through Law*, The University of North Carolina Press, 1944, p.14.
[374] *Ibid.*, p.23.
[375] Ibid., p.36.
[376] G. Guillaume, « Conclusions générales », in *Le Droit au juge dans I'Union européenne*, dir. J. Rideau, LGDJ, 1998, p.218.

实际上,《世界人权宣言》第 8 条规定了获得有效救济的权利,该权利适用于"侵犯宣言所规定的权利的任何情形",但该条将这项权利限于国内司法机构,《欧洲人权公约》第 13 条也是这么规定的(这里可以对比《欧盟基本权利宪章》第 47 条的规定)。[377]

不过,自建立国际刑事法院的《国际刑事法院罗马规约》生效以来,发生了一个重要转折,这就是建立起常设的全球性司法机构的趋势。建立刑事法院这种情况可能并非偶然,这是因为一个共同体正是通过对禁止行为加以惩罚才得以建立起来,并由此形成共同的身份和共同的记忆,尽管这样一个刑事法院并没有以书写历史为己任。如果说法官和历史学者都对证据担忧,对有关资料(书面文件、证言,包括口供等)的可信性持批判态度[378],但在这个问题上却存在重要差异,即保罗·利科所说的,历史是不断被重写的,而法律过程在自身性质上则是有限的。对历史的理解有时就像维耶拉·德·席尔瓦(Vieira da Silva)所画的图书馆一样,它是一种有意义的建筑,将时间跨度的比例结合在一起,并将事物分配在数不清的结构图中,从而令人感受到历史比人们的记忆更为广阔,时间在历史中只是"以其他方式被分割装订起来"[379]。然而,法律的时间维度不仅是线性的,而且还存在界限:它围绕着一系列交叉的话语展开成为一个链条,这就是我们所说的交叉辩论,但当辩论停顿结束时,这个链条就会断裂。

法律上的停顿结束具有专门的功能,首先是获得补偿的功能,但更重要的是这样一种社会功能,即"通过对受害者提供法律救济而将公共秩序和受害者尊严加以恢复重建的功能"。[380] 就一个正

---

[377] 关于法官法欧洲化问题,参阅 *Le Droit au juge dans l'Union européenne*, *op. cit.*;关于《欧洲人权公约》第 13 条,参阅 CEDH, arrêt 26 oct. 2000, *Kudla c. Pologne*, observ. J.-F. Flauss, *RTDH*, 2002, p. 169;关于《欧盟基本权利宪章》第 47 条,参阅 Guy Braibant, *La Charte des droits fondamentaux de l'Union européenne*, *op. cit.*, p. 233 sq.

[378] Carlo Ginsburg, *Il giudice e lo storico*, Turin, Einaudi, 1991, trad. fr., *Le Juge et l'Historien*, Verdier, 1997.

[379] P. Ricœur, *La Mémoire, l'histoire, l'oubli*, *op. cit.*, p. 647.

[380] *Ibid.*, p. 420 et p. 413 sq.

在形成的全球司法体系而言,这里所说的还主要是建立而不是恢复功能。公共秩序可能并没有习惯上的意义:因为它既不是国内法上的公共秩序(尽管对案件作出判决的是国内的法官),也不是真正意义上的全球公共秩序(尽管国际刑事法庭已经出现),这种新型的公共秩序也没有得到任何全球层面上行政权力的支持(不存在全球意义上的政府、军队、警察)。法官们至多可以求助于联合国安理会,但后者不一定能够提供回馈,比如在涉及国际逮捕令无法得到执行的情形下就是如此。[381]

在这种情况下,可能有意义的是,"需要在法官和历史学者之外增加第三个伙伴,即公民",只有公民成为最终的裁判者,他们的内心确信"在终极意义上确保了法庭内的刑事诉讼程序最终是平衡的,以及历史学家对历史资料的内心诚实"[382]。利科并没有在法官与历史学家之间作出区分,他认为正是借助历史批判的路径记忆才与正义的观念相遇,他说:"一个幸福的记忆同时又不是公正的记忆将会是什么呢?"事实上,假如不是宽恕的话,那么只有公正的记忆才能让忘却成为可能。[383] 他讲道:"在前南斯拉夫法庭一个受害者曾说,我来作证,是为了我现在还只有三岁的孙女将来不会寻求复仇。"

国际刑法的实质功能并不是要建立一个尚未形成的全球秩序,相反,它是要让大众清醒地认识到,要将对有关罪行作出的判决转化为一种许诺。这是一种避免犯罪再次出现的许诺:"当被置于诺言的框架下时,对不幸的沉思可以从无限的痛苦和令人无力的忧伤中脱离出来,更具有根本意义的是,将这种沉思从无限循环的治罪与开脱的恶循环中脱离出来。"[384] 对罪行的判决有助于从这

---

[381] 关于法官获取政府协助的各种技巧手段,参阅 A. Cassese, « La justice pénale internationale », in *Les Entretiens de Provence. Le rôle du juge dans la société contemporaine*, op. cit., pp. 298-299.

[382] Ibid., p. 436.

[383] H. Weinrich, « Le droit à l'oubli, la paix par l'oubli? », in *Léthé. Art et critique de l'oubli*, Fayard, 1999, p. 21.3 sq.

[384] P. Ricœur, *La Mémoire, l'histoire, l'oubli*, op. cit.

种恶循环中脱离出来,并由此成为一种未来新秩序的建立过程。对罪行的判决向未来打开了一扇窗户,正如维耶拉·德·席尔瓦画作中经常出现的那些光明的出路轨迹一样。

当然,这种比较也不应让人们产生幻想。秩序重建的过程才刚刚开始,全球刑事审判机制的缺陷还如此明显,不少批评意见已经提出:国际刑法的"雄心是用法律抗拒暴力",但它是以非常不平等的方式来实现的,只有当暴力不那么强大的时候才是如此,这是佩吉(Péguy)的原话,后来又被作家茨维唐·托多罗夫(Tzvetan Todorov)所重复。[385] 而法学家安托尼·盖拉蓬(Antoine Garapon)则提出"法律激进主义"和"一个宏大的正义之梦"的说法,他认为这是一种普世审判机构的乌托邦之梦,其有可能"给政治增加了一种悲观且封闭的观点,[……]并且有可能使政治权力由此免除自身的责任,这已经出现在波斯尼亚,在那里建立了国际刑事法庭目的是为了不采取军事介入行动。"他还补充说:"司法审判如果没有强制力将一无所能,因为只有强制力才拥有遏制罪行的手段。"[386] 由此,争论就会转向到法律的强制力问题上。

但是,这里的争论还不仅限于对罪行的惩罚,对法律救济不充分性的分析还应当顾及世界法司法化的多种形式。为了使分析更为全面,还要考虑那种相反的过程,这就是英国上议院在皮诺切特案中的代表性做法,它可以被视为国内法官的世界化。

2.1 世界法司法化

向法庭提出救济请求的权利包含很多具体的内容,其中包括法庭的性质(独立性和公正性)和裁判本身的性质(正当程序原则),上述权利在世界性的国际法律体系中仍旧只是例外并受制于国家的同意。即便是位于海牙的国际法院,它是根据《联合国宪章》成立的具有普遍和一般性的法院,是国际法实施的保障机构,但它仍旧是可自行决定的经双方同意的裁决机关,它实际上更像

---

[385] T. Todorov, *Mémoire du mal, tentation du bien. Enquête sur le siècle*, Robert Laffont, 2000, p. 298.

[386] A. Garapon, *Des crimes qu'on ne peut ni punir ni pardonner. Pour une justice internationale*, Odile Jacob, 2002, p. 64, 47 et 68.

一个解决国家间纠纷的仲裁机构,而且向国际法院提出争端解决也取决于国家的良好意愿(根据国家间达成的协议或者是单方面提出诉讼请求)。

但是,随着规范渊源的分散化,产生了国际司法机构多元化的趋势,特别是具有审查功能机构的多元化趋势,这一趋势伴随着出现了个体或集体私人主体提出法律救济请求的可能性。

2.1.1 审查机构的多元化

乍一看来,真正具有全球性司法机构性质的是那些享有强制管辖权、并非建立在国家合意基础上的刑事审判机构。但是这些机构在建立过程中遇到的困难,导致它们在拖延了将近一个世纪后才出现(1919年《凡尔赛条约》就已经提出了建立国际刑事法院的想法),这凸显出国际法在面对下面情形时所缺乏的回旋空间:一方面如果依赖所有国家的意愿,那么普遍主义就会缺乏效力;另一方面国际法如果依赖于"超级大国的意志"[387],那么它就具有了一种帝国主义的效力。事实上,国际刑事法庭的建立,并不是取决于由缔约国批准的国际公约,而是依据具有约束力的联合国安理会决议。不过前南斯拉夫和卢旺达国际刑事法庭都具有临时性质,它们的存续时间(决议指定的冲突)和范围(前南斯拉夫和卢旺达)都受到了限制。与它们不同的是,国际刑事法院在理论上具有常设和普遍的管辖权,但其管辖权也仅对批准了《国际刑事法院罗马规约》的国家具有约束力。该法院只是在满足一定条件时才对第三国的国民产生影响,这主要规定在《国际刑事法院罗马规约》第12条和第13条:当缔约国或检察官向法院提出请求时,法官仅对在缔约国境内发生的罪行或者被告人系缔约国的国民时才有管辖权。当联合国安理会向国际刑事法院提交某种情势时,这时虽不受国家批准规约的限制,但却要求跨越安理会的双重否决机制的限制,这样一来,一些非政府组织讽刺说,在处理车臣或西藏的

---

[387] M. Chemillier-Gendrau, « Le droit international entre volontarisme et contraint » in *L'Évolution du droit international. Mélanges Hubert Thzerry*, Pedone, 1998, p. 93 *sq.*

案件时,国际刑事法院的管辖权就很难实际得到行使。[388] 上述情形也发生了变化。美国对规约的上述规定强力反对,并在 2002 年 7 月 12 日争取到一项决议,根据该决议,对于联合国维和部队成员中不具有《国际刑事法院罗马规约》缔约国国民身份的,将在一年的时间内被排除适用《国际刑事法院罗马规约》的规定(该期限在 2003 年得以延长)。不过美国在 2004 年想继续延长上述排除国际刑事法院管辖权的建议未能取得成功,随即将该决议草案予以撤回。此外,美国还与其他 38 个国家签署了不引渡的协定(即不向国际刑事法院引渡美国国民),但该协议内容似乎与国际公约的规定并不相符。[389] 为了强化对一些国家的压力,如针对巴尔干地区国家,美国于 2002 年 8 月通过了专门法律,禁止向拒绝签署不引渡协定的国家提供军事援助。由此,塞尔维亚经美国的敦促将其被前南斯拉夫刑事法庭审理的罪犯移交给海牙国际法院,否则将对其实施经济制裁,但与此同时,美国要求塞尔维亚不得将美国国民移交给国际刑事法院,对此,同样运用制裁手段作为威胁。

反对国际刑事法院的强硬立场实际上是一种间接的对该法院效力的不满表示,而不是针对其正当性。但这也表明了国际社会在强化有关人权保障方面,意图模仿区域人权机构而实现司法化时所遇到的困难。

在人权保障方面,其司法化的差距与市场法律制度相比显得更为突出。同样是因为规范渊源的分散性,欧洲联盟、欧洲理事会之间在某些法律方面的划分也发生在联合国与世界贸易组织之间。但不同的是,欧洲范围内有两个司法机构,即欧洲人权法院和欧盟法院,它们二者之间的沟通与交流构成了某种共同治理,这种共同治理可以进一步制度化,并有助于解决商品和非商品价值之间的冲突。相反,在全球范围内,这种划分却伴随着某种失衡,且可能随着世贸组织建立起来的司法和非司法的争端解决机制而进

---

[388] W. Bourdon, *La Cour pénale Internationale*, *le statut de Rome*, Seuil, 2000, p. 80; voir aussi *The ICC Statute*, dir. A. Cassese, Oxford Umversny Press, 2002.

[389] S. Zapalla, "The Reaction of the US to the Entry into Force of the ICC Statute", *JICJ*, 2003, n°1, p. 114 *sq*.

一步扩大。[390] 相比之下，联合国在人权保障领域却迟滞不前。尽管联合国很早就通过《世界人权宣言》和两个人权规约，但有关人权保障的程序仍旧存在很多不足：司法审查机构还只是存在于区域层面，我们可以看到，这些机构潜在的普遍效力仍旧十分有限，有关人权诉求的可受理性不仅受制于穷尽当地救济的规定，而且还要求有关诉求必须是针对成员国提出的。在全球范围内，则根本不存在一个司法审查机构，对此仍旧只能靠某些独立机构的行政审查来弥补，例如1977年根据《公民权利和政治权利国际公约》成立的人权委员会（公约第26条），或者是靠政治监督来弥补，如政府间的机构，这里主要是指联合国人权委员会。[391]

不过，上述审查机制的建立也有程序司法化的努力。比如，根据《公民权利和政治权利国际公约》成立的人权委员会不限于对侵犯人权的情形，根据公约的条文规定发布咨询意见，呼吁有关国家采取相关措施，包括一般性措施和/或个别措施以符合公约的要求。此外，它还致力于监督上述措施的执行，请求有关国家在三至六个月的期限内就采取的措施向其提供相关信息。在年度报告中，还可能公布那些反复出现侵犯人权的国家的信息，从而进一步强化其建议的重要性。总之，我们可以看到人权委员会上述跟踪程序的有效性：该委员会发布的咨询意见中大致1/3得到了有关国家采取普遍或单独措施作为回应，或者是有关国家修改了存在争议的立法。[392] 但是，在190个成员国中只有100多个国家接受了它的管辖权。

此外，还存在联合国人权委员会实施的政治监督，但是，这个政府间机构在实施监督时主要还是"围绕国家利益展开"，从而转变为"意识形态斗争的工具"[393]。只有那些"专题"程序的建立似乎

---

[390] H. Ruiz Fabri, « Le règlement des différends au sein de l'OMC... », *op. cit.*, p. 303 sq.

[391] 本书写于人权理事会成立之前——译者注。

[392] F. Sudre, *Droit international et européen desdroits de l'homme*, PUF, 5ᵉ éd., 2001, n°294.

[393] *Ibid.*, n°305.

可以改变这种情形。这是因为,后者是交给工作组来完成的,工作组是针对投诉而专门成立的,其工作成果是发布报告来公开那些严重违反人权的特殊案例。在非政府组织对此持续施压下,这些非正式的程序表现出某种程度的有效性。比如,"关于任意羁押行为的工作组"就先后审查了 2000 例左右的人身羁押案件(包括行政羁押,如对请求避难和移民而实施的临时羁押),其中有 1100 例被判定为具有任意性质,其余的则被释放,或者被认为不构成任意羁押行为。该专家组还努力使其程序司法化:它按照书面和辩论程序来审理个案;其结论意见以年度报告的方式发布并提交给人权委员会,在内容上结论意见包括以人权宣言为依据作出的事实判定,以及对有关国家作出的建议,指出它应当采取的措施。上述做法实际上没有任何先例可循,"表现出某种矛盾性,它没有公约依据,却让联合国成员国因为某项控诉而受到审查,即便该国没有事先同意。尽管如此,上述做法还是在实践中被接受了。"[394]这种非正式程序的潜在有效性是值得关注的,当然前提是个人控诉能够被受理。这表明,在审查机制的司法化与救济请求的可受理性之间存在着关联。

2.1.2 向私人开放的上诉途径

私人在国际法上成为积极或消极主体这可能是一项重要的发展,它伴随着那些具有普遍意义的规范而出现。但是私人能够利用的救济途径的组织,目前还非常不具有一致性和明确性,如果用程序法实践有效的话来说,它表现出价值间的冲突,这些价值冲突存在于对公理的认识上。在一般意义上,私人能够利用的救济途径在功能上可以使国家弱化,但是,它们并不因此代表一个真正价值共同体的出现,至多只是反映了某种利益共同体,然而这些利益共同体彼此之间有所不同,甚至还存在某种冲突。因此有必要对

---

[394] F. Sudre, *Droit international et européen desdroits de l'homme*, PUF, 5ᵉ éd., 2001, n°308; voir aussi E. Decaux, *L'ONU face à la détention arbitraire, bilan de six années de fonctionnement du groupe de travail sur la détention arbitraire*, Cedin, université Paris-X, « Actes et documents », 1997.

它们加以区分,有的是向人权受到侵害的个人开放的,有的是向企业开放的,也有的是向国际罪行的受害者开放的。

就企业而言,人们曾长期强调了经济法的特殊性,以及法官缺乏在该领域进行裁判的能力:"经济因素究竟有没有不可忽略的法律特征?"这是普洛斯珀·维尔在 1972 年时提出的疑问,他认为经济法还只是一个"正在形成的法律",同时"从科学意义上讲,国际经济法只是一般国际法的一个分支"。[395] 与经济全球化有关的现象似乎在一定程度上肯定了该观点,因为目前在商品化和司法化之间似乎建立起某种联系,其原因在于竞争法规则的强化:"处于全球化过程中的市场会让更多的变动的、未知的、无法预料的、属于不同文化领域的合作者相遇,而不是产生那些具有相同身份、相互熟知的合作者—竞争者的稳定关系。"[396] 一部分争端是由私人和解的方式得以解决的,它是作为一种替代性的争端解决方法被利用,但是随着冲突的加剧,利益衡量的必要性要求将争端提交给那些享有司法或准司法权力的规制机构:"法官的天然职能在于对不同的利益、不同的权利和不同的价值诉求做出平衡。"[397] 上述情形存在于国内法中,而且在区域层面的国际法中也同样存在,例如,在欧盟层面上,向法庭提出权利救济请求的权利就得到了强化。[398]

在全球范围内,上述进程也在不断形成。在投资法上,"一些国家倾向于积极地、通过多边途径让私人企业成为国际法上的积极主体"。[399] 事实上,这些国家允许投资者直接通过国际仲裁向东道国提出主张,以解决他们和东道国之间的争端。在很多双边投资条约中都有这样一个条款,当东道国违背条约义务时,允许私人

---

[395] P. Weil, « Le droit international économique », in *Aspects de droit international économique*, Pedone, 1972, p. 3 *sq.*

[396] C. Barrère, « Marchandisation et judiciarisation: la régulation judiciaire des relations marchandes », *Économie appliquée*, 2001, t. LIV, n°3, pp. 9-37.

[397] M.-A. Prison-Roche, « Le droit de la régulation », D., 2001, chr. 610.

[398] *Le Droit au juge dans l'Union européenne*, *op. cit.*; également C. Harlow, « L'accès à la justice comme droit de l'homme », in *L'Union européenne et les droits de l'homme*, dir. Ph. Alston, Bruylant, 2001, p. 189 *sq.*

[399] R-M. Dupuy, *Droit international public*, *op. cit.*, § 26.

投资者直接向解决投资争端中心提出争端解决请求。[400] 这一机制有利于投资者,同时大大限制了东道国的权力,在多边投资协定草案中也得到支持,同时也受到了北美自由贸易协定的启示。但是在经合组织框架下的多边投资条约草案最终没有得到支持:该草案由一个消费者组织在互联网上予以公开后,受到非政府组织和一些国家的抵制,其中包括法国,其理由是担心该公约会对国家保护文化、环境和发展的公共权力产生限制。自从第一次反全球化抗议运动以来[401],有关多边投资条约的谈判被搁置,同时在西雅图召开的世贸组织多边贸易谈判也因此受到重大影响而停滞不前。

实际上,有关投资争端解决的问题始终存在,一些学者认为应当支持多边投资公约,因为它是一个对各方都有利的方案:"它保护投资者免受外国政治和经济变动带来的损害,同时它也保护国家免受那些大型跨国公司越来越苛刻的权利诉求造成的影响。"[402]

还需要避免的是商品价值与非商品价值之间冲突加重带来的后果。承认经济主体具有国际法主体地位(例如特别是允许私人参与世贸组织争端解决程序的话)将不仅限于强化作为主动主体所享有的权利,为他们提供权利救济的途径。同时还需要明确他们作为国际法被动主体所应承担的责任,他们应当像国家一样,在违反国际人权法或人道法时承担相应的法律责任。这里的问题与前面他们享有向企业提出权利的问题有关。

换句话说,就规范整体本身而言,与非国家的私人实体有关的救济途径的不对称性可能是进一步加大不平等性的因素,激化价值冲突,最终弱化规范普遍主义的正当性。

然而,上述权利与责任的不对称在不断加剧,而且,在一般私

---

[400] P.-M. Dupuy, *ibid.*, § 624 *sq.*, Ch. Leben, «Retour sur la notion de contrat d'État et sur le droit applicable à celle-ci», in *Mélanges Hubert Thierry. op. cit.*, p. 247; *Le Droit international des affaires*, PUF, 2003 (6ᵉ éd.), p. 108 *sq.*; P. Weil, «Des investissements privés internationaux», in *Écrits de droit international*, PUF, 2000, p. 303 *sq.*

[401] F. Ost et M. van de Kerchove, *De la pyramide au réseau?*, *op. cit.*, pp. 114-115.

[402] P. Weil, «Des investissements privés internationaux», *op. cit.*, p. 422.

人主体(个人和非政府组织)和经济主体之间,这种差距进一步加大,然而对此采取措施的可能性目前还很有限,不论是在严格意义上的人权法还是在涉及人道法的问题上均是如此。

全球体系在本质上是建立在国家制定和提交的报告基础之上的,这与个人向区域人权法院(欧洲人权法院、美洲人权法院)提出权利救济请求不同,也不同于《欧洲社会宪章》及其新近生效的议定书所规定的集体诉求机制。就个人而言,个人提出诉求的权利只是由1976年生效的《公民权利和政治权利国际公约任择议定书》予以认可[403],但这种权利诉求涉及的只是行政程序而不是司法审查程序(尽管存在司法化的努力),而且这种权利诉求机制只适用于那些批准了任择议定书的国家。对于其他国家,个人来文诉讼程序在经济和社会理事会的推动下渐渐建立起来,首先是由联合国人权委员会根据个人来文有关严重侵犯人权的情形进行审查(1967年第1235号决议),然后又在此基础上增加了能够最终作出观察报告的程序(1970年第1503号决议),此后又发展出关于紧急状况和不可克减权利的专门报告。但这种政治审查机制仍旧十分有限,其秘密性进一步弱化了其有效性。[404]

相反,当违反人权的情形构成国际罪行时,《罗马规约》规定"受害人的观点和忧虑应当得到表达和受到审查"(第68条),在必要时还要借助于他们的律师。虽然还没有像凯尔森在1944年时设想的,将受害人接受为诉讼主体,《罗马规约》关于受害人的规定与此前的国际刑事法庭很不同,尽管在普通法系国家受害人的诉讼地位仍没有得到承认。对此,一些建议认为应当明确增加一些特定的国际罪行罪名,跨国企业能够对这些罪行直接承担责任,例如:在生物技术领域(复制性的克隆技术),或者是环境犯罪。在最严重的情形下,刑法或许能够在非国家主体之间建立某种平衡。特别是,根据普遍管辖权原则,上述建议可以被付诸实施,其途径

---

[403] 在签署了《公民权利和政治权利国际公约》(PIDCP)的133个国家中,只有少部分国家批准了可以向人权委员会提出上诉的附加协议。

[404] F. Sudre, *Droit international et européen des droits de l'homme*, op. cit., n°48.

则是国家法官的世界化。

2.2 国家法官的世界化

随着国际法规范被纳入国内法律体系[405],国家法官承担其国际法(区域层面或全球层面)守护者的角色,但其具体做法则根据不同法律体系是否接受国际法的直接适用而有所不同。例如,《公民权利和政治权利国际公约》可以像《欧洲人权公约》那样,在法国的国内法院援引适用,只要该案件属于法院的普遍管辖权(属地或属人)范围。但是"法官的世界化"有更多的内涵,因为它意味着法院管辖权扩大到那些与国家没有任何关联的事实上(在国外发生的,由外国人实施的,受害人为外国人的那些事实)。这种所谓的"普遍管辖权"应当有充分的理由得以实施,特别是当它的目的是为了保护那些普世价值时。

但逻辑只是表面上的,因为矛盾的是国家法官的世界化与全球性司法机构同时出现,正如在国际刑事法庭建立的背景下引起法官之间的某种竞争关系,其目的是让法官们"警醒起来"[406],同时,出于前面提到的那种相邻性关系效果,不同法院的法官们开始适用那些曾经长期被模式化的法律规范。当法官们警醒起来之后,他们开始扮演某种主动的角色,以至于有可能转变成为"守护人性的游荡骑士",如同贝卡利亚(Beccaria)曾经指出的那种情形。[407] 我们发现,普遍管辖权的路径不仅要求存在明确具体的法律依据,而且还要求在不同法律体系之间进行某种协调,后者在全球范围内仍不太现实(很明显的例子是,欧盟国家之间关于协调问题的讨论)。[408]

由此,有必要采取第二种替代的补充性路径,这就是混合法

---

[405] 参阅法国最高行政法院的报告,*La Norme internationale en droit français*, op. cit.

[406] A. Cassese, « L'incidence du droit international sur le droit interne ». *Juridictions nationales et crimes internationaux*, op. cit., p. 559.

[407] A. Cassese, « Y a-t-il un conflit insurmontable entre souveraineté des États et justice pénale internationale », in *Crimes internationaux et juridictions internationales*, op. cit., p. 21.

[408] 有关案例参阅 *L'Harmonisation des sanctions pénales en Europe*, op. cit.

庭。它们有助于实现协调,因为这些法庭是由部分国家法官和部分来自不同国家的国际法官组成,他们并不代表本国而是代表了国际社会这一整体。

2.2.1 普遍管辖权

普遍管辖权的做法并不新鲜。意大利学者在 13 世纪就曾对此做过论述,当时主要是针对《查士丁尼法典》的解释展开。当时人们将被告人的逮捕地与其住所地相混淆,该做法在很多城市和古代时期的文艺复兴城邦得到实施。[409] 格劳秀斯对此予以支持,其依据的是自然法和万民法:"国王以及与国王有相同权力的人有权对侵犯他们本人和臣民的罪行施加惩罚,而且还能对那些没有直接涉及他们本人的罪行加以惩罚,只要这些罪行过分冒犯了自然法和任何人所享有的万民法权利。"[410] 格劳秀斯对此写道:"这是一种为了人类社会的利益施加惩罚的权力。"

法国思想家,从孟德斯鸠到伏尔泰以及卢梭,进一步附和德国和荷兰那些深邃的形而上学的法学家:"伏尔泰曾写到,没人能够比格劳秀斯更好地阐释了普芬道夫的思想和几乎所有关于公法的评注,它们实际上容易让人产生误解,含义模糊且不确定。"这里可以做个有些幽默的设想,假如一个罗马人在埃及杀死了作为神圣宠物的猫,一个埃及人在罗马杀死了一只有神圣身份的鸡,那么对此该如何作出判决? 可以推断的是,"每一个国家都有自己规定的触犯法律的鲁莽行为,以及属于它自己地域和时代的犯罪行为。"[411]

法国思想家大力推崇的理性导致革命者接受了法律的地域性,进而在《民法典》的开始就作出这样的规定:"关于警察权力和安全的立法对居住在法国领土上的所有人都有约束力。"(《民法

---

[409] G. Guillaume, «La compétence universelle, formes anciennes et nouvelles», in *Mélanges Levasseur*, Litec, 1992, p. 23 sq.

[410] H. Grotius, *Le Droit de la guerre et de la paix*, op. cit., L. ll, chap. XX, XL, PUF, 1999.

[411] Voltaire, *Des crimes de temps et de lieu* (1770—1772), in *Questions sur l'Encyclopédie*.

典》第 3 条,《刑法典》第 113-2 条)地域性的原则被贝卡利亚进一步体系化:"我们认为,一项严重的犯罪事实,例如在康斯坦丁堡犯下的罪行,也能够在巴黎受到审理。其抽象理由是,一个侵犯了人道主义的罪犯实际上值得被所有人视为敌人,因此应成为普遍管辖的对象。但是,法官不是一般意义上的人类情感的复仇者,而是人类之间契约的维护者。"[412]

从康斯坦丁堡到巴黎地域的跨越,在现实中却遇到具有讽刺意义的实例。在著名的荷花案中,土耳其将法国作为被告起诉到国际常设法院,后者认为国家有权将其管辖权延伸至其领域外:"国际法并没有限制国家将其法律和管辖权扩张到其领域外的人、物和行为。相反,国际法留给国家广泛的自由,这种自由仅在个别情况下受到限制,例如存在着禁止性规则,在其他情况下,各国可以自由采纳自己认为最佳和最为适当的原则。"[413]由此,土耳其主张消极国籍原则(即受害者国籍原则)来反对船旗国原则(法国援引该原则扩大其管辖权范围),这得到了国际常设法院的支持,由此能够对法国船长因为疏忽所犯下的杀人罪进行审理。

从 17 世纪开始普遍管辖权被适用于海盗犯罪,但国际常设法院在此之外还增加了一个更为广泛的原则,即:国家可以自由决定其管辖范围的规则。另外值得注意的是,当时的做法并不是为了保护那些普世价值,而是为了保护各国的共同利益。

普世价值维护者的角色在 20 世纪后半叶得到显现。它有时会在民事领域自动地并以单边形式得到运用。例如,美国法官在 20 世纪 80 年代就根据那部非常古老的外国人侵权诉讼法案,认为对任何侵犯人权的情形,以及任何违背国际法的行为进行审理,并可以判定致害者提供损害赔偿。由此,美国法官对拉美几个国家发生的酷刑行为,在菲律宾、东帝汶、埃塞俄比亚和波斯尼亚发生的犯罪行为进行了审理。目前,美国法官也决定对跨国企业适用

---

[412] C. Beccaria, *Traité des délits et des peines*, § XXl (1764), trad. de Morellet, Milan, Franco Sciardelli, 1987, p. 95.

[413] *Affaire du Lotus*, CPJI, 7 sept. 1927, série A, n°10.

该法律,主要针对其侵犯人权的情形。[414] 在多边情形下,上述做法可能使各国采取的措施受到限制,联合国人权事务高级专员在 2002 年特别提出了一项行为指导方针草案[415],该文件反映了两方面的内容:一是跨国企业的自律行为;二是国家的规制行为(母国和东道国),后者应采取"任何合理的措施"来确保企业遵守人权方面的国际义务。但是上述文件只是指导性文件,不具有强制性。

相反,在刑法领域,一些国际公约明确规定了普遍管辖权。困难是该管辖权原则的出现是根据个案一步步发展起来的,但它被国际法的不确定性与国家实践的多样性所弱化。

国际法的不确定性首先表现在对普遍管辖权的不同理解上:一方面,具有"绝对"意义的普遍管辖权允许各国法官对任何被控犯下严重国际罪行的人进行审理,包括外国人在国外对外国受害者犯下的罪行,该管辖权的行使不受任何条件限制,包括不要求犯罪嫌疑人位于该国领域内;另一方面,普遍管辖权可以是"有条件的",要求犯罪嫌疑人必须位于行使管辖权国家的境内,另外还要求满足其他一些实体或程序上的条件。

绝对的普遍管辖权会遇到很多困难:首先,在实践上,这种管辖权有些不切实际,最为可能的情形是,犯罪嫌疑人从来不到行使管辖权的国家,且不会被引渡到该国,同时搜集犯罪证据也会遇到无数的困难[416];其次,在法律上,假如被告人受到缺席审判,那么这种缺席审判则可能违反被告人享有的辩护权,并有可能与其他主张行使属人或属地管辖的国家产生冲突;最后,在政治上,普遍管

---

[414] Alex Markels, « Multinationals pressured by Myanmar Human rights case », *The New York Times*, 2003 年 6 月 22—23 日在旧金山对优尼科集团的诉讼案,参阅 Sosa c. *Alvarez-Machain*, *Cour suprême*, 28 juin 2004.

[415] 联合国人权最高委员会报告, *Stratégies de lutte contre la pauvreté sous l'angle des droits de l'homme*, sept. 2002; comp. « Principes de responsabilité des entreprises transnationales », élaborés par la Sous-Commission des droits de l'homme, 13 août 2003, *supra*. p. 157 sq.

[416] 参阅 2001 年 6 月 8 日在比利时布鲁塞尔重罪法庭审理的卢旺达案件, in *Juridictions nationales et crimes internationaux*, *op. cit.*, p. 111.

辖权可能导致"对权力划分原则的危险背离"[417]，因为国内法官对外国政治首领进行审判时，事实上拥有了准外交和政府间事务的权力。如果说国际法并没有强制接受上述观念，那么，国际法在承认普遍原则时也没有对其加以禁止。

因此，有关普遍管辖权的问题很难讲清，特别是不存在对普遍管辖权加以定义的一般原则，即便是对那些最严重的国际罪行，例如《罗马规约》所规定的罪行（种族灭绝罪，反人道主义罪，包括一些形式的酷刑和战争罪，以及违反日内瓦公约规定的严重罪行），也没有对管辖权加以明确界定。对此，有必要参考条约法和习惯法规定，尽管这些规定本身也不一致。如1948年关于种族灭绝协议只是提到了地域管辖，1984年关于禁止酷刑的公约则给缔约国施加了行使普遍管辖权的义务[418]，但是该公约条文也表明这不是一项绝对的义务，因为它要求犯罪嫌疑人身处有关国家领土时，该国才应行使普遍管辖权，而没有进一步扩大普遍管辖权的适用范围。就日内瓦诸公约而言，它只是规定各缔约国对严重违反公约的行为进行追诉，"不受犯罪嫌疑人国籍的约束"，但并没有明确该管辖权的依据，尽管它表面上似乎是普遍管辖权[419]，却并没有直接予以表明。最后，《罗马规约》也没有规定普遍管辖权，尽管人们可以认为它间接地促使有关国家采纳这一原则[420]，因为它规定，国际刑事法院的管辖权服从有关国家意愿缺失或不能对有关犯罪事实进行审理的事实（第17条）。

---

[417] A. Cassese, in *Crimes internationaux et juridictions internationales*, *op. cit.*, p. 23; également le débat entre G. Fletcher, L. Arbour, A. Cassese et G. Abi-Saab, *JICJ*, 2003, p. 580 *sq.*

[418] A. Cassese, in *Juridictions nationales et crimes internationaux*, *op. cit.*, p. 557; P. Gaeta, « Les règles internationales sur les critères de compétence des juges nationaux », in *Crimes internationaux et juridictions internationales*, *op. cit.*, p. 191 *sq.*

[419] P. Gaeta, *op. cit.*, p. 206.

[420] W. Bourdon, *La Cour pénale internationale*, *op. cit.*, p. 303 et 306; G. Werle et S. Manacorda, « L'adaptation des systèmes pénaux nationaux au statut de Rome: le paradigme du "Völkerstrafgesetzbuch" allemand », *RSC*, 2003, p. 501 *sq.*

面对有关普遍管辖权不太明确的许可性规定,国家可以保留非常宽泛的自由裁量权。因此,并不令人感到意外的是,自从各国法官变得警醒以来,各国在普遍管辖权上的实践也变得非常多样化,《罗马规约》在该问题上的沉默并没有减弱这种趋势。在接受国际法规范最低程度和最高程度之间,不同国家的立场和态度非常有差异,即便是同一国家,对不同的罪行采取的做法也不一样:比如在法国,立法上并没有将违反日内瓦公约的行为规定为犯罪[421],但在涉及前南斯拉夫和卢旺达问题时却将上述行为按照犯罪来处理(1995年1月2日立法,1996年5月22日立法),此外,还将酷刑行为规定为可以行使普遍管辖权的犯罪(《刑法典》第689-2条),但前提是有关犯罪人位于法国境内(第689-1条)。另外值得注意的是,法国人权咨询委员会曾对法国为加入国际刑事法院而专门起草的立法提出了批评意见(2003年3月15日)。在其他国家,比如俄罗斯和大多数伊斯兰国家,它们仍采取非常保守的立场,对于酷刑行为还没有通过立法规定为可以行使普遍管辖权的罪行。例如在塞内加尔,上述立法空白阻碍了对前总统提出诉讼并作出判决。[422]

反过来,还有一些国家更为激进,规定了比国际法中更广泛的普遍管辖权的要求。例如,比利时在1999年将1993年的法律进行了修订,对严重违反人道法的行为进行刑事制裁,不过2003年4月23日法律又对相关立法作出了修改,软化了相关规定,使得美国根据2003年8月5日的立法被排除在普遍管辖权范围之外。[423] 同样在西班牙,该国根据1985年7月1日的法律也对一系列行为行使普遍管辖权,包括种族灭绝和恐怖主义行为,但在判例上则改变

---

[421] 关于国家法规换置的必要性,参阅 M. Benillouche in *Juridictions nationales et crimes internationaux*, op. cit., p. 171 sq.

[422] 2001年3月20日塞内加尔最高法院关于 *Hissène Habré* 的案件审理;A. Cissé, in *Juridictions nationales et crimes internationaux*, op. cit., p. 437 sq. P. Gaeta, «The *Hissène Habré* case», JICJ, 2003, p. 186.

[423] L. Reydams, «Belgium reneges on universality: the 5 August 2003 Act on grave breaches of international humanitarian law», JICJ, 2003, p. 679 sq.

了这一做法。[424] 不过,德国则刚刚通过了一部《国际刑法典》,其中包括 14 个条款(该法于 2002 年 6 月 30 日生效):该部立法被视为其他国家立法的示范,因为它可能影响其他国家的立法进程,它规定了无条件的普遍管辖权,唯一的灵活性规定是对犯罪进行追诉时的适当性考虑,这一做法与德国法所强调的罪刑法定性原则有所不同,它允许检察官对犯罪提起诉讼时要考虑由此引起的外交困难或实践做法。[425]

面对上述各国不同的做法,令人遗憾的是国际法院在审理刚果起诉比利时案时,并没有对普遍管辖权问题采取明确的立场。[426] 在该案件中,引起争议的是比利时预审法官向刚果在任的外交部长发出逮捕令,理由是他严重违反了日内瓦公约的规定及反人类罪。法院只是对刚果外交部长享有的属人豁免作出了判决,但是,在逻辑上,法院实际上应首先对比利时行使的普遍管辖权作出判定,国际法院的一些法官在个人意见中也对此问题提出了意见。从这些个人意见中可以看出,法院在上述问题上存在两种不同的观点:法官们似乎对该问题未能达成一致意见,他们都认同绝对管辖权和有条件管辖权之间的区分,但是对条件本身却存在不同的认识。后来,刚果又提出了新的诉讼,针对法国法官对刚果政府高级官员犯下的酷刑罪提出追诉。[427]

在国际法得到澄清和国内法实现协调之前,不同管辖权之间缺乏等级关系的现状可能导致追诉犯罪的情形大量出现,不可避

---

[424] H. Ascencio, « Are Spanish courts backing down on universality? The Supreme Tribunal's decision in Guatemalan Generals », *JICJ*, 2003, p. 690 *sq.*

[425] G. Werle et S. Manacorda, « L'adaptation des systèmes pénaux nationaux au statut de Rome… », *op. cit.* Comp. pour le génocide, *Les Processus d'internationalisation du droit pénal*, *op. cit.*, notamment E. Fronza et N. Guillou, p. 173 et 213.

[426] A. Cassese, « Peut-on poursuivre de hauts dirigeants des États pour des Crimes intemationaux? À propos de l'affaire *Congo c. Belgique* », *RSC*, 2002, p. 479.

[427] 国际法院 2003 年 6 月 17 日 Congo c. France 案件的判决否决了保守性措施。

免的是各国管辖权之间的冲突。但是,当属地国主张优先时,根据反酷刑公约,还需要使其管辖权的行使得到保障:比如在皮诺切特案中,智利只是在放弃对前国家元首的豁免权的前提下才能向西班牙提出属地优先的主张。目前,只有1999年打击为恐怖主义活动提供经济支持的公约规定了缔约国不仅应当承认属地国家的优先权,而且还对相关国家之间如何就此作出协调行动作出了规定(第7.5条)。[428]

在某种程度上,对犯罪进行追诉行为的大量出现对于解决犯罪不受惩罚的情形来说是好事,但它也会在一定程度上造成"法庭选择"的情况(犯罪受害人会选择对其最有利的法庭来追诉犯罪行为),这会损害相关法律体系的正常运转,比如对犯罪的所有追诉行为都集中在若干国家。这可能就是比利时在2003年修改其立法的原因。

总之,在没有充分准备之前,世界法官的角色并不容易承担。此外,国家法院和国际刑事法院之间的管辖权划分要求遵循协调的指导原则,首先是在法律规范的解释上,要求由国际刑事法院或国际法院来完成[429],或者可能的情况下,最终实现对外国判决的承认,但相关的程序和实质条件还需要进一步明确。

混合性法庭的建立可以间接地促进这种协调,其方式是促进共同司法文化的形成,比如拟建法官共同体,尽管价值共同体还不能马上建立起来。

2.2.2 混合性审判

除了前面提到的非刑事替代性机构之外[430],一些尝试性的做法已经出现(在科索沃、塞拉利昂、东帝汶等)或者被接受(联合国

---

[428] P. Gaeta, «Les règles internationales sur les critères de compétence des juges nationaux», *op. cit.*, p. 209 sq.

[429] 参阅 *Juridictians nationales et crimes internationaux. op. cit.*, p. 656.

[430] A. Lollini, «Le processus de judiciarisation de la résolution des conflits: les alternatives», *op. cit.*; R. N. Christie, «La mondialisation du monde», in *Le Droit pénal à l'épreuve de l'internationalisation*, dir. M. Henzelin et R. Roth, LGDJ et Bruylant, 2002, p. 337.

与柬埔寨之间于 2003 年 6 月 6 日达成协议，成立"特别法庭"审理红色高棉领导人在 1975 年至 1979 年之间犯下的罪行）。[431] 还有建议认为[432]，除了通过建立临时性法庭审理"9·11"恐袭事件之外，建立混合性法庭可能有助于搜集那些分散于世界各地的证据，并且改善对被告人辩护权的保护，特别是相对于 2001 年 11 月 13 日根据美国法令建立起来的特别程序而言[433]，这种改善是明显的。

假如目前对混合性法庭作出总结还为时过早的话，那么目前的初步分析可以梳理出一些共同的特点。[434] 首先是混合性的概念，它首先是指各个法庭的组成。这里存在的问题是法庭组成的均等性并不总能得到保证。比如有关柬埔寨的协议，规定由两位检察官和两位预审法官构成，这有利于国家法官的裁决，而且仅规定任何决定必须经过至少一位国际法官的同意才能通过。但是混合性也可以指可适用的法律规范本身，即同时包含国家法规范和国际法规范，具体做法在各国又不同。因此根据国际法规范解决了一些有关柬埔寨的难题[435]，其中包括对罪行和刑罚的定义（第 9 条和第 10 条），排除赦免和其他任何形式的免除制裁的规定（第 11 条），以及被告人权利的规定（第 13 条，参考《公民权利和政治权利国际公约》）。相反，对于塞拉利昂而言，2002 年 1 月 16 日达成的协议允许在一定条件下对 15 至 18 岁之间的未成年人进行审判，而这种情形是被此前的国际刑事法庭所排除的。

就那些目前很少得到研究的判决而言，从判决的编写和英文

---

[431] D. Boyle, « Les Nations unies et le Cambodge, 1979—2003. Autodétermination, démocratie, justice internationale », thèse, université Paris-I, 9 mars 2004.

[432] A. Cassese, *International Criminal Law*, Oxford University Press, 2003, p. 456.

[433] D. Amann, « Le dispositif américain de lutte contre le terrorisme », *RSC*, 2002, p. 744.

[434] S. de Bertodano, « Currents developments in internationalized courts ». *JICJ*, 2003, p. 226.

[435] D. Boyle, « Quelle justice pour les Khmers rouges? », *RTDH*, 1999. p. 773, « *Les Nations unies et le Cambodge, 1979—2003* », *op. cit.*

译本来看,这些判决似乎更强调对事实的描述和证人证言的总结,相对而言法律分析则不充分。比如对东帝汶法庭的判决的初步分析表明,检察官和辩护人都大量援引了国际刑事法庭的判例,然而法庭的判决却没有提供充足的分析,甚至没有表明究竟是支持还是反对上述对判例的援引。同样,在科索沃,"国际司法援助"规定了国际法官为国家法官提供协助。加入这种协助强化了法官的独立性,以及法庭的运转,但不能肯定的是,这种援助能否充分保障判决的质量(判决文书通常只有三至四页)。当然,这里的问题不仅是法律的,因为一些观察意见指出存在着技术手段、硬件和资金的短缺,这些状况显然与位于海牙的前南斯拉夫刑事法庭与国际刑事法院形成对比:由此可见,不同法庭之间存在着较大的发展程度的差距。

这里是否应当说那些有普遍意义的刑法规范的效力是无法实现的,哪怕是部分地实现也不可能呢?显然完全放弃不如致力于改善,包括在那些发达国家。如在美国,推广这些法庭的实践,它们或许可以成为未来法律多元化的实验,但前提是它们不应被那些对国际刑事法庭持有敌意的国家所利用。

总之,关于法律普遍性的缺陷,以下三点有助于确定未来的发展方向。

最根本的批评意见在于不同价值间的冲突,这些价值是所有法律体系和社会的基石。不论这些冲突是在人权内部造成的,还是在商品价值与非商品价值之间造成的,包括人与人道主义之间的冲突,其中的协调即不能取决于那些传统的观念,也不能仅取决于那些有约束力的强制性法律规范。

因此,人们也许会思考不同法律体系的相对性和自主性。但是,在全球化和相互依赖的背景下,各个体系所追求的独立性有可能会滑向对那些最强国家法律体系的依赖:从多元相对主义滑向帝国主义式的相对主义,这有可能与普世性的帝国主义观相混淆。因此,至少要从检视这种相对主义出发,在全球化不断深化的背景下明确法律相对主义的局限性。

总之,抛开表面现象,本书认为相对主义并不现实,现实可行的是利用法律的想象力走出困境。我们前面所分析的那些问题,不论是法律概念本身的模糊性,还是规范效力存在的问题,或许会为将来价值共同体的建立提供一条路径,也就是通过模糊性的赌注,软法和弱法可能成为应对这种复杂性的保障;应当从思想观念的不完整性中汲取营养,而不是深陷于客观现实的窠臼。

第二章

法律相对主义局限性或事物的力量

相对性最强劲的敌人不是普遍性。尽管发明了一些像人权或者反人道主义罪行这样的法律概念,普遍性在实证法中的出现也只是碎片性的,它的一些弱点并没有排除要回归相对主义思想上去的倾向。人们甚至想到它们会促进"帝国主义人道主义思想"[1]取得一定势力,反映某种起主导作用的相对主义,隐藏于普遍管辖原则的某些实施,或者民事适用或者刑事适用背后。五年来向美国各法庭提交的关于大屠杀的诉讼(几千名受害者提出近75起诉讼,控告各国的企业和银行从第二次世界大战纳粹党屠杀犹太人的历史事件中谋求利益)说明,"普遍管辖权的实施,同时伴随着以人权普遍性为基础的强大雄辩能力,终于在全世界强制实行美国的法律文化和程序标准"。[2] 如果说美国法官就这样成为"国际非法行为审判的自然法官"的话,那是以骗人的普遍主义的名义才使得这样一个强大的国家在这样一个全球性的规模上强制实施这些标准。相反,我们还记得比利时在美国的强压下,不得不放弃自己刑法方面的普遍管辖权。这就是说,普遍性/相对性这一组关系不能只从理论的观点来分析,仿佛一个方面的欠缺足以保证另一个

---

[1] A. Cassese, « Y a-t-il un conflit insurmontable entre souveraineté des États et justice pénale internationale? », in *Crimes internationaux et juridictions internationales*, dir. A. Cassese et M. Delmas-Marty, PUF, 2002, p. 25.

[2] H. Muir Watt, « Privatisation du contentieux des droits de l'homme et vocation universelle des juges américains, réflexions à partir des actions en justice des victimes de l'holocauste devant les tribunaux américains », *RIDC*, 4, 2003, p. 883 *sq.*

方面的有效性。而且,相对主义本身不是一个统一的法律理论,而是一个模糊的词,混合了很多不确定的经验性描述(体系多样性)以及道德规定(价值多元性),也可以说是以宽容的名义接受并规定了独特性和中立性。多元性严格地扩展开来,叠加在不同的体系之上,但同这个体系并不相容。相反,多元性却要求政治独立和法律平等。这样的诉求遭遇了政治的不平等和社会经济的相互依赖,动摇了相对主义的基础。从这个意义上说,相对主义最强劲的敌人正是事物的力量。

1. 词语的模糊性

我们不要在法律的教科书中寻找关于相对性的陈述。这个词不是法律试验台的一部分。在这个词的描述性叙述中,以非常泛泛的介绍性词句,通过蒙田和帕斯卡尔式冗长的解释,阐述了法律的相对性,尤其是刑法的相对性。[3] 至于它的规定形式,对于这个问题的提出仿佛非常明显,不需片刻的犹豫,比如人们会提出:"应该保留国际私法的相对性"[4],这样可以试图调和国际法同比较法的关系,人们猜测,比较法与和谐甚至各国法律的统一有部分关系。

然而,无论是《法律理论社会学词典》(Dictionnaire de théorie et de sociologie du droit)《政治哲学词典》(Dictionnaire de la philosophie politique)还是《法律文化词典》(Dictionnaire de la culture juridique)[5],都没有对相对性作出一定的解释。这个词更多的是

---

[3] M. Delmas-Marty, « Si étonnant que cela paraisse... », in *Les Chemins de la répression. Lectures du Code pénal*, PUF, 1981, p. 9.

[4] B. Fauvarque-Cosson, « Droit comparé et droit international privé... », *RIDC*, 2000, p. 62 et p. 54,注释 12 引用了 Yves Lequette 的评论,指出"相对主义和开放的思想适合国际私法",(*Rev. Crit.*, 1995, p. 308); voir aussi, L. Amédée Obiora, « Toward au auspicious reconciliation of international and comparative analyse », *The American Journal of Comparative Law*, 1998, vol. 46, p. 669 *sq*.

[5] 参阅 *Dictionnaire encyclopédique de théorie et de sociologie du droit*, dir. A.-J. Arnaud, LEDJ, 2e éd., 1993; *Dictionnaire de la culture juridique*, dir. D. Alland et S. Rials, PUF, 2003; *Dictionnaire de philosophie politique*, dir. Ph. Raynaud et S. Rials, PUF, 3e éd., 2003.

反映道德哲学和伦理学，所以讨论也是围绕是否存在道德哲学和伦理价值问题进行。[6] 考虑到道德相对性本身不代表伦理的立场，而是站在伦理道德或者元伦理的位置上说话的，这一点是以描述性相对主义为基础，所以安娜·法戈-拉尔若（Anne Fagot-Largeault）更多的是对道德态度，如宽容和不干涉问题明确提出疑问，这种态度对后一阶段会有启发。法戈-拉尔若认为，这种元伦理不足以建立标准的根本性相对主义，因为相对主义"具有为了调解冲突产生暴力的危险"。因此，她总结说："最关键的一点就是找到真正交流的条件，一种不能引起担心失去身份特征的真正交流。"[7]

生物学家亨利·阿特兰（Henri Atlan）在区别不同伦理水平，根据这些水平进行描述（是什么）和标准制定（应该是什么）的时候也许提出了这样一种真正交流的条件。[8] 在初级水平，一上来就是普遍性的，表面上是解决了问题的：做坏事的都是坏人。从某种方式上说，在一些大的舆论运动当中，大范围的一致意见是建立在人们所说的"人道主义"道德基础上的，是这些大的舆论运动通过某种"愤慨的道德"带回到初级水平。这也许"比什么都没有要好"。但是这种道德"适合于所有操作手段，尤其是信息处理，比如在欺诈和情感的反常儿戏中做手脚"。[9] 相反，在二级水平上，愉悦和痛苦的经验，由于人类特有的记忆和表现能力，被反射到空间上，在时间上有所差异。这些经验根据地理和历史形势形成的不同的价值和标准体系重新建立起来，因此出现了相对主义，它是通过国家法律体系表现出来的。有些事情因为第三级水平而变得模糊，既不是纯粹的相对主义也不是普遍主义，在这一级水平上，各

---

[6] David B. Wong, « Relativisme moral », in *Dictionnaire d'éthique et de philosophie morale*, dir. M. Canto-Sperber, PUF, 3ᵉ éd., 2001.

[7] Anne Fagot-Lageault, « Les problèmes du relativisme moral », in *Une Même éthique pour tous?*, dir. J.-P. Changeux, Odile Jacob, 1997, p. 43 *sq*.

[8] H. Atlan, « Les niveaux de l'éthique », in *Une même éthique pour tous?*, *op. cit.*, p. 91 *sq.*; également, *Les Étincelles de hasard*, t. II, *Athéisme de l'écriture*, Seuil, 2003, p. 31 *sq.*

[9] *Ibid.*, p. 61.

种标准体系(国际法)相互共存有时会出现对话。至于四级水平,就是普遍伦理阶段,这依然是个假设,需要进一步建构,它不是一个通过纯粹理性演绎出来的元伦理延伸物,而是一种共同的解决方法,是经过多次实践不断探索总结出来的,尽管会存在一些临时的误解(面向未来的超国家法律)。

欧洲共同体那场不幸的遭遇的确说明(有时甚至带有些许的讽刺),我们在法律领域要达到第四级水平所需要克服的困难极其强大。而且这个程序尽管缓慢,却早已开始行动,足以使一部分理论变得强硬起来。正是这样,相对性开始理论化,讲授教理。从法律体系多样性的描述,人们转为更具有战斗性的规定性多元主义。这种多元主义在国际法(国际私法有时也有国际公法)中多有出现,这种叠加的多样性是由它拒绝的(和谐以及法律体系的统一)而不是通过那些可以确定每个法律体系自主性的方法(一方是单边主义另一方是双边主义)来确定的。我们现在就从描述性相对主义开始解释。

1.1 描述性相对主义(多样性)

为了进行比较而对法律体系的多样性进行描述是比较法的首要课题。[10] 意大利比较法学家鲁道夫·萨科(Rodolfo Sacco)认为这种不可避免的多样性可以通过"事物的自然属性"来解释。因此,他明确地指出:"一些真实的事物都是由多样性来主导的;这对真实的物质和真实的文化都有用。"[11]

阿特兰在以伦理方法对生物进行观察时曾提过一个概念:"通过观察事实和模型可以对理论起副主导作用。"[12]在生物学方面,通过多种不同的模型可以准确地预测观察结果,因此,阿特兰认为(过多理论化的)缺陷也会像一种品质,一种构成如人类大脑那样复杂健壮的生物体系一样的品质起作用。这种特

---

[10] R. David et C. Jauffret-Spinosi, *Les Grands Systèmes de droit contemporains*, Dalloz, 10ᵉ éd., 1992, p. 13 sq.

[11] R. Sacco, « L'idée de droit commun par circulation de modèles et par stratification », in *Variations autour d'un droit commun*, op. cit., p. 195.

[12] H. Atlan, *Les Étincelles de hasard*, t. II, op. cit., p. 271.

性,可以通过不同途径达到相同的或类似的思维状态,尽管在细节方面会有不同的连接结构。他还认为,这种特性可能会成为"主体间沟通交流的基础之一,也就是说能够让我们多少可以彼此理解的基础,尽管存在因基因、个体发展和历史背景而产生的大脑结构的差异。"

理论的大量出现也许可以促进法律体系的加强,汇合不同的历史,就像由教科文组织的四十多名哲学家撰写的报告中所指出的那样。正如我们前面提到的,大部分哲学家承认在一些原则上有可能达成一致意见,但正如雅克·马里顿(Jacques Maritain)强调的那样,条件是"没有人会提出为什么"[13]。

如果说相对性暗示了法律多样性,并没有排除共同原则的话,那么在不同的道路尽头,也许它既不是绝对的,也不是固定的。所以我们也明白,有很多比较法学家承认法律体系多样性可以同统一或者国际和谐程序相兼容。[14] 而且这样的过程通过彼此借用(模式流通)和法律体系不可避免的"层理现象"而变得容易起来。萨科强调说:"历史以一种明显的方式暗示了未来发展,它不能创造出任何永恒的或者不变的东西。"因此他提醒我们:"法律的方法是多样的,因为它们是多样性的产物。"所以,他得出这样的结论:"以不变的名义来维护法律方法是极其可笑的。"当然这不是要禁止宣扬多样性(正如他自己偶然也会这样做),而是"不要以不变的名义进行。"[15]

对那些以被重新命名的多样性的名义,按照更加学术性"法律文化的区别分析"方式,主张掀起一场真正的十字军东征,反对一切法律统一变化的人,意大利比较法学家作出了这样的答复:"因为法律只能在一种语言中存在,而一种语言只能构成一种独

---

[13] J. Maritain, « Introduction », in *Human Rights. Comments and interpretations*, Wingate (Londres), 1949, p. 9 sq.

[14] R. David et C. Jauffret-Spinosi, *op. cit.*, p. 8.

[15] R. Sacco, *op. cit.*, p. 197; également « Épilogue », in *L'Avenir du droit comparé, un défi pour les juristes du nouveau millénaire*, SLC, 2000, p. 357 sq.

特的偶然的连接,所以让法律普遍性突然间出现是不可能的。"[16]即使仅限于欧洲,也应该以本体相对主义的名义废除法律统一过程。本体相对主义最终将历史固定在不兼容性上,将永远把普通法体系与普遍的罗马—日耳曼体系对立起来,尤其是与法国法律制度对立起来。后者被描写成"萎缩于普遍性的教条主义当中,仅仅是扩张的民族主义和种族中心主义"[17]。尊重这些被看成是"不可通约的两种道德"的非兼容性被庄严地宣称为"比较法学家面对历史的责任"[18]。如果用阿波里奈儿(Apollinaire)关于艺术的诗句来解释,这种语气如同一种预言,宣布了"法律不断地发展成为国家法律,总有一天,整个宇宙生活在同一个气候之下,生活在建立在同一种模式的建筑当中,说同一种语言,带有同一个音调。这永远不可能。"[19]但是阿波里奈儿明确否定了不动性:"惊奇是最大的新动力"[20],然而,相对主义最热烈的维护者似乎正相反,他们不希望看到法律统一带来的惊奇,自第二次世界大战以后所发生的变化(受商法和人权法的影响)似乎宣告了传统观念所树立的国际法正在向跨国法律甚至超国家法律转变,这威胁了各国本国法律。我们在欧洲[21]、北美[22]、非

[16] P. Legrand, « Sur l'analyse différentielle des juriscultures », in *L'Avenir du droit comparé*, *op. cit.*, p. 317 sq.
[17] P. Legrand, « La leçon d'Apollinaire », in *L'Harmonisation du droit des contrats en Europe*, dir. Ch. Jamin et D. Mazeaud, Economica, 2001, p. 55.
[18] P. Legrand, *Le Droit comparé*, PUF, coll. « Que sais-je? », 1999, p. 101 et 99.
[19] P. Legrand, « La leçon d'Apollinaire », *op. cit.*, p. 37.
[20] G. Apollinaire, « L'esprit nouveau et les poètes », in *Œuvres en prose complètes*, t. II, Gallimard, coll. « La Pléiade », 1991, p. 949.
[21] *Epistemology and Methodology of Comparative Law in the Light of European Integration* (Conférence, Bruxelles, oct. 2002), dir. Mark van Hoecke, Bruylant, 2004.
[22] 关于《北美自由贸易协定》,参阅 *Intégrations et identités nord-américaines vues de Montréal*, dir. M.-F. Labouz, Bruylant, 2001; G. A. Bermann, « Le droit comparé et le droit international: alliés ou ennemis? », *RIDC*, 2003, p. 519 sq.

洲[23]、甚至在整个世界所观察到的现象,比如国际合同法[24]或者国际刑法[25],它们所波及的范围如此之广,以至于国家法多样性这个证词不再能够说明问题了。

随着地区以及世界法的融合,断断续续予以实施,说明共同的实证法是可能的,那么就有必要从描述走向规定,以宽容的道德原则名义规定多样性。

1.2 规定性相对主义(多元性)

多元性,除了法律同化的殖民模式以外,首先让人想起的就是同社会群体多样性相对应的法律人类学和法律社会学体系研究。但是"法律"的含义具有双重性,有时会指"在同一法律秩序当中应用于相同状况的不同法律规定同时存在",有时会指"无论存在法律关系与否的不同法律秩序多样化的共存"[26]。无论是哪种情况,在桑迪·罗马诺 1918 年出版的著作《法律秩序》[27](Ordinamento giuridico)的后序中已经指出,法律多样性都同法律秩序的概念相联系。

法律秩序这个概念是在 19 世纪的时候逐渐在德国产生的,当时在法国还是一个刚刚兴起的概念,这也许同法国大革命继承下来的严守法规的理念有关。德国的司法人员"需要考虑在一个直到 1871 年还没有政府和民族身份的政治体制当中的多元法律",但法国司法人员不同,他们所处的前景是"统一的法律,一个无所

---

[23] P. Dima-Ehongo, « L'intégration juridique des économies africaines à l'échelle régionale et mondiale », in *Critique de l'intégration normative. L'apport du droit comparé à l'harmonisation du droit*, École doctorale de droit comparé de l'université Paris-I, dir. M. Delmas-Marty, PUF, 2004, pp. 179-225.

[24] 比如国际统一私法学会"原则",参阅 R. David et C. Jauffert-Spinosi, op. cit., p. 8.

[25] 参阅 *Crimes internationaux et juridictions internationales*, op. cit.

[26] 参阅« Pluralisme juridique », in *Dictionnaire encyclopédique de théorie et de sociologie du droit*, op. cit.; N. Rouland, « la recherche du pluralisme juridique: le cas français », *Droits et Culture*, 1998, p. 217 sq.

[27] Santi Romano, *L'Ordre juridique*, traduit par L. François et P. Gothot de la 2ᵉ éd. de l'*Ordinamento giuridico* (1918; 2ᵉ éd., 1945), introduction de Ph. Francescakis, préface de P. Mayer, Dalloz, 2002.

不在的政府,从道德当中解放出来的还不完善的国际法,[……](他们)不需要寻求法律秩序的概念,直到这个概念在国际法当中取得重要的地位。"[28]

在桑迪·罗马诺为法律秩序定义的时候,他不是把它当作一个整体标准来看的,而是作为一个有组织的结构来看待的,是一个具体真实的实体,同自奥里乌(Maurice Hauriou)以来非常流行的机构理论联系在一起,而且他还接受了奥里乌更加广泛的概念并向他表示敬意。因此,他承认非政府性法律秩序的存在,如各省的、社团的、家庭的、以及像意大利的教会法,或者是职业群体的法律秩序。在国际层面上,他承认"国际社会不是法律人",并肯定了"各国政府共同体可以在统一的构想下存在"[29]。国际共同体体现了一个"国际秩序"。罗马诺没有真正说明为什么使用单数,他仅仅指出,我们可以不必决定这个共同体是否像"长期以来理性所表现的"唯一性。

关于这一点,论据并不充分,但是接下来的事情值得我们注意。桑迪·罗马诺提醒说:"以前的国际法是建立在政府从属于帝国临时权力以及教会精神权力原则之上的,这还没有提到他们之间特有的其他从属关系",而且"平等原则同独立原则有关,构成了一种规定,当然并不排除特例"。[30]另外,在不考虑法律一元论的同时,他认为这样的国际共同体确定了各国之间的独立和自主性;尽管这个共同体是"由各个不同国家的法律构成的秩序",但是它并"没有将它们全部合并吸收"。因此,桑迪·罗马诺又回到了多元性上,或者更确切地说是"法律秩序多元性原则"[31]上,这一原则在各种评论中成为"法律多元性"[32]。

---

[28] J.-L. Halpérin, « L'apparition et la portée de la notion d'ordre juridique dans la doctrine internationaliste du XIXe siècle », *Droits*, 2001, p. 41 sq.

[29] Santi Romano, « Le concept d'institution et l'ordre juridique international », in *L'Ordre juridique*, op. cit., p. 39 sq.

[30] *Ibid.*, p. 43.

[31] *Ibid.*, p. 77.

[32] P. Mayer, « Préface » à *L'Ordre juridique*, op. cit.

这种多元性似乎"自人们开始谈论不同国家政府,甚至至少在最近的法理当中,谈论国际法和各国政府法律的关系时就已经无可争议了"。同时,桑迪·罗马诺尤其因为多元性延伸到各个法律秩序当中,包括非政府法律秩序当中而感到惋惜。在分析不同法律秩序关系的同时,他发现自己同凯尔森严格的标准化主义之间的融合点和分歧,并在《法律秩序》第二版出版(1945年出版)时加了注解:"的确,在已定的原始秩序当中,另一种秩序的规定只能等同于第一种秩序的标准;相反,一切秩序只考虑自己标准的法律性,把其他标准作为不具有隶属性的,这种说法是不正确的。"[33]"法律隶属性"这个概念,是他参照秩序的存在、内容和有效性从广义上定义的,这一概念让他产生了更加开放宽容的看法,如今还有人采用这个概念来讨论法律的融合。

然而,这种变化并不十分稳妥,我们可以从1918年出版的《法律秩序》这部著作来说明法律目前的国际化现象。该书认为,正如我们所见,国际秩序没有对自己统一宗旨作出明确的赞同或反对意见(国际秩序"似乎"是唯一的),它才刚刚开始。可是目前的实际情况正好相反,表现出各种标准的不同性质,片段性和相互渗透性,多少具有地区性和多种几何性的组织。

的确,参照桑迪·罗马诺[34]的思想也许可以通过评估合法性来加强这样一种假设,即:在国际私法当中,每一种法律秩序都以单边方式固定了其标准有效性规定、它们的意义和应用范围。[35]相反,在公法方面,那些在国际法和各国法律中看到"具有明显区别的法律秩序"的人,承认如果没有与桑迪·罗马诺的多元主义相混淆的危险的话,他们很愿意寻求这种"多元主义"概念,而不是

---

[33] Santi Romano, *L'Ordre juridique*, op. cit., p. 106, note 1.

[34] D. Boden, « L'ordre public: limite et condition de la tolérance, recherches sur le pluralisme juridique », thèse dactyl., université Paris-I, 2002, note 1079, 1°.

[35] *Ibid.*, n°429, notamment B. 2 et B. 37.

"二元主义"[36]。

可以看出,相对主义作为这些假设的理论基础,承载了多少模糊性。无论在国际私法方面还是国际公法方面,那些摒弃了可以建立世界法律秩序的"一元论"说法的人选择了不同的道路,有时是相互对立的道路。他们最根本的相对主义不足以将他们统一起来,尤其是依然存在"由事实主导的理论副主导性"。因为事实经得起理论的论证,尽管存在理论上的批评,法律融合依然存在。

目前理论工作的难点在于法律的复杂多样性达到了一定界限,从此所有二元表现似乎都注定要失败,无论是将国家法同国际法对立起来,完全忽略地区和国家整个法律体系的多样性,还是无视中间多种范畴,将"一元论"观念同单边主义或者双边主义观念对立,其结果都是一样的。有些作者,比如米西尔·维拉里(Michel Virally)长期以来一直在重复这种复杂多样性[37],皮埃尔-马里·杜比(Pierre-Marie Dupuy)将这一特性结合到他对国际法律秩序的统一性(形式上的和物质上的统一性)分析[38]当中。但是在讨论议题上还是同意了法理中一部分内容[39],因为看到新现象的出现总是令人感到困惑,这不仅是因为它们的新颖性似乎摆脱了所有可预测性,而且也因为以前的代表模式性能不是十分

---

[36] C. Santulli, *Le Statut international de l'ordre juridique étatique. Étude du traitement du droit interne par le droit international*, Pedone, 2001, p. 13, note 15.

[37] M. Virally, « Sur un pont aux ânes: les rapports entre droit international et droits internes », in *Mélanges Rolin. Problèmes de droit des gens*, Pedone, 1964, p. 487 sq.

[38] P.-M. Dupuy, *L'Unité de l'ordre juridique international. Cours général de droit international public*, Académie de droit international de La Haye, Martinus Nijhoff, 2003.

[39] P. Dailler, « Monisme et dualisme: un débat dépassé? », in *Droit international et droits internes, développements récents*, dir. R. Ben Achour et S. Laghamani, pedone, 1998, p. 9 sq.

良好。[40]

也许应该承认"体系"及"法律秩序"这些概念为整个标准系统提供了极不完善的形象,轮廓模糊不稳定,如同云朵一般穿过国家界限,在人们能够对其进行描绘之前就已经改变了形状。[41]

我怀疑,目前的情形是否是一种幻觉颠覆。如果借用让·卡尔波涅(Jean Carbonnier)的说法,那是多元性幻觉。直到目前为止,标准等级出于国家法律考虑将一直占有上风,这个事实将与多元性幻觉相抵触,因为:多元性认为"已经拍摄记录了两种法律体系之间的讨论,但是这场讨论所显示的是同另一种法律体系阴影做斗争的一种法律体系"。[42]但是主权相对主义(卡尔波涅自己称为独特主义、二元主义或者单边主义)的梦想今天却同这样一个现实相抵触,那就是:尽管整体标准体系表面上具有一定的连续性,但是完美的自主性是不存在的。[43]

正如桑迪·罗马诺所见,多元性(从法律相对性这个意义上说)实际上提出了两种假设:国家政府的独立性或者自主性以及联合国宪章中所宣称的平等性。这些假设,如果说不是直接同具有明显缺陷的普遍主义相冲突,那它们至少触及了事物的力量,或者说,政治和社会经济的限制,将它们同不平等和相互依存对立起来。

---

[40] 关于崛起的概念,参阅 D. Andler, A. Fagot-Largeault et B. Saint-Sernin, *Philosophie des sciences*, Gallimard, coll. « Folio », 2002, vol. II, p. 939 sq., 尤其是 p. 1044.

[41] M. Delams-Marty, « Au pays des nuages ordonnés », postface de *Pour un droit commun*, Seuil, 1994, p. 283 sq. ; « Plurijuridisme et mondialisation », conclusion du colloque de l'Association internationale de méthodologie juridique, Aix-en Provence, 4—6 sept. 2003 ; M. Delmas-Marty, « La grande complexité juridique du monde », in *Études en l'honneur de Gérard Timsit*, Bruylant, 2004.

[42] J. Carbonnier, *Sociologie juridique*, PUF, 1978, p. 214 ; coll. « Quadrige », 1994, p. 361.

[43] Voir J.-B. Auby, *La Globalisation, le droit et l'État*, Montchrestien, 2003 ; J. Chevallier, *L'État post-moderne*, LGDJ, 2003.

2. 事物的力量

我想从一个具体的问题开始讨论：如何判处萨达姆·侯赛因？很明显，假如国际刑事法院获得了伊拉克对《国际刑事法院罗马规约》的批准，国际刑事法院只有对其于 2002 年 7 月之后所犯下的罪行进行审判的权力。在很多方法当中，选择将是开放的：按照国际刑事法庭的模式（以普遍主义的观念）由联合国安理会成立专门的裁判司法机关；由伊拉克法庭裁决，目的是审判主要在伊拉克境内由伊拉克人对伊拉克受害者所犯下的罪行（以相对主义的观念）；或者实施混合审判，按照早已在科索沃、非洲的塞拉利昂试验过或者对柬埔寨宣布过的模式（这是国际化的相对主义观念，试图为相对主义涂上一层普遍性的担保）进行。

如果说，选择标准纯粹是法律性的话，那么罪行性质应该决定判决：如果是种族大屠杀或者反人道主义罪行，就应该由专门的法院来判决；如果不是国际犯罪，那就应该由伊拉克的法院来判决。同样，在一个战争四起的国家，为了改善诉讼条件，保证尊重国防法和由一个公正独立的法院进行审判的权利（换句话说，是联合国《公民权利和政治权利国际公约》规定的公平诉讼权），可以采用混合司法裁判。

然而，这些法律问题，在讨论中虽有所提及，但却明显没有起决定作用。根据战胜国的利益及其总统的偏好，往往是政治利益占上风。为了建立一个伊拉克特别法庭，也就是美国式的法庭[44]，排除了建立特殊法庭的想法，这加重了由前南斯拉夫国际刑事法

---

[44] B. Stern, « Quelle justice pour l'ancien maître de Bagdad? », *Le Figaro*, 17 déc. 2003. Également José E. Alvarez, « Trying Hussein: between hubris and hegemony », *JICJ*, 2004, n°2; Claus Kress, « The Iraqi Special Tribunal and the crime of aggression », *ibid.*; Yuval Shany, « Does one size fit all? Reading the jurisdictional provisions of the next Iraqi Special Tribunal statute in the light of the statues of other international criminal tribunals », *ibid.*; Michael P. Scharf, « Is it international enough? A critique of the Iraqi Special Tribunal in light of the goals of international justice », *ibid.*; Danilo Zolo, « The Iraqi Special Tribunal: back to the Nuremberg paradigm? », *ibid.*

庭对前南斯拉夫总统斯洛博丹·米洛舍维奇审判在政治与司法选择方面的矛盾。[45]

所有这一切的发展,如同法律相对性的某个假设(法律不同体系之间的平等性)顺应一时的政治现实和主导国家的策略利益而裂化。所以,事物的力量导致放弃普遍性,这不是为了激进的相对主义的利益,而是为了政治法律治理,这些治理措施也许可以区别强势集团和弱势集团的相对主义。

2.1 强势集团的相对主义与弱势集团的相对主义

罗伯特·卡根(Robert Kagan)在描写美国和欧洲在世界新秩序当中的作用的时候,曾维护过这种区别。这位美国政治家认为,发生的所有一切仿佛"美国和欧洲早已交换过他们的法规和意见",认为这种分析支配着对国际法和国际机构价值及含义的评估:"在美国处于弱势的时候,他们实施曲线策略,一种弱势政策。现在美国人居于强势地位,他们采取强国行为"[46],而欧洲却相反。

事实上也不应该忘记,如果法律将它的标准特性应用到道德当中,那么它也可以分享政治科学同权力的关系。问题在于,在私法方面,甚至在国际法方面,同权力的关系几乎是不可见的,但这种关系却正在进入到国际公法的各个领域,促进国际关系的发展,但却损害了法律行为。按照一种稍微夸张的说法,国际私法的行事方法就像不平等不存在一样,而国际公法竭力证明,虽然存在不平等性,但在国际环境下依然存在一种法律。通过对法律两个分支在国际关系当中所使用的语言问题的一个整体共同性的观察,我们试图细致地区别这两种思想。

皮埃尔·勒格朗(Pierre Legrand)将他的激进相对主义观念建立在一个论据基础上,我们正好可以趁此机会讨论一下这个论据。

---

[45] 参阅 T. Todorov 的评论, « Les limites de la justice », in *Crimes internationaux et juridictions internationales*, *op. cit.*, p. 39 sq.; également A. Garapon, *Des crimes qu'on ne peut ni punir ni pardonner. Pour une justice internationale*, Odile Jacob, 2002.

[46] Robert Kagan, *La Puissance et la Faiblesse. Les Etats-Unis et l'Europe dans le nouvel ordre mondial*, Plon, 2003, p. 20.

实际上，仅就题目而言，"法律只能在一种语言中存在"[47]本身是反对相对主义的，使用主导地位法律的语言（以前是拉丁语，后来是法语，如今是英语，会不会有一天是汉语？）不仅在国际组织当中存在这种现象，而且在撰写重要的国际合同或者契约[48]，以及专利[49]等都存在这样的现象。只有数学的形式语言也许可以保证国际交流当中客观理性。语言在披上了它固有的理性外衣的共同概念的同时，实际上就强制规定了它的特殊性，"从这个事实当中取得了普遍性的地位，而实际上它是窃取来的。"[50]在法律普遍性当中也存在同样的评论。当相对主义是由唯一的语言，即强势团体的语言表达出来的时候，这样的评论具有同等价值。绝对相对主义也许会要求多语言的国际地位，这一要求，即使在欧洲这样一个简单的范围内也无法保留。[51]

除了语言问题，国际私法看起来对权力问题的讨论并不感兴趣，甚至对这些讨论完全不知晓。国际贸易法会对美国海外法帝国主义政策进行批评，对一些做法进行制裁，却没有在美国领土上产生什么实质性影响。[52] 目前，在关系人权问题的案件中，私法法

---

[47] P. Legrand, «La leçon d'Apollinaire», *op. cit.*
[48] M. Guénaire, «La *common law* ou l'avenir d'une justice sans code», *Le Débat*, mai-août 2001, n°115, p. 49 *sq.*
[49] 参阅关于欧洲专利法（1973年《慕尼黑协定》）的讨论，2001年4月20日知识产权国家顾问委员会论坛呼吁动员大家发对伦敦协议（提交时大部分是用英语撰写的，没有事先翻译成签署国的语言，与欧洲专利法相抵触）。见2003年3月3日欧洲专利法政治协议报告，«Droit international et européen», Chr. Act., dir. S. Poillot-Pruzetto, *JCP*, 2003, n°6, I, 166.
[50] H. Atlan, *Les Étincelles de hasard*, t. II, *op. cit.*, p. 273.
[51] Voir A. Supiot, «Cinq questions pour la constitution d'une société européenne», *D.*, 2003, chr. 289; P. Ricoeur, «Culture, du deuil à la traduction», *Le Monde*, 25 mai 2004.
[52] À propos des lois Helms-Burton et D'Amato-Kennedy de 1996, B. Stern, «Les USA et le droit impérialiste», *Le Monde*, 11 déc. 1996; «Vers la mondialisation juridique?», *RGDIP*, 1996, n°4, p. 979 *sq.* Pour des exemples plus récents, voir la loi Sarbanes-Oxley de 2002; également L. Boy, «L'ordre concurrentiel: essai de définition d'un concept», in *L'Ordre concurrentiel. Mélanges Pirovano*, Éd. Frison-Roche, 2003.

官有可能通过普遍管辖权来获得审判权。[53] 的确,在欧洲,关于人际关系的判例并不完善。我们知道,所谓的宽恕原则是受了空间上法律冲突规定的启发,可以以公共秩序的名义(可以允许法官强制执行道义上的法律)被排除在外。但是,拥护单边主义的人反对公共秩序特殊性,因为这种特殊性限制了相对主义,他们依据有利的事实证明了判例的模糊性,这是有例可查的。这些判例有时以差异的原因(这种差异区别欧洲殖民权利的普遍原则和被殖民国家个人权利的解决方案)排斥公共秩序特例,甚至无视"非本国人民"[54]的利益。这就是在殖民地国家所实施的政策,差异与冷漠同宽容不相称,却同傲慢更为相称。从刑法来看,这引起一些批评,那是针对旧殖民国家普遍管辖权原则的使用问题(在皮诺切特案件中西班牙的请求以及卢旺达案件中比利时的判决)。这些案例反映了事实上的不平等,间接地将我们引到国际公法问题以及同国际关系背景有关的问题上。

国际法受到这种邻域的影响,被认为没有什么效果,所以低估了其价值,尤其是因为这种理论似乎以美国学者为主导。众所周知美国因为其"强国"地位可以免除违反国际法的一切责任,处于一种极为特殊的地位。很少有国家可以拥有这样的奢华地位。因此,日本学者大沼保昭在分析国际法和国际关系的联系时指出:"国际法不是十分重要的一个原因在于对国际关系的研究主要在美国进行,随后被其他国家的学者所接受,但是在接受的时候却没有以批判的态度研究这个学科的美国中心主义。"[55]

大沼保昭并不是要因此否认不平等性的存在,他提出要细致地分析国际法的不同功能。在强调表现功能(沟通、价值表达、论据以及合法性)的同时,可以使他不至于将国际法归纳成简单的抑制功能。这种抑制功能将意味着通过监督和审查机制产生有效的

---

[53] H. Muir Watt, *op. cit.*
[54] D. Boden, *op. cit.*, p. 789 sq.
[55] Y. Onuma, « International Law in and with International Politics: the Functions of International Law in International Society », *EJIL*, 2003, vol. 14, n° 1, p. 119.

强制性法律。这种分析具有复合多样性,它首先可以解决多种状态下的权力问题,从而可以细微区别强势集团的相对主义和弱势集团的相对主义之间的差异。强势集团不能够完全超越国际法的表现功能,他们的帝国主义政策有时会遭遇国际以及国家法律的批评[56],甚至包括公共舆论的批评。另外,他们还需要考虑国家法官的抵抗。[57] 至于那些弱势国家,他们更容易接受共同规定的必要性,但是却无法保证由国家法官来接替实施,因为对他们的培训有时是不够的;或者通过公共舆论来进行,但他们的信息也不能保证以民主的形式进行。

除了这些发展,由于国际法的多种功能,强势国家和弱势国家会集中于很重要的一点上,但是卡根在分析美国和欧洲历史作用的时候却忽略了这一点。当然,他承认目前存在"意识形态上的巨大鸿沟",欧洲已经制定了"一整套有关区别国外美国模式经验的实用性和合法性的原则和典型模式"[58]。但是,"强国和弱国心理"仅限于说明一句谚语:"手里有锤子的人,把世界上的一切都看成是钉子。"这似乎不是在思考为什么会形成意识形态的鸿沟,也不是在思考为什么斗争了几个世纪的国家最后会扔下锤子一起来建立共同的法律秩序。这位政治学家也许没有看到,欧洲的法律建

---

[56] R. Dworkin, « Terror & the attack on civil liberties », *The New York Review of Books*, 6 nov. 2003, p. 37 *sq.*; D. Amaan, « Le dispositif américain de lutte contre le terrorisme », *RSC*, 2002, p. 745 *sq.*; M. Delmas-Marty, « Global crime calls for global justice », *European Journal of Crime, Criminal Law and Criminal Justice*, Vol. 10/4, Kluwer, 2002.

[57] 美国联邦最高法院于2003年11月10日接受了审理关塔那摩监狱16名囚犯的诉讼。在那所监狱中关押着660名被认为与基地组织有关的囚犯。2004年1月9日接受了审理一名在阿富汗逮捕扣押在美国的沙特阿拉伯人的诉讼。但在1月12日却宣布政府拒绝提供"9·11"恐怖袭击事件之后几个月内逮捕的外国人员名单的决定有效。在2004年6月28日的判决中,美国联邦最高法院批准,被扣押的"敌方战士"或者"非法"人员当中,无论他们是美国公民(*Hamdi et al. C. Rumsfeld*, n°03-6696, *Rumsfeld c. Padilla et al.*, n°03-1027)还是外国人(*Rasul et al. c. Bush*, n°03-334),都可以向美国法庭起诉,抗议对他们的拘留。R. Dworkin, "What the Court really said", *The New York Review of Books*, 12 août 2004.

[58] R. Kagan, *op. cit.*, p. 21.

设是在政治建设之前,它解决的不是意识形态的问题,而是面对不断增强的相互依存现象,尤其是在欧洲各国,同时在全世界也出现这种依存现象,提出的一种实际的解决办法。即使是世界上最强势的国家也不得不考虑这种新现实。相对主义的另一种假设,法律体系的自主原则,因为全球化而产生的相互依存关系,标志着相对主义的法律界限,而不仅仅是政治界限,目前成为直接的质疑对象。

从这个意义上说,相对主义真正的敌人既不是普遍主义也不是帝国主义,而是全球化。

2.2 相对主义与全球化

不应该搞错时代。以前的模式已经无法适应目前的变化。正如美国的另一位政治学家大卫·卡罗(David Calleo)所指出的那样,应该研究多样几何学的方法[59],这种研究分析不仅参照他所说的"戴高乐风格",而且还要同新欧洲的防护有关,更广一些说,同"广大欧洲",或者"泛欧洲"有关,包括俄罗斯以及其他东方国家,显示了一种真正的新型法律形式(a genuinely new political form),可以成为全球真正有效的几何范例(should become an efficacious example of variable geometry on a global scale)。[60] 在强调全球新秩序研究当中革新的必要性的同时,卡罗还指出,建设中的欧洲为民族国家提供了一个变化模式,他把这种模式称为"高度创造性模式"(highly creative evolution of the nation-state)。[61]

如果说革新是必要的话,那是因为目前的形势与先前几个世纪的形势有所不同,"第二次世界化"带来的影响不仅仅是经济层面的,而且还有法律层面的影响。从经济角度看,同第一次世界化有很大的联系,而第一次世界化是指从 1870 年到第一次世界大战,"在贸易和资本流通方面,只达到在 20 世纪 80 年代中期才达到

---

[59] David P. *Calleo*, *Rethinking Europe's Future*, Princeton University Press, 2001, p. 283 *sq*.
[60] *Ibid.*, p. 352.
[61] *Ibid.*, p. 373.

的水平"[62],但是,目前的世界化不仅限于在经济流通和国际金融融合方面达到第一次世界化的水平。对于经济活动者来说,"在经济活动流通调节方面边境继续起着关键作用"[63],资本依然同国家领土有着深厚的联系,但是这种现象(可以归纳成"按全球思维着想,按国家思维行动")不可移植到法律领域,因为这一领域正相反,它具有明显的"边界颠覆"[64]特性。从法律角度说,不可能以纯粹的国家思维来思考和行动。法律国际化同时带有穿越边界的流通强度特性和既没有领土也不依靠物质的虚拟空间结构特性[65],它所采取的形式,正如"全球化"这个词所表述的那样,具有双重含义:一方面是时空的延伸,另一方面是整体或者说全面的观念。[66]其结果首先是引起"国际"法的不稳定性,它的主体不仅仅是民族国家,而且还包括很多私人活动者,所以,我们可以说国际法"依然是在各国间产生的法律,但越来越不是一部在各国间发生的法律……它正慢慢变成一部所有国家可以使用的法律。"[67]同样,仅限于国家领土内的国家内部法律,即便通过领土外条约或者合作协议有所延伸,将不再能够提供一种适宜的法律规范。

因此,以刑法为例,具体问题不仅在于知道一种犯罪触犯了普遍价值问题(反人道主义罪行),而且要根据它的组织方式、受害者、犯罪人以及其影响来确定是否是全球性犯罪。如果是的话,那么即便是全球最强大的国家也不能够独自进行调查,收集证据,逮捕犯罪人并加以审判,就像"9·11"恐怖袭击之后,审判程序尽管

---

[62] S. Berger, *Notre première mondialisation. Leçons d'un échec oublié*, Seuil, coll. « La République des idées », 2003, p. 6.

[63] *Ibid.*, p. 94.

[64] A.-J. Arnaud, *Critique de la raison juridique*, t. 2, *Gouvernants sans frontière. Entre mondialisation et post-mondialisation*, LGDJ, 2003, p. 31.

[65] M.-A. Frison-Roche, « Le droit des deux mondialisations », in *La Mondialisation entre illusion et utopie*, Dalloz, coll. « Archives de philosophie du droit », t. 47, 2003, p. 17 sq.

[66] A.-J. Arnaud, *Critique de la raison juridique*, t. 2, *op. cit.*, p. 25, note 19.

[67] S. Laghmani, « Droit international et droits internes »: vers un renouveau du *jus gentium*, in *Droit international et droits internes*, *op. cit.*, p. 39.

简单,却十分缓慢,这就是一个证明。

无论是跨境转移轻罪犯人、风险全球化,还是在虚拟空间以电子的速度进行非物质的流通(金钱,也有信息),全球化都改变了我们的坐标,可以将关系置于时空的坐标之上。因此,全球化使法律制度功能处于瘫痪状态。

一方面,普遍主义使命同全球化并不相配。在以理性价值基础建立的概念和产生于事物力量基础之上的实践之间存在不连续性:如果说黑钱以电子速度穿过边境,那么洗钱不会因此而成为一种反人道主义罪行(即使这种犯罪可能更加方便反人道主义罪行的发生)因为它并没有违反普遍价值;相反,这样的罪行,无论是前南斯拉夫、卢旺达还是伊拉克,基本上都是在国家范围内犯下的。

但是另一方面,普遍主义解决方案的不适宜性并不能保证回归相对主义的适合性。

为走出这种死胡同,提出了很多可能的方法。伦理学家提出相对主义本身可以相对化。所以,在"9·11"恐怖袭击专题研讨会"相对主义是否可以判决恐怖主义?"[68]会议当中,有人提出以肯定的方式回答这个问题,这不是从某个道德理论出发的,而是考虑"有限相对主义"的问题作出的解答。当人们注意到"不同的道德审判具有局限性,往往是个人或者不同社会群体带来的"[69]时候,人们就可以接受扩大道德谴责的范围,即使是其价值是相对的,"因为存在众多的历史和价值差异,即使信念不同,审判证据有所区别,都会引导我们对恐怖分子进行惩罚"。但是这样的形似性并不能为这些具体问题提供法律方面的解决方案。无论是审判萨达姆·侯赛因还是那些被怀疑跟"9·11"恐怖袭击有关的人,都应该确定审判性质的法律体系、可实施的程序以及遭受的处罚。

相对于法律来说,从伦理道德这个角度将相对主义相对化,也许是更容易的事情。因为从伦理道德角度看,总是可以沿着不断

---

[68] « Can relativists condemn terrorism? », *The Responsive Community*, vol. 12, n°3, été 2002, cité par H. Atlan, *Les Étincelles de hasard*, t. II, *op. cit.*, p. 60, note 63.

[69] H. Atlan, *ibid.*, p. 60.

重新开始的决疑论的思路来寻找答案。而从法律角度来说,需要取得最低限度的一致性和稳定性来保证法律制度的预见性,换句话说,就是法律的安全性。

一方面要极力缩小与多样性有关的问题,另一方面却要低估决定社会相互依赖程度的新材料(比如在时间和空间上人员、商品以及服务资本流通的不断增长)。我们不可能在进行这两种操作的同时走出困境。因为这不是简单的伦理道德讨论。它涉及整个社会的构成,问题不仅仅是要知道从道德上是否希望确定共同标准,而且在实践当中还要知道不确定标准是否可行。换句话说,需要考虑在什么程度上法律多样性同依然独立的生活条件的差异性相符合;在什么程度上,事实上的相互依存超出了法律多样性,寻求一些至少部分上是共同的法律解决方法。

这是我首先提出的问题,以此来考虑标志着相对主义局限性的相互依存关系,可以从三个具体角度来考虑:如何惩罚全球性犯罪? 如何治理全球风险? 如何调整非物质流通?

第一节 全球性犯罪

刑法似乎是相对性予以特权的领域。怎么能不让人想起帕斯卡尔说的话呢? "以一条河流划界是多么滑稽的正义! 在比利牛斯山的这一边是真理,到了那一边就是错误[……]假如那散播了人世法律的卤莽的机遇性碰巧居然有一度是带普遍性的,他们就一定要顽固地坚持这一点了;然而滑稽的却是,人类的心血来潮竟是那样地歧异多端,以致于根本就没有这种法律。盗窃、乱伦、杀子和弑父,这一切在高尚的行为中都有其地位。"[70]对孟德斯鸠来说,他将自然法和实证法区别开,他认为实证法是"人类的特性,如果一个民族的实证法能够适应另一个民族的话,那将是极大的偶

---

[70] B. Pascal, *Pensées*, Gallimard, coll. « La Pléiade », 1969, fragment 230, p. 1150 *sq*.

然性。"[71]但是,他还是注意到相互依存机制同贸易之间的关系:"[……]两个可以一起协商的国家会彼此形成依赖性。"对于这一细微差异,他又补充说:"如果说贸易精神将民族联系在一起的话,那么这种精神却不会将个体联系在一起。"[72]如今却正好相反,贸易精神连接的,或者谨慎地说是拉近了私人活动者的距离,而不是多国企业的距离。从法律的角度说,尤其是从刑法角度看,各国依然是多样的。

各国保持多样性首先是因为象征性原因。如果说刑法表达的是共同价值,或者假设是表达了共同价值这一说法是正确的话,那么至少在官方话语中,犯罪就被理解成触犯了集体情感。正如杜尔凯姆所指出的那样,犯罪是"触犯了集体共同意识最强烈的状态"[73]。尽管这个概念并不十分明确[74],但至少反映了部分共同表现,这些表现在世界范围内还不确定。因为缺乏普遍象征性(参阅"法律普遍性的弱点"),犯罪基本上是相对的。但是,杜尔凯姆对传统社会和工业社会进行了区别。在传统社会中,团结一致是机械式的,它优先于诉求刑法;而工业社会是有机的,致力于协商和刑法外处罚的诉讼程序。对这两个社会的区别没有达到全面的非刑罪化。在后现代化社会中,远没有过时,如今刑法依然存在,甚至成为"过分投入"的主题,似乎用以补偿政府在调解违法和社会排斥问题方面的无能表现。

这正是镇压性规定及其相对性的中心议题,这是从时间和空间两个方面考虑的,也许应该找出政治原因,福柯曾对18世纪末期"权力技术"的多样性进行了描述:"[……]我们面对的是组织处罚权力的三种方式[……]。在君主权力时期,惩罚是主权的仪式;

---

[71] Montesquieu, *De l'esprit des lois*, in *Œuvres complètes*, t. II, Gallimard, coll. «La Pléiade», 1951, p. 237.

[72] *Ibid.*, pp. 585, 596.

[73] E. Durkheim, *De la division du travail social*, PUF, 9ᵉ éd., 1973.

[74] Georges Gurvitch, «Le problème de la conscience collective chez Durkheim», in *La Vocation actuelle de la sociologie*, PUF, 3ᵉ éd., 1969, t. II, chap. VI-II, pp. 1-58.

惩罚使用的是施加于犯人身体上的一种具有报复性的仪式标志[……]。在改革派的法律规划当中,惩罚是重新赋予个体作为法律主体资格的程序;它使用的不是标志,而是符号,是带有编码的整个代表性[……]。在监狱制度规划当中,惩罚是对个体进行的强制性技术方法"[75],一种在行为方式(身体矫正)当中留下习惯性痕迹的技术。这就让人明白,为什么第三种模式,即监狱制度模式最终被保留下来,强制实行"塑造有纪律的个体"[76]。

也许第三种模式只是暂时占有优势,因为全球化似乎重新提出了讨论,在考虑评估安全问题的同时,全球化赋予强制性规定一定的合法性。也许目的依然是要塑造有纪律的个体(一直在建造监狱,但却一直无法接收越来越多的犯人);但同时也是通过惩罚的仪式来重新树立主权。因为全球化的原因,主权被弱化,但同时也获得新生,人们从没有像现在这样提起主权问题,用以支持相对主义,即使在欧洲范围内,相对主义也试图抵制刑法的国际化。这种抵制最终会导致镇压机制的瘫痪。镇压机制是以封闭国家边界的领土原则为基础,而自由流通有助于犯罪的移动。

这就是为什么全球化在发起的同时更新了关于不平等主义的不同监督管理的讨论。为此,福柯指出,在刑法内部将普通阶级的不平等主义同权利的不平等主义分离开。他所说的普遍阶级的不平等性指的是财产利益的不平等(传统刑法,也就是围绕偷窃象征意义建立起来的"普通法");而权利不平等性指的是资产阶级的权利(贸易刑法,即"人为的"或"技术上的"刑法,长期以来几乎没有实施过)。福柯的这种观念可以概括成以下说法:"应该构想一种作为机器的刑法制度区别管理不平等性,而不是完全取缔这些不平等。"[77]这种观念首先通过经济和金融的全球化得到加强。"刑事风险"包括在所有职业风险当中,从精神方面说可以容忍,没有引起标志着"共同法"犯罪遭受谴责烙印的影响。从法律的角度

---

[75] M. Foucault, *Surveiller et Punir*, Gallimard, 1975, pp. 133-134.
[76] *Ibid.*, p. 315.
[77] *Ibid.*, p. 91; voir aussi *supra*, p. 110.

说,这种容忍性通过赋予自我调整机制(soft law)的地位表现出来,就像行为规范或者双方评估程序(peer evaluation),被认为非常有效,因为经济活动者可以更好地接受这些规定,也可以监督它们的实施。

但是这种观念似乎与现实不符。世界贸易更加需要竞争者之间的平等。不管一个国家内部不平等性在世界市场上的状况如何,一个国家同另一个国家的竞争伙伴之间的平等是不可缺少的。换句话说,对非法管理可以在国家层面有所不同,但是在国际层面,市场关心的是对权利的非法行为,要求镇压这种非法性,要求某种重新平衡,就像我们在美国和欧洲的一些诉讼案件中看到的那样。为了能够拿起平等的武器进行斗争,应该平和场地(levelling the playing field)。[78] 而且,这方面的刑法处罚比行政管理或民事管理要有效得多。条件就是放弃相对性,有利于促进控诉和惩罚的和谐。

自从自由主义取消了贸易边界,促进减轻管理力度,将经济空间同政治领土分开[79],这就意味着回归刑法,顺应这种分离。所以一切都不觉得奇怪了。统一也许可以促使经济空间和标准空间重合,补充缓慢没有什么实际效果的合作,但是由于缺乏这种统一的可能性,所以,最近的国际规定似乎更加倾向于和谐。无论这些规定是针对国家边境之外的贪污腐败还是跨国境走私,它们都仅限于以共同的原则调解各国的实践。保持政治领地同经济空间相分离的方法,同时减少各国法规的不相容性。

但是全球化在发展,远远超出自由主义理论,从越来越具有组织的犯罪行为来看,我们也看到完全超出国境的犯罪思想。这些造成严重人员和财产损害的犯罪形式,尽管形式多样又没有确切的命名和定义,却可以被看作是"国际恐怖主义"。连帕斯卡尔也

---

[78] M. Pieth, *Anti-Money Laundering: Levelling the Playing Field*, Summary of Study by the Basel Institute on Governance (UK, USA, Switzerland), déc. 2002.

[79] P. Rosanvallon, *Le Capitalisme utopique. Histoire de l'idée de libéralisme*, Seuil, 1999, p. 89 *sq*.

开始撒谎:比利牛斯山的这边就像那边一样,在比亚里茨同在圣-塞巴斯蒂安一样,所有恐怖主义都是犯罪,所有嫌疑人员都会成为新"欧洲逮捕令"[80]的对象。在集中关注恐怖主义的同时,"9·11"恐怖袭击事件不仅加快了欧洲的统一,而且也促进了将恐怖主义与金融犯罪联系在一起的可能性,而这种联系在以前是遭到各国政府拒绝的,更加容易实施1999年联合国通过的《打击恐怖主义融资公约》,甚至扩大到与此相关的洗钱犯罪。

罪责全球化将最终会揭示相对主义的局限性,细致揭开内外之分、犯罪与战争之分、罪犯与敌人之分、对个体的处罚与对国家政府的"反措施"之分。[81]

而且还应该更加细致地研究全球化的每一项表现,从边境外贪污腐败到跨境走私,再到无边界恐怖主义,慢慢取消边境的概念。

1. 边境外贪污腐败

如果贪污腐败行为是在外国发生的,即便是由国家企业犯下的罪行,就像不久前在某些国家当中发生的那样,谴责贪污国外的公共钱财,相对于国家犯罪政策的相对性来说,这似乎标志着双重变化。

首先是定罪过程的变化,它主要在于确定重罪和轻罪的行为。从传统角度说,贪污行为一直被确定为损害了"公共事务"的行为,正如在国家层面上所规定的那样。就像《法国刑法典》在"损害公共政策"这一条中,集合了所有针对不同贪污行为的规定,包括被动的和主动的贪污行为,包括有公职的人(《法国刑法典》第432-11

---

[80] J. Pradel, « Le mandat d'arrêt européen: un premier pas vers une révolution copernicienne du droit français de l'extradition », D., 2004, chr. 1392 et 1462;关于判例解释,参阅 Crim., 12 juill. 2004, JCP, 2004, act. 394.

[81] Résolution sur *La Responsabilité de l'État pour fait internationalement illicite*, adoptée le 12 déc. 2001 par l'Assemblée générale des Nations Unies, notamment art. 49 *sq.*; B. Stern, « Et si on utilisait le concept de préjudice juridique? Retour sur une notion délaissée à l'occasion de la fin des travaux de la CDI sur la responsabilité des États », *AFDI*, Éd. du CNRS, 2001, p. 3 *sq.*

条及随后条款)和普通个人(《法国刑法典》第 433-1 条及随后条款),另外还包括相关不法行为,如非法谋取利益、干涉公务、盗用公款以及损害公共市场的平等竞争机会[82]等。相反,我们一下子也不会明白为什么一个国家政府要对自己的经济运营者进行惩罚,尤其是这些运营者表现出他们的企业精神和占领国外市场的竞争能力,特别是在一些允许贪污而且贪污行为完全同国家经济融合在一起的国家当中。这就产生了一种矛盾性,在国际贸易当中,贪污行为遭到"一致谴责",但同时却"普遍扩散"。[83]

然而,经济全球化的发展如此之强,以至于最近十几年当中通过的很多国际条约,尽管分散多样,却强制规定了境外贪污行为的定罪方式。

伴随着这一方面的变化,出现了监督的扩展延伸,有利于不同的参与者,包括国家以外的公共和私人参与者。尽管表面上具有各国政府的抵制,这些新的监督规定对他们的政治主权具有很大的潜在限制性。

1.1 经济全球化

贪污的概念由来已久,它同一个国家的文化和历史有关。如果孟德斯鸠将民主管理视为一种优良的品质(而贪污视为失去政

---

[82] 关于各国抑制性和预防性制度的比较,参阅 M. Garrigos, « Bilan comparatif sur la corruption », in *Les Processus d'internationalisation du droit pénal*, dir. M. Delmas-Marty, MSH, série « Vers des principes directeurs internationaux de droit pénal », vol. 7, 2003, p. 67 sq., et Ch. Ravigneaux, « Vers des organes spécialisés de prévention », *ibid.*, p. 133 sq.; 关于中国和亚洲各国,参阅 les vol. II et III; 关于伊斯兰国家,参阅 A. Nadjafi, « Iran: la corruption et les figures voisines », *ibid.*, vol. VI, *Europe-Pays d'islam*, MSH, 1999, p. 80 sq.; avec E. Beigzadeh, « Les problèmes de régionalisation à géographie variable: le cas de l'Iran », *APC*, 2001, p. 141 sq.; Seyed Hossein Hosseini, « Internationalisation du droit pénal en Iran: le cas de la corruption », *APC*, n°25, 2003, p. 213 sq.; « Corruption: étude comparative de la politique criminelle française et iranienne », thèse dactyl., université Paris-I, 21 janvier 2004.

[83] B. Oppetit, « Le paradoxe de la corruption à l'épreuve du droit international », *JDI*, 1987, n°1, p. 5 sq.

府管理)的话,那么伊斯兰法律则认为贪污具有双重性:一方面是宗教概念上的"地球上的混乱秩序",包括具有颠覆破坏性的所有行为;另一方面是世俗化的概念。[84] 乍一看,这种相对性似乎没有公开遭到国际规定的威胁。还应该进行一次更加细致的研究,那就是对不同法律文本和实施方法的基本原理进行细致的研究。

1.1.1 基本原理

表面上看基本原理分散多样。在我们查阅 2003 年 10 月联合国通过的《联合国反腐败公约》序言的时候,我们发现,它一方面要保护国家利益(各国政府的资源、政治稳定和可持续发展),又要保护反对全球化行为的普遍价值(机构和民主价值、伦理和法律价值):"贪污不再是地方性事务,而是一种跨国现象,它会波及整个社会和整个经济领域。"

事实上,"贪污波及整个经济领域"这句话已经说出了关键词,即使"经济"这个词的复数形式(les économies)减弱了它所要表达的含义。在经合组织 1997 年通过的关于《联合国反对国际商业交易中的贪污贿赂行为》宣言中的论证十分清楚。其序言中的表述立场一目了然:"[……]贪污引起严重的道德和政治担忧,影响了对公共事务和经济发展的妥善管理,扭曲了国际竞争条件。"

因为它关系到市场问题。为了使交换自由顺利进行,就不能扭曲破坏正常竞争。所以需要制定能够替代纯粹力量关系暴力的规定。因此,杜尔凯姆对合同进行分析研究,认为合同"本身还不够",因为只有通过"作为社会起源"的规章制度合同才能够实现这一目的。[85] 但是,这种社会起源的规章制度并不像他认为的那样只反映有机联合和解除约束的处罚。在全球经济空间,刑法处于前列,国际法强调了刑事处罚的必要性。

为说明这种变化强度,我们以法国为例。我们还记得,法国长期以来对用于外国的"行贿款"以及其他"佣金",如果是为了企业

---

[84] A. Dadjafi, « Iran: la corruption et les figures voisines », op. cit., et S. Hosseini, « La protection de la dignité de la femme dans les écoles de droit coranique », thèse dactyl., unviersité Paris-I, 1998.

[85] E. Durkheim, De la division du travail social, op. cit., p.193.

的利益而花费的话,那么国家行政法院会承认对这些费用的减免税政策。但在实践当中,人们很难拿到证据,尤其是当资金通过过滤企业(société-écran)过境转口的时候,所以"从大宗贸易到出口的实际情况考虑"[86],高级司法机关也仅限于从企业运营活动中寻找简单的线索。联合国在 2003 年协议以及后来经合组织协议中先后提出一些限制规定。虽然 1997 年《法国金融法案修正案》修改了《税收总法典》,但也只是在经合组织协议正式在法国实施之后,法国才取消了这种不合理花费的税务减免政策。税法是先于刑法实行国际化。只是从 2000 年 6 月 30 日颁布的法律[87]开始,法国刑法才开始考虑侵犯"欧盟、欧盟成员国、其他国家以及国际公共组织的公共行政事务"的行为(《法国刑法典》第 V 章,第 435-1 条及随后条款)。

除了简单的地理区域延伸外,问题还在于了解这种变化是否会倾向于优先考虑有可能将我们重新引向普遍主义的伦理价值,或者是否遵循经济的束缚。在提到"民主价值、伦理和公平价值"的时候,联合国公约似乎同那些认为贪污是"人权的反面"[88]的人的担忧是一致的。正如大量事实所显示的那样,贪污扭曲了相互性的概念。从这个意义上说,它破坏了构成人权的个体之间的关系,同时,废除了代表机制可能形成的信任,改变了民主社会的性质。另外,贪污将对法治和司法保障的尊重减化成纯粹的假想,从而弱化了法治国家的形象。为此,我们也许可以重新确定人权的普遍价值,民主和法治国家的原则,以此为基础开展反对贪污的国际性斗争。

---

[86] CE, 16 déc. 1987, *SA Alibert exploitation*, *Rec.*, p. 417; CE, 3 nov. 1989, *Ministre du Budget c. SA Études et réalisations d'automatismes*, *Rec.*, p. 223.

[87] M.-E. Cartier et C. Mauro, « La loi relative à la corruption de fonctionnaires étrangers », *RSC*, 2000, p. 735 *sq*.

[88] *La Corruption : l'envers des droits de l'homme*, dir. P. Meyer-Bisch, Éd. universitaires de Fribourg, 1995; P. Truche et M. Delmas-Marty, « L'État de droit à l'épreuve de la corruption », in *L'État de droit*, *Mélanges Braibant*, Dalloz, 1996, p. 715 *sq*.

如果确定了这个目标,并不能肯定这个目标完全符合模糊的国际化运动,因为它不能一下子就用保护全球利益来替代保护国家利益,但是会具有多种利益错综混杂现象,不仅包括全世界的各种利益,也包括国家和地区利益,具有公共的特性,也就有私人特性。要了解这一点,就应该回到洛克希德丑闻事件上。这次事件是1975年美国证监会展开调查之后在美国发生的,也就是在水门事件发生后不久,那时卡特政府刚刚接替尼克松总统。美国证监会的报告指出,美国这家航天航空公司在军工市场上有巨大的贪污行为,尤其是对日本、意大利和荷兰。参议院为重塑美国企业形象,加强美国的对外政策,在没有征求商业合作伙伴意见的情况下投票通过了一项法律,控诉所有美国证监会监督审查的企业在国外的贪污款项(Foreign Corrupt Practices Act,1977年)。其目的也是要对联合国产生影响,制定国际性条约,在全球范围内强制规定同样的政策。人们拟定了一个计划,但是在1979年遭到失败,原因是遭到西方世界和发展中国家的反对。西方世界认为这样的条约有可能成为某些国家的机遇,而发展中国家对这项条约的适用性表示怀疑。

因为没有签订协议,所以产生了两部没有约束性的规定(一部是1976年制定的《经合组织多国企业指导原则》,2000年进行了修改,另一部是1977年制定的,是国际商会制定的《行为规范》,1999年进行了修改),这两部条文针对贪污开启了一种超越国家边界的全球性规定。[89] 但是,这些条文面向的是个人经济利益,而不是普遍价值。考虑到多国企业的活动,"无论是原始国还是接待国,都会受益",经合组织的此《指导原则》仅限于促进企业整体良好行为,企业要自己遵守这些实际措施,它们的实施要根据国际商会的规定"一步步进行"。

联合国协议计划的失败并不足以让美国商界安心。他们在1988年依然坚持应该强化美国法,目的是让那些定向花费使日

---

[89] M. Delmas-Marty et K. Tiedemann, « La criminalité, le droit pénal et les multinationales », *JCP*, 1979, I. 12900.

常的运作变得更容易一些。[90] 但是他们一直维持国际化的目标,美国总统再次被邀请参加国际协议的协商,为美国企业排除所有不利的竞争条件。在 20 世纪 90 年代初,应其要求展开讨论。美国临时放弃说服联合国成员国,集中力量面向经合组织,因为经合组织集中了主要的工业国家(代表世界 70% 的出口量),最终于 1994 年通过了一项简单的规定,成为一项具有限制性的法规。

在 1979 年受到阻挠后,如何解释在随后不到 20 年的时间里这种快速的变化? 1994 年经合组织的法令,在地区性倡议发起的同时,也许起到了催化剂的作用。自 1994 年在美国的压力下,这项法令最终让人接受了反对贪污的美国国家内部协议。同时,欧洲在这个问题上也有所发展(自《阿姆斯特丹条约》签订以来,欧洲被确定为是一个"安全、自由和公正的空间"),提出了刑法国际化问题的新议题。在一个"无边界的欧洲"[91],伦理基础(基本上所有成员国都是一样的)同实践理论(流通的自由化为非法行为的流动提供了方便的条件,吸引他们选择法律规定不是十分严格的国家"forum shopping")是相混合的。为此,1996 年在日内瓦上诉法院欧洲一些法官再次提出申请[92],要求保证司法和警察机关平等自由的必要性。对于所有人来说对跨境犯罪的起诉是有必要的,但是,首要的还是要保护欧洲的独特利益,首先从预算开始,因此在 1995 年通过了《欧盟金融利息保护协议》(PIF),1996 年又提出了反对贪污的附加协议;1997 年协议(通过 2000 年 6 月 30 日法律在法国正式实施,与此同时也签订了经合组织协议)主要反对欧洲和各国公

---

[90] 1998 年经合组织采纳了一项新的改革。

[91] A. Bernardi, « Europe sans frontières et droit pénal », *RSC*, 2002, p. 1 *sq.*; également « Opportunité de l'harmonisation » in *L'Harmonisation des sanctions pénales en Europe*, dir. M. Delmas-Marty, G. Giudicelli-Delage et E. Lambert-Abdelgawald, SLC, 2003, p. 451 *sq.*; voir aussi « *Corpus juris* » *portant dispositions pénales pour la protection des intérêts financiers de l'UE*, dir. M. Delmas-Marty, Economica, 1997.

[92] « L'appel de Genève », *in* P. Rancé et O. de Baynast, *L'Europe judiciaire*, Dalloz, 2001, Annexe, p. 137.

职人员的公共贪污行为;最后在桑特执委会(Commission Santer)解散后不久通过了1999年规定,成立了欧洲反贪污总局(OLAF),独立于欧盟委员会,加强了对内部贪污案例的调查方法。[93] 同时,私人贪污行为在法国早已成为控诉对象(根据劳动法的规定),但没有在欧洲所有国家执行[94],在1998年成为欧洲共同行动目标。

另外,还需要欧盟在其他国际环境中能够以同一个声音表达他们的意见,因此出现了两种相同的态度(1996年和1997年),目的是在欧洲议会和经合组织内部进行协商。随后不久(在1999年先后签订的)欧洲议会签订了两项协议(刑事和民事协议)反对贪污。

只是在地区性标准兴起(2003年7月通过了非洲协议)之后联合国的协议(2003年10月)才回到世界层面上。

如果说,相对于美国起初的行动,地区性利益似乎起了连接作用的话,那么国际金融机构的压力也许对这场运动起了大大的推力作用。全球治理这个概念早期是由国际货币基金组织和世界银行提出的,后来由主要的中央银行代表,包括欧洲中心银行(BCE)的国际支付银行(BRI)所替代。从20世纪90年代开始,全球治理就明显包括反对国际贪污行为,尤其是因为贷款条件而引起的贪污行为。

另外,市民社会也开始行动起来,尤其是通过世界银行前行长提议创建的国际透明运动(Transparency International),该运动组织每年都会公布所调查的贪污名单,这份名单是根据对大众和决策者的调查而建立起来的,后来被媒体所代替。

同时,人们开始要求重审以国际公共秩序为名,对贪污行为采

---

[93] S. Manacorda, «La région Europe: bilan comparatif des conventions de l'OCDE, de l'Union européenne et du Conseil de l'Europe», in *Les Processus d'internationalisation du droit pénal*, op. cit., p. 105 sq.

[94] *Private commercial bribery. A comparison of national and supranational legal structues*, G. Heine, B. Huber, Th. Rose eds., Juscrime, 2003.

用传统宽恕态度的判决[95];最后,也不要低估经济领域的压力,他们主要考虑市场竞争的公平性(levelling the playing field),就像我们前面所提到的那样。统一市场竞争,但是如何做?统一到什么程度呢?

1.1.2 方法

方法,无论是要确定违法行为和责任,还是要定罪,在经合组织的协议当中明确指明,这不是"要求统一形式,或者改变一个国家法律体系的基本原则"。这是要保证各国采取的措施之间"功能性平等",从而对国外公共钱财贪污行为进行处罚。这种语意上的重合受到比较法的启发,应该保证所有国家拥有一种灵活严格的方法来协调国家概念的相对性和全球市场的需求。

首先是通过经合组织协议本身开始实施,接着通过调查工作小组的实践来进行。这个工作小组的任务是评估各个国家法律同国际法律文本的相容性[96],这一原则越来越多地指导人们进行深度分析,不仅对书面法律进行分析,而且也对判例进行分析,更广一些看,还对超越国境的职业贪污行为进行分析。[97]

经合组织协议本身包括很多规定,其明确程度各异:第1条明确规定了主动贪污的概念从而形成一致概念(由其相关责任的国家政府对受贿官员进行处罚,即被动贪污);相反,对于法人来说,第2条和第3条明确规定了选择的余地,即或者认定刑事责任或者是刑事外责任,条件是将要实施的处罚"有效、与事实相称、具有说

---

[95] J.-B. Racine, *L'Arbitrage commercial international et l'ordre public*, LGDJ, 1999;相关案例,参阅 M. Delmas-Marty, « La pénalisation internationale des activités économiques, un espace à géographie variable », in *La Mondialisation du droit*, dir. E. Locquin et C. Kessedjian, Litec, 2000, p. 401 *sq.*

[96] 关于在地理范围比较密集的欧洲委员会的比较,参阅 J. Tricot, in *Les Processus d'internationalisation du droit pénal*, *op. cit.*, p. 85 *sq.* (et *infra*, note, 32)

[97] G. Aiolfi et M. Pieth, « How to make a convention work; the OECD recommendation and convention on bribery as an example of a new horizon in international law », in *Corruption, Integrity and Law Enforcement*, Cyrille Finjaut, Leo Huberts eds., Kluwer, 2002, pp. 349-360.

服力"。因此,德国法的行政处罚是由一名法官监督裁决,而日本的行政处罚则由行政部门自由裁决。

但是在刑法方面,这些标准依然比较模糊,没有确定任何一种界限,在各国立法当中,最高徒刑期限从 1 年到 15 年(法国规定为 10 年)不等。相反,对最低徒刑的规定,对于自然人来说,间接来自剥夺其可以自由引渡的期限规定:如果是应该承担的处罚的话,至少是 2 年有期徒刑。但是如果是法院宣判的处罚,那么司法判决就变得更加严厉。[98] 另外,各个国家的实际实施办法也不一样,无论是重罪处罚还是扣押财物和没收财产。而且,"实施的处罚幅度要(同对国家公职人员的处罚)相兼容",这一点引起第一份评估报告中对美国的批评,随后的报告(2002 年)注意到它的一个变化,更加符合协议的要求。另外,对贪污产物和证书的扣押及没收,原则上是对国家政府而言的,可以通过"同等效力的罚款"方式来代替(就像在美国一样)。

还有一点比较模糊,就是关于刑事诉讼程序的规定。关于这一点,我们知道各国的传统都不一样,即便在欧洲,调查和案情追诉有时十分随意(比如在法国,检察院因为简单的偶然性可以将一个案件归档而没有下文),有时具有强制性(比如在德国和意大利,根据合法性原则,所有犯罪事实都需要调查追诉)。协议承认各国实施法规的多样性,明确规定了各国的规定不应该"受国家经济利益的影响,考虑同另一个国家的关系或者案件当事人的身份影响"。同样,关于敏感的时效性问题,经合组织协议只强制规定了能够进行调查和追诉的"足够期限"。

在实践当中,只是在评估过程中,这项规定才具有意义,条件是工作小组以全面的评估原则为基础明确它的工作方法,首要要

---

[98] 在 Agusta-Dassault 案件当中,(1998 年 12 月 23 日比利时最高法院)最终的判决是,Serge Dassault 和 10 名比利时高级政治官员(其中包括两名部长),因为在比利时空军购买上百部设备的军事合同中涉嫌贪污行为,被判处监禁,缓期执行。相反,在 Elf 案件中,巴黎初级法院一审判决(2003 年 11 月 12 日)多年监禁(4—5 年),其理由是滥用社会财产,而不是贪污罪,因为涉嫌的政治负责人享有豁免权。

进行"内部一致性"测试。2003年10月,法国法律参加了评估,让人们明白了它的含义。2000年法国法其实是产生了一种同法律效力相抵触的制度。而共同法,可以允许受害者通过民事部分的法律构成(即提出请求损害赔偿)来展开调查。如果是关系到欧洲公务员,涉及国外的公共行政人员具有经合组织协议中规定的贪污行为(《法国刑法典》art. 435-3, al. 4 和 435-4, al. 3),普通法就会要求检察官来展开调查。这就促使预审法官使用其他定性方法,比如为避开法规而使用滥用社会财产的定性方法。

经合组织工作小组批评检察官的这种垄断行为,认为法国刑事诉讼中受害者的积极作用是对案件任意定性自由裁决权(承认从等级制度角度说,检察官受司法部长监督)起到一种平衡作用,并指出没有一个外国公职人员的非法贪污行为受到法国法院的裁决。经合组织工作小组最后提出一项改革,但是却没有在2004年3月9日的新法中体现出来。

在经合组织看来,主要思想是承认各国的特殊性,但是条件是内部协调不应该因为国家经济利益而有所扭曲。也许还应该增加一个审查,人们可以称之为"外部协调",以此可以将评估扩大到其他国际法律手段,尤其是人权保护法方面。实际上,"功能"相等这个词仅限于内部协调一致,这有可能以有效标准的名义促进优先于过度镇压的概念。以国家传统的名义,也许诉求死刑或者身体酷刑可以取得合法性。只有参照人权回归普遍性才可以保证有效性和合法性的平衡。这个检查似乎在经合组织使用过一次,目的是批评为了满足非法行为和处罚合法性的要求而形成的模糊安排。如果能够更加系统地结合评估,那它将标志着相对性、普遍性和全球化之间有待建立起来的联系。

当然,这不仅仅是经济方面的问题,法国新法被认为是"使司法裁判符合犯罪变化"的法律,这一事实证明具有一定的抵制性,但这种抵制没有提到贪污,标志着政治的重要性;矛盾的是,这样的抵抗能够促使监督的私有化,这对国家主权更具有危险性。

1.2 政治主权的局限性

在国家边境之外进行反对贪污的斗争是普遍性和全球化之间差别的一个例子。一方面,普遍性似乎要求建立一种以传统垂直的等级模式为基础的世界化法律,将国家权力技术转移到超国家的监督管理上面(就像欧洲人权法院或者国际刑事法院执行的监督管理一样)。但是,我们也知道,在刑事法方面,国家的抵制是极其强烈的。甚至连建立欧洲检察官,即便是对欧盟内部贪污行为的有限管辖权这样的想法进展都十分缓慢。如果要使对贪污行为的监督变成国际性,超出了欧洲范围,那就需要通过其他渠道,更具有横向性、表面上看局限性小、具有国际性(相互评估)、甚至是跨国性(公/私合作)的渠道。

1.2.1 相互评估

相互评估是经合组织以及欧洲议会制度的核心思想。在1989年七国高峰会议时成立了金融行动小组(GAFI),这个小组当时提出了一个关于打击洗钱行为的双边评估诉讼程序。相互评估的核心思想就是从这一提议中汲取灵感。金融行动小组同时联合了瑞士和欧盟,于1990年通过了四十多个国际调停整套协议(经多次修订),并同意保证这些协议的跟踪调查。政府代表并不十分担心制定超国家的裁决监督管理,他们曾经设想除了以各国政府自己所公布的宣言为基础的习惯性自我评估程序以外,还可以汲取联合国有关人权方面的做法,在双方自愿的情况下,联合各国政府的代表,设立相互评估程序。

这一程序将反贪污行为推广到经合组织层面(成立工作小组负责调查)和欧洲议会(各国反贪污小组[99]),轮流在每个成员国中实施,主要是委托给各国的公职人员。这个程序是以"轮流"介绍为主,各国政府撰写报告并在网上公布,然后各国可以根据他们感兴趣的具体实践提出问题。接着纯粹意义上的评估(phase 1 monitoring)开始了,在这个阶段,由工作小组(由经合组织的秘书处和名单中其他国家的两位专家构成,以保证各国轮流评估)指定的

---

[99] GRECO: Groupe d'États contre la corruption.

评审员提出评论,相关国家要作出回复。

紧接着是第二轮评估,主要关于协议的具体实施方面。这一轮主要是由相关国家填写调查表,然后是现场考察,包括同许多会谈者(一个国家可以达到80名会谈者)接触,其中包括在公共部门和私营部门的人,不仅包括经济领域,还有普通社会和媒体界的人。听证会(hearing)只是以非正式的见面会形式进行,目的是澄清一些误解,比较各种看法。审查人随后会撰写评估报告,呈递给相关国家政府。最后是真正的听证会,主要在于一致通过(相关国家在投票时弃票)评估报告,然后直接对外公布。

整个评估质量不仅由评估小组秘书处和主席(目前是由瑞士的一名学者担任)的独立性来决定(这一点可以通过听证会过程中所提出的有针对性的问题来证明),而且也由参与者的相互依赖性来决定:因为公开地给予其中某个国家优惠可能会在经济和政治上适得其反。

但是,这样的程序需要在财力和人力方面进行很大的投入,有些国家只拥有少数几个有资格的专家。根据国际上各种不同法院类似程序的发展,他们几乎是经常被要求参加评估。

因此,出现了类似沃尔夫斯贝格小组(groupe Worlsberg)[100]这样的新机构。沃尔夫斯贝格小组是联合了主要的国际私家银行、学者和透明国际运动于2000年10月在苏黎世成立的。其主要目的就是联合主要工业企业(如石油业、矿产、武器加工和国防工业等)的代表协助经合组织协议的实施,制定"工业标准"(*industry standards*)。

这些标准是从"管理"的角度制定的,从这一点上说,要求企业鉴别风险指数,用一种前摄的方法(*risk based approach*)代替参照法规规定的后期对应方法(*rule based approach*)。刑事追查风险被认为是一种最令人担心的风险,因为这会伤害到企业的声誉(媒

---

[100] G. Aiolfi et M. Pieth, « How to Make A Convention Work », *op. cit.*; www.worlsberg-principles.com.

体的创伤),比如对上市企业来说,这会直接通过股市下跌反映出来。挪威的一家石油集团就是一个很好的例证:这家集团的董事长因为被怀疑有行贿行为被迫辞职,足见媒体的裁决比刑事裁决更快更有效。

相互评估体系首先反映了国际监督的传统模式(国家之间的监督),实际上它真正引导的是跨国形式的监督(包括公共和私人合作者之间的监督)。这样的合作有利于对话,保证企业部分合作。但是协议生效并不能保证实际有效性,没有任何证据可以证明经合组织协议在成员国当中有效实施就能保证边境外的贪污行为有所减少。也许这些行为可以转向一些更为隐蔽、更为不容易发现的领域,比如武器销售。在这一领域中,人们更容易以国防秘密为掩护进行行贿。这样合作者就可以转变成对私人经济活动者的监督。

权力的实施有时被称为"远程管理"(*governance-at-a-distance*),在消除国家边境界限之前,似乎消除了公共领域和私营领域之间的区别,比如瑞士在反洗钱方面,一些私人的调解组织有进行裁决惩罚的权力。这些社会监督私有化以双方自愿同意的形式,有可能掩盖了一种极其严厉的手段("猎人有时会掩藏狼"[101]),缺乏民主监督管理[102],因此引起人们的质疑。

另外,这种横向(自我调解,相互评估)和纵向(国家司法监控)结合,融合像经合组织协议和国家刑法制度这样的硬法(hard law)和像行为标准规范这样的软法(soft law),有可能造成规定上的不确定性,影响标准的预见性,而这是法律稳定性的基础。[103]

---

[101] P. Lascoumes, in *Corruptions*, Presses de Sciences-Po, 1999, p. 161.

[102] M. Levi, « Terrorist finance, Money laundering and the rise of mutual evaluation: a new paradigm for crime control? », *Financing Terrorism*, Mark Pieth *ed.*, Kluwer, 2002, p. 110.

[103] Najia Capus, « Self-regulation in combatting money laundering », *Journal of Money Laundering*, vol. 6, 2003, p. 355 *sq.*; Nicolas Queloz, « La Suisse et le contrôle du blanchiment d'argent: la quadrature du cercle entre régulations privées, contrôles administratifs et interventions pénales », *Agon*, 2001, n° 32, p. 3 *sq.*

多种可变诉讼程序复杂多样,人们试图调和各国法律,而没有取消它们的多样性。因为这种多样性,法律的不稳定性也变得越来越严重,现在的问题依然是如何克服国家和国际中这种实际上的异质性。提出的一个解决办法就是更加紧密地加强公共活动者同私人活动者之间的合作。

1.2.2 公私合作?

这样的合作方法是由经济运营者自己提出来的,尤其是武器和国防军工贸易(这是一个盈利很大的领域,其盈利额高达合同价值的 30%—45%,一般盈利为 5%—15%[104])。在这传统上是属于国有企业,背后隐藏着无限国防秘密的领域中,在主要的竞争者之间建立自我调整机制,似乎有些难以置信。人们完全有理由担心每个人会为了自己的利益企图利用其他人,因为缺乏世界性的民主机制,而无法辨清谁来承担一般利益。

但是自由主义具有一种力量,确切地说就是适应能力和快速反击能力。面对刑事严格压制的危险,并不是否认反对贪污的必要性,而是寻找符合市场利益的方法。而且提出的理由也是适合的:一方面,一项监督,无论有多严格,如果企业不接受它的原则,不明确表示合作,那么认为这项监督从长远角度来看会产生一定的效果,这只能是一种幻想;另一方面,目前的监督是以领土权为基础,在全球化和电子交换时代已经过时了;最后,各国的具体实践和国际法院的多种实施方法实际上不可能让全球运营的企业有所考虑。如果想要确保让人尊重法律规定,那就必须设计一套全面完整的方法,明确规定各种法规、目标和实施办法。

最难的一点就是确定这套整合规定的具体模式,因为是这样模式决定了构成合作伙伴之间的平衡。现在提出的结构包括一个唯一监控机构,这个机构将逐渐代替现在的各种组织(欧盟、北大西洋公约组织、经合组织、联合国),还包括一个国际清单,从而根

---

[104] J. Chevallier, « Lutte contre la corruption et loyauté dans les relations internationales », in *La Loyauté dans les relations internationales*, dir. J. Laroche, L'Harmattan, 2001, p. 185 sq.

据产品(具有双重使用性的军事技术设备)和进口国(禁止船只入港的国家,被认定为"危险目的地""敏感"或者"许可"国家)的性质进行等级划分,决定监控模式。这唯一的框架将在各国和企业中同时强制执行。这个被认为具有进化性的整合程序的关键处在于各国政府将在一段时间内保留各种不同的法律,但是根据不同国家的国家主权基本情况所申报的程序进行。换句话说,不同国家的实际情况(deltas)将依然是边缘化的,只有在证明有理由的情况下才能够进行修改。从国家主权这个角度看,它的力量比普遍主义思想的传播更具有危险性。

事实上,事情似乎遵循着一条不可改变的逻辑进行,那就是:无论是维持和平,不生产杀伤性武器,预防犯罪(尤其是恐怖主义犯罪)还是环境安全,安全已经成为国际性问题。内部安全和外部安全的传统性区别已经不存在了,因为现在的问题是:安全是全球性问题,或者不存在安全问题。

因为没有其他解决办法,现在提出的模式(相关社会全面合作的标准化认证和营业执照及证书的相互认可)可以建立一种由私人主导的跨国自我调整机制。这种模式是在各国法律体系的边缘空间设立的,其目的就是在一定时期内得到发展,使各国法律体系能够反过来被边缘化。尤其是刑法,因为废约而变得工具化,会成为保障整体机能运行的压力手段。

福柯早先对权力网络问题做了研究,考察了"管理"这个词的基本含义,这个词只是在后来晚些时候才同政治管理这个词结合在一起。[105] 而且在他的一些关于不守法规的差异性管理的论文中也进一步肯定了这一思想,同刑事政策表面上体现的严厉性相反。不知道是否应该重新回顾一下这些研究?答案不是十分肯定。如果实践全球化的理论不可驳斥的话,那么就不可避免的要进行模式的选择。那是意愿的问题,是要把自己摆在各种不同的甚至相

---

[105] M. Foucault, « La "gouvernementalité" », *Dits et Écrits*, t. III, 1976—1979, éd. par D. Defert et F. Ewald, Gallimard, 1994, p. 635 *sq*.

互矛盾的交叉口上,同时结合纵向和横向以及软法和硬法模式。这还只是极其复杂程序的开始,它没有消除政府的作用,但是具有多种相互依存关系的特性,这不仅是各政府权力和经济权力之间的关系,而且包括不同政府之间的依存关系,甚至还有各国政府同国际公共组织之间的关系,他们都被置于本身也被全球化的市民社会的监视之下。

当然,边境外贪污行为使人产生这样一个假设,即国家不再是权力技术不可超越的范围,它也可能会成为诸多手段中的一种,在具有经济全球化和政治主权局限性的巨大影响网络中被采用。但这只是一个假设,国家还没有因此被超越。一切都取决于它的适应能力和组织能力。

还有一点就是要考察这种状况是否可以转移应用到其他领域,尤其是跨境交易中。这些交易从早期的奴隶交易到现在随着全球化而兴起的新犯罪形式,如洗钱,相对于全球化的所有犯罪来说,它处于一种横跨所有犯罪的位置。

2. 跨境交易

"交易"(trafic):在以前,这个词首先的含义是"贸易、买卖";现在变成一种贬义,成为"多少有些非法的、可耻的、不正当的贸易",就像"长期以来蹂躏非洲沿海的可怕的人肉交易"(饶莱斯语)以及最近出现的毒品走私所展现的那样;最后一层含义是从19世纪开始的,指的是"一般移动"(铁路交通、海运交通、陆路和航空交通)。

《罗伯特法语词典》表明,这些语义上的解释都不是中性解释。同贪污不同,奴隶走私贸易跟毒品走私一样,它们本身不是非法的,也不是应该受到惩罚的刑事犯罪的组成部分;但是随着边境逐渐开放,跨越边境的行为越来越发展,最终变成一种非法行为。这种行为被定为犯罪,或者是因为交易涉及具有危险性而受到禁止的货物(包括毒品交易,还有武器或者污染废弃物交易等),或者是因为涉及贸易外产品,包括文化财产(艺术品交易)、人身体的一部分(人体器官交易)以及人类本身。不是产品而是商品化构成了禁止条件,所以禁止奴隶交易和买卖人口成为象征性的标志。

我们无需深入研究跨境走私的问题[106]，仅毒品走私和贩卖人口问题就值得引起我们的注意，因为这些案件提醒我们，今天也再一次证实，这些走私行为一直没有被禁止。这些犯罪事实似乎更加符合国家利益变化的需求，而不是普遍价值崛起的需求。在17世纪的时候，即使是像博须埃这样具有崇高精神的人也接受了奴隶制。新教神甫汝里约（Jurieu）一直支持这样的观念，那就是因为在奴隶和他的主人之间没有一个根据自由原则达成的协议，所以奴隶是自由的。莫斯（Meaux）主教对这一观念的回答很值得我们思考，他说："惩罚奴隶制，不仅是惩罚允许服务的人的权利，而且也是在惩罚通过圣保罗之口命令奴隶们保持他们现有状态，不允许他们的主人有所逾越的圣灵。"直到1815年维也纳大会，世界强国才决定废除奴隶制条约，让各国决定一个"最适合"的期限来实施这项政策，所以，"各国自主空间"不是从今天才开始的。实际上，废除奴隶制在整个19世纪是一步一步进行的。但是并不是在各地展开：我们今天在巴黎的人类博物馆依然可以看到1910年在中非拍摄的一张照片，那是一个准备被卖掉的人，就像一只野兽一样被关在网笼里，这同塞诺芬（Xénophon）所描写的那群像牛一样，被一个一个用项圈挂在鼻子上拴在一起拉去做工的奴隶一样。

只是在第一次世界大战之后，通过1919年《凡尔赛条约》建立了国际劳工组织（OIT），负责取消强制性劳动，各国联盟协议最终规定要取消奴隶条约。这样通过了两项基本法律文件：一个是1926年9月25日的《日内瓦协议》，协议中第一次对奴隶制做了规定；第二个是1930年6月28日关于强制性劳动的规定。第二次世界大战之后，禁止奴隶制和强制性劳动被纳入1948年的普遍宣言中，接着在人权保护条例中被采纳，在联合国的许多协议中进一步发展，最后在反人道主义罪行（1998年《国际刑事法院罗马规约》）

---

[106] 参阅 *L'Illicite dans le commerce international*, dir. Ph. Kahn et C. Kessecjian, Litec, 1996, notamment M.-A. Hermitte, p. 109 *sq.*, et R. Koering-Joulin et J. Huet, p. 347 *sq.*

和有组织的跨国犯罪(2000年《巴拉马条约》第二次补充协议)的参考框架中再次得以确认。

但是不应该忘记,废除奴隶制首先具有国家意义(根据各国的贸易利益,各国有反对也有赞同废止奴隶协议),因为普遍思想,无论是承认平等,还是后来的所有人类一律平等的理念,都远没有表现为实证法。法国大革命一直同人权普遍性相联系,也是等到1794年才取消奴隶制,但几年之后(1802年)波旁王朝又重新恢复了这项制度,直到1848年才彻底被废除。即使是"新奴隶制形式"的出现,也就是我们所说的"现代"奴隶制(联合国法律文件中指的是奴隶佣人、性奴隶以及同黑工有关的)也没有消除国家利益。关于对待妇女的问题,摩尔达维亚政府的一名成员于2001年7月在同法国议会工作小组见面时说:"应该意识到是需求创造了供给;为此,我希望西欧各国注意他们的立法。"[107] 总之,"你们谴责我们提供了货源,但是你们对需求没有作出任何反应。"

在毒品走私因为北美的过度消费而变得异常猖獗的时候,美国要求哥伦比亚铲除大麻、可可以及罂粟的种植,而哥伦比亚对美国也说了同样的话。因为毒品贸易的历史同样也具有一定的意义:在历史上这不仅是合法的,而且也获得欧洲大国的鼓励,我们也许不应该忘记在鸦片战争中我们应该承担的责任,也不应该忘记法国在印度尼西亚为了恢复垄断扩展[108]而应承担的责任。只有在美国的压力下,才能实施禁止令,最终战胜欧洲国家的抵制,放弃他们在殖民地的政策。废除殖民地之后,问题的讨论集中在南北方问题上,提出应该针对供应方(生产国)还是需求方(消费国)采取行动。由于美国的坚持,最终在1961年联合国通过了毒品协议,协议序言中宣称:"为使本协议有效,采取的措施应该具有协调

---

[107] *L'esclavage, en France, aujourd'hui*,由 Ch. Lazarges 主持的议会,由 A. Vidalies 撰写的国家议会信息报告,2001, n°3459, t. II, *Auditions*, p. 38.

[108] Y. Bisiou, « Le monopole des stupéfiants », thèse dactyl., université Paris-X, 1994.

性和普遍性。"这项"唯一协议"(有人说是不公正的协议[109])的目的是组织全球禁止三种毒品(鸦片、可可和大麻),但是对生产国没有提出任何损害补偿或者重新引导性措施,也没有任何具体实施机制。

随着维也纳《反对毒品和非法贩运麻醉药品和精神药物协议》的签订(1998年),一个新阶段开始了。它加强了国际在没收财物方面的相互帮助,可以对走私洗钱行为进行控诉。因此,毒品走私成为全球而不是"全球化"首要犯罪的起源,因为这一犯罪行为已经在世界范围内建立起来,控制金融流通,它所涉及的领域随后会扩大到其他走私犯罪行为上。从1989年开始,在新凯旋门召开的七国峰会上,一些工业国家因为担心大量犯罪资金会进入流通,尤其是通过毒品走私的形式,所以他们自己提出创建投资总局对洗钱行为进行国际监督。

因此他们采取了一种纯粹是银行金融式的代替方式,通过巴塞尔银行监管委员会(BCBS,即所谓的巴塞尔委员会)宣言宣布成立,这个委员会集合了主要的银行监管机构。对所有人来说,令他们最为担心的不是道德问题,而是金融问题,是因为走私而引起的不稳定风险,因为这些走私行为使大量的金钱以电子的速度快速流通,从而进入到合法的贸易流中。这样一来,洗钱行为就有可能为走私提供了合法的商业形式,让其奇迹般地重新发芽生长。总之,无论是毒品走私还是贩卖人口,这些政治上和经济上的不稳定性足以产生严重的后果。一些国家政府尽管至今依然对国际监督有所保留,但也开始通过在巴勒莫签订的《联合国反对跨国有组织犯罪公约》(2000年)。逐渐加强投资总局的手段和管辖能力,由于"9·11"恐怖袭击事件引起人们特别关注安全问题,刑事规定的实施也进一步得到加强。

人们发现存在两种变动。首先是主要的走私行为逐渐走向犯罪化,这一点依然比较模糊,因为这种犯罪化反映了相对性(国家利益)和普遍性(人权和人道主义)的混合;另一种变动,也可以说

---

[109] F. Caballero et Y. Bisiou, *Le Droit de la drogue*, Dalloz, 2ᵉ éd., 2000, n°36.

是"超犯罪化",因为这种变动导致刑法规定越来越具有"镇压性",表现为相对性有明显的退步,而镇压却趋向统一。但是这不是要保护普遍价值,而是让因为金融全球化而衍生出来的洗钱和有组织犯罪这一新思想变得更具有操作性。

2.1 模糊犯罪定性

我们前面所举的两个例子分别以各自的方式表现了不确定性和模糊性。就以毒品来说,别忘了美国和欧盟先后提出"反对毒品战争"口号之前,曾经有过并非那么光彩的"鸦片战争",这场战争是支持毒品"贸易"的。如果说毒品精神药物"走私"的犯罪过程似乎是今天才被规定下来的话,那是因为这符合了强国的利益需求。至于奴隶制,从古代奴隶的合法地位转变成对"现代奴隶制"的谴责这一转变过程,也许反映了人们承认全人类自由和尊严的普遍价值,但是这种变化还是比较缓慢,而且实施也是碎片式的,这部分反映了同各国利益相关的特殊主义的抵抗行为。

2.1.1 从鸦片战争到反对毒品战争

"毒品精神药物走私"的犯罪过程首先反映的是国家政治与经济意义。

自18世纪以来,中国一直在努力地禁止从印度进口的鸦片,那是因为英国人为了换取中国的丝绸、茶叶和香料等商品,鼓励他们在印度殖民地上的鸦片进入到中国领土。1839年中国在广州截获了一艘载有20000箱鸦片的英国军舰,因此展开积极反抗,接着在1856年英国挑起同样的事件,这一次是同法国联合进行的。西方列强经过几年的强压政策,终于通过鸦片贸易立法,并在中国领土上合法种植罂粟,从而引起中国发展自己的产品抵制贸易亏空。因为美国参与抵制运动,才使其变成一种国际化运动。

美国禁止法主义者,布兰特主教曾经就这个问题给罗斯福总统写过信,于1909年在上海主持了一次包括美国、欧洲和中国参会者的国际研讨会。那是有史以来第一次承认了限制鸦片国际贸易原则。尽管那只是一些简单的要求,没有任何限制性特点,但上海的国际会议成为后来逐渐具有约束性的一系列协议的起点。

各种各样的国际措施(从《凡尔赛条约》的第 295 条开始,到 1925 年《日内瓦协议》再到 1930 年《曼谷协定》)都承认了鸦片和其他毒品的危害性,但是并没有因此排除除了医疗用途以外其他用途的垄断性销售。法国在印度尼西亚设有专卖局,又垄断了摩洛哥和土耳其的大麻,获取巨额盈利,所以法国直接关系到这些规定。而事实也的确如此,法国为了开发这些垄断性制度,实施了一套真正的精神毒品公共服务政策,包括一些国家加工厂,被作为用以征税的国有工商业企业,所以法国的税收政策其实是非常具有成效的。国库认为这是"保障殖民地经费最好的办法"[110],法国最高法院也倾向于这种垄断政策,接受将镇压走私行为扩大到违反职能规定。但是税收额在逐渐缩减,尤其在美国提倡禁止毒品走私运动以来。尽管想把经济和税收的事业转变成社会卫生事业,随着去殖民化进程的发展,今天那些拥护"监督立法"[111]的人再次提出把这些垄断措施看作是刑事手段的一种交替模式,这些垄断专利权也终将会随之消失。

在刑法方面,目前的国际条例只是在第二次世界大战之后才在世界组织(主要是联合国和国际贸易组织)中开始实施。联合国在 1990 年为国际毒品监督项目(Pnucid[112])合并了很多机构;而国际贸易组织自 1999 年起就在准备反对烟草的框架协议。

但是,最重要的一点是,尽管存在历史原因,欧洲还是全力投入到这场运动中。因为欧洲各国在药物使用方面具有多样性(荷兰同法国在这方面具有很大的冲突),因此欧洲在关于精神药物走私政策[113]上逐渐表现出刑事规定的严厉性。烟草和酒类享有贸易政策,1976 年在罗马成立了国际恐怖主义、激进主义、极端主义暴

---

[110] Y. Bisiou, *op. cit.*, p. 270.

[111] F. Caballero et Y. Bisiou, *op. cit.*, p. 130 *sq.*

[112] Pnucid: Programme des Nations unies pour le contrôle international des drogues.

[113] M. Delmas-Marty, « Analyse comparée des politiques de la drogue et de l'alcool: les raisons du droit », in *Individus sous influence*, dir. A. Ehrenberg, Éd. Esprit, 1991, p. 319 *sq.*

力工作小组(Trevi),其主要任务是协调反对国际大型犯罪的工作,包括毒品和精神药品的走私。在法国和荷兰再次发生冲突之后,一些申根协定(1985 年协定,1990 年协议)才在 1993 年开始生效,1995 年开始正式实施;1995 年创建的欧洲警署[114]及其下属单位反对毒品机构进一步加强了整体工作。

我们看到存在很多因素有利于建立一种强制性规定,而且《欧洲人权公约》似乎也承认这种措施的合法性。所以,在允许剥夺酗酒者和吸毒者自由的同时(第 5-1 f 条),公约似乎承认了他们的危险性。通过这项规定,批准了走私的犯罪性质,将酗酒的危险性同吸毒的危险性同等对待。但是这项规定也具有某些局限性,因为欧洲人权法院常常会在审理毒品走私案件中接到违反基本权利的诉讼。法院承认警察的教唆挑衅罪[115],但也因各国政府在关押期间发生的身体限制[116]、没收[117]、甚至实施酷刑[118]等行为具有追溯效力,并予以处罚。

无论欧盟的镇压式策略和欧洲人权法院的人权保护政策之间的张力有多大,至少是通过多边方式减少了各国的自主决策的局面。

相反,在世界其他地区,比如拉丁美洲,犯罪的定性是由单边规定的。我们还记得美国军队逮捕了巴拿马总统诺列加将军(1989 年 12 月 20 日),因为怀疑他支持哥伦比亚非法分子向美国出口卡洛因。美国法官却认可了这次非法逮捕,以美国跨境管辖权的名义判处诺列加将军 40 年监禁。这种"帝国主义人道主义思想"[119]还有一个例子,就是美国和哥伦比亚签订了很多协议允许对

---

[114] Europol: Office européen de police.
[115] Affaire *Lüdi c. Suisse*, 15 juin 1992.
[116] Affaire *Jamil c. France*, CEDH, 8 juin 1995.
[117] Affaire *Welch c. R.-U.*, 5 fév. 1995.
[118] Affaire *Selmouni c. France*, 28 juill. 1999.
[119] A. Cassese, in *Crimes internationaux et juridictions internationales*, dir. A. Cassese et M. Delmas-Marty, PUF, 2002, p. 25;关于美国法律,参阅 G. Fletcher et K. Lee, in *Juridictions nationales et crimes internationaux*, dir. A. Cassese et M. Delmas-Marty, PUF, 2002, p. 451 *sq.* (notamment p. 459).

在外的本国人员进行引渡。这一点在美国看来十分必要,因为他们不信任哥伦比亚的司法制度(即使所提出的方案不是最具说服力的,也许这也只是名义上如此)。哥伦比亚同样也不信任美国法律制度,哥伦比亚高级法院两次(一次在 1986 年,一次在 1989 年)查禁了这些协议,1991 年通过新宪法后禁止了引渡条例。但是美国的一贯坚持,打破了哥伦比亚的司法主权,最终在 1997 年废除宪法条文,通过国家引渡法,但是补充了一条无法律追溯效力的条款。[120] 根据规定,哥伦比亚在 2001 年引渡了麦德林卡特尔(Medellìn Cartel)前任总裁法比奥·奥乔亚(Fabio Ochoa),同时释放了卡利集团的吉尔伯托罗·德里格斯(Rodriguez Orejuela)兄弟(司法部长在 2003 年 12 月 23 日早已签署了引渡令,只待高级法院的判决)。

无论是不是"镇压困境"(有些人认为只能通过"监控贸易"[121]政策才能走出这个困境),我们都可以观察到,目前的犯罪定性运动大大缩减了国家政治的自主性,但在价值普遍性受到国家利益影响的时候,却没有起到真正促进价值普遍性的作用。因此产生这样的疑问,这场同时也致力于反对奴隶制的运动能够引起怎样的影响呢?

2.1.2 从旧奴隶法规到当代奴隶制

"奴隶"这个词首先指的是外边的人,尤其是指战俘[122],奴隶的历史不仅见证了这个词语义上的不确定性,同时也见证了法律方面的不确定性。

如果我们重新回顾一下罗马法的话,我们会发现,由盖尤斯提出的奴隶—物的概念代表着财产权的客体,应该根据不同法律规定,明确区别家奴和牲奴。前者指的是某个家庭的奴隶,享有某些保障;而后者指的是真正由大地主或者矿产企业从市场上"购买"的奴隶。因此,应该考虑中世纪奴隶身份地位的特殊性,还应该考

---

[120] F. Caballero et Y. Bisiou, *op. cit.*, p. 805 *sq.*
[121] *Ibid.*, p. 760.
[122] E. Benveniste, «L'esclave, l'étranger», in *Le Vocabulaire des institutions indo-européennes*, vol. I, Minuit, 1969, p. 355 *sq.*

虑科尔贝特(Colbert)的《黑人法典》(1685年),在这部法典当中,奴隶被规定为"不受奴隶支配和合约约束的人"(第28条)。同样,西班牙殖民地现行奴隶条约的合同模式规定国家赋予一定数量的优惠政策,最常见的一种就是贸易垄断,往往同免除税收相配套,有时国家参与收税。[123] 只有在16世纪的时候,西班牙的商业贸易网十分贫乏,因此葡萄牙才取得了优势,接着直到17世纪荷兰具有一定的影响力,从18世纪开始,英国开始显示他们的野心。因为利润下降,另外当地居民和混血人口的增加,19世纪初英国首先发起废除了契约法(droit d'asiento)。在整个19世纪实现了废除奴隶制,美国的南北战争成为明显的标志。从殖民地问题我们又回到了国家问题上,将美国各州政府独立起来,这不仅具有道德原因,而且还有贸易原因,因为南方无酬劳服务的劳动力竞争威胁到了北方的经济。美国内战之后,根据林肯的承诺,1865年在整个美国领土上全部废除奴隶制。

从国际法方面说,尽管在1815年宣布普遍取消奴隶条约,随后又签订了100多条国际性规定,但仅在20世纪才最终禁止奴隶制。1926年国际联盟在日内瓦通过了一项协议,才第一次规定了奴隶制的概念:"在个人身上实施所有权或具有所有权性质的状态和条件。"1956年联合国的补充协议里重新采用了奴隶作为所有权客体的概念,并补充了其他类似的奴隶制行为,比如债务奴役、农奴身份以及奴隶条件,比如妇女和儿童转让等。正如弗洛伦斯·马思雅思(Florence Massias)所指出的那样,这些行为"并不一定符合财产权的实施行为,但是却剥夺了受害者对自己生活的主导性,造成如果一个人从法律上或者事实上不属于另一个人的话,那他也不属于自己。"[124]

总之,从古代的奴隶制度到当代奴隶制学说,这一变化标志着一种进步,因为人类不再是所有权实施的"客体",但是这一变化还

---

[123] G. Scelle, *La Traite négrière aux Indes de Castille, contrats et traités d'asiento*, Paris, 1906.

[124] F. Massias, « L'esclavage contemporain: les réponses du droit », in *Droits et Cultures*, n°39, 2000/1, p.101.

没有完成,因为还有一些人被剥夺了基本权利,还没有完全成为真正意义上的"权利主体"。这些"无权利"的人(没有祖国,没有身份,没有工作,没有固定居所)成为乔安·维尼尔(Johanne Vernier)所说的"法律无视"[125]之人。

因为只有禁止是不够的。1948 年《世界人权宣言》禁止奴隶制和"任何形式"的奴役(第 4 条);《欧洲人权公约》和《美洲人权公约》重新引用了这项禁令,并增加了禁止强制性劳动,而且对此作了明确的解释(《欧洲人权公约》第 4 § 1-3 条;《美洲人权公约》第 6 条,有关妇女条约);1966 年《全民权利和政治权利国际公约》(PIDCP),其中第 8 条详细列举了强制性劳动的具体情况,第 16 条规定"每个人在任何情况下都有权承认自己的法律人格";所有这些规定包括有关妇女儿童保护的特殊规定都没有消除当代家庭或性奴役制度形式,包括同黑工有关的行为。这些雇佣黑工现象"即使相对来说越来越多的人对此予以揭露,会有一种放大的效果,但是(这种现象)的确在增加"。[126]

这种现象不仅在法国有所增加,在整个欧洲也是如此[127],因此欧洲委员会提出了一项有关拐骗人类行为的框架决议(2002 年 7 月 19 日),这一决议在很大程度上受巴勒莫《反对跨国有组织犯罪公约》的影响,以及有关《镇压拐骗人类以及强迫卖淫行为的补充协议》的影响。各国刑法规定也许会形成一种协调一致的局面,但这一点还有待各国政府的进一步实施和加强。

如果说人们已经高调地宣布了普遍性价值,那么保护普遍性价值依然是由各国自己采取措施,具有很多缺陷和碎片性。法国在 2001 年 3 月设立了议会代表团,分析判例中所涉及的从事淫媒

---

[125] J. Vernier, «L'esclavage moderne: l'esclavage domestique des mineurs en France», mémoire, université Paris-VIII, 1999—2000.

[126] C. Lazerges et H. Delesalle, «Les enjeux d'une nouvelle politique criminelle», *RSC*, 2002, 1ʳᵉ partie, p. 171.

[127] G. Vaz Cabral, *Les Formes contemporaines d'esclavage dans six pays de l'Union européenne*, Comité contre l'esclavage moderne (CCEM) et Ihesi, Études et recherches, 2002.

谋利（《法国刑法典》第 227-25 和 227-26 条），违反尊严的劳动环境和居住条件（《法国刑法典》第 225-13 和 225-14 条），方便外国人入境或非法居留的行为（1945 年 11 月 2 日法令第 21 条），从而揭示了最近几年，在一些很有媒体影响的案件当中处罚判决的软弱无力现象。研究同时也反映了受害者经常很难起诉，被剥夺同外界接触的权利，而且往往没有合法身份（或者有时被没收护照）[128]的现象。

其他犯罪行为，比如反人道主义罪行，刚刚被纳入《法国刑法典》当中（1992 年法律，1994 年开始生效）。处罚比较严格，但似乎并不适合。"沦为奴隶"主要是针对这一性质的犯罪（《法国刑法典》第 212-1 条），但仅仅是针对在执行"协议计划"时的犯罪条件。同样，《国际刑事法院罗马规约》关于国际刑事法院的判决要求是"对市民发起的普遍性或者系统性攻击"。至于 2001 年 5 月 21 日通过的《托贝拉法》（Loi Taubira），在认定拐骗和奴隶制为反人道主义罪行的时候，主要是指向过去，仅限于承认它的象征意义，用以维持集体记忆的有规划设施（教学大纲、纪念日等），却没有保证改善现在的一些实际行为。

只在近期于 2003 年 3 月 18 日通过了《国内安全法》，在这部法规当中才考虑了拉兹尔热（Lazerges）的一部分研究工作。[129]《法国刑法典》第一次针对所有"拐骗人类"的特殊违法行为，重新确定了近代这个词的定义。这项法律主要还是以安全为主，没有将所有关于受害者，尤其是赋予临时居留证的受害者[130]的提案纳入进来，从而避免有些起诉所带来的反常影响，比如可能因为新的卖淫嫖娼规定反而加重的影响。

按照这种思想，2004 年 3 月 9 日的法律《适应新犯罪形式的法律调整法》更加侧重安全性而不是普遍性，以反对"有组织的犯罪和非法活动"为名，规定了一项特殊诉讼程序，尤其是镇压诉讼程

---

[128] 参阅协会听证会 in L'Esclavage, en France, aujourd'hui, op. cit., t. II, p. 229 sq., et t. III, p. 66 sq.

[129] C. Lazerges et H. Delesalle, op. cit., 1re partie, p. 169 sq.; 2e partie, p. 428 sq.

[130] Ibid., p. 437.

序。这似乎在说,在奴隶制成为全球化的一部分,影响了金融流通的时候,奴隶制成为超级犯罪行为将是不可避免的事情。

2.2 全球化与过性定罪

多项事件表面上看相互独立,但当它们结合在一起的时候,尽管开始的时候遵循着不同的策略,甚至是相对立的策略,但是按照纯粹线性的方式来分析因果链条还是具有很大困难。因此,围绕两个关键概念:影响金融状况的"洗钱"和影响安全状况的"有组织犯罪",这要求各国逐步加强刑事镇压。

2.2.1 洗钱犯罪行为

这个问题带有"反对毒品战争"的背景。对越战争之后,美国海洛因的消费剧增,从而重新激化了这个问题。在美国的发起下,联合国于1988年通过了《维也纳条约》,规定各国对来自毒品走私的洗钱行为予以法律处罚,同时规定了在全球实施没收制度,后来这一措施扩大到冻结嫌疑人财产。[131] 但是美国毒品的过度消费促使卡特的高层实施更为精密的手段,把资金调回国并重新注入国有经济中,尤其在哥伦比亚,大量的资金通过进出口公司、房产公司以及其他保护公司被洗刷一清。[132] 金融流通国际化已经引起美国领导人的担忧,他们在寻找能够替代刑事手段,能够产生有效回收资金的其他方法。像"追回资金"(*going for money*),"砍掉蛇头"(*cut the head of the serpent*)这样的命令促进民法和刑法诉讼手段的结合,重新设立金融流通,这需要寻找解决问题的全球性方法,结合全球主要的金融和银行中心,形成协调一致的政策。

美国尽管在多边主义问题上保持沉默,但是这种选择对美国来说似乎还是十分必要的。法国政府在反对经济犯罪和收税天堂问题上一直很担心,也一度谴责为税收外流的离岸服务中心提供方便的盎格鲁-撒克逊式做法,所以法国政府也是支持这项选择

---

[131] 参阅 « La confiscation des biens illicites, peine ou mesure de prévention », *Les Petites Affiches*, 2002, n°218, avant-propos de C. Ducouloux-Favard.

[132] C. Cutajar-Rivière, *La Société-écran. Essai sur sa notion et son régime juridique*, LGDJ, 1998; *Le Blanchiment des profits illicites*, dir. C. Cutajar-Rivière, Presses universitaires de Strasbourg, 2000.

的。因此1989年在巴黎召开了一次峰会,由七国集团提出,支持反对洗钱行为,成立了国际金融行动小组(GAFI),除了七国集团的成员国、欧盟成员国以外,还包括直接相关的国家,如:奥地利、比荷卢经济联盟及瑞士。随后,国际经合组织的成员国以及海湾国家和新加坡也先后加入进来。尽管联合国是洗钱犯罪定性的发起者,但是是由国际经合组织承担秘书处的工作,因为它集中了世界主要的工业国家。这一选择同时也许还表达了对联合国各机构的双重不信任,被认为工作效率不高,无法掌控。[133] 总之,这项选择优先于自我调整策略(naming and shaming)基础上的相互评估程序,它将成为反对洗钱政策的一个转折点,便于同银行系统实施的新规定联系起来。

在20世纪70年代的时候,瑞士银行界因为涉嫌基亚索的丑闻(瑞士和意大利的一宗大型走私案件,其中的收益存放在一些瑞士银行里)而受到很大影响。为了维护银行声誉,瑞士银行在1977年通过了一项行为规定,旨在避免滥用银行系统。继维也纳关于洗钱犯罪的协议之后,这些原则在全球展开,由巴塞尔银行监管委员会倡议,国际投资银行参与,在1988年12月正式成为《巴塞尔原则》(或称为《巴塞尔投资原则》,BSP),以现行的国际监督制度为基础,确定了两项目标:一是鉴别客户身份(know your customer),二是同司法机关合作。

从此,在瑞士的影响下,银行界同国际金融小组之间的联系自然而然地建立起来。国际金融小组1990年提出了"40条要求",其中包括刑法条例(洗钱犯罪的定性,同银行机构合作),根据《巴塞尔原则》制定的银行规定(鉴别客户身份,监督一些业务往来,职业培训)以及监督和相互评估机制(monitoring and mutual evaluation procedure),这将作为经合组织实施反对贪污腐败行为的模式。1996年对这40条要求进行重新修订,扩大到制定有可能引起洗钱行为的各项违法行为(rec. 4),以及职业人员问题,尤其是司法

---

[133] M. Pieth, *The New World Order. Learning lessons from governance in combatting money laundering and corruption*, Kluwer, 2004.

人员,如律师和公证人,如果这些人员有犯罪嫌疑的时候(rec. 15),必须要配合检查(rec. 8)。

在此期间,国际金融行动小组的建议为欧洲提供了经验,制定了《欧洲议会协议》(1990年11月8日在斯特拉斯堡通过)和欧盟1991年6月10日的指令(2001年重新修订);对相关国家来说,过渡到欧洲这些更具有限制性的法律文本,主要表现为必须将这些文本纳入国家立法中。因此,法国刑法不断改革:从1987年12月31日第一部法律对洗钱犯罪行为(主要限于毒品走私)进行定性开始,经过1990年7月12日的法律,成立由财政部管辖的特殊机构(反对非法金融流通的信息和行动小组,Tracfin[134]),负责收集嫌疑举报信息,直到最近的改革,整合了除国际金融行动小组的40条要求以外,还包括斯特拉斯堡协议和欧洲的各项指令(《法国刑法典》第222-34条及附款)。法国刑事制度逐渐扩大非法行为明细,加强对银行的要求,严格诉讼程序。

如果我们对比一下法规规定的规模和令人失望的结果,这种对比就更加令人吃惊。法国是1989年峰会的组织者之一,格拉维警长(Gravet,曾任法警警长)在2003年7月发表的调查报告中指出:"我在1999年10月离开法警警长职务的时候,我没有想到结果是积极的;大型洗钱犯罪案件的数量依然很少。"他认为,其中一个原因是"有意识或无意识觉得这个问题会产生一些保留意见,一些私心和某种担忧;没有一个政治家会公开反对反洗钱犯罪的斗争,但是还是会有一部分人对此保持沉默。"[135]同样,国际经合组织于2003年10月撰写了一份报告,指出在2000年到2002年期间,反对非法金融流通的信息和行动小组提供的案例只占整个查处案件

---

[134] Tracfin: Traitement du renseignement et action contre les circuits financiers clandestins.

[135] « De l'argent de la drogue à l'argent sale », un entretien avec B. Gravet, in *Les Coulisses de la mondialisation*, Ihesi, *Les Cahiers de la sécurité intérieures*, 2e trim. 2003, n°52, p. 141 *sq.*

的 1%。[136] 比如，法国兴业银行案件，涉及 8 家银行 30 多位高层负责人，证据显示法国和以色列两国之间存有交易，但没有裁决。这一案件已经表明检察长、法官和银行家之间交流困难，甚至是"不理解"的问题：检察长几乎要求免予起诉，而法官坚持依法执行，至于银行家则揭示他们承担了国家政府赋予的过度限制的要求。[137]

理论上银行的谴责部分是可以接受的。所以曾经研究过美国制度的内勒（Naylor）教授[138]揭示了洗钱行为定罪原则："如果说通过扣押犯罪收入来反对犯罪对合法市场稍微起一点作用，或者对非法收入的数量、分配以及功能起一点作用的话，那么没有人可以仅凭着这一点点确定性下结论。"他的提议非常彻底：取消控诉，将刑法仅限于"捕食性犯罪"（以暴利形式进行双边交易），排除"商品犯罪"（没有受害者的多边交换，其影响应该是积极的，他认为，地下贸易可以保证制度的稳定）。这种方法不带道德色彩，只是以两个步调服从了法律永恒的目的。

鉴于变化的规模和抵抗力量，这份总结也许有些过早，但是人们同时也发现，各国政府已经失去了在金融流通方面的国家自主性（见本章第 2 节），人们甚至在思考，这样的策略对洗钱行为产生的效果如此微薄，是否对他们来说还有其他的利益，比如在（从政治角度更为准确地说）有组织的犯罪领域，间接地赋予强化刑法手段以合法性。

---

[136] 国际贸易中反贪污工作小组，*France：phase 2，pré-rapport sur l'application de la convention OCDE de 1997*，7 oct. 2003；同时参阅国会关于监督镇压商业犯罪和洗钱行为当中遇到的障碍的报告：*Rapport d'information*，avril 2002, t. 2, vol. 1.

[137] J. Follorou, «Blanchiment：le parquet exonère la Société générale», et «Dialogue de sourds entre les banquiers et les magistrats», *Le Monde*, 3 sept. 2003.

[138] R. T. Naylor, « Sur la piste de l'argent sale, une pente savonneuse en matière de lutte contre la criminalité», in *Les Coulisses de la mondialisation*, op. cit., p. 159 sq. (traduction du chap. VI de *Wages of Crime. Black markets, illegal finance and the underworld economy*, Cornell University Press, 2002).

2.2.2 有组织犯罪的过性定罪

对有组织犯罪进行过性定罪,这在国际上还是最近才兴起的事情。在政治术语中"有组织犯罪"这个表达式首先反映的是方法的改变,这一变化是从被称为反对洗钱行为的"第一代"实践中汲取经验的:"以前我们总是从对人员的鉴定开始,然后开始关注遗产问题;随着反对非法金融流通的信息和行动小组以及国际金融小组的成立,我们在打击金融流通的同时,也在尽力消灭犯罪组织的活动。"[139]这不只是跟踪调查个人非法犯罪并予以惩处,更重要的是摧毁他所在的组织,控制非法活动所获取的利益。因此,减轻犯罪组织内部个人的责任,但同时对加入犯罪组织的行为进行处罚,对协助和为犯罪提供咨询的行为(律师、医生等)予以刑事处罚。

一些评论家认为,为保护"受有组织犯罪损害"[140]的企业,对其支付补偿金是很好的做法;同时也有一些人表示担心,认为这会引起"倒退现象"[141],或者会出现因为特殊政策而牵连共同法:"即使最糟糕我们还拥有一部权威性的刑法,总是要面对有组织的犯罪,因为我们不可能永远消灭它。"[142]

麻烦的是我们(更多的是犯罪学家而不是司法人员)不知道"有组织犯罪"或者"犯罪组织"这个概念的实施场域从什么地方开始,到什么地方结束。因为没有一个国际性的统一规定,对立法者来说,这个概念可能像一种"空洞的表达形式,一种想象的固定

---

[139] B. Gravet, *op. cit.*, p. 151.

[140] Ch. Blakesley, *Les Systèmes pénaux à l'épreuve du crime organisé*, section IV, RIDP, 1999, « Rapport général », section II (partie spéciale), voir aussi J. Pradel, « Rapport général », section III (procédure pénale).

[141] S. Moccia, « Aspects régressifs du système pénal italien », in *Déviance et société*, Éd. Médecine et Hygiène, 1997, p. 137 *sq.*

[142] T. Weingend, *RIDP*, 1999, « Rapport général », section I (partie générale); M. Delmas-Marty, *Les Grands Systèmes de politique criminelle*, PUF, 1992, p. 294 *sq.*

点"[143],立法人员可以在任何领域加以施用,赋予日益增强的镇压行为以合法性。无论是参照欧盟的《共同行动纲领》(1998年12月18日通过的有关对参与犯罪组织行为的处罚纲领)还是联合国的各项协议(2000年11月15日签署的反对有组织跨国犯罪的《巴勒莫公约》;2003年12月10日签署的反对贪污行为的《梅里达协议》),这个规定并没有因此而变得清晰起来。所以,犯罪组织这个说法从某种意义上又转回来指代"严重"违法的"组织",或者因为遭受的处罚,或者指针对一时的敏感性问题的违法行为明细,比如:在欧盟的《共同行动纲领》当中,规定了恐怖主义和毒品精神药品的非法走私行为,《巴勒莫公约》在此基础上增加了贪污、洗钱、贩卖人口和非法移民等。

  在实际当中,"有组织犯罪"这个词就像一个真正的"特洛伊木马"[144],让过度定性犯罪或者更确切地说,从过度镇压进入到刑法体系中,从特例诉讼程序的延展(延长关押期,扣留时限超过公法规定的期限,以不予以处罚为交换同罪犯协商)到新的治安方法,直到目前,这些办法还只在信息和反间谍部门实施(包括侵袭行动,非法跨境逮捕,使用监听器或者使用卫星跟踪等)。另外,这也是为法国2004年3月9日颁布的法律提供理论基础的例外制度,宪法委员会对这部法律的力度有所减缓。[145] 因为没有预先规定,所有违法行为都被贴上了"有组织犯罪"的标签。这部法律成功地强硬坚持镇压政策,但却没有因此解决国际法的要求,因为在贪污问题上,尽管经合组织提出很多批评,它依然没有考虑受害者的问题。而且,新的认罪程序允许检察官对达到5年监禁的罪行进行减刑,而根据《巴勒莫公约》,严重罪行的界限是至少4年监禁。事

---

[143] S. Manacorda, « La riposte pénale contre la criminalité organisée dans le droit de l'Union européenne », in *L'Infraction d'organisation criminelle en Europe*, dir. S. Manacorda, PUF, 2002, p. 234.

[144] Ch. Van den Wyngaert, « Les transformations du droit pénal international en réponse au défi de la criminalité organisée », in *Les Systèmes pénaux à l'épreuve du crime organisé*, section IV, *RIDP*, 1999, p. 42.

[145] CC, 2 mars 2004, *JCP*, 2004, II, 10048, note J.-C. Zarka.

实上,这样的改革,在模仿美国模式的同时,似乎标志着立法自主性的倒退。

我们还记得,这个模式首先是由美国以双边的形式提出的。他们提出的相互协助条约实际上首先考虑的是提供证据和信息,很少考虑尊重嫌疑人和受害者的基本权利。同时,美国陆陆续续派出国外的联络官员没有接受过要尊重接待国的法律、具体实施情况和习俗的培训。[146] 相反,他们却间接促进了法律制度的改革,甚至有时通过某些措施,比如成立培训中心(像布达佩斯国际法强化学院)[147]直接鼓励法律制度的改革。有时还有使用外交和军事压力使各国政府加强反对有组织犯罪活动。

因此,这种模式被引入到多边法律政策当中,但是始终遵从同样的思想,那就是很少考虑普遍价值问题。有组织犯罪之所以能够规避国际刑事法院的规章制度,也许这并不是偶然的事情:"也许人们从中可以想到,从政治角度说,各国政府还没有准备让国际刑事法院来接管他们对像有组织犯罪这样模糊理念的监督"。[148]如果说,刑法相对性有想在跨境犯罪这些领域作出让步的话,这不是以普遍性的名义采取的措施,而是有实际应用的原因,正像主流文化希望消除内外之分一样,反对犯罪和战争的战斗也希望消除国内安全和国外安全之分。

1999 年国际刑法联合会大会上提出的总体报告特别强调了这样一个特性:"目前在'全球村'流行的很多变化都来自美国,美国政府早已经公布跨国有组织犯罪对国家安全造成了威胁。"[149]这种说辞似乎具有预见性,因为这些变化后来经"9·11"恐怖袭击事件证实是对的。正是这种思想,这种战争思想(但不一定有效)在反对无边界恐怖主义活动的斗争中占据上风。

---

[146] B. Zagaris, «Rapport Etats-Unis», *RIDP*, 1999.
[147] *Ibid.*
[148] Ch. Van den Wyngaert, *op. cit.*, p. 47.
[149] *Ibid.*, p. 44; voir aussi B. Zagaris, *op. cit.*, p. 497 sq.

3. 无边界恐怖主义

如果说有一种犯罪深深地刻在国家边界上的,那就是恐怖主义犯罪。别忘了,这个词是随着法国大革命出现在法律术语当中的。面对外国的入侵和国内威胁,国民公会通过了一系列特别措施,那就是1793年8月30日颁布的"恐怖"措施。这些恐怖政策是以绞刑为象征,认为这是巩固革命、拯救共和国的必要措施。我们知道孟德斯鸠反对共和制,他一直坚持专制政府,认为这是一种美德,而专制政府的动力就是恐怖,他说:"[……]作为美德,共和制根本不必要,荣誉是危险的[……],应该让恐怖打倒一切勇气,湮灭一切野心。"[150]对孟德斯鸠的理论,罗伯斯庇尔在一次演讲中做了回答,他试图调和美德和恐怖的关系,他说:"没有恐怖的美德是不幸的,没有美德的恐怖是无力的。"当共和2年热月9日(1794年7月27日)国民公会议员将这句话颠倒过来的时候,他们只能让他来承担他们自己曾经宣称的恐怖的责任;他们谴责他是恐怖分子,是他指使国家滥用恐怖政策。

同时,这个词又产生了语义上的第二个转变,直到今天依然模糊着有关恐怖主义的讨论,这就是从政府恐怖政策(政治暴力)到反政府恐怖(犯罪暴力)。因此,巴贝夫(Babeuf)因为在签订"平等秘密协议"时主张平分财产而被处以偷窃罪,他"被撤销职务"[151],并被处决。

从政治暗杀到使用爆炸武器,反政府恐怖主义以极端暴力的形式在19世纪末期表现出来,比如由俄罗斯虚无主义者挑起的恐怖袭击(在19世纪80年代),以及由无政府主义者在整个欧洲挑起的恐怖活动(在19世纪90年代)。法国1893年12月18—19日的《反无政府主义法》硬化了镇压政策,尤其是重新确定了同犯罪勾结的规定。继卡诺总统被意大利无政府主义者圣·卡斯里尔暗杀

---

[150] Montesquieu, *De l'esprit des lois*, op. cit., II, chap. IX, p. 258.
[151] Babeuf, *Pièces*, I, 90, cité in *Littré*.

之后,1894 年 6 月 24 日法律修改了所有关于媒体传播的法律,取缔了法官将无政府主义非法宣传行为进行轻罪处理的裁判权。持反对意见的议员以抒情的口吻提起卡斯里尔的匕首,认为卡斯里尔"在让共和国进入丧葬期之后,正在置我们关键的一项自由于死地"。[152]饶雷斯企图让人投票通过一项修正案(后被延迟,因为巴拿马事件依然影响着人们的思想),把所有"在任职期间进行非法贸易、收受贿赂、参与不正当金融案件的"[153]公职人员都看作是"具有无政府主义宣传色彩的行为教唆者"。但是这种努力没有取得成功。相反,被持反对意见的人称为"邪恶"法律获得雷纳·迦罗德(René Garraud)的赞同,他认为建立"更加安全更加公平"[154]的镇压政策是必要的。

公平与否,镇压的严厉性没有妨碍整个 20 世纪反政府恐怖主义的发展,尤其是以政治暗杀的形式,比如像前南斯拉夫国王以及 1934 年法国部长巴尔图在马赛遭到的暗杀事件。然而,在第一次世界大战和第二次世界大战之间这个时期,恐怖主义这个词的双重性并没有消失。在这段时期中,在外逃亡的列昂·托洛茨基发表了一篇政府恐怖主义的辩词,为无产阶级专政实施的恐怖政策辩护[155];同时,各国联盟对马赛的暗杀事件作出反应,于 1937 年制定了两项国际协议,其中一项是"预防和镇压国际恐怖主义";另一项是关于成立国际刑事法院,具体对此类恐怖主义行为予以裁决。[156]

---

[152] P. Truche, *L'Anarchiste et son juge. À propos de l'assassinat de Sadi Carnot*, Fayard, 1994, p. 75.

[153] *Ibid.*, p. 78.

[154] R. Garraud, *Supplément au Traité théorique et pratique de droit pénal français comportant le commentaire des lois sur l'anarchie*. Librairie de la société du recueil général des lois et arrêts, 1896.

[155] L. Trotski, « Défense du terrorisme », *Nouvelle Revue critique*, 1935, pp. 23 et 76.

[156] H. Donnedieu de Vabres, « La répression internationale du terrorisme, les conventions de Genève du 16 novembre 1937 », *Rev. dr. intern. et législ. comp.*, 1938, p. 37 *sq*.

因为第二次世界大战的爆发,对恐怖主义行为的定罪和国际化过程被中断,在战后也不是立即要解决的首要问题,那时的首要问题是对轴心国的反和平犯罪、战争犯罪以及反人道主义犯罪进行判决。只是随着技术进步的发展,当恐怖主义活动变得"没那么危险,却更有成效"[157]的时候,它才引起各国以及国际上的重视,对这一犯罪行为进行罪行定性。

恐怖主义指的是反对政府的有领导性的恐怖政策。这一事实没有为制定恐怖主义共同规定提供方便。相反,一方面恐怖主义原始的双重含义没有完全消失,几年前由一位内务部长提出的"对恐怖分子实行恐怖统治"的命令又重新同历史结合了起来;另一方面,恐怖主义没有表达出任何特殊的价值。而大部分刑事处罚都具有镇压性和表现性的意义(比如镇压凶手就是以生命来表达法律的意愿,就像惩罚小偷来表达所有权一样),像"恐怖主义"这样的行为应该遭到处罚,因为它有可能侵犯了人或财产利益,即使是没有造成损害。因此,其含义绝对具有镇压性:那就是硬化对国家政府安全造成损害的有组织性暴力的镇压。就像我们在谈到法国1986年9月9日和1987年7月16日法律的时候,我们所指出的那样,立法者似乎是受了国家安全法院(根据1982年法律已被取消)的引导。[158] 议会通过的法律将恐怖主义违法行为(尤其是由大法官构成的重罪法院的审判)的特殊制度延伸到反对国家安全的不法和犯罪行为。当然,这种扩大政策是经过宪法委员会以平等名义审查过的,因为根据宪法委员会的意见,只有恐怖主义的特殊性才能够证明诉讼例外规定的合法性[159];尽管如此,在反对恐怖主义的斗争和国家理性(即依照法律依据来定罪,或者有硬化镇压措

---

[157] G. Guillaume, «Terrorisme et droit international», *Recueil des cours*, Académie de droit international de La Haye, 1989, III, t. 215, pp. 295-407 (spéc. p. 310).

[158] J.-P. Marguenaud, «La qualification pénale des actes de terrorisme», *RSC*, 1990, p. 1 *sq*.

[159] M. Delmas-Marty, *Les Grands Systèmes de politique criminelle*, *op. cit.*, p. 349.

施的理由)当中依然存在很大的联系。

所以很难对恐怖主义做一个统一的规定,这一点就不奇怪了。而且,因为在明确的规定上没有达成一致意见,所以恐怖主义行为不属于国际刑事法院的管辖职能范围之内的事,除了分析一些像反人道主义罪行这样的恐怖主义行为。

然而,事实却从根本上改变了跨境恐怖主义到无边境恐怖主义的转变过程[160],就像那场在电视上直播的"9·11"恐怖袭击事件早已深深地印刻在我们的记忆当中一样。即使法律人士依然在讨论法律是否提供了合适的解决方法,他们还是达成一致意见,承认"恐怖主义向法律提出了挑战"[161]。事实的确如此,恐怖组织使用了全球性的技术、金融以及媒体等手段进行活动,反过来,恐怖主义也被视为反全球化的直接威胁。所以这个主题在最近的达沃斯论坛中被提出来,并不是一个偶然。[162]

相对主义一直被认为是抵制法律国际化的,这次似乎因为全球化而遭到失败。无论是把恐怖分子作为嫌疑人进行监视或者直接处罚(2002年6月13日通过的《欧盟理事会关于成员国间适用欧洲逮捕令和移交程序的框架协定》)还是把恐怖主义当作袭击,把镇压当作战争来处理(联合国2001年9月12日和28日的决议,美国2001年10月26日《爱国者法案》),自2001年9月11日以来实施的法律规定正在逐渐取消镇压的边境限制。

3.1 从国内恐怖主义到国际恐怖主义:相对主义的抵制

虽然无法通过一种保护价值参照来确定恐怖主义的定义,尽管法律文本存在不确定性,我们至少可以试图通过各种不同的构成因素来明确恐怖主义这个概念:首先是(违法人或财产的)暴力行为;接着是带有某种程度上的组织性策略(这是字典上所强调的

---

[160] M. Wieviorka, « La violence métapolitique », in *La Violence*, Balland, 2004, p. 61 *sq*.

[161] C. Tréan et D. Vernet, « Entretien avec F. Bouchet-Saulnier et A. Garapon », in *11 septembre, un an après*, L'Aube-Le Monde, 2002, p. 46 *sq*.

[162] Ph. Bourguigon et Th. Malleret, « Les trois mots-clés de Davos », *Le Monde*, 22 janv. 2004.

让人感到恐怖和实施恐怖政策之间的区别);最后就是恐怖主义的目的,这是在所有法律文本中都可以找到的,也许因为考虑其特性与目的是分离的,所有没有明确表明出来。比如在政治性袭击当中,无论受害者是偶然的还是有针对性的,他都是被"去个性化"[163],这不是个人原因,而是有象征性原因,因为真正的目标一般是国家政府所实施的政治权力,是袭击要动摇甚至要摧毁的对象。总之,所寻求的结果是通过其他人的诉求表现出来的,比如一些犯人对自由的诉求或者更广一些,是对政治举措的诉求。因此,原则上恐怖主义同某些相近的概念,比如政治暴力(不一定造成恐怖)、无政府主义(提倡通过一些不一定是暴力性的手段取消政府)、政治暗杀(其目标不一定必须在整体人群中造成恐怖局面)以及游击战(没有造成恐怖,是游击队员对他们反对的政府进行的武装战争)相区别。[164] 可是,在实际中,一旦采用颠覆策略,这些都会不可避免地从一种形式变成另一种形式。

从1962年开始,雷蒙·阿隆就早已指出:"恐怖是震慑策略的决定性因素,成为颠覆的主要武器之一。"[165] 他那时举例说明这个词在四种不同策略中的使用:除了具有专政制度特征的一般恐怖策略[166]之外,他还提出了武装策略,指的是武力轰炸(在战争期间被德国人说成"恐怖袭击");占领政权的平民策略(在法国的德国政府或者在阿尔及利亚的法国政府),以打击抵抗运动或者民族主义运动;还有冷战时期的相互恐怖策略(两大热核炸弹部队之间的双重无力关系)。

因此,我们便理解了为什么要进行反对恐怖主义的斗争,即使它带有"国际恐怖主义"的外国因素(受害者或者恐怖制造者的国籍,恐怖组织总部所在地以及袭击发生地)在里面,它首先还是以

---

[163] A. Cassese, *International Criminal Law*, Oxford University Press, 2003, p.125.

[164] G. Guillaume, « Terrorisme et droit international », *op. cit.*, pp. 306-307.

[165] R. Aron, *Paix et guerre contre les nations*, Calmann-Lévy, 1962, p. 175.

[166] Hannah Arendt, *Les Origines du totalitarisme*, t. 3, *Le Système totalitaire*, Seuil, coll. « Points-Essais », 1972.

事实的国家法律解读为主,从这个角度看,基本上还是相对的。这就产生一个悖论,就是恐怖主义的刑法强化了在国家领土上的镇压,违背了国际人权保护的各种法律规定(即条约上所说的"权宜"条款),但是同时如果引渡的申请被认为具有政治性,有保留拒绝引渡的权利(即所谓的"法国条款"),这样就有利于国际恐怖主义,而刑法或许会被视为无关紧要。

3.1.1 国内恐怖主义和人权特例

比较研究证明了每个国家的历史与反对恐怖主义的特别立法之间的关系,甚至不惜以违背人权法为代价来维持和加强立法,尤其是在人权有超立法价值的西欧更加明显。

这些强化措施似乎是所有反恐怖主义活动立法制度的共同点,在临时原则上,产生与人权保护法相违背的后果。从这个意义上看,反对恐怖主义战斗的相对性避开了人权普遍性,《欧洲人权公约》的第15条有一个"权宜"条款,因为这个特殊条款而承认了这种违背的结局。但是,这项条款的使用是受欧洲人权法院监督的。热拉尔·苏利耶(Gérard Soulier)讽刺地指出:"历史希望法庭审理的第一个案件同恐怖主义有关,但是几个狡猾的上帝却让第一个起诉的人以劳赖斯(Lawless,暗指无视法律的人)的名义起诉。"[167]在1961年7月1日审判的案件当中,一位前爱尔兰共和军成员提出申诉,指出他的行政拘留期过长,法院对此认为并没有违背法律规定,但是法院还是进行了细致审查,表现了对特殊情况进行监督的意愿。在这一点上,1978年德国法律显得更加清晰明了:"法院意识到颠覆的危险,甚至以保护的名义摧毁民主,它(法院)确信(政府)不会以反对间谍和恐怖主义的名义采取任何在他们看来适当的措施。"[168]

这种"让政府归于理性"的努力产生一种不稳定的平衡,根据所提及的情况以及相关法律,国内政治形势(国家相对性)可以高

---

[167] G. Soulier, « Lutter contre le terrorisme », in *Raisonner la raison d'État. Vers une Europe des droits de l'homme*, dir. M. Delmas-Marty, PUF, 1989, p. 32.

[168] Affaire *Klass c. RFA*, 6 sept. 1978.

于人权的普遍性。在爱尔兰—英国这一案件(Affaire *Irlande c. Royaume-Uni*)[169]当中,欧洲法院已经承认在没有法官预先批准的情况下可以对疑犯进行几个月的治安监禁。但是,在同样的案件当中,却对英国进行了处罚,理由是动用警察使用五种审讯手段,这些手段如果不是酷刑的话,至少根据《欧洲人权公约》可以认定为非人道主义可耻的虐待。这就让我们意识到相对保护权利(如自由和安全权利)和"不可抵触"权利(即最大意义上的保护尊严权利)之间的区别。

按照人权保护普遍原则,另一些决议将标志着国家相对主义的局限性。因为缺乏特殊规定能够为同法律相抵触的规定提供法律依据,在布鲁根案件(Affaire *Brogan*)中,英国因为扣押期过长(违反了第5条规定)而被判罪,尤其在迈克康案件(Affaire *McCann*)中,因为违反了生存权(第2条)而遭到处罚。

最近还有一些新的还没有判决的抵触行为。根据这些行为,英国指出全球恐怖主义的威胁,目的是依据美国《爱国者法案》的模式证明对恐怖组织的外国疑犯进行无期扣押的合法性(2001年12月法律),或者还有一些新的审判规则和证据(2004年规划)。[170]但是,在引证2001年"9·11"恐怖袭击事件之后通过的法规之前,随着恐怖主义的发展(还没有发展成全球范围,但已经形成国际化),应该考虑国内对恐怖主义的镇压和对引渡条件持保留态度之间形成的对比。

3.1.2 国际恐怖主义和拒绝引渡

虽然国内恐怖主义促使欧洲人权法院提出第一部决议案,但提出"成立国际刑事法院"的第一部协议的签订是在国际恐怖主义的促动下完成的,那是1937年11月16日在各国联盟的倡导下制定的协议,同一天还签署了《镇压预防恐怖主义》协议。这两项文本的批准因为战争而突然中断,亨利·德纳迪约·德·瓦布雷

---

[169] Affaire *Irlande c. R.-U.*, 18 janv. 1978, série A, n° 25 (voir *supra*, p. 129).

[170] « Un projet controversé entend durcir les lois anti-terrorisme en Grande-Bretagne », *Le Monde*, 2 fév. 2004.

(Henri Donnedieu de Vabre)在评论这两项协议[171]时指出了 1934 年恐怖袭击的国际性特点,从而激励法国政府采取这样的措施:恐怖袭击在法国发生,针对前南斯拉夫国王亚历山大,那时他正由法国外交部长路易·巴尔图陪同。恐怖袭击是由在匈牙利的克罗地亚成员协会乌斯塔沙(Oustachis)组织的,它的主要成员是南斯拉夫的逃亡者,这次袭击还同意大利有关,它拒绝引渡参与此案件的被搜查人员。德纳迪约·德·瓦布雷认为,"在这次国际犯罪行为当中,只有各国之间达成协议,相互合作才能够抵制有效的反击。"这种思想在 1937 年再次被提出,但是直到 2004 年这一想法依然没有实现。

实际上,就像瓦布雷指出的那样,"国际恐怖主义的概念从法律角度看是无法掌控的"[172],因为这个词不仅反映了当事人(肇事者和受害者)的国籍问题和疑犯所处的国家,而且也反映了相关损害赔偿的属性(比如触犯了沟通保障,流行病的传播,更广一些还给和平造成威胁)。实际上,他所列举的这些属性是从国家间的视野转到了超国家视野上。而恰恰是这种模糊性说明了各国的抵抗态度,从而造成国际性进程缓慢,信息来源零散不齐,有时来自专门组织,像民航组织(OACI[173])、原子能组织(AIEA[174])以及海军贸易组织(OMI[175]),有时是联合国组织提供的。因此有近 12 部协议规定各国对恐怖主义的特殊形式(飞机劫持、运输核材料、扣押人质、爆炸袭击等)加以处罚,从而造成对恐怖主义定义的碎片化。

有人抱怨没有一部带有世界性宗旨的国际性协议能够统一恐怖主义的规定,面对这样的抱怨,意大利国际主义者安东尼·卡塞斯(Antonio Cassese)是这样回答的,他认为这样的定义早已出现

---

[171] H. Donnedieu de Vabres, « La répression internationale du terrorisme: les conventions de Genève », *RIDC*, 1938, p. 37.

[172] *Ibid.*, p. 46.

[173] OACI: Organisation de l'aviation civile internationale.

[174] AIEA: Agence internationale de l'énergie atomique.

[175] OMI: organisation maritime internationale.

在不同的文本中[176]，比如 1949 年《日内瓦第四公约》(第 33 § 1 条)，1977 年第二附加议定书第 4-2 条，《卢旺达国际刑事法庭规约》(第 4 条)以及 1999 年联合国关于恐怖主义金融问题公约，还有一些地区性公约(1977 年欧洲议会公约；1998 年阿拉伯团结公约；1999 年非洲统一组织公约[177]等)[178]。

总之，尽管各国政府拒绝将恐怖主义列入国际刑事法院管辖的犯罪名单当中，但是从条约法和习惯法中得出对这一犯罪行为"可以接受的也足够清楚"的定义[179]看，各国政府的分歧主要在于特例问题上，在促进民族自由运动，或者更广泛地说，在争取自由的斗争中，不是所有的国家都能够接受的特别规定。

但是，这也正是问题所在，因为特例更多的是反映了这个概念政治上的相对性，而不是法律上的相对性，这一点也证实了社会学对国际恐怖主义和国内恐怖主义的区别分析，因为(这个概念)"属于行为体系，不可以简化成弱肉强食的法则：它的活动者，至少部分是从属于政治体系范围内的。"[180]这就是为什么政治条款，或者所谓的"法国条款"[181]限制了引渡的可能性，或者更进一步说，是司法互助可能性，排除了政治性违法，或者其他违法的可能性，以使

---

[176] A. Cassese, « Trans-national, state-supported or state-sponsored terrorism. A current misconception: the alleged lack of a generally agreed definition of terrorism », in *International Criminal Law*, op. cit., p. 120 sq.

[177] OUA: Organisation de l'unité africaine.

[178] Roch Gnahoui David, « Le terrorisme: cadre juridique au plan de l'Union africaine », in *Terrorisme, victimes et responsabilité pénale internationale*, op. cit., p. 102, sq.

[179] A. Cassese, « Trans-national, state-supported or state-sponsored terrorism », op. cit., p. 124. Comp. Crim., 3 mars 2002, affaire *Kadhafi*, où la Cour de cassation considère qu'en matière de terrorisme le droit coutumier international admet l'immunité des chefs d'État.

[180] M. Wieviorka, *Sociétés et terrorisme*, Fayard, 1988, p. 453; *The Making of Terrorism*, Chicago University Press, 2e éd., 2002; *La Violence*, op. cit.

[181] Voir J. Huet et R. Koering-Joulin, *Droit pénal international*, PUF, 2e éd., pp. 351-352; G. Guillaume, « Terrorisme et droit international », op. cit., p. 357 sq.

起诉方"有充分理由相信"他的申请已经呈交,"以进一步调查,或者因为种族、宗教、国籍以及政治意见而对当事人进行了惩处",或者他的状况"因为各种原因而进一步加重"(1957 年 12 月 13 日《欧洲引渡条约》,第 3 条)。当然,1977 年 1 月 27 日《欧洲镇压恐怖主义协议》将恐怖主义的问题非政治化,"协议国之间需要引渡的话,以下提到的违法行为不应当视为政治违法或者受政治原因影响"。然而,第 5 条因为政治原因要求引渡的规定中重新引用了这个相对性条款,其应用大部分依靠国家法官的解释。[182] 这就有可能将公约转变成"一种视觉陷阱",因为其模糊的性质和不确定的效果而遭受谴责。[183]

尽管如此,全球范围内的非政治运动并没有随之而起:《东京公约》(飞机航行中的违法行为)在 1963 年依然没有排除政治性违法(第 2 条),接下来的条约有一个共同点,就是规定了或者同意引渡,或者对案件审判的义务(aut dedere aut punire),或者对非法行为起诉(aut dedere aut persequi),另外还规定了所针对的违法行为完全有权被纳入已经签署或者即将签署的条约的引渡条款中。根据这两项规定,最近签署的公约(1997 年 12 月 15 日《镇压爆炸袭击公约》,和 1999 年 12 月 9 日《镇压恐怖主义金融活动公约》)明确规定,无论以何种方式,所涉及的犯罪行为不能作为政治犯罪来看,也不能因为这个原因拒绝申诉。

这种"非政治化"有利于国际警察的相互协助。从 20 世纪 80 年代开始,国际刑警组织(Interpol)的活动在逐渐扩展,但是规定不参与恐怖事件当中任何具有政治色彩的案件。在随后的十几年当中,恐怖主义问题明确归属到欧洲警署的管辖范围之内(1995 年欧洲警署公约,1999 年正式生效)。

但是欧洲真正一次颠覆运动是同时通过了反对恐怖主义斗争

---

[182] B. Genevois, « Le Conseil d'État et le droit de l'extradition », *Études et documents*, 1983, n°34, p. 29 sq.

[183] R. Koering-Joulin et H. Labayle, « Dix ans après... De la signature (1977) à la ratification (1987) de la convention européenne pour la répression du terrorisme », *JCP*, 1988, I, 3349.

的框架决议(2002年6月13日)和制定欧洲逮捕令,取消引渡程序,将提出引渡申请的国家列入嫌疑对象进行审查,为此列出了32条违法行为,其中包括恐怖主义行为。当然,如果申诉以政治目的提出的,欧洲的规定依然保留拒绝条款;相反,这是以成员国相互承认为原则,依照序言中的表达方式,就是"高度信任"为原则。因此,法国行政法院在他的意见报告中指出:"框架决议似乎没有保证尊重先前提出的原则,根据这个原则,国家有权保留拒绝引渡的权利,如果他认为这种违法行为具有政治特性。"[184]因此,应该在法国法律承认欧洲逮捕令之前修改宪法(2003年3月25日宪法)。

这也就是说,从国际恐怖主义到全球恐怖主义的过渡是法律相对性的倒退,甚至说是一种失败,这没有提高普遍主义的价值(尊重人权不是优先考虑的问题),它的失败是因为整体理念。

3.2 从国际恐怖主义到全球恐怖主义:相对主义的失败

自从"9·11"恐怖袭击事件以来,人们不再谈论恐怖主义,而是"超级恐怖主义"。以这种方式来提及恐怖组织网络,他们会使用技术金融全球化的方式将恐怖主义个人或者集团连接起来,而不依靠他们所处的领土位置。当然,也存在一些训练场和基础建设场地,有时受多少与之串通的国家政府的掩护,比如塔利班的阿富汗对基地组织的保护一样,但是平行结构有利于组织的灵活性和适应性,这样可以保持长期性和发展性的变化。雷纳·帕塞在描写美国同基地组织斗争[185]的时候曾描绘了这样一个形象:"这是细菌攻击大象的策略[……]难以觉察,却可以扩散,由于'细菌'网,使纯粹的军事措施,包括美国这头'大象'最精湛的军事措施也变得摇摇欲坠。"正是为了配合"细菌战略",各国政府才没有将措施限于加强刑事镇压的这一新手段上,而是通过比恐怖主义去政治化手段更为激进的措施表现出来。这就是一方面对恐怖主义的

---

[184] CE, avis 26 sept. 2002 ; voir P.-Y. Monjal, « Le mandat d'arrêt européen », *Rev. Dr. UE*, 2003, n° 1 p. 109 *sq.* ; H. Labayle, « Le contrôle de la constitutionalité du droit dérivé de l'UE », *RFDA*, 2003, n°3, p. 442 *sq*

[185] R. Passet et J. Liberman, *Mondialisation financière et terrorisme. La donne a-t-elle changé depuis le 11 septembre?*, Éd. Enjeux Planète, 2002, p. 88.

金融活动进行刑事处罚,另一方面全面展开刑事镇压,以至于在美国和欧洲人们混淆了国内安全和国外安全的界限,换句话说,就是和平与战争的区别。

3.2.1 对全球恐怖主义金融活动进行刑事处罚

在美国遭到恐怖袭击之后,国际机构对此表示了强烈的抗议。从 9 月 12 日起,联合国安理会提出了一项决议,"按照类别对 9 月 11 日这场有史以来最恐怖的事件作出最严厉的惩罚",随后在 9 月 28 日又提出了第二项决议[186],合法防卫权,承认并肯定了第一项决议案。1373 号决议案(第 6 条)赋予反恐怖主义小组为各国提供技术支持和促进国际合作的责任,同时,2002 年 10 月联合国反对毒品犯罪局提出一项反对恐怖主义的全球计划。[187] 另外,要求各国批准联合国 1999 年 12 月 9 日通过的消灭恐怖主义金融活动的协议。但是,1373 号决议案真正新颖的地方在于强制要求各国把为恐怖主义行动提供或者募集资金的行为视为犯罪,并且立即冻结那些从事或者企图从事这样行为的人的资金。

所以金融行动小组(GAFI)于 2001 年 10 月 29—30 日在华盛顿召开了一次特别会议,决定将其工作任务扩大到不仅限于反洗钱活动方面(正是因为这个目标才在 1989 年成立了金融行动小组)。通过了一项行动计划,以及《反对恐怖主义金融活动特别建议》,同时补充了《国际金融机构识别恐怖主义活动的指示规定》[188]。这样,金融行动小组从反洗钱的策略中借用了它全面标准化形式,既包括纵向形式(刑法镇压)又包括横向形式(自我调节和相互评估)。

在第一种策略方式(镇压)当中,要求国家对恐怖主义的金融活动进行惩罚,把他们的金融活动视为"预先"违法行为,有可能引

---

[186] 联合国安全理事会 9 月 1 日 1368 号决议和 9 月 28 日 1373 号决议。

[187] J.-P. Laborde, « Les Nations unies et la lutte contre le terrorisme, aspects juridiques et pénaux », in *Terrorisme, victimes et responsabilité pénale internationale*, op. cit., p. 91 sq.

[188] 参阅 « Financial task force guidance for financial institutions in detecting terrorism », 24 avr. 2002, in *Financing Terrorism*, op. cit., p. 147.

起后期的洗钱行为。正如很多评论所指出的那样,存在某种模糊性:一方面,洗钱的概念指的是将原来犯罪获得的钱(或者来自贩卖毒品或者其他事先从事的违法行为)投入到合法的经济流通当中回流;另一方面,募集资金的来源可能是合法的,目的是事后为了准备恐怖行为而进行操作:"当然,这有可能存在犯罪意图,但是把这个解释成筹集资金是用于犯罪企图的一个过程,似乎有些说不通。"[189] 将一种违法行为的所有物质性实现回溯成前期的非法行为,这种表述方式反过来对唯一的企图作为定罪处理,在共和自由派人看来,刑法超级延伸的概念很令人担心。而且以反间谍机构,尤其是美国的间谍局提供的名单为基础展开嫌疑调查,这种调查是单边的,完全是秘密进行的。巴塞尔委员会集中了银行界的主要代表,尽管委员会中有些会员心存疑虑,还是将名单递交给了美国政府,同时在名单中增加了自己怀疑的对象。[190]

至于自我调节,金融行动小组要求各金融机构使用推荐的反洗钱方法侦测可疑的金融操作活动,比如鉴别客户(know your customer 和 customer due diligence),拒绝可疑转账,进行人员培训,与权力机关合作。这些要求,如果仅限于法院的基本命令的话,那就会变成一种虚幻的假象。而且金融机构没有任何方法监督疑犯名单的保密性,所以当这些要求通过疑犯名单流露出来的时候,就会变得非常危险。[191] 在将这样的策略在全球范围内实施之前,应该在恐怖主义的共同规定上达成一致意见,尤其是关于以国家自由斗争的名义而实施的可接受的特例达成一致意见。如果没有这样的协议(从表面上看还没有找到),对恐怖主义的定罪有

---

[189] A. Kersten, « Financing of terrorism, a predicate offense to money launchering? », in *Financing Terrorism*, op. cit., p. 49 sq. (notamment p. 56); également M. Lévi et W. Gillmore, ibid., p. 87 sq; M. Pieth, ibid., p. 115 sq.

[190] Ch. Freeland, « How can sound customer due diligence rules help prevent the misuse to financial institutions in the financing of terrorism? », in *Financing Terrorism*, op. cit., p. 46; « Annex 2, Souces of information », p. 159; voir aussi Entretien avec A. Joxe, P. Hassner et M. Reza Djalili, « Réflexions après l'attentat », in *11 septembre, un an après*, op. cit., p. 111.

[191] M. Pieth, « Playing ping pong with regulators », in *The New World Order*, op. Cit.

可能同势力最强的国家所规定的国际恐怖主义概念的全球性延伸相混淆。价值的普遍性和实践的单边全球化之间的差异很少会出现如此强烈的对比。

同时,因为地区性机构,尤其是欧盟,似乎为全球化提供了一个传接器的作用,而不仅仅以普遍价值的名义进行重新平衡。自2001年10月11日起欧洲议会通过了一项宣言,随后在2002年5月27日统一了全体成员的立场,因此得以在6月12日通过上述两项框架协议,并在2003年7月19日又签订了欧盟与美国之间的引渡协议。[192] 尽管确定了和谐统一的目标,关于反对恐怖主义的决定依然仅限于一个大概泛泛的方式,根据恐怖主义非法行为(针对人或者财产),或者同恐怖主义集团相关的非法行为或者同他们的活动相关的非法行为(针对比如像提供信息及材料,提供资金或者虚假材料),列举了一些不是很明确的名单。在这些行为属于刑法管辖范畴内的情况下,这些文本会加强刑警的力度[193]以及欧洲逮捕令中去政治化的力度。至于镇压恐怖主义公约的补充条例(2003年5月25日欧洲议会为修改1977年公约计划),通过临时延缓,联合引渡申请以及简化引渡程序产生同样的变化。政治条款有所缩减,有替代死刑和酷刑的绝对条款的倾向。这一条款在各国的国家特例当中没有特别强调。就像关注人权问题应该弥补镇压的全球化问题一样。

3.2.2 刑事镇压全球化

自2001年9月12日决议案之后,联合国承认了个人和集体防卫的合法权利。相反(在没有合法防卫反击的时候),这个表述方式要求各国"为国际性的非法行为"[194]承担责任。规定了这一责任,但依然有待实施……但考虑"9·11"恐怖袭击事件像其他国际恐怖行为一样,"威胁到国际和平和国际安全",联合国开始慢慢打

---

[192] H. Labayle, *op. cit.*

[193] M. L. Cesoni, « Terrorisme et involutions démocratiques », *RDPC*, 2002, p. 141 *sq.*

[194] 联合国全体大会2001年12月12日决议, commentaire B. Stern, *AFDI*, 2001, p. 3 *sq.*

破内外安全也就是镇压和战争之间的区别。

我们可以看到,从2001年10月26日起美国通过了一个著名的《美国爱国者法案》[195],根据这部法律,美国司法部长的监督权可以延伸到行政监听和法警拘留上面。2001年11月13日的行政命令(还有其他补充文件)表明了情况的紧急性,明确规定了追诉调查程序和调用负责裁判犯罪的军事任务。《爱国者法案》首先反映了对超出恐怖主义调查范围的特别刑法的强化,"告发监视"(sneak and peek, sect. 213, *Patriot Act*)这个命令允许联邦政府要求对所有联邦犯罪调查进行"秘密搜查"。但是这个命令主要想表达的还是从刑事镇压到"反对国际恐怖主义战争"的转变。所以,根据"司法黑洞"(legal black hole)[196]英国法庭判定的内容,外国侨民大多是在美国领土之外的关塔那摩武装基地被捕。美国政府为拒绝拘留人员的战囚身份,借用了高级法院以前的决定,使用"非法参战人员"[197]这一奇怪说法。

因此出现一些理论评论和很多司法诉求[198],而且用间谍的概念替代了调查的概念,这项规定没有考虑刑事制度的保障。联邦信息局非常擅长监听和了解对外事务当中行政安全问题,他们可以按照行政领域的实施标准参与到犯罪调查中。《爱国者法案》同

---

[195] *Uniting and Strengthening America by Providing Appropriate Tools Required to Intercept and Obstruct Terrorism* (USA PATRIOT), *Act.* 2001. Publ. L. n°107-56(《美国加强实施拦截阻止恐怖主义措施统一法》)。

[196] Affaire *Abassi*, Ct. App. (Civ. Div.), 6 nov. 2002.

[197] *Ex parte Quirin*, 317 US 1 (1942); cf. L. Vierucci, « Prisoners of war of protected persons qua unlawful combatants? », *JICJ*, 2003, p. 284 *sq*.

[198] R. Dworkin, « Terror and the attack on civil liberties », *The New York Review of Books*, 20 nov. 2003, p. 37 *sq*.; D. Amann, « Le dispositif américain de lutte contre le terrorisme », *RSC*, 2002, p. 745 *sq*.; « Guantanamo », in *Columbia Journal of Transnational Law*, 2003, p. 101 *sq*.; M. Sassoli, « The status of persons held in Guantanamo under international humanitarian law »; L. Condorelli et P. de Sena, « The relevance of the obligations flowing from the UN Covenant on civil and political rights to US courts dealing with Guantanamo detainees »; G. Fletcher, « Black hole in Guantanamo Bay », symposium « The Guantanamo entanglement », *JICJ*, 2 (2004), 1, pp. 96-121. Voir aussi *supra* p. 236, note 57.

样允许各个部门,如美国中央情报局(CIA)[199]、移民局(INS)[200]和保密局相互交换情报,而这些部门,因为没有对审判进行监督也没有对通过监听得到的信息和其他安全信息的使用(《爱国者法案》sect. 203)[201]进行安全监督,所以很容易泄密。这样的信息政策与2002年夏美国边境处针对航空乘客实施旅客姓名登录(PNR)制度[202]相似,说明除了刑事调查以外,目的是通过数据网络互联的方式将信息全球化。

最后,金融方法在信息方面可以跨越另一步。因为遭到批评,美国政府不得不放弃《爱国者二号法案》计划,但是却将这个计划中的一部分编入2004年税收法当中,最终的版本于11月以紧急投票的形式通过,从此税收年份从每年的10月1日开始计算。这项法律以信息服务资金筹措(Intelligence Autorisation Act for Fiscal Year 2004)为基础,允许联邦调查局(FBI)[203]在没有调查令的情况下(在《爱国者法案》中,调查令是必须的)对金融机构的资料信息进行调查。根据《爱国者法案》(sect. 374),联邦调查局可以通过行政程序获取这些资料,比如:联邦调查局的成员只需要在"国家安全部信函"中证明信息与国家安全调查内容有关就可以了。另外,法律把保险公司、旅行社、房产公司、证券交易所、珠宝商、赌场娱乐场、汽车交易所等都看作是金融机构,并禁止他们向客户透露消息。[204]

刑事调查和情报信息的混合对国际安全和美国的内部安全都

---

[199] CIA: Central Intelligence Agency.
[200] INS: Immigration and Nationalization Service.
[201] American Civil Liberties Union, « How the USA-Patriot Act puts the CIA back in the business of spying on Americans », 2001, reproduit sur http://www.ratical.org/ratville/CAH/1102301j.html (visité le 2 fév. 2004)
[202] S. Foucart, « Les rêves sécuritaires de l'Administration Bush », Le Monde, 31 janv. 2004.
[203] FBI: Federal Bureau of Investigation.
[204] K. Zetter, « Bush grabs new power for FBI », Wired News, 6 janv. 2004 (http://www.wired.com/news/privacylo,1848,61792,00.html, visité le 28 janv. 2004).

产生一定的影响,这一点欧洲议会早已注意到。欧洲不愿意在"没有找齐位置的时候联盟",也不想成为"古罗马的雅典人,按照新罗马帝国的意志行事"[205]。但是这些崇高的意见并没有阐明"欧洲新格局"。一方面我们看到自 2001 年起各国不断强化反对恐怖主义法[206];另一方面警察不断混淆三种行动类型,这三种类型同欧洲三种结构支柱相对应:一是金融警察行动,是欧洲结构第一支柱的构成,由欧洲预算保障反贪污办公室领导;二是危机管理办公室领导的维和行动(第二支柱,外部安全);三是反对跨国犯罪,尤其是反对恐怖主义行动(第三支柱,欧洲警察)。

在实际中,安全行动(比如象牙海岸的"麒麟行动",在北大西洋公约组织附近在科索沃部队 KFOR[207] 内部展开的多国专家组部署)既反映了军事行动又反映了"危机的民事管理",负责人有时感到很难区别安全任务(镇压)和提供情报(预防)[208] 另外,各国政府保持这种混淆,他们要求"对外部安全的投资反过来保障内部安全"[209]。因此,最近一份关于"从民事领域看危机管理"[210]的报告要求这三大支柱相互协调。当欧洲反贪污署决定对恐怖主义金融进行调查的时候,这有可能促使负责外部安全的警察越权插手内部安全,或者相反,使负责内部安全的警察越权到外部安全事务

---

[205] Ph. Morillon, *Rapport sur la nouvelele architecture européenne de sécurité et de défense*, 2003 年 3 月 27 日, 欧洲议会对外事务委员会, 同时参阅 *Sécurité extérieure et justice: enjeu de la politique extérieure de l'Union européenne*, dir. G. de Kerchove et A. Weyembergh, Éd. Université de Bruxelles, 2003.

[206] 关于分析案例参阅 *Terrorisme, victimes et responsabilité pénale internationale, op. cit.*, 2003.

[207] KFOR: Kosovo Force.

[208] Général Rémy, «La gestion militaire et civile des crises: engagements opérationnels de la gendarmerie», in *Polices d'Europe: politique étrangère et sécurité commune*, colloque de l'Association de recherches pénales européennes, 18 déc. 2003, *RSC*, 2004, n°3.

[209] G. de Kerchove, «La pluralité des polices de l'Union européenne», in *Polices d'Europe, op. cit.*

[210] Coreper Conseil, *Rapport d'étape sur les aspects civils de la gestion des crises*, 2 déc. 2003.

当中；也有可能将内部安全（主要由欧洲警察负责）结合到欧洲金融管理事务当中。[211]

所以，恐怖主义这个例子说明犯罪变得越来越全球化，同时解决犯罪问题也越来越全球化，这个问题同非物质材料，如金融流通及信息流通全球化分不开。

第二节　非物质材料流通

按照全球化犯罪、全球风险以及非组织材料流通发展困难程度的顺序，我首先想到的是一种线性联系。在这里隐约存在这样一种思想，即：在逐渐取消边境限制、"跨境"非法交易的"边境外"贪污以及"无边界"恐怖主义之后，应该对（生物技术和生态）风险和流通风险进行研究。生物技术和生态风险的影响立刻在全球范围上表现出来；而流通风险因为"非物质性"而避开所有地域定位。

但是当我们对这些风险进行深层分析的时候，就会发现现实很少是线性的，"9·11"系列恐怖袭击事件就是一个例子，这样的现象在以前也许也存在，但是经过这一系列恐怖袭击之后表现得更加明显，那就是恐怖主义、金融流通以及信息流通构成了不可分割的联系。如果说曾经存在一种"全球性"（不是全球化）犯罪，这不仅是因为受害者和恐怖袭击的肇事者来自各个国家，他们的目标是全球性的，而且更主要的是他们完全掌握了全球化主要工具的使用方法。事实上，正是因为有了互联网的交流才可能准备并完成恐怖袭击。[212] 另外，恐怖袭击的组织者往往本身也非常精通金融资本，我们甚至怀疑本·拉登以及他的亲信是否参与了恐怖袭击之前股票市场的大量金融操作。尤其是《金融经济杂志》在最近一期主要讨论了"全球金融管理"这个问题，有三篇文章关系到

---

[211] J.-P. Stroobants et G. Paris, «Enquête européenne sur l'Autorité de Yasser Arafat, soupçonnée de financer le terrorisme», *Le Monde*, 31 janv. 2004.

[212] M. Wieviorka, *The Making of Terrorism*, Chicago University Press, 2ᵉ éd., 2002, préface à la 2ᵉ éd., 2003; «La violence méta-politique», in *La Violence*, Balland, 2004, p. 61 *sq*.

恐怖主义和它的金融影响。[213] 相反,那些刑法专家有时不再关心恐怖主义者和受害者心理的犯罪学研究,而是优先分析非物质流通、金融经济和银行配备。[214]

人们发现,如果说"无形物质"似乎比"有形物质"更为中性的话,那么一切都取决于这些物质的使用,因为中立性不是固定不变的;恰恰相反,"非物质性"材料的力量就在于它的柔韧性和摇摆不定性,正如罗兰·巴特在谈起"颤动时光"(le temps vibré)时所说的"颤动的能量"(énergie vibratoire),他举了一个很形象的例子,就是台球运动员"表面上看很犹豫的举动,实际上却非常灵活"[215]。但是在人类社会,将能量同材料分开,会释放一些既难以估量也难以控制的潜力:人类精神进入到"高科技时代",因"最大权力中最薄弱的环节而痛苦不已"。[216] 全球化不再仅仅表现为从一个领土到另一个领土上人员和物质材料的流动,而是在非领土化的空间发展,这必然是全球性的,因为这种流动是非物质性的:所以当流通价值和产权被视为"历史、现在和未来的信息整体"[217]的时候,信息就可以在互联网上流通或者在金融市场上进行交易。如果说技术让这种去物质化变成一种可能的话,那么只有长期以来作为"非

---

[213] J.-M. Lamère, « De nouveaux risques après le 11 septembre? », *Revue d'économie financière*, 2003, p. 65 sq. ; P. Moulette, « Blanchiment et circuits financiers du terrorisme », *ibid.*, p. 75 sq. ; J. Mistral, « Globalisation et architecture financière, une perspective américaine après le 11 septembre », *ibid.*, p. 175 sq.

[214] M. Pieth, « Financing terrorism, following money », in *Financing Terrorism*, Mark Pieth ed., Kluwer, 2002, p. 115 ; B. Stern, « Washington une équipe tente de démonter les circuits financiers du terrorism », *Le Monde*, 26 fév. 2004.

[215] R. Barthes, *Le Neutre. Cours au Collège de France, 1977—1978*, Seuil, 2002, p. 174 ; voir aussi « L'actif du neutre », *ibid.*, p. 116 sq. ; « Idéosphère et pouvoirs », *ibid.*, p. 126 sq.

[216] A. Gortz, *L'Immatériel. Connaissance, valeur et capital*, Galilée, 2003, p. 147.

[217] M.-A. Frison-Roche, « Le droit des deux mondialisations », in *La Mondialisation entre illusion et utopie*, coll. « Archives de philosophie du droit », t. 47, Dalloz, 2003, pp. 20-21.

物质同谋"[218]的法律才能规范这些自由力量,赋予它们一种无穷的可视性。但是那是什么法呢?

在这里,除了全球化犯罪以外,还有法律相对性的局限性。如果说"全球治理"成为被认为可以解决无法解决的问题的灵丹妙药的话,这不是偶然的。因为我们一直在提这样的问题:如何在没有(全球性)政府的情况下进行(全球化)治理[219]?各国政府不会因此而消失(至少不会立刻消失),各国法律依然存在。我们前面举的例子,美国法律在 2004 年通过修改税法转向对金融流通的管理,再次证明美洲的特色就是"当出现机能失效的时候会迅速进行新的调整"[220],具有很强的实用主义特性。但是这个例子也说明各国使用的策略多种多样,这些策略或者以单边形式由境外管辖机关强制执行,就像美国的做法,或者通过多边协议协商完成,这种做法是以欧洲议会 2002 年 5 月 27 日通过的针对"联合国决议案确定的嫌疑名单中的个人、集体、企业及其他单位"(针对本·拉登、基地组织成员以及其他个人和联合团体)在欧洲境内冻结其资金和"其他金融资产以及经济来源"达成的统一意见为基础。

另外,还需要根据是金融流通还是信息流通来分析这两种方式是如何结合在一起的,以实用主义思想,要求一定程度的标准化融合,也就是超越一定的相对性。

1. 金融流通

很奇怪,"金融建筑"成为一种神圣的表达方式。即便是货币问题,无论是否可以转换成黄金,金融领域同建筑师勒·柯布西耶(Le Corbusier)极为重视的黄金数量和模块黄金这些建筑经典没有太大的关系。国际调解银行(BRI,创立于 1930 年,集中了世界主要的中央银行,并逐渐吸收了其他金融调节和监督机构)的一个

---

[218] F. Zenati, « L'immatériel et les choses », coll. « Archives de philosophie du droit », t. 43, *Le Droit et l'Immatériel*, Sirey, 1999, p. 95.

[219] P. Jacquet, J. Pisani-Ferry et L. Tubiana, « À la recherche de la gouvernance mondiale », in *Revue d'économie financière*, p. 161.

[220] J. Mistral, *op. cit.*, p. 181.

顾问被邀请谈论"全球金融市场新结构"[221]时，人们发现在描写众所周知的一个变化的一些主要过程时，他自己对这个术语的表达也会存在不一致的现象。第二次世界大战之后，布雷顿森林体系协议在1944年建立了国际货币基金（FMI，它的扣减投票数体系给美国造成很大的阻碍）和国际重建与发展银行（BIRD[222]，即后来的世界银行），打开了一个重建局面，从1948年起，通过《关税及贸易总协定》的多边协议促进流通自由化。但是20世纪70年代的时候，美国单边决定中止美元对黄金的兑换，打破了固定的平衡体系，造成货币浮动，促进国际货币基金的改革。20世纪80年代的时候，在政治（"冷战"刚刚结束）和科技（信息技术和远程通信技术的进步）双重因素的影响下，放宽了管制，取消了规章制度，从而创建了世界贸易组织（通过1994年《马拉喀什协议》）。虽然最近在亚洲和阿根廷的金融危机让人回想起布雷顿森林体系的一些机构，但是这些项目中没有一个得以实现，也许是因为这种变化需要重新进行政治性的导向，这就需要一些新的管辖能力。[223] 这样的变化应该超出现在所谓的革新措施，比如像1993年创立的"世界银行监督小组"，它其实是希望成为1992年6月13日里约热内卢关于环境与发展宣言中提到的"民众参与"原则（第10条）[224]实际应用的一个范例。还有就是需要加强"金融稳定论坛"提出的协调问题，这个论坛是1997年七国集团在经过各个银行（巴塞尔小组

---

[221] M. Giovanoli, « A New Architecture for the global financial market. Legal aspects of international financial standard setting », in *International Monetary Law. Issues for the New Millenium*, Oxford University Press, 2000. p. 3 sq. ; J. Mistral, « Globalisation et architecture financière... », *op. cit.*

[222] BIRD: Banque internationale pour la reconstruction et le développement.

[223] Ch. Chavagneux, « FMI, Banque mondiale: le tournant politique », in *Revue d'économie financière*, p. 209 sq. ; voir aussi J. Stiglitz, « L'autre programme du FMI », in *La Grande Désillusion (Globalization and its Discontents)*, Fayard, 2002, p. 255 sq.

[224] L. Boisson de Chazournes, « Le panel d'inspection de la Banque mondiale: à propos de la complexification de l'espace public mondial », *RGDIP*, 2001, p. 145 sq.

和国际调解银行)、股票证券交易所(国际交易安全组织 Iosco[225])和保险公司(国际保险监督协会 IAIS[226])考虑之后创立的,而且还需要结合人权保护制度。[227]

马里奥·吉奥瓦诺利(Mario Giovanoli)想尽量描绘出一个整体框架,他对"建筑"这个词作了讽刺性的解释。"建筑"这个词一般是指像泰姬陵或者凡尔赛城堡这样的建筑。在吉奥瓦诺利看来,这个词实际上提出了一个庞大的水利沟通系统(a hydrologic system made up of communicating pools),在这个沟通系统中,金融流通是依靠惯有引力甚至是海啸(regular gravitational flow, or even at times in tidal waves)以虚拟方式(virtually unimpeded from any one to another bassin)流通的,不存在任何障碍。[228] 无论是货币经济政策、银行监管、金融市场和保险、税收法、刑法及商法、破产法以及司法组织,各国的制度完全是碎片化的,就像吉奥瓦诺利在描写世界局势时所说的"无制度"状态一样。如果说相对性明显是失败的话,那么交替的解决办法还远不能实现并形成稳定状态。因此产生我们所说的"世界治理"这种混合不同性质具有变化性的复合多样的组合。

1.1 失败的相对主义

世界局势似乎同时具有两个特性:一方面,各种法律规定层出不穷;另一方面,出现很多沉默不语的现象,也就是过多和空缺的两极分化。我们将从后面即空缺的问题说起,因为我们无法解决这个如同无法规范的金融和银行天堂的问题,这说明法律空缺具

---

[225] Iosco: International Organisation of Securities Commissions.
[226] IAIS: International Association of Insurance Supervisors.
[227] J.-F. Flauss, *Commerce mondial et protection des droits de l'homme*, Institut René-Cassin, Bruylant, 2001, p. 217.
[228] M. Giovanoli, *op. cit.*; également P. Bombrowski, « Haute finance and higt theory: recent scholarship on global financial relations », *Mershon International Studies Review*, 1998, 42, I-28; A. Leander, « Dependency today-finance, firms, mafias and the state: a review of Susan Starnge's work from a developing country perspective », *Third World Quarterly*, 2001, vol. 22, n° 1, p. 115 sq.

有一定的力量,促进了犯罪的流通和虚假竞争。

1.1.1 法律天堂空缺的力量

国际参与越来越多,在"强制性和被强制者之间形成一种链条"[229]。在每个连接点之间,其间的空隙是无法填充的。这些空隙应该有个名称,所以就有了"天堂"这个称呼,它既指税收天堂、犯罪天堂,也指金融标准的天堂。

这些"天堂"不是在今天才出现的。[230] 瑞士在19世纪末发明了编号银行账户,使它成为个人和资产在欧洲的避难国;1868年摩纳哥提出了零税收的政策,同时,美国的一些小州如新泽西州和德拉维尔州(Delaware)在1880年放宽了企业法,这样可以吸引和接待那些"屏幕"企业增加税收来源。瑞士在1934年采用了美国的离岸模式(off shore),制定了严格的保护银行账户秘密的规定(违反这些规定会受到刑法处罚)。结合税收的优势、银行信用和宽松的企业法,瑞士和列支敦士登成为首批提供完整模式的国家,从20世纪60—70年代开始流行,而那时也正是放弃固定平衡性时期,标志着布雷顿森林体系进入到一个新的阶段。随后开曼群岛(1966年)、巴哈马群岛(1980年)、维尔京群岛(1990年)、伯利兹(1995年)先后采用了这种模式。经合组织的研究结果证明,在低税收的金融国家直接投资从1985年开始猛烈剧增,就像放松管制所产生的影响一样。1984年到1988年之间投资水平增加了一倍,从1992年开始达到每年增加13%—15%的水平(1984年是4%)。其中海洋贸易尤其重要:1960年游艇运输量占全球总量的14%,如今已经达到40%。虽然全球化促进了世界贸易向这些税收天堂国涌进,但是相反的是,全球化也使这些国家变得难以承受,原因就是因为连锁反应产生的负面影响(即多米诺效应)。因此提出了一些"黑名单",这是一种命名和鞭策的方法。

---

[229] M.-A. Frison-Roche, « Le droit, source et forme de régulation mondiale », in *Gouvernance mondiale*, La Documentation française, 2002, p. 321.

[230] P. Lascoumes et Th. Godefroy, « La question des places *off shore*. Mobilisation unanime mais enjeu composite », in *Les Coulisses de la mondialisation*, *Cahiers de l'Ihesi*, 2003, n°52, p. 113 *sq*.

尽管存在各种不同的利益关系,有对犯罪的镇压(金融行动小组 GAFI),有关注税收问题(经合组织 OCDE)和金融稳定问题(金融稳定论坛 FSF),但还是需要协调这些名单。表面上看,今天人们已经找到了一些统一的标准。首先,是对普通法律规定的分析,包括加入和尊重国际承诺,以及各国司法程序和基本特色形成统一的标准:要知道,各国独特的司法程序从某种角度上说可以对国际合作产生真正的障碍(比如卢森堡的刑法诉讼,面向所有人,包括法人和自然人,罗列了所有上诉可能性,反对国际豁免权委员会的相关规定)。在这些一般标准基础上,还增加一些特殊标准,如企业法,规定了一些成立条件、功能和比较宽松的管理规定;宽松的税法以及银行法,根据匿名账户和职业秘密保障具有不同程度的保密条件。这些标准的重要性具有很强的不平衡性。[231] 因此,唯一一个同时出现在三个名单(金融行动小组、经合组织、金融稳定论坛)中的地方,就是瑙鲁岛,这是大洋中人人轻视的"一只小老鼠",而那时"俄罗斯在 2002 年 6 月到 2003 年 6 月刚刚通过金融行动小组的成员国黑名单的审查"[232]。

离岸口岸的位置不仅被重大犯罪行为所利用,而且很多跨国企业为了躲避税法规定以及本国的企业法规定也在开始使用这些离岸口。各种标准的不平衡让人开始思考集中几个中心而忽略离岸口岸这个事实所产生的真正意义。人们也明白,这样的制度很难调解,按照一些评论的说法,就是"活动者到岸(in),而位置却没有真正离岸(off)"[233]。"活动者到岸"是经济或者政治负责人完全合法,符合口岸的使用;离岸指的是他们"避税"的策略。所以当 2002 年美国安隆(Enron)企业破产的时候,人们发现,这家由美国电力股票中间人创建的集团在世界各地税收福利地建有 881 家分

---

[231] P. Lascoumes et Th. Godefroy, « La question des places *off shore* », *op. cit.*, p. 137 sq. ; Mission parlementaire sur la délinquance financière et le blanchiment des capitaux en Europe, 2001-2002. Assemblée nationale, n° 2311; J. Roban, *The Outlaw Sea*, North Point Press, 2004.

[232] P. Lascoumes et Th. Godefroy, *op. cit.*, p. 136.

[233] *Ibid.*, p. 114.

公司,其中仅在开曼群岛一个地方就有 693 家。[234] 同样,在帕玛拉案件中,意大利农产品集团似乎掌控着在卢森堡的好几家企业[235],并在开曼群岛的好几家没有注册的分公司中有大量的投资。虽然大的审计事务所,如安隆案件中的安德森审计事务所[236],帕玛拉案件中的格兰·索通(Grant Thornton)事务所[237]等,对他们的账户都进行了验证,但是问题就出在法律制度上面。法律制度多样化,面对企业避税策略,大部分政策多少还是比较宽容的。

因此,在克林顿执政期间(克林顿支持经合组织主张的正统税收政策)和布什执政期间(布什对税收压力政策持有怀疑态度,因此,在舆论当中,他的一部分支持者认为逃税是面对"高额税率"的一种合法行为),一些纳税天堂国在巴尔巴德成立了一个联合会,美国的政策为这个协会提供了反击的手段。它公开依靠美国新态度,企图在经合组织内部提出讨论以促进建立更为宽松的政策。[238] 而 2001 年 "9·11"恐怖袭击事件打破了美国的沉默,进行了新的立法(《爱国者法案》和 2004 年税法),这个协会的企图也遭到

---

[234] L. Clavreul et C. Ducourtieux, « L'ancien numéro deux d'Euron inculpé par la justice américaine », *Le Monde*, 21 fév. 2004. 当事人受 35 项主要指控被判 325 年监禁!

[235] M. Roche, « Parmalat illustre les dérives financières du capitalisme », *Le Monde*, 1er janv. 2004; « L'Italie demande au Luxembourg une aide dans l'enquête sur Parmalat », *Le Monde*, 21 janv. 2004; M.-N. Terrise, « Les patrons italiens défendent leur image ternie par l'affaire Parmalat », *Le Monde*, 20 janv. 2004; J. B., « La banque centrale est mise en cause par le gouvernement », *ibid*.

[236] C. Du, « Disparition d'Arthur Andersen, nouvel arsenal législatif », *Le Monde*, 21 fév. 2004; Tom Fowler et M. Flood, « Arthur Andersen gets the maximum sentence ». HoustonChronicle. com, 16 oct. 2002; « In a hurry for Enron trial? October 2005 looking good », HoustonChronicle. com, 10 juill. 2003.

[237] A. Both, « Après Enron, l'affaire Parmalat replonge l'audit dans la tourmente », *Le Figaro*, 6 janv. 2004.

[238] P. Lascoumees et Th. Godefroy, *Émergence du problème des places off shore et mobilisation internationale*, Cevipof, doc., août 2002, pp. 74-75.

反对。[239]

总之,各国法律规定的增加导致法律的碎片化和不稳定性。从空缺到过量,但是这并没有阻止因为边境外条款的制定而引起的功能无力和过量的风险。

1.1.2 各国法律规定的无力和过量

美国国际主义者乔纳唐·温奈(Jonathan Winer)根据两种根本对立的模式将金融全球化的影响系统化。一方面是全球化之前的模式,这种模式的特色是提供货币和地方银行服务,跨境交易速度慢而且费用昂贵,金融服务受地方性管制,在境内征税;另一方面是新的模式,根据这种模式交易变得全球化,银行国际化,一旦边境对交易不再限制的时候,调控过度对交易行为无法控制。[240] 温奈从对黑名单及其矛盾性的批判开始着手,阐明他更希望制定一个"白名单",类似于一种高标准具有优秀实践性的名册。他的理由就是,目前尽管存在金融行动小组、经合组织和金融稳定论坛这样的机构,一个介入到洗钱或者恐怖主义金融案件的银行将会同尊重最高标准的国际银行一样具有同等机会去获取来自政府的盈利资源。他建议由国际金融机构制定实施那份所谓的"白名单",这样可以强制要求各国政府实施这些标准,包括那些没有用直接方法来实施这些标准的国家以及私人活动者。

这样一个目标是值得我们称赞的,但是他忽略了各国的主权,有可能对金融机构提出指责,通过阻挠政策要求金融机构强制执行不一定符合经济金融状态的唯一一种模式。我们似乎可以对这种解决方法的适宜性提出怀疑,至少诊断结果以有力的方式证实各国法律体系无法起到任何作用。各国制定大量的法律,它们的不稳定性就是一个很好的证明。

法国法律经过多次改革,可以说是具有建设性的例证。2001年5月15日关于经济新调整政策的法律对企业制定了新调整规

---

[239] M. Pieth, «Financing terrorism, following money» (notamment «The impact of 11 september 2001»), *op. cit.*, p. 115 sq.

[240] J.-M. Winer, «Terrorism, finance, and global conflict: globalization time for a white list?», in *Financing Terrorism*, *op. cit.*, p. 5 sq.

定,尤其是民事企业,从而预防非法滥用行为,比如空壳企业等。尽管这部法律激起了取消刑法化的运动,如制定"怀疑、嫌疑人以及揭发法规"[241],这部法律还是受到很多批评,随后在 2002 年 10 月 29 日出台了《匿名企业法》,2003 年 8 月 1 日连续出台了两部法律(《金融安全法》和《经济措施法》),这些标志着明确的变化。2003 年立法者确实着手进行大范围的取消刑法化举措[242],有利于监督审查,尤其是民事审查,但似乎还没有建立一定的成效。事实上,新的法律还没有解决承担领导职责的股东们(按照美国法律股票等级模式,或者通过个人入股,或者集体入股)的资质规定这个基本问题。至于刑法规定,根据 2004 年 3 月 9 日颁布的法律规定"犯罪申诉"程序,有可能被中立化。这个程序(适用于那些可以判处 5 年徒刑的非法犯罪人员)可以适用于大部分企业犯罪,尤其是滥用社会资产,由检察官做决定,不承认受害者的地位。

全球经济危机表现为缺乏信任,其中一个主要原因就是具有利益冲突行为。在这样一个背景下,应该重新整顿金融市场。关于这一点,还是有很多提议,2003 年 5 月欧盟关于企业法现代化行动纲领的报告(Vienot I,Vienot II,Bouton[243])阐明了很多有关预防、检测和处理利益冲突的问题。[244] 很奇怪的是《金融安全法》没有在《企业法》中对这些冲突进行立法规定,仅限于《金融货币法》和《经济法典》第三部书中的一些规定。人们批评这部法律时,认为这是一部具有"危险改革和遗憾漏缺"的法律,"对公司法没有带

---

[241] M.-A. Frison-Roche,« La loi sur les nouvelles régulations économiques », Interview, D., 2001, DA, p.1930.

[242] B. Bouloc,« La dépénalisation dans le droit pénal des affaires », D., 2003, DA, p.2492 sq.

[243] Rapport Vienot I et II, http://www.medef.fr ; J.-J. Daigre,« Le rapport Bouton », JCP, 2002, Aperçu rap. 488.

[244] 欧洲议会 2003 年 5 月 23 日提出的行动计划 « la modernisation du droit des sociétés et le renforcement du gouvernement d'entreprise dans l'UE », D., 2003, DA, P. 1490.

来任何东西"[245],只部分涉及对金融分析尤其敏感的问题。[246]

人们再次证明,多次改革并不能保证有效性(早有人指出:"出于谨慎的态度,目前的法律必须需要一种新的文本"[247]);而且,因为还没有一个对金融市场进行管理的全球性机构,所以这些众多的改革会伴随产生一些碎片化现象。

从地区性角度来看,到处都有寻找合适的解决方法,首先从欧洲开始,有欧洲企业和会计标准规定以及滥用市场指示规定[248],还有我们前面提到的行动纲领。但是,这些做法还是遭到一些国家(如卢森堡、比利时和奥地利)的反对,拒绝提供银行秘密,同瑞士的协商依然止步不前。尽管 2002 年 6 月一些领域性协议开始生效[249],瑞士在 2006 年加入申根协定,但依然没有签署储蓄税收的新协议(对贪污行为限制提高银行保密度,但是允许瑞士对欧洲公

---

[245] D. Schimide, « Les lois du 1er août 2003 et le droit des sociétés », Point de vue, D., 2003, DA, 2618.

[246] A. Couret, « Banques d'affaires, analystes financiers et conflits d'intérêt » (关于巴黎商事法庭 2004 年 1 月 8 日的判决). D., 2004, DA, chr. 355; A. Bernard, « propos de la guerre du chiffre et du droit: comment les comptables étendent leur territoire professionnel », D., 2004, DA, chr. 1580.

[247] A. Couret, « Les dispositions de la loi de sécurité financière intéressant le droit des sociétés », JCP, 2003, I, 163; Pascal Clément, « Proposition de loi sur la gouvernance des sociétés », 8 avr. 2004, D., 2004, DA, act. 1074.

[248] M. Menjucq, « La société européenne: enfin l'aboutissement! », D., 2001, DA. chr. 1085; F. Fages et M. Menjucq, « Proposition de loi relative aux adaptations du droit français au règlement du 8 octobre 2001 sur la société européenne », Aperçu rapide, JCP, 2003, Actu. 505; M. Menjucq, « Le rattachement de la société eurpéenne », D., 2003, DA, Point de vue, p. 2874; « Adoption du règlement portant approbation des normes comptables internationales », 2003 年 9 月 29 日欧洲委员会通报, JCP, 2003, Actu. 487; 欧盟 2003 年 1 月 23 日关于业内经营和市场操作的指示 JOUE L96. 关于税收合谐问题参阅 « entretien avec Frits Bolkenstein », Le Monde, 21 fév. 2004.

[249] Stephan Breittenmoser, « Sectoral agreement between the EC and Switzerland: contents and context », in Common Market Law Review, Kluwer, 2003, n°40, p. 1137 sq.

民直接征收利息税)。[250]

因此这些方案的一个主要出路就是美国单边制定的《萨班斯-奥克斯利法案》。当法国取消刑法处罚,欧洲也刚开始协调金融立法的时候,美国继续他的犯罪处罚和国际化运动。《萨班斯-奥克斯利法案》规定金融市场法适用于所有美国上市或者无论什么原因受证券交易安全委员会监管的境外企业,这样就变成了一种国际化的工具。这项法律重新审视了为金融市场提供的数据信息,规范了中间商和审计的责任以及董事会的构成,规定了两个新的犯罪,在联邦调查中或者破产时出现有意摧毁、修改或者伪造记录事实可进行罚款处罚和最多20年的有期徒刑,或者有摧毁听证纪录行为者判处10年有期徒刑。另外,法律(《白领犯罪刑事处罚增强手段法》第9条)进一步强化,要求企业领导对每一份年度报表提出书面证明,无论是谁只要发现收买证人的事实都将受到法律的处罚。尽管这份法律规定受到人们的批评,法国依然将这份法律规定纳入自己的法律体系当中。最近成立的金融市场管理局[251]明确规定了新的企业管理和内部监控模式,再次提出所有在国外市场公布法国法律规定之外的信息的证券发行人必须同时在法国市场上公布同样的信息。这样,在法国公开诉求储蓄的证券发行人将实施美国的《萨班斯-奥克斯利法案》或者英国的《综合守则》。[252] 这就承认了对美国和英国立法者的顺服。

但是如果要全面考虑这种现象的话,就应该考虑到在这些冲突(因为主要还是关系到私人经济活动者如企业和个人,所以表面上看是一些私人之间的冲突)背后,表现了很强烈的对立性政府利

---

[250] Ph. Ricard, « L'Europe se penche à nouveau sur les paradis fiscaux », Le Monde, 10 fév. 2004.

[251] S. Thomasset-Pierre, « Création de l'Autorité des marchés financiers », D., 2003, DA, chr. 2951.

[252] « Gouvernement d'entreprise et contrôle interne », AMF, 23 janv. 2004, D., 2004, act. Lég. 333.

益。在执行人寿保险案件中表现得尤其明显。在这起案件中,主要被告是里昂信贷银行(在当时属于公共资产),因购买资产而遭到起诉,根据加利福尼亚州法这一行为是禁止的,但是它通过它的下属企业和中介,即美国的一家保险公司提供了财物报表完成了收购。[253] 即使是纯粹的私人活动者,各国政府对这样的冲突也不能置之不理,因为其经济和政治影响对他们来说也是很重要的;就像劳埃德(Lloyd's)案件一样,这是因美国一个州的安全交易法案规定同英国(再保险)保险市场管理标准有所冲突引起的。在这起案件的审理中,美国法官最终还是承认了英国的观点,那是因为重新阐述了"文明化国家"这个概念的同时,认为成功消除了国际主义理念。[254]

我们重新回到这个现象上来:"将大量的公共经济法引到因为市场的相互连接而产生的法律冲突场中,同时伴随而生的是具有诉讼特色的政治化现象。"[255]面对这种政治化,提出的任何方案似乎都无法令人满意地解决法律冲突:因为缺乏一个真正的法律共同体,很难实施"全球共荣"的标准,因此参照这种标准无法解决法律冲突;而唯一市场调节效果也不行,因为唯一市场没有将我们所说的"外部性",也就是一种活动的非贸易层面,如污染及其他败坏性影响纳入进来。虽然这些建议没有提供一种解决方案,但是至少"在混淆国际私法传统理论中公法与私法之间牢固而确定的关系的同时"[256],标志着重新划分传统法律范畴的必要性。

---

[253] E. Leser, « Executive Life, l'immense gâchis », *Le Monde*, 10 déc. 2003; F. Terré, « Executive Life et l'argent français, *Le Monde*, 28 oct. 2003, E. Le Boucher, « Executive Life: quand la France manque d'intelligence économique », *Le Monde*, 14—15 déc. 2003; « L'affaire Executive Life », *Le Monde*, 17, 18 et 19 fév. 2004.

[254] H. Muir Watt, « L'affaire Lloyd's: globalisation des marchés et contentieux contractuel », *Revue critique de droit international privé*, 2002, 509.

[255] H. Muir Watt, « Globalisation des marchés et économie du droit international privé », in *La Mondialisation entre illusion et utopie*, *op. cit.*, p. 245.

[256] *Ibid.*, p. 262.

而且,国际贸易组织的争端调解机构很好地处理了各国之间的国际公法诉讼,这些诉讼"同私人经济参与者的利益有关,甚至相混淆,以至于政府实际上明显成为这些利益的代言人"[257]。尽管各国政府持有保留意见,成功推迟了重新审查争端调解机制,但企业因为"法院之友"程序允许提供信息,越来越希望能够表达他们自己的意见。

一方面是被政治化和公开化的私法,另一方面是被私有化的公法:我们可以看到经济和金融全球化对我们早已习惯了并曾经认为是持久的法律秩序的影响有多大。我们根本没有时间去重新思考所有这一切。在法律制度的黑板上,我们很少会抹去一些东西,但是会很愿意在每行之间或者在空隙之间增加一些新的方法,慢慢修改整个图表。当这些修修补补的东西变得过于明显,以至于我们无法忽略它们的时候,我们就会给它一个名称,一个尽量庄重的让人信服的名称,比如"全球治理"。

1.2 全球治理的临时修补

这样的法律条例混杂多样,具有很强的变化性,更像是一场"大的幻灭"[258],一场"大的动荡"[259],而不是政治、经济或法律方面的秩序。所以给这些法律条例命名,需要很大的勇气。尽一切努力,既不担心重叠罗列、混杂不协调,也不担心不断重复的改革,这种"无系统"规定似乎具有促进各种矛盾集中在一起的能力。意大利法学家萨尔瓦多·阿马托(Salvatore Amato)[260]参照海德格尔对尼采的解读[261],提出夕阳的概念:"矛盾相遇但不结合,这就是结束一切而又重新开始一切的时刻。"这是同样永恒的回归。

---

[257] H. Ruiz Fabri, « La juridictionalisation du règlement des litiges économiques entre États », *Rev. Arbitrage*, 2003, n°3, p. 897.

[258] J. Stiglitz, *La Grande Désillusion*, op. cit.

[259] Zaki Laïdi, *La Grande Perturbation*, Flammarion, 2004.

[260] S. Amato, « "Rien qui soit" : présences juridiques de l'immatériel », coll. « Archives de philosophie du droit », t. 43, *Le Droit et l'immatériel*, op. cit., p. 45 sq.

[261] M. Heidegger, *Nietzsche*, Pfullingen, Neske, 1961, trad. Fr., Gallimard, 1972.

第一编　相对性与普遍性　　**269**

　　这也许也是法律永恒的回归。世界治理将是"一个有用的新名词,因为这是在政治分裂的世界中以如何治理世界经济的方式进行的思考"[262]。"全球治理"同"企业管理"[263]和"良好管理"都不同。"企业管理"仅限于企业法的私人领域;而"良好管理"是在国家甚至欧洲公共事务中采纳好的实际措施。[264] 全球治理是在不断改变的,依然处于研究中。经济分析委员会在2003年关于2002年公布的报告中明确指出:"如果今天需要重新撰写这份报告的话,也许我们应该留出更多的位置来讨论权力问题,更加全面地审查霸权模式的生存力"[265]。报告的撰写人发现,美国的教义"将国家利益放于首位,甚至可以置国际共同体的理念于不顾",因此,他们总结,多边主义成果"泛泛陈数","为了全球治理各国主权在集体利益面前总是会有所放弃,走向世界治理制度的脚步是首要的,但不确定。"

　　也许在关于世界治理问题上谈论"制度"为时过早。如果新名词有用的话,它也会让人搞错,因为如果按照福柯的分析,新名词会让人相信实际的存在,甚至是人们来教授的一门学科的存在,而这些仅仅是一个梦想。[266] 世界治理是一种实践,它首要的一个特征就是非物质流通所释放出的能量。所以,它表现出的不是一种稳定的模式,而是一种运动,是一种变化的活力,为了不可能的相遇积累很多界面和过渡的场所,在那里公/私以及硬法/软法相互交叉,但不一定相互结合。

----

[262] Conseil économique et social, *Gouvernance mondiale*, dir., P. Jacquet, J. Pisani-Ferry, L. Tubiana, La Documentation française, 2002, p. 12.

[263] A. Couret, « Mondialisation et droit des sociétés, La structure juridique des entreprises (*corporate governance*) », *RIDE*, 2002, 339.

[264] 参阅 *Gouvernance européenne. Un livre blanc*, Commission des Communautés européennes, 25 juill. 2001.

[265] P. Jacquet, J. Pisani-Ferry et L. Tubiana, « À la recherche de la gouvernance mondiale », *op. cit.*, p. 163.

[266] 福柯认为,管理的新科技,像所有科技一样,在其历史发展过程当中会呈现三种形式:梦想,实践最后是学科,见 *Dits et Écrits*, t. IV, *1980—1988*, Gallimard, 1994, p. 821.

1.2.1 公/私

经济分析委员会将全球治理定义为"标准生产及公共参与机器",并明确指出"这是对经济的治理,除此之外还是对整体相互依赖性的管理",远远排除了早期在20世纪90年代的时候由德国首相布兰特倡导创建的委员会[267]所建议的规定,指的是"个人及公共的或私人机构管理共同事务方法的总和"。

但是,我还是想回头看看这第一种表达方式,因为在这个表达方式中将个人和机构结合起来,并强调了公共活动者和个体活动者的同时参与。人们会发现,在过去10年中为调解非物质流通而成立的大多数法院既不属于单一的公共领域也不属于单一的私人领域。关于这一点,在世贸组织的诉讼中我们都有所耳闻。从理论上说,世界贸易组织中的争诉应该是国家之间的问题,但却遵循私人活动者的策略;反过来,国家政府越来越多地关注一些私人之间的经济争诉。正如让-伯纳德·奥比(Jean-Bernard Auby)所说的:"如今说国际公法不仅仅针对各国政府和国际组织,它越来越关注个体、私人组织、企业以及政府下属团体机构,这几乎是一句很普通的话。"[268]

这种列举甚至说明二元(公/私)表现也许是骗人的。因为在非公共活动者之间,应该区别私人经济活动者和简单的市民。因此就产生了公共活动者、私人活动者和"民事"活动者的三边关系。正是从活动者的多样性及其行为的一致性当中才有可能产生非霸权主义的世界秩序。其中我们还找到市民社会的概念,尽管这个概念有多种含义甚至构成一种神话。市民社会介于公共政治权力和经济私人权力之间,被当作一个"场所"来看,既是一个中心也是

---

[267] *Our Global Neighbourhood. The report of the Commission on the global governance*, Oxford University Press, 1995, p. 2.

[268] J.-B. Auby, *La Globalisation, le droit et l'État*, Montchrestien, 2003, p. 116.

两境之间[269],连接着两个场域,而不是将两者对立起来。

一种良好的管理要求"市民在各个阶段大量参与政策实施的理念"[270],除了这种模糊的思想以外,对实践的分析说明存在很大的困难。以会计规定为例,我们就会发现"法律来源的多样性",有公法也有私法。[271] 国际会计标准委员会(IASC)是参与会计标准制定的民间机构,开始的时候就集中了专业会计的所有组织。它整合了证券调解机制,咨询了世界银行和巴塞尔银行监督委员会,这些机构在反洗钱行为当中起了连接的作用;另外还接受欧洲议会作为观察员。然而,国际会计标准委员会也没有少被指责,尤其是关于它为欧盟制定规范的合法性,因为它看起来是受政治压力所为,比如来自游说集团的压力。[272]

另一个例子我们前面已经提到,是在一个更具有局限性的领域。沃尔夫斯堡集团(Groupe Wolfsberg)是1999年在瑞士成立的集团,目的是实施1997年反贪污公约,这个集团联合了一个公共活动者(经合组织负责审查这个公约的工作小组主席)、民间经济活动者(拥有世界银行市场60%左右业务的主要银行的代表)和一个民事活动者(国际透明非政府组织)。因为这种三角构成,赋予沃尔夫斯堡集团表面上的合法性,以此为基础,沃尔夫斯堡集团在2000年10月颁布了《沃尔夫斯堡原则》,2002年又补充了恐怖主义金融原则[273],其目的就是要激励国际金融机构反对洗钱行为,反对恐怖主义行为。

---

[269] M. Borghi et P. Meyer-Bisch, *Société civile et indivisibilité des droits de l'homme*, Éd. universitaires de Fribourg, 2000; L. Boy, « Le déficit démocratique de la mondialisation du droit économique et le rôle de la société civile », *RIDE*, 2003, p. 417 sq.

[270] *Gouvernance européenne. Un livre blanc*, *op. cit.*, p. 12.

[271] B. Raybaud-Turillo, « Les processus de normalisation comptable: l'exemple d'un droit post-moderne », *RIDE*, 2001, p. 9.

[272] A. Michel, « La BCE critique certaines des futures normes comptables », *Le Monde*, 19 fév. 2004; A. Bernard, « propos de la guerre du chiffre et du droit... », *op. cit.*

[273] Annexe, in *Financing Terrorism*, *op. cit.*, p. 211 et 213.

这种方式与欧盟委员会公布的《欧盟未来五年金融服务政策白皮书》思想一致。其实欧盟委员会的《白皮书》早就标志着活动者的多样性同标准方法的联系:"法律途径往往只是更广泛的解决方法的一部分,将正式的规则同其他非限制性的规则,比如指令、指导纲领以及共同协议基础上的内部自我调解等结合起来。"[274]在各种活动者交叉相遇的三角关系当中,也许会产生硬法和软法的相遇,但不一定相互结合。

1.2.2 软/硬

沃尔夫斯堡集团以非常形象的方式提到私人活动者与调解机构之间的"乒乓球游戏"。开始的时候,沃尔夫斯堡集团的原则只是简单的自愿的行为标准,没有要替代国际金融机构调控纲领的意愿,这一点是肯定的;但是在使用中,"这些文件相互产生实质性影响"[275]。沃尔夫斯堡集团发现碎片化的国家立法存在不一致的地方,为了"显示调解机构本身起作用并承担责任的领域",集团主动建议对各个领域进行必要的和谐整合,承担起"本应该是规则制定者的责任"。这一举措同时伴随着前面提起过的方法变化:"在最近两年内银行领域的主要成就之一就是说服调解机构在制定规则的时候接受以风险为基础的方法,而不是以规则为基础的方法。"[276]

如果其目的是要改善有效性的话,那么以风险为基础的方法反应迅速,更加特性,似乎比抽象的规则更加灵活,更加迅捷。但是如果问题关系到民主合法性的话,我们就应该担心规则的倒退,也就是各国为了维护共同利益引起自主性的倒退,就像国际劳动总局(BIT)报告中所指出的那样。[277]

---

[274] *Gouvernance européenne. Un livre blanc*, op. cit., p. 24.
[275] M. Pieth et G. Aiolfi, « The private sector becomes active: the Wolsberg process », in *Journal of Financial Crime*, vol. 10, 2003, p. 359 sq.
[276] *Ibid.*
[277] BIT, « Une mondialisation juste », rapport 24 fév. 2004; www.ilo.org; B. Stern et A. Bassir Pour, « Le BIT passe au crible les faillites et les excès de la mondialisation », *Le Monde*, 25 fév. 2004.

第一编　相对性与普遍性　　**273**

在这里,当隶属于唯一概念的管理模式不适合的时候,二元对立(硬法/软法)也有可能让人上当。这些模式是在 2001 年世界银行举办的研讨会[278]上提出的,有必要阐明这个问题的多种含义(会议当中提出了超过十种的管理模式!),但问题在于没有意识到很多混淆在一起的事实。因为实际同这两种极端的模式(纯粹横向的即自我调整模式和纯粹纵向的即超国家管理模式)都不同;在具体实践当中往往是同其他混合模式相结合,比如:政府间合作,由独立机关或者超国家的司法机构进行调解。

也许正是这样的多种结合才让人们注意到,《白皮书》可以作为"共同调解"成为欧洲治理的优先手段,同时解释说:"决定最高政策的线性模式应该由合乎道德的循环所替代,这一循环应该以相互作用、网络以及全方位的参与,如从政治规划到实施为基础。"但是这种方式依然比较模糊,将具有强制性的立法措施同一些"由相关活动者为了将自己的经验付诸于行动而采取的措施"结合起来。相对于民事社会的作用,这一方式提到更多的是经济活动者的自我调解,有可能"为了合作而使民主倒退"[279]。的确,《白皮书》对意图的表达十分细腻,以婉转的语句指出共同调解"只有在基本法或者重要政治选择不产生影响的时候才适合"[280]。但是却没有明确指出这一界限的实施标准,然而这一点却是最基本的问题所在。

负责制定《欧盟宪法条约》的成员提出简化目标,以稳定各国政治负责人和市民。在整个制定过程中,这一方式像念符咒似的一遍一遍被提起[281],初看,似乎同软硬结合的方式并不搭配。既要"共同立法深刻简化"又要"通过多样化改善规范,结合使用公共政

---

[278] Conseil économique et social, *Gouvernance mondiale*, *op. cit.*, tableau, p. 73.
[279] M. Barnier, « L'Europe n'aura pas le droit mou », *Libération*, 23 avr. 2002.
[280] *Gouvernance européenne. Un livre blanc*, *op. cit.*, p. 25.
[281] V. Giscard d'Estaing, « La dernière chance de l'Europe », *Le Monde*, 23 juill. 2002.

治方法和三边协议规定"[282],如何严肃地实现这个目标？光是阅读一下这个任务,就已经很难理解。宪法计划在区别强制性条款(立法性和非立法性)和非强制性条款(意见和要求)[283]时,没有清楚地解释自我调解的地位,也没有解释作为欧洲治理关键问题的共同调解的功能,它只是在表面上减轻了标准方法的复杂多样性而已。无论在欧洲还是在世界范围内,人们都希望有一个复杂多样性的教育而不是这种简单的煽动。

在想象着寻找一种方式将这不和谐的音节变成和谐可能的复调音乐之前,还应该研究一下其他领域,尤其是信息流通领域,它是以互联网为象征,为了那不合规定的全球化它留给各国法律相对性的空间似乎就更小了。

2. 信息流通(互联网)

信息流通,或者更确切地说是信息浪潮在数字网络中大量流通,正如美国前副总统艾伯特·戈尔在1993年全国新闻俱乐部发言时说的,这是一些真正的"信息公路"[284]。十年之后,有6亿网民,几乎占全球人口的10%,在美国、欧洲和亚洲的比例几乎均等,而剩下的大约1100万网民分布在非洲和中东。但是这个数据变化很快,预测还会有一个大的飞跃:2005年每天使用电子邮件的信息量达360亿条。[285]

这项研究不仅是数量上的。从金融流通到信息流通,从法律角度上说,最基本的区别在于缺乏预先存在的调整。这不是通过取消规则制度或者对经济运行的行政规束的调解或减轻来改变法律空间,而是出现了一个同领土不相等的空间(一个"虚拟"空间),

---

[282] *Gouvernance européenne. Un livre blanc*, op. cit., p. 35.
[283] P.-Y. Monjal, «Simplifiez, simplifiez, il en restera toujours quelque chose», *Rev. Dr. UE*, 2003, n°2 p. 343 sq.
[284] Al Gore, 1993年12月21日在国家新闻处的演讲:http://www.ibiblio.org/nii/goremarks.html.
[285] *Internet en chiffres*. L'observatoire http://www.cisco.com/global/FR/about-cisco/ecompany/monde.shtlm.

一个既不是私有也不是公有的空间,因为它一开始就处于法律之外。当自我调解走在各种等级同时制定的标准之前(各政府间,还有国家的、地区的以及世界标准相互重叠,相互影响,相互交叉)而不仅是根据等级原则相互而生的时候,法律相对性的问题就不再是处于同一范畴内的问题了。

从私人主动积极行为到由公共行为承担责任(从自我调整到调控),"全球治理"给人的零星修补的印象在不断扩大。然而这些新科技的起源被定位于空间(美国)和时间(20世纪60年代)上。那是一个军事和大学的起源:在全面"冷战"时期,需要建立一个全面的信息网摆脱破坏活动引起的危险(因此产生了美国大型行政计算机的迁移,同时也包括它们彼此之间的连接);与此同时,学者们希望分享计算机的运算能力,教他们如何沟通。随着国防信息交流处的阿帕网对研究人员开放之后,两者就相遇了。国防信息交流处意识到其中的政治影响,在20世纪80年代的时候保证了研究人员的大量研究经费,并通过各种论坛和电子邮件为他们之间的交流沟通提供了可能性。这种"网络的网络"管理后来成为了"互联网",在1998年的时候由美国政府托付给一个私人协会Icann来管理。这是一个由活动者自己自主调解的机构,但是(在美国)以国家形式成立。很明显这个机构不能保证能够考虑了各方面的整体利益。[286] 而且因为互联网各种应用迅速发展,包括:虚拟数据库、电子邮件、论坛、远程链接、互动视频会议以及电子商务等。这些大量的应用提供很多非法干预的可能性。比如黑客(hacker)的干扰,黑客们因为喜爱电子信息,往往会因为兴趣发明一些正规用途以外延伸出来的应用,这属于一种普通行为方式;但是不要将黑客同另一种网络黑客(cracker)混淆起来。后者是真正的电子信息犯罪,他们摧毁整个网络系统,造成干扰从而获取信息。在这里我们再次看到"9·11"恐怖袭击的严重影响,因为信息成为权力的关键,这里既包括犯罪的权力,也包括各国政府的权力。

---

[286] E. Brousseau, « Régulation de l'Internet », *Rev. écom.*, 2001, vol. 52.

因此,自我调解还不够。1996 年达沃斯会议颁布了《互联网独立宣言》[287],这一宣言正式向"世界政府"表明:正在建设的全球空间"在本质上独立于你们强加于我们的霸权主义",虚拟人物"不具有主权",在最后的总结当中指出要创建一个"互联网精神文明"。几年之后,通过各国法院的判决,以硬法的形式,包括民法和刑法的实施表现出来,看来各国政府的决定似乎是不可抗拒的,尽管因为法律当中存在不可避免的冲突而有所争议。美国和中国都开始实施相关立法:1998 年 10 月 28 日通过《千年数字版权法》(Digital Millennium Copyright Act),将新科技纳入美国知识产权法中,随后在 1999 年通过了两部法律模本。[288] 2000 年 10 月 1 日中国颁布了《中国互联网管理规定》。

在法国,由法国总理将国家行政法院的一份报告[289]递交给克里斯蒂安·保尔(Christian Paul)主持的议会工作小组。这个工作小组强调指出"共同调整"的必要性。"共同调整"不是"分解国家政府,而是市民社会和共同权力之间的一种新型合作形式",[290]通过全球必要的调整联系起来的。自 2000 年以来,通过了很多法律(通过了《证据法》《网络服务和数字电视实施条件》《远程公开拍卖法》),2001 年又增加了《欧洲远程通信纲领》。相反,《信息社会法草案》(2001 年 6 月 14 日)主要解决获取信息的问题(第 I 款),最终却被放弃,在进行了大量的调整之后,完成了第二套方案(2003 年 3 月,最后于 2004 年通过,参阅下文)。这套方案直接以经济目标为主线,建立"数字经济中的信任关系"。

---

[287] John P. Barlow, cofondateur de l'Electronic Frontier Foundation, 9 fév. 1996.

[288] *Uniform Electronic Transactions Act* (UETA) et *Uniform Computer Information Transactions Act* (UCITA). Voir *supra*, I, chap. 1, « La lex electronica ».

[289] Conseil d'État, *Internet et les réseaux numériques*, La Documentation française, 1998.

[290] 由 Ch. Paul 主持的议会委员会 2000 年 6 月 29 日提交给总理的报告,*Du droit et des libertés sur l'Internet. La corégulation, contribution française pour une régulation mondiale*.

虽然自我调整不够是一个很明显的问题,但是各国法律本身过度更是一个明显的问题。除了诉讼程序之外,有必要明确基本的共同规则。尤其是"9·11"恐怖袭击事件之后,人们的担忧越来越明显,国际防卫也越来越强硬。

欧洲议会之后(2001年11月8日《网络犯罪协议》),欧盟在2002年通过了很多纲领(3月7日的纲领和7月19日的纲领),部长会议也通过了欧洲议会提出的"反对信息制度攻击"的框架决定(2003年3月11日)。

而且,2003年12月12日在日内瓦举办的信息社会世界高峰会议上通过了原则宣言,要"建立一个信息社会",迎接"新千年的世界挑战"。宣言指出:"互联网成为一种公共资源,对互联网的治理应该是信息社会最基本的因素"(第48条),文章还"承认"互联网的管理应该关系到所有相关人员(公共的和私人领域的),以及市民社会、政府间组织和国际组织。因此要求联合国秘书长成立一个"互联网治理"工作小组(《行动纲领》,2003年12月12日)。

这种方式反映了一种机构式的零星拼凑,而且因为数字网络跨国性质,整个形势比较严重,因此显得更加复杂多样。这些网络既不像法律的主体也不像法律的客体,而是像某种"路线"或者"轨迹"。在整个轨迹当中,都有参与者的存在,这条轨迹独立于国家边境,通过服务商、平台、内容编辑以及使用者(也就是网民)穿行通过。对一部既没有主体也没有客体,只是沿着轨迹路线进展的法律能怎么做呢?保罗·维利里奥(Paul Virilio)创造了一个新的名词轨迹路线,来描述这种既非主体性又非客体性的东西。[291] 这种"轨迹路线性"现象既具有空间性又具有运动性,因为它同时承载和运输"现实时间"当中的信息。那么如何掌握这种现象?正是因为数字网络的矛盾性,因为"虚拟"空间的存在,才使得稍纵即逝的时间变成一种"真实存在"的东西。

超越国家法律再一次因为事物的力量(尽管这些事物是非物

---

[291] P. Virilio, *Cybermonde, la politique du pire*, conversation avec Ph. Petit. Textuel, 1996, p.40.

质的)而被迫提出了,要求我们从法律的角度"规范"或者"调整"网络空间。这个网络空间是一个"虚拟"空间,信息在这个空间中以"真实时间"的轨迹进行流通。

2.1 "虚拟"空间

应该重新回到"网络空间"(cyberspace)这个词上。这个词一般认为是威廉姆·吉布森(William Gibson)在他的小说《神经漫游者》(Neuromancien)[292]中描写网民开发一个虚拟空间时提出来的。那些网民的神经系统通过他们大脑中的一个固定插头直接同计算机连接起来。这个词的延伸意义就是指潜在地从多部电脑产生的空间以及网络上相互连接的信息工具。因此这就同互联网管理建立了联系,它是处理人与机器之间操纵和沟通程序。

经过一系列的关系,我们回过头来看网络犯罪的问题,同时还有网络冲突、网络裁决和网络司法的问题,这有可能让人们相信出现了一种完全自主的新体系。当然,一些曾经尝试过的计划,比如在加拿大和美国,这些方案只是作为法律的替代形式而不是正式的国家形式,期待通过互联网的途径来解决冲突(ODR,"On line dispute resolution")。这些计划使世界知识产权组织(OMPI)在网络上通过实施 Icann 的规则来处理有关域名冲突的问题;但是很多民事责任和刑事责任的问题依然归属国家法官管辖,因为一部具有世界使命的法律,要在网络上公布而且它的处理方式也许会延伸应用到普通冲突当中,这样的法律的出现目前依然处于假想当中。[293]

以前,虚拟空间来临的时候,因为信息处理的速度加快,相互连接的节奏也在加快,这就提供了一个无限连接的可能性。同时,这也对法律规定提出了一个问题,因为法律规定需要一个有限的稳定的时空界限。国家法律体系的新形式,如相互关联和相互作用相比较,因为数字网络似乎没有一个指导中心,所以国家法律体

---

[292] W. Gibson, *Neuromancien*, J'ai lu, 1988.
[293] G. Chabot, « La cyberjustice, mythe ou réalité? », D., 2003, chr. 2322.

系的装备似乎更加不齐全:"用户是积极的,虚拟环境将用户变成了一种主权,他既是信息的传播者又是信息的接受者。"[294] 如果每个用户都是一个主权的话,那么冲突将不可避免。

法国最高行政法院正是考虑了"20世纪重大现象"引起的颠覆才于1998年撰写了一份题为"互联网与数字网络"的报告。随着网络的发展,法律领域中出现的问题也变得多样化,包括个人数据和私人生活的保护,电子商务中交易的安全性,面对互联网上新内容的出现知识产权的增值问题,信息、视频和远程通信之间融合现象的适应问题[295],最后还有反对犯罪行为的斗争。

为了将数字网络变成一个"文明化空间",法国最高行政法院提出了一些要求。考虑到不应该建立一部互联网的特殊法律,因为这需要明确详细的规定,在对比服务处理当中会遇到必要的中立性,法国最高行政法院的报告只规划了一些指导性纲领,要制定一些规范来适应"人类表达的新空间"。对这一空间,报告中是这样规定的:"这是超越国界的国际空间;一个任何运营商、任何政府都无法完全掌控的去中心的空间;一个异质混杂的空间,每个人都可以在其中采取行动、表达和工作",同时指出"这个空间从性质上说不是法律空间","它同法律之间的对立"[296] 也许可以促进网络的初期发展。

除了这三个特性(国际性、去中心性和异质性),也许对立主义还有一个最根本的性质,就是我们所说的无所不在的特性。这是虚拟空间特有的性质,同法律存在条件相反。我们无法为互联网定位,因为它无处不在,可以摆脱政府调整的控制,这并不是意识形态的原因,而是因为事物的力量,因其本性,它甚至可以自我调解。由于这种无处不在的特性,可以增加法律裁决的潜在冲突,因

---

[294] P. Trudel, « La *lex electronica* », in *Le Droit saisi par la mondialisation*, dir. E. Locquin et C. Kessedjian, Listec, 2000, p. 225.

[295] 关于这一点参阅欧洲议会, *Livre vert sur la convergence des secteurs des télécommunications, des médias et des technologies de l'information, et les implications sur la réglementation*, déc. 1997.

[296] 法国最高行政法院, *Internet et les réseaux numériques*, *op. cit.*, p. 8.

此也可以阻止同时实施的不同法律体系之间职能的分散。

2.1.1 无所不在,自我调节和调整

如果存在表面上的相同点的话,那就是承认自我调解的必要性。只有在关于金融流通的问题上,活动者的三角关系同信息流通的形式才完全符合。实际上,信息流通关系到市民社会,同时也关系到经济活动者。克里斯蒂安·保尔主持的议会工作报告尤其阐明了将私人的自我调解和公共调整结合起来的必要性,尤其是经济和社会活动者同传统民主权力(立法权、行政权和司法权)结合的必要性,从而在2001年5月创立了"互联网法论坛",以方便议会工作组所说的"共同调整"[297]任务。随后的两项法律规划坚持了两种道路结合的必要性,这也成为一种不可逆转的趋势。[298]

但是"共同调整"的思想有些超出想象,因为这将意味着解决两条道路之间的平衡问题,这个问题在国际范围内因为电子商务的发展而变得尤其敏感。关于这个问题,在实践当中,似乎将欧洲的思想同美国的思想对立起来:欧洲的思想倾向于传统的调整方式;而美国的思想更倾向于自我调解的方法。[299] 其中的原因也许同经济自由主义有关,同时也与美国的机构制度有关:因为在美国合约的缔结和合同关系由各州政府规定。各州的立法者也许可以处理由位于不同州政府双方签订的合同而产生的电子商务。但是

---

[297] 由克里斯蒂安·保尔主持的议会工作, *Du droit et des libertés sur l'Internet*, *op. cit.*, II, «Pour favoriser la régulation sur Internet: un organisme de type nouveau», p. 99 *sq.*; I. Falque-Pierrotin, «Le forum des droits sur Internet: un instrument de gouvernance», in *Le Droit international de l'Internet*, dir. G. Chatillon, Bruylant, 2002, p. 285 *sq.*; *Le Forum des droits sur l'Internet: premier rapport d'activité*, La Documentation française, 2003.

[298] 2003年2月26日通过了《数字经济信任案》草案,在讨论过程中也许可能采用Icann民间规定的域名标准,参阅G. Chabot, *op. cit.*, comp. Th. Verbiest. Aperçu rapide sur le projet de loi, *JCP*, 2003, p. 814. Voir aussi S. Foucan, «La loi sur l'économie numérique inquiète éditeurs de presse et associations», *Le Monde*, 5 mai 2004.

[299] Joseph Drexl, «Mondialisation et société de l'information: le commerce électronique et la protection des consommateurs», in *Mondialisation et droit économique*, *RIDE*, 2002, n°2-3, numéro spécial, p. 405 *sq.*

欧洲议会却不同,它没有权力为协调各国政府国内法而强制实施一些措施。所以对于各个联邦来说,自我调解是他们为促进电子商务良好运行而拥有的唯一手段。在1997年7月1日的一份文件(《全球电子商务贸易工作框架协议》,Frame Work for Global Electronic Commerce)中,美国政府明确表示给予经济活动者最大的自由,人们猜想自我调解可以预防过度自由化的倾向。但是这没有排除各州之间可能出现相同的立法。各州政府自由接受[300]由州联邦提议的统一法律,这些法律是依照 Cnudci 法律模式(1996年《电子商务法》模式,2001年《电子签名法》模式)制定的。所以在实践当中也存在各种混合形式。

美国法律在于促进自我调解,将自我调解同调整结合在一起,而欧洲共同体却选择了相反的道路,但不排斥自我调解。2000年6月8日颁布的《电子商务指示》已经明确规定了自我调解(第16—17条),另外,在电子商务背景下《消费者保护建议》(经合组织,1999年)中也有所规定。欧洲议员马丁·邦杰曼(Martin Bangemann)也支持自我调解措施,鼓励一百多家企业集中起来,在各国政府的支持下(包括欧洲和美国政府)于1999年成立全球电子商务论坛。但是全球电子商务论坛的目的是提高"消费者信任度",而指示针对的是"保护消费者"。这词语上的不同说明两种策略之间存在潜在的冲突:一种是调整/保护(欧洲),另一种是自我调解/信任(美国)。

然而矛盾并不限于使用于各自市场当中(欧盟市场和美国市场)内部策略的对立,还应该考虑外部政策。如果说共同体法律可以为欧洲委员会提供和谐一致的最大权力从而建立一个共同体内部市场的话,那么在外部它只承认一个有限的管辖职能。而美国州政府却不同,他在内部的权限十分有限,但是在保障国外市场进入美国企业的时候,他的外部权限却没有限制。

选择适用标准成为电子商务发展的基本问题,但是因为欧洲

---

[300] *Uniform Electronic Transactions Act* (UETA) et *Uniform Computer Information Transactions Act* (UCITA), adoptés en 1999 par la National Conference of Commissioners of Uniform State Law.

委员会各种思想不同,而且受权限限制,这个问题变得尤其困难。这也是为什么美国政府提出的为明确欧盟(委员会)和美国(商业部)之间通过互联网转移个人数据的条件的协商进展非常缓慢(两年多的时间)。经过欧洲议会的讨论决议之后(2000年6月8日),2000年7月27日欧洲委员会决议通过了《安全空间(Safe Harbour)协议》。这部协议优先于自我调解,同时为希望加入欧洲市场的美国经济运营商提供一种指导性措施。从美国方面看,这部协议似乎取得了一定的成功(到目前为止,有近500家企业参与,包括微软公司)。当然,他们的参与还有一定的局限性。另一方面,宣布的原则(有关相关人员的信息以及他们获取的数据、安全保障模式及数据完整性问题)只适用于接受来自欧盟具有个人特性数据的美国机构(主要是企业)[301],而且还有一个条件是这些机构属于贸易联合委员会,这样就排除了很多其他对数据转移感兴趣的机构,比如银行、储蓄信贷等金融企业以及保险公司等。另外,加入这些原则具有偶然性,可能会因为国家安全要求、公共利益和美国法律的要求而受到限制。有一点很明确,就是加入的有效性不属于预先行政管理,但是以自主认证程序,即向贸易部提交一份入会申请书为基础。最后,只能是因为恶意和不道德的行为,而不是因为违反原则间接向贸易联合委员会提出上诉。

我们明白为什么欧洲议会会提出那些批评意见,指出文本中很多不明确的地方以及评论者实际客观的指正。面对美国观念,有些人提出"欧洲观念的投降思想"[302];还有些人指出,这样一个以"复杂多样、模糊不清、表达不精确、备受指责"的文本构成的协议,反映了"远离欧洲思想的理论和方法措施",似乎是"权力关系造成

---

[301] 《决议及副本,尤其是常见问题原则及名单》,见2000年8月25日《欧盟官方报纸》,L. 215, p. 7.

[302] F. Dehousse, « Synthèse des contributions internationales », in *L'Internet et le droit. Droit français, européen, comparé de l'Internet*, université Paris-I, Légipresse, 2001, p. 68.

的结果"[303]。然而,这让人在两种解读方式中进行选择:一种是"对美国来说更具有骗人的一面,可以让欧盟保留颜面";另一种是"先前的选择,在开始的时候并不明显",可以促进美国法律的变化,这也是美国公众舆论因为互联网的变化而越来越多地提出的要求,因为随着互联网的发展"触及权利和自由的事情越来越多,也越来越令人担忧"[304]。

这一切都取决于应用。随着美国国家安全政策变得越来越强硬,先后出台了《爱国者法案》和2003年11月投票通过的改革,人们觉得《安全空间协议》的保障,即便是最低保障也有可能被中立化。相反,新刑法政策优先权让美国在2001年11月23日签订了欧洲委员会《网络犯罪公约》,这有利于诉诸硬法,加强法官的作用,成为实施法律规定的优先活动者。另外,美国联邦政府在2003年2月白宫网站上发布的一份"国家网络空间安全策略"(The National Strategy to Secure Cyberspace)的报告中,规定了所有预防、防卫策略,围绕新成立的本国领土安全局结合了民间和公共合作者,将调查的中心任务交与联邦调查署的网络协同部门以及美国保密局来完成,而司法部负责案件的法律跟踪和调查。提高公共活动者,尤其是法官的作用,让人们进一步审查职能管辖的问题。

2.1.2 无所不在和管辖职能

随着国家法官权力的上升,也会出现多种司法职能发生冲突的现象,这一点正是由数字网络所特有的无处不在现象引起的:在虚拟空间中,国家法官应该成为"普遍法官"有权裁决任何所属案件还是成为"乡土法官",仅保留传统的管辖权呢?

从刑法角度上说,答案很简单。无论实施领土原则(违法行为发生在本国领土上,《法国刑法典》第113-2条,al. 2)还是主动或被动的当事人原则,数字网络当中交流的无所不在性似乎赋予国家刑事法官一种普遍的权限,即使他们不配有全部执行的条件。

---

[303] J. Frayssinet, « Le transfert et la protection de données personnelles en provenance de l'UE vers les Etats-Unis: l'accord dit "sphère de sécurité" (ou *Safe Harbour*) », *Communication Commerce électronique*, 2001, chr. 10.

[304] *Ibid.*, p. 14.

从民法角度说,答案就显得有些微妙,正如米歇尔·维旺(Michel Vivant)在谈论电子商务时提出的那样。[305] 他证明,巴黎上诉法院如其所愿,虽然进入互联网是一种普遍性的可能,但是不应该将"所有现存法律的适用性简化成一纸条文,这有可能产生法律的不稳定性"[306]。相反,他也对那种以原始国为依据的方法提出了批评:"这样会使美国法拥有强大的主导地位,有利于非法虚假信息向'信息天堂国'流动,而这些'信息天堂国'并不是纯粹的虚幻之地。"维旺表示他倾向于目标标准,2000年意大利一家法院在选择绕开其管辖职能时采用了这一标准,原因是意大利不是信息所针对的"目标",因为无论从语言、讨论类型、网络理念还是供应性质等方面都不符合"目标"的特征,而相反美国的公众似乎比意大利的公众更符合这一"目标"。另外还需要考虑欧洲的法律规定:欧洲以普通条款的方式规定了法官作为消费者的权限,其电子商务适用原则备受争议。的确,引入这样一种决疑论有可能承认"天平总是向法官倾斜"。

另外,在实际应用当中也没少受到人们的质疑,就像雅虎案件一样。巴黎法院多次接到人权保护协会的上诉,下令雅虎集团停止在法国领土上传播有关纳粹的信息、图片和文章(这是在它的拍卖网站上流传出来的),认为这一方面构成非法刺激种族仇恨(《1881年新闻自由法规》),另一方面违反了国家、政府和公共和平的规定(《法国刑法典》第645-1条)。巴黎高等法院第一副检察长曾经下令专家制定过滤网民技术的可能性,根据刑法规定,有权临时裁定"影响国内社会秩序",排除了无权管辖的特例,在执行法国

---

[305] 巴黎地方法院,10 nov. 1999, Légipresse, 2001, 177, I, 28.
[306] M. Vivant, « Le commerce électronique: défi pour le juge », D., 2003, DA, chr. 675; également « Cybermonde: droit et droits des réseaux », JCP, 1996, I, 3969.

法律的同时,禁止获取在法国领土上操作的网民的信息。[307] 这一决定引起了很强烈的指责,尤其在美国,人们纷纷指责这位法国法官,认为他想要控制网络空间的思想。一位美国法官(2001 年 11 月 7 日)甚至不承认法国法官裁决指令的有效性,因为法国的指令违背了第一修正案的规定,其审判理由过于片面(view point based regulation),没有任何证据证明这是以政府利益(compelling governmental interest)为基础。[308]

这个案件的意义在于说明,互联网虚拟空间所遇到的困难越来越多,这不仅是因为信息的无所不在,而且尤其是因为存在一些哲学前提。根据这些前提,网络建筑牺牲了言论自由,正如美国宪法以普遍价值的名义所规定的那样。赫拉提亚·缪尔·瓦特(Horatia Muir Watt)引用了国际私法,证明相对于美国法律(信息散发地)来说,法国法官往往偏重于法国法律(信息影响地)。她同时指出,在法国,判决的实施仅限制信息的接收,这样法国的法官只是将真实世界的法律冲突规范叠加于虚拟世界之上。她认为,这种叠加不仅是可能的,而且由于技术的进步而变得更加容易,因为正如专家们所指出的那样,技术可以过滤信息,或者说通过划区管理进行有选择性地禁止,这没有任何普遍性的企图,但是却可以试图将司法相对主义结合起来,使其具有虚拟空间全球性特征。

然而,一些激烈的反应说明,文化相对主义在虚拟世界的接收似乎比在现实世界中更加困难,也许是因为在"真实时间"中根据一定轨迹进行交流的速度过快。

2.2 "真实时间"的轨迹

而事实上存在一个非常奇怪的现象:这个"虚拟"空间在"真

---

[307] TGI de Paris, ord. référé, 22 mai 2000, D. A. Laprès, « L'exorbitante affaire Yahoo », JDI, 2002, 975; *http://www.juriscom.net/txt/jurisfr/cti/tgiparis20001120.htm*; H. Muir Watt, « Yahoo, cybercollision of cultures: who regulates? », *Michigan Journal of International Law*, 2003, vol. 24, pp. 673-696.

[308] D. A. Laprès, *op. cit.*; V.-L. Benabou, « Faut-il une harmonisation minimale du droit? »; K. Ishiguro, « Comment résoudre les conflits transnationaux? », in *Le Droit international de l'Internet*, *op. cit.*, p. 177 sq., 509 *sq.*

实"时间中经过,不满足于无所不在的存在,在我们的日常生活中又增加了瞬时性。当无所不在消除了边界的时候,瞬时性在压缩过去与未来的距离的同时,又让人不得不接受现在常态的专制。在保罗·维利里奥(Paul Virilio)揭露"真实时间的专制"的时候,网络协同社会难道不像他所说的蜜蜂社会吗?无论如何,他所描述的既分离又组合的现象的两个特征,在我看来似乎可以移植到法律领域来思考。[309]

2.2.1 瞬时性和分离效果

新闻权将出版的主导权与作者和出版商密切联系起来,形成"串联式"关系,而瞬时性将这种责任分离开。相反,正如法国最高行政法院的报告中指出的那样,"当活动者在网络上可以承担所有功能的时候,很难固定活动者的责任链条。"[310]

事实上,可以区别很多功能:内容编辑(创作和出版供公众查阅的内容),网站制作(管理与互联网相联的信息资源),服务提供(内容编辑和订户之间的媒介),系统连接服务(个体设备内部链接技术承包商业化),转运服务(保证网络间相互连接的技术操作)。问题首先在于同一个活动者可以承担好几种角色,比如,大部分系统连接服务既可以进行网站制作也可以编辑内容;另外,技术变化使这些范畴变得非常不稳定;所提供的服务多样化(论坛、电子邮件、电子商务等),并不完全符合系统服务所控制的单一编辑模版,而且任何一个活动者(个体或企业)都可以提供同样的活动。

判例已经指出民事责任的规定,2000年8月1日的法律也重新规定了其基本内容,但是宪法委员会在2000年7月27日的决议案中部分查禁了投票通过的条例。[311] 我们将要等待出台一部新的

---

[309] P. Virilio, *op. cit.*, pp. 78, 84.

[310] Conseil d'État, *Internet et les réseaux numériques*, *op. cit.*, p. 123; P. Auvret, «La détermination des personnes responsables. Réflexions sur l'application de la responsabilité en cascade à Internet», *Gazette du Palais*, 2002, doctr. 744.

[311] CC, 27 juill. 2000; voir P. de Candé, *D.*, 2001, DA, chr. 193; I. Falque-Pierrotin, «Les responsabilités sur l'Internet», in *L'Internet et le droit*, *op. cit.*, p. 253.

法律,清楚地规定网络制作商的责任,保证网络制作商的责任在完全缺失和系统性责任之间有一种"公正的衡量标准"[312]。至于对网站制作服务的延伸要求,公正的衡量标准从某种角度上说介于积极理念和消极理念之间。这里所说的积极理念是以监督的普遍要求为基础,将网络制作变成一种真正的审查;而消极理念就是允许以无知为理由解除所有责任。在被第三方或者司法权力机构告知的情况下,可以选择限制其义务。在这样的假设条件下,2000年通过的法律规定了服务商进行"适当操作"(1986年关于传播自由的法律第43-8条,2000年修改法第2条)的要求。美国法律根据"通知和记录"(notice and take down)的规定(上面提到的1998年美国《千禧年数字著作版权法案》),要求网站制作服务商必须对他们共同合同中的内容编辑作出反应。这项规定依据美国法律的模式,强制要求网站制作服务商承担民事和刑事责任,但宪法顾问委员会以宪法规定的非法和处罚的法制原则不明确清晰而查禁了这项规定。

但是还应该考虑欧盟2000年6月8日颁布的指令,就是所说的《电子商务指令》。其中第15§1条规定在发现具有非法内容的时候,技术中介如果没有"立即撤销信息或者对信息没有采取禁止访问措施"的话,将限制技术中介的责任。因此,相继出台的两部法律(2001年《关于信息企业管理规定》,2003年《数字经济的信誉规定》)都包括了监督的必要性,但是程度有所减轻:保障监督管理任务的负责人只有在"实际了解其非法性质或者能够出现非法性质的事实和情况时,没有及时撤销材料或者没有禁止材料的访问的情况下"(1986年法律第43-8条,该法修改草案第2条)才受到约束。因此,对于中介商来说,提出这样的规定,"如果对非法内容不知情的情况下,有权不采取行动。"[313]

尽管如此,在复审的时候,国家议会通过的版本(2004年1月8

---

[312] A. Lepage, « Du sens de la mesure en matière de responsabilité civile sur Internet: la loi, la jurisprudence et le fornuisseur d'hébergement », D., 2001, chr. 322.

[313] A. Lepage, *op. cit.*, n°17.

日)修改了这种平衡,引进了可由第三方(企业或个人)"通知"的自行裁决程序。这一程序在参议院的复审(2004年4月7日)中被取消了。根据2000年6月8日《欧盟关于电子商务指令》的第14条,这项通知将会强制中间商审查信息内容的合法性,在必要的时候可以实行禁查(第43-9-1条)。宪法委员会2004年6月10日作出决定,并于2004年6月14日颁布,禁止审查局限于欧共体指令的法律规定。[314] 但是通过保留解释权,明确指出"在网站制作者没有撤销被第三方揭露的信息的时候,如果这一信息没有明显的非法性质或者没有被法官判为非法,那么这些规定就不能对网站制作者构成实质性的责任约束。"

从刑法角度说,新的法规应该考虑欧洲委员会关于网络犯罪的公约。当然,公约中所提到的不同犯罪类型,无论是违反信息制度(保护数据资料的机密性、完整性和可支配性),还是通过系统所犯的违法行为(信息造假和贪污腐败),无论是内容违法(对儿童造成色情影响)还是与知识产权相关的违法行为,这些都已经包括在刑法之内。但是,瞬时性同时也意味着应该将诉讼程序的特殊性纳入国家法律当中,尤其通过出产禁令(第 18 条)以及拦截相关内容的数据(第21条)来保障能够快速保存信息数据材料(协议第16条);同时也意味着加强国际合作,从而创建了"24/7网站",这个网站在每个国家都有一个联系点,可以每周7天、24小时保持联系。

相反,公约仅限于对(法人和自然人)责任的一般指示和"有效的、成比例的有说服力的"处罚(第11—13条)。仿佛刑事处罚依然是法律相对性的最后的避难所,这有可能有利于发展成一种数字天堂。这种现象如同我们前面所见的金融现象一样,已经在一

---

[314] C. C., 10 juin 2004, déc. n°2004-496 DC, *JCP*, 2004, II, 10116 et 10117, notes J. -Cl. Zarka et Ph. Blanchetier; B. Mathieu, « Le Conseil constitutionnel conforte la construction européenne en s'appuyant sur les exigences constitutionnelles nationales », D., 2004, 1739. Voir aussi E. Dereux, « La loi du 21 juin 2004 pour la confiance dans l'économie numérique et le droit de la communication », *JCP*, 2004, atc. 349.

些国家当中出现。这些国家"主张宽容论的立法,其司法机构的无效性"将可能促进犯罪行为的发展。[315]

人们会提出这样的问题,由于法律相对性的限制,非物质信息流通本身固有的无所不在性和即时性是否标志着采用真正的共同担保和责任的必要性。

2.2.2 无所不在,即时性和机构影响

新的法律秩序的出现是互联网允许在现实时间中进行交换的特有性质,这一秩序有时在网络行为法(lex electronica)被提及。[316] 但是我们在前面看到这种理念的弱点,即通过商法的转换,将经济自由主义变成一种普遍价值。这种思想的不完整性让我们进一步研究探索事物的力量,现在我们面临着一种相反的方法。数字网络表现了事物的力量,我们是从它那种不可抵挡的活力出发,现在我们应该回到价值的普遍性上来。这不仅因为出现很多基本权利,包括个人和集体权利,比如言论自由、私人生活、人力财产安全等,而且还因为出现一个问题,那就是在"信息社会"中,将互联网当作"全球公共资源"的问题。这是2003年12月12日在日内瓦召开的信息社会全球峰会的宣言中所提到的概念。

也许这是一个重新调和公共活动者和民间活动者之间关系的机会,承认以研究具有私人性质的跨国用户为基础的网络行为法的存在,然后慢慢向承认信息网是"集体共同财产"转变,除此之外,信息网还具有共同价值,联结人类社会的各个成员。我们讨论过市场法的私有化问题,也许我们还应该讨论互联网法的普遍化问题。

事实上,人们已经采取了一些措施,首先是在美国丹佛召开八国集团峰会之后,有关跨国有组织犯罪的处理办法,发表了一份联合声明,坚决打击高科技犯罪。[317] 围绕主要的安全问题,通过传统

---

[315] Mission parlementaire présidée par Ch. Paul, *Du droit et des libertés sur l'Internet*, *op. cit.*, p. 78; W. Capeller, « Un Net pas très net », in *Le Droit et l'immatériel*, APD, 1999, p. 167 *sq.*

[316] P. Trudel, *op. cit.*

[317] 华盛顿1997年12月10日内政部和司法部的联合声明。

合作方式,制定了一份《行动规划》。这份《行动规划》随后形成一种要求更高的法律规范,起码以其目标来看是这样的,那就是2000年7月21日冲绳八国高峰会议通过的《全球信息社会宪章》。宪章强调了互联网在服务于"可持续经济增长、公共福利改善以及社会凝聚力相互依赖这些目标"中的潜在作用,同时提出了刺激新信息技术提供新能源的方法,要引导这些方法面向提高整体社会的团结一致和信息共享。

"9·11"恐怖袭击促使各国政府优先考虑安全问题,这一事件偏离了这种变化,但是没有中断这一变化,至少有利于限制自我调整和促进标准整合的发展,比如可以进一步激励采纳类似欧洲委员会关于网络犯罪公约这样的政府间标准。

2003年12月《日内瓦宣言》[318]标志着一个新的里程碑。它提出的行动纲领比冲绳宪章更为完整,因为这个行动纲领以信息与发展关系为基础,规定了"指导性目标",改善了链接和信息通信技术的获取,甚至提议建立一个"数字联合基金"。该行动纲领承认在联合国框架下,而不是世贸组织框架下各国政府同私人领域之间的合作,委托联合国秘书长本人组建"互联网管理"工作小组,依照"开放包容的程序,邀请各政府间组织、国际组织,以及相关论坛、私人领域和民间社团参加。1995年确定的目标,是研究互联网治理,提出可行性措施的建议",尤其是关于"普遍利益"的问题以及确定各个合作者不同的责任范围。

当然,这项治理工作的大致轮廓依然不是十分明确,尤其是文化工业的全球化同文化全球化有明显区别。丰富的信息量没有消除文化之间的差异,人们也十分理解那种担心"为了全球村的梦想牺牲了交流,从而导致无交流的噩梦。"[319]多米尼克·吴尔敦(Dominique Wolton)提出一个更加具有远大抱负的"传播世界"的目标,以考虑其真正的意义,"那不是信息和传播,而是接受的条件。"

---

[318] *L'Accord de Genève, un pri réaliste*, trad. d'Alexis Keller, Labor et Fides/Seuil, 2004.

[319] D. Wolton, « De la société de l'information à la cohabitation culturelle », *Libération*, 8 déc. 2003.

实际当中包含了很多意义，所以讨论变得更加困难。所有人都能获取信息（更加广泛地交流）是发展的条件，但是也会带来新的危险。无所不在和即时性是互联网信息流通的特性，因为这些特性有可能出现"全部事故"或者"整体事故"[320]，这同时关系到整个地球。因为能源供应产品迁移引起巨大的瘫痪，电子病毒迅速扩散，让人们第一次认识到这些新的危险。面对这些情况，各国法律的解决方法，无论是预防还是防护，似乎微不足道。互联网提出了另一种全球化，就是从一开始就位于全球范围内跟"全球风险"有关的全球化。

因为危险不一定在"现实时间"内发生，有时会在一段很长的时间内产生，在一个脆弱的但是真实的空间内发生，这种脆弱性和真实性就像地球上生态平衡，以及地球上活生命物种的生物平衡一样。

第三节 全球风险

风险让我们落入实处，从虚拟空间回到现实空间。但是从表面上看，这些风险也让我们远离了法律领域，因为风险的一个特性就是不确定性。所有风险都可能孕育着危险，一种损失，但是是可能的损失：我们不知道到底是否会发生。在危险性被确定（风险被确定了）的时候，我们可以试图评估事故发生的可能性，或者再往前一些，评估一种行为是危险（潜在的风险）的可能性。[321]

问题不是消除所有风险。风险同犯罪不同，它不会对自己形成伤害。相反，它是活生命的一部分，也许还是惰性物质的一部分。我们是否还记得荷兰客栈老板的招牌："永恒的和平"，康德引用这个招牌名来阐述他的观念：真正唯一的和平是墓地的和平。[322]

---

[320] P. Virilio, *op. cit.*, p. 13.

[321] 关于这一区别参阅 Ph. Kourilsky et G. Viney, in *Le Principe de précaution*, rapport au Premier ministre, Odile Jacob, 2000, p. 18.

[322] E. Kant, *Projet de paix perpétuelle*, in *Œuvres philosophiques*, Gallimard, coll. « La Pléiade », t. III, 1986, p. 333.

问题在于区别"可接受"的风险和"不可接受"的风险。加上这样的形容词,会产生一种渐进的思想,从而替代 0 或者 1 的二元逻辑,根据可能产生的损失,强制性要求评估风险可接受的程度,然后设置界限,从而回归二元逻辑,控制决定(可接受/合法或者不可接受/不合法)。

不确定性同不明确性结合,偶然性同模糊性结合,因为如果损失,甚至可能的损失稍微有所显现的话,我们就可以接受似乎已经确定的危险性状态;相反,如果危险性状态还没有确定的话,即使其潜在的影响看起来似乎很严重,不可改变,也会被判定为不可接受的行为状态。

另外,引领目前全球化的技术发展似乎对危机产生相反的影响。从个体和瞬时性这个角度看,技术进步也许改善了安全性,限制了损失:法国在 20 世纪初的时候,每年有 2 万多人死于食物中毒,但目前来说,每年只有 200 例因为动物杆菌病导致 40 人死亡。[323] 相反,出现一些具有长期影响的危机,这些危机无论从数量上(大面积影响)还是质量上(不可弥补的影响)都非常严重,这就是一些生态危机,比如环境变化,关系到所有生命物质,包括人类的生物技术等。

换句话说,全球化没有产生纯粹意义上的新危机,但是会产生增强和不稳定的因素,增加了数据的不确定性,加强了相对性的局限。面对全球自然危机,人们提出了很多法律应用制度,每一种制度以自己的方式规定危机严重性的标准,确定"可接受性"危机的界限。这一点我们在疯牛病事件中有所见闻。在英国和法国的态度上,"对事态的认识以及流行病情本身的担忧不存在很大的科学性分歧",但是却存在很明显的"标准性"差异,就是专家的工作和

---

[323] Ch. Noiville, *Du bon gouvernement des risques. Le droit et la question du risque «acceptable»*, PUF, coll. «Les Voies du droit», 2003, p. 5. 还有其他相关因素,比如一些杀虫剂与癌症高死亡率的关系等,参阅 P. Benkimoun et H. Kempf, «"Appel de Paris", un appel international contre les dangers des pollutions chimiques», *Le Monde*, 8 mai 2004.

第一编 相对性与普遍性 **293**

论证形式由不同的问题构成,最终导致出现完全相反的决定。[324]

同时,全球化加重了其严重性和潜在损失的不可弥补性,增加了要考虑的不确定性的余地,因为这同时要求人们不仅考虑已经证实的危机,还要考虑潜在的危机。

汉娜·阿伦特(Hannah Arendt)在提到"不可弥补性和不可预见性的重负"时,早已描绘了未来人类的形象:那时的人类梦想逃脱"地球监狱","受尽反抗人类存在的折磨,那是从天而降(从世俗的角度而言)的礼物,人类希望能用亲手制造的作品来交换。"她认为,这样的问题"是政治的首要问题,因此不能交付于科学专家或者政治专家来解决"[325]。问题是,我们也不能把这个问题交与司法人员或者哲学家来解决。

因此,面对这样新的危机,也是以全新视野来认识的危机,我们要研究一种"恐惧考据学"。这是阿伦特的密友汉斯·约纳斯(Hans Jonas)曾经说过的话。约纳斯曾是 20 世纪 60 年以来对现代生物学、物理化学和分子学感兴趣的早期几位哲学家之一,他曾经出版了著名的《责任原则》一书。书中他将恐惧同恩斯特·布洛赫(Ernst Bloch)提出的"期望原则"对立起来,他认为恐惧不是对自己的担忧,而是害怕(他认为"失去价值的遗产将同继承人一起失去价值"),是面对后代"有勇气承担责任"的诉求。[326] 他提出的这种想法至少不是一种悲剧。从一开始,他就以一种预言性的口气宣告了"一个被完全释放的普罗米修斯,科学赋予他从未有过的力量,经济给予他一种狂热的推动力。"就像他在书的开头提出的

---

[324] O. Godard, « Le principe de précaution face au dilemme de la traduction juridique des demandes sociales. Leçon tirée de l'affaire de la vache folle », in *Le Principe de précaution. Aspects de droit international*, dir. Ch. Leben et J. Verhoeven, Éd. Université Paris-II, LGDJ, 2002, p. 57; également M.-A. Hermitte et D. Dormont, in *Le Principe de précaution*, op. cit., pp. 341-386.

[325] H. Arendt, *Condition de l'homme moderne*, Calmann-Lévy, 2e éd., 1983, p. 35 (titre original, *The Human Condition*, 1961).

[326] H. Jonas, *Le Principe dresponsabilité. Une éthique pour la civilisation technologique*, Le Cerf, 1990, 3e éd., Flammarion, 1995, p. 16 et p. 424.

假设一样:"现代技术的承诺颠覆成一种威胁,或者说一种同威胁形成不可脱离的承诺。"[327]

这种假设不是完全错误的,但是如果考虑长期以来宇宙变化的各个因素的复杂多样性的话,我们就会发现这种假设有些简化。同时也应该考虑到,我们的权力不能使我们成为未来唯一的主人,能够在任何时候都可以阻止宇宙各种偶然事件。我认为,最好回到埃斯库罗斯的作品[328]中来,那是一部三部曲:诗人游弋于对发明火之前黄金时代的怀念(受因的普罗米修斯)、对勇气的同情(释放的普罗米修斯)以及谜一般的讽刺作品之间,仅仅因为西塞罗用拉丁语节选了几段才为人所知(取火的普罗米修斯)。

没有将普罗米修斯妖魔化并不是说要把他当作英雄一般来庆祝,而是要细致分析其中的含义,反抗"脱离恐惧伦理的非理性",灾难的威胁"有可能阻碍科学调查和政治决议"。[329] 但是这种态度不应该导致无视全球化的影响,而是要激起人们考虑这种现象的复杂多样性,其原因和结果相互结合,交织在一起。因为技术风险同我们所说的自然风险相互影响,一旦处于全球范围内,发展成长期影响,就会变成全球性的:那将不再是电子交换的"现实时间",也不是每个国家空间上特有的历史时间,而是一个长期时间,需要一种新的修饰词来定义这种能够长久抵抗的现象,那就是"持久性"。

尼采在他的《论道德的谱系》中以预言式的方式指出:"这一切意味着怎样的事情呀!人类为了掌握未来,难道不应该学会将偶然性和必然性分开,不应该学会思考因果关系,不应该学会遥望仿佛自己置身其中的未来,以极其确定的方式预测并建立目标和适

---

[327] H. Jonas, *Le Principe dresponsabilité. Une éthique pour la civilisation technologique*, Le Cerf, 1990, 3ᵉ éd., Flammarion, 1995, p. 15.

[328] *Tragiques grecs. Eschyle, Sophocle*, Gallimard, coll. « La Pléiade », 1967, notamment Raphaël Dreyfus, « Introduction », p. 173 sq.

[329] C. Larrère, « Le contexte philosophique du principe de précaution », in *Le Principe de précaution, op. cit.*, p. 23.

当的方法吗?"⁽³³⁰⁾有这么多的条件使人类可以"作为未来的一分子自己来解决",或者说,通过预测承担责任。尼采已经以自己的方式宣布了责任复苏。另外,让-皮埃尔·杜比(Jean-Pierre Dupuy)在《灾变论启示》中引用了尼采的观念,指出"这种被称为伦理的明智之举的火星"⁽³³¹⁾保留了继续人类经验的希望。

事实上,这种明智之举激励人们发展一种防护政策(已经证实的风险)和预防政策(潜在的风险),但是依然需要这些词汇具备一个普遍统一的含义以解决我们前面遇到的但没有真正解决的问题:如何在没有全球政府的情况下治理全球风险?德国著名社会学家乌尔里希·贝克(Ulrich Beck)考虑到全球化指明了各国政府预示、组织和控制风险的困难性,最后提出"不确定性文化"⁽³³²⁾的必要性。

说实话,如果这是要摆脱他所说的"有组织的不负责任",这不仅是一种文化,而且是我们必将需要的不明确不确定性的共同规律,无论是生物技术风险还是生态环境风险。

1. 生物技术风险

我们知道生物技术⁽³³³⁾首先提出的是反映每个社会价值的伦理问题,揭示了价值相对性与人权或者人道主义概念普遍性之间的

---

[330] F. Nietzsche, *Généalogie de la morale*, Union générale d'édition, coll. «10/18», 1974, pp. 166-167.

[331] J.-P. Dupuy, *Pour un catastrophisme élairé. Quand l'impossible est certain*, Seuil, 2002, p. 201.

[332] U. Beck, « Nous avons besoin d'une culture de l'incertitude », *Le Monde*, 20 nov. 2001 ; *La Société du risque. Sur la voie d'une autre modernité*, Aubier, 2001.

[333] 参阅《联合国生物多样性公约》的定义(art. 2): « toute application technologique qui utilise des systèmes biologiques, des organismes vivants ou des dérivés de ceux-ci pour réaliser ou modifier des produits ou des procédés à usage spécifique ».

冲突。[334] 这里进一步探究的补充假设是全球化,在科学与经济不断增强的相互依赖的压力下,早已承认了共同价值,至少找到了规范行为的共同原则。面对生命技术的发展,全球化没有引起不确定性,但是却让人意识到有可能产生损失。

尼采说的有道理。我们需要学习的是预防文化,因为全球化在空间当中夸大其影响的同时,激励人们在时间上有所超越:从已经证实的风险到潜在风险,所采取的决定不仅包括可能性,还要包括不确定性,根据这种明智之举的新形式,我们取名为"预防原则"。同时还存在一个神奇的表达方式,这个表达方式同"全球治理"这个表达方式一样具有迷惑性,会让人对共同理念产生一种幻觉,既不像科学成果也不像法律成果。实际上,科学风险产生一种亚分法,根据这一分法潜在的风险仅仅是"尚可情理的、可信的"(出现在分析当中,但是没有经验反馈)或者已经"证实"(通过经验反馈指出达到一定的警戒线)。[335] 至于法律和司法裁判实践,依然极其分散,甚至有些矛盾。在介绍这种通过事物的力量企图实施的"国际生物警戒"之前,在防范、预防以及预测之余,我们想从一个具体的案例,就是转基因的案例(比如由瑞士诺华企业或者美国孟山都企业开发的转基因玉米)来分析其中的意义。

1.1 转基因案例

从 20 世纪 70 年代之初基因工程技术实验就已经开始了,到 20 世纪 90 年代的时候就已经实现商业化。美国从 1996 年开始转基因植物的种植(主要是大豆和玉米,还有油菜和棉花),当时的占地面积不到 200 万公顷,五年之后,占地面积就扩张到 5000 万公顷。[336] 这些种植面积 99% 主要集中在四个国家:除美国持续发展

---

[334] M. Delmas-Marty, « Faut-il interdire le clonage humain? », D., 2003, chr. 2517; H. Atlan et M. Delmas-Marty, « Clonage, où allons-nous? », Le Monde, 30 juin 2004.

[335] Ph. Kourilsky et G. Viney, in Le Principe de précaution, op. cit., p. 42.

[336] J. Bourrinet, « Introduction générale », in Le Commerce international des OGM, dir. J. Bourrinet et S. Maljean-Dubois, La Documentation française, 2002, pp. 3-25.

第一编　相对性与普遍性　　**297**

以外，还包括阿根廷、加拿大和中国。另外还要再提一下的是，巴西总统刚刚通过了认可转基因大豆为 2004 年农业收成，这让在 1999 年支持反转基因运动的环境部长感到羞耻。[337]

转基因问题在美洲大陆和一直保持沉默的欧洲之间产生很大的张力[338]，这个问题不仅激起了舆论的兴趣，而且也吸引了司法人员的关注。转基因的问题"从经济角度上说极其重要，使人无法忘记；从政治角度上看，又是如此敏感，使政府机构在市民社会密切关注的眼光下行事；人们对此争议纷纷，使其足以'呈现'两种可以负责制定国际商业规则的模式"，即：自由交换模式以及由卫生和生态问题所规范的模式。[339]

同其他一些问题，比如血液感染[340]或者疯牛病[341]不同的是，转基因问题的讨论是在没有发生任何事故或者危机的情况下进行的。在不确定性增强的时候，已经实施了一定的法律规定，因为这是一种潜在的风险，我们不知道这是转基因特有的风险还是可能扩散到非转基因的机体当中，而且我们也不知道它扩散的规模，尤其是它所引起的损失有可能会涉及食品、卫生、生态甚至是经济（如果种植者因为不能重新使用种子进行再次种植，他就会变得具有依赖性，就像孟山都公司推出的终结者制度那样）各个方面。

从法律角度看，这个案例同时反映了相对性的局限（因为开始实施的纵向标准整合）以及各种不同标准，有时甚至相互矛盾毫无协调性的法律规定之间相互交织，趋向国际化从而引起混乱（因为

---

[337] D. Vernet, «Libres OGM du Brésil», *Le Monde*, 25 nov. 2003.

[338] G. C. Shaffer et M.-A. Pollack, «Vers un compromis transatlantique sur les OGM?», in *Le Commerce international des OGM*, *op. cit.*, pp. 305-315.

[339] M.-A. Hermitte et Ch. Noiville, «Marrakech et Carthagène comme figures opposées du commerce international», in *Le Commerce international des OGM*, *op. cit.*, pp. 317-349.

[340] M.-A. Hermitte, *Le Sang et le droit. Essai sur la transfusion sanguine*, Seuil, 1996.

[341] M.-A. Hermitte et D. Dormont, «Proposition pour le principe de précaution à la lumière de l'affaire de la vache folle», in *Le Principe de précaution*, *op. cit.*, pp. 341-386.

缺乏横向整合)。

1.1.1 相对主义的局限

在法国我们可以观察到这种局限性,比如诺华公司的诉讼案件。从1994年开始,瑞士这家企业就提出允许转基因玉米投放市场(AMM,根据1992年法律规定)。1995年法国提出赞同意见,随后材料移交欧洲委员会,后者在1997年也同样作出肯定决议。由于舆论中有部分反对意见,法国政府在思虑之后于1998年2月5日出台了一项命令,允许转基因玉米的种植。很快,一些协会,如绿色和平协会还有一些个人向法国最高行政法院提出上诉,要求取消这些法令。这就关系到一个问题,需要思考法国的管辖权是同欧洲委员会的许可权相联还是管辖权分享,保留国家自主空间的权限。因此,最高法院决定向欧洲法院(CJCE)提出预审。2000年3月21日,欧洲法院判决赞同第一种方案,即诺华公司支持的法国的管辖权同欧洲委员会的许可权相联。[342] 2000年11月22日,法国最高行政法院承认法国政府遵从欧洲委员会的决议,决议正式生效(除了有关官方名录注册时间问题)。[343]

但是,在此期间,考虑到欧洲消费者的保留意见,欧洲委员会在1999年6月通过了延期执行转基因先进制造,以等待欧洲新的立法规定:2000年2月2日欧洲委员会通过了一项通报之后,于2001年3月12日颁布新的指令废止了1990年4月23日的指令[344],接着在2003年3月5日公布了一项新的通报,随后于2003年7月颁布标签和可追溯性规定,并于当年11月开始正式实施,结束了1999年6月的延期法。原则上,这仅仅是因为欧洲委员会向食品常任委员会提交了新的许可请求,其中一项请求是先正达公

---

[342] CJCE, 21 mars 2000, aff. C-6/99, Rec. I, p. 1651, voir J. Dutheil de La Rochères, «Le principe de précaution dans la jurisprudence communautaire», in *Le Principe de précaution. Aspects de droit international*, op. cit., pp. 193-204.

[343] CE, 22 nov. 2000, *JCP*, 2001, II, 10530, concl. L. Touvet.

[344] L. Boy, «La place du principe de précaution dans la directive du 12 mars 2001 relative à la dissémination volontaire d'OGM dans l'environnement», *RIDE*, 2002, p. 5.

司(诺华公司原来的一家瑞士集团)签署的新转基因生产申请[345]，还有一份是孟山都公司的转基因玉米和油菜生产。[346] 因为在常任委员会中缺乏有资格的大多数人的同意，决议被移交给部长议会。部长议会往往比欧洲委员会更加不善于发表意见，因为他们对市民社会的抵制意见非常敏感(亲近转基因生产的态度不是吸引选民的最好办法)。2004年5月19日欧洲委员会取消了延期令，引起了一场"评论雪崩"[347]，生产者一直保持谨慎态度[348]。总之，世贸组织中的上诉案件一直悬而未决。

从这个漫长的无休止的争诉中，我们可以看到，对于欧盟成员国来说，甚至对像瑞士这样一个第三方国家来说，为了贸易原因想要紧随共同体法律的变化，就要按照欧洲转基因生产标签的标准(根据2003年规定转基因含量不得超过0.9%)来执行，他们的国家自由选择依然有限。因为欧盟本身加入世贸组织，是其一部分，所以相对性的限制就更具有局限性了。欧洲委员会似乎比各国更加倾向于转基因生产的一个原因，也许是美国于2003年5月联合其他国家，包括加拿大向世贸组织提交了一份反对欧洲延期令的诉状。关于加拿大添加辅助激素牛肉案件[349]，欧盟的第一份处罚决议已经提出了一些指示，但是背景不同，因为欧洲人那时只满足于通过参照卫生和植物检疫措施协议(SPS)提出对身体健康可能造成的危害，并没有实施科学性规定确定至少信得过说得过去的特征标准。另外，向世贸组织提交的新材料也石沉大海，美国两次拒绝成立专题小组的建议，似乎它早就知道"转基因生产的斗争不

---

[345] Le Flallo, « Bruxelles joue à cache-cache avec les OGM », *Les Échos*, 6 déc. 2003.

[346] « Le moratoire européen sur les OGM est maintenu », *Le Monde*, 20 fév. 2004.

[347] A. Leparmentier, « La levée du moratoire sur les OGM provoque une avalanche de critiques », *Le Monde*, 20 mai 2004.

[348] H. Kempf, « Les producteurs de maïs ne commercialiseront pas l'OGM autorisé par la Commission », *Le Monde*, 21 mai 2004.

[349] Affaire *Communauté européenne, mesures concernant les viandes et produits carnés*, Organe d'appel, 16 janv. 1998, WT/DS48/AB/R.

会波及法律领域,但是可以努力说服欧洲消费者。"[350]总之,无论是国家还是地区(欧盟),相对性会同一直上溯到世贸组织的法律整体部署发生冲突。

当然,等级制度,仅仅是部分的等级制度,在理论上也会保留国家或地区一定的多样性,从而承认各国的自主空间。关于这一点,如果说纯粹的经济目的是不能受理的话,那么各国可以以生态或者卫生风险为缘由反对引进像转基因这样的产品。[351] 所以世贸组织的一些主要相关协议承认"没有什么可以妨碍一个国家采取必要措施[……],保护国民和动物的生命健康,保护植物和环境(联合国技术合作处[OTC]协议序言,贸易技术障碍,卫生与植物卫生措施[SPS]协定中的类似条款)。但是应该一方面制定"科学测试",如果没有危险的话,至少可以证明潜在风险的可信性特点,包括用于支持这种假设的研究发展;另一方面要制定"一致性测试",用于保证类似的风险可以以相似的方式进行处理(这样可以避免比利时出现的问题,以保护身体健康的名义对酒水规定苛刻的税收,但是为了保护本国贸易利益却对啤酒采取宽容态度),保证在所提到的风险和采取的措施之间进行比例均衡的监督管理。

条件非常严格,余地很有限。[352] 为此,在很多情况下,世贸组织的争端调解机构与欧洲法院的做法不同,它放弃了风险证据以证明所采取的措施,把所有贸易限制看作是特例。而导致的结果更多的是"这些要求管理让各种机构参与各国的价值评判当中"[353],国际法官的作用进一步加强。

在解决全球风险问题上,我们希望法律可以国际化,逐步强化明确和规范风险标准以及"可接受"风险的界限;但是,令人担忧的

---

[350] G. Pinson, « Les Quinze laissent à la Commission la responsabilité d'autoriser les OGM », *La Tribune*, 9 déc. 2003.
[351] Ch. Noiville, « Une marge nationale étroite », in *Du bon gouvernement des risques*, *op. cit.*, p. 138 *sq.*
[352] *Ibid.*, p. 149 *sq.*
[353] *Ibid.*, p. 161.

是，这种国际化趋势与任何一种整体观念都不相符，而且发展有些混乱，因为各国承认国际协议的愿望有好有坏。另外这些国际协议的制定也是模块化，一边是贸易，一边又是卫生健康和环境。所以出现这些整体标准既有很大的自主性又没有等级性，产生相互影响的问题。除了纯粹意义上的风险不确定性外，这种没有协调性的国际化还存在一个法律解决办法的不明确性。

1.1.2 不协调的国际化

利益的多样性促进了各种冲突的发生，尤其是卫生和生态标准与贸易利益之间的冲突，所以，在布鲁塞尔人们不知道到底由哪些部长（卫生部、环境部、农业还是工业部部长）来负责这项工作。问题不只是礼仪上的程序，因为转基因产品的流通主要反映了两大标准体系：一方面是国际法（最具有代表性的是建立世界贸易组织的《马拉喀什协定》），另一方面是国际环境与卫生法（1992年在里约热内卢召开的地球峰会上通过的《生物多样性公约》，协议副本中有在卡塔赫纳商议的补充协议"关于预防生物技术风险问题"，于2000年1月在蒙特利尔通过，2003年10月正式实施）。这项协议本可以局限于规定各国各自承担建立生物技术风险评估的国家制度，起草制定一些共同原则实现评估。然而，最终选择的方案是提出了一个更远大的目标，就是在共同基础上，为"因为现代生物技术而产生生命机体变异，对生物多样性的保存和持续使用产生不利影响的跨国运动"（序言）提供安全保障。在第一条中明确指出，"考虑到对人类身体健康的风险"，其目标是"更加明确地加强跨国运动的管理"。所以，这个方案谨慎地立于国际贸易领域，同世界贸易组织法形成不可避免的对峙局面。

这两种体系（马拉喀什和卡塔赫纳体系）在一些敏感问题上反映了两种截然不同的概念，甚至有些矛盾。在诉讼程序方面，《卡塔赫纳协定》将长期的发展致力于"动员公众的参与"，在关系到转基因产品问题的有关决策问题上，将公众的协商意见推给国家法律。有些国家还就转基因问题组织一场全民公投（尤其是瑞士，在1998年投票之后，结果是对转基因产品不进行禁止，准备进行新一轮的磋商）。国际贸易法完全没有这样的程序，所以产生很大的对比反差。假设在公投之后,决定禁止进口某些转基因产品,"世界贸易组织法没有任何办法来考虑这个问题,这样一来,我们就会面对两种完全陌生的法律秩序。"[354]

另外,对这一形势的确认进一步加强,因为《卡塔赫纳协定》的主要贡献在于它的主要原则,即"预先征得进口国的批准,最起码,可以要求出口国自己进行风险评估。"[355]这一制度按照出口国以书面形式通知进口国为基础(《卡塔赫纳决定》第 8 条),"进口方要注意他所提供的信息的正确性,是否存在法律责任"(《卡塔赫纳决定》第 8-2 条)。第 15 条规定,在决策之前,进口国"可以要求出口方进行风险评估",并明确规定如果进口国要求的话,评估费用由"通知方承担"。相反,世界贸易组织的原则是自由贸易,而不是卫生和环境安全问题,所以,是由进口国负责制定风险指数,并予以确认批准。[356]

如果失去平衡,"这并非是无足轻重,因为人们自然会考虑,如今受出口大国压制的发展中国家是否拥有足够的能力来承担。"[357]另外,欧共体批准了《卡塔赫纳协定》,通过 2003 年 7 月 15 日《欧盟规定》将其纳入欧共体法体系,这一规定规范了向第三方国家出口的共同法律要求,这就意味着,在触犯规定的情况下要承担的民事、行政甚至刑事责任(2003 年 7 月 15 日《欧盟规定》第 18 条,强制规定"有效的、成比例的具有说服力的"处罚)。这些都是不容忽视的。

但是,一旦在确定出口方和进口方责任时与世界贸易组织的规定发生冲突怎么办呢? 当然,这也不排除世界贸易组织整合习

---

[354] M.-A. Hermitte et Ch. Noiville, « Marrakech et Carthagène comme figures opposées du commerce international », *op. cit.*, pp. 338-339.

[355] *Ibid.*, p. 318.

[356] K. Albeury et E. Truilhé, « La preuve dans le règlement des différends à l'OMC. Applications possibles en matière d'OGM? », in *Le Commerce international des OGM*, *op. cit.*, pp. 285-304.

[357] M.-A. Hermitte et Ch. Noiville, *op. cit.*, p. 327.

惯法规定,"从临床角度上看没有同其他国际法分离"[358],会考虑《卡塔赫纳协定》;但是"贸易"组织依然会遵从多边贸易体系的信条[359],那就是平衡原则,禁止法官扩大或缩减成员国的权利;预见性原则,要求冲突调解组织严格保持贸易协定规定的界限;还有"审慎经济"原则,不鼓励上诉机构制定法律,但是鼓励上诉机构优先考虑协商双方都可以接受的解决方法。

就法律目前的状况来看,有可能出现"错综复杂的冲突"[360],很多作者提出两种标准体系"必要互补性"问题,希望打开一条"联姻通道"[361],开启"国际生物警戒"[362]。

1.2 国际生物警戒

如果说警戒是"预防"原则的中心问题,那么我认为将警戒建立在安全模式基础上似乎有些简化,安全模式有可能替代或者增加责任模式以及连带责任的模式。[363] 如果是一种新的模式,它就要具有预测特征,而不是带有那种优先考虑更糟糕的结局,最终导致停止不前的怀疑现象。

"预防"原则甚至夸张地反映了标准空间错综混乱的过程,这就造成了这一原则独特的命运。这一表达方式是在 20 世纪 80 年代的时候出现在国际环境法的规定中,除了防范已经证实的风险

---

[358] H. Ruiz Fabri, « Concurrence ou complémentarité entre les mécanismes de règlement des différends du protocole de Carthagène et ceux de l'OMC », in *Le Commerce international des OGM*, *op. cit.*, p. 161.

[359] L. Boisson de Chazournes et M. M. Mbengue, « Le rôle des organes de règlement des différends de l'OMC dans le développement du droit: à propos des OGM », in *Le Commerce international des OGM*, *op. cit.*, p. 180 *sq.*

[360] H. Ruiz Fabri, « Concurrence ou complémentarité... », *op. cit.*, p. 166; J. Bourrinet, « Introduction générale », *op. cit.*, p. 9.

[361] H. Ruiz Fabri, *ibid.*, p. 169; L. Boisson De Chazournes et M. M. Mbengue, « Le rôle des organes de règlement... », *op. cit.*, p. 205.

[362] J. Bourrinet, « Introduction générale », *op. cit.*, p. 19 *sq.*

[363] F. Ewald, « Le retour du malin génie. Esquisse d'une philosophie de la précaution », in *Le Principe de précaution dans les conduites des affaires humaines*, dir. O. Godard, MSH et Institut national de la recherche agronomique, 1997, p. 99 *sq.*

以外,它还包含考虑潜在的风险,在 1992 年里约热内卢会议上成为约定俗成的一种表达方式,随后在国内法被引用。在法国,1995 年 2 月 2 日《巴尼耶法》(loi Barnier)明确提出这一原则。根据这一原则,"在不确定的情况下,考虑到当时的科学和技术知识,应该在经济成本可接受的条件下,采取有效均衡的措施,预防可能对环境造成不可弥补的严重损失的风险"。但是,共同体法也承认预防原则[364](《欧盟机构协议》第 174 条,关于环境问题,引申法,尤其是 2001 年《关于转基因自愿扩散指令》第 1 条和第 4 条)。在世界范围内,尽管预防原则很谨慎地出现在世界贸易组织法律当中[365],但却成为《卡塔赫纳协定》的理论基础。还需要指出的是,这一原则再次出现在法国科彭斯委员会(commission Coppens)策划的《环境保护宪章》草案中,在反对"宪法化"过程中引起巨大的轰动。[366]

说实话,无论所涉及的标准空间是什么,这种模糊不明确的(预防)法律(原则)表达方式似乎有些笨拙。但是人们却广泛地接受了这种表达方式,如果要对此进行修改也是有些过迟。相反,有必要明白预防/预测的含义,这既是行动原则,限制着政治决策的条件,同时也是归罪原则,决定着新的责任类型的分配。

1.2.1 预防,预测和行动

像行动原则一样,预测的思想应该激励政治负责人实施研究和评估有关重大风险危险的不确定性过程。所以,法国在 1998 年成立了生物警戒临时委员会以保证转基因植物种植的存活率,同时还成立了可持续发展委员会[367],在此之后,这一方面的特派专署报告于 2001 年纳入了这次行动中。报告强调了(如同法国最高行政法院和议会委员会关于互联网问题的做法一样)公共/私

---

[364] J. Dutheil de La Rochères, « Le principe de précaution dans la jurisprudence communautaire », *op. cit.*, pp. 193-204.

[365] G. Marceau, « Le principe de précaution et les règles de l'OMC », in *Le Principe de précaution. Aspects de droit international*, *op. cit.*, pp. 131-150.

[366] B. Hopquin, « Doutes et inquiétudes sur la charte de l'environnement », *Le Monde*, 3 mars 2004.

[367] J. Bourrinet, « Introduction générale », *op. cit.*, p. 21; Avis sur le Rapport relatif au principe de précaution, n°2000—2001 (mars 2000).

人/市民参与者的重要作用。[368] 考虑到科学的不确定性,根据所谓的"主动责任"(pro-active)策略,重新定义了参与者的作用,主要围绕三个目标展开:以清晰协调的"公共计划"和"生物革新法"为基础,陪同革新工作;改善评估机制;满足市民对导向原则的需求。[369]

最难以付诸实施的也许是评估体系。按照疯牛病的案例来考虑分析预防原则[370],预防原则的两位作者强调指出,这场危机已经"深刻地提出研究和专家鉴定的组织问题",建议调整专家地位以及他们的调查权力,以便能够更好地考虑市民的愿望,加强预防原则的政治功能。但是,疯牛病这个案例同时也说明面对全球性危机各国警戒的局限性,有必要组织国际报警系统。另外,在库里斯基/维奈的报告中建议:"一旦发现出现严重风险或者因为安全原因在一个国家领土上禁止出现某种产品的情况下,该国政府应该立即向国际有关组织作出提示。"[371]所以关键的问题在于国际专家鉴定。

从欧洲角度说,这种法律原则是再次提出专家自由表达权利(欧洲人权法院)和保障专家鉴定"优秀、独立和透明"原则的必要性(欧洲法院)的机会。[372] 欧洲委员会 2002 年 1 月提出的策略

---

[368] B. Chevassus-au-Louis, « Conclusion. Un dernier regard sur les acteurs et leurs trajectoires », p. 275 sq. in *OGM et agriculture*: *options pour l'action publique*, La Documentation française, 2001.

[369] « Options et stratégies », in *OGM et agriculture*: *options pour l'action publique*, op. cit.

[370] M.-A. Hermitte et D. Dormont, « Annexe 3 », in *Le Principe de précaution*, op. cit., p. 361 sq.

[371] Ph. Kourilsky et G. Viney, in *Le Principe de précaution*, op. cit., p. 165 et annexe 3, p. 385.

[372] TPI 13/99, affaire *Pfizer*, cf. *Livre blanc sur la sécurité alimentaire*, 12 janv. 2000; CEDH, affaire *Hertel c. Suisse*, 25 août 1998; Ch. Noiville, « La réforme de l'expertise », in *Du bon gouvernement des risques*, op. cit., p. 62 sq.

(《生命科学与生物技术:欧洲策略》[373])对这个问题也十分关注。[374] 除了创建欧洲转基因实验室网络,同各国政府建立紧密的联系以外,欧洲委员会还提出了客观观念独立性和透明性的问题,宣布成立新的欧洲权力机构,负责鉴定农产品生产中使用生物技术所产生的风险问题。[375] 欧洲委员会提出的策略不仅仅限于欧洲范围内:在欧洲/美国生物技术咨询论坛(于 2000 年 5 月召开)之后,决定创建一个全球性多边咨询论坛,目的是"在各种不同论坛中有利于各种协议更好地协调结合"。

从世界范围看,由于缺乏全球性管理,强制执行这种国际生物预警的困难越来越大,因此法理非常必要,但是这"更近似于一种乌托邦式的理想,而不是短期内的国际现实"[376]。当然,《卡塔赫纳协定》规定,在很多国家(大多数是发展中国家)还不具备这种权力的情况下,建立评估管理生物变异机制的国家规定,这仅仅是开始。以各国规定为基础,还需要建立国际性网络。从世界贸易组织这方面来看,普遍关注的是协调一致的问题,因为需要进行科学测试(上面所提到的联合国技术合作处 OTC 协议和实施卫生与植物卫生措施 SPS 协定)。而且,要求各国遵从国际标准化组织制定的科学技术标准(《国际食品法典》(*Codex alimentarius*),在世界卫生组织 OMS 和联合国农业组织 FAO[377] 的支持下通过,世界卫生组织和世界银行联合制定的),就是承认了韧性法的效果以及包括自我调整"管理"方式的成效。还有一个主要问题就是要清楚,

---

[373] Commission européenne, *Sciences du vivant et biotechnologies : pour une stratégie pour l'Europe*.

[374] 参阅欧洲议会 2003 年 3 月 5 日提交给欧洲委员会和经济社会委员会关于《未来发展建议》的报告。(COM/2003/0096)

[375] Ellen Vos, « Le principe de précaution et le droit alimentaire de l'UE », in *Mondialisation et droit économique*, RIDE, 2002, n° 2-3, numéro spécial, p. 219 sq.

[376] J. Bourrinet, « Introduction générale », *op. cit.*, p. 25.

[377] FAO: Food and Agriculture Organization.

是否有必要将预防限制于政治行动原则上,只接受各国政府[378],或者只承认公共和民间参与者的"原则法律性"及其责任根源的直接适用性。[379]

1.2.2 预防、预测和责任

假设世界卫生组织法和环境法之间关于出口方或者进口方的作用问题的冲突得以解决,那么制定预防原则,把这一原则看成是分配个人(自然人或法人,换句话说,承认预防原则直接适用于私人活动者)责任的原则,这一点并没有一开始就被所有法理所接受。有些人担心这会造成承担风险责任的倒退[380],还有人怀疑这会因为不谨慎态度间接对刑事责任产生影响或者使其置于危险境地。[381]然而,人们很难想象如何让早已被责任法间接承认的原则摆脱它的法律性。[382]而且,一些最保守的参与者自己也发现,"只有在关系到风险肇事者,尤其是企业的时候,这一原则才会具有实际效果。"[383]

正是在关于保证这种实际效能的方法上展开了讨论。那些怀疑"法律秩序对预防原则的夺取似乎有些过早"的人为"磋商"制度辩护。他们认为,这种制度可以动员"科学专家鉴定所有资源,包括经济的、伦理方面的考虑以及对前景的展望",从而以一致同意的形式保证有效性,这似乎有点太单纯了。相反,个人责任被看作

---

[378] O. Godard, « Le principe de précaution, un principe politique d'action », RJE, 2000, n°spécial, *Le Principe de précaution*, p. 127 sq.

[379] L. Boy, « La nature juridique du principe de précaution », in *Nature, Sciences et Sociétés*, vol. 7, 1999, n°3, p. 5 sq.

[380] G. Martin, « Précaution et évolution du droit », D., 1995, chr. 299.

[381] *Le Principe de précaution, op. cit.*, p. 168 sq. ; comp. G. Schamps, *La Mise en danger, un concept fondateur d'un principe général de responsabilité, analyse de droit comparé*, Bruylant et LGDJ, 1998.

[382] A. Guégan, « L'apport du principe de précaution au droit de la responsabilité civile », *RJE*, 2000, n°2, p. 147; M. Bouthonnet, « Le principe de précaution en droit de la responsabilité civile », thèse, université d'Orléans, 2003.

[383] O. Godard, « Le principe de précaution, un principe politique d'action », *op. cit.*, p. 127.

是造成"法律不稳定性、个人选择不协调性以及经济浪费"[384]的起因。最后一个论证忽略了这样一个事实,那就是:寻找可接受风险界限可以包括经济标准,条件是要保持整体平衡。至于对法律不稳定性的批评,这一点同预防原则的不确定性和不明确性有关,似乎忽略了最近法律推理的变化。这种变化使人看到另一种现象:模糊性和不确定性的反对意见增加了决策的透明度(尤其是对术语的定义和适用标准的均衡问题上),同时也增加了同一标准在不同案件中适用的严格性。[385]

还有一个问题,就是要研究对个体选择不一致的担忧问题。这也许要回头看看亨利·阿特兰(Henri Atlan)提出的标准。[386]这是他在定义"反生产"(contre-productif)的预防原则时说的,因为这一原则有利于那些负责决策的人推卸责任,甚至还会出现"自毁"原则,"在不确定的情况下,预防原则的实施要求不要施用这一原则所建议的方法"。不一致性主要在于建立在无法解决的矛盾基础上的所谓的原则的性质,因为责任分配意味着有证据证明潜在的风险,而不确定性从定义上说是不可能得到证实的。正是因为类似的原因,卡特琳娜·拉莱尔(Catherine Larrère)[387]批评法国最高行政法院把"缺乏风险的证据"作为预防原则的构成原因(1998年卫生法报告)。[388]

自19世纪末开始提出风险理论以来,我们还可以看到出现了一种新的责任类型。我们需要证明的不是风险的完全缺失,而是不确定性的程度。就目前科学认识程度来说,应该证实我们还没有达到应该明确标明的标准规定的警戒线。按照这种方式获得的

---

[384] O. Godard, « Le principe de précaution, un principe politique d'action », *op. cit.*, p. 134.

[385] M. Delmas-Marty, « Préface », in *Le Flou du droit. Du code pénal aux droits de l'homme*, PUF, 1986, 2e éd., 2004.

[386] H. Atlan, *Les Étincelles de hasard*, t. II, *Athéisme de l'écriture*, Seuil, 2003, p. 73.

[387] C. Larrère, « Le contexte philosophique du principe de précaution », *op. cit.*, p. 36.

[388] Conseil d'État, *Rapport 1998. Réflexions sur le droit de la santé*, p. 256.

"证据"无法说明一个确定的事实,但是可以提供临时变化的指数。[389]

在最近的一期专栏中,卡特琳娜·迪比尔热(Catherine Thibierge)建议成立"未来责任制",目的是避免将来会发生的严重危险。这包括处罚责任,主要针对危险的制造者及其过失;补偿责任,主要针对受害者及其风险;预测责任,主要针对后代,更广一些说是"生物"及其遇到的重大风险。[390] 对这种建议进行系统化分析的时候,我们可以在刑事或者行政责任以及民事责任的传统形式上加上一种新的责任形式,这一新形式可以以后代的名义并根据将来重大风险的危险程度采取一定的保留措施。因为传统的刑事责任主要是根据过去的过失对肇事者进行惩罚,而民事责任根据目前的损失对受害者进行补偿,但这些都没有考虑未来的责任。

总之,所有负责人都应该对此作出"回应",但是回应或者同过去结合,处罚过失;或者同现在结合,补偿损失;或者同未来结合,保存生物。这就是责任的三个时段,这不仅标志从处罚到补偿再到保留的过渡,而且也标志着从国家概念到全球概念的过渡,我们可以想象普遍管辖权的模式,赋予各国司法机关管辖权,但条件是要实施共同规定。

卡特琳娜·迪比尔热在建议把这种保留责任的新形式命名为"普遍责任"的同时,要求人们考虑这样一个问题,即全球风险引起价值普遍主义返回原点。当人们从生物技术风险过渡到生态风险时,运动在继续进行。

2. 生态风险

从生物技术风险到生态风险,这种对称性仅仅是表面上的,因为生物技术风险主要关注风险的起源(生物技术),而生态风险反映了威胁生态平衡或者生态系统所造成的损失。但是这种变化并

---

[389] M. Bouthonnet, *op. cit.*, notamment « La complexité des risques de dommage », n°510 *sq.*

[390] C. Thibierge, « Avenir de la responsabilité, responsabilité de l'avenir », D., 2004, chr. 577.

不妨碍将生物技术的某些风险纳入生态风险的范畴中。条件是要考虑具体控制生态平衡或者生态系统概念的相互作用。如果说,生态学首先是指研究动植物物种同环境相互作用的学科的话,那么随着"生物学家"积极地参与"环境"保护活动,一些新词主义企图将生物学的方法应用到人类科学当中,这个词的含义就已经扩大了。[391]

在生态学最基本的形式中,生态学颠覆了将人类同自然分开的二元理论,回到简单的一元论上,摒弃所有区分生物的说法,以动物本能作为伦理道德的模式,提出所谓的生物市民性,参照反向作用自然性:"在现代自然法学派中,为证明向民事状态过渡,提出自然状况不稳定性,保证共同法统治下的社会和平,在这里,再现由于工业增加模式而产生的危险。我们知道这种工业模式说明在重新找回的自然规律支配下,事物有所回归,比如回归到自然状态。"[392]

"这两种被简化但最终相互补充的方法"既摒弃了二元主义又摒弃了一元主义,反过来接受了"中庸思想"。根据这种思想,生态学既不是自然科学,也不是人文科学,而是两者之间的关系科学:"[……]景致(paysage,这个词似乎来自国家 pays 和脸面 visage 的重叠结合)的问题在这里可以当作一种范式来看:这难道不是物理现实和社会产品的结合吗?"[393]这就是菲利普·德高拉(Philippe Descola)在法兰西学院开课时提出的"自然人类学"[394],法律方法也要采用这种方法。这种"自然人类学"被"二元主义的面纱清除了生命与自然科学运动部分废除的旧物,因为这些陈旧的东西使我们对人的理解产生很多有害而扭曲的想法,它们的使用同我们也有太多的差异";同时德高拉也提醒我们:"对世界居民之间相互

---

[391] M. Prieur, « Introduction », in *Droit de l'environnement*, Dalloz, 3e éd., 1996, n°1 *sq*.

[392] F. Ost, *La Nature hors la loi. L'écologie à l'épreuve du droit*, La Découverte, 1995, p. 13.

[393] *Ibid.*, p. 15.

[394] Ph. Descola, 2001 年 3 月 29 日法兰西学院自然人类学讲席开课报告。

作用的分析也不能只停留于对人类社会起作用的机构上，这是标准、符号和财富生产者俱乐部，在那里，非人类只能以生动别致的附属物的名义被接纳，用以装饰这庞大的剧场，语言的拥有者垄断了它整个舞台。"[395]

在标准生产者俱乐部中，谦虚并不适宜。联合国环境大会（1972年6月16日在斯德哥尔摩召开）宣言的序言中曾说：我们（指人）是"世界上最珍贵的（物种）"。20年之后，里约热内卢环境与发展大会宣言以"人类"代替了"人"，但依然将我们置于"可持续发展所关注的中心位置"，把地球看作是"人类的家园"。遗憾的是，法国《环境法宪章》草案在这一点上缩小了它的格局。由伊夫·科彭斯（Yves Coppens）主持的委员会原来提出一个建议，强调指出"自然资源和平衡决定了人类的崛起，也一直决定着人类的生存"，规定有权享有一个"健康平衡的环境"，这同人类的尊严和福祉有关。提交于议会的文本提出"有权生活在一个平衡有利健康的环境中"。对环境的权利似乎被限于有权关注卫生状况，而忽略了一些可能的矛盾，比如保持有利于环境"平衡"的湿地，但这片湿地会造成健康方面的问题。[396] 责任这一章也同样被缩减了。原来的建议提出"为了现代和后代人的利益，为环境的保护和改善做贡献"，但是法律草案却缩减了这种承诺（将"贡献"改为"参与"），取消了为后代的利益。

这就是说，国家利益（就目前和这里看到的定义）与一开始就

---

[395] Ph. Descola，2001年3月29日法兰西学院自然人类学讲席开课报告，p. 19.

[396] Ph. Billet, « La constitutionalisation du droit de l'homme à l'environnement, regard critique sur le projet de la loi constitutionnelle relative à la Charte de l'environnement », in *La Charte constitutionnelle en débat*, *RJE*, 2003, numéro spécial, p. 35 sq. ; D. Chagnollaud, « Le principe de précaution est-il soluble dans la loi? À propos de l'article 5 de la Charte de l'environnement », *D.*, 2004, chr. 1103 ; B. Hopquin, « Doutes et inquiétudes sur la Charte de l'environnement », *op. cit.* 关于2004年6月1日国会通过的法律草案，参阅 P. Le Hir, « Le principe de précaution pour le meilleur et pour le pire », *Le Monde*, 2 juin 2004, et *D.*, 2004, act. Lég. 1534.

置于世界范围内的全球及人类后代的环境保护根本不相符。所以,相对其他法律文本来说,《世界自然宪章》(1982年10月28日)没有以人类中心论为中心,这一点并不奇怪。联合国全体大会自称意识到"人类是自然的一部分",并相信"各种生命形式是独一无二的,无论是否被人类所使用,都值得被尊敬"。如果说这部全球性宪章不具有直接的限制性,那么至少它在强调相互作用的时候产生了一个更为细微的说法:"人类是自然的一部分,生命依靠能够提供能源和滋养物质的自然体系的不断运行而得以维持。"

随着时间的流逝,法律文本的制定者逐渐从中得出一些结论。自《斯德哥尔摩宣言》以来,人是作为"环境的产物和缔造者"出现的,但在20年后里约热内卢的宣言中,再次提到地球"构成相互依存的一切",从而制订了一套行动计划。对主要风险的分析,无论是生物资源的枯竭,还是气候变化,都反映了面对脆弱的生态系统法律相对性的局限性。为此,里约热内卢行动计划宣布"全球合作",这就意味着"各国政府、社会关键领域和各国人民全新的合作形势"。这种表达方式看起来似乎很模糊,却指出标准水平的变化是必要的,简单的合作还不够,应该制定一些共同标准,起码是标准的部分整合。在这一方面,整体不是一个简单的修辞法,协调国家主权和全球保护之间的关系会变得更加困难。

2.1 生态系统的脆弱性

在里约热内卢大会上,生态系统被定义为"由植物、动物和微生物有机体及其非生命环境构成的复杂多样的动态系统,通过相互作用,形成一个功能单位"(《生物多样性公约》第2条)。在科彭斯草案中,生态系统被翻译成"资源和自然平衡"。这种简化的定义指的是"自然本身是提供服务的,也就是用于经济或非经济性开发的资源;它同时也是生物圈的构成机体。在这个生物圈当中,自然界中的各种生命构成,包括动植物,组成与不能生存的环境和生态系统形成复杂多样的相互联系的系统。这些平衡在不断变化,决定着所提供的服务"。很明显,这些相互关系引起风险的不确定性。所以,尽管预防原则最终被纳入草案的第5条,也因此载入宪法,但有关预防原则的讨论在宪法委员会中依然十分激烈。[397] 关于这一点,报告提出两种不同说法,并指出存在第三种思想。根据这种思想本可以保留"预测原则"。很遗憾,草案没能提出一条更加新型开放的道路,而是倾向于保留同前面提到的《巴尔耶法》(loi Barnier)规定相近的表述方式。

我们承认委员会工作具有教育成果,对环境保护也起到宪法化的象征性效果,但是从根本上来说,生态系统的保护需要国际范围内、地区(欧盟)以及全球(联合国)范围内的承诺。1992年里约热内卢峰会上,通过三个公约(《生物多样性公约》《联合国气候变化框架公约》《联合国防治荒漠化公约》),在继行动规划宣言之后,人们已经规划了这个框架。为说明结合国家法律、地区和世界规定这一体系的复杂多样性,我以两个领域为例,这是欧盟特别关注的两个领域,即:资源匮乏和气候变化。

2.1.1 资源匮乏风险

1972年《斯德哥尔摩宣言》早已指出"全球不可更新能源的开发应该以不造成其枯竭的方式进行,从中获取的利益应该由整个人类来分享"(第5条原则)。10年之后,《世界自然宪章》担心人类"通过他的行为及其造成的影响,可能改变自然,使自然造成枯竭,因此,应该意识到维持自然平衡和质量、保存自然资源的紧迫性"(序言)。1992年《生物多样性公约》提出了一项解决方案,在序言中再次明确指出"各国政府有责任保护生物多样性以及生物资源的可持续使用"。

"资源"这个词本身就比较模糊。一方面,这个词反映了救护的思想,似乎是一种警报:有"最大限度的资源"的意思,明确指出匮竭或者危险。[398] 但另一方面,似乎又表达了功利主义思想。即使认为这个词将生物多样性带到开发的问题上,诉求最大利益有些过分,我们也不能忽略这样一个事实,即:承认生物机体是一种

---

[397] *La Charte constitutionnelle en débat*, op. cit., p. 154 sq.
[398] *Le Droit des ressources génétiques végétales dans les rapports Nord-Sud*, dir., M.-A. Hermitte, Bruylant, 2004.

资源,就是承认转变的可能性,这让我们想起矿物资源的变化。赋予植物变种新的属性,或者通过使用微生物机体,细胞生产动植物产品的同时,人们创造了新的生产工具。在这里我们重新找到"生物技术"的概念,但是我们前面提到的是关系到人类的风险(生物安全),这一次的出现是同环境有关(生物多样性)。

在生物技术、生物安全和生物多样性之间,"脱节的"[399]国际法对这一形势的评估反映了一系列连续的滑动,首先从环境法到发展法。实际上,《生物多样性公约》没有局限于从保护环境的角度上展开对资源枯竭的风险的斗争,提出"保护"生物多样性和"持续使用"其资源的目标;协议的序言中明确表示"希望保证公平分享使用成果"。

除了发展法之外,这种"公平分享"本身反映了知识产权法的问题。自从生命专利先后在北美[400]和欧洲[401]得到认可以来,知识产权法就成为一个关键问题。发展中国家和南方国家担心形势会反过来对他们不利。如果说在这些国家境内发现的资源可以自由开采,资源的转化受专利保护的话,那么实际的结果是这些开始是免费的资源转到它们的来源国之后就变成一种付费形式,因为这些资源经过了加工。这样就得出一个结论:"南美国家想以他们回

---

[399] S. Maljean-Dubois, « Biodiversité, biotechnologie, biosécurité, un droit international désarticulé », JDI, 2000, p. 950; également S. Maljean-Dubois, « Le recours à l'outil économique: un habit neuf pour les politiques environnementales? », in L'Outil économique en droit international et européen de l'environnement, dir. S. Maljean-Dubois, La Documentation française, 2002. Voir aussi Vers l'application renforcée du droit international de l'environnement, intr. de C. Lepage et A. Kiss, Éd. Frison-Roche, 1999.

[400] 美国最高法院 Diamand v. Chakrabarty 案, 447 US 309 (1980), B. Edelman, « Vers une approche juridique du vivant », D., 1980, chr. 329; également in L'Homme, la nature et le droit, Bourgois, 1988, p. 27 sq. 加拿大最高法院"哈佛老鼠"案, déc. 2002, et affaire Schmeiser, « Un grain de sable dans la machine OGM », Libération, 19 et 22 janv. 2004.

[401] Directive 6 juill. 1998, arrêt CJCE, 9 oct. 2001. Voir aussi E. Brosset, « Brevetabilité du vivant, biodiversité et droit communautaire », in L'Outil économique en droit..., op. cit., p. 324 sq.

收矿产资源的全部主权的方式回收他们对生物资源的主权。"[402]

这种"回收生物资源主权"的愿望使南美国家在里约热内卢峰会上摒弃了"人类共同遗产"的说法。正如我们在第一章中所提到的,这种说法出现在20世纪70年代环境法中,初看,似乎很符合保护生物资源的目的。然而,"遗产"这个词意味着各代之间的联系,后来用一个更加中性而没有太多承诺的词所替代,就成为"人类共同关心的问题"。

随着"人类共同遗产"这种表达方式的消失,出现了以知识产权法为参照的现象(《生物多样性公约》第8条和第16条)。但是也只是在联合国知识产权协议缔约国的第二次会议(1995年)上,人们才开始构想一种新的知识产权法,试图协调协议的不同目标(保存和持续使用生物多样性,公平分享使用成果)。盗用生物"相当于从共同体的贡献中夺取所有商业价值"[403],我们与其揭露这种生物盗用行为,还不如盘点传统知识,构想一部特别的法律,"为世界知识产权制度添砖加瓦"[404],比如,可以从集体法(产地名称、集体商标、证书)的模式中汲取经验。

这部新型法律也许可以承认土著居民(他们保留着世界上近90%的生物多样化)认知的价值,确切地说,就是关于资源保护和可持续开发的方法。其中一个困难是期限问题:"奠定一份专利的社会契约意味着垄断的时间特性,建立了由此产生的公共场;而土著居民的资源和认识远古久远,无法追忆,这就意味着他们的知识产权不具有时效性,也不可转让,产地名称也具有同样的特性。"[405]因此有必要对这些新法律进行形式化,这将要求制定国际指导方针(就像2002年4月16日在波恩通过的关于遗传基因资源的指导方针)和相对应的法律设施,将其纳入各国的国家立法当中,由各国法官来实施。这一形式化首先在关于土著居民的讨论中,随后在2000年3月召开的国际土著民第4次论坛中被提及,由国际劳

---

[402] M.-A. Hermitte, *Le Droit des ressources génétiques végétales...*, *op. cit.*
[403] *Ibid.*, p. 77.
[404] *Ibid.*, p. 84.
[405] *Ibid.*

工组织和联合国首先开始着手这项工作。这种形式化要求澄清它在世界贸易组织中触及贸易问题的知识产权的作用[406],因为这引起很多发展中国家,尤其是非洲国家的担忧。在非洲,人们希望援引农业食品组织和非洲联盟签署的其他国际承诺。[407]

总之,所有的一切发展似乎是全球化使环境法远离价值普遍性的讨论,势必将其纳入经济贸易的轨道上。在考虑面对风险预防全球合作的意义之前,应该看到这一现象在气候变化方面似乎有所增强。

2.1.2 气候变化风险

埃德瓦·巴尔(Édouard Bard)在他 2002 年 11 月 7 日开课[408]时再次回忆说,瑞典的化学家阿列纽斯(Arrhenius)在 1896 年第一个提出地球平均温度增高是因为化石燃料工业使用的结果,他甚至从中看到了缓和斯堪的纳维亚严峻气候的方法:"如果人类二氧化碳气体在大气中的排放可以增加地球气温,这将是非常美妙的事情;我们在瑞典的人将会感到非常幸福。"问题是这种类似的现象让人们担心其他后果,比如海平面增高、生态系统消失或者土壤变质等,这还没谈到对人类产生的各种后果(流行病、食品匮乏、"生态避难"迁移)。在 20 世纪 80 年代末期,成立了环境变化政府间专家小组(由世界气象组织和联合国共同创立的),可以定期综合分析近期科学研究成果。无论是自然原因,如太阳光照增加或者火山灰喷发减少,还是对气候现象理解以及变化预测产生的不确定性,似乎"根据不确定的节奏,也许很慢,也许有可能会出其不意地酝酿着一场不可避免的气候变化,这同温室气体浓度增加有

---

[406] Ch. Noiville, « La mise en œuvre de la convention de Rio sur la biodiversité et ses relations avec l'accord de l'OMC sur les Adpic », in *L'Outil économique en droit...*, *op. cit.*, p. 281 sq.

[407] A. Abas, « La position des pays africains sur la brevetabilité du vivant », in *L'Outil économique en droit...*, *op. cit.*, p. 305 sq.

[408] E. Bard, 2002 年 11 月 7 日法兰西学院"气候与大洋变化"开课报告,参阅 fig. 3, p. 15, p. 42; Journée d'étude, « L'Homme face aux climats », Collège de France, 12—13 oct. 2004.

关,而人类活动对此起了决定性作用。"[409]

在这种明显的全球化前景下,各国甚至各地区的法律方法似乎微不足道,国际的法律手段成为必不可少的方法,但是因为各种利益极其多样,很难构想这样一种国际法律手段。在联合国气候变化框架公约商议期间,我们就已经注意到这个问题。在协商期间,"各国政府分成几组,有趣的是,他们不是按照传统的南北分法来组合,而是根据需要,反映了个别特殊利益和产业利益。"[410]这份框架公约是在里约热内卢峰会上签署的,于 1994 年正式实施生效。它的独特性在于试图结合共同目标和时空上具有差异的具体实践。其目的是稳定"大气中的温室气体浓度,将其控制在一个不至于对人类造成危害的气候体系水平上",并"在足够的期限内达到这个水平,使生态系统可以自然地调解顺应,食品不受到威胁,经济增长可以以持续的方式继续发展"(第 2 条)。至于具体适用,首先是按照早已为人所知的一些原则来进行,以"现代和后代"为参照,如果有严重的或者不开逆转的风险时,人们重新找到持续发展和预防的概念(第 3 条)。另外,第 4 条还增加了一个新规定,特别承认"各国和地区优先权的特殊性"以及"共同差异性责任"原则。因此,各国政府被分成几个范畴,如果有些承诺是共同的,比如强制要求各国定期提交具体信息,将人类排放控制在 1990 年的水平,那么其他承诺只是针对工业国家,比如减排制度,或者强制要求提供金融来源,为技术转让提供方便。

尽管这项规定比较灵活,但是关于确保遵守必要规定的问题,比如限制国家主权问题的讨论尤其困难。框架公约的解决方案也只是提出了一个大概(第 3 条结尾),因为里约热内卢承诺的协议在欧洲委员会提出环保税制度遭到美国和日本的拒绝之后不久就

---

[409] R. Guesnerie, « Les enjeux économiques de l'effet de serre », in *Kyoto et l'économie de l'effet de serre*, rapport au Conseil d'analyse économique, La Documentation française, 2003, p. 18.

[410] L. Boisson de Chazournes, « Le droit international au chevet de la lutte contre le réchauffement planétaire: élément d'un régime », in *L'Évolution du droit international. Mélanges Hubert Thierry*, Pedone, 1998, p. 45.

发生了变化。至于建立一个排放权市场,制定实施可协商的许可制度,一些国家还有私法制度的代表者都表示赞同这个想法,但还没达成最终的决策。

直到《京都协定书》(1997年)的时候才决定这项新规定,它既是法律方面的规定也是经济方面的规定,其目的就是减少费用,让环境污染者从那些费用较低的防污染者手中购买污染许可,因为对于这些环境污染者来说,抗污染的措施消费十分昂贵。为了达到这个目的,京都机制在于参照各国在1990年的排放量规定各国的配额来确定2008—2012年允许的排放量(按照这种方法可以不追究过往:这是对先辈的尊重)。这样,根据协定可以免费分配排放许可,随后可以转让给其他环境污染者。从这个角度上看,协定创建了一个"许可证市场",在这个市场上转让可以协商。如果人们为创建"污染权利市场"感到遗憾的话,那么至少它的限制是要受到惩罚的。

《京都协定》一个主要的弱点在于美国的缺席。每年人均二氧化碳的排放量美国是世界上最高的国家之一。[411] 尽管美国曾是许可证市场的先驱,也是该建议的倡导者(主要是避免环保税),但是在此后发展过程中退出。后来由欧盟接替,企图成为"事态演变的发动机"[412]。在发表《欧盟成立温室气体排放权交换制度绿皮书》(2000年3月8日),以及以共同体的名义批准《联合国气候变化框架公约》和《京都协定》(2002年4月25日决议)之后,2003年10月13日的指令(修改了1996年9月24日指令)建立了"共同体内部温室气体排放配额交换"制度。根据2005年1月1日制定的制度,相对于1990年减少8%的承诺构成《京都协定》预期的适用规定(如果达到法定人数,将于2008年1月1日正式实施)。[413]

---

[411] Rapport Guesnerie, *op. cit.*, tableau p. 13.

[412] S. Maljean-Dubois, « Le recours à l'outil économique... », *op. cit.*

[413] 关于2004年4月15日有关在法国建立温室气体排放配额变换体制,参阅 B. Le Bars, « La nature juridique des quotas d'émission de gaz à effet de serre après l'ordonnance du 15 avril 2004. Réflexions sur l'adaptabilité du droit des biens », *JCP*, 2004, I. 148.

《格斯奈里报告》(rapport Guesnerie)用一种戴高乐似的讽刺的笔法(合法的京都,美化的京都,疏解的京都,复苏具体化的京都,重启延长的京都)证实了这种选择。但是也指出存在免费通过的人及揩油的人的问题,这些人没有遵守协议的规定,但是人们不能拒绝他们的使用,因为气候是全球集体财富的典型例子:每个人都拥有其中的一份,所有人共同拥有气候。这样一种状况可能导致一种很荒谬的结果,就是最终加重了风险,因为如果污染最严重的工业不付环保税而从中获利的话,那些污染少的企业将有可能遭到淘汰。最后,污染就会进一步蔓延。

法律解决办法并不比生态系统解决办法脆弱。面对全球气候变化危机,各国的提案分散不统一,不可能替代里约热内卢宣称的寻找"世界合作关系"的目标。

2.2 走向世界合作关系

通过两个生态危机的案例(资源匮乏和气候变化)我们重新提到"世界合作关系"这个主题,与此同时,我想继续关于国际生物警戒以外的生物技术这个话题来思考。这两个术语相互切合,因为生物警戒通过预防原则,具有双重作用:一个是政治行动原则,另一个是分配责任原则。这个术语也许具有世界合作的层面;而且这个词也是在里约热内卢峰会上提出的。但是它具有雄心勃勃的目标:这种合作标志着有必要超越简单的合作。实际上这意味着寻找某种协调一致,类似世界政府这样的东西。

克莉丝提娜·努瓦维尔(Christine Noiville)在她的著作《论良好的风险管理》的结尾部分,坚持使用"管理"(gouvernement)一词,而不用"治理"(gouvernance),就是为了强调自我调解不够,有必要制定更加具有强制性的法律规范,要求在面对这样的集体危机,要有真正的政治选择,不能任由个人利益来决定。因此有必要加强国家政府形象,进一步通过集体方式思考更加明确的"社会契约"。但是,面对这些不仅是集体危机也是全球性危机,她却没有质疑国家相对主义的局限性问题。

从世界这个层面上看,问题在于合法性的政治问题似乎因为经济有效性的政治问题而变得模糊,因为合法性是国家政府领域的事情，而有效性基本上应该是民间活动者的事情。如果我们参照米歇尔·福柯对所谓的"政府性"[414]分析，鉴于全球化的事实，所发生的一切似乎是经济，"作为现实中的特殊领域，既是科学又是政府参与科技"，走向主权，构成主权主要属性（警察和安全）。这些属性一直局限于国家政府领域。换句话说，全球化在把经济当作"现实中的特殊领域"孤立起来的同时，把解决全球风险的办法放到经济法律领域，这样使政治讨论变得边缘化。

如果说国际环境法，或者说全球环境法甚至欧洲环境法利用"经济措施"，从而形成两个学科（经济/法律）的跨学科性的话，这并不是偶然的现象。但是由此引起的零散性正如不同法律规范体系的关系所提出的问题一样，也就是说，标准性间的法律问题应该将政治讨论带回到价值选择上来。

2.2.1 跨学科性

如果生态危机是说明经济与法律之间的跨学科关系的一个案例的话，那么也许选择适当的措施将要通过重新定义经济和能源政策，重新考虑自然资源管理来完成。这样一个彻底性的变化，因为所采取的措施最早也要在几十年之后才会产生影响，所以显得更难确定，因此各国政府没有太大的激情来接受监督和审查程序。大家都关注有效性，因此参与方式变得多样，同时提高补偿和激励策略，也就是说，寻求"经济手段"[415]。

另外，还需要对这个表达方式的理解做一明确规定，也许是企图根据类似单边主义/多边主义（标准制定程序），（标准的）严格性/灵活性、限制实施/自愿实施或者（污染者的）直接影响/间接影响的二元分法将其与"调解手段"相对立。《欧洲和国际环境法的经济手段》[416]一书指出，事实上法律手段和经济手段是紧密连接，交错相连的。我们可以把这种方法称为"经济法律手段"，首先反

---

[414] M. Foucault, « La gouvernementalité », in *Dits et Écrits*, t. III, 1976—1979, éd. par D. Defert et F. Ewald, Gallimard, 1994, p. 635 sq.

[415] S. Maljean-Dubois, « Le recours à l'outil économique… », *op. cit.*, p. 9 sq.

[416] *Op. cit.*

映的是像污染付费者（PPP）[417]或者污染使用者（PUP）[418]原则这样的特殊原则；但它同时也结合了实际措施，像（民事、行政和刑事）责任权、税收（环保税）、证书（环保标签）以及产权等多种具体措施，从知识产权到法律市场（排放许可），主要是《京都协定》所规定的措施。

许可证制度是由美国提出的[419]，自从1970年美国提出净化空气约定（Clean Air Act）以来，规定由环境保护局来监督管理各州之间的交换框架。开始的许可证制度非常严格（command-and-control），经1990年修改后变得比较灵活。修正案筹划了一个真正的二氧化硫排放市场，以此来抵抗酸雨现象，同时规定了制约性刑事处罚。这项新制度（cap-and-trade）一方面可以识别权利持有者，确定全球标准和保障排放措施方法，进行交换跟踪；另一方面也可以从法律的角度规定配发许可证的条件和对违法行为进行处罚。美国洲际法律框架没有排除诉求更具有保护措施的标准，无论是由各州政府强制执行，还是以个体创新经验形式自愿接受。所以芝加哥气候变化（CCX）草案[420]集合了美国、加拿大以及墨西哥的参与者，计划到2006年底将他们的温室气体排放量减少到他们在1998—2001年间平均基础排放量的4%。从美国退出《京都协定》这一行为来看，北美的这一举措似乎有些矛盾，但是这也正说明了带有私有化的全球化的复杂多样性。

自1972年起经合组织在国际范围内实施经济手段[421]，最近欧

---

[417] V. David, S. Mairesse et Ph. Maître, « Le principe pollueur-payeur: cohérence des outils et pertinence du principe », in *L'Outil économique en droit...*, *op. cit.*, p. 87 sq.

[418] H. Smets, « Le principe utilisateur-payeur et son application dans la gestion de l'eau », in *L'Outil économique en droit...*, *op. cit.*, p. 105 sq.

[419] Ch. Cros et S. Gastoldo, « Marchés de droits, expériences et perspectives pour l'effet de serre », in *Kyoto et l'économie de l'effet de serre*, *op. cit.*, p. 217 sq.

[420] *www.chicagoclimatex.com*.

[421] « Principes directeurs relatifs aux aspects économiques et politiques de l'environnement sur le plan international », Recommandation OCDE C (72) 128.

盟以及北美自由贸易区这样的地区性组织也开始实施经济手段。欧洲委员会从1973年开始制订6项行动计划,见证了这一变化:真正的转折点是在20世纪90年代初,那时的第三项计划强调了"经济杠杆调整价格的激励效果"。但是真正起到刺激作用的是后来的计划,这项计划扩大了一系列的参与手段,包括金融、税收以及相对于纯粹法律标准的合同规定(环保税、环保标签、生态审计);还有第6项计划(2001—2010年)将气候变化变成优先采取行动的领域(因此在2003年10月13日通过了《温室气体排放配额交换制度指导方针》)。这项计划同时规定了污染付费者原则的实施条例(欧洲议会和欧洲委员会经过10年的讨论,最后于2004年2月达成协议,宣布将通过一项环境责任规定)。《北美自由贸易协定》企图在贸易自由和环境保护之间寻找"最低限度的和解",通过一份特殊的条约(《北美环境合作协议》,Anacde)促进各国标准逐步和谐一致,同时期待将来会通过《美洲环境协议》。[422]

从世界角度看,我们离这样的和解还很遥远,即使是最低限度的和解。京都体系也只是在2008年才开始很好地运行。[423] 正如我们所看到的那样,这个体系提出了一个区别原则,就是区别对待应遵守数量目的的国家政府和没有排放限制的国家政府。这一原则认为考虑国家的多样性是必不可少的,因此造成竞争失衡,提出同世界贸易组织法相兼容的问题,更广一点儿说,是"大气商业手段同气候法律制度[……]的共同利益概念相兼容"[424]的问题。

竞争中的重要失衡主要是因为美国不赞同《京都协定》的规定,可是美国却经常出现在世界贸易组织活动中。欧盟声明自己在智力和科学领域的独立性,但是却没有太大希望可以"质疑美国

---

[422] V. Dermendjian, « Le droit de l'Alena et la protection de l'environnement », in L'Outil économique en droit..., op. cit., p. 173.

[423] 关于拒绝俄罗斯加入《京都协定》的问题(俄罗斯需要达到要求标准才能实施《京都协定》),2003年12月12日米兰会议上的《联合国关于气候变化的框架公约》,参阅2003年12月8日《世界报》。

[424] L. Boisson de Chazournes, « Le droit international au chevet de la lutte contre le réchauffement planétaire... », op. cit., p. 54.

在气候政治领域中的霸权主义态度"[425]，从而对发展中国家产生一定的影响。当然，也有可能为了发展中国家的利益，规定一些阶段性的调整政策（在短期内可以宽容大度一些，从中期考虑可以有更大的目标）。但是我们也看到，一些不花钱就可以获得利益的人，他们弱化了甚至取消一些国家或者像欧盟这样的地区性组织努力的结果，如何避免这样事与愿违的结果呢？对此，出现一些严厉而痛苦的评论："欧盟自己确定了一个目标，成为世界上最具有竞争力的经济体，却有可能成为最去工业化的地方……由于沙漠化，这种现象已经开始了，那是工业格局的沙漠化。总之，工业温室效应已经表现得越来越明显。"[426]只要美国坚持他们的拒绝态度，那唯一的办法就是将生态风险同公平竞争标准结合起来，也就是将《京都协定》同国际贸易手段结合起来。换句话就是跨专业和跨标准性的结合。

2.2.2 跨标准性

初看，这首先是制度性问题，是因为国际贸易法的强势（主要围绕世界贸易组织及其争端调解机构来决定，同时通过贸易领域的知识产权法结合了知识产权的各项法律）和环境法（联合国环境计划 PNUE[427] 只作为简单的计划来规定，既没有特殊的组织也没有争端调解机制）的脆弱之间的不对称引起的。2002 年经济与社会顾问委员会在它关于《世界治理》[428]的报告中提出建立一个世界环境组织，以补充"国际群岛中缺失的小岛"，这个建议最近再次由法国提出，得到德国的支持。

因此，我们可以减少环境的社会边缘化以及它对贸易法的隶属关系，但是却没有解决同级标准体系（环境、发展、知识产权以及

---

[425] *Kyoto et l'économie de l'effet de serre*, op. cit., p. 79.

[426] 关于制定温室气体排放配额制度的指导方针，参阅 *Lettre environnement*, n° 35, p. 2 (*www.uimm.fr/fr/chronique*); E. Le Boucher, «Le protocole de Kyoto est moribond, achevons-le», *Le Monde*, 4-5 juill. 2004.

[427] PNUE: Programme des Nations unies pour l'environnement.

[428] Conseil économique et social, *Gouvernance mondiale*, dir. P. Jacquet, J. Pisani-Ferry, L. Tubiana, La Documentation française, 2002, p. 95 *sq*.

贸易)之间的冲突。当然,我们不应该夸大这些冲突。正如吉尔斯·马丁(Gilles Martin)所说:"第一种思路,如今有些过时,就是竞争秩序与环境法之间'自然而然'的二律背反讨论。环境法主要原则是环境财富是非商业的财产,根据这一性质,它将排除在竞争秩序之外。"[429]但是在为了保护环境而使用经济手段时,无论是知识产权的新形式(正如我们前面提到的土著居民对资源储藏的了解和认识),还是协商温室气体排放许可的市场形式,环境财富并没有完全被排除在外。同样我们也可以不去考虑另一个更加陈旧的话题,那就是竞争秩序与环境保护之间"自然而然"融合的话题。竞争自由远远不能确保环境保护的实现。

跨标准性问题的提出是环境保护和竞争秩序之间一种开放的辩证法。因为环境保护是"由竞争秩序来投资的",而"竞争秩序通过环境保护的协调得以丰富"。因此,世界贸易组织协议的序言提出"保护环境持续发展的目标",承认(《关税及贸易总协定》第20条规定)具有环境保护普遍意义的抗辩。但是,在贸易规定和世界二百多个环境多边协议之间没有一个正式的衔接。而且,联合国争端调解机构的管辖权也只限于贸易协定。在少数情况下,这个几乎是司法裁判性质的机构也会考虑环境多边协定,但也只是阐明贸易方面的争议,而没有考虑环境保护的问题。[430] 因为它的规则一直是自由贸易,而关于环境问题、卫生问题等被看作是来自外部的特例,具有"外在性",因此,考虑的方式也是有限的。为确保公平竞争,应该将竞争纳入贸易法当中,正如人们常说的那样,"将外在性内在化"[431]。

可是在发生冲突时如何决定呢?如果市场承认环境保护的必要性,环境法也结合经济杠杆的话,那么这个辩证法需要一种综合

---

[429] G. Martin, « L'ordre concurrentiel et la protection de l'environnement », in *L'Ordre concurrentiel. Mélanges Pirovano*, Éd. Frison-Roche, 2003, p. 471.

[430] M.-P. Lanfranchi, « L'OMC et la protection de l'environnement », in *L'Outil économique en droit...*, *op. cit.*, p. 127.

[431] V. David, S. Mairesse et Ph. Maître, « Le principe pollueur-payeur... », *op. cit.*, p. 101.

分析法来避免每个法官直截了当地解决问题,以法官管理取代世界管理的缺失。

为建设这种综合分析法,光促进贸易法和环境法之间标准的相互融合还不够,各个机构组织之间的共同规范也是不够的。还应该有政治方面的措施,比如明确人类共同财产这个概念的法律制度和框架。[432] 诚然,因为事物的必然性,我们在这里提到的生态危机是一个全球现象,但并不能因此就以价值观念的名义(在时间和空间上团结一致)断然裁决冲突。只能参考价值及其均衡性在不同标准体系交叉的地方奠定选择的合法性。所以,必须将全球化和价值普遍性结合起来。

因此,相对主义局限性的整体发展就变得清晰起来。无论是全球性犯罪、非物质材料的流通还是全球风险,各国法律的解决方案都是有限的,但是在很多领域都具有抵制能力。然而,这种抵抗是通过权力增长的不平衡性表现出来的。法律与经济之间的紧密联系往往表现了因为全球化而产生的一些实践特征,这种关系似乎宣布了政治的倒退。以有效性为名,这种政治有时被称为现实原则,体制有效便足矣。

伯纳德·埃德尔曼(Bernard Edelman)[433]提出这样一个问题:"[……]为什么人权可以征服政治领域,而在经济领域却非常困难?[……]政治是否具有非商品性价值同等地位,也就是说,政治是否具有一种乌托邦式的理想地位,可以负责赋予经济一些(但不是太多)人道主义的东西?"

为在政治、法律和经济之间重新寻找一种平衡,也许不应该过早地放弃各国制度的相对性,而是要努力超越相对性和普遍性的对立关系,依靠事物的力量和势力,"超越相对主义和普遍主义"。

---

[432] M.-L. Bougerra, *Les Batailles de l'eau. Pour un bien commun de l'humanité*, Enjeux Planète, Fondation Charles-Léopold-Mayer, 2003.

[433] B. Edelman, « Valeurs non marchandes et ordre concurrentiel », in *L'Ordre concurrentiel. Mélanges Pirovano*, op. cit., p. 355.

结 论

超越相对性和普遍性：树立想象的标杆，建设未来世界法律秩序

我们先绕个弯提一下最近关于国际刑法的讨论。这场讨论像往常一样引起了很多刑法学家和国际运动主义者的兴趣。讨论的主题涉及人权以及国际法的"特殊性"，从而说明某些原则的法律特例，比如明确控诉法律制度，拥有武器的合法性以及逮捕制度。考虑到"特殊性"这个词似乎可以指代各种状况，包括从警力缺乏到翻译费用问题，从证据收集困难到对受害者和证人的保护问题，我可以做这样的总结："我认为，这大多是因为国际法的软弱性造成的。"这个词也许会引起国际运动主义者的愤慨，被认为有些荒唐，因为这个词意味着"建立在国内法比较基础上的价值评判，而国内法应该具有高级价值"。为消除这种误会，我认为软弱性并不是缺点。为阐明我的观念，我想借用亨利·米修（Henri Michaux）的一句诗词："完整地保留你的软弱［……］不要攫取力量，它不属于你，上天给你留有其他东西。"我承认，这句话有些让人迷惑不解，尤其是司法人员之间这种具有很强技术性的讨论。但是这句话也许可以解释，软弱性远不代表低下，它有时是一种品质，可以帮我们找到看起来无法解决的问题的答案。但是太晚了，人们只停留于此。[1]

---

[1] A. Cassese, « L'influence de la CEDH sur l'activité des tribunaux pénaux internationaux », in *Crimes internationaux et juridictions internationales*, dir. A. Cassese et M. Delmas-Marty, PUF, 2002; également « Table ronde », pp. 187-188.

在对本编两部分内容,即一部分是反映普遍主义弱点的思想的不完整性,另一部分是被认为与相对主义局限性的全球化相关的事物的力量,进行对比研究的时候,我想起了一个细节:在我的思想当中,没有正面或者负面的评判,也没有高等/低等的区别。全球化的力量也不是在说,全球化的结果,无论是积极的还是消极的,都是不可避免的;思想的不完整性,如果在避免教条主义和意识形态的同时可以为寻找解决办法提供便利条件的话,那么它可以以一种肥沃而丰富的弱点出现在人们面前。

总之,以上提到的假设,即"依靠思想的不完整性来避免事物的力量",我还希望能够在这一编的结论中进一步阐述的,是思想的不完整性,同时这也意味着这种思想的灵活性、开放性和创造性,可以使全球化人性化,以此来引导寻求未来世界秩序的方法。

另外,还应该沿着这样一条路线,就是从对全球化提出的问题和普遍主义法律手段提供的解决方案之间存在不协调一致这一形势判断开始,延续着普遍化的相对性和相对化的普遍性这双重形势路线进行讨论。可是,如果想处于"超越相对性和普遍性"的位置,这一辩证法揭示了需要综合研究的一片阴影地带。这不是要冻结梅洛-庞蒂(Maurice Merleau-Ponty)所说的"恶性辩证法"的一切运动,即:"自我强大,最终成为犬儒主义和形式主义"的辩证法,还有"通过假设、预设和综合叙述的拼接重组存在"[2]的辩证法。当梅洛-庞蒂以"超辩证法"的名义,说更喜欢拒绝明确的综合叙述,思考"关系多样性和模糊性"[3]的思想时,我们其实倒可以遵循他的想法。但有一个条件,就是不要排斥综合分析,因为我们所处的领域不是一个纯粹理性的领域。不要忘了,法律体系是标准化体系,需要实际的解决方法,同"关系多样性"一样复杂模糊。因此,法律必须要有综合,这些综合法要保持适度,具有临时性和变化性,不奢求进行根本性的变动,也不要奢求寻找一种不变的最终

---

[2] M. Merleau-Ponty, *Le Visible et l'Invisible*, Gallimard, 1964, p. 127.
[3] 关于这一点与比利时学派不同:F. Ost 和 M. van de Kerchove 曾为无综合分析的法律辩证法辩护,参阅:*De la pyramide au réseau? Pour une théorie dialectique du droit*, Bruxelles, Facultés universitaires Saint-Louis, 2002, p. 38.

真理。

我们要准备这样的综合分析,保持清醒的想象力,而不是将其封闭在早已设计好的途径上,也许还需要从不协调性出发,设立一些标杆,为通向世界未来法律秩序设置路标。

1. 不协调性

将法律普遍性手段同全球化的实践进行对比似乎是自然而然的事。它们没有其他全球性使命了吗?这里只举两个例子就可以说明这种协调只是表面上的:一是全球化犯罪同以"反人道主义犯罪"为象征的国际犯罪普遍性相比较;二是全球风险同"人类共同财产"相比较。这正是法律分析首先应该观察到的不协调性。

1.1 全球化犯罪和反人道主义犯罪

如何能够避开恐怖主义这个话题呢?实际上这个问题从来就没有离开过我们。尽管国际恐怖主义曾经是建议成立国际刑事法院的原因(1937年公约),尽管整个成立过程经历了艰苦的讨论,但是在国际犯罪当中,对恐怖主义做一个明确清晰的定义和规定却很难达成一致意见。像美国"9·11"恐怖袭击,还有2004年3月11日在马德里发生的恐怖袭击,这些不仅表现了全球化犯罪在筹备和实施中的特征,而且也表现了"向全体普通市民发起全面或者系统的袭击,并事先预知这种袭击将要发生"的特征。这就是反人道主义的犯罪,这样的袭击犯罪可能"由一个国家政府或者具有此袭击目的的组织而实施的政策或者有目的而为之"(第7§2条)。

关于定义也许是技术上的问题,但是却反映了各国战略以及内外部政策的深刻意义。也许这种意义过于深刻,以至于受害者去个性化会让人联想起整个人类都成为受害者,所以这一标准足以奠定恐怖主义普遍性也就是国际性的基础。

我曾经提出这样一个问题:如何判决萨达姆·侯赛因?我们现在知道了一部分答案。尽管法律对他的定性是种族屠杀,这本应该由一个专门法庭进行审判(国际刑事法庭模式),但是战胜国对国际刑事法院是怀有敌意的,他们的政治利益最终超越法律准则,占据上风。在美国法律专家小组的协助下,成立了"伊拉克特别法庭",对伊拉克的前国家领导人以及近三百多名复兴党负责人进行审判(2003年12月10日法律)。这一选择是出于"从米洛舍维奇诉讼案中吸取教训",其目的是"前南斯拉夫国际刑事法庭的诉讼程序过于复杂,我们要简化这一程序"[4]。法庭的国际化只限于美国司法人员的参加,结合了伊拉克法律美国化方式,这些事实很明显实现了简化审判程序这一目的。

而且有一种本能的直觉也得到证实,那就是冲突没有将相对性和普遍性对立起来,但是却将相对性与全球化运动对立起来。这种全球化运动常常是强势国家法律模式在全球的延伸。这一点在恐怖主义方面似乎有些夸张。比如欧洲法律在逐步向美国模式学习,变得越来越强硬,当紧急状况成为一种常态的时候,就会质疑诉讼程序的保障问题。[5]

全球化与普遍主义之间的不协调性变得如此强烈以至于动摇了普遍主义思想。德国哲学家哈贝马斯在同德里达的一次访谈中承认[6]:"自美国'9·11'事件以来,我一直在思考,面对这样的暴行,我所有导向协商的行为思想(我从《交际行为理论》开始研究的思想)是否正在沉落到一种可笑的地步。"尽管他们过去的思想有些分歧,但是德法两国哲学家对普遍主义具有同样的关切感。对哈贝马斯来说,普遍主义反映的是有建设性的对话;对德里达来说,那是政治和宗教之间缓慢的解构关系。面对这样的事件,两位学者都有些慌乱,因为这起事件混淆了恐怖主义与战争之间的区别,似乎使共同价值以及人类共同体归属性的思想失去了信誉和资格。

我们还是应该有点耐心。人们不会在新理念当中立刻就找到

---

[4] P. Claude, «Le nouveau pouvoir irakien organise le procès de Saddam Hussein», *Le Monde*, 1ᵉʳ juill. 2004 ; également articles précités de J. Alvarez, C. Kress, Y. Shany, M. Sharf, et D. Zolo.

[5] Th. Ferenczi, «L'UE va mettre en place un nouveau plan d'action», *Le Monde*, 16 mars 2004 ; A. B. Pour, «Les Nations unies cherchent à concilier liberté et sécurité face au terrorisme», *Le Monde*, 17 mars 2004.

[6] J. Derrida et J. Habermas, *Le Concept du 11 septembre*, Dialogues à New York avec G. Borradori, Galilée, 2004, p. 67.

问题的解决办法,而是通过相对性、整体性和普遍性之间缓慢的调整来找到答案,因为正如梅洛-庞蒂所说,"只有具体的、部分的、充斥着残余遗迹、填充短缺的超越。"[7]至少人们可以这样公开地提出这些好的问题,人们很难接受那些简单的回答,这让我们对实现逐步协调怀有希望。这应该是国际法的任务,使这一希望趋于成熟,因为尽管国际法有些形式主义(或者说多亏了这种形式主义),但它提供了一种共同语言,开启了一套共同的语法规则。[8]如果说反人道主义犯罪的概念开始时没有为解决全球化犯罪提供一个适当的答案,至少它提供了分析和批评思考的法律框架,这有助于建立起人道主义的法律范畴。人类不仅是受害者,同时也是"共同"遗产的持有者。

1.2 全球风险和"人类共同遗产"

在第一章中,我们提到了一场变化,这场变化通过一种全球性的爱国主义,宣布了"人类共同遗产"这个概念,这不仅关系到文化和自然遗产以及大洋深处,还关系到月球以及其他星体甚至从"象征"意义上说,还关系到人类基因(1997年联合国教科文组织宣言)。《1982年海洋法公约》构建了一个十分完整的法律制度,这个文本在经过1994年协议审查后,稍微向下浮动了一点,才正式实施。根据这一协议,成立了国际海洋法法院,1997年开始运行,但是这个法院为很多工业国家设置了障碍,弱化了本来是要执行"人权"的海洋局的权力。

从1992年开始,里约热内卢峰会就已经标志着固守"共同关注问题"这个表达方式。这个表达方式导向于"世界共同财产"或者"世界公共财产"这个范畴。在这里,再次出现全球风险和预防甚至防范机制之间的张力。全球风险的出现似乎有利于以人道主义的名义来保护遗产的普遍性;而在预防机制中不可避免地再次出现国家利益,而且世界两极因为经济发展速度不同而产生极大

---

[7] M. Merleau-Ponty, *op. cit.*

[8] P.-M. Dupuy, *L'Unité de l'ordre juridique international. Cours général de droit international public*, Académie de droit international de La Haye, Martinus nijhoff, 2003(区别形式和物质性统一).

的差异。

发展中国家担心(就像我们在生物多样化问题上看到的那样)"共同遗产"的命名会给生物资源的开发(生物掠夺)者的自由进入提供法律依据,然而这一新名词,表面上看比较中立,似乎可以从一种定性转向另一种定性。共同遗产的概念一上来就包含着连带责任、跨国家和跨时间的思想,可以为建立"未来责任"[9]奠定基础,而新的表达方式就显得有些模糊。开始的时候,同意根据无排外(按照母爱的模式来进行:每个人都有所得,所有人都会收到它完整的部分)方式来确定"共同财产"的特性。但是,在联合国发展计划以及世界银行中制定共同遗产类型的前期尝试当中,有时把(世界或全球)财产定为"公共"或者"集体"财产,有时定为"共同"财产,甚至有时还指定为"人类共同财产"(也许这种定性是最具有普遍性的,因为像共同遗产一样,它把人类看作是一个法律范畴)。这些犹豫不决的概念恰恰反映了关于财产问题的全球化与以共同价值(一份财产,无论是否是"共同的",是否表达了道德价值?)为基础的普遍主义之间的不协调性。

全球化反映了市场模式,有利于实施"经济手段",这是我们在所有领域,包括生物多样性以及气候变化(合同协议、知识产权、温室气体协商排放许可)中所看到的。但是,这些例子同时也说明,全球化不能明确地裁决环境法和贸易法之间的冲突。如果按照经济和伦理道德的思想来理解"共同财产"这个概念的话,那么这个概念就有可能为解决这些冲突做出贡献。共同财产这个概念意味着承认共同价值及其均衡性,激励各国以代理人和保护者的身份行事,而不是作为绝对的主权者、各自领域中的主人身份来行事。

除非各国政府愿意公正公平地对待普遍主义。从这个角度上看,在联合国争端调解机构上,印度、马来西亚、巴基斯坦和泰国反对美国的那起"虾龟案件"应该是一个很好的实例。在这起案件

---

[9] C. Thibierge, « Avenir de la responsabilité, responsabilité de l'avenir », D., 2004, chr. 577.

中,美国作为海龟的保护方出现,他们的法律规定禁止捕捞虾类,因为这会威胁到海龟的生存。尽管争端调解机构承认保护环境和保护受威胁物种的证词有效,但它还是判定美国的立法违反了世界贸易组织协议。这起案件被认为是"揭示了相对于竞争秩序,环境保护的姿态"[10]。我认为这种说法有些过于简单,因为这不是世界贸易组织协议同另一部国际环境保护机制相对立的问题,而是以单边方式和歧视性方式(加勒比沿岸的一些国家更能从这些条款中获利)强制执行的国家立法问题。相反,在马来西亚反对美国的另一起案件中,上诉法院在多边协商失败后接受了单边主义条款。[11]

这个案例说明,普遍管辖权可以以保护普遍价值为由,促使国家法律外延(超领土性),通过这一做法,可以使普遍主义思想甚至可以将普遍主义工具化。这就是为了达到霸权目的而将相对性普遍化的方法。

2. "普遍化"的相对性

各国法律体系表现出令人吃惊的适应能力,但是却很难掌握其中真正的含义。如果说美国法一直位于前列,但我们却不能忽略以皮诺切特案件为代表的国家法官世界化这一新现象。国家法官世界化现象是因为普遍管辖权而产生的,比利时就是一个例子(先后被西班牙和德国法官所替换),甚至废除了国际犯罪的立法权。当然,这其中也有美国的压力。

---

[10] Organe d'appel, 12 oct. 1998, WT/DS58/AB/R, *États-Unis*, *prohibition à l'importation de certaines crevettes et de certains produits à base de crevettes*, voir G. Martin, « L'ordre concurrentiel et la protection de l'environnement », in *L'Ordre concurrentiel. Mélanges Pirovano*, Éd. Frison-Roche, 2003, p. 474.

[11] Organe d'appel, 20 oct. 2001, *Affaire Crevettes-tortues II*, observ, Ph. Weckel, *RGDIP*, 2002, p. 189 *sq*.

美国的无处不在并不会令人感到吃惊[12],但是在各个分析领域中他们都实际表现出自己的先驱作用,这着实令人吃惊。只举一个简单的例子就可以说明这个问题。我们从犯罪开始。贪污的问题尤其具有代表性,因为 1977 年《反海外贪污法》(Foreign Corrupt Practices Act)为国际经济与合作组织 1977 年的协议提供了借鉴之法,后来联合国在 1979 年第一次计划失败后也借鉴了美国《反海外贪污法》的经验,最终在 2003 年通过了一项协议。在关于反对毒品走私和洗钱斗争中,我们也看到美国同样发挥着他的首创作用(1988 年《维也纳公约》,1989 年国际金融组织峰会);在恐怖主义问题上,2001 年《爱国者法案》(Patriot Act)模式被全球借用,甚至扩大到反对恐怖主义金融政策上。

对非物质流通的研究,无论是金融流通还是信息流通,也都肯定了我们的观察:《萨班斯-奥克斯利法案》(loi Sarbanes-Oxley,2002 年)提出会计管理办法,监督管理所有在美国上市企业(或者提交于美国证券交易委员会的企业);而对于诞生于美国的互联网,也基本上是按照美国言论自由的理念进行管理的(我们还记得雅虎事件,以及在美国发生的禁止种族歧视言论的丑闻,但这项禁令也只限于法国领土上的网民)。

全球风险也没有逃脱这种思想控制。生物技术的发展大部分还是在美国领土上(转基因种植大部分在美国),生物专利权可以追溯到美国高级法院的判决。环境法本身也深受美国 1970 年《空气清洁法令》(Clean Air Act,1990 年修改)的影响。根据《空气清洁法令》,制定了反污染措施市场协商许可证制度,为国家法和国际法提供了经验借鉴,其中也包括美国没有参加的《京都协定》和欧盟的有关规定。

同一个国家拒绝批准具有普遍使命的主要法律文本(关于国

---

[12] « L'américanisation du droit », Dalloz, coll. « Archives de philosophie du droit », t. 45, 2001; *United States Hegemony and the Foundations of International Law*, M. Byers et G. Nolte eds., 2003; Anne Peters, « The growth of international law between globalization and the great power », in *Austrian Review of International and European Law* (ARIEL), 2004.

际刑事法院的《罗马规约》）[13]），或者实际批准生效过晚并有保留意见（联合国1991年批准的《民事政治权公约》，含有很多保留意见，其中包括死刑和酷刑问题）相比起来，这些问题就更多了。这种态度同时伴随着有利于私人活动者的倾向（有意识形态的原因，也有机构原因），有利于推动把市场看成唯一普遍实施的模式，而大部分具有普遍意义的真正的法律设施（人权、反人道主义犯罪、共同财产）在很大范围上反映了各国政府的良好意愿。

美国模式的无所不在表现得过于夸张，使人忘记了帝国主义或者霸权主义以其不同的形式和双重矛盾性，结合文明和统治的长期历史。社会学家细致地分析了这一点，并强调指出："美国在同欧洲'帝国社会'实施的影响和知识网络对峙的同时强制执行了他们的霸权主义。"但是我认为做如下总结似乎有些过分："新现代性传教士不是躲避在国旗之下，而是集合起来，打着货币主义、人权和可持续发展的旗号。"[14]尽管这种用语时刻在耳边回响，但"世界主义继承人、帝国主义雇工和普遍主义传教士"的混合要求细致区别其中的差异。

法律方法说明根据不同的实施方式存在很大的差异。普遍管辖权原则，如果通过一个国家根据唯一的国家法律进行单边决议实施的话，就会起到霸权主义的作用，使国家法官，往好的方向说，

[13] D. Mundis, « The United States of America and the international justice », *JICJ*, 2 (2004), p. 2; P. Stephan, « US constitutionalism and international law », *ibid.*, p. 11; W. M. Reisman, « Learning to deal with rejection », *ibid.*, p. 17; P. M. Wald, « Is the United States' opposition to the ICC intractable? », *ibid.*, p. 19; D. J. Scheffer, « How to turn the tide using the Rome Statute's temporal juridiction », *ibid.*, p. 26; F. Orrego Vicuna, « The International Criminal Court and the In and Out Club », *ibid.*, p. 35. 关于伊拉克战俘的处理，参阅美军的报告：prisoner abuse, by gen. Antonio Taguba (http://www.msnbc.msn.com/id/4894001), 4 mai 2004；同时参阅国际红十字会的报告 *Le Monde*, 14 mai 2004.

[14] Y. Dezalay, « Les courtiers de l'international, héritiers du cosmopolitisme, mercenaires de l'impérialisme et missionnaires de l'universel », in *Actes de la recherche en sciences sociales*, n°151—152, *Sociologie de la mondialisaton*, mars 2004, p. 13.

成为传教士;往坏的方向说,成为雇佣工。目前关于国际刑事法院的研究表明,如果能够在各国法律制度中结合共同原则的话,这一原则也可以有助于协调各国法律制度。在民事责任领域当中,结合普遍管辖权,也许可以赋予各国法官一定的管辖权,以后代的名义,在实施预防/预测原则的同时,采取一些保留措施。

对于国家相对性来说,出现两种适应全球化和"普遍化"的方式:或者通过延伸霸权主义模式,以单边(或双边)形式强制执行;或者以多元性的方式达成和谐,这种方式具有多边特征,混合了在空间(各国自主空间)和时间(就像环境法中的"祖辈"条款一样)的适应性余地。这是结合普遍性更加具有相对性观念的方法。

3. "相对化"的普遍性

人权法,也许就像它首先在地区范围内开始实施的那样,成为以差异化方式适用这一普遍性概念最具有代表性的法律,说明普遍性不一定是同一性的同义词。普遍性相对化,实际上是将其与定位于时空中的现实连接起来。从法律角度上说,这就是"国家自主空间"。根据这个概念,国际法官可以自己灵活调整他的审查。这个概念开始的时候是由欧洲人权委员会首先提出的,后来在20世纪60年代的时候人权法院重新援引了这个概念。当一个国家政府以公共秩序(比如恐怖主义威胁)为由,证明其采取的例外措施(如长期监禁)或约束性措施(如对嫌犯进行电话监听)具有合法性时,在审理这样一起控诉该国政府具有违反人权行为的诉讼的情况下,欧洲法官通过一种隐含的辅从性原则承认各国政府比他更能很好地评估威胁的严重性。但是,留给他们的"空间"并不是无限的,欧洲法官不会因此而放弃所有审查。对以"严格必要性"为基础的特例以及"在民主社会中具有必要性"的约束性措施,他们依然保留自己的评估权力。

换句话说,各国自主空间允许各国相对于共同标准(自由或者尊重私人生活)可以保留一定的距离,各国法律设置可以保留一定的多样性,但是各国自主空间也意味着一种超国家的控制,比如对措施合法性的审查,是否存在上诉(无论是法律、行政还是议会上诉),相对于所援引的利益所采取的措施的比例等。一旦这一空间的规模可以根据人权法院的期限,"根据形势、诉求和背景"进行改变的话,那么标准就相对化了,这不仅在空间上相对化,而且在时间上也是如此。

正如我们之前所见,如果说国家自主空间这个概念在原则上没有任何争议的话,那么人们所批判的是法官实施的方式,以至于使这个概念的适用因为案件的不同而有所差异。这些批评不是想通过在时间和空间的不同适用将普遍概念相对化,而是要弱化标准的可预见性,也就是通过似乎是任意武断的适用来弱化标准形式上的有效性。为解决这个问题,最好是通过明确的目的加强透明度,在各个案件中通过更加系统地运用同一标准来加强法律的严格性。在这双重保留条件下,国家自主空间这种方式可以在世界范围内适用。即使这个概念没有消除政治与世界人权法院所实施的控制之间的对峙,它也可以有助于人们更能接受这种监督,而不要一上来就强制实施同一性。

如果说美国是全球化的先驱,发明了国家法律普遍化的方式,那么人权保护地方机构(欧洲人权法院和美洲人权法院)却打开了一条普遍主义相对化的途径。这让他们比在监督程序中所预计的要走得更远。这不仅使司法人员大吃一惊,也让社会学家吃惊。当1974年法国通过《欧洲人权公约》的时候,司法人员还没有看到这样一个机制的用处。社会学家吃惊地发现,欧洲的"自主化"战略在一定时期(经过一代人的变化)后产生"回飞镖的效果",使得《欧洲人权公约》的制定如同"一道杰出的国际橱窗,今天可以借此来观察签约国的法律传统和等级"[15]。他们总结说,将会产生一个新的人权保护者市场,"这个法律专家新市场的活力"表现为"懂得双重游戏规则",有利于推动既依赖他们的来源国又独立于他们的来源国专家的发展。为超越这种简化的判断,最好是考察一下为什么人权(相对于国家法)"自主化"一直只限于欧洲和拉丁美洲。

---

[15] Y. Dezalay, *op. cit.*, p. 31; M. R. Madsen, « Make law, not war », in *Sociologie de la mondialisation*, *op. cit.*, p. 96 sq.

其中一个假设就是,这是少有的两个地区,在那里没有一个国家是居于统治地位的:尽管不断有关于"大国"和"小国"的讨论,但是所有国家都有一个使命,就是参与监督管理并承担其结果。在灵活适用"国家自主空间"这个概念的同时,这个概念也有助于引进超国家监督管理的思想。

总之,正是因为这个制度在政治上(缺乏主导政府)和法律上的缺陷(概念模糊,价值观念具有冲突性,标准的直接适用具有争议性)才能运行。但是缺陷不能解决一切问题。还有一个问题就是市场法和人权法之间的连接问题。欧洲法律突然出现在既不是从属关系也不是协同关系的两个标准体系之间,成为一个辩证法的场所,不断重复却没有真正的综合。

4. 阴影地带

如果说是欧洲创作了普遍性的相对化,那它也反映了在地区范围内由不同的表面上看具有独立自主性的国际法律制度提出的问题。一方面是欧共体和欧盟的基本条约(以及延伸法律),另一方面是《欧洲人权公约》(及其附加议定书),在这两者之间,不存在任何等级关系来保证整体协调,在法庭产生分歧意见的时候也没有一个法庭来解决冲突争端。这样就产生一个问题:在不存在秩序原则的条件下如何协调这些法律制度?

至少,因为欧盟的各个成员国(包括最近加入的国家)都批准了《欧洲人权公约》,也允许个体受害者对国家政府违法行为提出上诉,这些为寻找冲突,即所谓的"混合冲突"的解决办法提供了方便。在欧洲的两个法院(欧洲法院 CJCE 和欧洲人权法院 CEDH)之间,冲突因为两个法院之间的交叉沟通而逐渐得到解决。自共同体法律制度融合到各国法律当中以来,欧洲人权法院就有权审判违反《欧洲人权公约》的案件;这是以间接的方式一点一点地保证人权相对于市场权的优势。但是这个过程太过不确定,也太过认真,以至于无法建立一个真正的等级关系,而且《欧洲人权公约》对企业无对抗力的权力。除非刚刚通过的宪法赋予《欧盟基本权利宪章》一种标准性权力,强制欧洲法院同时实施人权和市场权。

这样的话,有利于人权的等级才能得以加强,尤其是最近欧盟具有了法人资格,如果能够像计划规定的那样,决定批准《欧洲人权公约》,那将更加有利于等级性的发展。

如果说在欧洲事情比较清晰的话,那么在世界范围内,事情并非如此,所以就会产生灰色地带,以至于很难构想将这种方法移植到世界范围上。一方面,在世界贸易组织成员方中,不是所有国家都加入了联合国人权协议;另一方面,监督机制也是十分不对称,因为争端调解机构作为世界真正的贸易法庭势力在增强,但是对世界人权的监督却不具有司法审判权力。尽管近半个世纪以来它一直在要求,但一直仅限于对人权委员会和《公民权利和政治权利国际公约》的审查权。相反,1993—1994 年成立的国际刑事法庭,1998 年成立的国际刑事法院,1997 年成立的国际海洋法法庭,承认人类是犯罪的受害者,遗产权(共同财产)的持有者,这些似乎预示了一种分工,实施一些具有普遍使命的概念:一方面是对"人"权监督的地区司法裁判;另一方面是世界"人类"权利司法裁判。后者可以引起标准之间和机构之间同商法和争端调解机构之间的辩证法。人权是一种真正的和谐手段,当这种手段在地区范围内依然很分散的时候,应该采取局部的方式进行;而且因为很多地区,像亚洲和中东地区没有任何国际法律监督设施,所以还应该留有一定的空隙。

如果说适用于所有这些标准体系(人权、人类权、市场权),"自我满足只是一种神话"[16]的话,那么国际法律秩序将需要一个解释单位,这个单位由能够解决冲突(就像关于转基因问题《卡塔赫纳协定》和世界贸易组织法之间的冲突)的世界高级法院来保障。可是国际法院似乎没有想要承担这样的责任,这不仅是因为它可自行决定的案情移交需要各国政府的良好愿望,而且也因为它的判例往往显得有些谨小慎微。比如,在有机会让它规定国际犯罪时各国刑事审判普遍管辖权界限的时候,它尽量避免承担"阐明者的

---

[16] P.-M. Dupuy, « Mythe des régimes autosuffisants », in *L'Unité de l'ordre juridique international*, *op. cit.*, p. 432 sq.

作用,尽管它的章程里对此没有任何禁令"[17]。这样的态度有可能将其功能限于传统意义上的国际法问题上(比如各国之间关于争议领土的归属和划分冲突),然而,那些要求建立新超国家秩序的新问题,依然在多种司法裁判管辖机关中解决。关于人权问题是以垂直方式解决(国家宪法法院、地区法院和联合国无裁判能力的机构),而在其他方面以横向方式解决(争端调整机构、国际刑事法院、国际海洋法法庭)。

国际法院的谨慎态度也许是因为对其合法性有怀疑,担心人们会指责它的法官管理制度。因为,除了协调没有执行原则的各种标准的法律困难以外,这一灰色地带还延伸到更为政治性的问题上,即面对全球化国家相对性的局限性问题。在世界层面上,在没有统一政府,或者有近 200 个具有同等主权地位的政府的情况下如何进行管理?因为我们知道治理欧洲的困难性,所以有必要严肃地提出这个问题。

因为缺乏制度性的解决办法,所以提出了很多替代性方法,杂乱无序。东拼西凑的方法被称为"世界治理",我们看到很多例子,至少不少于六种模式[18],从自我调解到超国家管理,其中还有很多混合模式。这些实施方法有一个共同特征,就是"国际市民社会"的崛起,它"既指社会现实,也指具有强大动员能力的政治神话"[19],这一点不要同作为跨国企业的私人经济活动者相混淆。所以产生了活动者的三角关系(公共活动者、私人活动者和市民活动者),其关系结构随着其性质而有所变动,如有对犯罪的镇压(公共特性)、流通管理(私人性质)、风险预防(比较明显地体现市民活动

---

[17] P.-M. Dupuy, *ibid.*, p. 478; affaire *Mandat d'arrêt Congo c. Belgique*, CIJ, 14 fév. 2002, A. Cassese, *RSC*, 2002, p. 479; comp. affaire *Congo c. France*, CIJ, 2003 年 6 月 17 日指令驳回了保守性措施的要求,同时注意 2004 年 7 月 9 日的咨询意见, « Conséquences juridiques de l'édification d'un mur dans le Territoire palestinien occupé ».

[18] Conseil économique et social, *Gouvernance mondiale*, dir. P. Jacquet, J. Pisani-Ferry, L. Tubiana, La Documentation française, 2002, tableau p. 73.

[19] P.-M. Dupuy, « L'essor de la société civile internationale », in *L'Unité de l'ordre juridique international*, *op. cit.*, p. 420.

者的作用,但同时也有科学专家的作用)等。

描述"世界治理"存在困难是因为,相对于传统分类来说,这些活动者各自所扮演的角色有些模糊。同分权原则相反,每类活动者轮流参与标准制定、评估、跟踪标准的实施,甚至参与审查机制,致使人们无法清晰地区别立法者、调查员、法官和执行机构。

总之,通过"普遍性的缺陷"和"相对性的局限性",我们已经建立起了背景装饰,但是剧目还没有开始上演,我们因为演员而停顿,无法启动也许有一天可以谈论世界法律秩序的综合分析。但至少我们拥有前期标杆。

5. 前期标杆

本研究评估了相对性、普遍性及全球化之间不相融合的规模,同时也阐述了一条既可协调多样性也可以重建权力的综合途径。

5.1 协调多样性

在不缩减的情况下协调法律技术多样性,比如欧洲判例中的国家自主空间的概念,或者根据经合组织反贪污公约中的功能等值概念,可以使等级原则变得更加灵活,也可以保持足够灵活的垂直关系,便于各国政府接受,足够形式化从而整合标准,足够具有变化性为未来发展做准备。

不是在制度当中,而是在各种制度(无论是国内法还是国际法,无论是地区还是世界性法律,无论是普通法还是特殊法)交叉融合的地方有一条道路。如果说基本路程还需规划的话,那么至少从已经实现的各种程序当中汲取了经验,可以协调整合法律多样性而不是简化成唯一制度的霸权主义扩张。

最具有抱负的一种程序就是混合法,就像国际刑事法院实施的混合刑事诉讼(既不是法官居主导地位的诉讼程序,也不是刑事诉讼制)一样。这种混合法可以通过融合各种制度制定新的法律范畴,人们已经可以对这一方法进行系统的测试,但是目前即便是在地区范围内(尤其是在欧洲)也很难普及。相反,和谐围绕共同指导性原则拉近了各种不同制度的关系,但依然没有实现统一。人们似乎更容易接受和谐的方法,但是这也要求(尽管因为国家自主空间而具有一定的灵活性)一定的等级关系以有利于保留这些原则,要求一种超国家的监督,但目前各国政府还没有准备接受这种原则。因为缺乏等级制度(比如在贸易法和人权以及环境法之间),只剩下一条标准和机构之间横向交换的简朴适度的途径。因为机构和标准可以勾画出一种秩序,或者至少一种相互交叉(相互标准和相互调整)的框架。

为保证这种多样结构法律(从硬法到软法)[20]的可预见性,有必要学会使用所有的逻辑思想板块:如果是硬性概念,比如不可减损法律效力的法规或者从广义上说强制性法律(jus cogens),就要使用二元逻辑思想;如果出现因为国家自主空间或者时间上的不确定差异而产生的放宽性等级制度,那么就应该采取宽松逻辑思想(fuzzy logic),可以使标准整合过程(就近责任而不是身份责任)循序渐进地进行,并需要确定一个界限(兼容性而不是统一性);对于没有等级关系的法律系统,也许应该诉诸其他方法,比如像研究各个法律系统之间的亲邻关系的拓扑学,表面上看具有自主性和不连续性,但实际上却是多空隙的,并相互影响。

但是既不是效能(经验有效性)也不是有待完善的可预见性(正式有效性)能够建立共同价值(价值论有效性)的合法性,所以还要对权力进行研究。

5.2 重建权力

这里还有一些研究案例提供了很多标杆。一方面是不同参与者的作用以及他们对标准规定确定的参与(制定、监督、应用甚至包括审查)。尽管情况有所不同,但是参与者(公共/私人/市民)的三角关系所处的领域差异性很大,就像金融流通和互联网上的信息流通,还有全球性犯罪和全球风险所涉及的领域一样广泛。

另一方面是权力问题。我们发现,经济权力控制在很多领域,以趋同性的方式在发展,从镇压恐怖主义到预防气候变化,还包括互联网责任的实施以及面对生物技术的不确定性而实行的谨慎

---

[20] C. Thibierge, « Le droit souple. Réflexion sur les textures du droit », *RTD-civ.*, 2003, fig. 4, p. 628.

原则。

还有一个问题就是将参与者的三角关系同权力的三角关系(政治/经济/法律)联系起来。关于这个问题,我们在谈论生态风险时曾经提过。"全球治理"的首要任务意味着重新平衡这些权力,要求重新审视代表民主和参与民主的概念。从一个国家组织,甚至是从联邦组织到超国家组织时,也许要重现考虑各自的比例(《欧洲宪法草案》第45条及其附款的规定)。而且,在全球范围内,因为不存在世界议会,联合国的全体大会只代表各国政府,另外这些政府也不都是真正的民主政府。但是,国际法官和国家法官(通过普遍管辖权)的势力越来越强大,这就需要明确规定各个级别(国家、地区和世界)的独立性和公平性的标准。这么多需要巩固的标杆同所谓的后现代法相呼应,从而可以借此来构想未来后现代民主。

所以,想象力十分重要,这不是同教条主义的全球化相对峙,而是依靠事物的力量来寻找创造一些解决方案。正是因为这一点才有了"想象力":这个表达方式标志着正在进行的行动,不断反复重启。通过对比研究揭示法律的多样性,这种多样性具有不可缩减性;而国际法表现了一种国际法律秩序,这种国际秩序依然具有乌托邦式的理想化。借用巴什拉(Bachelard)所说的"想象力"这种表达方式,可以促使多样性与国际法律秩序之间形成一种辩证法。将这种辩证法变成一种开放的发展的综合法,一种"有序的多样性",也许是唯一的道路可以避免霸权秩序和软弱的无秩序这样的双重威胁。

第二编

有序的多元化

前　言

一和多：不同的多元性

"超越相对性和普遍性"，这是本套书第一编的结论，留有悬念，但同时也让我们继续我们的探索之旅。我们不是重新开始横向格局的描写，而是将整个格局进行排序。既然已经观察到法律普遍性的缺点，相对性在面临全球化情况下所表现的局限性，那么我们应该采取什么样的方法和途径才能够继续寻找一种稳定的秩序，同时又不固定或者僵化秩序的变化发展呢？

在21世纪初，主导法律局势的是不精确性、不确定性和不稳定性，或者使用更加具有煽动性的词语，就是模糊、温和和软弱无力，这些主要现象的表现我们在第一编中早已提到。2005年欧洲危机，联合国各项改革陷入困境，这一年几乎没有产生任何乐观主义思想，相反，却迫使人们谦虚稳重地行事。主导整个局势的，不是传统意义上的法律秩序，而是一个独特世界的巨大混乱。这个世界仿佛因为混乱的全球化而解散，进入极度碎片化状态，这种现象同时也因为霸权主义在市场的沉寂和武器的巨响中实现整合，从而又极其迅速地被统一化甚至同一化。将多样性有序地排列规划，而不简化为同一性，认可多元论而不放弃共同法、区别公平与不公平的共同衡量标准，这似乎看起来是一个不可触及的目标，一个在思想上也许会令人喜悦、但在实践中却是白费力的工作。

相反，如果认为在实践中这也是可以实现的目标的话，那就是在试图实现诗人爱德华·格里桑（Édouard Glissant）所说的"地震般轰动的想法"："这场巨大的幻想反抗最终让人文科学自愿创作出（除了一切道德要求）它现实中的样子，那就是在灵活的永恒中永无止境的改变。"[1]为实现这个目的,也许应该区别各种作为法律讨论基础的多样性,同时记得"一和多"这个难解之谜多年来一直萦绕在人类社会的历史当中。古人早已对恩培多克勒(古希腊哲学家)的言论感到吃惊,因为恩培多克勒认为"事物都有两面性:因为或者一长于多,或者相反,多生于一"[2]。

从恩培多克勒的思想当中,我们似乎看到了中国老子思想的折射,他也是将两者分两个过程来考虑。几个世纪以来,中国思想家不断地引用他这段著名的话。首先是分:"道生一。一生二。二生三。三生万物。"然后是合:"万物负阴而抱阳,冲气以为和。"

如果将这个想法运用到法律领域,这两个过程似乎产生双重困境,因为"合"(万物冲气以为和)预示了法律的统一性,这似乎是一种乌托邦式的理想,甚至有些令人担忧。而"分"(一长于多)要求一种不再存在的完全的自主性。实际上从一种过程到另一种过程,这些实践是在一种越来越混乱无章的无秩序和越来越显而易见的霸权之间摇摆不定。为走出困境,应该放弃统一的乌托邦式理想,同时也应该放弃自主性的幻想,这样才可以探索研究一和多两者之间相互转化相生过程的这种假设,所以为了强调这种变化,我们可以称之为"有序的多元化"[3]。

1. 合的多元化和世界法律大一同的乌托邦

时空上的快速旅行让人们对"合"的概念产生幻觉,造成很大的模糊性。

1.1 "合"的模糊性

1910年,在清王朝覆灭的前一年,中国律法人员最后一次企图

---

[1] É. Glissant, *La Cohée du Lamentin*, Gallimard, 2005, pp. 24-25.

[2] Empédocle d'Agrigente, in Y. Battisti, *Trois Présocratiques*, Gallimard, « Idées », 1968, p. 57. En version bilingue: J. Bollack, *Empédocle II, Les origines*, Gallimard, « Tel », 1992, pp. 18-19.

[3] Comp. N. Bobbio, « Pluralismo », in N. Bobbio, N. Matteucci, G. Pasquino (dir.), *Dizionario di politica*, Utet, 2ᵉ éd. 1983.

规劝清朝皇帝进行必要的改革。当时的资政院建议"融合"中国律法和西方律法,提出了"会通中外"的修律方针。[4]但是,这并不是具有相互性的融合,所以没有多元性,只是表面上的统一。

实际上,其目的是要在几个领域中将中国律法西方化,尤其是不平等的婚姻法。至于法律大一同,完全符合人类的进化思想。这种思想在经过一段"没落和纷乱"时期之后,宣告了向上前行的和平时期的到来,然后是大和平时代的到来。一些改革者借鉴儒家思想(孔子如同古希腊的哲学家恩培多克勒和老子一样,都生活在公元前5世纪),汲取并丰富了中国其他思想,重新提出了新的改革方案,如康有为提出"大一统"的思想[5],试图改变传统的文化观,向普遍的理想主义转变。

康有为的弟子梁启超,也像他一样,在戊戌变法(效仿日本明治维新建立君主立宪制)失败后于1898年流亡到日本。梁启超的思想更具有政治性,他建议以"世界公民"代替"天朝子民"。他的一篇散文,名为《说群序》[6],非常具有现实意义:"存在一国之民和世界之民。西方国家往往由一个政府统治,但是却无法由世界之民来统治[……]。在大和平时代,全世界各方,无论大小,无论远近,皆成一统。"梁启超是一位博学的司法人士,他同康有为一样,都参考同样的古典思想学说,但是他没有被蒙蔽。自从流亡日本以后,他就采取一种冷静的批判的眼光来看待时局,他其实也是一位现实主义者。他"最终明显表示,中国只有在同传统彻底决裂的情况下才能够生存"[7]。

另外一些司法人员也同意这种现实主义思想,比如沈家本[8]。他建议清王朝结合中国法律制度和西方的法律制度。西方化既是

---

[4] J. Bourgon, « Shen Jiaben et le droit chinois à la fin des Qing », thèse, EHESS, 1994, p. 767 sq.
[5] 康有为:《大同书》,1935年出版。Voir A. Cheng, *Histoire de la pensée chinoise*, Seuil, 1997, p. 626.
[6] 梁启超:《说群序》,载《饮冰室文集》,中华书局1926年版。cité par A. Cheng, *Histoire de la pensée chinoise*, *op. cit.*, p. 627.
[7] A. Cheng, *Histoire de la pensée chinoise*, *op. cit.*, p. 628.
[8] J. Bourgon, « Shen Jiaben et le droit chinois à la fin des Qing », *op. cit.*

说服清政府进行政治和律法制度现代化改革的方法,也是向西方列强展示半殖民地化的中国准备恢复主权的措施。实际上,西方所强加的贸易条约允许在中国法律完成现代化以后取消商事裁决,承认领土原则。

这种法律混合方式,即普遍理想主义适用于民族实用主义当中,让人想起19世纪德国历史学派的"民族普遍主义思想"。这一思想主要是维护罗马—日耳曼公法的回归,反对法国民法典的帝国主义思想。[9] 其实这种相似性并不让人感到吃惊,因为梁启超很熟悉德国学派,并从中汲取很多思想来思考中国律法史的研究。[10]

由中国引导的这种很明显的转变不应该让我们偏离主题。法律大一统的梦想经历了好几个世纪,好几种文化。[11] 在西方也极为平常,经历了16世纪维多利亚(Vitoria)的世界超级政府(Civitas maxima)[12],到18世纪詹巴蒂斯塔·维柯(Giambattista Vico)的"各国大城市"和康德的世界主义[13]。这些思想家也没有被蒙蔽。

---

[9] M. Delmas-Marty, *Les forces imaginantes du droit (I). Le Relatif et l'Universel*, Seuil, 2004, p. 33 sq. ; J.-L. Halpérin, *Entre nationalisme juridique et communauté de droit*, PUF, 1999; O. Jouanjan, *L'Esprit de L'École historique du droit*, Presses universitaires de Strasbourg, « Annales de la faculté de droit de Strasbourg », 7, 2004.

[10] J. Bourgon, « La coutume et la norme en Chine et au Japon », *Extrême-Orient, Extrême-Occident*, Presses de l'université de Vincennes, 23, 2001; L. Qichao, *La Conception du droit et les théories des légistes à la veille des Qing*, trad. Escarra, Pékin, 1926.

[11] *Le Relatif et l'Universel*, op. cit., p. 26 sq.

[12] F. Vitoria, *Leçon sur le pouvoir politique*, trad. M. Barbier, Vrin, 1980; sur le « stoïcisme cosmopolite » de Vitoria, voir M. Villey, *La Formation de la pensée juridique moderne*, texte établi, révisé et présenté par S. Rials, PUF, 2003, p. 340 sq.

[13] E. Kant, *Idée d'une histoire universelle du point de vue cosmopolitique*, *Œuvres philosophiques*, Gallimard, « Bibliothèque de la Pléiade », vol. II, p. 185 sq. ; *À la paix perpétuelle*, vol. III, p. 333 sq. ; « Le droit cosmopolitique », *Doctrine du droit*, 2ᵉ partie, « Le droit public », vol. III, p. 625 sq. Sur la traduction de Kant par Liang Qichao, voir J. Thoraval, « Sur l'appropriation du concept de "liberté" à la fin des Qing. En partant de l'interprétation de Kant par Liang Qichao », in M. Delmas-Marty, P.-É. Will (dir.), *La Chine et la Démocratie. Tradition, droit, institutions*, Fayard, 2006.

维柯强调说,虽然表面上看各国顺应了统一的潮流,但是"同态性不是同时性的同义词;因为在全球历史的某一特定时期,处于不同历史变化时期的各个国家会同时存在。"[14]康德对于普遍的共和制会成为最可怕的暴政这一假设采取十分谨慎的态度。他更希望各国保持独立,保留他市民社会的世界主义。

人们时常会提起康德,以反对国际法之父胡果·格劳秀斯(Hugo Grotius)的思想,反对依靠建立在融合性多元主义基础上的超国家类型的法律统一。目前具有普遍使命的法律形式,比如:从1948年的《世界人权宣言》到1998国际刑事法院章程,这些法律逐渐超越国家法律。这是使这些法律形式得以合法化的方式。

这种普遍主义通过碎片方式具有法律性[15],然而在研究它的缺陷的时候,我们发现,将具有不同传统的各种观念堆积在一起并不能够建立全球的法律统一。混合性的多元主义还没有宣布,强制性的统一,无论是人权也好,还是反人道主义犯罪也好,往往反映了霸权式的统治,而不是真正的多元性。

1.2 乌托邦式的统一

"文化对话"即使仅限于像《世界人权宣言》这样没有直接约束影响力的法律也不是一件容易的事情。[16] 1948年中国外交官张彭春成功地说服《世界人权宣言》编撰委员会在宣言的第1条("儿童生来是自由的,应该得到同样的对待。儿童有理性和良心,彼此应友爱相处。")中补充"理性"这个词。这个词具有很强的西方含义,同儒家思想比较相近。而当时,他也是碰到很大的语言障碍。英语和法语中使用的conscience这个词无法表达汉语"良心"的含义。汉语中"良心"这个词更多是指来自别人的尊重,而不是个人

---

[14] G. Vico, *Principes d'une science nouvelle relative à la nature commune des nations* (*principi di scienza nuova d'intorno alla commune natura delle nazioni*, 1744), trad. A. Pons, Fayard, 2001.

[15] *Le Relatif et l'Universel*, op. cit., p. 49 sq.

[16] P.-É. Will, «La contribution de la Chine à la DUDH», in M. Delmas-Marty, P.-É. Will (dir.), *La Chine et la Démocratie. Tradition, droit, institutions*, op. cit.

意识。另外,在中文版中使用两个不同的词(在第1条中使用"良心",在第18条中使用"意识",指的是意图性和判断力),而在英文和法文版中使用同一个词,来指示所有人"具有理性和意识",以及具有自由"意识"。这一语言区别是非常具有代表性的。

在另一个领域,通过官方语言和两种工作语言(英语和法语)分析国际刑事法院的章程,也反映了很多多样性,尽管表面上看语言陈述都是一样的,但也会或者因为语言不同,或者因为不同体制的法律概念分歧而产生变化。[17]

但是问题不仅仅是语言障碍。当人权成为法律原则的同时,人们发现不可能把这些原则看成一个统一的内容。民事政治权利与经济社会文化权利之间的区别,明显地受到了影响,因为通过了两项不同的公约(1966年联合国两项协议),各国可以随意全部或分别认可批准这两项公约,从而损害了不可分割性原则。即使在像欧洲这样均匀的地区,也还存在"各国自主空间"(marge national d'appréciation)这一说法,这说明保障法律完全统一的融合只在极少数领域中才有可能实现。[18] 而且这个概念是由国家法官提出来的,比如法国宪法委员会在关于成立欧盟宪法条约提交的决定[19]中提出了这一说法。法国宪法委员会强调指出,《欧盟基本权利宪章》中规定的原则,尤其是关系到"集体或个人公开或私下表达宗教思想的自由"(《欧盟基本权利宪章》第11条)时,并没有规定各国实行统一的措施。与此同时,委员会还提醒说,一些规定可以由各国根据"公共安全,维护公共秩序、健康和道德,保护他人的权利和自由"原则自行调整。有评论家指出,"法国关于在学校佩戴具有宗教符号的立法在宪法上是有效的,从这个角度看,《欧盟宪法

---

[17] E. Fronza, E. Malarino, C. Sotis, «Principe de précision et justice pénale internationale», in M. Delmas-Marty, E. Fronza, E. Lambert-Abdelgawad (dir), Les Sources du droit international pénal. L'expérience des tribunaux pénaux internationaux, SLC, 2005, pp. 157-210.

[18] Le Relatif et l'Universel, op. cit., p. 64 sq.

[19] CC, 19 NOV. 2004, décision 2004-505 DC.

第二编 有序的多元化 **351**

条约》没有改变任何情况。"[20]即使在欧洲,我们也远没有达到融合的程度,远没有统一的秩序,《欧盟宪法条约》更像是一种协议,而不是一部宪法。

然而,在反人道主义罪行和国际刑法裁判方面,融合的问题已经在全球范围内提出来了。事实上,国际刑事法院的章程已经规定国际法官具有解释的指令。"如果没有国际法的规定和原则",换句话说,在缺失或者不精确的情况下,国际法官应该参照"代表各国不同法律制度的国家法律的基本原则"来裁决(第 21 § 1, c 条)。从中我们可以看到,在遵守国际法原则的基础上,鼓励结合国家刑法的思想。还有就是要了解通过什么方式、根据什么方法来实现这样的目标。为了实现真正的多元性,这一目标要求了解各国所有法律渊源。[21]还有就是应该实现卡塞斯(Cassese)法官所描述的、持不同意见的观念,这是不同体制间的"构成—融合"[22],也就是说,是一种真正的法律混合。这要求进行更加深入的工作,而不是简单的材料积累,也许不可能在所有领域得以实现。

有一项对国际刑法非笔头资料(基本原则和惯例)的研究。这项研究表明,关于一些专门的国际刑事法庭(如前南斯拉夫国际刑事法庭 TPIY 和卢旺达国际刑事法庭 TPIR),还有很长一段路要走:经常被提到的五个国家(美国、德国、英国、法国和意大利)远不能代表"世界不同的法律制度",他们标志着一种明显的西方同质性。[23]

假如融合本身有将大一统的乌托邦式理想主义简化成实际的

---

[20] B. Mathieu, « La "Constitution" européenne ne menace pas la République », D., 2004, p. 3075.
[21] 普朗克·弗莱堡大学于 2005 年推出一项世界刑法数据库,这是这个机制的初始成果,但是方法问题依然有待探讨。
[22] A. Casses, opinion dissidente, affaire *Erdemovic*, TPIY, appel, 7 oct. 1997.
[23] L. Gradoni, « Nullum crimen sine consuetudine », in M. Delmas-Marty, E. Fronza, E. Lambert-Abdelgawad (dir.), *Les Sources du droit international pénal. L'expérience des tribunaux pénaux internationaux*, op. cit., pp. 25-74.

霸权的话,那么人们就会提出这样的问题:从相反的角度说,分离的多元性是要求各国具有完全的自主性,那么这种多元性难道不是当今全球化的幻想?"它是如此强大,没有任何一个国家可以坚强地面对目前的威胁。"这是 2004 年 12 月 8 日向联合国秘书长提交的一份关于世界安全的报告中所提到的[24];2005 年 9 月提交给全体大会的一份文件中对此也作出回应,明确指出"任何一个国家都无法真正独当一面"。[25]

2. 分离多元性和完全自主性的幻觉

分离反映的是人类社会必要而不可避免的分裂:"是的,人类只有在分裂当中才能统一!他们只有在不断的分裂中才能维持统一!他们生就如此,别无他法!"[26]这是莱辛在启蒙时期所写的。厄恩斯特和弗尔克之间的对话依然具有现实性,甚至成为意大利哲学家塞尔瓦托·维卡(Salvatore Veca)所说的真正的"分离艺术"。维卡将这种"分离艺术"看成政治多元性的基本因素,他说这种基本性既体现在描述多元性事实的方式中也体现在规定它的价值方式当中。[27]

2.1 分离艺术

将这种表达方式应用于法律领域并不难,只需要回忆一个事实,即:当代的一部分法律理论实际上是从作为简单事实描写的多元性(pluralité)过渡为作为价值的多元化(pluralisme)[28]规定,它是建立在局限于平等自主体系之间权力分配的严格意义上的国际法的分离原则之上的。

---

[24] High Level Panel on Threats, Challenges and Change, *A more Secure World, our Shared Responsibility*, ONU, 2 déc. 2004:« No state, no matter how powerful, can by its own efforts alone make itself invulnerable to today's threats.»

[25] 联合国全体大会,第 59 次会议,A/59/HLPM/CRP.1/Rev.2 号筹备文件。

[26] G. E. Lessing, « Dialogue entre Ernst et Folk », *Nathan le sage* [1779], Flammarion, 1997, Préface, p. 37.

[27] S. Veca, *Éthique et Politique* [*Etica e Politica*], PUF, 1999, p. 99.

[28] *Le Relatif et l'Universel*, op. cit., p. 222 sq.

但是不应该混淆多元性和多元化的概念。分离可以产生多元性，但是却无法保证多元化，因为分离不能将不同的体系联系起来；它只是将不同法律秩序叠加起来，而没有建立起一个共同的秩序。所以，美国多元主义哲学家马克·沃尔泽（Michael Walzer）在描述"正义的多项范畴"的时候，提出"复合平等性"原则，同分配正义结合起来。[29] 但是他既没有说明如何保证这种连接，也没有指出这种自主范畴的叠加如何能够实现共同标准化（道德上的或者法律上的），而不是最低标准化。[30]

伊曼努尔·列维纳斯（Emmanuel Levinas）将多元性称为"数字的"，以此来区别多元化。他认为多元性是"同累加总计相对立的"[31]。多元性要想避免被客观地累加，成为多元化，那么主观性（他者的面孔）应该是以完全不同的方式存在，见证他所说的"多级存在"。但是"这个面孔是谁的呢"？这是保罗·利科（Paul Ricoeur）提出的问题。[32] 利科从中看到"律师"的面孔，只有律师的指令才能打破对称和相互的交流。

只有在法律成为超国家法律的情况下才会出现这样的律师。因为国际法，无论是承认作为事实的多元性也好，还是规定多元化作为一种价值也好，都要求承认他者（其他国家或者法律体系），但是却无法保证法律的有效性。换句话说，尽管它反映了全球化的各种现象，反映了一种体系的霸权扩张，但是面对整体，他依然没有提出任何解决方案。

在分析法律面对全球化（犯罪、流通、风险）相对主义的局限性时，我们看到很多分离多元化失败的例子。这一点，前面提到的联合国的报告通过对威胁全球安全的六种重点现象（贫困、政府间冲突、内部冲突、大规模杀伤性武器的增加、恐怖主义及有组织犯罪）

---

[29] M. Walzer, *Sphères de justice*, trad. P. Engel, Seuil, 1997, p. 23 sq.
[30] M. Walzer, *Thick and Thin. Moral Argument at Home and Abroad*, University of Notre Dame Press, 1994.
[31] E. Levinas, *Totalité et Infini*, Martinus Nijhoff, 1961, réed. Le Livre de poche, « Biblio essais », n°4120, pp. 242-250.
[32] P. Ricoeur, *Soi-même comme un autre*, Seuil, 1990, p. 221.

的分析得以进一步确认。因为流通（人员流通、商品流通、服务和资本流通）自由，而且技术进步又带来信息流通，这一切都使人幻想各国在保护领土和人口方面会具有足够的法律自主性。

2.2 虚幻的自主性

面对强大的私人活动者（无论是企业还是犯罪集团）的全球战略，国家法律体系在实施当中尤其贫乏，而且越来越相互依赖。我们看到所谓的国家间合作在程序和基本规定上变得更加和谐，这并不是偶然的，就像 2002 年 7 月关于欧洲逮捕令的框架决定那样：在简化条件、取消外交过程的同时，方便引渡手续，欧洲各国终于对提单上的 32 条违法条款做出了共同的规定，并明确了共同程序的最低规范。

而且，在反对贪污犯罪、反对洗钱方面，保护国家公共利益被放在次要位置，而首要任务是保护商业的跨国利益（世界市场上的自由竞争），这也不是偶然的。同时这反映了公共利益和私人利益之间的另一种相互依存关系。[33]

另外，我们前面提过，私人活动者的策略因为新信息技术的发展而变得更加方便。因为互联网的无所不在和即时性，使国家领土的概念失去了作用，在增加司法裁判权潜在的冲突的同时弱化了各国的法律体系。[34] 除非商业法不再以服务自由的名义直接参与，使国内规定失去作用，就像国际贸易组织贸易纠纷调解机构对电子商务所做的裁决那样。[35]

失去自主性不只是取决于全球化活动者所期望的那些策略。科技进步使生物技术、生态环境或者卫生风险所产生的影响变成全球化问题（或者使全球化更加明显）。而且，国家体系的自主性

---

[33] Le Relatif et l'Universel, op. cit., p. 257 sq., 277 sq.; voir également Nadja Capus, « Le droit pénal et la souveraineté partagée », RSC, 2005, p. 251.

[34] Le Relatif et l'Universel, op. cit., p. 337 sq.

[35] C. Manara, « Commerce électronique: première décision de l'Organe de règlement des différends de l'OMC », D., 2004, p. 3122. 这个决议是建立在服务贸易总协定基础上，排除了美国关于在娱乐和博彩方面服务提供同安提瓜相对立的法律。这个决议还没有最终确定。

似乎被削弱。原则上说,每个国家可以选择他能够保证的保护程度,但是很明显的是,比如像气候变化问题,这是由人类活动引起的,它既不能单独在国家范围内解决,也不能在地区范围内解决。[36] 即使是相同的约束也不能一上来就强制性地在全世界各国实施,应该寻找一种合理的平衡方式。世界贸易组织承认一个国家可以以生态环境、卫生或者植物检疫所引起的风险为理由,为保护国家公共利益,证明对进口商品所采取的限制措施的合法性,但是条件是这些措施不能够具有"明显的不均等性"[37]。原则上说,世界贸易组织不评估风险大小,只评估风险措施的比例。但是,在实际当中,差别如此强烈以至于人们不禁要问,明确说明各国只具有"不确定的可以根据各自的具体利益变化的自主空间"[38],这样会不会更加清晰一些。

还应该考虑某些法律体系,如美国法等所实施的霸权扩张措施,美国法以前的扩张规模在所有的研究领域几乎无所不在。我们前面提到《萨班斯—奥克斯利法案》,该法案将美国的所有管理规定,包括民事和刑法实施于所有受美国证券交易委员会(SEC)监管的企业。[39] 最近,俄罗斯石油集团卢克斯(Ioukos),根据美国法被判为企业破产。[40] 这一案件见证了企业的全球战略和美国法律公开成为"法律市场"的霸权主义。虽然这种企图表面上看失败了,但这并不只是法律方面的原因,因为冲突起因当中起决定性作用的,既不是过时的国际法,也不是国家法的自主性(尽管论证中

---

[36] B. Collomb, G. Dollé, « Kyoto? Oui! La directive européenne? Non! », *Le Monde*, 11 déc. 2004 (réponse: Y. Jadot, Ph. Quirion, « Kyoto? Oui! Le leadership européen? Maintenant! », *Le Monde*, 21 déc. 2004.
[37] 还有一个案例,体现了"明显比例失调"的措施,那是世界贸易组织上诉机构 2003 年 11 月 26 日的案件, *Mesures concernant l'importation de pommes (Etats-Unis c. Japon)*.
[38] Chr. H. Ruiz Fabri et P. Monnier, *JDI*, 3, 2004 (p. 1022 sq.), p. 1025.
[39] *Le Relatif et l'Universel*, op. cit., pp. 321-323.
[40] N. Nougayrède, « Ioukos tente de se placer sous protection juridique américaine », *Le Monde*, 17 déc. 2004.

已经明显提出了这些问题),而是俄罗斯的经济和政治地位决定的。[41] 一个更加弱小的民主国家也许会无力反击。

最后,分权的多元主义,它为反对国家法的霸权扩张提供的方法微乎其微,在面对法律无秩序的情况,尤其是一个强国拒绝国际标准,认为这些标准同本国利益相冲突的时候也不会起任何作用。法律的无秩序取决于抵抗区域的出现,甚至是"法律黑洞"的出现。"法律黑洞"这个表达式是针对美国《爱国者法案》提出来的,但是可以应用到别处。即使在欧洲,人权和妇女权的规定也是建立在道德和宗教基础之上的。欧洲法官对这些规定也无法监控,因为他们首先是属于全球范围管辖的。

当然,在美国[42]和欧洲,法官具有一定的监督能力。2001年11月英国法规定允许内政部部长在没有法律监督的情况下,可以下令对具有恐怖主义嫌疑的外国疑犯进行长期行政拘留,这项规定填补了司法空白。另外,英国上议院根据《欧洲人权公约》制定了两项决议,查禁了一项法律。[43] 我们还记得,英国为避免欧洲法院的审判,把《欧洲人权公约》直接"带回家"(那项计划就叫 Rights Brought Home),当作一项法律(1998年人权法)直接实施。但是情形似乎有些荒谬:在国内,法官可以对政府的某些选择进行审判。政府没有因此放弃自行其政的方式,2005年3月11日出台了一项新的法律(《安全防护法》The Prevention Security Act),允许政府对所有"涉及恐怖主义行为"的人员采取各种监控措施。该法律规定了法官的监控权力,但是也允许法外紧急措施,将特例和国

---

[41] *Le Monde*, 18 et 23 déc. 2004: « Le Fonds russe des biens d'État conteste la décision d'un tribunal américain » et « Le président Poutine approuve la vente controversée de la filiale de Ioukos ».

[42] 关于美国联邦最高法院的决议,参阅 *Le Relatif et l'Universel*, op. cit., pp. 208 et 236; G. Fletcher, « Citoyenneté et dignité de la personne dans la jurisprudence du droit de la guerre: Hamdi, Padilla et les détenus de Guantanamo Bay », RTDH, 2005, p. 841; D. Amann, « Abu Ghraib », *University of Pennsylvania Review*, 2005, pp. 2085-2141.

[43] House of Lords, session 2004—2005, UKHL, 56, 16 déc. 2004, D., 2005, p. 1055, note Martin.

防法的暂停审理制度延伸到所有公民身上。[44] 英国政府也意识到有可能存在同《欧洲人权公约》不相容的地方,所以可能重新提出讨论是否加入一项提案,因为在他看来,这项法律不适合反对恐怖主义新形势。[45]

当国际标准的原则被抛弃的时候,思想的流通,甚至是法院之间相互交叉的交流建立起了"法官之间的对话",表达了不同体系之间的某些可渗透性,比如:智利没有承认建立国际刑事法院的《国际刑事法院罗马规约》,也没有成立审判皮诺切特将军的综合法庭,但是取消了豁免权,一道审判令下达了一份逮捕证,并得到高级法院的认可。[46]

还有美国,是反对国际刑事法院章程的,从没有想到要建立一个专门的法庭来审判"9·11"恐怖袭击的罪犯。他们的高级法院查禁了一份判决书,这份判决拒绝认为是"敌对战士"的囚犯的所有申诉(根据美国法律,他们既没有战士的权利也没有轻罪犯人的权利),因为无论是美国公民还是外国公民,法院承认他们向美国法庭上诉的权利,对他们的监禁提出抗议。[47] 有时也会出现高级法院的法官引用联合国关于民事和政治权协议[48],然而美国法律并不承认它的直接实施性。他们有时还会援引外国法庭,包括国家或者国际法庭(欧洲人权法院和美洲人权法院)的判例解释,甚至还会援引世界公共舆论,就像关于死刑的问题那样。法庭代表团成员也被感动,建议下达一项判决(司法部全权委员会上提出的司法部下属委员会决议案),企图禁止美国法官由他们来决定对裁

---

[44] J.-C. Paye, « *The Prevention Secrutiy Act* britannique du 11 mars 2005 », *RTDH*, 2005, pp. 635-647.

[45] 参阅欧盟议会主席的反应, *Le Monde*, 15 sept. 2005.

[46] « La Cour suprême du Chili donne son feu vert au jugement de Pinochet », *Le Monde*, 5 janv. 2005.

[47] Arrêts du 28 juin 2004, voir *Le Relatif et l'Universel*, op. cit., p. 236 et note 57.

[48] L. Condorelli, P. de Sena, « The Relevance of the Obligations Flowing from de UN Covenant on Civil and Political Rights to US Courts Dealing with Guantanamo Detainees », *JICJ*, 2 (2004), pp. 107-120.

判基础或者外国机构法律作出解释,这些法律没有同美国法律相结合或者无助于更好地理解美国法律的原来意义。[49]

这些多形式的相互影响揭示了一个从复杂(多样而同质的世界)到复合型世界(相互作用不稳定的世界)的转变。[50] 这些影响促使人们提出一个"有序的多元化"这样的假设:其中"多元化"是因为承认存在不同,如果世界法可以成功地超越一和多之间的矛盾即变成"有序性"。

3. "有序的多元化"假设

保持分离,不强求融合,但是却可以建立一定的秩序或者一个有序的空间:这样才是解决全球法律复合性问题的方法。

3.1 "全球法律复合性"挑战

这一挑战同"大一统"的乌托邦式理想相呼应,首先取决于人类社会的抵抗能力。正如我们在欧洲所看到的那样,实际上,各国法律体系反对国际法律秩序内部整体化,因为这样会强制要求统一性。然而,他们已经失去了很大一部分自主权,主要的选择也是在国际范围内进行的。[51] 这种选择是通过国家代表来实施的,同时也是由私人活动者,尤其是跨国或多国企业来实施的,因为他们的策略是公开跨越国境的,跨国企业成为"摘下面具的多国企业"[52]。私人经济活动者以自主调节的方式,在开发他们自己标准的同时,同各国政府展开竞争。如果说国家依然是国际法的"基本"主体、标准规范的主要生产者的话,那么他们已经不再是唯一的活动者,国家领土也不再是唯一的标准空间。

---

[49] 下属委员会2004年5月13日通过的却在2005年3月17日公布的决议(108th Congress, H. RES. 568) «Danger from Foreign Legal Precedent», *The Washington Times*, 25 mars 2004 (www.washigtontimes.com).

[50] C. Godin, « Les voies de la mondialisation », *La Totalité réalisée*, Champ Vallon, vol. 6, 2003, p. 455.

[51] P.-M. Dupuy, *L'Unité de l'ordre juridique international. Cours général de l'Académie de droit international public* [2000], Martinus Nijhoff, 2003; M. Delmas-Marty, *Le Relatif et l'Universel*, op. cit.

[52] C. Godin, « Les voies de la mondialisation », op. cit., p. 435.

从公私之间以及地区、国家和全球之间的张力中产生了一部共同法的一些碎片,这些碎片模糊了普遍性和相对性之间对立的途径。就像我们前面提到的那样,相对性同分离的多元化联系在一起,要求每个法律体系具有自主性,通过不断增长的相互依赖性而被简化;而普遍性是同整合的多元化相联系,它要求国际标准优先于国内标准,这种优越性有时是通过法律文本确定下来的,很少具有实效。

所以,普通法律语言贫瘠的词汇(但是这些词,如"秩序""体系""等级"或者"自主性"还是比较方便的)很难表达法律国际化过程中那些不确定的、机构松散、或者不稳定的现象。我们说法律国际化过程中存在不确定现象,是因为整合的过程,在相互作用的同时,变得多样化并从等级的原则中解放出来;伴随着国际部门组织规定(人权法、商法、环境保护法等)不断增加,组织地位开始分化的时候,就出现结构松散的现象;最后,整合的速度产生整体与整体之间或者一个整体内部不同活动者之间的差距(想必人们还记得针对预测实施《京都协定》关于温室效应气体的欧洲指令的讨论),造成功能障碍。

为了避免全球法律秩序混乱(彻底分离和绝对相对主义)和由强国以延伸普遍主义的名义强制规定的秩序(霸权类型的整体融合),应该寻找相对性和普遍性以外的出路。换句话说,就是要开发一种法律途径和方法,这种法律将要能够成功地梳理复合性而不是取消复合性,懂得将复合性转化成一种"有序的多元化"。

3.2 有序多元化的途径和方法

第一眼看起来,解决全球法律复合性挑战的问题似乎取决于某种拼接修补的零活,通过全部法律体系(国家的和国际上的)多种互动方式,比如司法的或标准的,自发的或强制性的,直接的和间接的连接起来。

在这些互动当中,分离并不完全排除整合。相反,就像我们看到的那些活跃的机构活动一样,工作的分离和整合是相互协调的。[53]但是，整合工作要求跨越国家主权的政治法律障碍，而当国家主权以绝对方式构想出来的时候，这一障碍才是不可跨越的。与其面向一个"无主权"[54]的世界，不如面向一个"稀释化的世界"[55]，这还能够转变成一个可分担的主权。分担是《欧盟宪法条约》的核心，联合国安理会的一份关于非稳定性的报告题目明显提出这一点。这份报告名为：《分担责任（也就是主权）》。无论是责任也好，还是主权也好，分担就是要求我们构想一种新的法律工具，使严格僵化的标准变得灵活可行，使实际应用有所改变。

这就是困难所在，因为在法律各体系之间（多样的、混杂的）早已出现相互作用，这些相互作用让人看不到法律稳定性。在我们的法律体系当中，法律稳定性曾经同标准的等级原则相联系。然而，这是法律的相互作用问题，也就是标准规范性作用问题，从这个意义上说，这些相互作用确定了"应该是（devoir-être）的问题"（标准化），而不仅仅是"是（étant）的问题"（正规性），尽管两者明显相互影响。所以，人类的愿望、信仰、甚至是意识形态扰乱了这种关系，通过生物有机体或者机器来限制这种清晰但从来不是决定性的相似性。尽管具有某些相似性，但是这种相似有它自己的局限性，法律相互作用既不能保证有机体自我调节生物过程的连续性，也不能保证物理现象的机械预防性（除非出现事故或故障）。这些作用通过连续的调整（部分的而且是不完善的）相互协调，不带有任何威严。这些一直在从头开始的程序既没有引起金字塔式的统治，也没有网络的连续性，更没有机器的自动性，因此调整的变化没有意识到这些进程。

---

[53] H. Atlan, *Entre le cristal et la fumée*, Seuil, 1989; J.-C. Ameisen, *La Sculpture du vivant*, Seuil, 2003.

[54] B. Badie, *Un monde sans souveraineté. Les États entre ruse et responsabilité*, Fayard, 1999.

[55] H. Ruiz Fabri, « Droits de l'homme et souveraineté de l'État: les frontières ont-elles été substantiellement redéfinies? », in *Les Droits individuels et le Juge en Europe. Mélanges Fromont*, Presses universitaires de Strasbourg, 2001, p. 371 sq.

要把这些零零散散的工作转变成法律秩序,那就应该保证"有可能走近这些混乱秩序,在意外当中继续成长,反对在偏执当中凝固而成的确实性"[56]。这些确定性是法律文化的一部分,很难在消极和积极的双重性当中考虑法律不同构成因素的变化。整合过程的不确定性有可能削弱法律秩序,降低它的可预见性,有利于裁决。很难承认整合过程的这种不确定性能够有助于维持多样性。而且,也很难承认将法律空间从国家领域中分离开,以此为目的的标准空间的碎片化有可能绕过这种阻碍(比如像我们前面看到的,有关腐败的问题,从联合国转到经合组织,然后经过美洲地区间和欧洲的公约再到欧盟)。最后也很难考虑发展速度的变化能够承担修正错误的作用,因为当差异太大的时候(比如在世界商法和人权法之间),发展速度的变化有可能使标准时间不稳定,产生一些反常的影响。

在我们目前所处的阶段,即知识论变动的初始时期,它影响着法律秩序和法律体系的概念。在这个阶段,有序多元化的设想打开了一条道路,一条未来世界秩序的道路,至少是一条和谐的或者是和谐化(从广义上说)的道路。因为和谐化既不同统一相混淆,也不同多样性相混淆:它是统一和多样性的产物,并在两者之间运动。我们再次回到恩培多克勒思想上来:"变化从来没有停止它永恒的转变,或者是爱将一切变为统一,或者仇恨解散或分离爱所凝聚在一起的一切。所以,当一生于多,当多崛起于解散的统一中时[……],变化永远没有停止它永恒的转变。"

为说明"一和多"这种永恒的变化,我们将从标准的司法裁判的交互过程开始,因为这要求实施一种只有在成功结合差异和协调的条件下才能变成多样性的秩序。接着将更加直接涉及标准空间,主要讨论组织地位的问题,突出从国家层面过渡到地区层面,同时到达世界层面的问题。最后,对标准时间的研究主要讨论转变速度的问题,这一章不仅要设想更好的同期化,比如商法和人权

---

[56] É. Glissant, *La Cohée du Lamentin*, *op. cit.*, pp.25-26.

法,同时在唯一的空间,比如欧洲或者京都这样的空间上,构思不同的融合速度,创造出一种多时性的技艺。

对于一些司法人员来说,他们的技艺就是赋予一些事实一定的资格,也就是说,让事实进入到事先制定好的命名系统当中,而不是根据变动的现实来调整命名,这样的方法变化十分重要,而且我认为是不可避免的。

第一章

交 互 过 程

  法律的国际化可以不需要任何多元化形式而自我发展,通过具有霸权使命的法律体系的简单扩张就可以了。当我们考察美国法律无所不在的时候,仅仅是由于它的简单性,也许就能成为一个最有可能的假设。但是尽管美国目前具有"超级大国"的地位,它也不能成为唯一的霸权大国候选国,因为存在很多的竞争者,让我们觉得他们之间会彼此抵消,并敢于提出另一个假设(这也是本书的主题),那就是多元国际化。这种多元国际化优先的不是一种体系的扩张,而是不同体系或者法律整体(这是一个比较中性的表述方式,这样可以认识到因为过于变动不稳定而无法建立一些真正的法律体系的这个整体的形成)之间的交互作用。

  这种有序多元化的假设要求人们放弃等级关系(一种秩序附属于另一种秩序)和非等级关系(通过协调形成)之间的二元对立,以一种更加细微的方式来考虑交互过程,有点像各种多元化的反射。

  分离的多元化是建立在每个整体的自主性之上的,通过交互影响,通过交叉将相互之间的作用限制在水平过程当中,我们甚至可以说这是为了强调一个整体同另一个整体之间、一个机构同另一个机构、甚至是一个高级法院同另一个高级法院之间的相互性。但是相互性从字面上看,限制了互相协调的条件,很少能够满足"秩序"的实施,因为这将要求整体协调一致。

  为更好地保证协调一致,交互作用应该是垂直的,新词主义意味着要回归等级,但要通过承认国家自主空间使等级变得灵活。

各法律体系之间存在一些共同的高级原则,因为这些原则十分模糊,所以保留了各国自主空间。我们可以围绕这些高级原则调和各种法律体系之间的关系,一旦承认了国家空间,就能取消所有差异,最终通过协调化,实现多元化交互作用。

统一不承认任何自主空间,它要求各个体系相互融合,更谨慎地说,是各种法律概念的融合,有利于制定唯一的标准,能够以标准严格的等级性来强制执行。但是,只有在这种统一是来自于相互合作,通过交织混合各种不同的整体构想出来的,而不是通过唯一体系的霸权扩张形成的时候,它才能保留多元化的痕迹。我们以后会谈到这一点,以唯一模式(法官居主导地位的诉讼程序或者刑事诉讼制)统一刑事诉讼程序,同以混杂的方式发明一种混合诉讼程序统一起来的程序(如像国际刑事法庭提出的诉讼程序)不是一回事。

通过交叉而配合,接着通过调和而和谐,最后通过混杂而统一:三个范畴只有象征性的分法,没有排除从一个程序滑向另一个程序,没有排除这种因为实施不稳定性引起的便利。在纯粹水平的交互作用和纯粹垂直的交互作用之间,实际上插入了很多中间形式,才使和谐可能成为主导性程序、有序多元化的象征。无论如何,分类保持着交互过程多样性的意义,强调不均匀性依然同多元性(尽管是有序的)相关,无法分离。

第一节　交叉配合

分离并不强制要求孤立。伊曼努尔·列维纳斯明确指出多元化同数量上的多数之间的区别。多元化"没有将构成多数的主题孤立地固定下来。多元化一直反对想要吸收所有主题的整体性,同时,它把这些主题留给了贸易往来或战争。"[1] 贸易和对抗战争成为法律国际化的两个首要形式,这也许并不是一个偶然。但是选择依然是开放的,彼此之间的连接也只限于国际法律生活当中。

---

[1] E. Levinas, *Totalité et Infini*, op. cit.

出现一个新的情况,那就是相互依赖的状态变得多样。尽管因为各种法律整体存在自主性而产生一定的不连续性,彼此之间的相互依赖无法形成孤立,促进了相互之间的多种交流。无论在什么领域,"独立的"国家政府、"独裁主权"的议会立法者或者是高级法院的法官,他们都不能完全忽视其他法律制度的存在,包括国家的、地区的和国际上的整个法律体系。国家法从某种意义上说四方受困。国际法律体系和地方(如《欧洲人权公约》《美洲人权公约》)或者世界法律框架(如世贸组织、联合国、世界卫生组织、国际刑事法院等),这些也都没有逃脱掉法律的渗透性或多孔性现象。

还有就是要了解在缺乏等级性的情况下,简单的横向交流如何产生协作。因为对话的发起肯定是由法官提出的[2],但仅仅有对话并不能保证作为秩序概念依据的协调一致性。从对话到协调一致,要通过寻找能够将这些交叉的法律变成真正法律秩序的条件来设置路标。

1. 不可能的孤立

"现代性"的概念,将法律同国家等同起来,预先更倾向于孤立,这一点通过大学规划中比较研究的卑微地位得以体现。首批对标准化间现象感兴趣的司法人员,像让·卡尔波涅(Jean Carbonnier)主任,他从这一点中发现更多的是社会学现象,而不是法律现象。他指出:"在法律和其他标准化体系之间,彼此之间的关系相连接又相互断开,产生各种变动、联系和冲突;这就是标准化间的自主现象[……]。"[3]这种方法也可以描述各种法律整体之间的关系、运动、连接和冲突。但是面对比较法,他还是怀疑(这并不是没有道理的)具有破坏性的泛法律条文:"法律越是相互碰撞,法律的激情越是令人兴奋,就像陶醉于多种币种之间进行交换的货

---

[2] J. Allard, A. Garapon, *Les Juges dans la mondialisation*, Seuil/La République des idées, 2005.
[3] J. Carbonnier, *Sociologie du droit*, PUF, 1978, «Quadrige», 1994, p. 317.

币兑换商的职业一样。"[4]

  法律交换者也具有像货币交互商那样的通货膨胀式的职业风险。无论这样的风险如何,交换是不可避免的,因为孤立是不可能的。如果说这种不可能性不是一下子出现的,那是因为法律理性没有赋予它一个正式的地位。交换位于法律空隙之间,促进了事实上的相互间标准化。关于这一点,在欧盟内部已经开始发现一种理论[5],将它与依然同国家政府相联系的国际化区别开。[6]但是,主要是通过各种负责具体实施标准的司法或裁判机构的交叉解释来反映这种法律交换。

1.1 "既成事实"的相互间标准化

  相互间标准化要求非等级化系列标准规定之间建立一定的联系,无论这些规定是处于哪个标准空间。这样的关系可以在不同等级中建立起来,作为暂时消除等级链条中的不连续性的一种方法[7],但是这种现象大多出现在同级(国家、地区或者全球)系列法律当中,首先是通过模仿,但也有根据情况通过比较明确的反致(renvoi)方式出现的。

  比较学者对模仿或者借用法律体系的概念非常熟悉,尤其是鲁道夫·萨科(Rodolfo Sacco)对这一概念的影响进行了细微明确的解释,指出通过模仿产生的共同法远没有达到统一,因为模仿没有改变历史形成的理念模式,只是触及法律体系最表层的东西。[8]但是对形势的评定也许应该在国际法方面做细微的区别。在国际

---

[4] J. Carbonnier, *Sociologie du droit*, PUF, 1978, «Quadrige», 1994, p. 317. *Droit et Passion du droit sous la Ve République*, Flammarion, 1996, p. 45.

[5] L. Idot, S. Pollot-Peruzetto (dir.), «Internormativité et réseaux d'autorité. L'ordre communautaire et les nouvelles formes de relation», LPA, oct. 2004, n°199—200.

[6] H. Gaudemet-Tallon, «L'internationalité, bilan et perspectives», *Rev. dir. aff.*, fév. 2002, p. 73 sq.

[7] 比如在国际人权保护规定和国内法之间,在一些不接受直接应用的国家,甚至在国际刑事法院以及地区性人权保护规定之间,参阅书后介绍。

[8] R. Sacco, «L'idée de droit commun par circulation de modèles et par stratification», in M. Delmas-Marty, H. Muir Watt, H. Ruiz Fabri (dir.), *Variations autour d'un droit commun*, SLC, 2002, p. 195 sq.

法方面,历史的作用没有很多的约束性,负责编撰法律文本的专家,比如国际法官有时会具体实施这些条款,他们自己本身就属于不同的法律文化体系。发展变化越快,历史记忆所能承担的缓解作用就越小(尤其是在国际刑事法院中我们可以发现这样的现象)。

因为借鉴是国际(或者跨国)法律体系间的关系,所以通过法律结构的新建可能变得简单(效果得以加强)。然而借鉴很难区别,除非在公然借鉴的情况下,我们已经碰到很多这样的例子,尤其是欧洲议会和欧盟的判例文本。无论是反对贪污腐败还是环境保护,只需要比较一下那些法律文本,就会发现这些文本往往是彼此互相抄袭,其中只有细微的不同。所以1997年欧盟《反腐败公约》预先显示了欧洲议会1999年签署的一些公约。[9] 还有更明显的方式:2003年欧盟关于环境保护刑事处罚法的框架决议重新采用了欧洲议会1998年签署的公约基本文本。[10] 如果在某些方面还继续存在一些差异的话,比如法人的责任、环境保护协会的责任和作用等,那么对控告的定义却几乎是完全一致的:同样的命名,同样以刑法作保护,对环境的整体保护概念也是一致的,甚至在自主控诉(污染空气、土壤或者水系的一般犯罪)和附加控诉(违反特殊规定)之间的分配上也是一样的。

在世界范围内也有模仿的现象,就像前南斯拉夫刑事法庭章程中对诉讼程序规定就直接汲取了联合国关于公平诉讼协议的第

---

[9] *Le Relatif et l'Universel*, op. cit., p. 252. 我们需要指出的是,2005年9月13日欧洲法院的决议承认了欧盟的刑事裁判权,这有可能激励欧洲委员会发展一部直接强加于各国的欧洲刑法。参阅 S. Manacorda, « *Judicial activism* dans le cadre de l'espace de liberté, de justice et de sécurité de l'union européenne », *RSC*, 2005, 4.

[10] G. Giudicelli-Delage, « Le droit pénal de l'environnement. L'exception européenne », *RSC*, 2005, pp. 767-775. 因为欧盟议会和欧洲各机构(欧洲委员会和议会)之间管辖权的冲突,欧洲法院取消了框架决定(2005年9月13日决议)。欧洲委员会和欧洲议会提出上诉,抗议欧盟委员会,欧洲法院判定取消的框架决定"侵犯了欧洲委员会的管辖权",提出处罚式样协调解决方法,目的是将保护环境置于欧盟的管辖权之下。其内容在到期时有可能以指令的形式被引用(参阅2001年3月15日的指令提议)。

14 条内容。这些模式流通自由。那些负责编撰《民法大全》(Corpus juris)的专家们曾预计设立一个欧洲法官的职位,在国家法官的监督下领导调查。他们还提议,为了监督调查过程和下达判决,需要建立一个"欧洲预备法庭"。这种交替的方法被加入到工作的最后一个步骤(1999 年),很明显,这种方法是直接汲取国际刑事法院的章程,这一章程也是刚由《国际刑事法院罗马规约》通过的(1998 年)。

这样的借用方法往往没有留下可追溯的痕迹,反致却比较明显,因为从一个欧洲模式到另一个欧洲模式,反致变得越来越明确。当然,在将市场法同人权法分离的同时已经提出建立欧洲的计划,但是随着时间的流逝,欧盟系列条约最终还是将人权法融合在市场法当中。在开始的时候,条约仅仅按照各国共同宪法传统的名义,引用《欧洲人权公约》的规定,作为指导方向和影响(1997 年《欧盟条约》第 6 条)。接着,欧盟的《基本权利和自由宪章》承认了一些专门的定义(2000 年《尼斯协议》)。然后,《宪法条约》(2004 年签订的,但是还没有批准,因为法国和荷兰的公民投票失败而被冻结)赋予它法律权力(第 I-9§1 条)。最后一个阶段是,通过《宪法条约》宣布(第 I-9§2 条)在等待最终结果的同时,采用"分团体"(communautariser)的方式实施人权法,欧盟承认《欧洲人权公约》,隶属欧盟法律体系。

在全球范围内,在人权,尤其是经济全球化的影响下,国际协议的条文越来越多,反致也出现同样的情况。我们就碰到一些反致这样的技术问题的案例,在缺乏等级原则的情况下,反致的方法至少可以避免孤立世界贸易组织。因此,世贸组织协议的序言中提出"保护和维持环境的长期发展为宗旨",以环境的名义承认(如同《关贸总协定》第 XX 条)了一项特例。[11] 但是那是一份具有普遍意义的文本,没有明确贸易规定和具有世界任务的两百多项环境多边协议(AME)之间的正式联系,世贸组织争端调解机构(ORD)的权力也只限于贸易协议。如果偶然考虑环境多边协议的

---

[11] *Le Relatif et l'Universel*, *op. cit.*, p.392.

话,这个机构也仅仅是澄清贸易纷争,而没有考虑到环境保护问题。[12] 基本原则依然是自由交换,环境问题和卫生问题一样,被认为是外部来源的特例,是"外在因素",以严格的方式进入评估。

总之,相互间标准化建立了一种辩证法,但是在出现争议的时候,它无法提出一个解决方案,每位法官是逐个进行裁决。所以文本解释非常重要。

1.2 交叉解释的意义

还需要有司法解释者,就是说,每个标准规定体系对应一个裁判机构。而且,这也是极少出现的情况。我们还记得,尽管联合国人权委员会在逐步法律化(被国际刑事法院称为"国际司法法院"),但依然没有一个真正的世界人权法庭;至于环境法,既没有世界组织也没有司法机构。而且,还要考虑所有法官,包括国家法官,尽管对他们来说,他们所理解的解释的概念同国际法官所理解的解释的含义是不同,后者是直接根据《维也纳公约》的规定来解释的。

国际法官和国家法官的作用的确很相近:一方面,国家法官因为可以直接实施国际法,也可以扩展他们的国家管辖权,所以变得越来越国际化[13];另一方面,国际法官因为他们的管辖权涉及私人活动者(侵犯人权的受害者或者国际犯罪)已经开始越来越大众化;而且随着解释方法摆脱了国际基本法的方法束缚,国际法官也更具有自主性。国际法官和国家法官开始增强交流,即使一些法律解释彼此之间的接受没有任何法律原则基础,这种"接受依然是一种普遍的做法"。[14]

---

[12] M.-P. Lanfranchi, « L'OMC et la protection de l'environnement », in S. Maljean-Dubois (dir.), *L'Outil économique en droit international et européen de l'environnement*, La Documentation française, 2002, p. 127.

[13] A. Cassese, M. Delmas-Marty (dir.), *Juridictions nationales et Crimes internationaux*, PUF, 2002.

[14] G. Canivet, « Les influences croisées entre juridictions nationales et internationales. Éloge de la bénévolence des juges », conférence, séminaire Collège de France, mai 2005, *RSC* 2005, 4.

国家解释和国际解释之间(彼此之间或者横向的[15])的竞争不仅影响着同一传统因素(尤其是在公法空间起作用),而且影响着动机的质量:"那些能够具有明确动机、同时参照社会经济文化或者道德标准、超越纯粹的法律理性、激励普遍意义上的价值观念的、具有说服力的决定会拥有明显的优势。"[16]法国最高法院院长吉约·卡尼维(Guy Canivet)明确阐述了"仁慈"(bénévolence)的概念,这一概念可以调和竞争和协作的关系,明确了判决权威的概念。对这一概念,意大利法学家马奇莫·沃格里奥狄(Massimo Vogliotti)通过区别权力(*potestas*,因为法官身份而取得的外在权威)和道德权威(*autorevolezza*,因为法官的威望、精神方面的高度和裁决质量而享有的内在权威)进行了深入的阐述。[17] 法官精神道德方面的高度,或者说他的地位,可以通过协作的横向程序提高价值,而判决质量,也就是判决的权威性可以通过判决交叉参考作用得以加强。

这样的交互作用,通过亚力桑德罗·贝纳迪(Alessandro Bernardi)所说的"相互融合"[18]过程应该成为一种可行性。对于国家裁判权,不存在原则上的障碍,在高级法院之间,根据地区或者语言结构,以及像竞争法和环境法这样的专业化法律,形成多多少少是正式的网络。[19] 相反,专门研究不同领域的国际裁判权之间的

---

[15] M. Kamto, « Les interactions des jurisprudences internationales et des jurisprudences nationales », in *La Juridictionnalisation du droit international*, colloque de la Société française pour le droit international, Pedone, 2003; J.-F. Flauss, « La présence de la jurisprudence de la Cour suprême des Etats-Unis d'Amérique dans le contexte européen des droits de l'homme », *RTDH*, 2005, 62, pp. 313-331.

[16] G. Canivet, « Les influences croisées... », *op. cit.*

[17] M. Vogliotti, « La "rhapsodie": fécondité d'une métaphore littéraire pour repenser l'écriture juridique contemporaine. Une hypothèse de travail pour le champ pénal », *RIEJ*, 2001, pp. 141-188.

[18] A. Bernardi, « L'européanisation de la science pénale », *APC*, 2004, pp. 5-36.

[19] G. Canivet, « Protection de l'environnement par le droit pénal: l'exigence de formation et de spécialisation des magistrats », *D.*, 2004, p. 2728.

交流显得更加微妙。在这一点上,欧洲因为它的两级法律结构,提供了一个很好的范例。自从欧盟各成员国承认了《欧洲人权公约》(那时只有 9 个成员国,法国在 1974 年最后一个承认《欧洲人权公约》)之后,欧洲法院的法官才可能考虑欧洲人权法院的判例解释。而反过来,欧洲人权法院的法官也可以考虑欧洲法院的判例解释。法官之间为比较彼此的观念,避免法律文本解释上的冲突会进行非正式的交流和接触,除此之外,各种解释之间的交叉影响也开始发展起来[20];即使因为主观的偏好存在有选择性的参考解释的现象[21](比如对国家法官来说),这种方法也会丰富和改善相互之间的交流。

同其他地区(更不要说世界形势)相比,欧洲是一个特例。世界贸易组织中极少数成员国加入联合国的两个人权协议,如果出现违法的情况,接受个人向联合国委员会提出上诉。而且,世界人权法院总是缺席(人权议会比目前的委员会相对独立,尽管它曾经对此提出过建议[22]),同世界贸易组织的纠纷调解机构日趋增强形成鲜明对比,这更加强了彼此之间的差距。

相反,国际刑事法庭的创立,接着是国际刑事法院的建立,促进了更加复合性的相互交流。[23] 这种互动不仅是同联合国人权委员会和国际法院的相互联系,而且还是具有世界宗旨的刑事裁判和地方人权法院之间的相互联系。尽管级别不同(地区的/世界的),领域也不同(人权/刑法),但是法官之间还是能够建立对话。

---

[20] G. Cohen-Jonathan, « La CESDH et la Communauté européenne », in *Mélanges Fernand Dehousse*, 1979, t. 1, p. 157 *sq.* ; M. Delmas-Marty, « Clés pour une harmonisation européenne », *Pour un droit commun*, Seuil, 1994, p. 240 *sq.*

[21] D. Spielmann, « Un autre regard: la Cour de Strasbourg et le droit de la Communauté européenne », in *Mélanges Cohen-Jonathan*, Bruylant, 2004, p. 1447 *sq.*

[22] 联合国全体大会第 59 次会议,2005 年 9 月。

[23] S. Zappalà, *Human Rights and International Criminal Procedure*, Oxford University Press, 2003.

欧洲人权法院开始应用国际刑事法庭的判例解释[24];相反,国际刑事法庭往往参照地区法院的人权保护方法和判例,这种方法经常是在预审的情况下发生,但有时也是为了阐明一些对基本问题的解释。[25] 比如有关种族大屠杀罪行的定义,在审理卢旺达媒体案件中,参照了言论自由的解释,从而扩大了解释范围。[26]

这就是交叉作用,因为国际刑事法院的法官被认为具有自主性。他们拒绝一切等级分化,无论是地区人权法院还是人权委员会。他们将国际法院同这样的违拗行为对立起来:尽管国际法院"是联合国体系中主要的司法机构,[……],但是两种判决不存在任何等级联系。"[27]这种影响以极其细腻的方式表达出来:一方面,上诉法庭"必须考虑其他国际判决";但是另一方面,"经过深思熟虑以后,也可以作出完全不同的判决。"[28]

存在一个风险,那就是来自各方的批评。从人权角度看,人们担心的是那种有可能促进弗朗索瓦·图尔康(Françoise Tulkens)所说的"点单"[29]利用人权的自主性,甚至怀疑法官"将国际人权法工具化,把它作为解释规则和章程规定的工具,尤其是关于诉讼程序保证方面。"[30]但是法官们着重提出国际刑事法院,并指出,如果

---

[24] 2003年12月4日 *M. C. c. Bulgarie* 案件,4 déc. 2003,以强奸罪的刑法定义为依据。

[25] 前南斯拉夫国际法庭相反在审理 *Kunarac* 案件时,考虑了欧洲人权法院中强奸罪的刑法定义解释。2003年2月22日,6月12日 CA。

[26] *procès des médias* 案,TPIR, 2 déc. 2003, *RGDIP*, 2004, chr. Ph. Weckel et A. Balguy-Gallois, p. 507 sq. ; D. Boyle, « Droits de l'homme et crimes internationaux. Les enjeux du procès des médias devant le TPIR », *Mélanges Cohen-Jonathan*, op. cit., p. 303 sq.

[27] Mucic et consorts (« *Camp de Celebici* »)案,TPIY, CA, 20 fév. 2001, § 24.

[28] *Ibid.*

[29] A. Cassese, M. Delmas-Marty (dir.), *Crimes internationaux et Juridictions internationales*, PUF, 2002, pp. 144-188; M. Delmas-Marty, H. Muir Watt, H. Ruiz Fabri (dir.), *Variations autour d'un droit commun*, op. cit., pp. 245-265.

[30] E. Lambert-Abdelgawad, « Les TPIY et TPIR et l'appel aux sources du droit international des droits de l'homme », in M. Delmas-Marty, E. Fronza, E. Lambert-Abdelgawad (dir.), *Les Sources du droit international pénal. L'expérience des tribunaux pénaux internationaux*, op. cit., pp. 135-155.

说国家是人权保护的保障,那么它在国际刑法中只起了边缘化的作用。[31] 从国际基本法来看,人们抱怨"资源的平庸",只从国际法的角度进行解释,"因为法庭是国际层面的"[32]。但是这些同样也是"刑事"法庭,困难就在于要明确协调这两个特点。因为刑事审判的主体不是国家,而是个人,是犯罪的肇事者和受害者。除非将个人与国家等同起来,将惩罚和关押与经济处罚等同起来,否则,仅仅根据普通国际法的规定,似乎不可能放弃独立和公正的标准,以及公平诉讼的原则。而且,国际刑事法院要求进行"同国际上承认的人权法相兼容"的法律解释(第21§3条)。

还有一个细微的问题,就是将刑事犯罪人员、维护轻犯和死刑犯的法律权利以及约束性司法解释人员[33]与维护扩大解释控诉的人员相对立。这种对立是以反对不受处罚的名义建立的,而且由于国际刑事法院的专业性正在形成当中,所以所处的背景既不稳定也不确定,没有世界警察也没有国家独立立法者。虽然国际法官同意普通国际法的"现实性"和人权的"动员性"[34],但还应该加入第三个变化因素,那就是刑法的严守法规性。

我们看到,交叉解释值得从意识形态(现实主义或活动参与的选择)和法律(严守法律规则的选择)等不同方面阐述这种讨论,但是这并不能提供任何裁决的方法。通过各个法律体系之间的空

---

[31] A. Cassese, « L'influence de la CESDH sur l'activité des TPI », in A. Cassese, M. Delmas-Marty (dir.), *Crimes internationaux et Juridictions internationales*, op. cit., p. 143 sq. Affaire (*Foca*) *Kunarac*, TPIY, 22 fév. 2001, § 470 et 478.

[32] H. Ascencio, « La banalité des sources par rapport aux sources du droit international général », in M. Delmas-Marty, E. Fronza, E. Lambert-Abdegawad (dir.), *Les Sources du droit international pénal. L'expérience des tribunaux pénaux internationaux*, op. cit., pp. 403-409.

[33] E. Fronza, E. Malarino, C. Sotis, « Principe de précision et justice pénale internationale », *ibid*.

[34] Ph. Weckel, « Les confins du droit européen des droits de l'homme et les progrès du droit », in *Mélanges Cohen-Jonathan*, op. cit., p. 1729 sq.; voir aussi G. Cohen-Jonathan, J.-F. Flauss, « La CEDH et le droit international général », *Annuaire français de droit international*, CNRS, 2003, pp. 661-683.

隙,通过毛细作用的相互渗透,这种没有等级的公平正义仍在探索当中,但这也只是世界真正法律秩序构造中的一个阶段。在这一阶段中,相互间标准化和交叉解释促进价值团体,或者说至少是一个法官团体的形成。关于这一点,通过对死刑问题的判例解释的变化看得更加清楚。

2. 法官之间关于死刑问题的对话

这个例子很有意义。因为在传统上,刑法一直被认为是属于国家主权领域的,而生死权利是主权的象征。

这也是为什么死刑的问题(以及取消死刑的问题)首先反映的是国家立法者的职能范围。长期以来,法官仅满足于实施法律,彼此之间的对话也仅限于几个孤立的创始人之间,比如切萨雷·贝卡利亚(Cesare Beccaria)从 1764 年起就提出取消死刑的建议。[35] 几年之后,意大利的托斯坎就采纳了他的建议(1786 年利奥波德二世刑法典取消了死刑)。[36]

但是,这位意大利年轻的侯爵(1764 年的时候仅有 25 岁)到处被当成一个疯狂的煽动者看待。康德一直是拥护死刑的,他嘲笑贝卡利亚是"对痛苦人生过分心软"的同情,并揭示了这样一个假设,那就是:"将死刑的不合法性建立在死刑无法纳入社会契约这个事实基础上",所以产生了这样一个结论:一切都只是"诡辩和讲歪理"[37]。在 19 世纪的时候,维克多·雨果依然很孤独,而到了 20 世纪的时候,只是在第二次世界大战之后才谨慎地开展废奴运动:转折点就是 1945 年意大利和德国宪法的制定,但是无论是《世界人权宣言》(1948)、《欧洲人权公约》(1950)、《公民权利与政治权利国际公约》(1966)、《美洲人权公约》(1969),还是《非洲宪章》

---

[35] C. Beccaria, « De la question de la peine de mort », *Des délits et des peines*, XVI, Éd. d'aujourd'hui, 1980.

[36] S. Manacorda, « Restraints on Death Penalty in Europe », *JICJ*, 1 (2003), pp. 263-283.

[37] E. Kant, « Doctrine du droit », VI, 335, *Métaphysique des mœurs*, Gallimard, « Bibliothèque de la Pléiade », vol. 3, p. 605.

(1981),这些都没有禁止作为生命权合法特例的死刑。

然而,正是以人权为基础国际法官开始同其他国际法院,比如各国高级法院展开有关死刑的对话。欧洲人权法院做了一个大胆的解释(Soering c. RU)[38],这一解释提出以后,产生了一些令人惊奇的交互反应。这本来是从欧洲开始的,但是在关于将一个死刑犯引渡到美国的问题上,这场对话就立刻扩大到第三国。当外国死刑犯在回到欧洲前在国际刑事法院和国际人权法院提审的时候,这个问题在美洲又一次被激化。

从某种角度说,关于引渡问题的对话并不符合这种制度,因为在这种制度下,一个有权审判或者执行判决的国家会要求另一个国家提交疑犯或者囚犯,所以需要符合要求的国家法官根据引渡条约予以授权。但是,《泽林决定》(arrêt Soering)更进了一步,它要求欧洲符合要求的国家刑事审判法官同时审查起诉国的刑法同《欧洲人权公约》的规定是否协调。

1989年,当英国允许(还没有实施)将一个死刑犯引渡到美国的时候,斯特拉斯堡的法官对其进行了处罚,这是一种十分大胆的行为。实际上,英国已经取缔了死刑,还没有加入取缔死刑协定的附加条款(六号协定书),所以它可以援引《欧洲人权公约》第2条,该条款明显规定接受死刑特例。所以,法官们以第2条的规定为理由,而不是以第3条的规定为依据作出裁决。第2条是保护人的生命权,而第3条是禁止酷刑和非人道主义以及可耻的虐待。判决认为,让犯人经过长期有时是几年的时间,等待死亡,美国相关州政府(弗吉尼亚州)安排的这些实施条件实际上构成了非人道主义虐待。因此,这样一种没有任何保障排除死刑的协议性引渡是违反了《欧洲人权公约》的规定。

泽林的判例有可能在其他第三国实施[39],它不仅在欧洲产生

---

[38] Affaire *Soering c. RU*, CEDH, 7 juill. 1989.

[39] 关于伊朗和中国的例子,参阅 *Aspichi Dehwari c. Pays-Bas*, CEDH, 22 juin 1999 et *Yang Chun Jin c. Hongrie*, CEDH, 8 mars 2001,两者都是在拒绝引渡后取消了责任。

了极大的影响[40],在世界范围内也会产生很多的影响。因此,这个案例似乎十分有利加拿大最高法院撤销先例的做法。加拿大最高法院在1991年的时候允许(以5票胜过4票)将一个死刑犯引渡到美国。尽管《欧盟基本权利宪章》第七章将死刑限制在"特殊案例"范围内,法官们还是担心那些美国的逃亡人群会大量涌入加拿大。十年以后,以欧洲人权法院的决定为依据,伯恩斯判决(arrêt Burns)放弃了这种"陈旧落后"[41]的理论,在类似的情况下拒绝引渡。因为欧洲人权法院的决定从法律的角度上看,对加拿大没有任何间接或直接的权威性依据。

对话在枢密院司法委员会继续展开。枢密院司法委员会是专门的司法裁判机关,允许上议院高级法官对不服联邦的某些州政府(尤其是伯利兹和加勒比海,目前正等待筹建自治高级法院)的死刑判决的上诉作出裁决。伯利兹(1981年成为独立州)上诉法院宣判了一项死刑,对于这份判定,枢密院提及南非最高法院的裁决,并详尽地引述了泽林裁决,最终的结论是该案例需要重审。[42]

这些交叉影响是没有止境的,因为加拿大法院撤销先例的做法会影响联合国人权委员会判例解释的发展。联合国人权委员会是以国际民事权利和政治权利协议为基础。这个委员会曾经在1991年接受了第一个引渡裁决(*Kindler*),2003年在一项从加拿大到美国引渡的案件中确认违法(*Judge*)。它没有直接质疑以前的决定,虽然引渡本身并没有同生命权保护条款第6款(§10.2)相

---

[40] C. Constit, Italie, 26 juin 1996, Cassazione penale 1996, p. 3258, nota Dionatellevi.

[41] W. Schabas, «From *Kindler* to *Burns*»: International Law is Nourishing the Constitutional Living Tree», in G. Cohen-Jonathan, W. Schabas (dir.), *La Peine capitale et le Droit international des droits de l'homme*, Panthéon-Assas, 2003, p. 143 sq.

[42] Affaire *P. Reyes c. the Queen*, Privy Council, 11 mars 2002 (Belize); voir également affaire *Roodal et Khan*, Privy Council, 21 nov. 2003 (Tobago et Trinidad), et affaire *Charles Matthews*, Privy Council, 7 juill. 2004 (Tobago et Trinidad). Voir aussi S. Lehrfreund, «International Legal Trends and the Dealth Penalty in the Commonwealth Caribbean», in G. Cohen-Jonathan, W. Schabas (dir.), *La Peine capitale...*, *op. cit.*, p. 213 sq.

违背,但是除了加拿大最高法院撤销先例的做法外,还存在一些国际舆论中在事实上和在法律上的明显变化,促进取缔死刑的一致意见的进一步扩大。最后,确切地说,它是将违法的事实建立在上诉的问题上,显示了另一个对话的重要性,那就是关系到预审过程中的死刑问题。

预审程序的对话是从美洲大陆引起的,经过美国州际人权法院和国际刑事法院才传到欧洲的。美国宣判的很多死刑处决都是关于外国人的,根据《维也纳公约》关于领事关系附加协议,这些外国犯人有受保障的权利,首先就是有权知晓其所在国的领事可以为其提供协助的权利。但是,有很多案件,外国人在美国被判死刑,他们却没有被告知他们的权利。在这些案件之后,又产生很多重要的争讼。第一个案例中,巴拉圭向国际刑事法院提出起诉,法院想要中止实施,但却没有成功。[43] 在这一案件之后,德国在类似的条件下参与进来,在案件发生的时候对犯人和未成年人有利。[44] 在两个案件之间,墨西哥首次采取了一种不同的措施,要求美国州际人权法院给出一个协商意见;然后它才就这个涉及来自10个不同州政府的50名墨西哥侨民的案件向国际刑事法庭提出申诉。[45] 所以这次对话同时关系到各个不同层次的法官,包括:国家、地区和世界的法官。

看来这是一场没有引起任何反响的对话,因为国际刑事法院的两份裁定,尽管在拉格朗案件(affaire *Lagrand*)中使用了紧急诉讼程序,依然没有说服美国最高法院修改它对法律的解释,也没有让亚利桑那州中止执行判决,因为在判决书作出的第二天就执行了判决。在2001年6月27日的判决中,法院指出没有遵守它认定是必要的保护措施。法院因此对美国做了处罚,但是没有直接提

---

[43] Bread 案, *Paraguay c. Etats-Unis*, Ord., 9 avr. 1998.

[44] Lagrand 案, *Allemagne c. Etats-Unis*, Ord., 3 mars 1999, arrêt, 27 juin 2001; voir Ph. Weckel, « L'affaire Lagrand et la condamnation à mort des ressortissants étrangers aux Etats-Unis », in G. Cohen-Jonathan, W. Schabas, *La Peine capitale...*, *op. cit.*, p. 103 sq.

[45] Avena, *Mexique c. Etats-Unis* 案, Ord., 5 fév. 2003, arrêt, 31 mars 2004.

出死刑的问题,而仅仅将其定义为"严重的惩罚",没有展开关于非人道主义、耻辱行为的讨论,也没有涉及保障问题的讨论。相反,美洲人权法院的态度却十分明确,在它的意见书[46]中指出,犯人有权被告知享有领事协助权,这是公平诉讼保障的一个基本要素。鉴于拉格朗案件的审讯程序在国际刑事法院进行,看来人们还是默默地考虑了这个意见,并在法院的裁决中起到了一定的作用。

在燕麦案件中,经过墨西哥再次申请,国际刑事法院于2004年3月宣布对美国进行处罚。这样看来,虽然国际刑事法院没有直接参照美洲人权法院的意见,但是它在这个宣判中还是起到了一定的作用。

在此期间,随着奥贾兰(Öcalan c. Turquie)案件[47],公平申诉的问题又转回欧洲大陆。奥贾兰本来是要在2002年被执行终身监禁,但在1999年被引渡回土耳其并宣判死刑后,库尔德的反对派援引了很多违反《欧洲人权公约》的规定。法院详细分析了欧洲权利的发展变化,强调指出在44个成员国当中,从2002年开始,有43个国家,其中包括土耳其实际上已经废除了死刑。它还指出,"第2§1条中规定的特例基本上已经改变了",被推断为"和平时期的死刑最终被认为是一种无法接受的处罚形式,甚至是不人道的,在第3条的规定中已经不再允许死刑的处罚"(§198)。

大审判庭没有采用这种做法,但是它采取了谨慎的态度,判定"在这个问题上提出一个最终的结论是没有用的"(§165),希望把案件的解决方法放到实际诉讼过程当中。国际刑事法院援引联合国人权委员会以及美国州际法院的意见和判决[48],遵循这个逻辑,大审判庭重新作出这样的判定陈述:"没有遵循公平诉讼程序的死刑判决不允许执行。"(§166)

希望这样的循环继续下去。自1976年美国最高法院采取撤

---

[46] Avis CIDH, OC n°16/99, 1er oct. 1999, *RGDIP*, 2000, 3, pp. 788-796.
[47] Affaire Öcalan c. Turquie, CEDH, 12 mars 2003, 12 mai 2005 (Grande Chambre); A. Clapham, « Symbiosis in International Human Rights Law: the Öcalan Case », *JICJ*, 1 (2003), pp. 475-489.
[48] *Hilaire c. Trinidad et Tobago*, CIDH, 21 juin 2002.

销先例的做法[49]以来,美国同中国、沙特阿拉伯、伊朗等国,成为世界上80%的死刑判决[50]执行国。但是美国的法官没有拒绝所有的国际对话。美国大法官布瑞耶尔(Breyer)表达了不同的看法,详细指出判处非人道主义及耻辱性死刑的法院的增长数目,其中包括欧洲人权法院。[51]布瑞耶尔法官被当作具有开明思想的主要拥护者之一(the "*Court's leading avocate of the idea that the Supreme Court needs to take greater notice of the legal opinions abroad*[52]"),他也是大部分法官当中的一员,他们依据国际组织的观念[53]把"过度"的惩罚定性为对精神病人的处决(2002年),然后重新采用对未成年人的推断(2005年)。[54]

这样展开的对话是根据法官的良好意愿发展起来的。最高法院选择的标准都是建立在比较法的基础上,作为提出问题的比较特性,或者是跨国特性,在所有假设当中,只承认具有非强制性特性的(*non-binding rules*)"国外标准"[55]。而且,反致的法官保留判断的权力。在燕麦案件之后,俄克拉荷马州的刑事上诉法院中止了判决执行,州长以终身监禁代替了原判的死刑;但是,在哥伦比亚麦穗林类似的案件中,尽管拉美和欧洲法院以"法院之友"(*amicus curiae*)的名义参与干涉,一家联邦上诉法院仍然拒绝考虑国际

---

[49] *Furman c. Géorgie* 案, 408 US 238, 92 S. Ct. 2726 (1972) et *Gregg c. Géorgie*, 428 US 153, 96 S. Ct. 2909 (1976).

[50] G. Cohen-Jonathan, « Avant-propos », in G. Cohen-Jonathan, W. Schabas (dir.), *La Peine capitale...*, *op. cit.*, p. 13.

[51] *Knight c. Floride* 案, 528 US 990, 120 S. Ct. 549 (1999).

[52] Voir C. Lane, « Thinking outside the US », *The Washington Post*, August 4 (2003).

[53] *Atkins c. Virginie* 案, 536 US 304, 122 S. Ct. 2242(2002); voir N. Norberg, « La Cour suprême des Etats-Unis et la peine de mort », *RSC*, 2002, p. 917.

[54] *Roper c. Simmons* 案, 543 US, 125 S. Ct. 11 83 (2005).

[55] S. Breyer, « La place des normes étrangères dans la jurisprudence de la Cour suprême des Etats-Unis », Collège de France, 14 juin 2005, inédit; voir les critiques de D. Amann, « Raise the Flag and Let it Talk: on the Use of External Norms in Constitutional Decision-Making », *International Journal of Constitutional Law*, Oxford University Press, oct. 2004.

刑事法院的决定。[56] 美国的法治思想可以解释法官的谨慎态度。根据这种思想，司法权依然受政治权力（立法权和行政权）对国际标准解释的影响。在麦德林案件（affaire Medellin）中，因为美国最高法院已经接受听取该案件，所以美国政府从《维也纳公约》的附加协议中撤回（通过 2005 年 3 月 7 日的信件）。美国的决定突然中断了法官之间的交叉解释，从而激起人们寻找能够将这些"交互作用"变成一种真正"秩序"的条件。

3. 建立有序制度的条件

规范和司法交互诉讼程序的基本贡献在于创造了一种活力。在某些条件下，这种活力可以结合和协调以不同模式建立起来的不同等级（国家的和国际的）的具有多种约束性的法律体系。这是建立多元秩序的必要阶段，但是，仅有这一阶段还不够。克服这些矛盾，确定整体协调，将需要第二个阶段，那就是稳定化阶段。

3.1 动力阶段

要使各种性质不同的法律体系之间的相互作用产生一种动力，也许需要很多条件。

第一个条件就是相互性，这需要机构和法律上的对称性。关于这一点，我们在欧洲两个主要法律体系（欧盟的和《欧洲人权公约》）中看到彼此的相互作用。但是，在争端调解机构（ORD）和联合国人权委员会（Comité DHNU）之间却存在着不对称性。即使在法律依据中存在对称性，也还有批准承认的问题。相互性要求一个法律体系与另一个法律体系相互作用，这就需要相同的国家政府批准承认有关不同的法律依据。欧盟和《欧洲人权公约》以及南方共同市场（Mercosur）和《美洲人权公约》（CADH）之间至少有

---

[56] *Torres c. Oklahoma* 案，No. PCD-04-442（Ct. Crim. Ap. Oklahoma），13 mai 2004；voir *Am. Journ. Internat. Law*, vol. 98, 3(2004), pp. 581-584；comp. *Medellin c. Dretke*, 371 F. 3d 270, 5th Cir. (Tex.), 20 mai 2004 (cert. Granted *Medellin c. Dretke*, 125 S. Ct. 686, 73 USLW 3347, 73 US-LW 3350 (US Dec. 10, 2004) (No. 04-5928); voir Tony Mauro, «High Court on Collision Course with Int'l Law», *Legal Times*, 22 nov. 2004.

部分批准承认的重合,但是无论在北美(作为《北美自由贸易协议》签署国的美国、加拿大和墨西哥都没有批准美洲公约)、非洲(非洲商法协调组织 OHADA 和《非洲宪章》)还是世界层面(联合国条约和世界贸易组织协议),都没有批准重合的法律。

第二个条件,更直接地关系到法官之间的对话,反映了他们的身份地位。因为只有拥有独立和终身制的地位才能赋予法官加入循环对话的完全自由。在美国,上述这种办法建议禁止美国最高法院的法官援引外国法律规定作为自己的辩护依据。采纳这种方法构成了一个反例,从而证明当一个国家自我封闭的时候,同时具有对交叉法律解释的一个革新力量,甚至是颠覆性的力量和一种保守性的阻力,这种阻力可能是倒退式的阻力。

中国宪法明确规定了法治的原则。中国也开始向国际法开放:国际化原则被纳入刑法中,也有关于死刑的讨论。这股思潮的兴起部分受国际比较法的影响。另外,中国法官对外国的判例解释了解也很深透,尤其是高级法院的法官们。

有一个担忧,会担心法官感觉与某一个范围的法律体系联系过密,而与另一个范围的法律体系联系过疏。实际上,这种担忧看起来的确影响了交叉解释的特征,因此产生了多种参考法律体系,以无序的、没有经过严格筛选、有时甚至是非客观的选择方式进行。换句话说,这样产生的活力促进了相互之间的信息交流,但是却不能解决可能发生的冲突。而且,也无法保证能够尊重约束性标准。尽管美国最高法院有些法官援引联合国人权委员会(甚至是欧洲法院[57])的解释,但是最高法院并没有承认直接实施《公民权利和政治权利国际公约》,尽管在 1992 年就早已通过该公约。我们可以看到,美国的法官很少有权直接实施国际法院强制规定的法律措施。[58]

---

[57] 关于死刑,除了以上案例以外,参阅美国高级法院关于成人间的同性恋案例,*Lawrence c. Texas*, 26 juin 2003, 539 US 123 (2003).
[58] 关于美英判例解释的比较,参阅 C. Booth, M. Du Plessis, « Home alone? — The US Supreme Court and International and Transnational Judicial Learning », *EHRLR*, 2 (2005), pp. 127-147.

当然,大部分问题是政治问题,但是也反映了法律方法的改善,这些法律方法只有在提供一个稳定的措施的时候才能够形成真正的秩序。

3.2 稳定化阶段

人权和刑法之间的关系,如同人权同商法,或者商法同社会法、环境法以及卫生法之间的关系一样,对话以及相互之间标准化的风险维持着一个无尽的辩证法,这个辩证法没有综合性,听任于不断重复而且没有确定性的竞争。这样的辩证法激励了法官们的想象力,也有利于为了得到满意结果而到处上法庭打官司(forum shopping)[59]。只有综合性才能产生决定真正秩序的稳定性。为达到这个目的,一旦建立对话,就会存在多种解释依据。一方面,国际法的多种裁判机关和权力机构通过多多少少比较明确的方式承认了某些标准的强制性特征,尤其是在人权方面,通过对强制性法规(jus cogens)的定性[60]来加以确认。但是国际法院很谨慎地避免使用这个表述,而是更喜欢习惯强制性,或者是绝对(erga omnes)[61]强制性的表述。另一方面,为了避免过分公开地说,惯例同时也能够重新产生某种等级关系。这也暗示了欧洲人权法院的很多判决。奥贾兰判决(arrêt Öcalan)中关于生命权模糊的表述实际上为废除公约第2条中死刑罪特例准备了一条道路。

除了这些解释依据以外,也许还存在通过国家法间接连接起来的国际法律体系之间不可避免的等级问题。这个问题已经在欧洲出现。在欧洲,稳定化分好几个过程进行:首先是间接进行的,

---

[59] G. Guillaume, « Advantages and Risks of Proliferation: a Blueprint for Action », *JICI*, 2(2004), pp. 300-303.

[60] P.-M. Dupuy, « Le *jus cogens*, une révolution? », *L'Unité de l'ordre juridique international*, *op. cit.*, p. 269 sq.

[61] G. Cohen-Jonathan, « Rapport introductif », in G. Cohen-Jonathan, J.-F. Flauss (dir.), *Droit international, Droits de l'homme et Juridictions internationales*, Bruylant, 2004.

那是斯特拉斯堡法院通过同团体标准[62]或者是其他国际标准[63]的国家法合作监督违反《欧洲人权公约》规定的行为。但是,为了建立直接监督制度,应该有一个等级制度。因此,在接下来的时间,在允许欧盟批准《欧洲人权公约》的同时,《欧盟宪法条约》产生了一种纵向融合。

从世界范围看,稳定性没有多大进展,但是这种思想希望能够按照地区法院的模式(尤其是欧盟法院提出的预判问题形式)有可能在国际法院建立一种预防意见需求制度。[64]从期限上来看,不同标准法律体系之间的矛盾问题,也是等级问题不可能长期避免的。

总之,交互作用是必要的,但并不充分。有利于避免冲突,有助于减少一些矛盾,可以产生一种自发性的协调,这是必要的。但是在发生冲突的情况下,却不足以保证整体法律体系的协调一致。我们可以说,以相互标准化的方式引进不同法律体系的同时,协调性为体系转变准备了条件,但是只有受强制性法规(*jus cogens*)或者惯例法规的强制性条款制约的交互作用下的诉讼程序的横向化慢慢变成"纵向化"的时候,这种协调一致性才能够成为真正的"秩序"。

从协作关系到隶属关系,这种区别并不一定意味着严格意义上的等级转变,反而有可能因为它的严格性而以国家特殊性为由遭到抛弃。这只是说明和谐程序的重要性,只是不同法律体系之间简单地对比协调,并不是要统一,是通过承认国家自主空间,通过灵活的等级关系明确表现出其特性。

---

[62] Arrêts *Cantoni c. France*, CEDH 15 nov. 1996 (*Recueil des arrêts et décisions 1996-V*), et *Matthews c. RU*, CEDH 18 fév. 1999 (*Recueil 1999-I*); *Bosphorus Hava Yollari Turizm c. Irlande*, CEDH, Grande Chambre, 30 juin 2005 (根据联合国安理会的决议,共同的规定允许扣押财产)。

[63] *Bankovic c. Belgique et autres* 决议, CEDH, 12 déc. 2001 (*Recueil 2001-XII*); 正在审理的关于法国军队在科索沃的案件, *Behrami c. France*, décision de recevabilité, 16 sept. 2003; chr. G. Cohen-Jonathan, J.-F. Flauss, « La CEDH et le droit international général », *op. cit.*

[64] G. Guillaume, « Advantages and Risks of Proliferation », *op. cit.*

第二节 调和和谐

"和谐"(harmonisation)这个词有一种音乐共鸣,正好让人想起古时律法同唱诗结合在一起:"在发明文字之前,诗歌最早的韵律,很容易记住,因为它们都是以歌唱的形式固定下来的。"[65]我们还记得,希腊语 nomos(标准)翻译成拉丁文是 lex(la loi,法律)和 cantus(le chant,歌唱)。另外,一词多义的现象在中国也存在:同一个词,"律",指的是"审定标准的尺子"[66],是规定律法领域和声乐领域中所有定数的标准。中国早期的法律论述甚至以协调法律科学、音乐和诗歌为目的:"谐音作文,酌词之范畴以定序,遇乐与法之律时而作谣。"[67]

如果说,现在的立法者可能失去了一些诗歌和音乐的感觉,但是在帮助我们理解多样性并不是同和谐相对立,它也可以起到助力的情况下,音乐在其中也发挥了一定的作用。柏拉图在《会饮篇》中借用医生厄律克西马库之口解释说:"音乐的技术就是通过解决高音和低音之间的不和来创造和谐。当高音和低音还处在冲突状态时,肯定不会有和谐。"所以"和谐就是'共同发音',而'共同发音'就是'共同说话'"。[68]人们也许真的会想通过和音从音的"共同发音"转向以理性为基础的"共同思考"。实际上,为了使整个法律体系协调一致,除了简单的对话外,应该在理性的基础上建立一个共同的东西,一种共同的措施。

但是法律领域同音乐领域不同,立法者很少能够在各国的法

---

[65] Cicéron, *De legibus*, II, 23, 59, cité par G. Vico, *Principes d'une science nouvelle relative à la nature commune des nations*, op. cit., livre II, § 469.

[66] P.-É. Will, « La réglementation administrative et le code pénal mis en tableaux », *Études chinoises*, vol. XXII (2003), pp. 93-157; J. Bourgon, « Shen Jiaben et le droit chinois à la fin des Qing », op. cit., p. 523.

[67] J. Bourgon, « Shen Jiaben et le droit chinois à la fin des Qing », op. cit., p. 290 et les exemples cités, p. 300 sq.

[68] Platon, *Le Banquet*, trad. P. Boutang, avec 39 dessins de Vieira da Silva, Hermann, 1972, p. 46.

律传统上达成一致意见,因为各国法律传统往往被看成是相互矛盾的。在法国,因为欧洲民法典方案存在很多严重的缺陷[69]而引起激烈的反对,但是却在庆祝法国民法成立两百周年时产生了空前的盛况,那是一切优良品德的象征。[70] 相比之下,欧洲民法典方案似乎说明编撰一部法典几乎是不可能的,即使是仅限于欧洲大陆。

因此产生这样一种想法,就是将和谐看作是法典编撰的一种可选择的解决办法,一种新颖独特的程序,包括整体目标(标准化和/或法律目标),但是这个整体目标也仅限于不完善的整体,而不强制要求统一。

为了能够进入到有序多元化的中心,更加确切地掌握保留自主空间如何能够实施共同的主导原则而又不至于导致统一模式化,我们将以道德和宗教的多样性为例来说明。即使是在欧洲,或者我们有理由扩展到全球领域的话,这个例子一方面显示了实施的实际困难,同时,也激励我们从法典到主导原则上去明确规定实行多元主义秩序的特殊条件。

1. 不完善的融合:不可能的法典体系

也许应该在不可能的孤立和不可能的法典化之间来寻求和谐一致。与局限在不同法律整体之间横向合作的相互交织不同,和谐一致建立的是一种纵向关系,是等级阶梯中上方(国际水平、区域或世界水平)和下方(国家水平)之间的关系。但是这种等级阶梯并不是单一的。为了国家法的利益,也可以颠覆国际法的优先权。这就是共同体法律中辅从原则或者国际刑事法院章程中补充原则的原因。这一原则鼓励应该首先在国家法律中寻找解决办

---

[69] 参阅 G. Cornu, « Un code civil n'est pas un instrument communautaire », in B. Fauvarque-Cosson, D. Mazeaud (dir.), *Pensée juridique française et Harmonisation européenne du droit*, SLC, 2003, p. 57 sq.; Y. Lequette, « propos du projet de code civil européen », *ibid.*, p. 69 sq.

[70] 参阅 *Le Bicentenaire du code civil*, D., numéro spécial, 8 avr. 2004.

法。这种"错综复杂的等级性"[71]造成的颠倒现象能帮助我们理解和谐一致的过程有时是上升的(从国家内部法律到超越国家的共同法),有时是下降的,又回到国家内部法律。

总之,就像一和多的相互转变不可能是一蹴而就一样,是要经过从上到下的或者是从下到上的不断的调整,再调整,从上到下和从下到上都有可能。

说到信任与怀疑这一对相反的概念,如果我们把国家内部法或超越国家的法律,根据有时是向心的(超越国家法律的优先权),有时是离心的(超越国家法律的辅从性)动力,看成是由从中心向处于外围的国家辐射的话,那么这种调整,从向正义发展这个含义来看,是可以想象的。这就是相互作用的复合多样性。这些相互作用支配着和谐一致的进程以及"国家自主空间"这一概念的重要性。这一概念既表现在拒绝统一上,又表现在建立一个共同的标准,一部共同法的意愿上。

1.1 复合多样的动态变化

罗兰·巴特曾说:"和谐一致中的不断调整让我们想到玩保龄球的时候,我们的动作总是很犹豫,但是非常灵巧。看起来很笨拙,但是却经过来回摆动,突然把球抛出去。"[72]这样的情景在《欧盟宪法条约》中也同样上演了。条约延伸了现存的法律在两种动态之间来回摇摆。首先,为了使各个国家放心,以"基本原则"为准则表现了一种离心运动,这种离心运动表现为辅从原则、比例性原则和一个附加条约。这种离心运动同时又被另外一个开启了向国家议会寻求帮助的条约所强化。

但是如果仔细看,就会发现,在欧洲法院的审判惯例解释中也存在着欧盟法律优先权的向心运动。这种优先权没有被定义成"基本原则",它确立了一种建立在互相信任上的"自由、安全和司

---

[71] M. Delmas-Marty, *Pour un droit commun*, op. cit., p. 101 sq; A. Bernardi, « Entre la pyramide et le réseau: les effets de l'européanisation du droit sur le système pénal », *RIEJ*, 2004, pp. 1-48.

[72] R. Barthes, *Le Neutre. Cours au Collège de France* (1977—1978), Seuil, 2002, p. 174.

第二编 有序的多元化 **387**

法空间的"动态运动(第 I-42 条受了 1999 年坦佩雷峰会上的模式的启发[73])。

诚然,这种多元化首先被一种模式重新确认。这种模式"考虑到了成员国之间的不同传统和不同体系的差别"(III-158 条)。这种多元化也先是被民法领域,然后是被刑法领域的"司法合作"所确认。尽管"合作"这个词看起来更倾向横向交流,但是,在实践中不可避免地走向以"互相承认"为名义的和谐一致(关于民法的第 III-170 条,有关刑法合作的第 III-171 条)。这种变化是预料之中的,互相承认包括联合,也就是说,和谐。为了在建立和谐标准的领域中实行一项欧盟政策,互相承认是必不可少的(第 III-171.1 条和第 III-172.2 条)。"最低规则"这一多次出现的概念就体现了这一点(第 171 和第 172 条)。上面举的欧洲逮捕令(2002 年欧洲议会决议框架协议)的那个例子可以帮助我们理解这种过渡。有时候是"强制过渡"[74],从国家之间的合作过渡到超越国家的和谐,目的是促进合作,使欧盟内部国家之间互相可以引渡。为了达到这个目标,应该简化程序(取消外交程序),减少基本条件(取消双重控告,允许国家引渡)。但是信任并不足以使国家完全承认这些简化了的程序和条件,还应该事先建立一个涉及的犯罪的名目清单,以使犯罪名目有一个共同的解释和一个最低的保障。

在这里,我们看到了一种齿轮效应,每一步操作都不可避免地要求另一个操作的完成。开始,合作倾向于程序上的,但是在实践中却以增加效率为名冒着有利于最不被接受的选择的危险,要求基本的联合(犯罪的构成因素、负责任的条件、惩罚等等)。无论是

---

[73] A.-M. Leroyer, E. Jeuland (dir.), *Quelle cohérence pour l'espace judiciaire européen?*, Dalloz, 2004.

[74] G. Giudicelli-Delage, « Remarques conclusives », *RSC*, 2005, *L'intégration pénale indirecte*, pp. 15-20; S. Manacorda, G. Giudicelli-Delage (dir.), *L'intégration pénale indirecte. Interactions entre droit pénal et coopération judiciaire au sein de l'Union européenne*, SLC, 2005, pp. 375-383; A. Bernardi, « Stratégie pour une harmonisation des systèmes pénaux européens », *APC*, 2002, pp. 195-233; « L'européanisation du droit pénal », *APC*, 2004, pp. 5-36.

框架决议(比如 2002 年关于恐怖主义和人口贩卖问题的框架决议,还有 2003 年关于环境的刑事保护或者性奴役儿童的框架决议)还是公约(比如 1995 年《保护金融利益公约》及其附加决定书),甚至是一些指令(比如 2004 年 4 月 29 日关于受害者索赔指令),这种彼此互动过程变成了一种真正的和谐。

这种现象不仅仅出现在刑法领域,在合同法方面[75],我们已经解释过各种运动如何产生和谐一致,这些运动包括:当欧洲合同法接替世界合同法的时候的区域化;还有普遍化,从特殊的局部的欧洲规定(比如滥用权利条款或者关于机动车辆的商业化问题)到更为广泛的思考,这一点由欧盟委员会在欧洲合同法通报(2001 年 7 月 13 日,然后是 2003 年 2 月 12 日)中提出来;同时还有私有化,私有化这个词标志着一种学术法律的出现,就像中世纪教会一般法律(jus commune)的现代版。而实际上,其创议权反映的是民间机构内部整合的法理,比如像国际私法统一学会(Unidroit)和兰度委员会(Commission Lando)以及由德国法学家克里斯蒂安·冯·巴尔(Christian von Bar)创立的欧洲民法研究小组。[76]

我们不需要列举欧洲建设中的所有领域[77],只要指出一点,就是随着和谐融合的进程,动态运动的复合多样性反映了协调一致性的问题;这个问题不仅存在于共同体的法律制度和内部法律之间,而且,更广泛一些说(就像《欧洲司法空间一致性》这本著作里提到的),掺杂着其他协调和谐法律制度的一致

---

[75] L. Fin-Langer, « L'intégration du droit du contrat en Europe », in M. Delmas-Marty (dir.), *Critique de l'intégration normative*, PUF, 2004, pp. 37-111.

[76] C. von Bar, « Le groupe d'études sur un code civil européen », *RIDC*. 2001, p. 127; « Vers un code civil européen », *Les annonces de la Seine*, 3 juin 2002, n° 33, critique Y. Lequette, « propos du projet de code civil européen », *op. cit.*

[77] J.-S. Bergé, « Le droit d'une communauté de lois: le front européen », in *Le Droit international privé : esprit et méthode. Mélanges Paul Lagarde*, numéro spécial de la *RCDIP*, Dalloz, 2004, pp. 113-136; S. Poillot-Peruzzetto, « La diversification des méthodes de coordination des normes nationales », in *Internormativités et Réseaux d'autorité : l'ordre communautaire et les nouvelles formes de relations*, LPA, 5 oct. 2004, pp. 17-31.

性问题,其中包括区域性法律制度,比如《欧洲人权公约》或者世界性法律制度;在合同法方面,如《维也纳国际货物销售合同公约》,或者在刑法方面,具有更广泛的多种公约(如联合国、世界经济合作组织[78]的)。

这种和谐进程在世界范围内不断地发展。尽管这种进程不能被明确地预测到,我们还是要考虑"和谐化的效果"。它产生于一些国际性规定,比如《国际刑事法院罗马规约》[79]。有些国家希望采纳与国际标准相近的标准来证明自己有能力处理事件(第17§1,a条)。在这样的国家中,《国际刑事法院罗马规约》可以看成是一种间接的和谐化依据,法院用这个依据来评估国家法律是否与国际要求兼容。

但是这种兼容性不是指国家的规定和国际标准完全一致。为了使和谐化被具有不同法律制度的国家所接受,应该避免强加一种过分依赖于某个国家秩序的模式。所以要正式的或者暗示的承认"国家自主空间"。换句话说就是承认一定的灵活性以便于和谐化进程的不断调整。

1.2 不同程度的国家自主空间

不同程度的国家自主空间这一概念是有序多元化的关键因素。一方面,它表达了离心运动和国家对一体化的抵制;另一方面,国家自主空间不是无限大的,而是在共同的原则范围之内的。国家自主空间有一个限制,有一个兼容性的门槛,这种兼容性把它拉向中心(向心运动)。摇摆不定,犹豫不决有时表现为各国内部法律的抵制,有时表现为和谐化进程。在调整这种可以接受的国

---

[78] J. Normand, « Conclusion », in A.-M. Leroyer, E. Jeuland (dir.) *Quelle cohérence pour l'espace judiciaire européen?*, *op. cit.*, p. 167 sq.

[79] E. Fronza, E. Malarino, « L'effet harmonisateur du statut de la Cour pénale internationale », in M. Delmas-Marty, S. Manacorda, M. Pieth, U. Sieber, L. Arroyo Zapatero (dir.), *Les Chemins de l'harmonisation pénale*, 2006.

家自主空间范围的同时也确定了兼容性的门槛。[80]

这种现象不只局限在欧洲,我们发现,国家自主空间这一概念在不同的领域迅速扩张:要么是为了在国际刑法领域展现和欧洲法律"相反"的应用(当国家自主空间不是以国家公共秩序的名义来说明国际基本法的局限性,而是以担保国家基本权利的名义限制世界秩序的压迫时候[81]);要么后悔在非洲统一商法组织(OHADA)[82]区域条约中没有充分的运用;要么披露在世界贸易组织法律中隐含式的使用并思考"是否应该明确地提出国家一开始就有国家自主空间(比如,在植物检疫方面存在卫生风险)。这个自主空间不是不确定的,而是它会随着有关利益方而变化。[83]

这种不断的变化使国家自主空间这一概念成为最有优势的工具,在一定程度上构成了辅从性政治原则在法律上的对应产物。国家自主空间也使动态的整体结合在一起,达成和谐一致。有时是离心的,有时是向心的,有时是向上的,有时是向下的。

向上的和谐化标志着欧盟内部标准的一体化,明显反映了辅从性原则。欧洲委员会在《关于欧洲合同法通报》中,提出"辅从原则作为一种参照标准,用于规定欧盟如何在共同体范围上行使权力"。该《通报》补充说:"辅从性原则是一个动态概念,应该根据条

---

[80] H. C. Yourow, *The Margin of Appreciation Doctrine in the Dynamics of European Human Rights Jurisprudence*, Kluwer, 1996; P. Mahoney, « Marvellous Richness of Diversity or Invidious Cultural Relativism », *HRLJ*, pp. 1-5, Engel, 1998; J. Sweeney, « Margins of Appreciation: Cutural Relativity and the ECHR », *International and Comparative Law Quarterly*, vol. 54 (2005), pp. 459-474;关于多元共同法的正式有效性的整体思考,参阅 M. Delmas-Marty, M. -L. Izorche, « Marge nationale d'appréciation et internationalisation du droit », *RIDC*, 2000, p. 753 sq.

[81] E. Fronza, E. Malarino. « L'effet harmonisateur... », *op. cit.*

[82] P. Dima Ehngo, « L'intégration juridique des économies africaines à l'échelle régionale ou mondiale », in M. Delmas-Marty (dir.), *Critique de l'intégration normative*, *op. cit.*, p. 194 sq.

[83] 参阅 2003 年 11 月 26 日世贸组织上诉机构 Chr. H. Ruiz 和 P. Monnier 关于卫生和植物检疫措施的报告(*États-Unis c. Japon*), *JDI*, 3, 2004, p. 1025.

约规定的目标实施辅从性原则。"同时,欧洲委员会还一直强调:"这个概念在需要的时候可以将欧盟的行动尽可能地延伸到极限,相反,在不需要的时候[84],就限制或者中断欧盟的行动"。这样就在欧洲共同体法院的控制下,通过辅从性和比例性原则体现并实现了动态的二元性:向心的(延伸欧盟的行动)和离心的(限制和中止)。

关于《欧洲人权公约》的和谐过程,通过国家自主空间这个概念,辅从性原则引入了同样的二元性。我们知道国家自主空间这个概念没有出现在《欧洲人权公约》当中,但是欧洲法官们(首先是人权法院接着是欧洲人权法院)早就承认这一概念,比如《欧洲人权公约》以公共秩序的名义承认限制性标准,甚至是与法律相抵触的标准的时候,就已经说明了这一点。欧洲人权法院考虑"条约制定的集体保障国际机制的辅从性特点"[85]主要是因为司法裁判双重职能原则的原因,这一双重职能依赖于求助"内部诉求手段匮乏"的可受理性,认为从原则上讲,国家应该比国际法官更有资格确定为了公共秩序而设定的局限性规定的含义。但是这并没有放弃监督管理,但是根据前面提到的兼容性规定来加以限制。

这样在两个典型的选择之间(同一的必要性/权威国家的认可)出现一个比较中性的概念,即"兼容性"。同一性和一致性是成双入对的(也就是说国家实践和国际标准足够的接近)。兼容性是建立在接近性的基础之上(只有和国际标准足够接近才会被认为是兼容的)。无论涉及的是限制控制(欧洲权力的相对优先权)还是延伸控制(控制之中的国家权力优先权),国家自主空间说明和谐化进程是可能的,这个进程把和谐化看成是一个过程,这个过程通过彼此的关系支配着在部分上有所不同的各种法律秩序。[86] 还有就是通过道德和宗教的多样性案例更加具体地观察实施中的

---

[84] *Pensée juridique française et Harmonisation européenne du droit*, *op. cit.*, annexe 1, point 43, p. 265 *sq.*
[85] Affaire *Linguistique belge*, CEDH c. Belgique, 23 juill. 1968.
[86] *Pour un droit commun*, *op. cit.* p. 113. Adde,关于同等功能的概念,参阅 *Le Relatif et l'Universel*, *op. cit.*, pp. 253, 257, 412.

困难。

2. 道德和宗教多样性:国际原则和国家自主空间

如果说在欧洲或者是世界上有一个领域能抵制任何统一倾向的话,那么这个领域就是道德和宗教。这是否在说,在没有统一的情况下,在人权保护手段的影响下,会以一种自上而下的方式间接地进行和谐化进程,或者从欧盟建设开始(《欧盟基本权利宪章》以及《欧盟宪法条约》)以直接和自下而上的方式进行?

答案或许有些不同。即使不建立"真正的欧洲宗教法律"[87],至少欧洲有资格成为第一个实验室,一个观察、分析甚至是尝试试验的实验室,从而有序安排多元化,使人理解为什么道德和宗教的多样性需要国家自主空间,理解和谐化进程如何在具体实施的实践过程中会遇到困难。

2.1 国家自主空间的必要性

从《欧洲人权公约》(1950年)到《欧盟宪章》(2000年)和《欧盟宪法条约》(2004年)制定的50年中,国家自主空间这一问题被模糊化了。公约仅仅限于提出关于思想自由、意识、宗教和言论自由的一些原则以及关于一视同仁(第14条,主要针对宗教歧视)和确保儿童受教育权利的内容,这些与他们宗教信仰、人生哲学、教育信仰相符合(1号附加议定书第2条)。

所有这些原则都被《欧盟宪章》所采纳(第10、11和14条)并在欧洲议会的要求下进行了补充,第21条确认欧盟尊重文化和宗教的多样性。在前言中,在支持政教分离和希望将宗教遗产并入欧盟中这两派的对立中,采用了欧洲人民最普遍的共同价值和最普遍的精神和道德遗产。但是前言经过激烈的讨论后同意欧盟考虑欧洲文化遗产、宗教遗产和人类遗产。

阻止条约批准的程序阻碍了我们在实践上证明是否可能从历

---

[87] 参阅 J.-F. Flauss, *AJDI*, 2000, p. 1014. 但作者在 2004 的著作中有很多保留意见, voir « Les signes religieux », in T. Massis, C. Pettiti (dir.), *La Liberté religieuse et la CESDH*, Bruylant, 2004, p. 99 *sq*.

史遗产当中汲取经验,还是这一方法意味着"宗教标准没有完全同民事标准分离开来",这就像让·博贝罗(Jean Bauberot)根据第I-52条规定所提出的建议那样。根据这项规定,欧盟"尊重各教会和非宗教信仰组织依据国家法律所享有的地位,但是不对此做任何预判",因此,教会和非宗教信仰组织在"市民社会中处于悬而未决的地位"。[88]

最困难的是将这些多样性和共同原则联合起来,人们不仅观察到了这些多样性,而且通过第21条以多元化的名义把它们规定了下来。然而,宪章的解释机构和执行机构却没有明确的说明。这让我们想起了辅从原则,在《欧洲人权公约》模式下承认限制,承认根据国家传统和谐地解读法律。但是并没有说明怎么使用这些国家传统达到和谐一致,并且不考虑国家自主空间。

参照《欧洲人权公约》(art. II-112§3)或许是受到了欧洲人权法院裁判惯例的启发,但是无论是道德方面(与言论自由或与私生活对立的)还是宗教自由(以秩序的名义或以他人权利的名义被限制)方面,这些材料数量很大而且有时候前后不一致。

这个困难是在一起道德保护与言论自由相对抗的案件(学校禁止宣传性教育的红色小册子[89])中第一次被人意识到。法庭发现各国法律对道德没有统一的概念,不再对道德进行描述而是作出了一些规定,宣称没有多元化、忍耐和思想开放,就没有"民主社会"。最后确认必须实行言论自由,哪怕是"对抗政府,使政府和一部分民众吃惊、担心的言论"。但是,最后的结论是禁止红皮小册子的做法不是违背了言论自由,因为国家法律的多样性也使我们承认国家自主空间。

二十多年过去了,人们以宗教自由的名义提出多元化的问题。思想、意识和宗教自由是"民主社会稳固的基石之一",这不仅对宗教信仰人来说是基本的,而且"对无宗教信仰、对无知论者、对宗教

---

[88] J. Bauberot, *Laïcité 1905—2005, entre passion et raison*, Seuil, 2004, p. 183.

[89] Affaire *Handyside c. RU*, 7 déc. 1973, 49.

持怀疑论的人以及对宗教漠不关心的人来说"也都十分重要。在很多方面(比如儿童教育、军人意识的异议以及税收政策等)都会考虑宗教信仰自由的问题。

首先在亵渎神明方面,当言论自由遭遇宗教自由的时候,分析变得很微妙。以建立在欧洲多样性基础上的国家自主空间的名义,法院应该按因斯布鲁克教区的要求以亵渎神明罪起诉并惩罚奥托-普雷明格(Otto-Preminger)学院,因为该学院传播亵渎性影片。[90] 在法院看来,信徒的宗教感情遭到了这种挑唆式表达的伤害。而且,考虑到国家自主空间的规定,这足以在言论自由上加以限制。

因为该判决被批评为是"对宗教狂热分子的鼓励"[91],很少有人支持,而陷于孤立。在一个类似的事件中,作出了相反的决议。认为电影《耶稣最后的诱惑》的禁播违反了言论自由。[92] 对奥托-普雷明格学院的判决暗地里也经过了讨论。这种讨论在伊斯兰头巾事件中更为激烈。禁止伊斯兰教徒佩戴头巾至今也没有在斯特拉斯堡法院遭到查禁。[93]

的确,问题首先出现在国家内部法律上。2004 年 3 月 15 日的法国法律,证明言论自由与思想意识、宗教自由之间的关系非常紧张,或者说表达宗教信仰的自由与男女平等一视同仁的原则之间的关系也非常紧张。但是国家法律不能无视国际原则,斯塔兹委员会(Commission Stasi)听取了欧洲人权法院副院长的意见,考虑实行非宗教的、世俗的原则(因为无论从哪个方面说,都有利于法律的投票表决)。

另外还要避免将"事实沦为新闻"。斯塔兹委员会的报告对法

---

[90] Affaire *Otto-Prminger c. Autriche*, CEDH, 20 sept. 1994; P. Wachsmann, « La religion contre la liberté d'expression, sur un arrêt regrettable de la CEDH, *Otto Prominger Institute c. Autriche* », *RUDH*, 1994, p. 441; G. Haarscher, « Le blasphémateur et le raciste », *RTDH*, 1995, p. 417 *sq.*

[91] P. Wachsmann, « La religion contre la liberté d'expression... », *op. cit.*

[92] Affaire *Olmedo Bustos c. Chill*, CIDH, 5 fév. 2001.

[93] Affaire *Karadunman c. Turquie*, CDH, 3 nov. 1993; *Dahlab c. Suisse*, CEDH, 15 fév. 2001; *Leyla Sahin c. turquie*, CEDH, 29 juin 2004.

律条文有很大影响,前斯塔兹委员会成员让·博贝罗有这样的担心:"伊斯兰是一个不断扩大的镜子,而不是我们今天非宗教者碰到的问题。"他又说:"伊斯兰教成为世俗新闻的中心话题。"[94]弗朗索瓦·奥斯特(François Ost)走得更远,他重新改写索福克勒斯(Sophocle)的《安提戈涅》(Antigone),在他的剧本中,阿伊萨(Aïcha)为了替死去的兄弟报仇,带着头巾出现在校门口找校长理论。[95]

因为真正的冲突是深层次的,并不在于这些带有宗教符号的问题,而且不仅限于伊斯兰教的问题。奥托-普雷明格学院(Otto-Preminger)的判决已经说明了这一点,在这之后的伊斯兰头巾事件中,土耳其政府与一名要求在大学带头巾的女学生对抗时[96],发出以下声明:"宗教和自由很难兼容:宗教本质上要求人们屈服于神的永恒的教条,而自由又把大部分的选择留给了个人。"

这场神谕真理与辩证真理之间的讨论,它的困难性我个人在伊朗曾深有体会。我曾经在一次会议上介绍《欧洲人权公约》和斯特拉斯堡法院判决惯例解释之间的和谐化问题。当我把这种看法扩大到世界范围考虑的时候,一位信奉宗教的伊朗人提出这样的疑问:他认为这种形而上的前提是所有和谐化的前提,并认为政治生活和社会生活的神谕真理与世俗的人权社会不相容。同样,《欧盟宪法条约》促使欧盟承认宗教和非宗教组织的身份和它们特殊的贡献,并使欧盟与它们保持开放式的、透明的和定期的对话(第I-52§3条)。

只有对话还不够。对话可以为联合做准备,但并不能建立联合,并且对话也无法回答多元化局限性问题。在土耳其的案件当中,起诉人曾经聪明地辩护道:"紧张的关系是多元化不可避免的后果,当权者的任务不是通过消除多元化来消除紧张关系,而是确保团体之间的相互忍让。"(§88)

---

[94] J. Baubérot, *Laïcité* 1905—2005, *op. cit.*, p. 268.
[95] F. Ost. *Antigone voilée*, Larcier, 2004.
[96] Affaire *Leyla Sahin c. Turquie*, CEDH, 29 juin 2004, §92.

但是法院在这一点上不想回答土耳其政府,也不想回答提出要求的人,法院规定了在教育机构携带宗教标志的规则。这样做的危险是把事实沦为新闻(保留欧洲人权法院大法庭的决议)。为了在结论中不违反《欧洲人权公约》的规定,法院又一次以欧洲多样性的名义引用了各国自主空间这一概念,提醒人们注意实施时的困难。

2.2 实施中的困难

国家自主空间这一概念被充分理解,这也许是避免差别的简单叠加和通过不断调整使实践联合起来,达到兼容的最好办法。欧洲人权法院引用了《欧洲人权公约》的序言(为欧洲议会制定了一个保证和发展人权的目标)并承认这些权力是不断进化的,法院保留不断提高兼容性门槛的权利(这样就可以不断地缩小自主空间)。但是这样的变化也引起了我们的焦虑,法官们的主观性[97]往往凌驾于客观性之上,从而质疑决定的前瞻性和体系形式上的有效性。

另外还要明确使用方式。我们知道,国家自主空间根据三个标准可以有所变动,而这三个标准的组合具有任意性和差异性,包括:一方面,"形势、要求和背景";另一方面,各国为了限制权利(保障秩序、道德和他人的权利)而提出立法目标;最后是比较法的标准(国家法律的结合或差异)。

这种方法施用于多种道德和宗教中,没办法清楚地看到是什么决定了各国自主空间的大小。有时候是法院,倾向于第一个标准,"鉴于社会与科学发展"(比如关于同性恋的事件[98]),决定定期

---

[97] O. de Schutter, « L'interprétation de la Convention européenne des droits de l'homme, un essai de démolition », *Revue de droit international des sciences diplomatiques et politiques*, Genève, 1992, p. 83; comp. W. J. Ganshof van der Meersch, « Le caractère autonome des termes et la marge d'appréciation des gouvernements dans l'interprétation de la CESDH », in *Mélanges Wiarda*, Car Heymanns Verlag, 1988, p. 201 sq.

[98] 1981 年 10 月 22 日关于 *Dudgeon c. RU* 的判决。Voir M. Delmas-Marty (dir.), *Raisonner la raison d'État. Vers une Europe des droits de l'homme*, PUF, 1989, p. 491 sq.

对国家实践进行评估;有时候法院认为,国家根据严格措施(国家安全、司法、健康、道德、宗教的保护和经济的良好状态等等)提出的立法标准本身就具有决定性:"国家的评估权力对 10§2 条[99]列举目标没有同等的管辖范围。"所以,当涉及保护司法权力(英国对蔑视法庭的惩罚)时,国家的自主范围就比较小;而当涉及其他领域时,自主性就比较大,比如保护道德和宗教。

在利拉·撒因(Leyla Sahin)事件中,决定性的标准是国家实践的多样性,同时确认欧洲在保护他人权利和共同秩序方面没有一个统一的概念(第 102 条)。法院从而得出推论,国家必须承认自主空间。虽然比较研究局限在粗略的研究上,这种研究不足以应对实践,法院对此却很满意,并将辩论放在土耳其这一国家中[100],就是说放在一个"存在着极端政治运动的国家,这些极端的政治运动目的是在全社会中强加他们的宗教符号和他们对社会的概念。"

在政治和宗教发生冲突的背景下,法院已经判定对伊斯兰福利党的禁止不违反集会自由的权利。[101] 在头巾事件中,法院呼吁职能部门教化和实施多元化的价值,并且尊重他人的权利,尤其是保证法律面前男女平等的权利。结论是:"我们可以理解,职能部门认为如果接受佩戴宗教标志,包括在大学里佩戴伊斯兰头巾,违反了它自己的价值。"

我们也可以理解欧洲法官们在这一问题上的决定,但是他们的证据无法让人信服。因为法院从一个标准转向另一个标准时不做任何解释,给人的感觉就是事后才将决定立法化。同样在对同性恋犯罪进行起诉时[102],虽然是道德问题,国家之间有法律差异,法院最后还是承认社会的发展应该使同性恋免于刑罚。在这一点

---

[99] 1979 年 4 月 26 日关于 Sunday Times c. RU 的判决。
[100] 更为精确有力的比较分析,参阅 E. Bribosia, I. Rorrive,《 Le voile à l'école: une Europe divisée》, *RTDH*, 2004, p. 951 *sq*.
[101] Affaire *Refah Partisi c. Turquie*, CEDH, Grande Chambre, 13 fév. 2003.
[102] Arrêt *Dudgeon c. RU*, 22 oct. 1981. Voir les arrêts *Norris c. Irlande*, 26 oct 1998, et *Modinos c. Malte*, 22 avr. 1993.

上,国家自主空间被局限到"约束性国家自主空间"[103]。另外,因为英国不允许变性人结婚[104],法院根据尊重私生活和个人尊严权利的名义谴责英国时,也出现这种约束性国家自主空间的问题。这种撤销判例的做法[105],尽管在科学上具有不确定性,而且没有得到欧洲的一致同意,却最终使人摒弃了先前宣布的标准,以面临法官无法承受的困境的名义取消了("无法持续的")国家自主空间。但是,伊斯兰头巾的三个判决承认了更为广泛的国家自主空间,从而作出不违法的决议。[106] 这样的调和暴露了无法解释的和不可解释的不均衡性,法律的多元化依赖于社会的多元化,这一点是肯定的,而不仅仅是显现出来的,然而社会多元化的变化是很难预测的。

因此我们不应该使国家自主空间失去作用,但是必须以理性的方式加以使用,并且明确使用条件,从而在指导性的共同原则周围建立多元化秩序。

3. 建立秩序的条件:指导性原则

还有一个问题,就是要清楚,指导性原则模糊不清,同法典的明确性相对峙,但它是如何同多元化秩序的建立相伴而生的? 也就是,超越两种在本质上对立的东西:多元化反映了分散性和自由运动,而建立秩序要求从结构、甚至于在限制中思考问题。如果我们使用"秩序"这个词(拉丁文中 ordo 的意思是线、队),这将意味着"将多元化放到队列中,将构成因素排成队。"可是,多元和谐化目

---

[103] C. Picheral, A.-D. Olinga, «La théorie de la marge d'appréciation dans la jurisprudence de la CEDH», *RTDH*, 1995, p. 567 sq.

[104] Affaire *I. et Goodwin c. RU*, 11 juillet 2002. Comp. *Jersild c. Danemark*, 23 sept. 1994.

[105] L. Burgogue-Larsen, «De l'art de changer de cap», *Mélanges Cohen-Jonathan*, *op. cit.*, p. 335 sq.

[106] 在其他领域,比如匿名生产(按照各国自主空间规定予以承认),参阅 *Odièvre c. France*, CEDH, 13 février 2003, *JCP*, 2003, II, 10 049, note critique A. Gouttenoire-Cornut et F. Sudre; comp. Ph. Malaurie approuvant la décision comme «apaisante», *JCP*, 2003, I, 120.

标恰恰相反,是尊重它,使其和谐化:"像在拼马赛克,我们将随意抛洒的马赛克拼成最和谐的一幅画。"[107]

换一种说法,和谐化(进程)不能保证法律形式的和谐,法律形式的和谐只能通过建立组织机构和形式上的秩序(结果)来保证。

3.1 建立机构秩序

模糊性指导原则的实施,以及具有明确统一目标的规定的实施,要求建立一个具有明确规范和独立监督的机构。

只有指导性原则来源于指令、规则、框架协议、法律模式、国际公约或特殊的整体机制,国家自主空间才能显现出来。欧洲人权法院法官弗朗索瓦·图尔康(Françoise Tulkens)指出,近期法院的判例当中,越来越多的求助于国家自主空间这个概念[108],早已超出了第8条到第11条和1号议定书的第1条所规定的"自然行为领域"。这种增长的结果构成与公共秩序有关的一个基础的建立。这个基础把国家自主空间的界限限制在约束性和抵触性条款上,倾向于建立一个"原子或者太阳"体系。这样的体系包含不同程度的保护[109],有可能使国家自主空间的概念发生变化。以前自主空间被看作是为了保留国家多样性的法律手段,现在变成面对欧洲法官尊重国家权力的政治手段。

但只从法律角度上解释是不够的,还要保证独立公平的监督管理。这同时取决于很多因素:首先,是标准的第一个"发起者",也就是广义上的立法者;然后是负责将国际法转换成国家内部法的"接收者"。所涉及的要么是国家的立法者,他既是国际标准接收者又是国家内部标准发起者;要么是国家法官,在直接适用时,

---

[107] M.-L. Izorche,« Marge nationale d'appréciation et internationalisation du droit », *op. cit.*, p. 83.

[108] F. Tulkens, « L'usage de la marge nationale d'appréciation par la Cour européenne des droits de l'homme. Paravent juridique superflu ou mécanisme indispensable par nature? », séminaire Collège de France, 13 juin 2005, *RSC*, 2006.

[109] H. C. Yourow, « Findings and Conclusions », *The Margin of Appreciation Doctrine*, *op. cit.*, p. 185 sq. (et «"atomic" or "solar" system », schéma, p. 190); voir également *Le Relatif et l'Universel*, *op. cit.*, p. 126 sq.

他便是国际标准的接收者[110];还有就是在两个角色间先后接替,先是结合国家内部法原则的立法者,然后是实施国家内部法原则的国家法官,从而成为第二个接收者。

每个步骤都会遇到和谐化进程的不同的变化或者是导致法律无序状态,太大自主空间会导致国际法律的破裂,而过小的自主性会导致国家内部法律秩序的不稳定。

每一个步骤都要求不同类型的控制:为了避免最初的发起者滥用自己的权力,不按照指导性原则规定行事,强制执行过于严格的规则,排斥所有国家自主空间,将和谐变成一种强制性的统一[111],国家应该有其他的选择,就像《欧盟宪法条约》所规定的那样(根据辅从原则和比例原则寻求国家议会的帮助)。但是,为了避免以后的接收者将国际原则重新国家化,应该由国际法官(欧洲人权法院,欧洲法院或联合国争端调解组织)或者调查小组(联合国的人权委员会或者世界经合组织的调查小组)进行监督。

即便如此,这种控制也是不够的,道德和宗教多样性的例子使我们看到逻辑框架的复杂性,尤其是多种标准组合在一起的模式。

3.2 建立逻辑秩序

逻辑性和严格性不能混为一谈,一致性和凝聚性也不可同日而语。玛丽-罗拉·马修-伊佐尔彻(Marie-Laure Mathieu-Izorche)[112]指出,一致性是必要的但不是充分的:"欧洲惯例代表的复杂系统的一致如果没有参与者的齐心协力是没有用武之地的;打个比方说,就像盖房子,即使房子盖得再好,如果没有一点空隙,没有一点灵活性,那么落成之后就会倒塌。"所以"和谐一致需要逻

---

[110] 两个《欧洲人权公约》直接实施的案例:在法国,宪法委员会有关《欧盟宪法条约》的决定(CC., 19 nov. 2004);在英国,参议院有关2001年反恐的法案(HL, 2 déc. 2004)。

[111] 有关案例参阅 M. Delmas-Marty (dir.), *Critique de l'intégration normative*, op. cit.

[112] M.-L. Mathieu-Izorche, « La marge nationale d'appréciation, enjeu de savoir et de pouvoir, ou jeu de construction? », séminaire Collège de France, 13 juin 2005, *RSC*, 2006, 1.

辑推理，但是凝聚力、灵活性和对多样性的尊重需要模糊性。"[113]

如果说国家自主空间是实施手段上的自主度，而不是犯错误的自主度的话，那它也是一个不确定的自主空间，意味着某些权力转移到监督机构。法官的决议，即使不用一致/不一致这样的词语来界定，也是以兼容的/不兼容的这样的表达方式来表述，总之一定是二元的。但是达到这一步的逻辑基础是非二元的，是渐进的和模糊逻辑，这要求国家实践和参考标准之间的相似性，不要求一致性。就像我们多次强调的，自主空间的概念和逻辑要求是绝对不可调和的，自主空间的概念排斥二元逻辑的对立（正确/错误或合法/非法）；在模糊逻辑中，所提出的真理有可能介于 0 和 1 的程度之间。

法官的作用在一定程度上相当于变阻器，可以根据数据的持续变化调节标准的强度。举个明显的例子，欧洲人权法院的功能就像一个变阻器，或者说像一个调节器，使结构趋于稳定，即便它很复杂。但是为了使复杂多样性通过不断矫正有助于和谐化进程的稳定发展，国际法官要尊重两种方法条件，即：透明度和严格性。透明度要求国际法官制定用于过滤的标准；而严格性要求法官们自我约束，遵守这些过滤标准。

标准的制定不是事先完成的，因为和谐化不是从上而下的，必然存在于"冲突界面"的交叉点上：处于国家之间或者国家权力机构和欧洲法官之间。我们应该"意识到并抓住这个代表自主空间的机会。应该理解所谓的边缘化的东西实际上是横向的；所有的参与者都得益于这个不确定带来的自主性：当然国家也可以在这里行使它的权力，处于进化世界规则地位的法官们也可以行使他们的权力，同时所有参与者都为完善这些规则作出他们的贡献。"[114]

从这一个角度上来看，法律既不是边缘化的也不是金字塔式

---

[113] M.-L. Mathieu-Izorche, « La marge nationale d'appréciation, enjeu de savoir et de pouvoir, ou jeu de construction? », séminaire Collège de France, 13 juin 2005, *RSC*, 2006, 1.

[114] *Ibid.*

的,而是横向的,这并不奇怪。指导国家自主空间变化的标准问题也是很难处理的问题。一个与周围环境不断互动、开放的体系比一个封闭体系更持久,但需要更多的能量去维持。上面提到的法院的三个标准受很多"适当因素"的启发。图尔康法官意识到八个因素,这八个因素介绍了"争端局限的严重性""向法院提出问题的复杂多样性程度",或者随着欧洲议会向东欧开放,"防卫国家现存危机状况"被经常提出。这一系列不同性质因素和方法的复杂性使国家自主空间的使用变得"模糊、任意专制并且无法预测"[115]。

问题是制定标准还不够,还要在标准制定了以后遵守这些标准。当法官们拒绝执行他们制定的标准时,比如在道德和宗教领域国家自主空间的多种变化,他们会使自己确立的精密的系统失去价值,存在降低裁判惯例解释的可预见性和削弱整体有效性的危险。

透明度和严格性,动机和自我约束,这就是对法官们的要求。目的是全面实施《欧盟宪法条约》(第 I-8 条)中提出的作为欧盟座右铭的"在多样性中联合"的规定。多样性联合的进程不应该局限于欧洲。方法是很苛刻的,但是为了实现有序的多元化,除了这个以各种不同方式实施的共同敏感的指导性原则以外,没有别的出路。坚定严格地坚持这条道路表明,人民的联合,包括其他地区和其他层次的联合,不一定是统一;同时也说明价值的普遍性可以适应不同的空间和时间。

不过在不同的法律制度联合和和谐化的进程中也有一些达不到的事情。如果我们重新读《欧盟宪法条约》的前言:"各族人民越来越紧密的联合起来,创造我们共同的命运",我们可以看到里面暗含着想要统一的野心。

---

[115] F. Tulkens, « L'usage de la marge nationale d'appréciation par la Cour européenne des droits de l'homme. Paravent juridique superflu ou mécanisme indispensable par nature? », *op. cit.*

第三节 混合统一

统一是不是法律国际化的王道？标准与司法的相互交织只是一个入口，一个没有一体化的联系。而和谐化揭示了任意兼容性的复合多样化和不完善性，统一似乎是完美整合的唯一方法。

从形式上说的这种方法是"完美"的，因为在不考虑国家自主空间和排除差异的时候，按照传统的国家秩序的等级制和谐化模式来说，统一体现了世界性和区域性的法律秩序。但是，这种完美在实践上是无法保证的，因为统一意味着在实施当中会遇到很多困难，甚至有可能在很大范围内产生无效的影响。在价值论上更没有保障，因为它的合法性即使在欧洲范围内也遭到强烈的质疑。统一给人的感觉很像是否定一切的多元化。的确，《欧盟宪法条约》将这一切结合起来，但是并没有告诉我们，它宣布的这种"狭小的联盟"如何同它要保障的尊重多样性和多元化原则相结合。更不必说，在世界范围内，似乎以一致的方式摒弃了的统一。人们不再把统一看作是一个不现实的遥远的乌托邦，而是一场噩梦，一场康德提出的世界性专制的噩梦。自启蒙时期以来，随着时代的变化，这种恐怖越来越明显，所有的一切都会让人产生这样的想法：统一法也许正在形成，已经超越了区域性的限制，所涉及的领域多种多样，包括国际刑法和国际合同法。

我们还要避免将统一和霸权混为一谈。统一的过程已经足够深入，我们可以在统一的完美表面形式中区分标准的不同产生方式。从多元化角度上来看，这些方式的意义是截然不同的。一方面，我们观察到，在商法领域，以及其他领域，比如文化领域，通过一个体系向另一个体系的单向移植形成统一。这就意味着，如果这种方式被普及开来，不仅面临一个体系对另一个体系霸权式的统治危险，也面临着多样性消失、抹杀历史和遗忘人民创造性的危险。目前，欧洲法律以及世界范围内的国际刑法多少带有某些偶然性，正在尝试通过杂交的方式进行统一，这一统一的特点是结合不同的制度，整合世界法律多样性的不同元素。从这个意义上说，它应该是多元的。

但是移植的总是被排斥的,而杂交的总是没有生育能力的。这两个比喻要求人们谨慎行事。只有混合才符合有序的多元化这一假设。这意味着需要制定和监督条件,这些条件很少能够结合在一起,就像我们在国际法院的地位问题上看到的,很难在《罗马规约》中确定一个统一的刑事程序。刑事诉讼制和以法官为主导地位的诉讼程序之间混合统一的例子给我们提供了有序多元化的条件。

1. 统一进程的二元性

二元性并不是显而易见的,因为人们使用的语言和人们的实践使通过单方向移植形成的统一与真正的通过混合形成的统一混为一谈。通过单方向的移植形成的统一经常表现为法律市场的竞争,而通过杂交形成的统一要求双方充分交流互动,因而是多元的。

1.1 移植

移植这个词在比较法研究者那里会经常使用,长期以来这个词强调的是移植所面临的语言方面的困难和社会抵制势力。[116] 但随着各国边界的开放,又出现了新情况,这种移植关系到经济交换的自由化。这种自由化有利于经济参与者的边境战略,有利于像互联网这种消除了国界的新技术的发展。我们之前已经看到了全球化有利于各种法律制度之间的竞争。的确,这种竞争可以通过互相交换达成暂时的合作,往往是通过移植表现出来的。有时候是通过约束强制进行的,有时候是为了一个更负有盛名的制度而接受,甚至是主动去寻求的竞争。

首先,是构成法律西方化形式基础的约束性手段影响了整个20世纪,强调了法律手段移植和经济和/或军事监督之间的联系。

---

[116] 这个主题在时隔几年以后又出现在关于《比较法方法》巴黎大会上,SLC,1900,和布鲁塞尔大会上,M. Van Hoecke (dir.), *Methodology and Epistemology of Comparative Law*, Hart, 2004.

这种与殖民化直接或间接联系在一起的法律同化的例子比比皆是。[117]除此之外,还有西方势力施加的压力。首先是欧洲势力的压力,比如20世纪初期中国法律的西化就是在欧洲势力的压力下进行的。实际上,这一过程比较模糊,一方面是中国法律在西方势力的压迫下,作为在租借地放弃司法优越性的条件,同时也是中国改革家们的意愿,作为法律现代化的一个因素。[118]

但是国际化加强了西方国家内部法律领域的竞争,使罗马—日耳曼法系和普通法系相互对立起来。从而引起了这两大主要阵营之间的竞争(尽管这两大体系内部也不统一)。在这种二元对立中,世界其他地方被看成是未知领域(terra incognita),在法律上和政治上存在争议。渥太华大学制定了一张五色图,在西方两大法律体系上又增加了习惯法、混合法和伊斯兰法三大法律体系。[119]而美国中央情报局(CIA)在2000年将世界多样性缩减为三种颜色,分别代表两大西方体系(普通法和罗马—日耳曼法)和所有其他体系(包括中国)。其他体系被视为白色区域,组合了附加区域,增强了人们的担忧,担心这些区域被普通法征服或形成"法律美国化"。[120]最近,世界银行公布了一份"商务实践"(Doing Business)的报告(2004年致力于"理解规则",2005年"清除经济增长障碍"),这份报告好像更倾向于普通法体系的移植,甚至不惜将经济关系的有效性和它的合法性混为一谈。为了证明"良好法律"的优势,报告的编撰者更倾向于量化标准,无视社会的接受情况

---

[117] N. Rouland, *Anthropologie juridique*, PUF, 1988, *Aux conflits du droit*, Odile Jacob, 1991; P. Dima Ehongo, « L'intégration juridique des économies africaines à l'échelle régionale et mondiale », *op. cit.*, p. 185 *sq.*(非洲统一商法组织中霸权统一法的陷阱)。

[118] 参阅 *La Chine et la Démocratie. Tradition, droit, institution, op. cit.*

[119] Conseil d'État, *L'influence internationale du droit français*, La Documentation française, 2001, p. 147.

[120] M. Guenaire, « La common law ou l'avenir d'une justice sans code », *le Débat*, Gallimard, 2001, p. 51; *L'Américanisation du droit*, *Archives de philosophie du droit*, 34, Dalloz, 2001.

而提高形式实证法[121]的价值。另外,这份报告是依据理性选择的理论编撰的,这一理论假设国家立法者拥有自主性和主导性,忽视标准之间和司法裁判惯例解释之间相互作用的复合多样性。这种相互作用是因为境外法律体系、区域标准或是国际标准(联合国、世界贸易组织以及世界劳工组织[122])之间的潜在冲突引起的。

"美国模式的声誉"[123]体现在很多差异迥然的方面[124],有统治现象、经济现象、军事现象,还有语言现象,以及面向世界的开放措施,主要表现在专家不受约束、鼓励大学之间的交流、律师、权利的购买者和商人无所不在。[125] 另外,因为美国法律的变化灵活,可以适应新的问题,比如:我们可以看到,在互联网、生物技术[126]以及气候变化[127]等这些不同问题上,美国法律的推动作用。因为虽然美国不承认《京都协定》,美国法律本身也规定了温室效应气体排放的标准。最后进入错综复杂的联邦法律制度十分困难,这一困难因为美国"重述法律"(restatements of the Law)的做法而得以缓

---

[121] C. Jamin, « D'autres fondamentaux systémiques », in G. Canivet, M.-A. Frison Roche (dir.), *La Mesure de l'efficacité économique du droit*, LGDJ, 2005.

[122] M.-A. Moreau, « L'internationalisation de l'emploi et le débat sur les délocalisations en France: perspectives juridiques », in P. Auer, G. Besse, D. Méda (dir.), *Délocalisations, Normes du travail et Politique d'emploi. Vers une mondialisation plus juste?*, La Découverte, 2005, pp. 207-235; voir également *Une mondialisation plus juste. Le rôle de l'OIT* (OIT 主席的报告), OIT, 2004.

[123] H. Muir Watt, « Propos liminaires sur le prestige du droit américain », in *L'Américanisation du droit*, op. cit., pp. 29-36.

[124] E. Allan Farnsworth, « L'américanisation du droit-mythes et réalisés »中确定了有利于美国法律的 7 个优势, *ibid.*, pp. 21-28.

[125] *L'Influence internationale du droit français*, op. cit., pp. 43-48; Y. Dezalay, *Marchands de droit. La restructuration de l'ordre juridique international par les multinationales du droit*, Fayard, 1992; Y. Dezalay, Bryant G. Garth, *La mondialisation des guerres de palais*, Seuil, 2002.

[126] *Le relatif et l'Universel*, op. cit., pp. 333-346.

[127] *Ibid.*, pp. 388, 404.

解。这是一种真正的"重新陈述"办法,由美国法律协会建立,有利于理解美国法律,甚至是美国法律的演变。

无论是优势还是限制,或者两者都有,移植的主要缺点是法律一体化模式的单方面性,只能限于适用于一种概念,一种制度,甚至是一个国家到另一个国家的"现成"法律制度,没有相互性,认为短期的效果不能整合人权保护国际手段所规定的基本法律。这个过程带有国家法律体系甚至是国家主权特性,有利于市场战略,其表面上的现代性掩盖不住潜在的复古性,因为无论是市场还是移植都无法考虑在区域范围内和世界范围内发展的多元主义的一体化。[128]

值得注意的是,上面提到的世界银行的报告中,两张世界法律地图是21世纪初绘制的,它过分夸大了西方世界的分裂(普通法和罗马—日耳曼法系),让人觉得忽略了地区整体法律制度的出现,通过混合繁殖(cross fertilization),发展其他统一程序。同时也更需要把单向的移植和杂交区分开来,因为杂交意味着交换的相互性。

1.2 杂交

我们遇到的困难也许部分解释了为什么会混淆。这一困难就是,所有以多边方式协商的标准并不意味着具有杂交特性的相互性。换句话说,移植也可以间接地进行,当主导法律体系能够影响协商的时候,支配控制也可以通过国际法、地区法或者世界法来发展。

就像我们多次强调的那样,工作语言即使不起决定性的作用,也会起到重要的作用,因为语言影响思维:以"法律准则"来诠释"法治国家"意味着向更为程序化而不是形式化的制度转化,但这并不排斥其他转变。

除了阐释法治问题以外,国际标准制定程序要求分析多少具有多元性的统一。一些法国法官对欧洲或世界的共同原则提出批

---

[128] M. Delmas-Marty, « Marketing juridique ou pluralisme ordonné », *Le Débat*, Gallimard, 2001, p. 57 *sq.*

评,似乎反映了对统一过程中单边特征的怀疑。因此,《欧洲信托法基本原则》(1999年)的失败归咎于对"原则中的某些单边主义"的担忧,这些原则主要"针对信托概念的统一化,似乎并不能够适应文明问题"。[129] 同样,在欧洲合同法上,法国学派分成对立的两派:一派是主张一体化的建设,提出类似于法律混合或杂交的模式,认为这是"一个不断丰富而非贫瘠化的过程"[130];另一派是反对者,指责这种想法牺牲了语言上的多样性,没有平等地对待不同的文化,没有尊重每个国家特有的社会文化约束。[131]

的确,德国的战略比我们大胆,他的国内法中包含了国际标准,这样做使德国法律成了一体化的典范。在这一点上,我们可以想到德国2001年的改革。这项改革在德国《民法典》中不仅增加了《维也纳公约》关于商品国际销售的内容和国际私法统一学会(Unidroit)的原则,而且还纳入了欧洲合同法的原则。[132] 另外,还有2002年德国通过的法典,这部法典很奇怪地被命名为《德国国际刑法典》。这一法典已经成为国际刑事法院[133]一体化模式。的确,如果说这一方法在开始的时候有利于各种法律制度的混合,那它也可以引导一定程度的重新国有化。这样,罗马地位的重置就可以通过德国教条化概念的一体化表现出来,比如关于有罪原则

---

[129] D. Le Grand de Belleroche, « L'intégration du concept de trust à l'échelle régionale et mondiale », in M. Delmas-Marty (dir.), *Critique de l'intégration normative*, op. cit., 139—178.

[130] J.-B. Racine, « Pourquoi unifier le droit des contrats en Europe? Plaidoyer en faveur de l'unification », *Rev. Du droit de l'UE*, 2, 2003, p. 403.

[131] Y. Lequette, « Quelques remarques à propos du code civil européen », D., 2002, p. 2202.

[132] Cl. Wiz, « La nouvelle jeunesse du BGB insufflée par la reforme du droit des obligations », D., 2002, p. 3156; L. Vogel, « Recodification civile et renouvellement des sources internes », in 1804—2004. *Le code civil, un passé, un présent, un avenir*, Dalloz, 2004, p. 165.

[133] G. Werle, S. Manacorda, « L'adaptation des systèmes pénaux au statut de Rome: le paradigme du *Völkerstrafgesetzbuch* », RSC, 2004, p. 501; G. Werle, F. Jessberger, « International Criminal Justice Is Coming Home: the New German Code of Crimes against International Law », *Criminal Law Forum*, Kluwer, 2002, n°13.

和平等原则的概念,德国一体化模式的传播可以间接地有利于一定程度上的单边统治。

总的来说,如果一个国家首先致力于结合国际标准一体化,接受互动,以便对国家法律做些调整,那他积极参与混合过程[134]也许并非不合理。从这个角度上讲,法国最高行政法院关于《法国法律的国际影响》那份报告强调了"法国式解决方案的输出能力不足";并指出,如果法国当初接受信托制度,那法律信托早就成为其他国家的榜样了。[135] 同样,在刑事委员会和人权委员会对待法国刑法典改革的时候,我们考虑应该预测到刑法程序的欧洲化,并通过欧洲先进的法律一体化的改革来勾画未来共同刑法模式的大体情况。[136] 法国没有进行这样的改革,而是采取了一种"有罪辩护"(plaider-coupable)的模式,但还没有完全适应。最高法院同时限制了改革的影响,表现了这种模式在法国法律中事与愿违的结果。[137]

如果说霸权式的统一(通过移植)和多元式的统一(通过混合)非常接近,那这个刑事诉讼的案例可以很好地证明这一点,它的发展过程似乎在区域范围和世界范围中同时进行。

---

[134] 另外一个例子是巴西有关儿童的法律(1990 年 7 月 13 日第 8.069 号法律),这一法律根据国际导向,往往被当作拉丁美洲相关方面的改革程序的案例。参阅 K. Martin-Chenut,《 Les politiques criminelles française et brésilienne applicables aux mineurs délinquants: l'interaction avec le droit international des droits de l'homme 》,thèse, université Paris I, déc. 2002.

[135] Conseil d'État, *L'influence internationale du droit français*, op. cit., p. 67.

[136] *La mise en état des affaires pénales*, La Documentation française, 1991; M. Delmas-Marty (dir.), *Procès pénal et Droits de l'homme. Vers une conscience européenne*, PUF, 1992.

[137] 关于 2005 年 3 月 9 日的法律,参阅 Crim., 18 avr. 2005, D., 2005. p.1200, note J. Pradel; B. Pereira, D., 2005, p.2041;关于对该法律的评论,参阅 C. Saas, 《 De la composition pénale au plaider-coupable: le pouvoir de sanction du procureur 》, *RSC*, 2004, p. 827 sq.; comp. M. Langer, 《 From Legal Transplants to Legal Traslations: the Globalization of Plea Bargaining and the Americanization Thesis in Criminal Processes 》, *Harvard International Law Journal* 2004, 45, pp. 1-64.

2. 混合和刑事诉讼程序

为了说明各种法律制度混合过程,我经常引用保罗·克利(Paul Klee)20世纪30年代在包豪斯学校(Bauhaus)任教时的课程。这位画家在他的课堂中讲解了怎样从一个圆形和一条直线出发,画出一幅画。他首先用几幅草图来说明控制支配的危险(直线掩盖了圆或者圆形吸收了直线),或者有可能产生毫无魅力的叠加的风险(一排直线和一排圆形间隔排列)。这样,他通过一个画像展现了融合——组合方式:在画像当中,直线和圆形以相互保值的方式和谐地交织在一起。

这个比喻在今天看来有些太过死板。我曾经参与过很多刑事诉讼法混合模式的制定(直线代表法官居主导地位的诉讼程序,圆形代表刑事诉讼制)。我明白,法律领域不属于这种由艺术立法者或者类似古希腊地方行政长官设计的蓝图(或意图)。在这里,只有调整和再调整,因为杂交标准的制定不是一蹴而就的。即使有些标准在一开始是统一的,在国际法中对它的解释也是不断变化的。当应用到具体国家的时候,也会碰到国家自主空间的问题(重新国有化),让统一的进程变得和谐。

我在1993年担任特鲁齐委员会(Commission Truche)成员,负责给联合国安全委员会起草国际刑事法院方案,在1996年和1999年之间,担任有关欧洲金融利益保护的法典制定项目(这个项目是由欧洲议会和欧洲委员会发起的)的协调员。在这个过程中,我感觉到了那些严格的理论化的界限。无论是《法典大全》[138]还是国际刑事法庭或者国际刑事法院,都不是要代替国家法律;它们是为了进入到一个更复杂的互动游戏当中。在这个游戏中,和谐化和横向互相交织都要发挥自己的作用,从而说明了混合是一个非线性的过程。结果(即混杂的形式)并不是像画家最后的那副完美

---

[138] M. Delmas-Marty (dir.), *Corpus juris portant dispositions pénales pour la protection des intérêts financiers de l'UE*, Economica, 1997; M. Delmas-Marty, J. Vervael (dir.), *la mise en œuvre du Corpus juris dans les États membres de l'UE*, Inersentia, vol. I-III, 2000, vol. IV, 2002.

的画一样,而是一个混合的不断变化的不稳定局面。

2.1 调整:非线性过程

《法典大全》在欧洲的例子表明调整的必要性,调整并不仅仅限于从和谐化到统一的线性运动,而是在两者之间来回摆动。在项目起草之前,人们做过比较研究[139],制定了一个"阅读列表",尽可能以中立的方式规定诉讼程序中使用的词语:原告、被告、法官。同样,对于指导诉讼程序方面,也规定了使用的词语:指示、调查、证据、指控、反对、强制、程序设计,最后是判决。

从这个列表里,有可能找出法律的语法规则,也就是每个法律制度当中连接当事人与权力关系的结构,比如:刑事诉讼制度规则是将民间当事人与大多数的权力(从违法提示经过寻找证据到诉讼规定)联系在一起;法官居主导地位的诉讼程序规则则截然相反,它有利于公共当事人,尤其是具有象征意义的预审法官,他既承担警察的功能(调查,在预备期间建立书面档案,以备转交给司法审判),又承担法律审判功能(尤其决定对扣押人员的审判)。

如果调整已经达成了初步和谐,这样的分歧会将所有杂交混合的倾向排除在外。这个初步的和谐有时候是由欧洲人权法院强制完成的(判决可以证明每种模式都有弱点),有时候经过不断的改革自发形成。世界上大部分国家都拒绝预审,强化辩护的作用。意大利或葡萄牙建立了一个部分当事人刑事诉讼制度程序。法国有自由法官(2000年6月15日法案)和有罪辩护(2004年3月9日法案)制度;而英国引入了公立审查机构,大大减少了排除间接证据的可能性(2003年《刑法法案》,2005年《安全预防法案》);美国最高法院也有这样的限制,只是模式不同。[140]

---

[139] M. Delmas-Marty (dir.), *Procédures pénales d'Europe*, PUF, 1995, p. 60.

[140] *Crawford c. Washington*, 124 S. Ct 1354 (2004), *International Commentarary on Evidence*, The Berkeley Electronic Press. http://www.bepress.com/ice. Voir aussi G. Giudicelli-Delage (dir.), H. Matsopoulou (coord.), *Les Transformations de l'administration de la preuve pénale. Perspectives comparées: Allemagne, Belgique, Canada, Espagne, Etats-Unis, France, Italie, Portugal, Royaume-Uni*, SLC, 2005 (introduction et conclusion également publiées dans *APC*, 2005.

这个渐进的和谐过程通过比较法表现出来,进入到一个混合阶段。这一阶段主要围绕调查行为、当事人权利和取证模式这些统一规定进行的。这些规定保持三个指导原则的协调一致,其中主要来自《欧洲人权公约》,具有混合性新语法规则的特性,既不是刑事诉讼制度也不是法官主导的诉讼程序,而是"相互矛盾"[14]的语法规则:

——欧洲领土权,借用法官主导诉讼程序模式,在欧洲领土上赋予欧洲检察官和公共调查机关的管辖职能。

——司法保障,以刑事诉讼制度模式为基础,在准备阶段,不是由预审法官而是由"自由法官"来执行。"自由法官"没有调查权,但是担任指控和辩护的仲裁作用,尤其是关系到强制措施的时候。

——最后,"矛盾"辩护原则,作为一种混合产物,结合了避免审判法院在法庭上取证(以法官主导的诉讼程序模式)的书面材料和排斥单方面取证规定(刑事诉讼制度模式)。

混合程序被推荐纳入欧洲检察官委员会的《绿皮书》(Livre vert)和《欧盟宪法条约》中。《欧盟宪法条约》规定通过全票表决建立欧洲法官机制(《欧盟宪法条约》第 III-274 条),这个杂交混合的程序还需要一个欧洲法来明确《法典大全》里提出的很多关键问题(检察官的地位、程序规则、证据规则和求助方法)。

但是我们已经清楚的认识到程序是不统一的。欧洲检察官的权限在扩大到国家之间的犯罪行为之前,首先是受到 PIF 条约(《欧盟保护金融利益条约》,本质上是超越国家的)的限制。而统一只涉及诉讼的准备阶段。欧洲检察官然后会根据国家审判的裁判权执行它的功能。国家机构和欧洲机构之间的联系就留给未来的欧洲法。可能那时候的欧洲法会在国家规则之间建立一种最低和谐要求。最后,程序不能停留在立法阶段,程序需要不断的调

---

[14] J. D. Jackson 还提出《参与模式》的说法,« The Effet of Human Rights on Criminal Evidentiary Processes: Towards Convergence, Divergence or Realignment? », *The Modern Law Review*, 2005, 68 (5), pp. 737-764.

整,就像我们在另外一个杂交程序的案例,即世界刑事裁判机构中看到的。

2.2 再调整:一个不稳定的阶段

国际刑事裁判机构远远早于欧洲刑事裁判机构,它在10多年前就已经建立了。[142] 一些专门法院(如南斯拉夫刑事法庭和卢旺达刑事法庭)在程序规则和证据规则方面已经进行了很多次改变(二十多次修改)。它因为主张权力的严格分离,主张禁止法官在出现困难时改动程序的规则而备受批评。这项改革却大大有利于混合模式的建立,这个模式也部分为国际刑事法院提供经验,仿佛第一个不稳定状态为第二个状态作了必要的调整。

一开始,人们提起混合模式的概念,甚至还被国际刑事法院的法官们大肆宣扬:"刑事诉讼程序中体现出来的哲学目的是在普通法的刑事诉讼程序和民法的法官居主导地位的诉讼程序之间保持平衡,同时确保正义。"[143] 但是不能排除统治的危险。从现存的规则来看,比如直接受了公法启发的有罪辩护,绝大多数的法官倾向于普通法原则。只有少数人[144]认为"国际刑事诉讼法是国内刑法概念和规则在国际应用中逐渐清晰的产物"。不是统一法律的结果,而是两种不同法律体系的"混合和融合"的结果。这两种不同的法律体系指普通法国家体系和罗马法国家体系。这里需要强调的是在国家之间,在没有独立的强制权的情况下,从单一法律体系中得出的概念的简单"机械的使用"会"改变和歪曲各国法律特性"。

随着时间的发展,我们却发现了一种渐进式的稳定。各种不同的改革加速了论证方法的平等性(刑事诉讼制模式)和法官的积极作用(法官主导的诉讼制度模式)。这里有一个典型的要求渐进式调整的例子。法官的整治首先在实践基础上确立起来,然后被纳入1998年7月修订案中(《南斯拉夫刑事法庭规定》的第65ter

---

[142] Symposium «The ICTY 10 Years on: The View from Inside», *JICJ*, 2 (2004), pp. 353-599.

[143] 1998年2月4日Delalic判决第20条。

[144] 参阅卡塞斯法官在 *Erdemovic* 案件中的不同意见,TPIY, appel, 7 oct. 1997, § 3 et 4.

条),监督是否尊重可受理规定,在一定程度上起到相当于"大法官或是普通法及某些民法体系中预审法官的作用"[145]。最后,根据国际刑事法院的规定,国际刑事法庭成立了预审法庭,从而延伸并加强了整治法官机构。

同样文件的微妙问题也会慢慢解决。连续的改革在证据的一般规则当中,"出于公平正义需要"(第 89f 条),逐渐引入了法官在口头上和笔头上接受证人的可能性,并消除了禁止间接证据的规定。同样道理,国际刑事法院的规章(第 64 条)重新确定了诉讼法的方向,这取决于法官而不取决于当事人双方(尤其是证人一方,第 64§6b 条)。

在其他方面,比如受害者的参与(第 68§3 条)问题,国际刑事法院的规定更加广泛,承认律师代理,这同罗马—日耳曼体系的"民事方"接近,因为只是辅助方,他的参与对诉讼的展开没有约束作用。

但是,在其他领域,稳定还没有达成,比如控告和辩护之间的协商。首先由于国际犯罪的严重性排除了控告和辩护之间的协商,但在实际当中,协商有可能是必要的,可是它的法律制度需要重新规定。虽然规章中承认有罪辩护(第 64§2 条),但这一规定(第 65 条)更多的是根据大陆法的承认有罪(忏悔)模式,而不是参照英美的有罪辩护模式制定的,并且在控方和辩护方的协商中没有给出任何指示。美国比较法学家米尔简·达马斯加(Mirjan Damaska)[146]看到了现在法律情况的混乱与复杂,把可怜的刑事法学家比喻成漂泊在海洋中的水手,没有罗盘,没有星星,没有任何指导他们的标志。他指出从一个模式到另一个模式要遵守不同的规则。这些规则表面上是不可和解的,尤其关于法官的作用和协

---

[145] 1999 年 10 月 5 日 Brdanin 判决第 13 条。

[146] Mirjan Damaska, « Negociated Justice in International Courts », *JICJ*, 2 (2004), pp. 1018-1039.

商的公开化方面。[147] 他得出一个结论,即由于杂交的特点和国际刑事司法的教育功能,我们需要创新,并提出实行特殊规则以避免任何猜疑,从而在一定程度上将协商透明化。但是对于法官的作用,答案是开放的,要么按照英美模式组成一个公共陪审团,要么按照大陆模式由法官组建一个对被告的询问团。

另外,协商这种西方主要的回避形式和程序简单化形式可以演变成其他法律传统和文化中的调停和和解形式。

但是我们还发现,不稳定性不仅仅是技术问题,它还会影响到法律混合过程的基础。法律制度的混合在本质上是被限制在西方法律之间的,尽管国际刑事法院接受的案件主要是来自非洲,但这种混合有可能会将其他各种传统以简单的方式进行同化。2004年6月检察官宣布在刚果展开第一次调查,试图对此进行调整,公开提出在决定进行调查的时候,考虑文化相对性和审判替代形式这个问题。[148] 事实上,这个问题应该被提出来,因为杂交这一概念在世界范围内不可能仅限于几个典型的西方国家。正义审判这一概念决定了分类("因为根据国际刑事法院章程第53条的规定,审查不是为正义审判服务"),它应该考虑到不同的审判替代形式(谈判、调解、和解)。

最后法律混合并不能简化成标准的制定。它重新提出了在法律条文不明确或者法律空白的时候,解释法律这一问题。诚然,我们知道国际刑事法院规定了国际法律原则和条款的实施以及法院从世界上不同法律体系中得出的基本原则(第21条)。但是并没有告诉我们怎样解决不同国家传统的分歧问题,也没有告诉我们怎样适应杂交的规则,所以需要明确规定实施的条件。这也是为

---

[147] M. Langer, « From Legal Transplants to Legal Translations: the Globalization of Plea Bargaining and the Americanization Thesis in Criminal Procedure », *op. cit.*

[148] 国际刑事法院检察官办公室, « Interpretation and Scope of "Interest of Justice" in art. 53 of the Rome Statute », Memorandum CPI, 7 mai 2004; M. Delmas-Marty, « La CPI et les interactions entre droit international pénal et droit pénal interne à la phase d'ouverture du procès pénal », *RSC*, 2005, pp. 473-481.

了达成一致和多样的统一程序所要求的。

3. 建立秩序的条件

卡尼维（Canivet）主席十分重视"自愿救济"行为（bénévolence）。如果说这一自愿救济行为是临时合作的关键因素的话，那么国家自主空间就是和谐过程的关键因素，因为国家自主空间既承认差别，又限制了过大的差别。共同结构也许就是建立统一多元化体系的关键因素。因为它规定了一个整体的一致性，同时又将移植和杂交区分开来。但是这个结构的概念显示了统一的法律整体超越国家的特点和统一过程的局限性，因为它深刻地改变了国家之间的关系特点，并遭到强烈的抵制。

3.1 共同语法规则

国际刑事法律的例子证明了法律制度混合形式的特点逐渐变得具有自主性，有别于国家形式。这种情况（混合和独立自主经常相伴出现[149]）已经在很多领域，如诉讼法（如刑事诉讼和民事诉讼[150]）、合同法或信托法[151]领域得以证实。这种独立化的结果是不可能事先达成一致意见，只能借用以前存在的制度。但是，除了技术规则以外，必须建立在指导性原则或元原则的基础之上，确切地说，是这些原则规定了共同的语法规则。前面提到的《法典大全》的制定就是建立在这样的思想之上的。为具有可行性，法律制度的混杂应该根据《欧洲人权公约》和比较法的规定，保持原则上

---

[149] J. de Hemptinne, «Hybridité et autonomie du règlement de procédure et de preuve du TPIY», in M Delmas-Marty, E. Fronza, E. Lambert-Abdelgawad (dir.) *Les Sources du droit international pénal. L'expérience des tribunaux pénaux internationaux*, op. cit., pp. 135-156.

[150] 关于民事诉讼程序，参阅 Ph. Fouchard, «Une procédure civile transnationale: quelles fins et quels moyens?», *Rev. dr. Unif.*, Unidroit, Kluwer, 2001. n°4, pp. 779-788; id. (dir.) *Vers un procès civil universel? Les règles transnationales de procédure civil de l'American Law Institute*, LGDJ, 2001.

[151] L. Fin-Langer, «L'introduction du droit du contrat en Europe», D. Le Grand de Belleroche, «L'intégration du concept de trust à l'échelle régionale et mondiale», in *Critique de l'intégration normative*, op. cit.

的一致性，以便在提出不可避免的新问题时指导法律解释。

在世界范围内，人权保护的国际手段提出的原则就是这样的，但是我们之前也看到了，刑事法官并不认为他们是通过这些国际手段联系在一起的，原因在于国际刑事法律的特殊性。另外这些原则也不够清楚，解决不了传统模式之间的分歧，尤其是以法官为主导的诉讼程序模式和刑事诉讼程序模式之间的差别。因此，有必要建立一种独立自主的语法规则，正如控告方和辩护方协商的技术问题所显示的那样，目前还缺乏这种独立自主的语法规则。为解决这个问题，应该回到混合刑事裁判的概念上，从而寻找规范解决问题的原则。传统的国家和国际辩护权保护原则（无罪推测或者对审辩论权利）是不够的，还应该参照国际刑事法律的特殊性，对此，人们提出了隐含的透明原则来指导实践模式。

随着问题的提出，制定符合混合制度发展的语法规则要求在国际普通法原则和国家主要刑法模式（因为它最终是要对有罪的个体进行处罚）相互交叉的地方进行更加系统的研究，而不是一点一点地规定整体协调因素。其中国际普通法原则，因为刑法和人权法之间独特的冲突关系（刑法对人权既保护又威胁），符合人权保护原则的国家之间的特性。

在民法相邻的领域，我们也看到了相同的要求。首先国际私法统一学会和美国法律协会抛出了一个跨国的民法诉讼程序项目，它是一个非常技术化的规则整体，后来才演变成了一个由两部分组成的项目，同时包括原则和规则。评论者在关于原则问题上没有使用语法规则这个词，但却清楚明了地表明它的作用。规则是根据唯一的美国模式写的，至于原则，是大陆法系最流行的原则，是以很概括、很抽象、很简洁的方式写的。[152] 这样写的目的是

---

[152] Ph. Fouchard (dir.), *Vers un procès civil universel?*, op. cit., voir « le procès équitable », in M. Delmas-Marty, H. Muir Watt, H. Ruiz Fabri (dir.), *Variations autour d'un droit commun*, op. cit.

使这些原则,无论在方法上还是内容上,都能够被不同的国家所接受。[153]

这样我们就明白了共同的结构和多元化之间的联系。为了避免统一被解释为一个统治模式的移植,应该对这样的共同原则加以定义。这个共同的原则是组成新法律形式的国家都可以接受的,我们为此而作出的努力也是必不可少的。

为了证明这一点,我们可以比较一下为国际刑事法庭和国际刑事法院建立的两种混合程序或者为混合法庭建立的混合程序(科索沃、塞拉利昂、柬埔寨)和伊拉克特别法庭。[154] 这样的法庭不是由国际法的法律条约设立的而是由统治者建议设立的,这样的法庭实行的诉讼程序混合了美国和伊拉克的刑事诉讼法,规则是移植的,也就是说是一种嫁接而不是混合。

问题是,这种模式可能引起反对嫁接,从而使整个体系陷于瘫痪。将以刑事诉讼制(意味着在陪审团面前举证,在中立的法官面前正反双方进行辩论)为基础的美国法规则移植到以法官为主导的诉讼制度(由预审法官进行,准备庭审资料)上时,这有可能会在法律和实践上走进一个死胡同:结果不仅仅是将对法官为主导的诉讼制度一无所知的国外建议强加给法官和检察官,迫使律师进行反调查,这与他们的法律文化相距甚远,而且也使诉讼程序变得更加繁琐,尤其是在调查阶段。因为调查应该依次在准备阶段由预审法官,然后是双方当事人在法庭上以证人出席反调查的形式展开的。[155]

虽然美国政府避免使国际刑事法官模式合法化[156],但是这种拒绝所有超越国家法律制度的做法恐怕会成为一个反面教材,并

---

[153] G. Mecarelli, « Les principes fondamentaux de procédure civile transnationale et les "nouvelle" règles transnationales », in Ph. Fouchard (dir.), *Vers un procès civil universel?, op. cit.*, p. 159.

[154] 参阅 *Le Relatif et l'Universel*, pp. 231, 240, 398.

[155] S. Zappalà, « The Iraqi Special Tribunal's Draft Rules of Procedure and Evidence: Neither Fish nor Fowl », *JICJ*, 2(2004), pp. 855-864.

[156] J. Alvarez, « Trying Hussein: Between Hubris and Hegemony », *JICJ*, 2 (2004), pp. 319-329.

且会间接促进这种模式的发展。总之,由于美国的抵制,值得考虑为统一化进程设立限制条件。

3.2 统一的限度

决定多元统一协调一致性的共同语法规则要求国家间关系的重大改变,因为要求从国家间关系过渡到超越国家间的关系。

除了政治上的抵制以外,争论还表现在刑事法律的不同方面。政治上是独立主义和普遍主义的对立;技术上是围绕法律国际化的不同思想,形成国际主义、刑事犯罪思想和人权专家之间的对立。

如果我们认为国际法是一个国家之间的法律,那就不用寻找共同语法规则了,只需要确定技术规则反对不受处罚的规定,"赋予国家主要机关一种国际责任形式,因为国家这些主要机关被认为是严重犯罪政策的起源。"[157]相反,从超国家法律这个角度看,司法裁判的合法性,即便不是国家的,也不能忽略刑事方面的规定,也就是要有严厉的惩罚制度来配合,包括剥夺人身自由权。这种司法合法性要求一个共同语法规则规定它足够的一致性,以保护受害者和被告,使他们不受专制的迫害。根据侧重点不同(是侧重于国家背后的国际责任还是刑法的超国家形式),法律混合制度可以被判定为无用的或者是必须的:如果只停留在传统国家之间的话,那就是无用的;如果保护的利益既不是国家的,也不是国际的,而是跨国的或者是超国家的,那就是必须的。

讨论也涉及被保护的利益。在刑事方面,对调查罪行本质的分析证明,这关系到对超国家利益的保护(根据《法典大全》危害欧盟金融利益,根据国际刑事法院和国际刑事法庭的规定,是"反人道主义罪"和其他触犯普遍价值的犯罪行为)。同样,合同法看起来也把世界统一限制在跨国合同上(国际私法统一学会原则或联合国在国际商品销售方面的公约)。而兰度委员会的欧洲原则或

---

[157] R. Maison, «Le droit international, les droits de l'homme et les juridictions internationales pénales», in G. Cohen-Jonathan, J.-F. Flauss (dir.) *Droit international*, *Droits de l'homme et Juridictions internationales*, *op. cit.*, pp. 121-139.

冯巴(Von Bar)小组的原则延伸到了所有合同上。[158]

根据审判利益是国家的、国际的、跨国的还是超越国家的,表面上看,优先于前两个和谐化,使后者统一,是一种符合逻辑的想法。但这两种形式应该区别开来,因为没有确保其实施的超越国家的司法裁判权。在实践中,国家法律需要同跨国利益和超国家利益保护相结合,相反,超国家法律要保持国家的管辖能力。这就是辅从性原则和互补原则的重要性。

应该承认对于一种类型的利益,可以是多种程序的组合。混合,即使稳定了也不能达到统一,成为一个完全独立的秩序,一种国家模式。它不可能同合作与和谐分开。无论是合作还是和谐化,当案情由国家裁判机构裁决的时候都是必须的。

在这个融合的多元化中,也许应该看看中国和西方的一和多结合在一起的传统救世主式预言的实现。但是融合只是一个乌托邦,最好不去追求。在"天地合气,万物自生。和谐也,乃天下太平"之前,有一项工作必须完成,这就是结合不同层次的组织,包括区域的和世界组织之间的互动程序,协调各法律制度,形成统一的秩序。

---

[158] 另外,关于私法存在另一种学术讨论,这一讨论将国际私法专家同(欧盟)共同体法专家对立起来。一些司法人员,像 Jean-Sylvestre Bergé 拒绝在部分统一的共同体法和国际私法之间作出选择。保留历史的观念,在将各国法律制度区别开的同时建设各国法律制度。这些司法人员试图在欧洲范围内(但是这种形式也可以转移到世界范围内)为"变化几何形的国际性"辩护,参阅:« Le droit d'une communauté de droit: le front européen? » in *Mélanges Paul Lagarde*, op. cit.

第二章

组 织 级 别

"整个事件,即使它们之间是互相联系的,也不可能从容地从杂乱无章的状态过渡到有组织的状态。"[1]在整个法律事件中,模式是可以换位的。即使通过之前分析的互动程序联系起来,标准和法律的一团乱麻也不可能轻易地转变成有足够自主稳定的组织,从而形成一种法律秩序。秩序是由国家确定的,法律组织本质上是属于国家层面的。

但是从20世纪初开始,学者们强调一些低于国家级别或者跨国组织的作用(专业的、宗教的甚至是犯罪组织)。每当人们提起法律多元化形式,人们自然会想到意大利法官桑迪·罗马诺(Santi Romano)。[2]这种法律多元化形式不再仅限于国家法律,而是会考虑到国家政府以外的其他机构组织。1918年桑迪·罗马诺出版了一部著作,他观察到在低于国家级别的或者跨国组织中存在这种分裂,他深信这种分裂也会在国际范围内发展。他仅仅提出国际秩序统一体的建议,认为花费很长时间来证明这一点毫无用处。

但是,从第二次世界大战以后(1945年),特别是"冷战"结束以后直到目前国际化的开始(1989年),国际化的进程比比皆是。这些进程朝气蓬勃,形成了一种"建立秩序"运动。但是这种运动并没有完成,只有少数能够建立一种真正的"法律秩序",也就是说,

---

[1] D. Andler, A. Fagot-Largeault, B. Saint-Sernin, « La Causalité », *Philosophie des sciences*, vol. 2, Gallimard, 2002, p. 920.

[2] *L'Ordre juridique* [*L'ordinamento giuridico*, Pise, 1918, 2e éd. 1945], Dalloz, 2e éd. 2002.

一种足够独立稳定的法律规定。皮埃尔-马里·杜比(Pierre-Marie Dupuy)在海牙学院(l'Académie de La Haye)为国际秩序统一进行辩护的时候[3]，提到其中的困难。他以区域性(区域法)和世界性(世界商法)为例，谈到他自称的"神秘的自给自足制度"。我认为，"制度"这一模糊词汇标志着使用像"体系"和"秩序"这样比较精确的词会让人们感到尴尬为难。

在建立秩序之前，我们前面讨论的互动过程实际上通过不断调整描绘了一个新颖的画面，一个与古老习惯破裂的要求建立新习惯的画面。也许"空间"这个词的含义不仅指地理上的，也指功能上的，甚至是结构上的，这种现象不是偶然的。在费尔南·布隆岱尔(Fernand Braudel)的历史建筑中，"空间"是解读文明时期的关键因素。但是这种看法"不能够同时了解地域式层级结构和时间上的先后顺序，时间的科学和空间的科学应该结合起来成为社会科学"[4]。

在法律领域也是如此，热拉尔·提姆斯特(Gérard Timsit)是第一个区分 l'On (Ordre normatif) 和 l'En (Espace normatif) 的人。这两个词分别代表标准顺序和标准空间[5]，并且明确指出这种方法上的二元性不是标准体系的二元性，而是指标准体系在这两种构成因素中的二元性：在等级关系基础上催生标准的等级系统(On)和隶属或包含在非等级整体中的标准的系统(En)这两种构成因素。[6]

如果在数学上，所属关系被看作是一种顺序关系的话，那么人们可以把这两种关系分开，认为一种关系反映了等级原则，另一种关系反映了非等级原则，数学上称之为包含。问题在于，在国际实践中，这两种原则不可能以纯粹的或完善的状态存在。实际上，人

---

[3] P.-M. Dupuy, *L'Unité de l'ordre juridique international*, *op. cit.*

[4] D. Roche, « L'espace et les historiens: pratiques et réflexions », in A. Berthoz, R. Recht (dir.), *Les Espaces de l'homme*, Olide Jacob, 2005 pp. 309-318.

[5] G. Timsit, *Thèmes et Systèmes de droit*, PUF, « Les voies du droit », 1986.

[6] *Id.*, « L'ordre juridique comme métaphore », *Droits*, 33, oct. 2001, p. 8.

们所看到的是机构(机构间的)、标准(标准间的)或裁判机关(裁判权间的)之间无休止的相互交织,毫无秩序可言。在这个独立性向依赖性让步的世界中,各种机构、标准和裁判机关的自主性变得越来越弱。这不是标准和机构的堆积,像沉积岩一样层层叠加[7],而是一种交错混杂,带有前面所说的互动性。所以要用"空间"这一概念来区别秩序和法律制度。

历史和法律之间的移位是永恒的:"空间的功能不再是增强稳定性的价值和衡量时局的泡沫,而是以动态的方式来思考什么可以促进社会变化,什么可能阻碍社会的发展。"[8]

"标准空间"一般是在不太关心放弃主权的国家间协商的,当这种"标准空间"不意味着,或者以一种不完整的方式意味着建立行政、立法和司法机构,以稳定整个法律制度的时候,这种"动态思考"就更具现实性。因此产生"几何变量"(甚至根据某个国家加入国际法的情况,可以用"地理变量"这个表达式)这个表达式,这个表达式反映的不是数学相似性,而是这种现象的复合多样性,尤其是在变化和与之相伴的不稳定性的面前作为观察者的困惑。

所以组织"等级"很重要,因为它要求标准和机构逐渐稳定,同时,像我们看到的欧洲共同体组织一样,有利于促进空间变成一种法律秩序。但是这种结构不是从国家范围到区域范围再到世界范围的线性建设。它将人权和市场分开,使经济一体化的多种模式对立起来;最后形成不同的时刻表:有时区域性组织先于世界性组织,比如"实验室";有时区域性组织是世界性组织的反应,企图改变方向或进度(通过加速或者减速影响)。

为了保持线型介绍,我们将从区域机构开始,因为对于这一层面,我们或者比较熟悉(如果仅限于欧洲结构),或者更为多样性(如果关系到其他地区组织)。

---

[7] C. Girard, «Procès équitable et enchevêtrement des espaces normatifs (réflexions sur la problématique générale)», in H. Ruiz Fabri (dir.) *Procès équitable et Enchevêtrement des espaces normatifs*, SLC, 2003, pp. 22-23.

[8] D. Roche,法兰西学院开课主题,1999.

第一节 区域性组织

对区域化问题的讨论不可能是详尽无遗的,至少我们应该意识到自 19 世纪以来开始的、由《联合国宪章》(第 VIII 章,《区域协议》)宣布的并发展至今的一个现象形式的广度及其多样性。人权的区域性一体化的规定只限于三个公约(1950 年的《欧洲人权公约》,1969 年的《美洲人权公约》,1981 年的《非洲人权宪章》)和几个没有监督机制的声明文件,比如:1990 年的开罗《伊斯兰人权宣言》,1994 年的《阿拉伯人权宪章》,经济一体化空间也在不断扩展,覆盖了地球的大部分地区。[9]

区域性的组织是经验性,不是从某个伟大基础项目开始的,而是从一个个具体目标开始的,渐渐演变成一个真正的计划。从目标到计划,应该寻找其稳定的条件,然后再阐释在人权和市场之间,一个欧洲两极刑事空间逐步稳定的方法。

1. 从目标到计划

区域化同全球化相对立,全球化试图让法律界具有统一形式,一种由世界贸易要求所塑造的完全唯一形式;而区域化似乎与土地和居民更加贴近。世界分成几块陆地以后,这些陆地的形态又被大河(多瑙河、尼日尔河、塞内加尔河、湄公河)或者被大海重新塑造(地中海、加勒比海、中国海、黑海、里海、甚至是波斯湾、太平洋或者是印度洋)。而他们也在历史的某个偶然的瞬间互相交战、和解、征服和反征服。尽管有些伟人,比如维克多·雨果对欧盟的

---

[9] J. Dutheil de la Rochere, «Mondialisation et régionalisation», in É. Loquin, C. Kessedjian (dir.), *La Mondialisation du droit*, Litec, 2000, pp. 435-453; J. Ténier, Intégrations régionales et Mondialisation. *Complémentarité ou contraction*, La Documentation française, 2003; L. Burgogne-Larsen, «Le fait régional dans la Juridictionnalisation du droit internationale», in *La Juridictionnalisation du droit international*, *op. cit.*

梦想,西蒙·波利瓦尔(Simon Bolivar)对南美洲共同体[10]的梦想,有时候被看成是神秘的创造者,但是在历史和地理事件的围绕下,他们的这些梦想看起来是不可能实现的。

要大概介绍一下经济一体化的区域性组织,其中只有几个是和人权保护相关的。类型介绍是不够的,因为这些现象首先是运动的。所以最好是观察一下这些运动,也就是观察一下这种动态变化是怎样根据创建国家战略发展起来的,变得越来越独立自主,拥有自己的动力。

1.1 创始国的战略

和联邦政府不同,一开始这些区域性组织建立的特点是围绕一个具体目标,而不是一个政治计划进行的;目标经常是经济方面的(自由交换区、海关联盟、共同市场、货币联盟),有时候是有关安全的(反恐斗争或跨国犯罪),有时候是卫生方面的(药品市场、预防艾滋病),有时候是生态方面的(保护生物多样化或者与气候变化做斗争),但是很少是有关道德的(保护人权或者是人民的权利方面的)。总之,与保持国家政府独立性相比,这些"主题式伙伴关系"[11]更多与全球化产生的相互依赖性有关,这些区域组织的多样性可以通过以下几个例子表现出来:

在北美,北美自由贸易协定(美国、加拿大、墨西哥)创立了一个资本和商品的自由贸易区,其中唯一共同政策来自环境和劳动的两项补充协议,既不包括团结一致的连带责任关系(没有结构性资金)也不包括移民(没有人员的自由流动)。相反,在南美,很多组织更倾向于政治,比如安第斯共同体(秘鲁、厄瓜多尔、哥伦比亚、委内瑞拉、玻利维亚),加勒比共同体或加勒比共同市场。尤其

---

[10] Rafael Bielsa,阿根廷外交部长暗示南美联盟玻利瓦尔理想模式(idéal bolivarien),参阅:http://www.liberacion.press.se/anteriores/041217/notas/turco.htm. 同时参阅安第斯山脉各国联盟秘书长的新闻通讯,Allan Wagner Tizon 14 nov. 2005:http://www.comunidadandina.org/prensa/notas/np14-11-05.htm.最后访问日期:2006年1月。

[11] 关于"主题合作伙伴关系",参阅:J. Tenier, « Universalisme et régionalisme: les chemins du partenariat », *Questions internationales*, 11, *L'ONU à l'épreuve*, La Documentation française, janvier 2005, p.72.

是南方共同市场或南美共同市场(阿根廷、巴西、乌拉圭、巴拉圭或者以后的委内瑞拉,作为参与国的智利和玻利维亚,然后是秘鲁、哥伦比亚和厄瓜多尔)。

1998年,南方共同市场加入了社会方面的合作,2002年阿根廷比索和美元的决裂打开了宏观经济政策合作的新局面。最后,2004年12月安第斯共同体国家加入南方共同市场,这一联合宣告了除海关同盟以外一种更加紧密的一体化形式。这种关系因为这些国家都属于《美洲人权公约》签署国而变得更加亲密。这也是南美国家共同体的由来。南美国家共同体于2004年在秘鲁原来的首都印加库斯科创立。只是由于美国的抵制,美洲自由交换区(ZLEA或西班牙语ALCA)没有能够成功地在整个美洲大陆推行北美自由贸易协定要求的自由交换模式。

我们再来看看非洲。由于殖民化形成了极度的分裂现象(2000年7个国家的人口不到100万,36个国家的人口不到1000万),非洲统一体组织完成了统一,并通过了《非洲人权和民族权宪章》(CADHP)。但是这个组织本质上是外交性质的。所以在2001年被非洲联盟代替。非洲联盟的目标是到2025年创立统一的非洲经济共同体。[12] 这一进程因为现在的形势状况,要分六个步骤缓慢进行,其特点首先是机构繁多(西部的两个组织,中部的一个组织,南部的一个组织,东非和南非的一个组织还有北部的阿拉伯马格里布四国),还有之前提到的非洲统一商法组织(OHADA),包括16个法语黑人非洲国家(包括喀麦隆)。但是非洲状况的特点是目标简单,主要集中在商业自由化和投资的法律安全方面。所有建立伙伴关系的计划要么需要面对资源的匮乏(西非和中非),要么需要面对国家之间的不平等性,也就是有利于处于主导地位的国家(尼日利亚和南非)。

亚洲也遇到了这些困难,尤其是南亚区域合作组织(英文缩

---

[12] 参阅非洲联盟主席的方案:A. O. Konaré, « L'Afrique est de retour! », in M. Auby (dir.), *Agir pour le Sud maintenant*, Éd. De l'Aube, « Proposer », 2005, pp. 22-35.

写为 SAARC),同样具有印度次大陆的不平衡性。但是南亚区域合作组织试图通过与贫困做斗争,通过推进健康和教育(2001年—2010 年致力于儿童权利保障)的发展将商业和团结一致的连带责任关系这一双重目标合二为一。

同样,东南亚贸易组织(ASEAN)聚集了东南亚很多国家,这些国家在经济、政治和外交上的差别特别大,比如新加坡、印尼、越南、柬埔寨、老挝和泰国。这个组织在"2020 年的前景"(Vision 2020)规划中提出要加强经济一体化,但是同时也强调要在菲律宾建立一个中心,打击跨国犯罪,这个组织还宣布了一个减少贫困和冲突的目标。[13] 但是它无法与亚太经合组织(APEC)竞争。亚太经合组织是一个真正的庞然大物,由澳大利亚和美国创立,有 21 个成员国,包括加拿大、中国、日本、俄罗斯,目标只有一个,就是商品交换和投资的自由化。

至于中亚、小亚细亚和欧亚大陆的组织,比如围绕伊朗和土耳其的经济合作组织(ECO),土耳其创始的黑海经济合作组织(BSCE),中国、俄罗斯和很多中亚共和国参加的上海组织或者海湾阿拉伯国家的合作组织。这些组织开启了另外一种模式,重视安全,也同样重视一体化。最后,应该把石油输出国组织(OPEC)排除在外,这个组织不按照地域的原则划分,而是以石油政策的和谐与否为原则;应该指出,根据阿拉伯民族构建的阿拉伯国家联盟的特性以及伊斯兰会议组织特性,这个会议组织是以宗教信仰为基础,一开始有利于成员国的合作,但也采纳了一些关于人权的建议,1997 年在伊朗的发起下,采纳了建立伊斯兰共同市场的建议。[14]

"主题伙伴关系"情形各异,很难预料这些组织是否可以成功的采纳一个真正一体化的计划,包括国家之间的团结一致连带责

---

[13] S. Boisseau du Rocher, «L'ASEAN entre crise de la souveraineté nationale et crise de la mondialisation», in *Souveraineté nationale et Mondialisation*, Séminaire francophone d'Asie du Sud-Est, Singapour, 2001, p. 59 *sq*.

[14] E. Beigzadeh, A. Nadjafi, «Les problèmes de régionalisation à géographie variable (le cas de l'Iran)», *APC*, 2001, p. 141.

任关系,即共同税收制度和共同公民资格;或者是否由于自由交换的强大模式而导致瘫痪。因为这种异质性和不稳定性而不可能对它们进行分类,尤其是随着机构的不断建立,发展自己固有的动力,他们的"独立自主化"有时候会把目标转变成计划。

1.2 区域机构的独立自主化

区域化从优先于行政权的会晤开始,第一批建立起来的机构被看成是强化了的外交论坛,随着承认在区域性机构中的法人资格,以及一些常设的具有处罚权的仲裁机构,或者类似的仲裁机关的出现,这些机构展现了自己真正的动力。这一动力因为承认立法权,甚至建立带有区域议会的共同审议空间而得以进一步发展。

在人权方面,创新和革命在于建立能够提供违法受害者上诉机会的人权法院。毋庸置疑,自从地区人权法庭可以对国家进行审判以来,国家的权威如果不是被抛弃,至少是被限制下来。[15] 但是,这方面的经验还是很有限。因为只有两个法庭(欧洲的和美洲的)证明了它们的有效性。至于第三个人权法庭,即非洲人权和民族法院刚刚成立,要衡量《非洲人权宪章》在非洲国家的影响似乎有些过早。人权法庭的独立自主化要求法庭在政治权方面走出自己的领地,要求摆脱"压在非洲法官身上的政治重担"[16]。

欧洲人权法院和美洲人权法院用了许多年的时间才实现独立。社会学家们在人权方面并不是很愿意提供帮助的,他们把人权的独立描绘成文明国家的橱窗,对欧洲人权法院所占据的位置感到惊讶。各国政府似乎给自己挖了一个陷阱,被这个他们曾经想实施但却不愿意相信也不过分怀疑的"开化机构"所审判。[17] 同样,仅仅几年的时间,美洲人权法院的作用似乎超过了各国意愿,就像我们之前所看到的案例那样,受害者有寻求帮助和公平诉讼

---

[15] M. Delmas-Marty (dir.), *Raisonner la raison d'État*, op. cit.
[16] J.-F. Flauss, «Propos conclusif», in J.-F. Flauss, E. Lambert-abdelgawad (dir.), *L'Application nationale de la CADHP*, Bruylant, 2004.
[17] M. R. Madsen, «Make Law not War», in *Sociologie de la mondialisation*, *Actes de la recherche en sciences sociales*, 151—152, 2004, p. 97 sq.

的要求,对国家司法裁判权具有一定的影响,以此为名义,使前政治领导人自动赦免法中立化(如智利皮诺切特事件,在阿根廷重新开庭审理[18])。阻碍整个美洲和谐化进程,在加拿大和美国依然没有获得批准。

在涉及经济一体化的时候,司法化没有什么革命性,过程缓慢,意义模糊。因此,北美自由贸易区是唯一一个在投资方面给公司反诉国家权力的组织[19],这有可能使它们的社会或环境政策受到指控,另外,同样的条款也出现在美洲的自由贸易交换区的计划中。在其他方面,可以建立一个特殊的仲裁机构来处理纠纷。但是美国通常倾向于在处理不利时寻求双边会谈,并不理会北美自由贸易区建立的商业规则。[20]

南方共同体的例子体现了另一种司法化过程。这种司法化倾向于共同体的超国家利益而不是私有利益。原始条约仅限于专门法庭的纠纷裁决,各成员国刚刚成立了一个永久性仲裁法庭(2003年12月3日的《奥利沃斯议定书》),总部设在巴拉圭的亚松森,并在2004年9月召开了第一次会议。按照近似于欧洲模式的方法由超国家处罚机构建立行政处罚制度,这是符合逻辑的(1996年《福塔雷萨议定书》)。这种私法化过程伴随着民事和刑事方面的合作而加强,通过各种和谐化手段实现的,包括:行动方案(1999年有关

---

[18] 关于这一问题参考相关研究 « Les institutions de clémence en Europe (amnistie, grâce, prescription)», 2006, (H. Ruiz Fabri, G. della Morte, E. Lambert-Abdelgawad [dir.]),尤其是 G. della Morte 关于世界法中特赦问题和 E. Lambert-Abdelgawad 和 K. Martin-Chenut 关于世界法规则问题。

[19] V. Loungnarath, « Les articulations juridiques de l'Accord de libre-échange nord-américain », in M.-F. Labouz (dir.) *Intégrations et Identités nord-américaines vues de Montréal*, Bruylant, 2001, p. 311 sq; J. Ténier, « Universalisme et régionalisme », *op. cit.*, p. 40. 关于投资的世界法律参看 *Le Relatif et l'Universel*, *op. cit.*, pp. 201-202.

[20] G. Gagné, « L'ALENA et le différend anglo-américaine sur le bois d'œuvre: le règne de la loi du plus fort », in *Intégrations et Identités nord-américaines*, *op. cit.*, p. 340; K. Milanova, « Systèmes d'information sur les traites d'intégration économique: L'exemple de l'ALENA », thèse, université de Montpellier, 1999.

毒品走私、有组织的犯罪方面以及环境犯罪领域的方案；2001年反对国际贸易犯罪方面的方案），公约（2000年有关洗钱的公约），甚至统一法典（1994年《欧鲁普雷图[21]议定书》提出的海关法典）。

最后，司法制度化过程有时候也伴随着立法性质的区域机构的建立，比如在非洲，建立了一个东非共同体议会，还有非洲统一商法组织[22]宣布成立的议会；在拉丁美洲，由四个国家议会签署成立的"联合议会委员会"筹备了一个"南方共同体议会"，提出一项议案，该议案已经在2004年7月提交到创始国国家领导手中。

的确，独立自主化要求一个可能的稳定状态，但还需要知道，区域化组织形成多元化的条件，换句话说，就是中和各种力量关系的条件。

2. 稳定的条件

这次闪电式的世界旅行表现出了区域一体化的双重性。一方面，"通过解构国家规则成为自由主义的工具"；另一方面，成为"更高层次的组织方法，很少具有政治意愿"[23]。解构和重建首先要面对力量关系各种凝聚因素的不稳定合力。因此，这也是稳定政治愿望要求的真正原因。政治意愿可以在地域交界之外，确定各国政治思想达成一致。这是必不可少的。

2.1 *权力关系和凝聚因素*

两者不总是相互矛盾的。因为存在一个共同的外部敌人向来都是凝聚团结力量的因素。就像以前非洲和美洲殖民国家所经历的那样。

但是在每个区域内部，权力的中立化似乎是必须的。在欧洲，虽然存在很多分歧，但是，考虑到大多数的利益，国家之间的平等还是得到了保持。因为战争以后，没有一个"大"国可以称霸欧洲。

---

[21] A. Alvarez, *Justicia penal y espacio regional en tiempos de reformas e internacionalización*, Ad Hoc, 2004.

[22] Ph. Fouchard (dir.), *L'OHADA et les Perspectives de l'arbitrage en Afrique*, Bryulant, 2000.

[23] J. Ténier, «Universalisme et régionalisme», *op. cit.*, p. 221.

也许有称霸的野心,但是这种野心被大国之间的中立化和各国防线的建立所分散。另外,欧洲的计划明显建立在"超越以往的分裂,打造共同命运"(《欧盟宪法条约》前言)的意愿基础上。目前的危机不是出现在这个共同意愿上,而是出现在实现共同意愿的速度上和节奏上(参看本编第三章:转变的速度)。

当存在地理和(或)外交不平等时,这种超越还很困难,因为它会倾向于某一个国家,比如拉丁美洲的巴西,南亚的印度,远东的中国或者欧亚大陆的俄罗斯,还有经济上的分歧(非洲的南非和尼日利亚,亚洲的日本),尤其是当分歧同时是经济上的和军事上的时候(美国)。这些内部不平衡性只有在凝聚团结因素足够充分的时候才能被克服。

诚然,凝聚力首先在于每个区域的文化、语言、有时候是宗教因素。但是凝聚力并不局限于历史层面。稳定化的进程也体现了具有意志主义的政治规划上,表达一种"打造共同命运"的愿望,正如《欧盟宪法条约》所展现的那样。为了实现这些计划,根据内外团结凝聚的形式而有所区别。

在外部,法律资格使区域组织筹备同世界组织进行协商,尤其是和世界贸易组织进行协商,并且对决定起作用。法律资格同时有利于区域间的横向关系(比如南方共同体/加拿大,欧盟/南方共同体或欧盟/北非四国),使一些区域性组织与国家的合作变成可能(东南亚国家联盟/中国,非洲商法协调组织/法国)。

在内部,经济和政治一体化的工具是团结一致的连带责任关系和公民资格。但是法律一体化更加复合多样。因为危险解构一个建立在伦理道德价值基础上的国家制度,从而建立一个自由交换和自由流通的空间。在这种情况下,整体之间的相互交叉十分重要。换种更符合大家意愿的说法,就是整体趋同性的重要性。

2.2 相互交叉和整体趋同性

创造各种地区性整体制度,反映了很多相互交叉的地方。墨西哥是《北美自由贸易协定》的成员国,也是将来南美国家共同体的候选国,同时区别于加拿大和美国,作为拉丁美洲国家加入了《美洲人权公约》。

在欧洲大陆,处于欧亚之间的土耳其比较特别。土耳其是黑海经济合作组织(BSCE)的倡议国,随着1998年在雅尔塔签署的《黑海经济合作组织章程》的生效,黑海经济合作组织正式成为一个一体化组织,尤其在刑法领域(反对有组织犯罪,毒品、武器和放射性原料的走私,反恐和非法移民)加强合作;同时土耳其还是总部设在德黑兰的伊斯兰经济合作组织(ECO)成员国;但这并没有影响它成为欧洲委员会成员,加入《欧洲人权公约》和欧洲人权法院个人上诉机制。最后,正如人们所知,土耳其还是欧盟的候选国,自1996年起双方缔结了关税同盟。关于土耳其这个候选国的问题的讨论以及地理、历史因素的重要性也许证明了将来要考虑的政治困难,不要将它局限于历史当中;但是同时还需要解决因为多属性而产生的法律问题。只要每个组织采纳自己的法律标准,有时是自己的裁判权限,冲突的风险就会增强,除了现实情况外,还要求采取更加主动自愿的措施,划定出"融合趋同的路线"。

"融合趋同的路线"是雅克·泰尼尔(Jacques Ténier)提出的,主要致力于经济逐渐融合趋同计划(例如通过《马斯特里赫特条约》建立起来的欧洲融合计划,以及非洲经济共同体计划,该计划预计通过六个步骤完成,实现从现在次区域分离状态过渡到大洲层面的区域化)。他从中看到更好地衔接地区与世界之间关系的可能性:"通过结构调整计划,区域可以获得独立自主,这是国际货币基金组织拒绝赋予国家的权力"[24]。相反,区域可以成为参与世界级活动的中转站,就像我们看到,欧洲委员会批准关于气候变化的《京都协定》,以及马格里布国家同盟在联合国条约框架内认可沙漠化研究一样。

由于多重归属,同时施用各种不同标准体系会产生很多冲突。为了解决这些冲突,也许应该从法律意义上来理解融合趋同的含义。因为随着一体化围绕着经济和道德这两极的发展,它们之间的关系也越来越紧张,比如人权问题。在欧洲,欧洲议会和欧盟地域上的部分重合(欧盟所有成员国参加欧洲议会,并批准《欧洲人

---

[24] J. Ténier, « Universalisme et régionalisme », *op. cit.*, p.214.

权公约》)使这种紧张关系更突出了,尤其是在刑法方面。但是这也有利于前面提到的因为司法裁判惯例解释的相互交织而趋向兼容。但是在其他地区,地域上的不重合产生一些无法解决的法律问题,使得一个国家在处于相互矛盾的国际行为中动用武力。因此,墨西哥同时参加了《北美自由贸易协定》和《美洲人权公约》,这样不能冒着违反人权的危险拒绝实施自由交换所规定的措施。我还记得,2004年9月在关于拉美刑事一体化的研讨会上,我天真地建议,可以在和美国刑事合作双边条约中摒弃违反《美洲人权公约》的条款,在听到这个建议时,我的墨西哥听众脸上露出了苦笑。总之,那天我更深刻地理解到,墨西哥这一候选国对于未来南美国家共同体的重要性。《美洲人权公约》中有很多这样的国家。

在我们对经济一体化组织和人权保护区域性机构进行对比的时候,无论是处理紧张关系,还是填补空白,整体趋同只有在实现了各种法律国际化手段相互兼容和同步的时候,才能做真正意义的"政治"选择,也就是价值选择。

在以后的章节中,我们还会回到同步这个问题上来。但是从目前来看,欧洲刑法两极(一是经济一体化,另一个是人权)空间的建设经验,阐明了(包括失败、缺陷和缓慢进程)相互兼容的思想。

3. 欧洲两极刑法空间的建设

欧洲刑法建设还没有完成,这里之所以用单数(一个欧洲刑法空间)不是为了宣布各国刑法制度的消亡,而是指它们有可能融入一个空间,就像1999年坦佩雷峰会上向我们描述的那个"自由、安全、公正"的空间(第I-42条和第III-257 TC条)。

事实上,只要在刑法领域,这种良好的和谐总是以更缓慢、更迂回的方式进行,如果只阅读条约的话,我们无法相信这种进程会实现。现在的情况首先以欧洲两个主要组织之间的紧张关系为特点。

3.1 人权的欧洲和安全的欧洲之间的张力

"安全/自由"这对自古以来既存的争议远没有平息,自美国"9·11"恐怖袭击事件以来又成为一个现实的问题。而且这个问题,因为斯特拉斯堡和卢森堡两个法院所管辖的两个不同的标准体系的二元对立而上升了一个级别。

欧洲属于仅有的几个同时采取了经济一体化和道德一体化的区域。它的经济一体化是从欧洲共同体的三个创立条约开始的(首先是欧洲煤炭和钢铁共同体,接着是欧洲经济共同体和1950—1957年的欧洲原子能共同体)。它的道德一体化是从欧洲议会和1950年的《欧洲人权公约》开始的。一开始,刑法一体化既没有被经济一体化也没有被道德一体化列为直接目标,但是却通过欧洲两个法院的裁判惯例解释零星地出现在经济一体化和道德一体化之中。一体化机构的二元性导致了欧洲刑法建设的二元性。

二十多年前,我们认为刑法和谐的主要推动者是《欧洲人权公约》。的确,公约的影响力只是间接的,刑法一体化的效果没有一下子表现出来。因为公约很少参考刑法案例(第2条和6号议定书中规定的死刑和合法辩护,第5条和第6条的刑事诉讼,第7条刑事的不可追溯性,4号议定书的一事不再理原则)。但是在裁判惯例解释中,"结构限制"的范围有时候使欧洲刑法政策达到统一(废除死刑)或者经常使刑法政策和谐化。[25]

但是在同一时期,先后在共同体和欧盟发现了另一种影响,即:尽管1957年的《罗马条约》和1992年的《马斯特里赫特条约》都没有赋予共同体权力机构直接刑事管辖能力,但共同体法参与犯罪政策越来越明显。我们可以清楚地观察到国家刑法标准中立化的影响。这种影响可以被认为是与条约不兼容,因为它相当于对共同体内部商业起限制作用。案件中被排除在处罚之外的刑法部分直接由法庭处理,而不需要立法者介入,这样的现象在很多领域出现(反对销售、不正当定价、推销、违禁广告、税法、海关……)。相反,在国家立法者没有决定参与的时候,将威胁共同体利益的行为(比如对产品的产地和质量做假,或者在预算上做假)定为犯罪,

---

[25] M. Delmas-Marty (dir.), *Raisonner la raison d'État*, op. cit.; id., «Contraintes du droit européen des droits de l'homme», *Les Grands Systèmes de politique criminelle*, PUF, 1992, p. 373 sq.; «Contraintes du droit communautaire», *ibid.*, p. 357 sq.

这种激励犯罪定性的方法依然没有任何效果。

自 1997 年签订《阿姆斯特丹条约》，同时制定了"共同行动"以来，尤其是从 2000 年《尼斯条约》的框架决议要求转移到国家内部法上，但没有强制要求事先批准，有可能促进在刑法方面用量过度以来，情况完全变了。无论是反对恐怖主义、娈童罪、色情，还是有组织的犯罪或者在欧洲逮捕令诉讼案件方面[26]，人们担心欧洲会出现"超安全意识形态化"[27]。2005 年 9 月 13 日，法院迈出了新的一步，承认"如果原则上刑事立法和其他刑事程序一样，不隶属欧共体的管辖职能"的话，那么这一现象，在"由国家管辖机关平衡并具有说服力地施用有效的刑事处罚时，这种实施方法在构成必要的措施来反对严重危害环境的行为"的时候，将不会"妨碍共同体立法者""采取同成员国刑法相关的措施"，而且，"认为这是有效保障环境保护标准的必要性"[28]。换种说法，在已经共同化了的领域，比如环境保护领域，共同体可以直接强制国家进行刑事惩罚。

对刑法"用量过度"担忧，由于欧洲警察权力的提升而加强：自从《申根协定》和"申根信息制度"被采用以来，跨境警察已经宣布设置欧洲犯罪记录，这是欧洲委员会建议设置的，尤其欧洲刑警组织创立以来（1995 年公约）[29]，同时又成立了金融警署和欧洲反走私局（OLAF，1999 年规定）；最后在危机警民合作管理框架下成立

---

[26] *Le Relatif et l'Universel*, op. cit., pp. 281-307；关于新的宪法纲领的建议（没收，欧洲获取法律证据凭证，反对毒品走私），参阅 S. Manacorda, chr. « Droit de la Communauté et de l'UE » RSC, 2004, pp. 969-977.

[27] W. Capeller, « Criminalité du risque et harmonisation pénale », in M. Delmas-Marty, G. Giudicelli-Delage, E. Lambert-Abdelgawad (dir.), *L'Harmonisation des sanctions pénales*, SLC, 2003, p. 492；*adde* les débats dans la doctrine italienne (A. Bernardi, « L'européanisation de la science pénale », APC, 2004, pp. 5-36) et allemande (E. Malarino, « La discussion sur le droit pénal européen dans la doctrine allemande », RSC, 2006.

[28] CJCE, 13 sept. 2005, affaire C-176/03, § 47 et 48.

[29] C. Chevallier-Govers, « De la coopération à l'intégration policière dans l'Union Européenne », thèse, université Paris II, 1998；*id.*, « De la nécessité de créer une police européenne intégrée », RSC, 1999, p. 77.

了由武装力量保障的警备力量。[30]

在司法方面,欧洲司法合作组织(Eurojust)聚集了各个成员国的大法官,他们的地位和权力根据各国情况而有所不同。欧洲司法合作组织的法律规定十分脆弱,仅限于方便各国政府间的司法合作。这一合作早就在欧洲司法网络中存在,现在合在一起,只是勉强实现真正的国家调查合作。[31] 尽管在命名上看起来是对称的(Europol/Eurojust),而且国家传统是通过司法机构为警察机关的监督管理进行辩护,但在实践中却无法让人认可,也不可能将欧洲司法合作组织对欧洲警察的监督管理,或者欧洲检察官对欧洲反走私局的监督(自1997年起前面提到的《法典大全》草案早就提出这样的建议)纳入原则中。作为欧洲反走私局检查委员会主席,我记得我们多次和负责司法和内务的维托里诺(Vittorino)局长讨论过警察的控制问题。他和我们委员会其他成员一样,都意识到问题的重要性,但是面对各国的抵制和现存机构的惰性,他不得不放弃,因为现在机构很明显不想放弃他们的自主权。《欧盟宪法条约》显示了创立欧洲检察官的可能性,应该可以解决欧洲反走私局调查监督的问题,但是,它却将自己的管辖权局限于(除非各国政府提出相反意愿)欧洲利益保护方面(《欧盟宪法条约》第III-274条),并将欧洲警察的监督活动限制在政治领域,由欧洲议会执行,或者必要的时候由国家议会执行(第III-276条)。

这些未解决的紧张关系有利于各国政府的抵制行动,最近在欧洲法律凭证问题上有所表现。如果说意大利是唯一一个还没有将框架决议纳入国内法的国家的话,那么各国法官们几乎都会用到协议文本中允许的可能拒绝条件。因此在法国,最高法院拒绝执行巴斯克恐怖主义案件中西班牙法官提出的执行法律的凭证,因为部分违法行为是在法国领土上进行的。[32] 更有甚者,德国宪

---

[30] « Polices d'Europe, politique étrangère et sécurité commune », *RSC*, 2004, pp. 549-631.

[31] A. Weyembergh, « L'harmonisation des procédures pénales au sein de l'Union Européenne », *APC*, 2004, p. 61.

[32] Crim., 8 juill. 2004, *JCP*, 2004, p. 395.

法法庭为了审查是否与德国法律相符,于 2004 年 11 月 24 日暂缓执行 2004 年 7 月 21 日通过框架决议的法律,并颁布了一项被认为不符合宪法的法律(2005 年 7 月 18 日决议),因为它以不成比例的方式干涉到了不允许引渡的德国侨民法(《基本法》第 16-2 条),并且违反了救助法原则(《基本法》第 4-19 条[33])。最后,关于这个问题,我们还可以设想,执行欧洲逮捕令也许可以成为向欧洲人权法院提出上诉的理由。[34]

所以需要找到一种共同性,可以将同刑法一体化规定相对立的二元性转化成建构刑法一体化规定的两极性。

3.2 两极刑法空间趋同融合路线

两极刑法空间是一个没有消除安全和尊重人权之间紧张关系的空间,这种紧张关系也许是必须的,但以两极为基础建立一种动力,一个可以引导趋同路线和通过互相平衡组建的动态空间。

在欧洲,最初的路线没有名称,非常漫长,非常崎岖。他们一步一步地寻求整体一致:要么通过国家宪法法院作为中介[35],就是我们之前提到的德国法庭的例子,但是它的整体趋同影响仅限于所考虑的国家,只是间接地影响欧洲一体化;要么诉诸欧洲人权法院,但是诉状不能对欧盟提出控诉,因为欧盟不属于《欧洲人权公约》签约国;只能对国家政府提出控诉,因为国家政府将执行仲裁裁决书[36]或者将标准转为国内法[37];要么对欧盟所有成员国提出

---

[33] 2 BvR 2236/04. Voir S. Manacorda, chr. « Droit de la Communauté et de l'UE », *RSC*, 2005, 4.

[34] 关于"反对恐怖主义的共同态度"问题向欧洲人权法院起诉,参阅 G. Cohen-Jonathan, « L'adhésion de l'UE à la CESDH », in *Quelle justice pour l'Europe?*, Bruylant, 2004, pp.59-76, p.68.

[35] F. Garron, « L'interprétation des normes supralégislatives en matière pénale », *RSC*, 2004, pp.793-802.

[36] Affaire *Meelchers et Co. C. RFA*, CDH, 9 fév. 1990.

[37] Affaire *Cantoni c. France*, CEDH, 15 nov. 1996, Rec., 1996, V; affaire *Bosphorus Hava... c. Irlande*, 30 juin 2005.

控诉。[38]

  一直到现在,很少有查禁的现象,因为两个法院都很谨慎,还有回避战略。[39] 但是,从此以后,共同体的刑事法,因为框架决议的出现而变得更加有利(因为主要支架消失,新的有关刑法协调一致性的规定出现,将会批准通过《欧盟宪法条约》),它的发展可以成为冲突增长的来源。为了消除这些冲突,欧洲委员会看起来应该改变一切镇压政策,使之有利于发挥"护盾"功能,尤其是通过提出一项有关刑事诉讼程序的程序法的新框架决议。[40]

  另外,《欧盟宪法条约》开启了一些更为直接的路线(《欧盟宪法条约》第 I-9 条),一方面,规定承认条约第二章基本法宪章中所宣称的权利、自由和原则;另一方面,规定欧盟具有法人资格,加入《欧洲人权公约》。[41] 第二项规定,尽管"没有改变欧盟的职能",但还是允许直接向斯特拉斯堡法院提出上诉,指控共同体法律的实施违反了《欧洲人权公约》,这大大缩减了目前的路程。它还有利于二元性向两极性的转变。但如果欧洲法律有可能实现宪法监督的话,也许宪章的实施可以开辟一条最短的道路。因此所有的欧洲法或框架法,尤其是刑法,有时候会违背宪章。虽然关于恐怖主义的框架决议已经开始实施,但是根据明确的合法性原则(《欧盟宪法条约》第 II-109 条),也许应该对一些违法行为的模糊定义提出质疑。

  只要《欧盟宪法条约》还没有被批准通过,那么在这过于早熟

---

[38] 参阅以欧盟一审法院宣判的处罚为基础的 *Société Senator Lines c. les quinze États membres de l'UE* 的申述,*RUDH*,2000,p. 119 *sq.*,随后一审法院撤销了处罚:G. Cohen-Jonathan, « L'adhésion de l'UE a la CESDH », *op. cit.*, p. 68;最后,欧洲人权法院作出不可受理的决定。22 juin 2004, *RUDH*, 2004, p. 109 *sq.*

[39] 参阅以上说明,同时参阅 A. Bernardi, « Entre la pyramide et le réseau: les effets de l'européanisation sur le système pénal », *RIEJ*, 52, 2004, pp. 1-48.

[40] A. Weyembergh, « L'harmonisation des procédures pénales au sein de l'Union Européenne », *op. cit.*, p. 45;S. Manacorda, chr. « Droit de la Communauté et de l'UE », *op. cit.* (*RSC*, 2004), p. 976.

[41] G. Cohen-Jonathan, « L'adhésion de l'UE *à* la CESDH », *op. cit.*

的预测性实践中走得太远是无济于事的。但是我们可以记住欧洲的例子,区域化本身既不好也不坏。因为所有一切都取决于区域空间结构化的方法。至少经济和人权这二元性的存在,如果能够转化成两极性的话,就可以打开逐渐趋于平衡的可能性。在其他地区也是如此,从相似的结构开始,在共同的机构内部开始某种刑法整合(南美和非洲)。

但是,这样的平衡看起来很难应用到世界层面,因为国际化形式更分散。即使创立了国际刑事法庭,刑法一体化整合看起来有所发展,因为缺乏世界人权法院,这有可能大大减弱世界组织的稳定性。

第二节 世界组织

我们还生活在1945年6月创立联合国组织的《圣弗朗西斯科宪章》(Charte de San Francisco)和1948年12月在巴黎通过的《世界人权宣言》所描绘的世界秩序蓝图之下。这个秩序表面上看原则十分清楚(通过集体安全实现和平,普遍基本法,因为它是不可分割的),层级结构也很简单(由联合国大会、联合国安理会、经济和社会理事会、监督理事会、总秘书处和国际审判法院构成)[42]。

虽然这一计划在人权、商法、健康法、环境法等各种领域中增加具有法律功能的措施手段,但是这个秩序在下面一系列的政治混乱中迷失了自己,如:殖民体系的解体、"冷战"、苏联解体、全球化、国际恐怖主义的发展。"冷战"以后联合国从51个成员增加到191个国家,在意识形态上已经产生分裂:从《世界人权宣言》分裂成1966年的两个公约,基本权利法的不可分割性没有坚持下来。

---

[42] J.-P. Cot, A. Pellet, M. Forteau, *La Charte des Nations Unies. Commentaire article par article*, Economica, 3e éd. 2005; Ph. Moreau-Desfarges, « L'ONU a soixante ans », in T. de Montbrial, Ph. Moreau-Desfarges (dir.), *Ramsès* 2006, Dunod, 2005, pp. 31-46; *Questions internationales*, 11, L'ONU à l'épreuve 2006, La Documentation française, janv. 2005.

接下来的全球化使国际化[43]的因素突然爆发,直至使法律世界化和世界化法律对立起来。法律世界化围绕人权将国内法律秩序进行比较,试图使全球化"文明化";而世界化法律建立起与市场有关的特殊规则,象征回归到本质状态。[44] 我们因此发现,国家主权更多的受全球化的威胁,而不是受普遍主义的危险。

这不仅仅是经济方面,因为:全球恐怖主义的出现(美国"9·11"恐怖袭击事件),以及以"反对恐怖主义战争"形式出现的对恐怖主义的打击,这些使犯罪与战争、内部与外部、单边行为与多边行为之间的界限逐渐消失。2005 年 7 月 7 日的伦敦事件把全球恐怖主义的特殊性表现得一清二楚,全球恐怖主义使地球变成了一个共同空间。我们无法将敌人置于其外(如同对外战争一样),也不能在内部加以识别(如国内战争一样)。我们的敌人是看不见的,他们分散在各个地方,无法定位。更广一些说,全球化要求我们建立一个没有外围的共同空间。2005 年世界峰会的最终文本把恐怖主义和国际犯罪放在第三章有关和平和集体安全的那一个部分[45],就在解除武装和不扩散(第 65—72 条和第 93—96 条)规定之后,这样做也许并非偶然。无论是犯罪、危险、经济和金融的流动,还是网络信息流通,在政府间协议频繁签署的同时,相互依赖性正在削弱国家的独立性,促进一种独裁而不是民主模式,这

---

[43] M. Delmas-Marty, *Vers un droit commun de l'humanité*, Textuel, 1996, 2ᵉ éd. 2005, *Trois Défis pour un droit mondial*, Seuil, 1998;« La mondialisation du droit: chances et risques » D. 1999, p. 43; A.-J. Arnaud, *Entre modernité et mondialisation. Leçons d'histoire de la philosophie du droit et de l'État*, LGDJ, 1999, 2ᵉ éd. 2004; B. Auby, *La Globalisation, le Droit et l'État*, Montchrestien, 2003; M. M. Salah, *Les Contradictions du droit mondialisée*, PUF, 2002; E. Loquin, C. Kessedjian (dir.), *La mondialisation du droit, op. cit.*; C-A. Morand (dir.), *Le Droit saisi par la mondialisation*, Bruylant, 2001.

[44] J. Chevallier, « Mondialisation du droit ou droit de la mondialisation », in C.-A. Morand (dir.), *Le Droit saisi par la mondialisation*, *op. cit.*, p. 36 sq.; F. Ost, « Mondialisation, globalisation, universalisation, s'arracher encore et toujours à l'état de nature », *ibid.*, p. 5 sq.

[45] 2005 年 9 月 15 日联合国大会。

种形势要求一种"世界内部政策"。哈贝马斯证实了这种政策的必要性和紧迫性[46],但还需要在实践中创造。

世界化这个词不是指一个已经建立起来的世界法,人们可以明确规定它的组成部分;这个词指的是一种运动,引导我们实现受约束的统一性和世界性。正如诗人爱德华·格里桑(Édouard Glissant)所描述的,这是一个"混乱不堪的世界",同世界化有明显区别。诗人用这种描述让我们看到,"这是次史无前例的冒险。它让我们平生第一次,如此真实,如此迅捷震撼地生活在这个世界中,这个综合了一和多,且又错综复杂的世界。"[47]的确,这是前所未有的冒险,包括在法律领域,法律的构成有时是多种的,但很少是多元化的。

与区域运动相反,第二次世界大战之后构想的世界蓝图分化成分散的法律客体,这些法律客体随着分散的国家战略或者跨国战略、企业战略任意趋向世界化。世界刑法空间正在形成,处在普遍化和全球化的交汇处。这一空间也许可以成为将普遍化和全球化联合在一起的一种方式。但是刑法方面的例子也是一个反例,因为它显示了法律危险和世界化的政治局限。在世界化中多元化没有保证。为了铸就一个真正的秩序,还要确定多元化的稳定条件。

1. 从世界规划到世界化目标

最近10年所发生的众多事件有一个共同点,就是事件既有利于分裂又有利于私有化。分裂是围绕散乱的客体分散世界法律规定;而私有化是为了保护私有利益而模糊共同计划。

1.1 分裂

在这里我们不再作状况统计。[48]我们还记得以前在普遍概念(人权、从反人道主义犯罪和人类共同遗产中体现出来的人性、市

---

[46] J. Habermas, *Une époque de transitions. Écrits politiques* 1998—2003, Fayard, 2005, p. 124 et 163.

[47] É. Glissant, *La Cohée du Lamentin*, op. cit., p. 15.

[48] M. Delmas-Marty, *Le Relatif et l'Universel*, op. cit.

场)和全球化对策方面(针对全球犯罪、非物质流通和全球风险的应用法)观察到的分划。我只想举几个客体分散的例子,这些客体要求在不同级别的组织中迂回进行。

作为法律普遍化的标志,人权代表了分裂正负面的特点。因为它在不同空间(国家、地区和世界)上的纵向分配(《世界人权宣言》的制定者早已预测到这一点)可以为多元的、不断发展的一体化提供便利。[49] 但是部分区域性法规的不承认(北美),过程的缓慢(非洲),缺乏稳定的司法监督(《伊斯兰宣言》和《阿拉伯宪章》),最后,更为彻底的是,在世界各个地方都缺乏区域性人权保护机制(非洲、中东、亚太),这些都大大削弱了原始计划。

此外还有,1966 年签署联合国《公民权利及政治权利国际公约》和《经济、社会及文化权利国际公约》之后,民权、政治权利和经济社会权利分离,造成瘫痪影响。这一分离允许选择性批准(美国只批准一个公约,中国批准了另一个公约),同时也葬送了不可分割原则。而人权的普遍性或者可普遍化特点只有在每个人都承认所有的基本法具有同样重要性的时候才能被人们所接受。

因此,受到威胁的是整体法律制度,因为:世界宣言不能起到指南针的作用,世界法律空间面对的是普遍化的分裂。换句话说,法律的全球化会以在法律上具有识别和建设能力的强国和经济参与者的目标为中心展开。因此,贸易交换法因为争端调解机构(ORD)的存在而享受着快速法律化进程,而我们更希望通过美国法甚至欧洲法在更广泛的领土以外的应用来协调竞争,而不是采用和所有人对立的经济法体系。[50]

分裂并不妨碍法律比较产生积极影响。由关贸总协定(GATT)发起、通过 1994 年世界贸易组织的创立[51] 才真正开始推

---

[49] R.-J. Vincent, *Human Rights and International Relations*, Cambridge Unviersity Press, 1986; J. Morsink, *The Universal Declaration of Human Rights, Origins, Drafting and Intent*, University of Pennsylvania Press, 1999, p. 20.

[50] *Le Relatif et l'Universel*, op. cit., p. 106 sq

[51] H. Ruiz Fabri, « La contribution de l'OMC à la gestion d'un espace public mondial », in E. Loquin, C. Kessedjian (dir.), *La Mondialisation du droit*, op. cit., p. 347 sq.

行的贸易世界化,也许有利于中国健全法治社会[52],就像在欧洲共同体内部有利于采取共同立场一样。众所周知,在这一过程中,欧盟代替各国政府,直接与世界贸易组织对话。

但是在实践中,每个碎片的组织级别和一体化能力取决于各国能够接受的法律手段和国家同意分享的主权。在全球性风险(生态、生物科技、卫生或者社会)方面,他们的退缩说明世界法律空间的脆弱性。环境法没有世界性组织[53],而健康法隶属世界卫生组织,就像劳动法隶属国际劳工组织一样,不受超国家司法机关的监督。这种脆弱性是同个体分离相结合,为了一些具有良好组织性的空间,比如商法,而建立一种不对称性,从而有可能构成一种实际的等级制度,或者让矛盾悬而未决。

事实上,横向的分裂是矛盾的来源,就像我们在《京都协定》和世界贸易组织规定中所看到的那样。最大的矛盾是美国拒绝加入《京都协定》,而美国是世界贸易组织里的重要成员。但是国家之间差异原则是考虑国家多样性必不可少的因素,产生国家内部失调,很大范围内提出"同气候法律制度与大气的商业方法相兼容[……]这个共同利益概念"问题。[54]

同样的问题出现在其他领域,比如医学研究领域,尤其是有关疫苗和药品方面。我们发现在这个领域中,以普遍性的名义,拒绝考虑国家特殊性,通过全球化强制实行西方标准(ISO 标准,国际

---

[52] L. Choukroune, « L'accession de la République populaire de Chine à L'OMC, instrument de la construction d'un État de droit par l'internationalisation », thèse, université Paris I, 15 déc. 2004.

[53] 关于建议补充世界环境组织提出的"国际半岛中缺失的岛屿"问题,参阅经济与社会委员会,P. Jacquet, J. Pisani-Ferry, L. Tubiana (dir.), *Gouvernement mondiale*, La Documentation française, 2002, p. 95 *sq*.

[54] L. Boisson de Chazournes, « Le droit international au chevet de la lutte contre le réchauffement planétaire: éléments d'un régime », in *L'Évolution du droit international*. Mélanges *Hubert Thierry*, Pedone, 1998, p. 54.

标准组织),带来了很恶劣的影响。[55] 2005 年联合国教科文组织国际生物道德委员会通过了一项生物道德普遍标准的宣言。关于这项宣言计划,从生物圈来看,值得提出团结一致和责任原则(第 6 和第 7 条),以及"分享科学研究和应用成果"的原则(第 13 条),并提出跨国实践的作用(第 22 条)。但是,宣言中既没有说如何调和权利普遍性与文化多样性和多元化之间的关系(第 5 条)[56],也没有说怎样在不同的空间(联合国教科文组织、世界贸易组织、世界知识产权组织)进行协调合作,更没有说在违反原则的时候,怎样确立私人经济参与者的责任。

因为分裂不是唯一的问题。随着金融流通和信息流通的全球化,主要的游戏已经变成私有化,而没有一个共同计划。

1.2 私有化

"私有化"这个概念首先是指公共法主体(国家、国家代表和地方团体,他们主要负责保护和推动公共利益)和私法主体(保护他们自己的利益)之间的区别。但是,在世界舞台上,这已经不局限于国家之间了,一种新的形式在私人主体之间逐渐形成。但是这种进入世界舞台的形式对每个人来说具有不同的意义。

市民社会中的成员成了普遍化名义下的参与者:一方面,作为违反人权的受害者,在向地方法庭或者联合国人权委员会提出的上诉被接受的时候,他们可以以个人或集体的名义起诉国家;另一方面,作为国际犯罪的肇事者,尤其是反人道主义犯罪,他们可以接受世界刑事法庭的调查和审判。尽管我们看到了非政府组织

---

[55] « La mondialisation des normes et standards, conséquences pour les soins aux malades » (association MURS France, colloque au Collège de France, 7 févr. 2005), in J.-P. Allix, L. Degos, D. Jolly (dir.), *Normalisation, Mondialisation, Harmonisation. Trois objectifs en contradiction pour soigner les malades*, Flammarion, 2005.

[56] Comp. *Inégalité dans les accès aux soins et dans la participation à la recherche à l'échelle mondiale, problèmes éthiques*, avis du CCNE, n° 78, 18 sept. 2003.

(ONG)在世界人权法中的作用越来越大[57],但民事社会的"立法权"也仅限于非政府组织的间接参与,包括参与世界标准的制定,司法机构或者司法裁判机构的实施。

但是,全球化使"经济私人权利"发生了转变[58],尤其是跨国公司。他们直接变成了标准的制造者,就像我们之前看到的有关商法的发展一样。[59] 同时在投资领域,他们通过世界性的条约成为与国家平等的伙伴[60]。

查理·勒本(Charles Leben)在法兰西学院《不连续性和互相作用》[61]研讨会上指出,这是过程的两个阶段:在经过 1970 年和 1985 年之间对跨国公司管理的调整实验失败(攻击世界经济新秩序,企图制定技术转让国际行为准则)之后,在 20 世纪 80 年代末开始第二个阶段,那时投资法有明显发展:公司,往往是跨国公司取得国际公法权。这种现象,因为在国家和私人投资者之间出现了"国家合同",尤其是国际投资争端调解中心(CIRDI)的创立而得到进一步发展。[62] 国际投资争端调解中心在世界银行的倡议下,在实施 1965 年签署的《华盛顿公约》时成立的。到 2002 年的时候,有 34 个国家批准了《华盛顿公约》,其中包括中国。中国曾经在很长

---

[57] *Les Organisations non gouvernementales et le Droit international des droits de l'homme*, Publications de l'Institut international des droits de l'homme, Bruylant, 2005.

[58] G. Farjat, « Les pouvoirs prives économiques », in *Souveraineté étatique et Marches internationaux à la fin du XXe siècle. Mélanges en l'honneur de Philippe Kahn*, Litec, 2001, pp. 613-661; *id.*, *Pour un droit économique*, PUF, 2004.

[59] *Le Relatif et L'Universel*, p. 100 *sq.*

[60] C. Leben, « Les opérations des affaires internationales », *Le Droit international des affaires*, PUF, 6e éd. 2003, p. 54 *sq.*

[61] *Id.*, « Entreprises multinationales et droit international économique », in *Les Figures de de l'internationalisation pénale en droit des affaires*, RSC, 2005, 4, pp. 777-787.

[62] P. Weil, *Écrits de droit international*, PUF, 2000, p. 303 *sq.*; C. Leben, « Retour sur la notion de contrat d'État et sur le droit applicable à celui-ci », in *L'Évolution du droit international. Mélanges Hubert Thierry*, *op. cit.*, pp. 247-280.

一段时间内抵制这种类型的裁决。通过提交到国际投资争端调解中心的投资保护协议的数量可以看到《华盛顿公约》还是很成功的。从1990年的一百多个协议增加到2002年的二千多个。这些协议往往是双边协议，但是正如我们前面所见，《北美自由贸易协定》同时也将这种机制引入到北美，美洲自由交换区计划将它的影响扩大到所有大陆。

如果说私人投资者进入国际公法领域"具有重要性，如同个体进入国际人权法一样"[63]的话，那么企业进入法律领域，覆盖了整个投资法，这种现象就更加具有意义。按照仲裁人所接受的延伸解释，无论什么样的投资者，只要他隶属同接受国签订条约的国家，便可以在国际仲裁法庭上传讯这个国家，无论有没有合同。相反，违反人权的受害者只有在设有人权法院的地区才可以诉诸法律，唯一的假定就是相关国家接受个人上诉条款，同时，受害者不能指控私人负责者，这一点令人们很惊讶。

因为违反人权的不仅仅是国家，而且往往还有跨国公司，对此个人诉讼机制是不适用的，所以这种不对称就显得更加严重。为了弥补这一漏洞，2003年8月人权委员会分会以"跨国企业和其他企业人权责任原则"的名义起草了一个还不成熟的计划。2004年春人权委员会带着怀疑的态度接收了这个计划，但只把这个计划看成是一个简单的"初步预案"，没有法律价值。[64] 计划的文本早已被送至人权高级专员署，该专员署支持这个计划的推行。[65]

因为法律领域的分散和私有化，远没有保障一种重新平衡，目前的阶段存在一种双重演变，从全球化的角度看，似乎宣告了不断升级的无序状态。

----

[63] C. Leben, « Entreprises multinationales et droit international économique », op. cit.

[64] Le Relatif et l'Universel, op. cit., p.187.

[65] 参阅联合国人权高级专员署的报告，E/CN. 4/2005/91, 15 fév. 2005; E. Decaux, « La responsabilité des sociétés transnationales en matière de droits de l'homme », in Les Figures de l'internationalisation pénale en droit des affaires, op. cit., pp. 789-798.

刑法位于商业价值和非商业价值的交汇点,在理论上同一切相对立,包括最强势的政治和经济责任者,所以只要刑法成功地避免分裂和私有化,才可以改变这种状态。

2. 正在形成的世界刑法空间

之前我们看到了刑法领域的矛盾。自现代以来,惩罚的权利在传统上被看作是国家主权的象征,基本上局限于领土原则之内,所以刑法一直是全球化的前沿领域。的确,国家主权的阻碍没有完全排除,也许这也是为什么尽管发生了前所未有的刑法化运动,而世界刑法空间依然是一个正在形成的领域。

刑法化看起来好像是价值普遍性引起的,从而对"最严重"的国际犯罪加以惩处。尽管刑法化的基础很模糊,概念不明确,但它却明确地提出了一份限制性犯罪条目。这份条目属超国家刑法裁决管辖范围,通过国际刑事法院的创立而被接纳,那是第一个真正的世界常设裁判机构。相反,全球化首先与减轻管理力度以及自动调节机制("软法",行为规范法)有关。可是,全球化也通过刑法化运动表现出来,因为为了平等竞争,首先要铺平场地(*Level the playing field*)[66],而在这一方面,刑事惩罚比行政和民事惩罚更加有效。当我们看到自由主义暗示着回归刑法的时候,我们并不感到惊讶,这就像全球化必须同普遍化结合,以促进刑法全球化,尽管这有可能导致"刑法过度投资"的风险。[67] 尤其在恐怖主义方面,因为基本原则削弱而且无法保证多元化的视角,从而反映了这种风险。

因为欧洲防线无法直接复制,所以这种风险就更加令人担忧。就像我们之前看到的,欧洲的两极建设和通过欧洲两个法院而形成的制衡状态,使稳定变得容易些。建设进程排除所有单边霸权主义企图,多元化也加入这个进程当中。但是,在世界范围内这种

---

[66] *Le Relatif et l'Universel*, op. cit., p. 253 sq.
[67] Y. Cartuyvels, « Le droit pénal et l'État: des frontières naturelles en question », in M. Henzelin, R. Roth (dir.), *Le Droit pénal à l'épreuve de l'internationalisation*, LGDJ/Bruylant, 2003, p. 3 sq.

企图依然存在。从世界层面上看,不存在人权法院,这一缺失有利于作为征服者的单边主义和野心勃勃的多边主义之间不协调一致的战略发展。因为单边主义导致国家刑法有效但却不合法的外延;而多边主义的合法性建立在国际法的基础上,但是面对强权国家敏感的主权主义时却无法证明自己的有效性。

单边战略也很难实行,因为这些战略之间也是不协调的。在法国和意大利,"全球化"似乎首先同"去刑法化"相配合。2002年美国国会依据《萨班斯-奥克斯利法案》,通过了一项相反的超刑法化或者说超惩罚化策略。我们之前提到过这个法案:在安然公司破产之后,企图重建投资者信心,加重证券交易委员会财务诈骗的惩罚(最多20年监禁和/或100万美元的罚款),制定新的会计违法行为规范,将刑事责任扩大到财务诈骗中涉及的所有人员。自从所有外国企业在美国上市,要求符合美国新的标准规定以来,在全球都可以看到刑事处罚的影响。荷兰皇家壳牌公司因为过高评估它的碳氢化合物储存而差点成为这一制度的试验品。[68]

但是单边战略的延伸也可以建立在保护普遍价值的基础上。荷兰皇家的一个子公司,荷兰皇家石油公司因为另一个事件在美国遭到了追诉,因为它在尼日利亚经营活动中触犯了很多违反人权的规定。[69]

单边的战略并不排斥多元化。这就是美国两部法律(《萨班斯-奥克斯利法案》和《外国人侵权索赔法》)的差别:一个是将美国法律复制到大部分社会中;而另一个,则延伸了国际法并且由美国法官来实施。但是它的形式方法范围太宽,很难被刑法所接受。

在更加明确、更适合刑法合法性原则的前景下,通过"跨国公司责任原则"可以激励法官们系统地整合这些原则,作为跨国背景

---

[68] N. Norberg, «Entreprises multinationales et lois extraterritoriales: l'interaction entre le droit américain et le droit international», in *Les Figures de l'internationalisation pénale en droit des affaires*, op. cit., pp. 739-746.

[69] Wiwa c. *Royal Dutch Petroleum Company*, and *Shell Transport and Trading Company*, PLC, 2000 US Ap. Lexis 23274 (2nd Cir. 2000) (ci-après, *Wiwa c. Royal Dutch*).

下解读国家刑法资格的材料,无论是在劳动法、环境法还是社会法。现在,在道达尔案件中,民事方建议从法国刑法典角度,结合强迫性劳动的国际规定,尤其是通过国际劳工组织的工作,对非法监禁做明确规定。这种国内法国际化也许会在单边战略上产生多元化的方法,从而加强它们的合法性。

相反,多边战略不能自动保障多元性。通过复制美国模式,很多国际公约都规定在一些同全球化有关的领域,如贪污腐败、洗钱、有组织犯罪、国际恐怖主义等,比较调解各种刑法制度。[70] 另外,更有意义的是,经合组织成立了一个负责实施1997年关于反对在国际贸易中贿赂外国公职人员公约的工作小组,这个小组使用一个很奇怪的概念,叫作集体单边主义,用来描述这样一个规定,即:每个国家以单边形式加入,构成集体评估的目标,其中集体评估是以成对形式构成的。承认国家自主空间(功能性对等原则),最终产生和谐的集体影响,包括那些没有签订条约的国家。[71]

从"反人道主义罪"开始,对与镇压"最严重"的国际犯罪相关的案件进行刑事处罚,这种刑法化将自己的合法性建立在潜在的价值普遍性上。但是无论是实效性还是有效性,如果没有国家的支持都无法得到保证。这就是互补性原则(《国际刑事法院章程》第1和17条)规定相对于国家司法裁判管辖权的国际管辖权的辅从性原则的原因。这也是调查和起诉的必要性(追诉平等)因为一项承认法官可以根据"正义审判"放弃追诉的条款而变得灵活的原因(《国际刑事法院章程》第53条)。

这个可以用在"所有情况"的方式似乎针对的不仅是罪责的严重性、嫌疑人的行为和受害者的利益(这些都要求起诉的合法性),而且还针对实际问题,比如调查的可行性和逮捕的可能性,或者对地区形势的影响,这要求一定的有效性。在实施这些标准的时候,

---

[70] *Le Relatif et l'Uiversel*, op. cit.

[71] M. Pieth, « Introduction », in OCDE *Convention on Combatting Bribery of Foreign Officials in International Business Transactions. International Commentary*, 2005.

检察官办公室承认,有必要通过考虑国家背景调和普遍性和多元性,在必要的时候可以采取轮换的和解程序。

我们发现,如果将合法性和有效性结合起来的话,可以避免单边战略和多边战略之间的对立,因为单边战略更多的是和全球化有关,不能只局限于手段有效性这唯一标准之上,它应该同国际标准结合,以建立自己的合法性;相反,多边战略是以普遍性为基础,不能在单一的有效性(象征价值有效性)上得到公认,它的有效性应该通过合作和国家司法的强化来进一步加强。总之,这两个战略可以相互结合从而有利于涵盖世界整个刑法空间的多元互补。

为了实现这种平衡,使普遍化和全球化结合起来,也许应该建立一个世界刑法。这个世界刑法不是一个自动封闭的"系统",而是一个与欧洲两极空间不一样的"多极空间",对整个纵向互动关系(国际刑法与国家刑法之间)开放,但是同时也对横向的互动关系(国际刑法、人道主义法、国际人权法和国际基本法之间)开放。

另外,国际刑事法院检察官在关于"正义审判"这个概念的解释,似乎一开始就处于这样一个多极空间之中,因为根据章程的前期准备工作和国际刑事法庭关于严重性的解释,法官承认世界刑法的独立性;但是他还指出,为了尊重在评估受害者利益和供选程序的直接关联性中法律的多样性,应该向各国制度开放;最后,应该参考国际人权法(《国际刑事法院章程》第 23§3 条和美洲人权法院关于不受处分的裁判解释和受害者公平诉讼的权利)。而且,在刑法方面,即使是世界刑法,也只有法院才能对人权法至高无上的权力采取一定的决策。我们还记得,国际刑事法庭曾经一开始承认各种法律制度的互相作用,但是因为人权的原因摒弃一切等级制度。[72]

另外,这个具有普遍性的法律引起了激烈的政治抵制,限制了

---

[72] A. Cassese, M. Delmas-Marty (dir.), *Crimes internationaux et Juridictions internationales*, op. cit., pp. 144-188; M. Delmas-Marty, H. Muir Watt, H. Ruiz Fabri, (dir.), *Variations autour d'un droit commun*, op. cit., pp. 245-265; M. Delmas-Marty, E. Fronza, E. lambert-Adbelgawad (dir.), *Les Sources du droit international pénal. L'expérience des tribunaux pénaux internationaux*, op. cit.

法律制度的相互作用,正如安理会对卡塞斯委员会调查达尔富尔地区的报告[73]持有犹豫态度所表现的那样。这份报告要求安理会对苏丹达尔富尔大屠杀这一罪行向检察官提出上诉,实施《联合国宪章》第 VII 章的规定(建立和平)。

虽然这有助于解决危机[74],但是这个正在形成的刑法空间自己本身将不会维持世界法律空间的稳定。至少根据世界法律空间成立的价值理论,可以建立世界化伦理道德[75],说明如何衔接服务于多元化稳定性的不同组织级别间的相互作用。

3. 多元化稳定性的条件

我们不是要回到最初的计划,而是将现存数据的复杂多样性整合起来,目的是重新建立一个足够多元化发展的规划,让所有人都能接受。只有当世界范围内的法律国际化进程趋于稳定,能够成功地将区域法律制度和世界法律制度纵向联系起来,在横向上,协调普遍主义和全球化,克服分散和私有化的时候,这种稳定才能是多元的。

3.1 纵向稳定

我们知道,我们不能保证各个级别(从国家级别到区域再到世界级别)表面上的逻辑秩序:除了可以改变一体化进程的区域间的关系外,还应该知道,根据相关的领域,刺激有时候是国家层面的,有时候是世界层面的,有时候是区域层面的。比如,《京都协定》在世界层面上受到阻碍,但经过欧盟批准后又在区域层面上重新启动。欧盟预先通过指令的方式强制执行《京都协定》,也许反过来会有利于俄罗斯批准这些协议。而俄罗斯对《京都协定》的批准会

---

[73] A Cassese et al., *Report on the International Commission of Inquiry on Darfur to the United Nations*, Secretary General, 25 janv. 2005; Symposia « The Commission of Inquiry on Darfur and its Follow-Up: a Critical View », *JICJ*, 3, 2005, pp. 539-607.

[74] Ph. Alston, « The Darfour Commission as a Model for Future Responses to Crisis Situation », *ibid.*, pp. 600-607.

[75] M. Delmas-Marty, « Le droit pénal comme éthique de la mondialisation », *RSC*, 2004, p. 1 *sq*.

推动该协议在世界范围内正式生效。

无论不连续性如何发展,我们依然坚持渐进式的稳定化这一假设。这是帕斯卡尔·拉米(Pascal Lamy)在他的题为《民主世界》(La Démocratie-monde)的文章中所描述的理想化模式。同时我们也注意到,区域主义不是天然形成的,"地理没有造就历史"。作为前欧洲商业委员会委员,世界贸易组织多轮谈判中欧盟谈判员,拉米认为区域建设可以构成他所说的"选择性民主"的第一种方式。因此,他指出,区域性建设"构成世界上很多可重新利用资源;各成员国之间达成的共识显示他们的共同态度;这些区域性的整体制度构成了第一个小结,开始学习集体偏好的首次碰撞,检验共同的选择,实践和解妥协,减少彼此之间的不信任。"[76]在世界范围内参与全球问题的讨论时,这种态度会更加清晰,得到进一步巩固。

还有一点是,存在共识,用同一个声音表达共同的立场,集体的喜好反映了共同的选择,换句话说,稳定要求区域性整体制度起到有利于欧洲建设的"世界化实验室"[77]的作用。但是欧洲建设明显没有垄断。而且,因为欧洲建设时代已久,完全有资格阐明形式和本质条件以及实践方式。也许在欧洲之外,也可以实现这样的稳定性。

第一个条件与区域性组织在世界的地位有关,也就是说,与在世界性协商中成员国被赋予的主权有关。为了能起到上述作用,区域性组织在世界贸易组织当中必须通过商业委员作为代理,就像欧洲共同体一样。但是我们还记得,其他代理会具有更多的问题(在关于转基因问题的讨论中,我们已经看到卫生、环境和贸易负责人之间的斗争),尤其应该考虑不同区域之间的不同情况,因

---

[76] P. Lamy, *La démocratie-monde. Pour une autre gouvernance globale*, Seuil/La Rpublique des idées, 2004, pp. 69-70.

[77] M. Delmas-Marty, «L'espace judiciaire européen: laboratoire de la mondialisation», *D.*, 2000, p. 421; P. Lamy, «Le laboratoire européen», *La Démocratie-Monde*, *op. cit.*, p. 35 *sq.*; J. Dutheil de la Rochere, «Mondialisation et régionalisation», in E. Loquin, C. Kessedjian (dir.), *La mondialisation du droit*, *op. cit.*, pp. 435-453.

为在同意这样的授权书之前,各地区还是有很多保留意见的。

为了达成共识,还需要在团结一致连带责任关系上进行建设,因为这种关系没有在上面所提到的情况(尤其是在像《北美自由贸易协定》或亚太经济合作组织的自由交换空间中)全部接受,相反可以在官方网络之外出现(东南亚的中国散居国),尽管存在很多实践困难,共同的立场以欧盟以外的区域组织的名义逐渐被世界贸易组织接受[78],比如南方共同体,东南亚国家联盟,加勒比共同体,非洲、加勒比海、太平洋组织(ACP)。有时候以专业组织的名义,比如在农业产品方面,凯恩斯组织聚集了受政府津贴威胁的不同国家。

这个共同立场的概念与每个区域性组织的准备工作有关系。每个区域性组织在发生某种情况[79]的时候会采取行动。为了保证它的有效性,这种准备工作既是政治性的,目的是从有等级的集体喜好出发,使价值的选择互相靠近,同时也是法律性的,混合和谐化和共同标准。

即使这些条件都结合在起来,整体计划依然没有因此而建立起来。情况恰恰相反,在部分一体化和秩序化的区域级别和世界级别之间存在分歧的可能性。世界级别的组织是"混乱的、远离中心的,在很大程度上是不透明的。"[80]换句话说,我们还需要通过横向的稳定性来跨越分裂和私有化。

3.2 横向稳定

当人们采纳了与价值普遍性无关的标准和机构,反映全球化的时候,世界的一体化依然还是混乱的。

我们在这里先不讨论拉米说的"国家间管理缺陷"的问题,他

---

[78] Site web de l'OMC(http://www.wto.org/french/thewto_f/whatis_f/tif_f/org3_f.htm).

[79] J. Ténier, *Intégrations régionales et Mondialisation*, op. cit., p.200.

[80] A. Lepiney, «Européanisation et mondialisation du droit: convergences et divergences», in C.-A. Morand (dir.), *Le Droit saisi par la mondialisation*, op. cit., p.161.

认为这种缺陷"过于顺从政府管理"[81],也不讨论必要的机构改革,无论是联合国安理会[82]、世界贸易组织、国际劳工组织还是金融机构。[83] 这些机构改革将会在下册《重建权力》中同国家和国际法官管辖职能上升这个问题一起讨论。

但是,在有序多元化的前景下,确切地说,为了有序调整"多",我们需要找到一个指南针,给人们指出建立共同计划要遵循的方向,而不是遵循强国的霸权主义。

虽然法律两个范畴的分离彻底打破《世界人权宣言》这个方向,但是应该通过结合整体法律制度筹备这个方向,并通过上诉机制的司法化来发展它的应用。2005 年峰会建议创立未来的"人权理事会",这个理事会的创建可以为此做出贡献。但是理事会看起来离未来世界法院还很遥远,尤其是组织协商,确定"任期、组织模式、功能、规模大小、构成以及工作方法"的工作由全体大会决定。全体大会还要考虑许多国家的政治利益,比如:美国、中国、俄罗斯、伊斯兰国家或以色列国家的利益。

法官们尽管没有对法律文本进行修改,但已经承认一些基本法中的强制性法规(jus cogens)的性质,也就是说普遍国际法的强制性规则。但普遍的国际法适用于所有独立国家,无论它们是否加入某个条约。面对国际法院的谨慎态度,人权区域性法院给我们当了先锋,它们将横向和纵向的两种稳定性结合起来。

我们发现,判例解释在死刑方面相互交织("法官们关于死刑的对话")。在被国际法院和某些宪法法院代替之前,这项运动在 1989 年由欧洲人权法院发起,然后在 1999 年由美洲人权法院再次发起。

2003 年通过"移民劳工的法律条件和权利"决议[84],将死刑的问题放在首位。墨西哥法官塞尔吉奥·加西亚·拉米雷斯(Sergio Garcia Ramirez)曾经是强烈支持拉美国家法院的大法官。根据他

---

[81] P. Lamy, *La Démocratie-monde*, op. cit., p. 22 sq.
[82] 参阅 2004 年 12 月高层小组的报告。
[83] P. Lamy, *La démocratie-monde*, op. cit., p. 28 sq.
[84] Avis n° 18 CIDH, OC-18/03, 17 sept. 2003, *RGDIP*, 2004, p. 235.

设想的模式,希望"协助移动这座大山"。实际上,这个建议(一致通过)勇敢地提出非法移民工普遍地位的基本问题(这是美国和墨西哥之间的争论)。这是以联合国《公民权利与政治权利国际公约》为基础(第26条),承认法律面前平等原则和非歧视性原则强制性法规的价值。通过结合具有世界使命的法律文本,以地区水平替代缺失的世界水平。这虽然只是一个简单的建议,但是那座以劳工非法地位作为法律依据,以劳工的输出国和输入国之间的利益冲突(在欧洲也有这样的现象)作为经济依据来反对移民劳工的"大山",已经开始有所动摇。

另一个突破是集体的喜好。集体的喜好可以确立"世界集体财产"或者"世界公共财产"。在摒弃"人类共同遗产"的普遍概念以及世界银行有关"全球公共利益和服务"[85]提倡的"世界共同利益"这些概念之后[86],出现了这个概念。这就是为什么标准首先是经济的:消费无竞争,不排除潜在的消费者。这些标准解释了一种概念的异质性,保护了多种利益,比如医疗卫生、可饮用水、臭氧层或者网络获取信息方面的,但是他们不适用于所有冲突领域,比如首先是工作领域的冲突。

为了调解普遍主义和全球化的关系,指出目前这个早已全球化的世界的复合多样性,以及同《世界人权宣言》这一普世计划的联系,也许我们需要一种新的手段,比如"互相依赖普遍宣言"[87],这个宣言是2005年由世界执行管理委员会在《联合国宪章》60周年纪念的时候提出来的。

起初的想法是,相互依赖已经成为一个既定现实,它同时意味着机遇与危机。说是机遇,因为它通过高强度的交换,证明了从一个共同体的生活到世界级别的生活;说是危机,因为根据哈贝马斯

---

[85] B. Campbell, «Le bien commun comme réponse à la pauvreté», in O. Delas, C. Deblock (dir.), *Le Bien commun comme réponse politique à la mondialisation*, Bruylant, 2003.
[86] *Le Relatif et l'Universel*, *op. cit.*, pp. 92 sq. 123, 149, 203, 385, 400-401.
[87] Voir *Libération*, 24 oct. 2005, p. 36.

的说法[88]，各种自然和人为的威胁全球化将人类转变成一个"不依靠自我意志为转移的风险共同体"。剩下的是，通过主动认识这个共同体，将相互依赖关系转变成一个真正建立在以相互间团结一致为原则的计划上。这样的原则将会产生同时让国家和世界组织以及私人活动者、个人或者拥有全球性权力的组织（经济的、科学的、大众传媒的、宗教的或者文化的）都参与进来的法律效果。这一原则的实施需要：

——"重新确立目前个体基本权力整体制度，将它延伸到后代，在必要的范围内，在世界民主社会中加强实施，尊重国家和超越国家的共同秩序"；

——"承认拥有全球层面的权力，无论是经济、科学、媒体、宗教还是文化领域中的权力，这意味着承担全球化连带责任，也就是说要承担这一权力所产生的一切影响"；

——"鼓舞主权国家承认有必要将超国家公共秩序同维护共同价值和利益结合起来，因为他们是共同价值和利益必不可少的支持者"；

——"有利于区域性国际共同体代表机构的发展，同时强化世界共同体和世界居民资格的崛起，以此制定一项共同政策来调整流通，预防危险，打压犯罪"。

这样的规定意味着一个世界性责任的出现，它要求更加明确地以人权和世界集体利益概念为基础规定共同利益这个定义，建立世界性犯罪的概念。同时也要求多元化应用，适应每个标准级别（包括国家和区域性级别）的实施条件，并且优先互相交叉与和谐化进程。在这里，再次出现"国家自主空间"这一概念，在没有摒弃有序协调的前提下保留多元化。

但是，在一个特殊的被认为是静态的空间治理差异还不够，还需要考虑到时间上的多变性和每个国家或每个区域的节奏，更广一点说，是在不同空间中转变的速度。建立秩序也要求在时间上同步。

---

[88] J. Habermas, *Le Bicentenaire d'une idée kantienne*, Cerf, 1996.

第三章

转变速度

法律国际化进程的一个主要特点就是具有变化性,所以从标准空间到标准时间,从组织级别过渡到转化速度,这些似乎都是不可避免的。在筹备未来形式的同时,所有变化程序都是转化的前奏。

有序多元化的研究试图偏重于对一种法律动态形式的研究,这种动态的法律形式结合了各种有序程序所产生的能量以及根据不同级别组织而形成的多样性,还有标志着各种方向和速度的运动。

如果说所有的运动都是永恒的,那它首先是通过方向的改变而体现出来的。柏格森(Bergson)已经注意到了方向上不易觉察的变化和突然间的变化之间的差别,将两种不同类型的变化区别开:一种是关联变化(changements *solidaires*),一种是补充变化(changements *complémentaires*)。关联变化因为共同的来源而互相联系在一起,而补充变化的来源不同,但"为了维持甚至完善一个机制在复合多样的条件下运行而相互协调"[1]。为了避免总是用同一个比喻,我曾经试着借用雷纳·托姆(René Thom)的话及其形式生成论为例来解释。托姆认为,无论是物理科学、生物科学、社会科学还是人类学,都有刑事政策活动的表现(刑法化/非刑

---

[1] H. Bergson, *L'Évolution créatrice*, œuvres, PUF, 2ᵉ éd. 1963, p.551.

法化,国家化/私有化等等[2])。现在这种转换方式激励人们确定分叉口,或者用他的话说,就是岔口灾难。在这一点上,美国"9·11"恐怖袭击事件就是一个很突出的例子。

无论是连续的还是不连续的,方向的变化总是同过去、现在、未来的继承性(时间的一致与否)联系在一起。弗朗索瓦·奥斯特(François Ost)在这方面出版了一部题为《法律的时间》的著作。在这本书中,他给了我们两个选择,一个是对过去的记忆和谅解,另一个是对未来的诺言和质疑。[3] 扎吉·拉伊迪(Zaki Laïdi)也曾说明世界化是怎样用世界时间代替历史时间,在他看来,永恒的现在也将会产生"现在的牺牲"[4]。

但是除了历时性和方向变化之外[5],还应该提出一个问题,那就是速度问题,这个问题表面上看似乎不合乎习惯。保罗·维利里奥(Paul Virilio)[6]曾说,"速度本身就是权力"。他还说:"那些谈论权力的人首先说的是速度权力(pouvoir dromocratique),dromos这个词是从希腊语来的,意思是奔跑。所有的社会都是一个奔走行进的社会"。事实上,我们所参与的就是整个国家标准和国际标准,甚至是区域法律或世界法律某个领域之间整体标准的速度行进过程。我们关心的是它们之间的距离。我们好像突然回到了维科(Giambattista Vico)[7]的哲学观点上,在18世纪的时候,就像我们看到的那样,他在描述"各国共同本质"时指出了节奏上的差别:同形并不是共时。因为节奏会参与到法律工作的不断调整当中。调整越来越走向公平和公正,它不是在寻找失去的时

---

[2] R. Thom, *Stabilité structurelle de Morphogenèse*, Interéditions, 1977; M. Delmas-Marty, *Modèles et Mouvements de politique criminelle*, Économisa, 1983, p.153; id., *Les Grands Systèmes de politique criminelle*, op. cit.

[3] F. Ost, *Le Temps du droit*, Odile Jacob, 1999.

[4] Z. Laïdi, *Le Sacre du présent*, Flammarion, 2000.

[5] *Le Relatif et l'Universel*, op. cit.

[6] P. Virilio, *Cybermonde, la politique du pire. Entretien avec Philippe Petit*, Textuel, 1996.

[7] G. Vico, *Principes d'une science nouvelle relative à la nature commune des nations*, op. cit.

间,而是去寻找恰当的时间。kairos 在希腊语中的本意为"混合"。有序的多元化也是混合各种不同的速度,恰当地结合每个社会特有的不同的速度、能量和惯性的技巧。同样,世界标准空间也没有消灭国家空间,也没有阻止区域化组织的出现。世界时间没有消灭历史时间,也没有消灭国家时间和区域时间。

如果速度太慢,演化就变得停滞不前,整体就失去了标准的独立性,因此欧洲计划的停滞不前会导致其中部分选择转化成世界级别。但是如果速度太快了,进化就会产生歪曲,不仅会产生同一个市场的竞争歪曲,更严重的是在人类活动和社会活动的不同领域造成分裂。商业法是不可能持续地保持同环境法、劳动法或者卫生法分离而不破坏整体平衡。明智同时被称为"节制",这就是结合不同的节奏并使它们和谐化的艺术。我在这里想要讨论的正是这种艺术,不过要通过鉴别一些主要的法律手段来进行。这些法律手段可以加速或者减缓演化和转化。维利里奥在重新解读图坦卡蒙法老的时候并不惧怕埃及考古学家们的愤怒。他手里好像是拿着一条鞭子(而不是苍蝇拍儿)来加快战车的运行,另外一边则是车闸。[8] 找到最适合我们社会这辆战车的车闸和加速器将是良好明智统治的关键。而且在锡耶纳市政厅(Palazzo Pubblico de Sienne)的寓意中,节制女神像位于正义女神像旁边,这绝对不是偶然。

当代社会的特点不仅仅表现在每个标准空间[9]的"法律时间的加速度",也不是潜在空间和真实过程[10]的奇怪组合,最大的特点恐怕是一个空间和另一个空间的进化速度上的差异。尤其是在法律抵制国际化的情况下,这些差异是各族人民和各种法律系统

---

[8] P. Virilio, *Cybermonde, la politique du pire*, op. cit., p. 16.

[9] 关于这一问题更细致的研究,参阅 Ph. Gérard, F. Ost, M. van de Kerchove (dir.), *L'Accélération du temps juridique*, faculté universitaire Sain-Louis, 2000, et notamment M. Vogliotti, « Faut-il récupérer *aidos* pour délier Sisyphe? A propos du temps clos et instable de la justice pénale italienne », *ibid.*, pp. 661-710.

[10] *Le Relatif et l'Universel*, op. cit.

多样性的一部分。但是随着标准和司法判例解释相互作用要求越来越频繁的情况下,这些差异会产生不良的影响。我们应该考虑秩序化的条件。第一个假设就是,为了适应不同空间之间的"不同步"现象,多元化需要的如果不是法律时间的和谐(因为一致化会降低多元化的程度)艺术,那从兼容性或和谐性角度上看,至少有必要实现节奏上的同步。这些节奏也许有些部分还是有差异的。

但是,如果我们因此承认同步就像和谐化一样不能和一致化相混淆,那还需要探讨"多步性"提供的可能性。也就是说通过在同一个法律空间,根据各国情况,使用各种不同的速度。因此产生第二个假设:认为"多步性"是为同步化提供便捷方法之一;同样,有序多元化在很大程度上是建立在国家自主空间这个概念基础之上,这个概念意味着在空间中的变化,它同样要求在转化节奏上的变化,因为要求所有的国家都有同样的节奏和同样的时间是荒谬的而且是不现实的。

从不同步(不同的空间、不同的速度)到多步化(一个空间、多种速度),每次都是在寻找多元同步化的条件。

第一节 不同期性

速度问题和空间之间速度的差异问题是很难把握的,尤其因为组织级别不同,时间等级也会有所变化。最近,在有关气候变化的《京都协定》开始实施的时候,有评论员指出,美国的一些大企业,因为同时遵循美国法和世界法,应该更容易认可国际协定,因为这些企业涉及的领域不仅仅局限于美国,而且还延伸到了世界各地。换句话说,互相依赖如此强大,以至于国家和世界标准之间的差异给企业在金融方面造成无法接受的不平衡性:"它们不能用两种不同的速度来管理一个企业,一个是按照美国的方式,一个是按照另外的方式。"[11]而且根据法律领域的不同,速度也有所变化。

---

[11] P. Radanne, «Les pays finiront par plier à un gouvernement mondial du climat», *Le Monde*, 16 fév. 2005.

如果我们追求逻辑,问题就是转换的节奏在环境法和商业法之间也是不同步的。

一旦确定了时间上的多样性,就需要举例来阐明前几年发展的理论基础[12],比较人权保护手段的发展速度和领导商业法的发展速度,这个案例可以让我们大概描述一下多元同步化的条件。

1. 时间层面上的多样性

我们从标准空间[13]不同级别组织之间的差异,也就是说国家、区域和世界组织在时间上的差异开始。

1.1 时间等级和组织级别

在《快乐的科学》一书中,尼采指出,时间在人类发展中的重要性和在音乐上[14]的重要性是一样的。他又说,人类既需要一个慢速度,一个"在标准领域像乌龟一样的速度";又需要一个快速度,一个赋予不耐心的人、艺术家、诗人和开小差的人思想愉悦的速度。但是我们要小心:如果例外变成了规则,快速的闯入是最大的危险。因为规则应该保持慢速,我们叫作愚行:"我们需要夯实我们思想的规则使那些有伟大信仰的人能够在一起并且继续他们自己的舞蹈。"[15]

我们并不确定这个舞蹈会持续很长时间,因为我们并不确定规则会保持它的慢速度。尼采早已经告诉我们:"事物的图像发生移动,出现改变,从现在开始,这个变化可能会比以往更快。"[16]在法律领域,这个情形既是确定的又是复合多样的。因为所有的一切,就好像是我们把一个球从一个水平线推到另一个水平线,另一个级别,然后再推回来,试图克服障碍。

---

[12] 参阅 *Le Relatif et l'Universel* 及多个案例。

[13] G. Soulier, *L'Europe. Histoire, Civilisation, Institutions*, Armand Colin, 1994。该著作对费尔南·布隆岱尔(Fernand Braudel)的文明规则做了回应,区别"基础时间"(temps fondateur)和"组织时间"(temps de l'organisation)。

[14] F. Nietzsche, *Le Gai Savoir*, trad. P. Wotling, GF-Flammarion, 2e éd. 2000, p. 69.

[15] *Ibid.*, pp. 123-124.

[16] *Ibid.*, p. 69.

贪污腐败法的国际化[17],就是说将国内刑法规定施用于在国外所犯的罪行上,这是从国家这个级别开始的:这个运动是从1977年美国法(《海外反腐败法案》Foreign Corrupt Practice Act)解决洛克希德公司丑闻案件开始的。这项世界性制度花了30年才被采纳。事实上,这项法律一开始也没有机会使每个国家都自动采纳类似的法律。为了避免给美国企业带来负面影响,这项法律应该延伸到世界层面。所以美国给联合国施压,希望联合国在外国官员腐败领域制定世界级别的条约。发达国家和发展中国家都毫无反应,这次运动受到阻碍。15年以后,依然由美国主导(1994年通过国际调停),经合组织再次提出这个建议(完全是世界层面上的)。此项建议的作用在各地区受到鼓励,首先是美洲之间的,然后是欧洲(1997年欧盟公约,1999年欧洲理事会公约),后来是非洲,最后1997年经合组织公约的约束性规定使其在世界范围内得以实现国际化。开始仅仅通过反对有组织犯罪的公约(2000年《巴勒莫法》)间接地,最后通过反对腐败的公约(2003年《美利达法》)直接在世界范围内延伸开来。

我们看到,这些(国家、区域、几乎是世界的和世界性的)动态活动是以柏格森所说的补充方式在运行,也就是说以协调合作,"在复合多样的条件下维持甚至完善(一个机制的)功能"的方式在运行。

但是另外一些例子使我们看到,条件因此而变得越来越复杂,从而导致中立化的出现,甚至形成不同级别之间的阻碍:我们知道,美国拒绝批准国际刑事法院的《国际刑事法院罗马规约》,也不承认它为了劝阻其他国家而实行的双边惩罚措施;同样,美国也拒绝批准《京都气候变化协定》。在这种情况下,起衔接作用的可以是区域性的,就像欧盟建议承担的预备作用,或者《北美自由贸易协定》所承担的陪同作用一样。但是会出现相反的情况,就是世界级别为区域级别打前站,因为成立欧洲检察官,首先被2000年《尼斯条约》拒绝,后来被2004年的《欧盟宪法条约》保留,但是由于要

---

[17] *Le Relatif et l'Universel*, op. cit., pp. 246-264.

求全票通过受到了限制,同时在国际刑事法院已经存在了一个世界检察官。

恐怖主义也是这些法律混乱秩序的一个例子。尽管1937年国际联盟(SDN)制订了草案,反恐斗争的国际化依然在很长时间内遭遇国家相对主义的阻碍,因为国家相对主义这个概念保留着同损害国家安全相关的思想。在世界范围内,互相帮助发展缓慢,主要是因为对付恐怖主义非常特殊的形式不可能延伸到超出国际刑事法院管辖能力之外一般普通的规定上。即使在欧洲范围内,尽管1977年实行了去政治化,关于为恐怖分子引渡问题提供方便的条约依然保留所谓的"法国"条款,即拒绝政治性质的申请。直到2001年美国"9·11"恐怖袭击事件发生,联合国9月和10月的决定通过之后,于2002年采纳了关于恐怖主义和逮捕令的框架决议,从而宣告了镇压恐怖主义的欧洲刑法化。[18] 很多机构,包括国家的和国际的、区域的和世界的,他们之间是互补的,似乎融合在一起从而加速了反恐运动,宣布通过一项世界性规定。[19]

近来很多事件显示,自美国"9·11"恐怖袭击事件以来,把反恐运动看成是全球性的快速运动与人权原则的缓慢发展相对立,似乎存在某些领域,它们比其他领域更加抵制时间上的加速现象。

1.2 时间等级和调整领域

是否会存在普遍性时间和全球化时间?

虽然法律普遍化由于几次大的危机(第二次世界大战,南斯拉夫和卢旺达之间的冲突)而得以发展,但是它的发展缓慢,而且不连续,因为每次都是由于国家主权的原因受到制约甚至阻挠,而此时经济全球化却飞速发展。由于新技术和非物质流通打破了国界的限制,自冷战结束以来,经济全球化得以发展,没有遭遇国家主权的阻碍,也没有引起各国政府的抵制。恰恰相反,我们看到,各

---

[18] 关于不同阶段,参阅 « Terrorisme sans frontières », *le Relatif et l'Universel*, *op. cit.*, pp. 285-307.

[19] 联合国总秘书长科菲·安南的报告, « Dans une liberté plus grande, vers le développement, la sécurité et les droits de l'homme pour tous », *Le Monde*, 22 mars 2005;同时参阅 2005 年 9 月联合国峰会最后的文献。

国政府积极采纳"法律市场"上最有吸引力的法律体系,签订有关双边或多边投资协议。

但是在实践中,普遍化的慢速发展和全球化的快速发展之间的对立应该有所区别,因为法律部门不会自封于一个或者另一个类别当中。是否应该将国际恐怖主义划分到反人道主义罪之中或者把恐怖主义看成是全球性犯罪?同样,在环境法方面人们还在犹豫:"如果存在一个多边条约的排行榜的话,毫无疑问,2005年2月16日生效的《京都协定》应该排在首位。"[20]从1997年《京都协定》的签订到2005年的协议正式生效这段时间内,"气候外交以惊人的速度发展"。但是,如果把这项成功看成是法律普遍化的胜利,标志着承认环境是"人类共同财富"的话,那未免有些过头。事实上,这个惊人的速度是由于风险全球化而产生的相互依赖性引起的。在这里,我们再次提起上一章开始的时候提到的问题:由客观事物力量所替代的思想的不完整性问题。

为了更深入地研究这个问题,也许有必要在观察更具有意义的速度发展过程,即:人权法和商法中,时间的不同阶段功能的同时,考虑更为具体的问题。

2. 速度进程:人权法/商法

第二次世界大战之后,两个国际化程序同时开始:1947年《关税及贸易总协定》(GATT)确定了交换自由化;1948年《世界人权宣言》确立了人权保护。但是这两项程序启动缓慢。在实施金融支柱(国际重建与发展银行 BIRD)和货币支柱(国际货币基金组织 FMI)[21]时,人们放弃成立《哈瓦那宪章》中规定的国际贸易组织,因为《哈瓦那宪章》从来没有生效过,而世界商业支柱慢慢通过《关贸总协定》的临时条约形成。至于人权领域,人权宣言没有任何限制效果,基本法的普遍主义尽管要求不可分性,但是,由于被分成

---

[20] H. Kempf, « Kyoto, an I », *Le Monde*, 16 fév. 2005.

[21] G. Burdeau, « Le FMI et la surveillance de l'espace monétaire et financier mondial » in E. Loquin, C. Kessedjian (dir.), *La Mondialisation du droit*, op. cit., pp. 262-275.

两个不同的法律规定(1966年两个联合国公约),又因为缺乏真正的司法监督机制而变得脆弱。随后的发展在世界范围内和欧洲范围内将会完全不同。

在世界范围内,自"冷战"以后,尤其是1994年世界贸易组织和争端调解组织成立以来,贸易法迅速发展,而人权法的发展却依然缓慢。随着两者之间的差异增大,非同期发展现象成为人们关注的问题。

在人权方面,缓慢的速度并不意味着法律的空白,很多犯罪认定程序,无论是一般性的还是主题性的,都在人权委员会或者接受其管辖职能的各国(一百多个国家[22])人权委员会中发挥作用。但是,尽管委员会努力使程序司法化,并且为国家指出需要采取的步骤,但是缺乏惩罚手段而弱化了监督力,以至于我们不能把它当作是一种"司法"监督。这种"无力"不能通过1993年人权事务高级专员办事处来填补,也不能通过令人失望充满矛盾的国际刑事法院的判例解释来填补。国际刑事法院往往是采取不合时宜的举动,"在某些具体案例中显得过于谨慎,只是凭空一击,没有任何效果,因为缺乏延续性而显得更加戏剧化。"[23]即使上面提到的,要将人权法委员会转变成更为独立[24]的理事会,这个日期尽管还没有确定,但是看起来也不太可能加速进程,因为没有司法裁判权的监督,各国对此也非常抵制。

但是,自从签署了《马拉喀什协议》,成立了世界贸易组织以来,世界贸易法律空间似乎全面展开,速度也提高了。全面展开,是因为世界贸易组织不停地吸收新成员(2001年中国加入,现在俄罗斯也加入了),这个加速度似乎令人猝不及防,这主要是因为创立了完全司法性的常设上诉机关。这个机构从1995年开始运作以来,在最初5年里处理了三十多个不同领域的案件。在这个机

---

[22] *Le Relatif et l'Universel*, op. cit., p. 198 sq.

[23] E. Decaux, «La CIJ et les droits de l'homme», in *Studi di diritto internazionale in onore di Gaetano Arangio-Ruiz*, Editiriale scientifica, 2004, pp. 921-966.

[24] 2005年9月联合国峰会。

构的第一个年终报告中(WT/AB/1),总结了 2003 年的活动,在附件中加了一个年鉴表:从这个组织成立的时候开始 8 年之内,有六十多个报告,也就是"从这份庞大的案例解释中可以总结出一个案例发展趋势和战线"[25]。海伦·瑞兹-法布里(Hélène Ruiz-Fabri)把这一成功看作是"司法裁判的诞生"和"法律的巩固",她从中分析出两个原因,这也是在报告中得到确认的:"一个是程序在规定的期限到期的时候必须停止(无论太长或者太短);另一个是程序以单边形式启动,并且不能被阻断。"[26]

换一种说法就是,速度同时取决于加速器的实施(规定的期限)和刹车装置的取消。的确,根据传统的私法原则,国家可以实施报复,但是报复就如同赔偿一样,只是暂时的,而且伴随着多边监察机制,强制实施一种(遭受到的损害和接受的报复行为之间)等同原则,从而限制因为强国的参与而产生的过高估计,甚至阻碍现象。[27]

如果说,从《关贸总协定》到世界贸易组织,各国政府接受了速度的改变的话,这也许是因为"冷战"以后经济、政治和法律方面的原因。

从经济的角度上看,贸易国际化制度的稳定能够使国家在降低"交易成本"、方便彼此战略、改善对新问题的处理方法的同时,

---

[25] H. Ruiz Fabri, J.-M. Sorel, « OMC, Chronique du règlement des différends 2003 », *JDJ*, 3, 2004, p. 998.

[26] H. Ruiz Fabri, « Le règlement des différends auprès de l'OMC: naissance d'une juridiction, consolidation d'un droit », in *souveraineté étatique et Marche internationaux à la fin du XXe siecle. Mélanges en l'honneur de Philippe Kahn*, *op. cit.*, pp. 303-334. « La juridictionnalisation du règlement des litiges économiques entre États », *Revue française d'arbitrage*, 2003, 3, pp. 881-947; voir aussi V. Tomkievicz, « L'organe d'appel de l'Organisation mondiale du commerce », thèse, université Paris I, 2004.

[27] 比如,在香蕉案件中,由美国确定的标准从 5.2 亿美元降到 1.914 亿美元,在荷尔蒙肉案件中,加拿大确定的标准从 7500 万加币降到 1130 万加币。

进行有效的管理。[28] 从政治角度看,在贸易论坛中以协商为基础的过程,保留了部分外交性质,通过各种附加协议以及各种具有明显区别却又相互联系的法律手段(千层技术)的叠加,形成一些协议网络。另外,这个机制没有把政府同私人经济活动者对立起来,因为私人经济活动者的利益有时候更为趋于融合,以至于有时候成为他们的代言人。[29] 结果是,这样的机制比人权机制更加宽松。人权机制以高于普遍原则的名义把受害者和国家完全对立起来,如同一种高高在上的强制性政策。从法律角度比较这两种程序,托马斯·科蒂耶(Thomas Cottier)强调指出:"一个是从上到下,另一个主要是底层的"[30],从而产生两种不同的法律文化。人权文化将渐进的规则程序和归纳法排除在外,保障了商法的部分成功。因此,我们明白,随着人权空间的产生而形成差异。

但是这个现象不是不可避免的。如果我们同时看到了在区域层面,尤其是在欧洲所发生的一切,过程的进行就可以是另一番景象,速度的曲线就可能完全颠倒。

在欧洲范围内,贸易和人权之间的差异在第二次世界大战刚刚结束以后表现得非常明显。人们曾经尝试在欧洲理事会中进行政治建设(1949年伦敦章程),却遭到失败,这一失败导致在20世纪50年代先后形成欧洲煤钢共同体(CECA)、欧洲经济共同体(CEE)和欧洲原子能共同体(Euratom)。像后来的世界贸易组织一样,这是一个扩张和加速的双重程序,将地理上的扩张同著名的"小步走"方法结合起来,也就是通过逐渐切入的方法提高速度,最后于2004年由25个成员国在罗马签订了《欧盟宪法条约》。这个条约因为法国和荷兰拒绝加入而显得模糊不清,所以没有预计未来发展规划,在半个世纪的时间里,欧洲共同体的建设"相对于前

---

[28] C.-A. Michalet, « Les métamorphoses de la mondialisation: une approche économique », in E. Loquin, C. Kessedjian (dir.), *La Mondialisation du droit*, op. cit., pp. 11-42.

[29] *Le Relatif et l'Universel*, op. cit., p. 323.

[30] T. Cottier, « Trade and Human Rights: a Relationship to Discover », *Journal of International Economic Law*, 2002, pp. 111-132 (spécialement p. 119).

期经验来说是一种断裂"[31]。从经济优先权替代了政治优先权这个双重意义上说,是一种断裂;与此同时,人们更倾向于领域性逐步发展的方法,而不是全面的瞬间发展的方法。同时,在空间上实施一种极其完善的法律稳定制度;在时间上,通过成立了监督法律机构,先后建立了欧洲法院和一审法庭,实施了加速司法制度进程的手段。其次,因为共同体法律的直接实施和预判技术,欧洲法官也得到各国法官的帮助,通过像共同体法律优先性或者国家之间的无歧视对待这样一些原则的出现,欧洲法官也有助于加速从横向合作(相互交织)向纵向一体化(和谐化,统一化)的过渡。

但是,在欧洲理事会方面,政治计划陷入了困境。1950年通过了《欧洲人权公约》,这个公约一开始就规定了法律救济机制(人权委员会和欧洲人权法院);但是正如莱斯特勋爵[32]所说,这就像"沉睡的木头美人"一样,还没有醒来。从1951年开始,第一个签字的应该是英国,但是要等到1998年的《人权公约》(2000年10月生效)以后,英国法官们才能直接执行条约。而法国等了25年(1974年)才正式批准这项公约,可是在此期间,她曾经积极地参与这项公约的制定。而且还要等待一个七年任期和大多数人改变态度,才能于1981年允许受害者向人权委员会提出上诉,然后直接在法庭上陈述他们的案件(从1998年11号条约生效开始)。

开始的时候,这个人权监督机制遇到很多障碍:有些是政治性的,比如不批准这个机制,或者是物质方面的,比如为法官和法院提供的材料不充分;另一些是法律上的。现在还是这样,法国最高法院的大法官吉约·卡尼维(Guy Canivet)把违背斯特拉斯堡规定的这种"不信任甚至是对立气氛"同通过预审上诉在卢森堡创立的合作精神相比较,对于国家法官来说,斯特拉斯堡的规定被视为一种拒绝,认为是触犯了他们的权力,违反协议行为往往被认为是一种惩罚。[33]

---

[31] D. Simon, *Le système juridique communautaire*, PUF, 1997, p. 18.
[32] Lord Lester of Hen Hill, « La tradition de *common law* », in C. Teitgen-Colly (dir.), *Cinquantième anniversaire de la CESDH*, Bruylant, 2002, p. 39.
[33] G. Canivet, « Rapport », in *La Reforme de la CESDH*, Bruylant, 2003, pp. 71-75.

但是联合国人权委员会和欧洲人权法院"勇敢而节制"地结合起来[34],逐渐成功地克服了绝大部分的阻碍,在地理上占优势的(开始时人权委员会只有 15 个成员国,欧盟有 6 个创始成员国,现在人权委员会有 46 个成员国,欧盟有 25 个成员国)人权空间也将会成功地获取市场机制。1960 年欧洲人权法院发出了第一份判决。在 1960 年和 1998 年改革期间(38 年),一共作出 837 项判决;而在 1998 年到 2000 年条约 50 周年年庆之间,新法院在两年之间作出的判决差不多是之前所做的判决的总和(共 691 项)。速度在加快,2001 年欧洲人权法院宣布了 888 项判决(欧洲法院宣布 240 项判决)。[35] 这样的增长速度使法院院长在促进诉讼程序的改革(随着 14 号议定书而正式生效)的同时指出:这是"令人担忧的数字,甚至有些过分。"[36]

从转化速度方面来看,我们会考虑如何解释世界层面和区域层面上的差异。也许关键问题还在于司法监督机制的实施。可是这个机制差点永不见天日。皮埃尔-亨利·泰根(Pierre-Henri Teitgen)在欧洲议会上提出了协议草案,只以一票的优势获得了大多数的认可。反对声音很大,不仅被英国人反对,也遭到法国人罗贝尔·舒曼(Robert Schuman)的反对。舒曼觉得没有必要提出人权问题。联合国已经承担了这个责任。这个局面被部长委员会打破,计划在最后时刻被重新提出并最终被绝大多数国家认可(64 票对 1 票,21 票弃权)。[37]

这是一个极其简单的教训,却使我们必须承认,在我们的社会转化中存在某些偶然性:发展过程中的岔口同个人上诉同样重要,个人上诉允许个人对违反人权法的国家政府提出起诉,予以惩罚,

---

[34] J.-P. Costa, «Propos introductif», in C. Teitgen-Colly (dir.), *Cinquantième anniversaire de la CESDH*, *op. cit.* p. 168.

[35] L. Wildhaber, «Un avenir constitutionnel pour la CEDH?», *RUDH*, 2002, vol. 14, 1—4.

[36] *Id.*, «Table ronde», in C. Teitgen-Colly (dir.), *Cinquantième anniversaire de la CESDH*, *op. cit.*, p. 317.

[37] E. du Reau, «La genèse de la CESDH», C. Russo, «Le rôle de Pierre-Henri Teitgen», *ibid.*, p. 48 *sq.* et 59 *sq.*

这只有在一小部分被看作是梦想者的人一致坚持的情况下才能最终予以保留。方向一旦确定,加速运动就慢下来了,就像我们看到的,速度慢了可是一直在继续,政治和法律之间的灵活衔接有利于速度的继续发展。

从政治角度上说,欧洲人权保护机制的"吸引力"[38]在1974年后得到了加强。法国在1974年批准了欧洲人权保护机制,这一行为从某种程度上说符合市场化欧洲和人权欧洲的进程。欧洲经济共同体的15个成员国都加入了《欧洲人权公约》,这两种机制可以联合起来了。加入欧共体,无论是起初的希腊、西班牙或葡萄牙,还是后来的中欧国家和东欧国家,他们的条件是加入《欧洲人权公约》,包括接受个人向欧洲委员会和法院起诉。因此,"民主俱乐部"变成了"民主学校",为运动做贡献。[39]

但是加速运动源于法律论据,因为随着判例解释的发展,逻辑的模式也发生了转变:之前描述的归纳法与有利于商业法权力的演绎法相互对立,欧洲人权法院的推理发生了转化,以适应国家各种实践,尤其是创立了"各国自主空间"这个概念以后。在法律解释上结合了灵活性和创造性,法庭也使一些新的自主性法律类别出现在人们面前,如"刑事领域"类别,根据法官制定的标准,把刑法概念延伸到具有惩罚性质的一切惩罚措施上。如果自动化与加速运动结伴而行,那么就可以使欧洲人权空间与商业空间结合起来,甚至可以为商业空间指明方向,例如:《马斯特里赫特条约》和《阿姆斯特丹条约》这些欧洲协议可以参考《欧洲人权公约》,还有尼斯的《基本权利宪章》在很大程度上从《欧洲人权公约》中汲取经验;最后,在《欧盟宪法条约》中,也参照欧盟加入《欧洲人权公约》例子,这些都说明了人权空间与商业空间的结合。欧洲议会开始担心在人权方面,为了欧盟的利益而"失去了自己的特色"[40]。这不是为了赢得比赛而"加紧"努力,而是一个真正意义上的同步。

---

[38] C. Teitgen-Colly, « Le rayonnement de la CESDH », *ibid.*, p. 71.
[39] *Ibid.*, p. 74.
[40] *Le Monde*, 3 mars 2005.

现在应该试着确定将这种方式复制到世界层面的条件。

3. 同步的条件

尽管组织这个比喻有很大限制,但是上面的例子说明"衔接"这个概念可以作为同步的条件。将"游戏"放在标准一体化实施当中,好的衔接有利于同步发展(速度的变化),坏的衔接使运动受阻。但是是什么样的衔接呢?

3.1 在政治、法律和经济方面的权力衔接

之前的比较显示了在欧洲,政治、法律和经济之间的衔接十分灵活,这样,直到目前为止,都可以避免阻碍。不用拿未来打赌,即使欧洲宪章的法律价值还没有得到完全承认,欧盟内部的人权法还不确定,依然还有同步运动的影响。这在于法律的双极建设。因为政治和经济的选择,法律双极建设是有可能实现的。鉴于欧盟所有成员国都加入了《欧洲人权公约》,欧洲各国的政治和经济选择部分会与标准空间重合。

乍一看,这一经验似乎说明,这样的衔接在世界范围内不可能奏效,因为有利于欧洲法律一体化的标准空间(市场空间、人权法空间)似乎完全不可能同时发生。我们可以比较一下各国加入世贸组织的热情和加入联合国公约以及其他人权保护国际性协议,包括国际刑事法院章程时的迟疑态度,就一目了然了。

确实,与南斯拉夫法庭不充分合作致使克罗地亚加入欧盟推迟到了2005年10月。[41] 但是阻碍正在被解除,无论如何,不应该把专门法庭和国际刑事法院混为一谈,因为专门法庭的管辖职能是特殊的、具有局限性。而国际刑事法院是常设机构,具有普遍使命。确切地说,现在的政治背景拒绝将批准《罗马规约》(国际刑事法院)和加入世界贸易组织候选条件相结合。相反,美国以配有惩罚条款的双边协议形式实施美国保护法,已经开始抑制国际刑法

---

[41] T. Ferenczi, « La fuite d'un chef de guerre entrave l'adhésion de la Croatie à l'UE », *Le Monde*, 16 mars 2005.

的发展。[42]

但是,苏丹的发展说明,法律论证为了避免法律规定的全面制止而走向舞台。对于联合国安理会来说,负责调查达尔富尔事件的委员会第一次有机会向国际刑事法院的法官提出上诉,在它的报告[43]中指出:"向国际刑事法院起诉的法律条件都已具备。至于犯罪性质,即使委员会没有判定是杀戮,它也发现了严重的战争犯罪和反人道主义罪已经在很大范围内发生了(成千上万的杀戮,对妇女的侵犯,将村庄和房屋摧毁以及二百多万人口的迁移)。这些罪行将由政府代表和叛乱分子来承担。"作为补充,报告显示苏丹不愿意也没有能力进行调查和追诉。

如果安理会向国际刑事法院起诉的话,因为苏丹从没有承认《欧洲人权公约》,唯一一条可能的途径就是,苏丹自己不是申请者,卡塞斯委员会(由人权最高委员会负责)明确提出了一系列的法律证据(第572条),如:所犯的罪行显然威胁到了和平和安全;案件的调查和追踪完全不可能在当地实施,不可能与当权者和操控国家机器的人对抗,这时候,国际刑事法院应该说服国家领导和叛乱的首领进行调查,必要的时候进行刑事诉讼;以国际组织的身份,按照它的程序规则和证据,国际刑事法院是唯一可以保证诉讼公平的机构,因为它可以马上介入并且不增加国际团体的负担。需要注意的是最后的几个原因似乎排除了建立专门法庭的可能性(因为建设缓慢,费用昂贵)。

2005年3月31日,经过两个月的讨论,最终决定将案件交给国际刑事法院来审理。联合国安理会指出事态有可能发生改变:11票通过,4票弃权(阿尔及利亚、巴西、中国和美国),1593号决议接受了法院合法性。[44]法律辩护的分量起了决定作用,美国通过

---

[42] *Le Relatif et l'Universel*, *op. cit.*, pp. 197-198.

[43] A. Cassese et al., *Report on the International Commission of Inquiry on Darfour to the United Nations*, *op. cit.*

[44] C. Teitgen, « L'ONU saisit la CPI des crimes commis au Darfour », *Le Monde*, 2 avril 2005; Symposia « The Commission of Inquiry on Darfur and its Follow-Up: a Critical View », *op. cit.*

总统决议把事件定性为"种族屠杀"。

但是不要以为这就是法律的胜利:一方面,问题的最终解决包含了一个免责条款,从法律角度上说是值得商榷的,这一条款有利于参与苏丹事件的各国侨民,从而保护了可能对这起国际犯罪负有责任的士兵和领导人[45];另一方面,即使检察官发表了报告并且公开委员会认定的并由联合国提交的嫌疑人名单,也没有任何直接约束性办法,尤其是苏丹掌握权力的人为了拒绝合作,试图无视最高法院的报告,证明自己处理这一问题的能力和意愿。

虽然国际刑法可以参与政治和法律上的衔接,为同步运动作出贡献,但是它的贡献很小,其影响依然受强国抵制力量的限制。相反,如果更大范围地考虑经济和法律之间的衔接的话,这些抵制就会被削弱。

我们已经提过,中国在2001年11月加入了世界贸易组织。我们还要回到这个例子上,因为中国的加入开启了一系列的改革,这些改革并不局限于一些商业法律领域(社会法、合同法、知识产权、保险、竞争、外商等),而在于加入协议中规定的具有普遍意义的原则基础,比如透明度、法律的一致实施或者行政公约的有效控制。[46] 加入世贸组织有利于法治国家的建设,从这个意义上说,就是加入商

---

[45] L. Condorelli, A. Ciampi, « Comments on the Security Council Referral of the Situation in Darfur to the ICC », *JICJ*, 3（2005）, pp. 590-599, spécialement « Immunity from ICC Jurisdiction for Nationals of Non-Party State », pp. 594-597.

[46] M. Delmas-Marty, « La construction d'un État de droit en Chine, avancées et résistances », *op. cit.* ; « La construction d'un État de droit dans le contexte de la mondialisation », in M. Delmas-Marty, P.-E. Will(dir.), *La Chine et la Démocratie. Tradition, droit, institutions, op. cit.* ; L. Choukroune, « L'accession de la République populaire de Chine à l'Organisation mondiale du commerce, instrument de la construction d'un État de droit par l'internationalisation », *op. cit* ; *id.*, « L'accession de la Chine à l'OMC et la reforme légale: vers un État de droit par internationalisation sans démocratie? », in M. Delmax-Marty, P.-É. Will（dir.）*La Chine et la Démocratie. Tradition, droit, institutions, op. cit.*

法和人权间接同步化运动中。

在中国和其他地方,如果国家法官学会使用国际法律新措施(即使这些新手段不是强制性的),那么当标准一体化与国家法官的"觉醒"同步进行的时候,这种间接影响显然会加强。我们在前面已经看到,因为缺乏超国家法官,国家法官可以将国际标准同国内法解释结合起来,援引"跨国企业在人权方面的责任原则"[47]。

同时,另一种衔接,即不同级别的标准组织之间的衔接也显示了它的重要性。

3.2 不同级别之间的衔接

有一种形势,似乎在世界范围内受阻,而在国家、区域甚至是区域间范围内被重新激活。我们曾经举过很多这样的例子。

在贪污腐败领域,就像在气候变化领域一样,区域组织——有时候是国家级别以下的组织(尽管美国拒绝,很多联邦国家都引入了温室效应气体排放限制)——之间的衔接有助于世界范围内间接同步化的发展,从而避免了阻碍。

另外,通过标准的相互交错和法官之间的对话促进了标准一体化进程的发展,创造了不同标准空间的相互渗透。这个一体化进程也许可以更直接地实现同步化,同时使国家和国际监督机构变得自主独立。为实现这个目标,只需要法官学会怎样更系统地融入不同标准空间的法律推理当中,也就是实施相互标准化(贸易协议与国际劳工组织、环境法甚至是人权法之间的相互标准化)。

但是这种尝试可能会强制各国保持一致的节奏。因此产生这样一个假设,就是要确认,为了保持多元化,所有的同步进程都要保证国家时间,也就是说时间上的国家自主空间,而不仅仅是空间上的国家自主空间。换一种说法,就是一个可以接受多重节奏的同步化进程。

---

[47] *Le Relatif et l'Universel*, op. cit., p. 157 et 250; E. Decaux. « La responsabilité des sociétés transnationales en matière de droits de l'homme », op. cit., pp. 789-796.

第二节　多重节奏

"多重节奏"这个词语在法律领域不是很常用,它的意思是指时间上的不一致,在于承认不同法律规定在同一个空间可以以不同的速度发生变化。与不同步(在不同空间以不同的速度进行)不同,多重节奏有时候在欧洲被理解成"多个速度",这样的多重节奏可以刺激一体化的进程,避免像德国前总理科尔说的那样:"最慢的那节车厢可以决定整列火车的速度"[48];甚至如果这一方法可以让一组火车在停止后重新出发的话,那可以避免火车的完全停滞,就像在一些国家不承认《欧盟宪法条约》所引起的阻碍一样。

但是现在欧洲的现实不应该掩盖世界范围内类似的现象。在世界范围内,从某种程度上说,恰恰相反,其目标是要考虑到国家形势的异质性,不能给某个国家强加一个它不可能遵循的速度。比如"共同而具有差异的责任"这一基本原则的建立,纳入联合国《气候变化框架公约》第 3 条,并通过《京都协定》得以实施,根据各国的发展程度,将他们分成不同的类型。

总之,时间上的差异性在法律领域是一个调节扩张(一个越来越广泛的标准空间)和一体化(一个不断深化的标准秩序)的手段。

但是要真正意识到各种规定的多样性,这样的相关性未免太简单了。因为这些规定不能总是把标准时间和其他形式的差别区别开来。几年前,佛罗伦萨欧洲大学学院(Institut universitaire européen de Florence)根据《阿姆斯特丹条约》的规划,组织了一个圆桌会议。这个圆桌会议第一次以"加强合作"的名义,承认时间上的差异。会议的出发点是一份划分差异的不同方法的工作文件,其中包括三个类别:多速度的(multi-speed)、变化几何形的

---

[48] Cité par P. Lamy, « L'Europe à quelques-uns? Les coopérations renforcées », in Mouvement européen, *La Lettre des Européens*, hors série, 2, nov. 1996, p. 131.

(variable geometry)、可选择型的(pick and choose)。[49] 这份文件强调不要把这三个类别弄混,就像我们在日常用语中不要混淆各种语言一样,它是由克劳斯-迪耶特·恩莱尔曼(Claus-Dieter Ehlermann)撰写的,在三个类别中间建立了一种渐进式关系。这种关系是根据它们是倾向于国家的概念还是伴随着从国家内部走向超国家形式一体化程序而建立。"照单选择"这种方法是一体化最弱的结合形式,因为它允许每个国家以自由决定的方式选择适合自己的标准,从而保持一种政府间的合作关系,按照传统说法,就是国际合作关系(这种方法又被称为撒彻尔方法);变化几何形方法(横向或者纵向一体化)是最开放的一种方法,根据机构一体化的程度,可以促进从国家之间的关系过渡到超国家的关系(我们说是德洛尔方法);最后多速度的方法看起来好像是最有强制性的,因为需要在超国家的计划之前事先就制定好一体化的规则,只是节奏(一体化的速度)可以有所不同(又被称之为维利·勃兰特方法,后来又被约施卡·费舍尔重新提出来)。

在实践中,这些类别经常混合在一起。在欧洲,随着各种申根协定的签订出现多种差异,实际上是混合了变化几何形型和多速度型这两种类型。《阿姆斯特丹条约》和《尼斯条约》接受了这些差异性,后来《欧盟宪法条约》也以"加强合作"的名义承认了这些差异,只是先是以单数形式(《阿姆斯特丹条约》),后来以复数形式(《尼斯条约》和《欧盟宪法条约》),似乎反映了欧洲立法者自己也在各种可能的概念之间犹豫不决。

但是在世界范围内,关于《气候变化的框架公约》和《京都协定》创立的机制首先提出温室效应气体的排放规则,部分确立了每个国家类别的一体化速度。

多重节奏也许可以成为法律秩序的一种制度手段,但在试图将这些条件系统化之前,我们应该先看看这里的两个例子(而不只

---

[49] C.-D. Ehlermann, «Increased Differentiation or Stronger Uniformity», *EUI* [Institut universitaire européen], *Working Paper*, 95/21; «différenciation, flexibilité, coopération renforcée: les nouvelles dispositions du traite d'Amsterdam», *Rev. Marche unique*, 3/1997, p. 53 *sq.*

是一个案例),这样可以更好地掌握实践中的多样性。

1. 欧洲"加强合作"案例

就像让·莫奈(Jean Monnet)所说的那样,欧洲是一点一滴形成的,但是步伐是一致的。在欧洲经济一体化的驱动下,欧洲的6个初始国以同样的节奏发展。

节奏的断裂好像也发生过,原因是空间上的扩张(1973年9个成员国,1981年10个,1987年12个,1995年15个,2004年25个)和共同政策的深化。

在1969年,法国用了两次否决权以后(1963年和1967年),戴高乐总统辞职,乔治·蓬皮杜接任法国总统,为英国的加入提供了方便。随着欧洲逐渐扩张到大多数的斯堪的纳维亚国家,然后到从前中欧和东欧的社会主义国家,其目的主要集中在建立共同市场上,这与当初创始国的目标有所不同,而越来越亲近美国。异质性越来越强,不可避免会导致停滞,或者必然的差异性,尤其是时间上的差异性。

为了调节共同政策的扩张和深化,前期完成的工作符合这个具有不同发展速度的欧洲。这些工作的实现,在被各项协议本身接受和约束之前,看起来分散在共同体的内部和外部。

1.1 前期完成的工作

我们还要回到《申根协定》(1985年—1990年)。尽管《申根协定》不在条约里面,但是这些协定"不是欧盟的竞争者,而是一个'实验室',因为只有欧盟的成员国才可以加入《申根协定》。"[50]从1985年开始,5个国家加入《申根协定》,目的是消除边界限制。1990年协议增加了补充内容,规定要在1986年唯一的法案和1989年柏林墙的倒塌中站好立场。申根组织的目的,是在安全方面加强一体化,并且提供其他国家加入申根的可能性。这个目的实际上是为了弥补对内部边境人员控制的取消制度。这一取消制度是

---

[50] J. Pradel, G. Corstens, *Droit pénal européen*, Dalloz, 2ᵉ éd. 2002, n°23, p.47.

由一项共同法律机制规定的。根据这项规定,创建了申根信息系统(SIS),以司法和政治"合作"的名义,通过了一些一体化措施,比如将"一事不再理"原则延伸到其他国家宣判或执行的调查和处罚中。[51]

同《申根协定》国以外的其他国家相比,其目的是加强一体化进程,但是问题不只是停留在速度上,因为规定同时也带来一种变化类型。自从 5 个国家签署了协定(1985 年)以后,有 8 个国家在 1990 年签署了实施协议。接着,从 1997 年 10 月起在 10 个国家实行,除了英国和爱尔兰,后来慢慢地扩展到 13 个国家(2001 年)。我们看到一体化的程度,比如在跨国警察的联合行动队伍方面,申根国家内部也是不同的:法国与德国不同,她拒绝承认外国人员的审讯权。[52]

接着,加速变成了一种预测:一方面,从《阿姆斯特丹条约》开始,"申根协议的经验"并入到了欧盟中,然后强制给候选国,并通过《欧盟宪法条约》加入附件当中(参阅第二条关于欧盟新成员国加入规定);另一方面,一部分机制要扩展到每个成员国:这样在框架决议的建议中再次提及一事不再理原则。[53]

我们可以把前期的国家集团看成是在起着先锋的作用,但并不是像一些政治领导人,如德国外交部长[54]或者法国总统[55]给这

---

[51] Gozutok et Miraglia 判决, CJCE, 11 févr. 2003 (aff. Jointes C-187/01 et C-385/01) et 10 mars 2005 (aff. C-469/03), commentaire S. Manacorda, «*Judicial activism* dans le cadre de l'espace de liberté, de justice et de sécurité de l'Union européenne», *op. cit.*

[52] 关于质询权,有关 2004 年 11 月 25 日国家行政法院的意见,参阅 *Rapport public 2005*, Études et documents du Conseil d'État, 56, La Documentation française, 2005, p. 173.

[53] 2004 年 4 月 29 日国家行政法院的意见,承认这个建议,但是指出在诉讼未结案的情况下具有不完整的特点。关于这一点,参阅 *Rapport public 2005*, op. cit., p. 168. 因未知原因,这个建议没有被接受,参阅 S. Manacorda, «*Judicial activism* dans le cadre de l'espace de liberté, de justice et de sécurité de l'Union européenne», *op. cit.*

[54] 德国外交部长约施卡·费舍尔 于 2000 年 5 月 12 日在柏林汉堡大学的演讲。

[55] 法国总统雅克·希拉克于 2000 年 6 月 27 日在德国联邦议院的演讲。

个表达式下的定义那样。在1994年卡尔·拉默斯、沃尔夫冈·朔伊布勒的报告中,费舍尔清楚地强调,调节扩张和深化的唯一方法是承认差异;但是他将创立一个先锋团体的"加强合作"或者"重心"分成了两个截然不同的阶段。第一个阶段是将"加强合作"延伸到环境保护、反对犯罪、移民和避难政策或者外部安全政策这些领域。第二阶段重建"重心"或者国家集团,通过签订新的协议构成一个"持续的先锋队",对想加入的国家开放,成为第三阶段中预计的未来联邦的核心。问题是德国部长在同一个"加强合作"的计划中,将《申根协定》和经济货币同盟(UEM)的模式混合在一起,模糊了自己的观念。

但是第二个阶段和第一个阶段不是同一个团体的国家,因此不是一个含义。从此,一些国家通过自动排除法拒绝加入《马斯特里赫特条约》(1992年)中的经济和货币同盟,这些国家随后也拒绝进入欧元区。申根机构是一个过渡性的机构,目的是为了加速一体化并且吸引其他国家加入组织(向内敞开)。和申根机构不同,自动免责和自动排除(向外敞开)是另外一个相反的过程,目的是抵制、阻挠一体化的进程。

这个欧洲具有不同的发展速度,她前期完成的工作,具有模糊性甚至是矛盾性,这本应该激励立法者在接受"加强合作"这个概念时阐明它的含义。但是事实却让人失望,因为人们接受了这个表达方式,但是歧义依然存在。

1.2 认可接受

《阿姆斯特丹条约》在将申根机制纳入共同体的同时,也接受了加强合作的规定。这就避免了英国有可能提出否决,使那些希望"走得更远走得更快"的国家在欧盟的框架下相互间建立一个加强合作的机制。

这个机制被看成是一种新生事物,有时候被看作是一场与共同体前景有关的革命。它在英国这样的国家影响下,以一种约束性方式确定了下来。英国虽然起初希望这个机制具有一定的灵活性,但是害怕这个机制的吸引作用,也害怕一体化加速进行,因此提出了一些约束性条件,比如"大规模评论"(至少一半的国家)的约束条件,或者"最后推动力"的条件(需要证明全体成员国不可能达成一个最后决议),或者排除第二支柱,也就是依靠外国政策和共同安全(PESC)这一支柱。另外,《阿姆斯特丹条约》至少承认所有自愿与反对权保持一定距离的国家暂缓实施。

我们还是要尊重共同体的成果。起草者没有能够制定一个有关加强合作的积极或消极问题的清单。他们本来应该规定一个严格的框架(参看《阿姆斯特丹条约》第43条的10个建议和每个支柱特有的法律文本——《欧盟成立条约》第11条和《欧盟条约》第40条),要求加强合作的规定不影响委员会的政治、行动和日程安排,对成员国之间的交换不构成束缚,不会导致成员国之间的失衡和竞争。

2000年,为了扩张,《尼斯条约》为阿姆斯特丹机制(还没有实行)提供了方便。《尼斯条约》取消否决权的可能性,无论成员国的总数多少,将普通批评规定为8个国家,并且降低了一些硬件条件;另外,将加强合作延伸到除了自卫和军事行为以外的对外共同安全政策(PESC)中。

但是,《尼斯条约》保留了"最后推动力"这一要求,尤其是《尼斯条约》排除预测影响,明确指出,对加强合作的实施有必要的条约和决定不是欧洲成果的一部分,这就意味着,与申根机制不同,《尼斯条约》不会将这些条件强加给候选国家。

加强合作这个概念框架松散,仅限于对欧盟未来的发展影响,所以我们还不确定,它是否会真正地起到吸引作用从而推动欧盟[56]的发展。所以,我们也明白,为什么尽管《尼斯条约》的实行使"加强合作从法律角度上看更容易在协议的机构范围内启动,而不是在外部"[57],政治领导,尤其是法国和德国的国家领导还是想通过其他的方式来进行,包括在欧盟机构之外的一些举措,如所谓的"先锋""先驱"甚至是"重心"式举措。

---

[56] J. Rideau, *Droit institutionnel de l'Union et des communautés européennes*, LGDJ, 4e éd. 2002, p. 98; D. Vernet, « Conséquences d'un non français », *Le Monde*, 10-11 avr. 2005.

[57] P. Pnzano, « Après l'échec du sommet de Bruxelles: Constitution européenne ou coopérations renforcées », *Revue du droit de l'UE*, 3, 2003, p. 552.

从这个角度上说,维持加强合作的《欧盟宪法条约》没有任何歧义:加强合作在构想的时候被设计成"无法确定的"[58]机制,因为其先锋作用,有可能会失去自己的预测功能,而变成了一个简单的需要大多数投票表决的替代品,并且允许绕过全票通过的障碍。而且,像《尼斯条约》一样,第 I-44-4 条明确地拒绝把加强合作框架下采取的行动看成是加入欧盟必须要接受的条件。

事实上,如果研究整部《欧盟宪法条约》,那么我们就会思考,具有预测性和过渡作用的"加速一体化"差异机制会不会因为具有长期性和法律减损效力的"阻碍一体化"机制而遭到削弱。事实上,我们看到了紧急刹车装置的出现,它使成员国延缓一个合法的程序,这样做也许是与比例性和辅从性相反(参阅实施政策的条约,在涉及自由、安全和司法领域有利于程序的进行)。这些法律规定在联盟的成果中拒绝采纳加强合作的规定,这也许会让那些担心所谓的"刻在大理石上"的文章的严格性的人放心。总之,这些机构提出了一个问题,就是我们要知道,目的到底是要真正地加速一体化,还是要阻碍《尼斯条约》早已规划好的解体化进程。[59]如果我们使用之前提到过的词语,那么在欧洲,时间上的差异更像是"照单选择"模式,而不是真正的多频率形式。

这种概念和世界范围内有关气候变化方面的"区别责任机制"形成了鲜明的对比。

2. "差异责任"的世界范例

在世界范围内,先后与殖民化解体以及苏联解体有关的扩张是在标准一体化之前完成的。标准空间的扩张(延伸)和秩序的一

---

[58] H. Bribosia,《 Les coopérations renforcées au lendemain du traité de Nice 》, *Revue du droit de l'UE*, 1, 2001, pp. 111-171.

[59] F. de la Serre. 《 Les coopérations renforcées, quel avenir? Élargissement et différenciation: de la coopération renforcée a l'avant-garde 》, in Ph. Tronquoy (dir.), *L'Europe en perspective*, La Documentation française, 298, 2000; G. Soulier, 《 Quand disparaître la Communauté, reste le droit communautaire 》, in *Les Dynamiques du droit européen en début de siècle. Études en l'honneur de Jean-Claude Gautron*, Pedone, 2004, p. 513 *sq*.

体化(深化)要求时间上的差异,这种扩张和深化是根据一定的模式进行的。将这种模式复制到别处就是主张大面积使用具有不同速度的发展进程。但是实施这个想法的时候需要倍加小心,而且只在国际法的几个领域中实施。也许是因为我们最大的担心就是世界秩序一体化的解散。

"发展"的概念(发展法和发展的法律)能够将我们引上多速度的标准一体化道路。但是问题不是纯粹法律性的。在 20 世纪 60 年代到 80 年代,在国际法发展确立的时候,首要的问题是政治压力和经济的不平衡,而法律靠自己的力量是无法解决这些问题的。而且,"双重标准"或者"两个速度国际法"的概念同国家主权平等原则相对立,所以遭到所有人的摒弃,包括条件最差的国家。

在比较中立的环境法领域,人们看到了多个速度整体标准制度思想的出现。首先,在海底管理方面,通过"先驱投资者"这样的概念表现出来;然后又在里约热内卢的地球峰会(1992 年)宣言中被提出。接着《生物多样性公约》和《京都气候变化协定》又以"共同差异责任"的名义再次提出这个概念。我们知道,气候政策提出的困难异常艰巨,不仅仅是科学上的,而且是经济上的,因为这个困难是"不可逆的,耗费时间而且不确定"[60]。在这里,我们不讨论不可逆性和不确定性这一对构成谨慎原则基础的概念(另外谨慎原则被看成是一项预测)。[61] 我们只讨论由《生物多样性公约》(1992 年)和《京都协定》(1997 年通过,2005 年 2 月 15 日正式生效)开始实施的新法律规定所解决的长时间问题。这项规定事实上结合了空间上的差异标准(变化几何)和时间上的等级标准(多个速度)的一体化。

为了统一可持续性发展这一概念的内容,应该考虑那些发达国家过去的不均衡性和责任,同时还要保证未来人类的舒适性,保护生态系统(《生物多样性公约》第 2 条有关生物多样性方面)。

---

[60] R. Guesnerie, « L'évaluation économique des politiques climatiques », in E. Bard (dir.), *L'Homme face au climat* (colloque au Collège de France, oct. 2004), Odile Jacob.

[61] *Le Relatif et l'Universel*, op. cit., pp. 368-374.

这里不是要重新回来详细介绍法律制度[62]，而是要识别多速度法律制度的主要构成因素。同欧洲加强合作制度不同，多速度法律制度以事先约定的日程和能够促进筹备《京都协定》之后事态发展的加速机制为基础。

2.1 京都规定：约定日程

《生物多样性公约》的前言提出："世界上以前和现在排放的大部分温室效应气体都来源于发达国家，发展中国家人均气体的排放量还是很少的。但是发展中国家排放的气体由于要满足社会和发展的需求将会有所增加。"

但是，不应该将分析局限于发达国家和发展中国家的对立当中。矛盾的是，国家利益的极度多样性有利于1992年条约的签订。我们知道，"各国政府分成很多团体，这些团体根据利益需求，不会像传统的南/北地区这样划分，而是在需要的情况下，展示独特的领域利益地位。"[63]所以大部分经合组织国家都同意对温室效应气体排放量进行限制，但是美国拒绝加入。如果说石油生产国也同意这种保留意见的话，那完全是出于另外的原因，就像发展中国家一样，他们不想放弃使用某些能源。总之，岛屿国家和盆地附近的国家害怕海平面的升高，希望大家重视他们的特殊利益。同样，因为各种不同的原因，有国家拥有干旱和沙漠化地区，或者城市污染严重的地区，或者有的国家生态系统很脆弱，尤其是山区国家。条约的第8(a)到(i)条中罗列了各国利益差异思想，从而避免二元冲突，因为这种冲突会使政治措施处于困境，最终导致法律解决方案流于失败。

总之，多样性构成这一机制的独特性，这一机制就是借用了里约热内卢宣言的"共同差异的责任"原则（《生物多样性公约》第4条），将共同目标同时间上和空间上的差异实践结合起来，在第4条中大致描画了一个约定日程。这个名为"参与"的文本规定了所

---

[62] *Le Relatif et l'Universel*, op. cit., pp. 374-394.

[63] L. Boisson de Chazournes, « Le droit international au chevet de la lutte contre le réchauffement planétaire: éléments d'un régime », op. cit., p. 45.

有国家都要普遍参与(比如列出库存、鼓励研究和技术传播);但是还为发达国家和正在过渡的成员国家增加了一项特殊义务,就是把排放恢复到 1990 年的水平。

对于这些被看成是"与气候变化做斗争的前沿国家",约定日程在《京都协定》中有更明确的规定:规定了在 2008 年到 2012 年之间允许排放的数量,这个规定是根据相对于 1990 年排放的每个国家的配额来做的(比 1990 年排放量减少 5%[64])。但是过渡国家在排放气体限制中处于一个比较自由的位置,尤其是涉及历史排放水平的时候。历史排放水平可以作为参考,并且可以参考 1990 年以外的年份(公约加上《京都协定》的第 3.5 条)。

在京都约定日程以外,后京都的主要保障也许取决于人们可以作为加速器来分析的一些机制问题。

2.2 后京都政策:加速机制

2004 年 11 月 18 日俄罗斯承认了这项规定,使这个规定于 2005 年 2 月 16 日正式实施。但是,2004 年 12 月在布宜诺斯艾利斯举行的气候会议表明,讨论 2008 年至 2012 年以外的约定日程有多么艰难,因为发展中国家没有接受召开新的讨论,协商 2012 年以后的新承诺,而美国也支持他们的态度。

面对专家们的强烈要求,也许不用等到 2012 年,很多机制就可以为京都规定的实施提供便利条件,甚至有利于它的加速发展。

首先是协议规定的市场机制,这里不仅包括所谓的"排放许可交换"[65]问题,它是这个机制的基础,允许已经达到目标的国家将他多余的"污染权"出卖给没达到目标的国家,而且还包括"组合实施"的问题,根据这一规定,一个国家可以通过自然法人的投资获

---

[64] 2020 年欧盟环境部长制定的计划更加有野心,是减少了 15% 至 30% (*Libération*, 12-13 mars 2005.)

[65] M. Delmas-Marty, « Aspects juridiques », in E. Bard (dir.), *L'Homme face au climat*, op. cit.；关于 2004 年 4 月 15 日在法国建立一个排放配额交换体制的法令,参阅 B. Le Bars, « La nature juridique des quotas d'émission de gaz a effet de serre après l'ordonnance du 15 avril 2004 : réflexion sur l'adaptabilité du droit des biens », *JCP*, 2004, I, p. 148.

得温室效应气体排放分数,比如在同一范畴的另一个国家实现工厂现代化,这样可以减少温室效应气体的排放量(如法国/罗马尼亚协议);或者"无污染发展"机制允许通过技术援助来换取排放分数,但是这次是在工业国家和签订《京都协定》的非工业国家之间进行(如法国与阿根廷的协议)。

另外,还需指出的是,市场机制不仅仅在国际法律框架内运行,还在框架之外运行,包括没有承认《京都协定》的国家,尤其是美国。美国实行的是自愿股市交易(如芝加哥气候交换市场[66]),后来被一些联邦国家中所替代:9个东北部的政府同意在2005年4月制定一个目标,减少国土境内发电厂的气体排放。[67]

也就是说,组织级别的差异化也可以促进加速效果(衔接空间和时间的法律方法)。加速运动可以来自低于国家层面的组织(如美国的联邦国家)和区域组织;当只有一部分成员国加入了《京都协定》的时候,加速运动是间接发生的(《北美自由贸易协定》内部国家就是这样的,比如墨西哥和加拿大);而当所有成员国都加入了,并且如果这个组织决定提前实施全球预约日程的话,那么这种加速运动就是直接的(欧盟就属于这种情况)。

2003年10月13日关于欧洲指令的讨论的确非常激烈[68],这个讨论事实上通过从2005年开始建立排放配额交换制度,提前《京都协定》的约定,这也使大家看到了赢得赌局的困难性。这场赌局就是猜测,欧洲可以成功地使"揩油"现象失去作用或者消灭"地下活动",因为这些现象危害了集体财富的生产:尽管气候条约对所有的参与者都有利,也有可能某些国家在摆脱条约的情况下

---

[66] *Le Relatif et l'Universel*, op. cit., p. 388.

[67] C. Talbot, « Les firmes américaines sou contraintes », *Le Monde*, 7 déc. 2004; K. Bennhold, « Global Heat on Bush Increases, Pact on Climate Change Draws Lobbying at Home and Abroad », *International Herald Tribute*, 28 janv. 2005; H. Kempf, « Sept États nord-américains décident de réduire les émission de CO_2 », *Le Monde*, 23 déc. 2005.

[68] B. Collomb, G. Dolle, « Kyoto? Oui! La directive européenne? Non! », op. cit.; Y. Jadot, Ph. Quirion, « Kyoto? Oui! Le leadership européen? Maintenant! », op. cit.

是有利可图的,可以不费吹灰之力保留基本的集体利益。[69] 解决的办法就在于监督和处罚程序。关于这样问题,解决办法也在于同发展中国家一起创造解决方案的能力,这种方案既要宽容又要有效(双赢协议),以构想《京都协定》后的方案。

还需要在环境法之外的领域,尤其是商法领域,成功地区别一体化的发展速度。另外,考虑历史和前景问题,最近由世界贸易组织的上诉机关,就印度对欧盟案件(inde c. Communautes europeennes)中关于"给予发展中国家税收上的便利条件"[70]的建议,提出了区别一体化发展速度的问题。

在一定的背景下有可能建设"法律"推理这个问题,在欧洲范围经常被提到,但是这一次是在全球范围内提起。

3. 多重节奏和法律秩序

在讨论加强合作的时候,欧洲委员帕斯卡尔·拉米(Pascal Lamy)提出了与法律建设相兼容的问题。因为担心过度的灵活性无法加强法官对欧盟的监督,他公开提出是否应该将其应用限制在没有法律管辖的领域。[71] 但是这样的领域越来越多。

大概10年以后,很明显,这样的限制是不可能的,因为多重节奏和变化几何形一样,是受法律规定的。实践远远没有停留在孤立的事件中,而是将对多速度机制的利用延伸到了欧洲建设和气候变化法律之外,并且要求构建一个未来法律框架。

3.1 延伸到各个级别标准组织的实践

从区域级别来看,当某些领域中的利益异质化要求时间上的差异时[72],"加强合作"这个概念引起了欧盟以外其他组织的兴趣,

---

[69] R. Guesnerie, « L'évaluation économique des politiques climatiques », *op. cit.*

[70] Organe d'appel, 7 avr. 2004, *Inde c. Communautés européennes*, JDI, 3, 2004, p. 1036, chr. Ruiz Fabri.

[71] P. Lamy, « L'Europe à quelques-uns? Les coopérations renforcées », *op. cit.*, p. 119.

[72] E. Leser, « États-Unis, Mexique et Canada signent un accord de coopération renforcée », *Le Monde*, 25 mars 2005.

包括北美自由贸易组织,但是只限于其中三个参与者。

从世界角度来看,也是如此。要求在环境法和《京都协定》规定的"共同差异责任"以外发展时间上的差异。这一点出现在商业法中,但带有"赋予资格(clause d'habilitation)条款",允许在税收方面给予优惠政策,这是一个对发展中国家的特殊对待。借 2004 年决议之际[73],上诉机构介绍了这项条款的历史,确立了这项条款在商业条约中的特殊地位。

在 1947 年开始实行《关贸总协定》的时候,条约签订方声明,他们的目标之一就是"提升生活水平"。但是要实现这个目标,无论经济发展程度如何,必须通过《关贸总协定》条约中规定的"普遍适用"的参与方法。可是 1971 年的决议减免了 1947 年《关贸总协定》中第一条规定的法律效力,允许给予发展中国家 10 年的税收优惠政策。在 1979 年,根据 1971 年的决议,"资格条款"扩大了授权,从而将所有的附加优惠措施都包含进去,使这项授权成为《关贸总协定》的永久性特征。

最后,1994 年世界贸易组织创立的时候,成员国重新确定了"资格条款"的重要性,并将它引入新的条约之中。商业和发展之间的关系成为(尤其是通过资格条款)世界贸易组织工作的基本因素(另外,这项条款也在 2001 年多哈部长会议的时候被承认[74])。诚然,这只是一个特例,尤其是从证据法的角度来看。但是成员国被"鼓励"使用这个特例,与第一条规定保持距离,以此给予发展中国家一种"更为有利的差异性"对待。上诉机构努力地在法律上限制这项条款的使用,以避免偏向的危险,比如把优惠留给一些发展中国家而不给另外一些发展中国家,从而也避免有可能引起不同倾向的双边协商的间接回归。在之前引用的例子当中,印度反对欧洲共同体授予发展中国家的优惠政策,尤其是反对授予巴基斯坦优惠政策。

---

[73] Organe d'appel, 7 avr. 2004, *Inde c. Communautés européennes*, JDI, 3, 2004, p.1036, chr, Ruiz Fabri.

[74] 2001 年 11 月 14 日部长会议决议:*Questions et Préoccupations liées à la mise en œuvre*, WT/MIN(01)/17. Paragraphe 12.1 et 12.2.

这些实践的发展速度各异,我建议将它命名为"多重节奏"。如果说世界上不同地方的多样性(政治的、文化的和经济的)证明它们的延伸和多样化的话,那么为了避免偏向,有必要建立一个新的法律框架。

3.2 法律框架的必要性

一开始的想法是,多重节奏有利于多元化,并可以避免强制实施同一个节奏。但是对实践的观察显示,如果"多速度"这一程序变成了"照单选择"这个概念的近义词的话,那么多重节奏也会导致混乱和专断。为了避免这个反面效果,法律框架也许应该同时考虑资格条件和预计效果。

《阿姆斯特丹条约》以后,这一理论开始思考所实施的动态活力,以及因为灵活性而产生的风险问题,因为这一灵活性有可能成为解构一体化的同义词[75]。这一理论正在努力地使新条约的各种法律措施的条件和效果系统化。

亚历山大·斯图博(Alexandre Stubb)在2000年发表了一篇文章,这篇文章后来被很多作者引用。[76] 文章中斯图博建议区分两种"照单选择"的程序类型:一是"资格条款"(enabling clauses),这一条款确定了先决条件,没有明确指出效果(关于加强合作条款);另一个是"事先决定条款"(pre-defined flexibility),这一条款决定了效果,但没有提及条件(将申根规定纳入共同体成果中的规定)。但是这两种类型是以选择的方式出现的。

如果目标是使多元化变得有序的话,那么条件和效果似乎不应该是个选择,而是要结合在一起并且互相促进的。换句话说,为了实现一体化(或者说为延伸做准备),法律框架必须同时包括对资格条款的客观性规定和预先设定的效果。

---

[75] H. Wallace, « Flexibility: a tool of Integration or a Restraint for Disintegration? », in K. Neunreither, A. Wiener (dir.), *European Integration after Amsterdam, Institutional Dynamics and Prospects for Democracy*, Oxford University Press, 2000, pp. 175-191.

[76] A. Stubb, « Negotiating Flexible Integration in the Amsterdam Treaty », *ibid.*, pp. 153-174.

资格条款实际上可以在法律上而不仅仅在政治上规范差异性。但是应该区别是预期(根据《欧盟宪法条约》的加强性合作)还是抵触(欧盟条约中的对外开放条款,这是根据世界贸易组织法允许提供税收优惠政策的区别对待条款)。无论是哪一种,都需要规定客观标准,能够使人们在不同的时间阶段中理性地同时使用这一条款。

这就是《欧盟宪法条约》对这些条件进行详细规定的原因。这些条件保留了一部分原来的文本,包括加强合作的双重明确目标,即:"是促进欧盟目标的实现,保护欧盟的利益,加强一体化进程",同时对所有的成员国开放。

对国际商法也是如此:从1979年开始,有关区别对待的决定就明确了"资格条款的设立是为了便于和推动发展中国家的商业发展",并不是为了树立障碍或者制造商业上的困难。世界贸易组织的上诉机构引用了2004年的程序,就像我们看到的,鼓励成员国与第一条保持距离,目的是缔结一个"有利于发展中国家区别对待"的协议。但是只有在根据客观标准,符合资格条款的一系列规定的时候才鼓励使用时间上的差异。2004年的决议开始质疑欧洲的毒品制度,这不是因为他与12个发展中国家的情况不同,在发展中国家之间形成歧视性对待,而是因为他没有说明可以适用于关系到同一现象同一种类的其他国家"明确的客观标准",对于这种优惠待遇没有规定任何有效的评估程序。

除了这类决议以外,世界贸易组织成立十周年会议上的讨论应该使这种方法系统化。在2005年3月介绍的一份工作文件当中,总结了要么放弃全部方法,要么一个也不放弃的必要性[77],并且建议多重时间表。其中一些是某些领域特有的:"事实上,在一些新的领域或者在一些复杂的领域,在发展初期(比如投资或者竞

---

[77] R. Howse, S. Esserman, "The Appellate Body, the WTO Dispute Settlement System and the Politics of Muteralism, First Draft", colloque *WTO at 10, the Dispute Settlement System in Action*, Stresa, 11—13 mars 2005, *working paper*.

争)可以讨论采取比像工业领域更长的期限,这样做是很合理的。"另一些是某些国家所特有的,因为多边基础并不意味着一致意见:"一些多边协定使这些国家参与到更有抱负的自由当中去,从而避免一小部分国家控制进程这种情况的发生。"

少数民族居住区(guetto)这个词在于把发展中国家看成是摆脱某些约束性规定的自由板块,但对规定的确定没有影响("作为障碍,免除它们的义务但是减少了它们对规则制定的影响力")。一些学者在对这个表达方式进行批评的同时,也提出了多种速度的说法("没有必要每个事件都有同样的时间表;一个团体可以按照不同的时间表进行")。他们从中看到发展中国家参与讨论,根据自己的能力和方式承担责任的可能性,而不是以他们用同样的速度融入进来具有一定的困难性为借口,将他们排除在外。如果是关于从抵触战略过渡到对效果影响甚至是预定日程进行思考的预测战略的话,那么这个形式就是可以接受的。

直到现在,对效果的思考是通过气候变化的法律手段得到发展的。这里的效果已经预先确定了。就像我们看到的,是通过一个需要重新商讨的约定日程(2012—2020年)展开的。

另外一个形式在于通过明确的一体化条款来规定后期效果(通过《阿姆斯特丹条约》将《申根协定》纳入共同体的成果中的法律规定)。但是,《欧盟宪法条约》提出的阻止条款(拒绝以加强合作的名义,将通过的法案看成是一项经验成果,应该由欧盟候选国所接受),这说明了法律技术的模糊性。不要只想着保护不能一体化的或者不想一体化的国家,这一条款也会吸引那些根本不想一体化的国家,他们担心这一程序的诱惑力,会在没有他们参与的情况下自行发展。危险在于会刺激条约以外的一些自主行为,比如:欧盟的一体化解体,在另一个整体中通过缓慢和复合多样的形式重新一体化。

标准时间(多速度的)的工作不能孤立于对(变化几何形)秩序和(多层次)空间的思考。也许这就是多重节奏有利于各种标准体系的多元化同步进程的条件。

总之,尽管实践有时互相混合,但是,在实施程序、组织级别和演化速度之间,运动是分开的。"有序多元化"就在于从这种分离状态过渡到可能的关联状态,鉴别各种法律机制,从而在出现杂乱无章的运动(一体化/解体,国际化/重新国家化,同步/不同步)时,能够保证一种平衡,一种可能预示概念甚至是法律秩序转变的平衡。

结　论

正在形成的秩序？

在把法律国际化当作一种运动来研究的时候，在优先考虑互相作用进程、组织级别和转化速度，而忽略最终结果的时候，其实我们是冒着很大的风险，是在怀疑法律秩序这个概念，甚至推翻当初那种存在"法律秩序"的预感。

这是巴什拉（Bachelard）的思想，他说："预感是很有用的，它们是用来被推翻的。"[1] 不要忘了，他的《否定哲学》不是来源于否定的愿望，"它不是什么都否定，不是任何时候都否定，不是无论如何都否定"，而是包含了或者囊括了它所否定的东西："因此，非欧几里得几何包含了欧几里得几何，非牛顿机械包含了牛顿机械，波的机械包含了相对论的机械。"[2]

在不重要的级别中，我们认为法律秩序的欧氏几何观念等同于国家，代表的是标准和具有等级性、地域性和同步性体系的法律秩序，欧氏几何视角（现代视角）是通过非欧式几何（我们说是后现代的）概念所包含的。随着资源的丰富[3]、多样化和分散，国家垄断实际上因为一些主要形象遭到质疑：中心国家因为资源下放而遭到损害；公共国家空间因为私有化而遭到损害；最后，代表各种混合利益和统一思想的共同体主权的民族国家，也受到法律国际

---

[1] G. Bachelard, *La Philosophie du non*, PUF, 8e éd. 1981, p. 139.
[2] *Ibid.*, p. 137.
[3] M. Delmas-Marty, « Surgissement de sources », *Pour un droit commun*, op. cit., p. 53 sq.; « Dispersion des sources », *Le Relatif et l'Universel*, op. cit.; C. Thibierge, « Sources du droit, sources de droit: cartographie des sources », in *Mélanges Jestaz*, Dalloz, 2006.

化的威胁。不仅"国家不再是唯一的掌舵人"[4],而且我们在想,这里是否还有掌舵人,他又是谁?

我们还观察到互相作用引起一体化运动,但同时也引起法律秩序的解体;而在不同空间的级别变化(国家的、区域的和世界的)通过扩张和收缩运动表现出来;最后,速度变化有利于逐步同步化进程,或者产生节奏不同步,就像我们在世界层面上看到的商业法和人权法之间的不同步一样。

换句话说,这三个轴心(秩序、空间[5]和标准时间)中的每一个都代表着一个潜在的动态,一个运动,但是因为彼此之间的分离而造成表面上的矛盾的、非线性的而且杂乱无秩序的运动:就像天上的云彩,如果有一天刮大风了,新形成的整个法律体系就会立刻解体,甚至我们还没来得及描绘一下它的形态。

为了能从无序化走向有序化,为了能使这些云彩有秩序,应该建立起足够强大的联系,使正在形成的法律整体稳定起来,持续得更长久。稳定和持久这两个形容词表达的不是一个意思。因为过度的稳定性会损害持久性。除了通过机构和标准的等级制度来达到稳定的传统方式以外,我们还看到了很多机制,它们不是为了维持稳定,而是为了维持法律整体的平衡,这样也许可以使它们更加持久。

我们还需要知道,"云彩被秩序化了"的国家是什么样子的。霸权的无处不在使法律的复制失去了多元化,被认为具有自我规范能力的独立系统的叠加使所谓的超级自由主义的实施力量得到增强,但这一力量的增长似乎没能解决一和多这个谜团。至于说我们在前言里提到的第三个假设,也就是有序多元化的假设,它也许要求字面意思上的转化,因为明确地说,这是法律秩序表现中从单一形式到复合形式,甚至是"超级复合"形式的过渡。

---

[4] J. Chevallier, *L'Etat postmoderne*, LGDJ, 2ᵉ éd. 2004, p.205;A.-J. Arnaud, « De la globalisation au postmodernisme en droit », *Entre modernité et mondialisation*, *op. cit.*, pp. 265-300.

[5] 关于标准秩序和标准空间之间的差别,参阅 G. Timsit, *Les noms de la loi*, PUF, 1986.

1. 云彩般的无序运动……

用云彩做比喻很适合欧洲的建设,因为欧洲建设就是不断的形成、解体。谁能够描绘出被《尼斯条约》一次次重审、修改的共同体和欧盟条约,因为它们的相互叠加而形成的欧洲机制的大概情形?每个人根据自己的经验和利益了解其中的一部分,但是却无法解读它的整体蓝图,因为这是无法解读、无法掌握的。这就是为什么宣称"被雕刻在大理石上"的《欧盟宪法条约》是永恒不变,这种说法有多么的荒谬。即使这个条约有着统一法律规范不可辩驳的优势,就像我们看到的那样,从"在多样化中统一"这个口号开始,就注定它不可能消除变化几何形,也不可能消除多种速度的存在。相反,我们会指责起草者受了简单化的蛊惑,过快地放弃了我们所期待的复合多样性的方法。如果说复合多样性是企图联合一和多内在固有的特征的话,那么《欧盟宪法条约》就应该明确提供有序安排这些不稳定制度,也就是云彩般波动的整体法律制度一些解决方法。

因为,尽管存在机能故障,或者说,也许多亏了这些机能故障,欧洲为我们提供了一个法律国际化的实验室,显示了法律秩序的互相作用,空间上的等级变化和时间上的速度变化引起的无序状态。

1.1 互相作用:一体化/解体

来自外部标准一体化运动是从横向相互作用和没有级别差异的相互交织开始的。这个古老的现象叫作"自我发展"和"自我更新"。自我发展得益于为获取法律资料提供方便的新科技;自我更新不仅结合国外法,而且还结合整个国际法体系。我们可以把这些相互交织看成是初始变化,通过这些初始变化,法律材料开始超出国家范围向外延伸到世界范围。这个世界范围基本上是一个黑洞,我们不知道它的能量或者惯性构成和性质。如果说需要对法律的宇宙起源特征做一描述的话,那就应该从此说起,因为相互交织很可能有助于将标准的混乱状态转化成上面提到的结构性标准空间。但是这种比较只是有趣,却不恰当。因为不可能再回到最

第二编　有序的多元化　　**495**

初创世大爆炸的时候,研究也仅限于现存的横向,有时候是从合作到从属的纵向相互作用上。

欧洲国家之间的国际合作,通过一些比如像互相承认的原则,使欧盟不可避免地围绕超国家共同标准调和各国法律。我们也都记得这种情势是如何形成的。这种和谐,意味着第一个互相作用的垂直化,有可能在某些不承认任何国家自主空间的领域(比如我们所说的部分法典大全规划)通过杂交的方式实现统一。

但是在世界范围内,正如我们所见,和谐化和统一化是局限于几个领域中的,如国际刑法(又是国际刑法!)。但是,其他横向互相作用同时出现在非国家参与者之间(这也许是横向相互作用喜欢的领域),无论是像跨国企业的私人参与者还是像国际组织和国际法官这样的公共参与者。因此,我们多次提到区域内部(欧洲人权法院和欧共体法院之间)或者区域间(欧洲人权法院和美洲法院之间)的司法判例解释之间的交换。世界贸易组织也不是孤立的,它吸收了一些环境法的规则。[6] 最近关于世界贸易组织改革的争论让人觉得基本法一体化的问题也将会被公开提出。承认普遍标准可以促使争端调解机构向成员国强制规定一项社会条款和一项人权条款[7],促使人们去构想世界贸易组织和联合国人权委员会之间或者世界贸易组织和世界劳工组织之间的互动。[8] 但是这些交换依然是横向的,因为纵向交换是以一种有利于强制法(*jus*

---

[6] V. Tomkiewicz, « L'ouverture au-delà des seuls intérêts commerciaux: le cas de l'environnement », « L'organe d'appel de l'Organisation mondiale du commerce », *op. cit.*, pp. 503-542.

[7] E. U. Petersmann, « Comments and Points for Discussion », in *Trade Negiciations and Dispute Settlement: What Balance Between Political Governance and Judicialization?*, colloque *WTO at 10, the Dispute Settlement System in Action*, *op. cit.*, 12 mars 2005. Comp. L. Choukroune, « L'accession de la Republique populaire de Chine à l'Organistion mondiale du commerce, instrument de la construction d'un État de droit par l'internationalisation », *op. cit.* Et id., « L'accession de la Chine à l'OMC et la réforme légale: vers un État de droit par l'internationalisation sans démocratie? » *op. cit.*

[8] *Une mondialisation plus juste. Le rôle de* l'OIT, *op. cit.*

cogens)发展的等级制度的出现为前提。这些强制法还正在讨论当中,或者还是一个概念,比如还需讨论的人类共同财产这个概念。

最后,这种类型的互相作用甚至还可以在不同标准级别之间发展。通过"法官关于死刑问题的对话",我们看到,在国家(加拿大、南非和美国高级法院)、区域(欧洲人权法院和美洲人权法院)以及世界(国际刑事法院和联合国公约委员会)司法裁判权之间的交换还停留在"横向"层面,因为它们涉及等级问题。通过国家法庭(英国上议院,皮诺切特事件中,因为他对政治负责人豁免权的新决议而经常被援引[9])、地区人权法庭、国际刑事法院和国际法院之间的交叉参考,我们也观察到类似现象。

但是这些相互交织要服从法官们的美好意愿——前面卡尼维主席提到过的"仁"(bénévolence)字上——在没有等级级别的情况下,运动是不可能实现的。如果说过于迅速过于严格的垂直化有可能被拒绝,也就是导致解体的话,那么横向的互相交织不足以满足标准一体化。最好是通过互通信息,打开一个出口,在没有保障的情况下,为从一个级别过渡到另一个级别提供便利条件。

1.2 级别的变化:延伸/后退

即使是国际化这一个概念,也会明显地引起由国家级别向国际级别的变化。但是这个运动不是线性的,它既表现出了一种混乱无序的运动,也表现了一体化的运动。通过过早的、没有充分准备或者没有很好把控的扩张,国际组织其实可以引起相反的运动,即后退。我们在有关欧洲的讨论中早已体会到这一点。

如果国际化首先要求成员国的机构和标准相对于独立的话,那它也要求,就像我们看到的,力量关系的中立和凝聚因素的强化。单就这些就可能实现真正的趋同进程,我们应该用适当有利的时间来讨论它的途径。

---

[9] 关于在危地马拉所犯的罪行,诉诸瑞戈伯特·曼楚和其他起诉人,2005年9月26日西班牙宪法法庭的判决查禁高级法院的决议,该决议将普遍管辖权原则的适用局限于存在西班牙受害者,参阅2005年10月7日《世界报》。法官明显参照了很多决议,尤其是德国和比利时以及国际刑事法院的决议。

《欧盟宪法条约》引起的一个误解在于，在协商之前，尤其在不断扩展的时候，就产生重要的分歧。最大的扩张时期是《尼斯条约》签订的时候。不要忘了，《尼斯条约》和之前的条约，虽然这些条约没有建立一个"宪法"框架，但至少也建立了欧盟的"机构"框架。修改这个框架同修改宪法条约一样困难。即使我们认为，在某些方面，《欧盟宪法条约》改善了这个框架，比如权力组织（第一部分）或者是一些结合之前条约内容的一些机制（第三部分），很多国家，包括法国，选择的提交公民投票表决的批准形式，只有一种二元解决方案，并不适合解决上述问题的复合多样性。

欧洲为了避免空间解体而表现出一种自我封闭状态，这时我们也许应该考虑在独立于《欧盟宪法条约》的欧盟司法框架中嵌入基本法的宪章。因为这是一个重要问题，具体来说，因为这些法律是不可分割的，我们或者达成整体协议，或者整体放弃。宪章的重要性不是确定每项法律的内容（它们的意义和影响力部分依靠法律的使用），而是指出地区层面的价值选择，这些价值决定着一个法律秩序的构成。宪章被嵌入有限制的法律框架以后，它为我们呈现的不是一个简单的可以在没有内部界限进行自由交换的"标准空间"，而是在市场和人权两极之间建立一个真正的"法律秩序"（人权本身围绕六个章节，将经济社会文化权同民事政治权结合起来）。这个秩序不是完全独立的。因为它被添加到不可能消失的国家法律秩序之上。但是它也呈现了一种内部和谐，这是宪章体现的集体喜好。

直到目前为止，尽管存在"共同体秩序"这种说法，但共同体和欧盟的法律没有纯粹的一致性。根据《马斯特里赫特条约》创立的三大支柱，因为内容的重新分配而加强了分化。但是不管有没有宪法条约，基本权利宪章都将在欧盟内部为事实上的两极化（市场和人权）贡献力量。这种两极化，就像我们之前看到的那样，通过斯特拉斯堡法庭和卢森堡法庭之间的交流而发展。这一机制因为欧盟加入《欧洲人权公约》而得到加强。欧盟加入《欧洲人权公约》是《欧盟宪法条约》计划之中的事情。而在国际空间，认可两极法律秩序尚属首次。

在世界范围内,我们离目标还很遥远,尤其是扩张运动意味着不仅是级别上的变化,而且还有本质上的变化。如果扩展到世界领域,像我们之前看到的一样,它只有包含,没有排除,会产生一个没有外部敌人的标准组织,至少是没有人类可以识别的敌人,除非我们把自己看成是自己的敌人,这样会导致一些灾难,一些自然的或者人为的灾难,而这些灾难,正是我们帮助发动的。

除本体论问题以外,单从法律角度来看,这样的扩张要求一种特殊的结构。如果全球化不能缩减成对各国、各地区和世界各种组织(不管是独立的还者是竞争关系)的简单堆积,那是因为存在实际上需要法律接合的相互依赖关系。这种法律接合,因为不仅要结合不同级别的标准,而且随着速度的变化会产生其他杂乱无序现象,需要将各种不同节奏同步化,所以它们自己也需要新的调解手段。

1.3 速度的变化:同步化/异步化

"多重节奏",也就是说,与唯一空间,比如申根空间、京都空间或者世界贸易组织空间上速度的差异,可以像多样性的发动机一样出现,保证多元化和秩序化。还需要通过客观标准(资格条款)成功地规范多重节奏的实施,并且明确它们的效果,或者提前进行(京都约定日程),或者通过齿轮效应(一种自动的持续前进带动发展)逐渐发展,或者通过不可逆转的棘爪效应(将申根机构一体化到共同体中)采用事后方式进行。[10]

在没有法律框架的情况下,多速度空间被认为是一个先锋,每个国家都可以根据自己的意愿和能力加入进来(向内开放条款)。这样就有一个危险,就是像我们之前看到的那样,变成一个照单选择的空间。每个国家都可以按照自己的情况自我免除一些责任(opting out)。时间上的差异不是预测一体化运动,而是有利于反向的减缓运动,甚至于使一体化解体。

危险正在通过不同步现象从一个整体到另一个整体不断增

---

[10] D. Simon, « La dynamique de l'intégration économique », *Le système juridique communautaire*, *op. cit.*, n° 19.

加,就像在贸易和人权之间的关系当中看到的那样。欧洲渐进式的平衡和世界上不断扩大的差异之间的对比已经显示,最好的同步化要求不仅是在各等级之间,而且也是在法律权力和政治经济权力之间建立一种新的链接。但是,为了同国家主权保持足够宽松灵活的兼容,这些链接需要一种新型的法律机制,通过平衡再平衡,在一定程度上使云彩秩序化。

2. 平衡机制:使云彩秩序化

"修修补补"的工作在这里经常被我们提起,但是其含义是中性的。"平衡"这个词也会引起摇摆不定,无论是在执行权力(欧洲或者世界统治)、立法权力(不明确),还是在司法权力(柔软温和)的实施中。这让人想起罗兰·巴特(Roland Barthes)所说的打台球的人的一个动作,从而要求对法律机制有一个全新的概念。[11]

为了对抗世界的混乱状态,不要躲在有着安全假象的统一里面,应该鼓励那种"假想的反抗":"颤抖的思想不是害怕,也不是脆弱,更不是优柔寡断(在自己的土地上行动,和世界一起思考),而是保证我们走近这片混乱,在不可预见中延续壮大,反对根植于偏执当中的一切确定思想,从而'抽动我们最终要探索世界那根颤抖的神经'"。[12]

在法律领域也是如此,我们需要这样的保证,使我们能够走近混乱,为法律的不可预见性提供一种解决方案,因为这种法律会根据各种不稳定形式、以变化几何形和多速度的方式进行国际化。我们还需要"颤动的思想"来抵制"系统思想的僵化和思想系统的愤怒"。[13] 这就是学习使用法律领域中新出现的管理制度的重要性。这些制度包括:调节概念,比如辅从性和互补性,它们可以通过不断调整国家和国际层面的关系来创造一个宽松的一体化空间;调解技术,比如国家自主空间和变化指数,这样可以避免过度

---

[11] R. Marthes, *Le Neutre. Cours au Collège de France* (1977—1978), *op. cit.*, p. 174, p. 73; *Le Relatif et l'Universel*, *op. cit.*, p. 310.

[12] É. Glissant, *La Cohée du Lamentin*, *op. cit.*, p. 25.

[13] *Ibid.*, p. 128, «Les excipit. 2. La pensée du tremblement».

宽松以差异为由造成解体；最后是评价和控制机制，从而减少专制的危险。

2.1　调节概念：不断调整

为了按照地区和世界级别来调整国家级别，实证法必须建立新的机制，为超国家标准和它在国家标准当中的融合留有余地（"柔和"的余地，就像在高山的岩壁上，要求第一队登山运动员留出的余地一样）。我们知道，国际法优先权的等级原则遇到了国家主权的挑战。另外，在《欧盟宪法条约》中，这一等级原则只以隐含的形式出现，并没有被作为一项原则出现："宪法和欧盟机构采纳的法律优先于欧盟的法律。"（第 I-6 条）。《欧盟宪法条约》的一项附议声明明确指出："第 I-6 条反映了欧洲法院和国际刑事法院的裁判惯例"，这仿佛是为了它的大胆提议道歉。

但是，辅从性"原则"和比例"原则"在《欧盟宪法条约》的第一部分就以"欧盟职能"的名义规定好了（"基本原则"第 I-11 条）："欧盟只有在成员国无法完成既定目标的时候才参与进去。"辅从性原则仅限于共享管辖权范围内，同比例原则结合从而发挥作用："欧盟行动的内容和形式不能超出实现宪法目标需要的范围。"然而，辅从性原则，就像在研究这个词语的来源时显示的那样[14]，不会仅局限于纯粹形式化的职能分工。用丹尼斯·西蒙（Denys Simon）的说法，这是一个"调节概念"[15]，既可作为共同体行为的凭证也可以限制共同体的行为。也就是说，辅从性原则就是一个调节器。如果成员国不能达成共同体的目标，就朝着一体化的方向调整；反之，就朝着减缓一体化的方向调整。这就意味着，要根据欧盟指定的目标，通过欧洲立法规定，持续不断地检查所设定的行动。所以，辅从性原则不仅具有法律功能，而且更具有政治性功能。但是，为了各国议会的利益，《欧盟宪法条约》规定的"对辅从性原则和比例性原则实施的监督"既包括了立法机构重新审查的政治程

---

[14] P. Carozza, « Subsidiarity as a Structural Principle of International Human Rights Act », *The American Journal of International Law*, janv. 2003.

[15] D. Simon, *Le Système juridique communautaire*, op. cit., n° 78 ; J. Clam, G. Martin, *Les Transformations de la régulation juridique*, LGDJ, 1998.

序,又包括了违反辅从性原则时候向法庭提出的起诉。这种需要一种调解,来确定留给国家的自主空间到底应该有多大。

国际刑事法院章程中规定的补充性原则也是如此。为了对国际犯罪进行审判,国际刑事法院的职能是补充性的,就是说辅助性的。从这个意义上说,它被限制在国家不能或者不想对罪行进行审判的时候(《国际刑事法院章程》第 17 条)。在这里,又涉及一个平衡机制的问题。关于这个问题,我们已经讨论过:当第三国审查自己可能的普遍管辖权的时候,可以通过灵活的方式来使用这种机制。德国检察官在之前提到的拉姆斯菲尔德案件(affaire Rumsfeld)中,仅限于证明美国曾经对伊拉克的军队"情况"做过调查。但是西班牙宪法法院,与国家庭审(Audience nationale)不同,认为危地马拉没有能力对瑞戈伯特·曼楚(Rigoberta Menchu)和其他原告揭露的罪行进行审判。[16] 至于国际刑事法院,在考虑自己管辖职能的时候,我们可以想到,它不能仅限于对情况展开调查,而应该核实嫌疑人是否在被调查。另外,由安托尼·卡塞斯(Antonio Cassese)领导的联合国调查委员会对达尔富尔案件的报告,允许联合国安理会将案件移交法院,不仅考察国家刑事制度是否存在,而且也考察它的有效性,甚至是独立、公平和平等诉讼的合法性。这样,补充性原则不仅仅是一个分配职能的形式原则,而且还是一个"调节器",间接地引导一定程度上的和谐,也就是说,是国家按照国际标准调节内部刑法制度的必要手段。

从这个意义上说,我们可以把它同直接针对一体化的各种原则,比如"功能等同"原则进行比较。"功能等同"这个说法是在经合组织协议的备注中被明确提出来的,它提出了反对外国公务员在国际贸易交换当中贪污行为的具体目标。但是"不要求改变或统一缔约方司法制度中的基本原则"。经合组织调查小组以对文

---

[16] Tribunal Constitutional, Sala Segunda, sentencia de 26/09/2005(宪法法院第二审判庭 2005 年 9 月 26 日决议);在第二点上参照了国外判例的解释:《Fondements juridiques》(*Fundamentos juridicos*)同时参阅 2005 年 10 月 7 日《世界报》。

本和实践的调查为基础,将功能有效性的整体评估同内部协调的正式测试结合在一起。[17]但是还存在一个问题,就是要了解评估是否也要包含外部的一致性,也就是说,根据基本法的要求,合法性标准问题:假如很有效,但是否可以接受刑讯逼供和死刑?

从有效性到合法性,关于调节器这个概念,最近在欧洲有一个例子:在坦佩雷峰会上,提出一项互相承认原则,这个原则随后被纳入《尼斯条约》关于"自由、安全和公正空间"条款当中。跟这个原则一起,会议提出了调节器这个概念。相互承认原则的制定思想是:加入同样价值体系中的国家之间的互相信任建立了司法决定互相承认的基础;如果必要的话,可以调和各国立法。但是,这些原则的实施,比如关于欧洲逮捕令的宪法决议,很多国家宪法法庭对此提出质疑[18],似乎是欧洲立法者过高地估计了它的有效性也忽视了共同价值和基本法。

这个例子告诉我们,只发展加速一体化的手段(比如在欧洲,第三支柱的框架协议和第一支柱的指导方针[19])是不够的,还应该有减缓手段,在超国家范围内保障对基本法的保护。问题是,当基本法宪章不能被直接援引的时候,欧盟内部不存在减缓措施。鉴于向斯特拉斯堡法院起诉的期限,我们明白国家法官为什么要企图替换无力的减缓机制。

总之,在适应速度变化的条件下,调节器这一概念提出了有必要灵活调节国际标准这个问题。但是过度的灵活有可能导致失衡和专制。这就是为什么需要调节技术。

2.2 调节技术

"调节技术"这个词令人吃惊。我们习惯了根据等级制度的原

---

[17] « Des crimes globalisés », *Le Relatif et l'Universel*, *op. cit.*, p. 253 sq.

[18] S. Manacorda, « *Judicial activisme* dans le cadre de l'espace de liberté, de justice et de sécurité de l'Union européenne », *op. cit.* 作者提出三种宪法决议:波兰宪法法院 2005 年 3 月 27 日的决议,宣布与宪法相悖,中止决议的实施;比利时 2005 年 7 月 13 日仲裁法院决议,将先决问题提交法院审理;最后是德国联邦宪法法院 2005 年 7 月 18 日的决议,因为不符合宪法而取消了德国关于欧洲逮捕令的法律。

[19] 2005 年 9 月 13 日欧盟法院规定,p. 43,158。

则思考标准的产生,我们觉得调整和校准是一个操作而且是同一个操作,是通过国家接受的国际标准一体化的操作。但是只有像各国自主空间和变化指数这样的技术才可能对整个运动进行多样性的调节。

各国自主空间同法官的解释空间不同:法官的解释空间可以使等级原则更加灵活,而不需要考虑上下级标准之间的连续性;而各国自主空间,就像我们见过的那样,只是部分融合,包括各国标准的简单调整,没有统一的和谐。所以,在现行的欧洲条约当中存在规则和指令的差异。《欧盟宪法条约》(第 I-33 条)重新以欧洲法和框架法之间的区别形式提出这种差异性。欧洲法"在所有构成部分当中都是必须的";而框架法是"在结果方面,将所有成员国同要达到的目标联结起来;而在选择形式和方法方面,把职能留给各国法院"。但是,遗憾的是,没有明确使用作为欧洲法和框架法之间差异的理论基础的各国自主空间这个概念,其目的是为了避免指令和规则之间产生混淆。

这个自主空间的概念,我们知道,是欧洲人权法院创造出来的,目的是为了限制它自己的管辖权力。事实上,自主空间这个概念可以用在其他国际背景下,比如非洲统一商法组织(OHADA)[20],世界贸易组织[21]或者京都管辖领域。但是逻辑上发生了变化。无论是明显的还是暗示的,无论是立法的(广义)还是司法惯例解释的,各国自主空间似乎都排除了纯粹的二元推理的分离。它代替了兼容性的概念,根据这一点,所有的差别,哪怕再小,都被认为是不兼容的。补充性的原则承认国家之间的差别,它反映的是非标准逻辑、模糊逻辑或者更广泛地说,是渐进逻辑,因为一体

---

[20] P. Dima Ehngo, « L'intégration juridique des économies africaines à l'échelle régionale ou mondiale », *op. cit.*

[21] Chr. Ruiz Fabri et P. Monnier, « À propos des mesures sanitaires et phytosanitaire », organe d'appel OMC, 26 nov. 2003 (États-Unis c. Japon), *JDI*, 3, 2004, p. 45

化可以有各种管理部分一体化的程度。[22] 但是不是所有的差别都会被接纳。自主空间这一概念也有它的底线。正因为这样,所以需要确定兼容的门槛,重新介绍二极分化。但是这个门槛儿在时间和空间上可以有所变化,这样的变化只有在调整尊重明确的变化指数的情况下才可以规避武断和任意性。[23]

直到现在,只有欧洲人权法院试图明确阐述这个指数。调节技术被系统化,这也许会被扩展到多种"调节概念"上。但是校准这个概念本身不能完全被标准发送者所左右。就像我们在研究模糊逻辑[24]的时候强调的,从二元逻辑过渡到渐进逻辑,这意味着建立在兼容性门槛基础上更加复合多样的决定程序,这一过渡会导致权力转向标准的接收者。所以评价和监督机制非常重要。

2.3 评估和监督机制

各国自主空间由变化指数所决定,可以伴随着整个调解概念一同展开,同时可以调整标准的强度,有一点儿像变阻器根据周围的亮度来调节灯光的强度,尽可能连续地适应我们可观察到的数据。

但是这个机制的复合多样性有改变性质的危险,要么是在国际立法者超越了自己的管辖权力,不尊重辅从原则(我们在欧洲听到过这样的指责)的时候,过度一体化;要么相反,在各国权力机构以将标准复制到国内法中为借口,重新进行真正的国有化(就像我们在国际刑法中看到的一样)的时候,一体化不充分。

第一个解决办法是互相评估(peer evaluation)。因为互相评估可以建立变化指标,比如在反对跨国贪污或者反对洗钱行为[25]方面。变化指标便于国家法官实施监督。国际机制的发展不受国

---

[22] M. Delmas-Marty, M.-L. Izorche, « Marge nationale d'appréciation et internationalisation du droit », *op. cit.*

[23] M. Delmas-Marty, *Le flou du droit*, PUF, 1986, « Quadrige », 2004.

[24] J.-F. Coste, M. Delmas-Marty, « Les droits de l'homme: logiques non standard », *Le Genre humain*, Seuil, 1998, pp. 135-154. Voir aussi M.-L. Mathieu-Izorche, « La marge nationale d'appréciation, enjeu de savoir et de pouvoir, ou jeu de construction? », *op. cit.*

[25] *Le Relatif et l'Universel*, *op. cit.*, p. 258 sq.

际刑事法院的监督,而是要移交各国自主处理。从仲裁(国际投资争端解决中心 CIRDI)到争端调解(世界贸易组织),直到法律监督(欧洲人权法院、美洲人权法院、欧洲刑事法院、国际刑事法院等),国际机制的发展说明建立更具有约束性的机制是可能的,或许也是必须的。条件是要纠正目前不对称(现存的机制有利于对国家法律根据国际法律进行调整,而不是相反)现象,也就是说,需要根据《欧盟宪法条约》规定的,设立一种机制,可以监督辅从性原则在两个方向上的使用。

最后,为了能够像一部真正多样化发动机同时在空间(国家之间的多样性)和时间(变化的兼容性界限)上运行那样,还需要整合法律体系外指数,如经济或者社会指数。欧洲人权法院已经开始实行,比如关于成人之间同性恋犯罪的刑事调查问题[26]:尽管涉及道德方面的问题,尽管缺乏共同的法律称谓,法庭认为,社会的演变会向着更宽容的方向发展。这种趋势有助于缩小甚至完全排除国家自主空间。但是,由于缺乏更加严谨的分析手段,变化指标的异质性会削弱法律多元化。它是隐含的社会多元化的分支,这样似乎会降低裁判的客观性。[27]

总之,平衡的法律机制可以随着标准一体化一起形成,但是它只是以不完善的方式领导其他运动之间的关联。无论是扩展(延伸)还是同步化(加速或者减速),都需要建立一个新的法律秩序模式。

3. 转化模式:有序云彩世界

当我第一次用这个有序云彩来比喻共同多元法律的时候,我刚刚结束了一段中国旅行。在中国我看到了云彩被刻在故宫和颐

---

[26] Arrets Dudgeon c. *RU*, 22 oct. 1981, *Norris c. Irlande*, 26 oct. 1988, et Modinos c. Malte, 22 qvr. 1993.

[27] A. Lajoie, *Jugements de valeur*, PUF, «Les voies du droit», 1997; voir aussi F. Tulkens, «L'usage de la marge nationale d'appréciation par la CEDH. Paravent juridique superflu ou mécanisme indispensable par nature? », *op. cit.*

和园台阶的石头上:云彩遵循永恒不变的圣意。我需要在后序中明确一下[28],在这里不是要说明秩序永恒不变的观念,而恰恰相反,是要说明一种不稳定和不断演变的观念。这一观念是受了波普尔(Popper)范式的启发,他将云朵与钟表对立起来;也是从亨利·阿特兰(Henri Atlan)关于复合多样体系研究,即:水晶和烟雾之间的视觉[29]中获取灵感。故宫不动的云彩值得我们从中强调世界未来法律秩序模式的多样性,但同时,为了必要的衔接,也激励它们超越法律与政治之间的关系。

3.1 模式的多样性

在国家法律秩序中,最常使用的代表是弗朗索瓦·奥斯特(Francois Ost)和米歇尔·冯·德·科切夫(Michel van de Kerchove)[30]所推广的金字塔和网络模式:金字塔模式是通过等级制度的纵向联系形成的秩序,而网络是通过包含等级制度或者不包含等级制度的互相作用进行调节的。这些作者发展的辩证法理论倾向于得出这样的结论:"当代法律不停地在网络潜在的普遍性和扎根于金字塔的基础点之间摇摆不定。"他们把这种摇摆不定现象解读为"网络时期复合多样社会的一种朴素原始的伦理道德"。事实上,这两个范式都表达了从简单结构(封闭的、稳定的)向复合多样结构(开放的、不稳定的、多种形态的)的转变。

法律秩序的表现被复制到法律国际化现象的研究当中,也就是说,除了国际法(局限于我们认为是完全独立的国家主权关系当中,局限于国家空间在其他部分整合的空间,比如地区或者世界空间上的扩展),法律秩序依然会多样化。

根据金字塔模式,扩张会走向一种融合式的秩序。这一秩序被认为是一种简单结构,按照等级原则建立的。这是一种简单的重复,因为法律秩序(意思是标准产生程序)是由等级制度原则预先设定好了的;同时也因为一致性是由标准整合、组织等级和转化

---

[28] M. Delmas-Marty, *Pour un droit commun*, op. cit., Postface, pp. 283-284.
[29] H. Atlan, *Entre le cristal et la fumée*, op. cit.
[30] F. Ost, M. can de Kerchove, *De la pyramide au réseau? Pour une théorie dialectique du droit*, Facultés universitaires Sain-Louis, 2002.

速度之间某种"自然"联系保证的。从表面上看,这种模式满足了要求对标准具有一定预测性这个法律稳定性的条件;但是从政治角度看,却是很可怕的,因为它公开反对国家主权,有可能会以促进世界秩序的产生为借口,使霸权式的一体化程序合法化。

网络式的扩张,从国家主权这个角度说,第一眼看上去很容易被接受。但是,根据扩张优先横向互相作用(在公共参与者和私人参与者之间组织起来的国际的或者跨国家间的相互作用)还是与纵向互相作用相结合(通过和谐化和统一化),这种扩展可以产生两种法律秩序,因此这种扩展依然令人生疑。

第一个变体只有通过横向的互相作用才能够形成。在结构是互动的情况下,这种变体相当复合多样,它属于一种具有自发关联运动的秩序[31],也就是一种自动调节秩序。就像极端自由主义鼓吹的那样,有可能为了私人经济权力,促进更加隐蔽霸权主义形式。

但是,就像我们看到的那样,一个真正多元化秩序需要一种"超级复合型"结构,因为既要将横向和纵向的互相作用结合起来,又要将这种变化几何形的一体化同其他具有多种等级和多种速度的运动结合起来。

因此,我们从中发现"法律"理性的局限性。法律理性有时候可以成功地吸收一些复合多样性,正如欧洲建设的前 50 年[32]所证明的那样,但却不能保证政治上的合法性。[33] 对于法官们来说,这种尝试就是喜欢这种令人愉悦的复合多样性,自封其中,看着公民摒弃后来发现的却不甚了解的体系。这也许就是现在的情况,我们引以为傲的法制欧洲似乎受困于政治,有时候甚至停滞不前。也许,在利用法律与政治灵活衔接,超越各种模式限制的时候,未

---

[31] A. Ficher-Lescano, G. Teubner, « The Vain Search for Legal Unity in the Fragmentation of Clobal Law », *Michigan Journal of Inernational Law*, 2004, pp. 999-1045.

[32] G. Soulier, « Quand disparaître la Communauté, reste le droit communautaire », *op. cit.*

[33] J.-L. Quermonne et al., *L'Union européenne en quête d'institutions légitimes et efficaces*, rapport, La Documentation française, 1999.

来的欧洲秩序,或者说世界秩序才会有机会稳定,或者至少可以持续下来。

3.2 超越模式

最主要的选择在于政治领域的选择,因为法律秩序的建模没有为从一种模式到另一种模式的辩证法中走出来提供解决办法。原因就像巴什拉(Bachelard)说的,"要服从科学"。事实上,如果科学要描写是什么,那么理性就是它的工具;但是,法律是"标准化的",法律说的是应该是什么,所以会求助于意愿,甚至要求唯意志主义。所以,在很多伟大的奠基性文本中,法律理性有时候不符合我们观察到的事实,好像是和它作对,比如,在宣称"人人生而自由,在尊严和法律面前人人平等(《世界人权宣言》第1条)"的时候,就违背了我们观察到的事实。在描述和标准之间,还存在着不连续性,只有在进入未知领域的时候,在对未来投入赌注和尝试消除偶然性的时候才能克服这种不连续性。我们还应该回到梅拉美(Mallarmé)的"掷色子"上。在得出"所有的思想都是赌博"这一结论之前,梅拉美指出,掷色子"永远不会消除偶然性",但是他又插了一句:"除非在一定高度,也许……会出现一片亮光",目的是为了提出"正在形成的整体利益"。

因为法律秩序本身也是一次"掷色子",正在形成的法律秩序不能只依靠法官,也不能被封存于法律当中。换句话说,国家法律秩序转化成超国家法律秩序或者"交换国家"(alternational)[34]的法律秩序,确切地说,那是因为它诉求于意愿,需要回到政治上来。

因此,我们开始猜想未来的道路。为了避免法律国际化运动随风摇摆,呈现出完全无秩序、不可预测和不可控制的状态,应该重新介绍参与者,为重建权力而努力。还有一个最困难的问题,就是:寻找是否有可能在法律制度和其他象征性制度的交叉点上对共同价值达成一致意见。

我们只能梦想着有一天,这些价值能统一协调我们珍贵美好的云彩秩序,却不用将它们固定下来。

---

[34] P. Lamy, A. Pellet, M. Delmas-Marty, «Droit commun, gouvernance mondiale et laboratoire européen», *Le Débat*, Gallimard, 2006.